法　学　阶　梯
INSTITUTIONES
普通高等教育法学规划教材

法律逻辑学

Legal Logic

| 增订版 |

雍　琦　著
金承光　增订

法律出版社
——北　京——
始创于 1954 年

好书,同好老师和好学生分享

图书在版编目(CIP)数据

法律逻辑学 : 增订版 / 雍琦著. -- 北京 : 法律出版社, 2022(2025.9 重印)
ISBN 978 - 7 - 5197 - 7047 - 1

Ⅰ. ①法… Ⅱ. ①雍… Ⅲ. ①法律逻辑学 - 高等学校 - 教材 Ⅳ. ①D90 - 051

中国版本图书馆 CIP 数据核字(2022)第 158040 号

法律逻辑学(增订版)
FALÜ LUOJIXUE (ZENGDINGBAN)

雍 琦 著
金承光 增订

责任编辑 吴 昉 蒋潆莹
装帧设计 鲍龙卉

出版发行 法律出版社
编辑统筹 法律教育出版分社
责任校对 杨锦华
责任印制 刘晓伟
经　　销 新华书店

开本 787 毫米 × 1092 毫米 1/16
印张 26.25 **字数** 614 千
版本 2022 年 9 月第 2 版
印次 2025 年 9 月第 6 次印刷
印刷 北京中科印刷有限公司

地址:北京市丰台区莲花池西里 7 号(100073)
网址:www.lawpress.com.cn
投稿邮箱:info@lawpress.com.cn
举报盗版邮箱:jbwq@lawpress.com.cn
销售电话:010 - 83938349
客服电话:010 - 83938350
咨询电话:010 - 63939796

书号:ISBN 978 - 7 - 5197 - 7047 - 1
定价:54.00 元
凡购买本社图书,如有印装错误,我社负责退换。电话:010 - 83938349

出版说明

法律出版社在其奋进发展的六十年光辉历程中,秉精诚之心,集全社之力,服务于我国法学教育事业,致力于法学教材出版。尤其在改革开放三十余年间,本社以“传播法律信息,推进法制进程,积累法律文化,弘扬法治精神”为宗旨,协同司法部法学教材编辑部,规划并组织出版了国家“八五”“九五”期间的法学规划教材,为我国改革开放之初的法学教育和法治建设做出了开创性贡献;进入21世纪之后,法律出版社又根据教育部的部署和指导,相继规划并组织出版了“十五”、“十一五”和“十二五”法学规划教材,为我国法学教育事业的发展与改革付出了艰辛努力。

承蒙法学教育领域专家作者的信任,以及广大法律院校师生的支持,法律出版社经过三十年的发展与积累,相继出版各类法学教材达四百余种。在学科范围方面,完成以法学核心课程为重心,涉及法学诸学科的“全品种”横向结构;在培养层次方面,健全以本科教育为根本,兼顾职业教育和研究生教育的“多层次”纵向结构,进而打造“法律版”法学教科书体系,以期更好地为法学教育服务,为法治建设贡献绵薄之力。

近年来,法律出版社应因法学教育的发展变化,在教材编写体例及系列安排方面做出相应调整。在教材编写体例方面,结合当前教学实际与培养方案,将系统、全面的理论知识讲授与灵活、丰富的法律实践和能力训练相结合,倡导教材内容差异化,增加教材可读性,以期更好地培养法科学生的思维能力和法学素养。在教材系列安排方面,全力推进新品教材编写与注重既有教材修订相结合,根据教材风格与特色进行适当的套系整合,集中现有的国家级规划教材和在编的规划教材,形成以“普通高等教育法学规划教材”为名的全新教材系列。

本系列教材多为出版多年并广受好评的经典教科书。此次全新推出,既是向长期以来关心支持法学教育出版事业的专家作者的崇高致敬,也是法律出版社为中国当代法学教育事业发展拳拳努力之情的真诚表达。法律出版社将以高度的精品意识和质量标准,不断丰富、完善本系列教材的结构和内容;除教材文本之外,还将配有多层次、多形式的教辅材料,更好地为广大师生服务。

“好书,同好老师和好学生分享”,法律出版社愿与法律共同体诸同仁,分享好书,分享智识,分享法治进程中的点点滴滴!

法律出版社　谨识

2014年10月

作 者 简 介

雍 琦 四川省泸州市人。生前为西南政法大学教授,中国法律逻辑专业委员会名誉会长,获国务院政府特殊津贴。1960年毕业于原西南政法学院(现西南政法大学)法律系;1962年于中国人民大学哲学系逻辑师资班毕业回校后,一直在西南政法大学从事逻辑学,主要是法律逻辑的教学与研究工作。20世纪80年代以来,公开出版的独著、主编和合编的专著、教材约二十部;发表的论文三十余篇。论著中获省(市)、部级(政府奖)二等奖2项,三等奖5项。

出版的著作主要有:《审判逻辑简论》(独著,四川人民出版社1990年版);《审判逻辑导论》(主编,成都科技大学出版社1998年版);《法律适用中的逻辑》(主编,中国政法大学出版社2002年版);《法律专业逻辑学》(合编,四川人民出版社1981年版,1985年修订再版);《逻辑》(主编,中国政法大学出版社1991年版,1994年再版,1997年第三次修订再版);《法律逻辑基础》(主编,四川人民出版社1986年版,1990年修订再版);《逻辑教学大纲》(主编,法律出版社1989年版);《法律逻辑自考大纲》(独著,电子科技大学出版社1990年版);《法律专业逻辑教程》(主编,重庆大学出版社1996年版);《实用司法逻辑学》(主编,法律出版社1999年版)等。发表的论文主要有:《关于法律逻辑性质及走向的思考》《比对推理在刑事侦查中的运用》《证据的运用与逻辑推理》《罪名概念的逻辑特征》《法庭辩论中怎样正确运用推理》等。

增订者简介

金承光 湖南省洞口县人。法学硕士,西南政法大学副教授、硕士生导师、校教学委员会委员,西南政法大学线上线下混合式一流课程暨重庆市线上线下混合式一流课程“法律逻辑学”课程负责人,超星尔雅学术视频《法律逻辑学》(共89集)授课教师、在线开放课程“法律逻辑学”课程负责人。兼任中国逻辑学会常务理事、重庆市逻辑学会副会长、中国法律逻辑专业委员会副会长、重庆市高等教育学会高校课程资源建设专业委员会副理事长。1985年7月毕业于湖南师范大学政治系政教专业,1985年7月至1988年8月任教于中共湖南省邵阳地委党校、邵阳市委党校,主讲“形式逻辑”和“马克思主义哲学原理”课程。1991年2月西南政法学院诉讼逻辑(现法律逻辑学)研究生毕业后留校任教,长期从事逻辑学、法律逻辑学教学与研究工作,主讲“逻辑学导论”“法律逻辑学”“批判性思维训练”“申论思维与写作”“行政职业能力训练”等本科生课程,及“法律逻辑引论”“形式逻辑原理”“数理逻辑基础”“逻辑学经典名著导读”“逻辑学前沿问题研究”“公务员职业能力训练”“行政公文与申论写作”“纪检监察文书写作实训”等研究生课程。多次获西南政法学院优秀教师,西南政法大学优秀教师、优秀研究生指导教师、“柯泰”教书育人奖,重庆市优秀共产党员。曾担任西南政法大学法律逻辑学教研室主任(2004-2017)、法律逻辑学学科点(硕士点)负责人(2006-2021)、行政法学院副院长(2017.5-2022.3)兼监察法学院副院长(2018.4-2022.3),中国法律逻辑专业委员会副秘书长(1998.8-2004.7)、秘书长(2004.7-2021.7)。

出版的著作主要有:《审判逻辑导论》(合著,成都科技大学出版社1998年版);《法律适用中的逻辑》(合著,中国政法大学出版社2002年版);《〈法律逻辑学〉习题解析》(参编,四川人民出版社1991年版);《法律逻辑基础指要(新编本)》(参编,成都科技大学出版社1991年版);《公安实用逻辑教程》(参编,湖北人民出版社1993年版);《法律逻辑应试要览》(参编,成都科技大学出版社1994年版);《法律专业逻辑教程》(参编,重庆大学出版社1996年版);《实用司法逻辑学》(参编,法律出版社1999年版);《法律实用逻辑学》(主编,法律出版社2003年版);《法律逻辑学》(副主编,中国民主法制出版社2006年初版、2013年修订第2版);《法律逻辑教与学》(主编,法律出版社2007年版);《西南政法大学法学学科史稿(1950-2020)》(撰写“法律逻辑学学科史稿”编,法律出版社2020年版)等。发表的论文主要有:《从法律逻辑学的视角审视规范逻辑》《根据司法先例进行的法律推理》《关于法律推理研究的历史考察》《论类推适用及其逻辑特征》《法律逻辑的新思维》《民主、科学、法治与逻辑》《从逻辑学的视角谈谈证据的充分性及其判定方法》《试论侦查活动中的非逻辑思维》等。

增订版序言

先师雍琦先生是我国法律逻辑学的主要创始人之一，也是我国最重要、最有影响力的法律逻辑学家。2007年9月先师遽归道山之际，时任中国法律逻辑专业委员会会长、中国政法大学王洪教授指出："雍琦教授在众多前辈和同辈学者积累的基础上，主导了中国法律逻辑学基本教学体系的建设，雍先生主编的《法律逻辑基础》和他个人独著的《法律逻辑学》是中国使用最普遍、影响最广泛的法律逻辑学教科书，他创建的教学体系代表了法律逻辑学的一个时代。"[1]时任中国法律逻辑专业委员会副会长、苏州大学王健法学院张成敏教授也指出：雍琦先生"是中国法律逻辑学课程建设和完善体系建立的最成功推动人。雍琦先生也是当前众多法律逻辑学老师和学者的直接指导者，一位无私、乐观并积极鼓励后学、对新一代法律逻辑学学者充满期待的恩师……雍琦先生也是20世纪90年代中期法律逻辑学研究改变方向的重要推动者，在他的鼓励下，当前法律逻辑学在证据学和法学方法论两个专业领域里有非常大的学术影响，这些影响为法律逻辑学真正成为法学研究的元方法提供了基础"。[2]

先师雍琦先生的《法律逻辑学》是为适应教育部关于普通高等学校法学专业法律逻辑学课程教学需要编写的，是先生于2002年至2004年在其主编的《实用司法逻辑学》（法律出版社1999年版，2000年被司法部评为优秀教材）基础上扩充改写而成的。美国著名逻辑学家柯匹和科恩的《逻辑学导论》英文第12版"出版者的话"中，将《逻辑学导论》广受欢迎且经久不衰的原因概括为三个方面：一是"完善了教科书的结构，使之不仅在知识上具有连贯性，而且非常方便、实用地适合于高校实际教学模式"；二是"非常清楚如何运用那些既有吸引力又有价值的资料，使学生得到大量训练逻辑技能的机会并增强学习兴趣，从而熟练掌握逻辑原理"，且"有大量来自现实生活的例证资料与练习题"；三是"拥有把高度的清晰性与精辟的深刻性相结合讲解逻辑知识的高超能力"。[3]这三个方面用来概括先生的《法律逻辑学》也是非常贴切的。因该书体系安排科学合理、内容阐释条理清晰、所举例子贴近司法实际等诸多优点，自2004年出版以来，一直为国内众多政法院校（系）选用为法律逻辑学课程教材。西南政法大学自2005年秋季学期至2021年秋季学期，也一直选用其为法律逻辑学课程的指定教科书，每学年修读学生人数为2500人左右。《法律逻辑学》自第一版出版以来，至2022年已重印三十余次，影响力广泛。

2006年，应法律出版社邀请，我与先生共同主编与本书配套的教学参考书《法律逻辑教与学》，曾多次与先生面谈、讨论《法律逻辑学》存在的不足及拟采取的补救措施，这一切均已体

---

〔1〕 王洪：《沉痛悼念雍琦名誉会长》（2007年9月23日），载《成就·反思·前瞻——中国法律逻辑三十年（第十六届全国法律逻辑学术讨论会论文集）》，中国逻辑学会法律逻辑专业委员会2008年7月编印。

〔2〕 张成敏：《悼念雍琦先生》（2007年9月21日），载《成就·反思·前瞻——中国法律逻辑三十年（第十六届全国法律逻辑学术讨论会论文集）》，中国逻辑学会法律逻辑专业委员会2008年7月编印。

〔3〕 张建军：《译者后记》，载［美］欧文·M.柯匹、［美］卡尔·科恩：《逻辑学导论》（第11版），张建军等译，中国人民大学出版社2007年版。

现在《法律逻辑教与学》各章第二节“学习重点及疑难问题”中(详见雍琦、金承光主编:《法律逻辑教与学》,法律出版社2007年版),且大多为本次增订所吸收沿用。

《法律逻辑学》第一版付梓18年,哲人其萎即届15载,本书一直未能修订增补。因时移事迁、情势变更,对《法律逻辑学》的增订已势在必行。2019年5月,承蒙法律出版社法律教育分社丁小宣分社长、师母林瑞英教授的信任,委托我负责对先生遗著《法律逻辑学》进行增订修改。自受托以来,无日不诚恐诚惶。三年间,我曾设想过多种增订方案。最后确定的总的增订原则是:根据《法学类教学质量国家标准》(2021年)的培养目标〔4〕、教育部《高等学校课程思政建设指导纲要》(教高〔2020〕3号)及教育部办公厅《关于推进习近平法治思想纳入高校法治理论教学体系的通知》(教高厅函〔2021〕17号)的精神,以习近平新时代中国特色社会主义思想,特别是习近平法治思想为指导,贯彻“立德树人”根本目标,将法学、逻辑学及法律逻辑学最新理论、学术前沿成果体现到本次增订过程中;同时,尽可能地保持原书第一版的风格一贯性,最大限度地抑制与原作者意旨相悖的增订者意图。

为此,本次增订主要做了下面这几项工作:

1. 对原版中个别表述欠协调的地方进行了必要的调整,且大多在正文中直接予以增补删减,但个别地方为了行文便利,以添加脚注的方式予以说明。如将第八章之“复合命题推理的综合运用”调整为“复合命题推理的应用形式——省略式、二难推理与综合推理”。原版中个别地方实有增订修改之必要,然一旦着手改动,势必大动干戈,且很可能使之与原版出入较大(如第二章第一节关于“法律概念是客观性与规定性的统一”,第十章关于“类比推理的类型”等),对于这种情形,仍维持原版原貌,而选择添加脚注给予说明。

2. 对原版的文字、公式、标点符号等进行了一定的调整,更换了表述方式或论证方式,使之更加协调,也更趋合理。如对第二章内涵表达式的公式进行了符号变更;对第四章换质位法及戾换法更换了表述方式;对第五章多重复合命题进行了细致阐释;对第六章法律规范结构表达公式的符号进行变更;对第八章假言推理定义及分类进行阐释;对第十二章反证法和淘汰法证明过程公式表示予以变更,等等。

3. 对个别阐述稍欠准确的内容、注释、不合适的例子、已废改立的法条等进行了必要的增删或替换。

例如,第一章第二节增加“逻辑学的性质”(其基本内容是原版中已有的,只进行了适当调整);第二章对“复合概念的类型”、“实概念与虚概念”、“定义的类型”、“违反定义规则的逻辑错误”、列举之“穷举与枚举”的阐述;第四章对“单称命题的符号表示”“直言六角”(六种性质命题之间的对当关系)的阐述;第五章第三节增补了“如何分析法律条文的逻辑形式”;第八章删除了三段论第二格、第三格之格的规则的证明,同时增加了复合三段论、假言联锁推理、复合命题推理的省略形式等内容。

增订时,更换了一些不合时宜的例子。例如,第十二章介绍“反证法”时,原有一个例子论证“我们必须控制人口增长”,这显然已不合时宜,增订时替换为“我们必须尽快放开‘全面三

〔4〕《法学类教学质量国家标准》(2021年)的培养目标是:“法学类专业人才培养要坚持立德树人、德法兼修,适应建设中国特色社会主义法治体系,建设社会主义法治国家的实际需要。培养德才兼备,具有扎实的专业理论基础和熟练的职业技能、合理的知识结构,具备依法执政、科学立法、依法行政、公正司法、高效高质量法律服务能力与创新创业能力,坚持中国特色社会主义法治体系和熟悉国际规则的复合型、应用型、创新型法治人才及后备力量。”

孩'生育政策"这一例子。同时,还核对、更正了原版中的引文和注释,对部分引文修改为引用较新的版本。

4. 对于原版每章之后的"课后作业",增订时将原版的"作业题"变更为"思考与练习题",增删了部分思考和练习题,特别增加了结合司法实务的案例分析题。同时,各章均增补了相应的客观题——单项选择题、多项选择题和判断正误题。所有的客观题,均精选自西南政法大学历年本科生"法律逻辑学"课程的期末考试题,MBA 等管理类专业学位入学考试全国联考"逻辑"试题,中央机关及各省、自治区、直辖市招录国家公务员考试"行政职业能力倾向测验"科目之"判断推理"试题。

5. 为方便读者进一步阅读逻辑学、法律逻辑学的外文文献,对于书中的专业术语,第一次出现时,均附增了其对应的英文术语。

6. 为吸收学科最新成果,同时又不致对本书原版进行较大幅度的内容调整,每章的"课外阅读"中提供与该章内容相关的扩展阅读文献目录(仅限论文),供学有余力的读者自行选读。同时,在全书最后提供了"参考书目"(仅限著作和教科书),这些参考书目,既是本书增订时的重要参考书目,也是推荐给读者的扩展阅读书目。

本书增订过程中,除所附"课外阅读"和"参考书目"外,还特别参考了增订者独立完成并在西南政法大学使用 20 多年的多媒体课件"法律逻辑讲义(十讲)"(2006 年获教育部多媒体课件大赛高校文科组优秀奖)。

以本书为蓝本的在线开放课程"法律逻辑学"慕课,已于 2022 年春夏学期在中国大学 MOOC(https://www.icourse163.org/)和智慧树(https://www.zhihuishu.com/)在线课程平台同时运行,读者在学习过程中亦可对照观看该课程网站的课程视频。增订版每章所附的"课外阅读"文献,大部分都将在中国大学 MOOC"法律逻辑学"课程网站提供在线阅读。所有的"客观题"参考答案及部分"思考与练习题"参考答案,也将在该课程网站提供。与此同时,该课程网站还准备了适量的"随堂测试"题供读者自行练习;而且,该课程网站"讨论区"之"老师答疑区"和"课堂交流区"版块,亦提供在线答疑和互动讨论,读者可自行选用。

本次增订工作得到先师家人——师母林瑞英教授、先师之女雍茜女士和女婿邱辉先生、先师之子雍林先生,以及认真负责的法律出版社社务委员丁小宣先生、耐心细致的蒋嶶莹编辑自始至终的大力支持;我的研究生——西南政法大学法律逻辑学专业 2021 级陶源同学、扬州大学法学院郑天祥博士和大连民族大学文法学院法律系王俊峰博士分别检查、校勘了部分增订稿,并指出其中存在的一些错漏和笔误,谨此致谢!

尽管增订者想竭力做好本书增订工作,但客观上肯定还存在诸多不足和不尽如人意之处,所有的责任均由增订者承担。同时,增订者翘望读者多多提供意见和建议,以谋下次修订改进,不胜感荷!

关于《法律逻辑学》增订版的任何意见和建议,可通过中国大学 MOOC"法律逻辑学"课程网站之"课程评价"或"讨论区"提交,或者发送邮件至邮箱 lawlogic@126.com。

金承光

2022 年夏·谨记于西南政法大学

前　　言

本书是为适应教育部关于普通高等学校法学专业“法律逻辑”课程教学需要编写的，是在《实用司法逻辑学》(雍琦主编，法律出版社 1999 年版;2000 年被司法部评为优秀教材)的基础上改写而成的。本书基本上沿用了该书的编写体例、理论视点和阐述方法，但做了必要的调整;内容也有较大变化。除少量章节改动较小外，大部分是在参考该书相关章节基础上重新撰写的，并适当增加了一些内容。

本书内容总的来说可分为两大块:一是逻辑基础知识部分，二是有关逻辑知识在法学领域的应用部分(但在编写体例上，两方面的内容并不是截然分开的)。前者主要供课堂教学用;后者主要供课外阅读或自学用。

众所周知，逻辑(包括法律逻辑)作为一门基础学科，其生命力在于应用。传统逻辑(或曰普通逻辑)尽管如同许多学者指出的那样存在某些不足，然而，它终究贴近人们的日常思维，在人文学科，尤其是在法学领域更能发挥其应用效力。因此，本书介绍的逻辑基础知识部分，仍以传统逻辑为其基本内容。但是，鉴于法学，特别是司法领域思维方法的某些特点，又不是简单地套用传统逻辑知识就能发挥其应用效力的，甚至有些问题还不是通行的传统逻辑理论能够给以准确阐释的，因此，本书除对一些带专业性的逻辑问题作专节甚至专章的介绍外，还对通行的以传统逻辑为主要内容的教材体系、内容及阐述方法，做了某些调整、改变。因此，本书无论在体系安排上，还是在内容及某些逻辑理论性问题的阐释上，都有别于现行的许多逻辑教材。

尽管本书的编写体例及对某些理论问题的阐述，已经经过《实用司法逻辑学》问世几年的“试用”，但终究还是编写逻辑教材的一种尝试，是否妥当，还有待读者，特别是使用本书做教材的同行专家的评说，真诚地希望得到广大读者和同行专家的批评、指正。

作　者

2004 年 7 月于西南政法大学

目　录

第一章　引论 …………………………………………………………………… (1)
第一节　逻辑科学的产生与发展 …………………………………………… (1)
第二节　逻辑学的性质与功能 ……………………………………………… (8)
第三节　司法工作者掌握逻辑知识的必要性 ……………………………… (15)

第二章　概念的一般逻辑知识及其应用 ………………………………………… (24)
第一节　概念的特征 ………………………………………………………… (24)
第二节　概念的内涵与外延 ………………………………………………… (29)
第三节　准确运用概念的逻辑基础 ………………………………………… (34)
第四节　明确概念的逻辑方法 ……………………………………………… (47)

第三章　命题的一般特征 ……………………………………………………… (71)
第一节　判断及其表达式 …………………………………………………… (71)
第二节　描述命题与评价命题 ……………………………………………… (77)
第三节　命题形式及其分类 ………………………………………………… (81)

第四章　性质命题 ……………………………………………………………… (86)
第一节　性质命题概述 ……………………………………………………… (86)
第二节　性质命题的逻辑特征 ……………………………………………… (92)
第三节　性质命题的隐含命题以及揭示方法 ……………………………… (99)

第五章　复合命题 ……………………………………………………………… (110)
第一节　复合命题概述 ……………………………………………………… (110)
第二节　复合命题的基本形式及其逻辑性质 ……………………………… (112)
第三节　复合命题的等值式及其应用意义 ………………………………… (125)

第六章　规范命题 ……………………………………………………………… (153)
第一节　模态命题与真值模态命题 ………………………………………… (153)
第二节　规范命题概述 ……………………………………………………… (156)
第三节　规范命题相互间的逻辑关系 ……………………………………… (167)
第四节　刑法规范命题的一般特征和结构特点 …………………………… (172)

第七章 推理的概述 ……………………………………………………………… (183)
第一节 推理的特征 ……………………………………………………………… (183)
第二节 推理的类型及其区别与联系 ………………………………………… (189)
第三节 推理的有效性与合理性 ……………………………………………… (195)
第四节 证据的运用与逻辑推理 ……………………………………………… (200)

第八章 演绎推理 ……………………………………………………………… (208)
第一节 三段论 …………………………………………………………………… (209)
第二节 复合命题推理 …………………………………………………………… (225)
第三节 刑事侦查工作中正确运用演绎推理的方法 ………………………… (251)
第四节 法律推理的特征及运用 ……………………………………………… (256)

第九章 归纳推理 ……………………………………………………………… (272)
第一节 归纳推理概述 …………………………………………………………… (272)
第二节 完全归纳推理 …………………………………………………………… (277)
第三节 不完全归纳推理 ………………………………………………………… (280)
第四节 探求因果联系的逻辑方法 …………………………………………… (288)

第十章 类比推理 ……………………………………………………………… (307)
第一节 类比推理的特征及性质 ……………………………………………… (307)
第二节 类比推理在司法工作中的应用 ……………………………………… (314)
第三节 刑事侦查中的比对推理 ……………………………………………… (322)

第十一章 假说与侦查假说 …………………………………………………… (332)
第一节 假说及其建立程序 ……………………………………………………… (332)
第二节 侦查假说及其应用 ……………………………………………………… (339)

第十二章 论证 ………………………………………………………………… (352)
第一节 论证的特征 ……………………………………………………………… (352)
第二节 论证的方法 ……………………………………………………………… (357)
第三节 反驳及其方法 …………………………………………………………… (364)
第四节 论证中必须遵循的逻辑思维规律 …………………………………… (370)
第五节 法庭论辩中常见的非形式谬误 ……………………………………… (383)

参考书目 ………………………………………………………………………… (400)

第一章　引　论

课外阅读

逻辑(logic)是一门关于思维的科学,用恩格斯(Friedrich Engels,1820 - 1895)的话来说,它是"关于思维过程本身的规律的学说"[1],同人们的思维技巧、思维艺术,特别是与推理、论证的正确运用密切相关。

正如大家所知道的,司法工作是一项复杂而严肃的工作,无论是对侦查破案还是对案件的审理裁判,其活动过程都不仅是一个艰苦细致的实践活动过程,同时也是一个几乎无处不涉及思维艺术、技巧的复杂的逻辑思维活动过程。正是司法工作的性质和特点,决定了司法人员特别需要掌握和精通推理和论证的艺术,特别不能不懂得逻辑。

第一节　逻辑科学的产生与发展

一、"逻辑"的含义

在现今人们的日常语言中,常常都会用到"逻辑"这个词,然而人们对它的含义却并不都那么清楚。这不奇怪,因为"逻辑"这个词本身,从它最早出现的时候起,就从来没有一个人对它给出过一个完美的定义,因而其含义从来也就不那么清晰、确定;即使在更多的情况下,它作为一门学科的名称,其含义和所指也大有区别;加之众多的逻辑学家、哲学家甚至自然科学家,义儿乎都有其各自理解的"逻辑",这就不能不使它的含义就如当代西方著名的逻辑学家鲍亨斯基(J. M. Boehenski,1902 - 1995)所说的那样,"除了哲学之外,也许没有一个哲学分支像逻辑这样被给予了如此众多的意义","甚至在哲学的专门术语中,也很少有语言像'逻辑'一词这样充满歧义"。[2]

"逻辑"是古希腊文"λόγος"(逻各斯)这个词经拉丁文"*logos*"辗转变化后的音译,它最早出现在古希腊唯物主义哲学家赫拉克利特(Heraklitus,前540 - 前480)的著作中。不过,他虽然第一次使用了这个词,但是对之却并未给以直接明确的解说,人们只是从他的著作中可以看出,他是把"逻各斯"看作万物产生的根据,是人们"顷刻不能离开的那个东西","是指导一切的东西",因而可以把他的"逻各斯"理解为是指"那种与一切运动和变化联系着的规律",是支

---

〔1〕《马克思恩格斯选集》(第4卷),人民出版社1972年版,第253页。

〔2〕陈波:《逻辑哲学引论》,人民出版社1990年版,第25页。我国逻辑学家金岳霖先生也曾有类似感慨:"逻辑有各种方式的定义……坦白地说,除了任何定义中包含的困难外,我们并不确切地知道逻辑是什么,我们不能在任何严格程度上定义它。但是,也许我们大多数人都对逻辑教科书的主要内容留下深刻印象。"参见《金岳霖全集》(第6卷),人民出版社2013年版,第476页。

配着“言语、语词、理性的根据”,[3]大致具有“思想”“言辞”“理性”“规律性”这样的意义。此后,历史上的唯心主义哲学家曾对“逻各斯”作过种种唯心主义的解释,把它说成是“命运”,是与神同一的“道”,是“上帝”,是“绝对精神”等。

尽管“逻辑”一词本身的含义并不确定,但从人们对它的使用来看,它大致具有这样几个方面的意思:一是用以指客观事物的规律性,如所谓“客观的逻辑”“事物的逻辑”中的“逻辑”就是此义;二是指思维、语言表达或论证的规律性、科学性,如人们常说的“思维的逻辑性”“论证不合逻辑”“写文章应当注意合乎逻辑”中的“逻辑”,指的就是这样的意思;也正是在这种含义的基础上,又引申出一种贬义的用法,如所谓“霸权主义的逻辑”“强盗逻辑”“奇怪的逻辑”等。不过,在更多场合下,“逻辑”指的是主要研究推理、论证以及一些思维方法和论辩技巧的科学,只是所指不尽相同而已。例如,19 世纪德国唯心主义哲学家黑格尔(G. W. F. Hegel,1770 - 1831)的名著《逻辑学》,实则是一部哲学著作,大大地不同于人们通常所说的“逻辑学”。又如,列宁(Ф. И. Ленин,1870 - 1924)曾经说过:“逻辑不是关于思维的外在形式的学说,而是关于‘一切物质的、自然的和精神的事物’的发展规律的学说,即关于世界的全部具体内容及对它的认识的发展规律的学说。”[4]这里所说的“逻辑学说”,当然也不是本书将要介绍的逻辑知识的内容;列宁这里所说的逻辑学说,其实指的是关于思维的辩证法及辩证思维规律的学说,亦即辩证逻辑学(dialectical logic)。

正因“逻辑”一词有着如此众多的含义,所以,在日常语言中对于“逻辑”一词的理解,就不能不根据其出现的具体的语言环境而注意区别。例如,下面这几句话,“全面建设小康社会,是我国几十年以来在中国共产党领导下的全部革命进程的合乎逻辑的继续”;“他对案件的分析,完全合乎逻辑”;“司法工作者应当学点逻辑”。显然,这几句话中的“逻辑”一词就各有其不同的含义,绝不能将其混为一谈。

二、逻辑科学的产生

逻辑问题,亦即思维或论辩的正确性问题,它成为人们的研究对象并几乎同时起源于三个古老的国家,即古代的希腊、印度和中国。不过,真正形成比较完整的学科体系并在世界范围内流传至今的,是古希腊的逻辑学,它作为一门独立的学科出现,迄今已有 2000 多年。

如同其他任何科学的产生都有其特定的历史背景和社会条件一样,逻辑科学的产生也不是偶然的。它是适应社会的需要并且是在特定的历史条件下产生的,甚至可以说它是社会生产力和人的思维能力发展到一定阶段的必然结果。

就以被后世誉为“逻辑学之父”的古希腊亚里士多德(Aristotle,前 384 - 前 322)创建的逻辑学来说,它的产生就不是偶然的;它之所以产生,就同古希腊当时社会生产力的发展,以及由此而决定的论辩和自然科学,特别是数学尤其是几何学的发展,有着十分密切的关系。早在亚里士多德之前一两百年,古希腊当时虽然还是一个奴隶主贵族专政的国家,但社会生产力却有了很大发展。社会经济的发展带来了文化的繁荣:一方面,社会政治生活中演讲论辩的风气盛行,不仅出现了一批专门以论辩为职业的人,还出现了一批专门培养所谓有智慧、善辞令者的

---

[3] [苏]阿·谢·阿赫曼诺夫:《亚里士多德逻辑学说》,马兵译,上海译文出版社 1980 年版,第 21 页。

[4] [苏]列宁:《哲学笔记》,人民出版社 1993 年版,第 77 页。

教师、史称“智者”(Sophists);另一方面,自然科学主要是数学在当时已取得了较大成就,特别是在几何证明方面已积累了不少知识。古希腊人,尤其是毕达哥拉斯(Pythagoras,前580-前500)及其学派的几何证明,不仅表现了人们已具有的较高的抽象思维能力,而且他们的证明方法本身就包含了丰富的逻辑知识。

由于论辩之风盛行,而论辩者展开论辩又并非为了探求真理,都只是为了取胜对方,并以戏弄、驳倒对方为乐,因此,他们在论辩中就不惜“玩奇辞、治怪说”,将概念的灵活性无限扩大,“以任意的方式,凭借虚假的根据,或者将一个真的道理否定了,弄得动摇了,或者将一个虚假的道理弄得非常动听,好像真的一样”。[5] 如果说前期智者还曾经以其条理清晰的证明推广了雄辩和论证的艺术的话,后期智者则完全堕落为名副其实的诡辩派了。正是由于论辩发展过程中出现了不正当的论辩手法,迫使人们不得不研究论辩中如何才能有效地证明和反驳,思维应当怎样才正确、合理,这就促进了逻辑学的诞生;而论辩和几何证明方面积累的知识,又给逻辑学研究提供了实际材料,为逻辑学的诞生奠定了基础。正是在上述这样的社会背景下,亚里士多德的逻辑学才应运而生。

古代印度和中国,之所以兴起对逻辑问题的研究,也是特定的社会历史条件决定的。在印度,早在公元前6世纪,由于不同教派的出现,相互论争,各派都试图在论争中维护自己的观点、教义,使自己立于不败之地,为此就不能不研究一些论辩方法和技巧的问题,从而“造就了总结概括出推理论证的逻辑形式的‘圣手’,促进了逻辑的诞生。”[6]中国在春秋战国时期也开始了对逻辑问题的研究,并且还出现了如惠施(约前370-前310)、公孙龙(约前320-前250)、墨子(约前468-前376)、荀子(约前313-前238)、韩非子(约前280-前233)等这样一批研究逻辑问题的著名学者。之所以出现这样的情况,也是同当时社会上出现的“百家争鸣”的政治局面分不开的。当时,诸子百家为使世人采纳己见、排斥异己,不仅相互辩诘,而且出于论辩的需要,各自都在认真研究和总结论辩的目的、作用、方法和规律,其中不少人还直接探讨了名(概念)、辞(判断)、说(推理)等方面的逻辑问题,并升华为诸如《墨经》《荀子·正名》等论著中体现出的逻辑学说。不过,无论古代印度还是中国,对逻辑学的研究,都不像古希腊逻辑学那样形成比较完整的逻辑学科体系,更没有能够得到像古希腊逻辑学那样广泛的传播和进一步的发展。

上述表明,无论是古希腊还是古代印度和中国,逻辑研究的兴起都是同论辩的盛行相联系的,都是服务于如何正确论辩的。比如,亚里士多德的论著就比较充分地探讨了如何正确进行推论、证明和反驳,以及如何对付诡辩的问题,而且提出了论辩术不仅是“辩”,而其要点则是具有正确推理的才能,核心问题是推理能力。在中国的《墨经》和印度的《正理经》(Nyāyasūtra)中,也有关于论辩的丰富的论述,前者不仅总结了辩术,而且把论辩技巧与推理、论证等问题融为一体;后者则较为系统地总结了论辩的方术,以及种种诡辩手法和论辩的失败点。显然,如果没有特定的历史条件,没有论辩的发展,就没有研究逻辑问题的客观需要和必不可少的实际材料,当然也就不可能有逻辑学的诞生。

逻辑作为一门科学,诞生至今虽然已有2000多年,然而其在历史上很长一段时间都不叫逻辑学。古希腊亚里士多德的逻辑著作,由他的弟子们汇集成册后,取名为《工具论》(*Orga-*

---

〔5〕 [德]黑格尔:《哲学史讲演录》(第2卷),贺麟、王太庆译,商务印书馆2021年版,第7-8页。

〔6〕 杨百顺:《比较逻辑史》,四川人民出版社1989年版,第28页。

non)。到了中世纪后期,欧洲一些国家的逻辑教材或论著,也不叫逻辑学,而被称为“论辩术”(dialectic)或“修辞术”(rhetoric)。16世纪末期,英国哲学家弗兰西斯·培根(Francis Bacon, 1561－1626)创立了归纳逻辑(inductive logic),他的逻辑论著取名为《新工具》(*Novum Organum*)。17世纪后,虽然以逻辑学命名这门学科的教材和论著已较普遍,然而1662年于巴黎出版发行、影响深远、并被后人视为近代逻辑学代表作的《波尔·罗亚尔逻辑学》(*Port－Royal Logic*),它的原名也还叫作《逻辑学或思维术》(*Logic or the Art of Thinking*)。在印度,逻辑学被称作“因明”(Hetuvidyā);而我国则在很长一段时间都称其为“名学”“辩学”“论理学”“理则学”,直到19世纪末期,欧洲逻辑学再度传入时,翻译家严复(1853－1921)才首次将英语中的“logic”音译为“逻辑(学)”,后经章士钊(1881－1973)等人推崇,一直流传至今。[7]

三、逻辑科学的发展与走向

逻辑学作为一门关于思维的科学,正如恩格斯所指出的:它“和其他任何科学一样,是一种历史的科学,关于人的思维的历史发展的科学”。[8] 至今流传于世的由亚里士多德最早创立的逻辑学,亦即通常所说的传统逻辑学(traditional logic),其内容也是随着人的思维能力和自然科学的不断发展而日益丰富、精确和完善起来的。在亚里士多德之后,古希腊的斯多葛学派(The Stoics)就比较透彻地研究了复合判断的问题,并区分出了假言判断、选言判断、联言判断,而且在此基础上总结了复合判断的推理形式,补充了亚里士多德逻辑的不足,为丰富传统逻辑学的内容作出了非常重要的贡献。在漫长的中世纪,由于宗教、神学的束缚,科学的发展受到阻碍,逻辑学也未能获得长足的发展,但人们还是对某些逻辑问题进行了新的探讨,进一步发展了斯多葛学派的命题逻辑(propositional logic)理论。

到了16世纪以后,资产阶级革命带来了科学的革命,这一时期的科学发展很迅速。例如,哥白尼(M. Kopernik,1473－1543)的太阳中心说,笛卡尔(R. Descartes,1596－1650)的解析几何,牛顿(I. Newton,1643－1727)和莱布尼茨(G. W. Leibniz,1646－1716)的微积分,伽利略(Galileo,1564－1642)的动力学,拉普拉斯(Pierre－Simon Laplace,1749－1827)的星云说,以及电磁波的发现,蒸汽机、涡轮机、电动机的发明,都在这个时期。自然科学的发展,不但积累了新的科学思维方法方面的实际材料,而且也要求人们对这些新的思维方法加以总结概括,以指导人们形成更科学的思维。因此,这一时期随着自然科学的发展,人们对逻辑问题的研究也特别关注和投入,出现了许多既是著名的科学家,又是出色的哲学家、逻辑学家的人物,从而使得亚里士多德以来的逻辑学,得到了极大的丰富和发展,甚至可以说是经历了伟大的转折。

谈及这一时期逻辑科学的发展,首先值得一提的是英国的唯物主义哲学家、被马克思誉为“整个近代实验科学的真正始祖”的弗兰西斯·培根。他基于自然科学的发展特别注重观察和实验,并从大量的观察和实验材料中引申出普遍性结论的这一认识,批判地吸收了前人的成果,建立起归纳逻辑(inductive logic)理论,给传统的逻辑学注入了新的血液,使之更具活力。此外,著名的法国数学家笛卡尔则进一步完善了演绎法,并在历史上第一次提出了关于推理过程可以用简单的符号进行,提出了建立“普遍数学”的设想,给后继者创立符号化的数理逻辑

[7] 董志铁:《关于“逻辑”译名的演变及论战》,载《天津师大学报》1986年第1期。

[8] 《马克思恩格斯选集》(第3卷),人民出版社1972年版,第465页。

以启迪;特别是在他的逻辑思想影响下,17 世纪法国波尔·罗亚尔修道院的阿尔诺(A. Arnauld,1612 – 1694)和尼科尔(P. Nicolr,1625 – 1695)合写并出版的逻辑著作,亦即后来人们所说的《波尔·罗亚尔逻辑学》,更是大大地丰富和完善了原有逻辑学的内容,成为近代逻辑学中最早也最具代表性的逻辑教科书,流传甚广,影响深远,可以说传统逻辑学的主要内容,至此基本定型。[9]

如果说在此之前逻辑学的发展还主要表现为对传统逻辑内容和体系的丰富和完善的话,那么,17 世纪后半期,特别是 18 世纪以后,逻辑学的发展就可以说是步入了变革之路。随着自然科学突飞猛进的发展,人们对思维方法的研究也更加深入,特别是为了适应数学和科学技术进一步发展的需要,人们在继续丰富发展传统逻辑学的同时,也从不同角度发现了它的某些不足。正是为了克服这些不足,人们对传统逻辑进行了迥然不同的两种"改造",使之朝着两个根本不同的方向发展。

一方面,人们基于传统逻辑还不够形式化而带来的不精确、不系统的弊端,在传统逻辑的基础上发展出了数理逻辑(mathematical logic)。

由于传统的逻辑学是以自然语言为中介来研究思维的,同自然语言关系密切。这虽然使它的研究内容更接近于人们的思维实际,也有利于人们学习、掌握和应用,但是由于自然语言的歧义性、模糊性,使它对推理正确性的研究不那么严格,而且,涉及的推理形式也显得简单、贫乏,不能处理比较复杂的,特别是自然科学领域中的各种推理关系。因此,人们就设想以人工语言来代替自然语言,并且运用类似于数学演算的方法来处理推理问题,从而在传统逻辑学研究成果的基础上,发展出了纯形式的、符号化的数理逻辑。

早在 17 世纪末期,德国数学家莱布尼茨在笛卡尔思想的影响下,就设想把数学方法应用于逻辑,把逻辑推理变成纯符号的逻辑演算,使逻辑成为一种证明的艺术,并为此进行了开创性的研究工作。尽管他后来中断了这一研究,设想没有能够实现,但却给逻辑的发展指出了新的方向,对后来数理逻辑的创建起到了重要的作用,因而被公认为数理逻辑的奠基人。此后,经过 19 世纪末期英国数学家乔治·布尔(G. Boole,1815 – 1864)、德·摩根(De Morgan,1806 – 1871),以及后来的德国数学家弗雷格(F. Frege,1848 – 1925)和 20 世纪英国数学家罗素(B. Russell,1872 – 1970)、怀特海(A. Whitehead,1861 – 1947)等许多人的努力,前后经历了大约 200 年的时间,终于建立起了严密、完整、和崭新的逻辑体系——数理逻辑。

数理逻辑亦称符号逻辑(symbolic logic),相对于传统逻辑而言又叫现代逻辑(modern logic)。它既可以说是以数学的方法来研究逻辑问题的科学,也可以说是研究数学中的逻辑问题的科学。它不仅只着重研究演绎推理,只着眼于研究推理的前提与结论间的关系,而且,这样的研究是借助于数学中常用的形式化语言的方法,即运用一系列人工语言符号来进行的。它的基础部分就是"逻辑演算",包括命题演算(propositional calculus)和谓词演算(predicate calculus)。到了 20 世纪五六十年代,在"逻辑演算"的基础上又发展出了诸如模态逻辑、模糊逻辑、多值逻辑、优选逻辑、规范逻辑等分支学科。数理逻辑现今已在自动化系统、计算机设计等技术部门中得到广泛应用,并且在科学技术发展中越来越显示出它重要的地位与作用。

另一方面,在科学迅速发展的时代背景下,18 世纪末期德国的一些哲学家却从另一个角

---

[9] [日]山下正男:《〈波尔·罗亚尔逻辑学〉在西洋逻辑学史上的意义》,杜岫石译,载《哲学译丛》1982 年第 1 期。

度批评了传统逻辑的不足。他们基于传统逻辑只研究思维的形式,没有把思维的内容和思维的形式统一起来,同时也基于它只立足于思维的确定性而撇开了思维的变动性、辩证性,提出了研究辩证思维的问题,从而出现了辩证逻辑。

从这个角度首先对传统逻辑提出批评的,是德国哲学家康德(I. Kant,1724 - 1804)。他认为,亚里士多德的逻辑虽然完善,但它只研究思维的功能及其形式,不研究思维的内容、来源,因此,他把这样的逻辑称为"形式逻辑"(formal logic)、"普通逻辑"(common logic,universal logic)。康德给传统逻辑的这个称谓,一直流传至今。不过,当前学术界更倾向于认为,严格意义下的形式逻辑仅指数理逻辑,而把传统逻辑称为"普通逻辑"。

继康德之后,19世纪德国著名的唯心主义哲学家黑格尔对传统逻辑的批评尤为激烈;他还在批评传统逻辑不足的基础上,努力用他的辩证法观点来改造旧逻辑,建立新逻辑。他在其《逻辑学》这一巨著中,系统地研究了思维的辩证法或者说辩证思维的问题,勾画出了一种新的,即辩证逻辑学科体系的轮廓。尽管黑格尔是一个彻底的唯心主义的哲学家,其辩证逻辑体系也是建立在唯心主义哲学基础上的,并且,他对传统逻辑的某些斥责也失之偏颇,然而就其阐述的思想来看,正如列宁评价的那样,是"充满合理内核"的,因此他仍被公认为是辩证逻辑的开创者。至此,也可以说又诞生了一种与传统逻辑根本不同的、既是世界观又是方法论的另一种意义上的逻辑——辩证逻辑。

尽管辩证逻辑至今也还不像数理逻辑那样已建立起完整的学科体系,而且,到现在也还有不少学者在为之作进一步的探索,但是,无论数理逻辑还是辩证逻辑,都不是对原有逻辑学内容的一般性的修正和补充,而是在研究方法、基本内容方面的变革。因此,逻辑科学至此也就不只是一门学科而成了一大科学门类:它不仅包括传统逻辑,也包括了数理逻辑和辩证逻辑。

当代,逻辑科学更是显现出一种多角度、多层次的发展势头。不同的逻辑学家基于不同的逻辑观点,在不同逻辑基础理论的基础上,运用不同的研究方法并结合不同的学科领域,已经或正在探索建立各种具有不同特色的逻辑分支学科。当今世界上逻辑科学的发展现状,真可说得上是繁花似锦,人们几乎已难以准确说清逻辑科学现在究竟有多少分支、多少种学说;甚至由于人们的逻辑观念也大相径庭,逻辑科学已到了几乎难以用某种特定的、公认的框架或模式来界定它的程度。

当今逻辑科学多角度、多层次的发展势头,反映了人们对一味追求逻辑的所谓"科学技术性"而忽略其人文性的倾向的改变,也表明了逻辑科学未来的走向。

应当看到,数理逻辑自诞生以后,确曾以其理论体系的精确完善及其在科学技术,特别是在计算机领域显现出的应用效力,令世界为之赞叹;也正因如此,使一些人以为只有这样的逻辑才是"逻辑"——认为"逻辑"就只能是"形式的","非形式的"就一定不是逻辑;[10] 国内的一些逻辑学者甚至主张用数理逻辑来取代普通逻辑。其实,若从应用价值角度来看,数理逻辑也并不像某些人所描述的那样完美无缺。首先,它不能服务于论证实践的需要,难以起到帮助人们识别好的和坏的论证的工具作用。正如国外有的学者批评指出的那样,数理逻辑(或曰现代形式逻辑)"如今已变得如此技术化、纯净化和专业化,以至于与原初的那个关于'逻辑是

---

〔10〕 阮松:《西方的非形式逻辑运动与我国逻辑学的走向》,载《南开学报(哲学社会科学版)》1996年第6期。

用来做什么'的概念格格不入了"。[11] 其次,由于数理逻辑是采用符号化、纯技术化和数学化的方法来研究推理的,这种纯形式化的特征虽然使得它显示出其严格性和确定性,但却同人们的实际思维相距甚远。因为"这种严格性和确定性是以空洞性为代价而实现的","就其本性来说,形式逻辑没有能力来处理日常思维所涉及的这类问题"。[12] 显然,如果把逻辑的发展确定在"取代"论者选定的方向上,不仅将背离逻辑科学在人们日常思维、论证中的工具性质,还会使得它由于远离人们的思维实际而丧失其生命力,对逻辑的存在构成威胁。美国《大学生逻辑学》一书作者的下述这段话,值得我们深思,他在该书中写道:"……今天许多逻辑著作只着重于它的符号方面,好像此外没有更要紧的东西……存在着一种贬低逻辑在人类普通用途上(在批判性思考、解决问题和揭露谬误中)的价值的倾向。这种对逻辑作为一门特殊的人文学科的意义缺乏敏感,已经弄得许多年轻人对它起了反感。"[13] 这就不难理解,为什么在逻辑科学呈现多角度、多层次的发展趋势下,却表现出一个共同特点,就是特别注重如何更好地发挥逻辑在人文科学领域中的应用效力问题。这样的发展方向无疑是应当肯定的。如果我们在探索并致力于研究逻辑科学的发展时,不顾及它的应用效力,特别是它在人们日常生活中、特定的经验领域中的应用效力,就不仅谈不上使之发展,还会使它由于远离人们的思维实际而丧失其生命力。

要发挥逻辑科学的应用效力,就不能不结合特定领域思维的特殊性。因此,逻辑科学发展的一个重要途径,就应当是在已有逻辑研究成果的基础上,运用逻辑基本理论与方法,认真研究某个特定领域中的逻辑问题,就必须结合这一特定领域的实际思维材料,并从中概括出该领域中正确思维的规律性;也只有这样,才能真正建立起具有不同专业特色的、适用于某个特定领域并具有实际应用效力的逻辑分支学科。

法学领域是应用逻辑知识的广阔天地,逻辑在法学领域中也有着它特殊的地位与作用。正是由于法学领域,特别是司法实践的需要,国外不少学者,尤其是法理学家十分重视并积极探索了法学领域的逻辑问题,开拓了"法律逻辑"(legal logic)这一新的研究领域。尽管"法律逻辑"至今也还没有形成一个完整的、得到人们公认的、像"普通逻辑"或"现代逻辑"那样的学科体系,然而,它作为一门新的逻辑分支学科的存在,却已成为一个不争的事实。值得我们注意的是,更热衷于研究法律逻辑的学者,不是逻辑学家而是法学家;专门研究法律逻辑的理论性论著不是逻辑著作而是法学著作。在西方一些国家,法律逻辑早已成为"法哲学"或"法理学"中的一个重要组成部分;特别是自20世纪六七十年代以来,这些国家的法学家,尤其是法理学家,更是越来越关注法律逻辑的研究,为世人提供了不少新的研究成果。从这些成果可以看出,法律逻辑既以传统逻辑为基础,然而又并不受其研究视角的局限;也正因如此,可以说法律逻辑是一种超越于一般逻辑(包括"普通逻辑"和"现代逻辑")模式的"逻辑"。

国内对法律逻辑的研究起步较晚,受到法学界的普遍重视更是近几年来的事情。可喜的是,不少学者,主要也是法学界,尤其是法理学界的一些学者,他们关于法律逻辑方面的研究成果已纷纷问世。随着我国社会主义法制建设的不断完善和法学研究的更加深入,对法律逻辑

---

〔11〕 阮松:《西方的非形式逻辑运动与我国逻辑学的走向》,载《南开学报(哲学社会科学版)》1996年第6期。

〔12〕 阮松:《西方的非形式逻辑运动与我国逻辑学的走向》,载《南开学报(哲学社会科学版)》1996年第6期。

〔13〕 [美]R. J. 克雷切:《大学生逻辑学》,宋文淦等译,北京大学出版社1989年版,第4页。

的研究必将受到人们更多的关注。

第二节　逻辑学的性质与功能

一、什么是逻辑学

逻辑学或曰传统逻辑或普通逻辑学,尽管历史悠久,然而要对它给出一个准确而又得到公认的定义,并不容易。正如美国学者克雷切所述:"从来没有一个人,不论是亚里士多德、弗兰西斯·培根或者约翰·杜威,曾给出一个完美的关于逻辑的定义;无论如何,一门课程以一个严格的定义开始,然后试图使这门学科去适合它,这是不明智的。"[14]不过,这并不妨碍我们对这门学科的性质及其研究特点作一些说明。

(一)逻辑学是一门关于思维的科学

前面已经谈到,逻辑学是一门关于思维的科学,因此,要了解它的研究对象和研究特点,就不能不先从思维问题谈起。

思维(thinking)是人脑的特殊机能,是在感性材料基础上对客观事物的反映活动。根据神经心理学家的研究,人的大脑结构极其复杂,它是由140多亿个脑细胞组成的,这些细胞又相互组合而成为亿万个非常复杂的神经网络。当人的感觉器官获得某种信息(或刺激)以后,大脑的神经网络就按照特定的规律,并以某种特定的方式工作。这一工作过程,就是大脑对客观事物的反映过程,亦即思维活动过程。

思维对客观事物的反映,不仅有它反映的对象,也有它反映对象的方式。

思维所反映的客观对象,称为思维对象,亦即思维活动中所思考的那些东西,它决定着思维的具体内容。在客观世界中,不仅各种各样的具体事物,如山川草木、鸟兽虫鱼等可以成为思维对象,即使就是那些看不见摸不着的、抽象的、意识形态方面的东西,如道德、观念等,甚至思维本身,也都可以成为思维的对象。

思维不仅有它所思考的具体内容,亦即不仅有它的思维对象,而且还有它思考的手段,即反映客观对象的方式。如同只有劳动对象而没有劳动工具和手段,生产活动就无法实现一样,如果只有思维对象而不借助于一定的思维方式,思维活动也不可能展开。

思维反映客观对象的方式,称为思维形式(form of thinking),亦称思维形态(form of thought),包括概念、判断(命题)、推理等。

概念(concept)是通过反映客观对象的特有属性以指称对象的思维形式,它的表现形式相当于语言中的词或词组,例如,"国家""动物""贫困地区的小学教师"等,就都是概念。判断(judgment)是对客观事物情况有所断定的思维形式,其表现形式相当于语言中的句子(表达判断的语句形式,叫作命题),例如,"重庆市是我国人口最多的直辖市","不少领导干部是廉洁的","如果物体发生摩擦,物体就会生热"等,就都是判断。推理(inference,reasoning)则是根据一些判断而得出另一个判断的思维形式,是判断与判断之间的过渡,相当于语言中"因

---

〔14〕［美］R. J. 克雷切:《大学生逻辑学》,宋文淦等译,北京大学出版社1989年版,第4－5页。

为……所以……”之间这样的表达关系。

思维形式是思维内容的载体。任何一个概念、判断或推理，总有其包含的具体的思维内容，不存在无任何具体内容的、空洞的思维形式；而具体的思维内容，又总是被凝聚或包容在概念、判断、推理等思维形式中，不可能有离开概念、判断、推理等思维形式来体现的、孤立的思维内容。因此可以说，所谓思维内容，其实就是指概念的内容、判断的内容、推理的内容。

思维活动过程，主要表现为一种推理过程，所谓“眉头一皱，计上心来”，说的就是这样一种过程：“眉头一皱”，形容头脑中进行的推理活动；“计上心来”，则表明通过推理而获得了某种认识。由于推理是在判断基础上展开的，而判断从根本上来说又是概念的连接，因此，思维的过程也可以说就是运用概念、作出判断、进行推理的过程。可见，不仅具体的思维内容总是凝聚或包容于思维形式中，而且，思维活动的展开也必不可少地要借助于各种思维形式。

正由于思维过程是对客观事物的反映过程，而且这种反映具有概括性、间接性的特点，因此，思维相对于被它反映的客观事物情况来说，就存在真假对错的问题，思维也就有正确与不正确之分。

逻辑学就是关系如何正确思维的科学。

（二）逻辑学的研究对象

逻辑学虽然是一门关于思维的科学，但是它并不研究有关思维的全部问题。比如，思维的最一般的规律，思维与存在的关系，思维的产生过程以及思维的实际进行过程，等等，这些就都分别属于哲学或心理学研究而不属于逻辑学研究的问题；逻辑学侧重研究的只是思维形式的结构及其规律、规则的问题。

如前所述，思维形式其实是思维内容与形式的统一体。无论概念、判断或推理，它们不但都有其各自包含的具体内容，而且，在形式方面又会表现出它们的某些共性，亦即共同的形式特征或者说相同的连接方式。思维形式本身各部分间的连接方式就是思维形式的结构，也称之为思维的逻辑形式。例如，下面这样几个判断（或曰“命题”）：

①“所有金属都是导电体。”

②“所有出现尸斑的尸体都是死后 2－4 小时的尸体。”

③“所有哺乳动物都是用肺呼吸的动物。”

这些判断就其内容来说，它们反映的客观事物情况各不相同，分别断定的是“金属”“出现尸斑的尸体”“哺乳动物”等不同对象各自具有的不同属性。但是，把它们加以比较后就不难看出它们在形式结构方面显现出的共性，即概念与概念之间的相同的连接方式。如果我们把上述判断中表达具体思维内容的“金属”“导电体”“出现尸斑的尸体”“死后 2－4 小时的尸体”“哺乳动物”“用肺呼吸的动物”等这些概念抽出去，那么，它们剩下的就是这样的相同的形式，即：

“所有……都是……”

假若再以 S 和 P 分别代替上述判断中的前后两个概念，就可以明显地看出它们相同的连接方式就是：

“所有 S 都是 P。”

又如下面这样两个判断：

④“如果死者背上有自己无法形成的致命伤，那么，死者是被人杀害的。”

⑤“如果数 x 能被 8 整除，那么，数 x 能被 4 整除。”

这两个判断就其内容来说，也是各不相同的，但若把这两个判断中表达具体内容的语句“死者背上有自己无法形成的致命伤”“死者是被人杀害的”“数 x 能被 8 整除”“数 x 能被 4 整除”等抽去，它们剩下的就是这样的相同形式：

“如果……那么……”

假若我们以 p、q 分别代替两个判断中被抽去的前、后两个语句，也可以明显地看出它们相同的连接方式，即：

“如果 p，那么 q。”

再如下面两个推理：

⑥所有金属都是导电体
水银是金属
———————————
所以，水银是导电体

⑦所有出现尸斑的尸体都是死亡后 2－4 小时的尸体
本案死者的尸体是出现尸斑的尸体
———————————
所以，本案死者的尸体是死亡后 2－4 小时的尸体

就这两个推理的具体内容来看，各不相同，但若把它们加以比较后也不难看出，它们都是由三个不同的概念分别连接为三个不同的判断组成的。如果把上述每个推理中的三个不同的概念，依其第一次出现的顺序，分别以 M、P、S 代替，并且把“所有”“是”这些词抽去，则上述两个有着不同内容的推理，就具有下面这样的相同的连接方式：

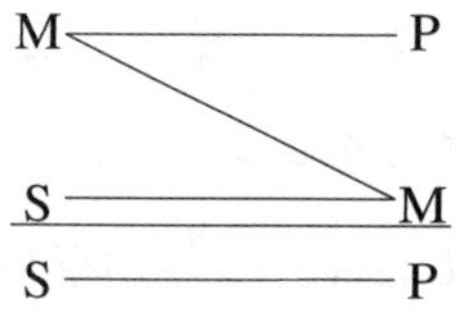

上述例⑥和例⑦这两个推理具有的相同的连接方式，表现了该类型的推理由前提得出结论的相同的推导关系。逻辑学要研究的，主要就是各种推理在形式结构方面表现出的共同特征，以揭示其规律性。

由上可以看出，思维形式的结构，或者说思维的逻辑形式，实则都包含了这样两个部分：一是用符号表示的可以代入具体内容的可变部分，叫逻辑变项(logical variable)；二是在相同的逻辑形式中都存在的不变部分，叫逻辑常项(logical constant)。如前面例子中的 S、M、P、p、q 等符号表示的部分，就是逻辑变项；而“所有……是……”“如果……那么……”，就是逻辑常项。所谓思维的逻辑形式，其实就是某种特定形式的组合。

逻辑学侧重研究思维形式的结构，其实主要关心的只是它的逻辑常项。因为正是逻辑常

项决定着同类型思维形式的最一般的特征，是逻辑变项无论代入何种具体内容都不可能改变的；何况，逻辑变项可代入的具体内容纷繁复杂，涉及各门学科领域，逻辑学也不可能对之作研究。

但是，逻辑学不研究思维的具体内容并不意味着它完全不管内容；所谓逻辑学"只管形式，不管内容"的说法，容易导致极端化的误解。因为我们这里所说的逻辑学，是普通逻辑学而不是纯形式的、符号化的现代逻辑。实际上，逻辑学在侧重研究思维形式的结构并阐述其联系规律时，往往都免不了要涉及思维内容，而且在某些地方还会从内容方面提出一般性的要求。人们在学习和运用逻辑知识时，更是不可能完全脱离思维的具体内容，不可能不借助于相关的背景知识；学习和运用法律逻辑方面的知识，更要求如此，只不过这些知识不能靠逻辑学提供而已。

二、思维同语言的关系

思维形式是内容与形式（结构）的统一体，并且存在于人们的头脑中，既看不见也摸不着，逻辑学怎么可能研究它的结构呢？这样的研究，是依靠并结合它的语言表现形式来进行的。

思维同语言密不可分。思维是在头脑中展开的活动，它要得以进行，不但要借助于概念、判断、推理这样一些思维形式，而且还不能离开与这些思维形式相对应的语言形式——因为思维形式必然表现为一定的语言形式。譬如，我们要反映老虎这类对象，头脑中形成了关于老虎的概念，就得用比如"老虎"这样的语词来表示；我们要反映有关老虎的情况，要对老虎这类对象作出某种判断以表现我们对老虎的某些性质的认识，就得用诸如"老虎是食肉动物""老虎是国家一级保护动物""我国的老虎分五个亚种：东北有东北虎、南方有华南虎、藏南有孟加拉虎、新疆有里海虎、云南和广西有印度支那虎"这类语句来表示。思维活动的实际情况也是如此，无论是谁，也不管他在思考什么，他的头脑中总是通过一系列语言形式来进行的。不借助于语言这样的手段，思维就无法操作、无法运转；不通过语言这样的形式，人们对客观事物的认识成果就会转瞬即逝，不可能在头脑中留存；不借助于语言这样的物质中介，人与人之间的思想交流就更不可能进行。

不但思维离不开语言，语言也离不开思维。因为语言只是代表思想的一种符号，离开了它代表的思想，就只不过是一种毫无意义的一组声音或笔画，语言也就不成其为语言了。

既然思维形式必然表现为一定的语言形式，思维形式的结构也就不能不通过一定的语言形式表现出来，因此，我们也就可以通过语言形式来把握、研究它所表现的思维形式的结构。

但是，这绝不意味着可以把二者看作是一回事，把思维形式的结构混同于表达它的语言结构。就以判断来说，表达判断的语言形式是句子，而句子既有它的表层结构，又有它的深层结构。表层结构是直接表现出来的句子成分之间的线性排列结构；深层结构则是语句所表达的并隐含于语句中的思想结构。虽然思想结构要通过语言结构才能表现出来，但二者却有时一致，有时并不一致。例如下面几个语句：

⑧"所有金属都是导电体。"

⑨"没有哪种金属不是导电体。"

⑩"金属中哪有不是导电体的。"

例⑧的表层结构和深层结构就完全一致。而例⑨和例⑩的表层结构虽然与例⑧不同,但其深层结构却与例⑧相同,表达的其实都是“所有金属都是导电体”这样的判断,都属于“所有S都是P”这样的判断结构形式。这就是说,例⑨和例⑩的表层结构,同它所表达的思想结构并不一致。

又如下面几个语句:

⑪“刘某某既是优秀共产党员,又是先进司法工作者。”

⑫“虽然李某某的行为已构成贪污罪,但是他的认罪态度很好。”

⑬“王某某不但已经结婚,而且有了孩子。”

这几个语句是分别用“既……又……”“虽然……但是……”“不但……而且……”这些连接词组合而成的复句,表层结构不同,表达的具体思想也不同。但是,如果我们仅仅只从语句表达的思想的真假意义上来考察,它们都同时断定了复句中的前后两个单句表达的思想为真。若以“p”“q”分别表示复句中的前后两个单句,则其共同的思维形式的结构就是“p并且q”。

由上可见,思维同语言的关系,是内容与形式、被表现者和表现者的关系。思维形式的结构是通过语言形式体现出来的共性;而语言形式表达的则是具有某种特定结构的思维形式的现象。正因为思维同语言密不可分,思维是否正确的问题也就必然通过语言的表达显现出来,因此,逻辑学对思维形式结构的研究,也就能够而且必须结合语言材料来进行。

三、逻辑学的性质

逻辑学的研究对象,决定了这门学科的如下性质:

首先,逻辑学提供的知识具有普遍有效性(universal validity)。

逻辑学的研究对象表明,它对思维的研究是撇开了思维的具体内容而只侧重于思维形式的结构;它揭示的思维形式结构方面的特征及其规律性,是人类运用的思维形式所体现出的共性,是正确思维都必须遵循的准则。如同数学知识的功能一样,尽管客观上并不存在脱离实体的量,然而关于事物的量的方面的运算规律,却可以适用于演算各种各样的具体对象的数量关系;逻辑也是如此。尽管思维总是内容与形式的统一体,而逻辑学揭示的思维形式结构方面的规律,却是任何具体思维都要涉及的。因此,它提供的知识普遍适用于各门科学领域(只是在某些特定领域、比如法学领域,还不够用而已);它总结的关于思维正确性的要求,对有着不同政治立场、价值观念的人来说,也一视同仁。由此可见,逻辑学作为一门侧重于研究思维形式结构的科学,虽然同哲学联系密切,但它并不研究和解决世界观的问题,因此,就这门学科的性质来说,其本身不具有阶级属性,而是具有全人类的共同属性。

其次,逻辑学提供的知识具有工具性(instrumentality)。

由于逻辑学研究的终究只是关于思维形式结构及其规律、规则方面的知识,只能解决思维中正确运用概念、形成判断、进行推理以及论辩的技能、技巧方面的问题,只能起一种工具或智力手段的作用,不可能提供思维内容方面的知识。而思维又是内容与形式的统一体,如果没有具体的思维内容方面的知识,单纯的“工具”或“手段”也难以发挥作用。因此,在看待、评估逻辑学的功能或作用的时候,切莫把它看作打开智慧之门的金钥匙,更不可把它看作可弥补生理上的智力缺陷、克服弱智的灵丹妙药。正如美国逻辑学家巴克尔所指出的:“对逻辑的实用价值不应估计过高。学习逻辑本身不能使人从不善于推理变成善于推理,因为好的推理是一种非常复杂的技巧,需要关于推理所涉及题材的正确判断和广泛的知识。逻辑课程并不能提供这些条件。但是有某些推理能力的人,可能通过学习逻辑改进和提高推理的技巧是确定无疑的。”〔15〕

四、逻辑学的功能

逻辑学的研究对象和学科性质,决定着它的功能及价值。

首先,它从理论上揭示了正确思维的特性,有助于我们由自发的逻辑思维提高到自觉的逻辑思维。

思维是人脑的特殊功能。一切正常的人几乎都具有一种天然的、并伴随社会生活的交往和实践经验的增多而愈益精到的思维能力,而且,这种思维能力在从幼儿到成人的学习活动中,特别是通过语文、数学的学习还间接地受到了逻辑的训练,因而在一般情况下也能符合正确思维的准则;有的人还因为经过这些间接的训练而使思维具有较强的逻辑性。但是,这样的思维终究是不自觉的,难免带有习惯性和随意性,很难做到有意识地防止逻辑错误的发生,特别是在思维过程比较复杂的情况下更是如此;要敏锐地发现和指出别人的错误,就尤为困难。

逻辑学的首要功能就在于从理论上揭示了正确思维的特性,不但使我们懂得什么样的思维才是正确的思维,并且提供了正确运用概念、判断、推理的准则,使我们在运用这些思维形式时懂得如何使思维具有确定性、不矛盾性、协调一致性和论证性。这就可以使我们通过有意识的学习和逻辑训练使思维规范化,逐步改变思维的习惯性、自发性,而代之以思维的科学性。

其次,逻辑学不仅具有理论指导的功能,也具有方法论的意义。

人的任何社会实践活动,为了达到某种目的都离不开一定的方法,都要借助于一定的手段或方式;思维活动也是如此。前面曾经讲过,思维活动是通过运用概念、判断、推理这些思维形式实现的,因而逻辑学关于如何正确运用这些思维形式的研究,自然也就具有方法论的意义。譬如,人们对事物的认识,总是要借助判断形式来反映,而任何判断的获得又不外两种途径:一是感知,二是推知,更多的情形是靠推理而得的,而运用推理就有一个是否正确的问题。推理正确,可以使我们在已有知识的基础上获得新的可靠的知识;而推理错误,或者推理带有随意性,不能正确看待所运用的推理形式的特点及其结论的逻辑性质,就难免把我们的认识引入歧途,导致行动失败。关于这个问题,恩格斯早就指出:“当我们发现自己遭到了失败的时候,我们一般地总是不要很久就能找出使我们失败的原因:我们总是发现,我们的行动所依据的知觉,不是不完全的和肤浅的,就是不正确地和其他知觉结果结合在一起——我们把这叫做有缺陷的推理。”〔16〕这就告诉我们,人们之所以出现认识错误,并导致行动失败,原因就在于依据的是有缺陷的推理。而所谓“有缺陷的推理”,指的就是或者推理所依据的前提是“不完全的和肤浅的”,没有如实反映客观事物情况的联系;或者推理形式不正确,没有正确地连接推理前

---

〔15〕 [美]S. F. 巴克尔:《逻辑原理》,田龙九、孚道译,湖北教育出版社 1988 年版,第 1－2 页。

〔16〕 《马克思恩格斯选集》(第 3 卷),人民出版社 1972 年版,第 387 页。

提而得结论并正确看待其结论的性质。

推理既是一种特定的判断联结方式,同时也是一种认知手段,因此,它的运用本身就具有方法论的意义。逻辑学虽然不提供推理前提内容方面的知识,但却告诉了我们应当通过什么样的方法去获得所需要的前提,如何运用已知的前提来构造推理,以及怎样看待所运用的推理的结论性质。这些无疑都有助于我们扩展运用推理的能力,提高运用推理的技能、技巧,从而避免运用推理的随意性。不仅如此,由于推理是判断的联结,而判断从根本上来说又是由概念构成的,因此,概念是否明确,判断是否协调一致,也就成为正确运用推理的基础。逻辑学关于如何明确概念,怎样正确理解一个判断的实际断定,以及在证明和反驳中怎样保持判断的协调一致、不互相矛盾等方面的知识,更是直接体现了它的思维方法的意义。

最后,逻辑学还有助于人们准确表达思想,提高论辩能力。

思维同语言是密不可分的,因此,表达是否清楚、准确,也就同思维是否清晰、正确密切相关。表达要清楚、准确,首先思维必须清楚;思维不清楚,表达必然混乱。比如,写文章有一个篇章结构的问题,谈话也有一个先说什么后说什么的问题,这方面做得如何,本身就是思维的清晰度和条理性的表现。对一个问题的论证,更是只有当思维清晰、把握了层层的推理关系的时候,才有可能使论证做到逻辑严谨、具有说服力。

逻辑学不仅有助于我们表达清楚、准确,做到论证合乎逻辑,而且,它还有助于我们在论辩中识别和驳斥谬误,提高论辩能力。

一般来说,论辩中的谬误不外来自两个方面,即内容方面和逻辑方面。前者涉及的是相关的具体科学知识的问题,亦即是否科学、是否合乎客观实际的问题;后者指的则是论辩是否符合思维规律、规则的问题。但是,这两个方面的谬误却不能截然分开,因为内容方面的谬误往往又是同逻辑方面的谬误密切相关的。比如,由于推理形式方面的错误而得出的荒谬结论,就其表达的思想不符合客观实际来看,它属于内容方面的错误;而从得出这一结论的过程来看,则往往又是不正确地运用推理的结果。既然论辩中的谬误来自两个方面,我们要识别和驳斥谬误,当然也就必须从这两个方面展开。这就要求我们不但要具有相关的内容方面的知识,而且还需要具备逻辑方面的知识;甚至从某种意义上说,逻辑方面的知识在识别和驳斥谬误中还显得更为重要,因为,如果抓不住论辩中的逻辑谬误,对内容方面的谬误也就难以抓住要害,驳斥就会显得无力。例如,有人这样说:“杀人、抢人是犯法的,我又没有杀人、抢人,犯什么法?”又如,在某地的一个人才招聘会上,有个单位在场的工作人员对一位本来持有的是真文凭的应聘者说:“刚才前面两个应聘者的文凭都被证明是假的,难道你的文凭还会是真的吗?”诸如此类的说法,固然有其内容方面的错误,但也有其明显的逻辑谬误,而且其谬误的根源还在后者。对于这类错误,稍具逻辑知识的人就不难发现其错误所在;若要对其反驳,也容易切中要害。然而对于一个完全缺乏逻辑知识的人来说,情况就不一样了,即使知道它错,恐怕也难以说清它究竟错在哪里。因此,学习和掌握逻辑知识,对于我们提高论辩能力来说是大有裨益的。

第三节 司法工作者掌握逻辑知识的必要性

一、司法工作者必须懂得逻辑

这里所说的司法工作者，是泛指一切从事与法律相关的实际工作者，主要指法官、检察官、律师，以及从事侦查与治安、保卫工作的人员。如前所述，司法工作是一项非常严肃而又复杂的工作。正是这样的工作性质，决定了司法工作者必须具有较高的思维素质，必须具有严谨缜密的逻辑思维能力。

就以侦查破案工作来说，侦查人员的任务就是要在案件发生后争取尽快查明案件真相，确认某种犯罪行为是否发生，弄清谁是作案人。然而，案件总是在侦破工作之前发生的，而且，犯罪者的犯罪行为通常又是在隐蔽条件下实施的，既非侦查人员直接感知，也不可能因侦查人员认识的需要而重复再现。社会现象本来就十分复杂，犯罪现象更是无奇不有；加之犯罪者作案后为了逃避罪责，往往还要制造假象、故布疑云，因此，对案件的侦破工作不可能不是一件十分困难的事情。那么，侦查人员凭借什么来获得对案件真相的认识呢？就只能在搜集和占有材料的基础上，借助于一系列逻辑推理而获得；侦查人员对案件的分析过程，其实就是层层运用逻辑推理的过程。几乎可以说案件的侦破工作每前进一步，都是和逻辑推理的运用分不开的；人们通常把描写侦查破案的小说称为“推理小说”，这就充分说明了侦查破案与逻辑的关系。

正因为侦查破案处处都离不开逻辑推理，而运用推理就有一个是否正确的问题，这就要求侦查人员必须懂得所运用的各种推理形式的逻辑要求，必须懂得这些推理所得结论的逻辑性质。否则，就很可能使我们对案件的认识误入歧途，甚至导致冤假错案的发生；现实生活中已有不少这样的事例。只要我们对这些事例进行认真的分析就不难发现，尽管导致冤假错案发生的原因甚多，然而其中都免不了会涉及错误地运用推理，或者不能正确对待其推理结论性质的问题。因此，侦查人员学习和掌握逻辑知识很有必要。对此，本书在后面有关章节内容的论述中，还将谈及。

在审理案件、适用法律的过程中，更要求司法人员具有较强的推理能力和论证能力。大家知道，司法人员对案件的审理活动是适用法律的活动。而法律的适用，也就是将一般性法律规定适用于具体案件，从而得出裁决、判处结论的过程。它既是实践性很强的法庭技术操作活动，同时也是复杂的逻辑思维活动。

在对案件的审理活动中，司法人员要能做到正确认定案件事实，准确适用法律，真正贯彻“以事实为根据，以法律为准绳”的办案原则，从而得出恰当的、令人信服的裁决或判处结论，绝不是一件轻而易举的事。即使是审理一起看起来似乎非常简单的案件，要正确适用法律，也首先必须在真实可靠的证据材料的基础上确认案件事实，同时，还要根据已确认的案件事实“寻找”和援用可适用于该案件事实的法律规定。显然，这也是一个非常复杂的思维活动过程，其中的每一个环节，几乎都免不了要涉及思维艺术和思维技巧的问题。不但如此，由于司法人员对案件的任何一种认识，包括对案件事实的认定和某项法律规定的援用，以及关于待决案件处理结论的得出，都不是也不可能是一种简单的断定，都必须以无可辩驳的理由和根据，论证得出该种结论的合理性和正当性。这就更加要求司法人员,尤其是检察官、法官和律师,必须掌握和精通推理和论证的艺术;司法工作的性质和特点,决定了他们特别需要逻辑,特别不能不懂得逻辑。正如苏联一位颇有影响的法学教授库德里亚夫采夫(B. H. Кудрявцев)在其《定罪通论》一书中所指出的那样:“逻辑学对法学、特别是对于定罪的意义是不容置疑的。大概社会生活的任何领域都不会像在法的领域那样,由于违背逻辑规律,造成不正确的推理,导致虚假的结论而引起如此重大的危害。推理的逻辑性,在侦查和审理案件时严格遵守正确的思维规律——对于每一个法律工作者是基本的不可缺少的要求。”〔17〕可见,司法人员学习和掌握逻辑知识具有何等重要的意义。

特别值得我们注意的是,逻辑知识在侦查破案和法律适用过程中的地位与作用,是同法制的完善及其运行原则相联系的。因此,我们绝不能用传统的眼光、凭传统的经验来看待我们今天所从事的司法工作。大家知道,由于特定的历史条件和人所共知的原因,我们过去对法制建设问题,正如老一辈无产阶级革命家彭真同志在一次谈话中指出的那样:“有时抓得紧,有时放松了,有时甚至丢掉了。”〔18〕特别是在20世纪60年代至70年代中期,那时办案时既不顾及“依法”,在很多情况下也无“法”可“依”;对有些案件的判决,甚至连理由也不讲,更不要说什么论证判决的合理性和正当性。在这样的法制背景下,司法人员当然谈不上对逻辑的需求。正如国内一位逻辑学者曾指出的:“在和尚打伞的岁月里,当然谈不上法律逻辑。”〔19〕自20世纪70年代后期开始,情况发生了根本的变化,党的十一届三中全会就明确地提出了“为了保障人民民主,必须加强社会主义法制,使民主制度化、法律化,使这种制度和法律具有稳定性、连续性和极大的权威,要做到有法可依,有法必依,执法必严,违法必究”〔20〕;邓小平更是深刻地指出:“为了保障人民民主,必须加强法制。必须使民主制度化、法律化,使这种制度和法律不因领导人的改变而改变,不因领导人看法和注意力的改变而改变。”〔21〕我们国家从此逐步驶入现代法治国家的轨道。1997年党的十五大报告首次把“依法治国,建设社会主义法治国家”〔22〕作为治国的基本方略提出来。1999年宪法修正案首次将“中华人民共和国实行依法治国,建设社会主义法治国家”写入宪法。2007年党的十七大报告提出“全面落实依法治国基本方略,加快建设社会主义法治国家”。〔23〕 2012年党的十八大报告提出“法治是治国理政的基

---

〔17〕 [苏]B. H. 库德里亚夫采夫:《定罪通论》,李益前译,中国展望出版社1989年版,第59页。

〔18〕 《加强法制宣传是新闻界的重要职责——彭真同志1984年4月6日在首都新闻界座谈会上的讲话摘要》,载《新华月报》1984年第5期。

〔19〕 诸葛殷同:《一个局外人看法律逻辑——纪念中国法律逻辑研究会成立十周年学术笔谈》,载《警学经纬》1993年第2期。

〔20〕 《中国共产党第十一届中央委员会第三次全体会议公报》(1978年12月22日通过),载《十一届三中全会以来重要文献选读》(上册),人民出版社1987年版。

〔21〕 邓小平:《解放思想,实事求是,团结一致向前看》(1978年12月13日),载《邓小平文选》(第2卷),人民出版社1994年版。

〔22〕 江泽民:《高举邓小平理论伟大旗帜 把建设有中国特色社会主义事业全面推向二十一世纪——在中国共产党第15次全国代表大会上的报告》(1997年9月12日),载《十五大以来重要文献选编》(上册),人民出版社2000年版。

〔23〕 胡锦涛:《高举中国特色社会主义伟大旗帜 为夺取全面建设小康社会新胜利而奋斗——在中国共产党第17次全国代表大会上的报告》(2007年10月15日),载《十七大以来重要文献选编》(上册),中央文献出版社2009年版。

本方式”“要加快建设社会主义法治国家”“全面推进依法治国”。[24] 2014年党的十八届四中全会通过的《中共中央关于全面推进依法治国若干重大问题的决定》提出“全面建成小康社会、实现中华民族伟大复兴的中国梦,全面深化改革、完善和发展中国特色社会主义制度,提高党的执政能力和执政水平,必须全面推进依法治国。”[25]而且,要“坚持依法治国、依法执政、依法行政共同推进,坚持法治国家、法治政府、法治社会一体建设,不断开创依法治国新局面。”[26]2017年党的十九大报告提出“中国特色社会主义进入新时代”“深化依法治国实践”“成立中央全面依法治国领导小组,加强对法治中国建设的统一领导”。[27] 2018年3月,中共中央印发《深化党和国家机构改革方案》,组建中央全面依法治国委员会。2020年11月中央全面依法治国工作会议正式提出习近平法治思想,并将其作为全面依法治国的根本指导思想。“习近平法治思想展现出科学缜密的逻辑架构,实现了理论逻辑、历史逻辑与实践逻辑的辩证统一”[28],是大力推动法治建设,实现中华民族伟大复兴的“中国梦”和“两个一百年”奋斗目标的重要保障,必将引领法治中国建设迈向良法善治的新境界。

改革开放40多年以来,随着我国法制建设的不断完善,对司法人员的业务素质也就有了更高的要求。我们必须清醒地认识到,“全面依法治国、依法执政、依法行政”绝不是仅凭实践中自发确立起来的思维习惯就可以做到的,而是要“把对法治的尊崇、对法律的敬畏转化成思维方式和行为方式”。[29] 就以侦查破案来说,办案人员绝不可以“先抓后查”“先定后审”;对犯罪嫌疑人的确定,也不能仅凭“感觉”、凭“道听途说”、凭“口供”,甚至为获取“口供”而靠“拳头”搞“逼、供、信”。在关于案件的审理活动中,对司法人员思维素质的要求就更高了:不但要求具有严谨缜密的推理能力,还要求具有较强的说理和论辩能力。全面依法治国新时代的到来,要求司法人员必须“与时俱进”,必须在提高专业素质的同时,努力提高自己的思维素质。为此,司法人员就必须掌握科学的思维方法,必须善于运用逻辑这样的智力手段。正如英国当代一位著名法哲学家麦考密克(Neil MacComick,1941－2009)所述:“我们需要法律的技术人员,能干和有想象力的技术人员。但是,要成为这样一个技术人员,其任务就是仔细研究技术。在律师们的技术当中主要的就是进行正确的推理和有力的论证的技术。”[30]为此,教育部和中央政法委于2018年9月17日联合发布《关于坚持德法兼修实施卓越法治人才教育培养计划2.0的意见》(教高〔2018〕6号)对卓越法治人才培养提出新时代的要求:“围绕建设社会主义法治国家需要,坚持立德树人、德法兼修,践行明法笃行、知行合一,主动适应法治国家、法治政府、法治社会建设新任务新要求……为全面推进新时代法治中国建设提供有力的人才智力保障。”2018年教育部颁布的我国首个《本科专业类教学质量国家标准(2018)》明确提

〔24〕 胡锦涛:《坚定不移沿着中国特色社会主义道路前进 为全面建成小康社会而奋斗——在中国共产党第18次全国代表大会上的报告》(2012年11月8日),载《十八大以来重要文献选编》(上册),中央文献出版社2014年版。

〔25〕 《中共中央关于全面推进依法治国若干重大问题的决定》(2014年10月23日中国共产党第十八届中央委员会第四次全体会议通过),载《十八大以来重要文献选编》(中册),中央文献出版社2016年版。

〔26〕 《习近平谈治国理政》(第1卷),外文出版社2018年版,第144页。

〔27〕 习近平:《决胜全面建成小康社会 夺取新时代中国特色社会主义伟大胜利——在中国共产党第19次全国代表大会上的报告》(2017年10月18日),载《十九大以来重要文献选编》(上册),中央文献出版社2019年版。

〔28〕 马怀德:《习近平法治思想的理论逻辑、历史逻辑与实践逻辑》,载《光明日报》2021年8月25日。

〔29〕 习近平:《坚持全面依法治国》,中央文献出版社2020年版,第141页。

〔30〕 [英]麦考密克、[奥]魏因贝格尔:《制度法论》,周叶谦译,中国政法大学出版社1994年版,第131页。

出:"法学类专业人才培养要坚持立德树人、德法兼修,适应建设中国特色社会主义法治体系,建设社会主义法治国家的实际需要。培养德才兼备,具有扎实的专业理论基础和熟练的职业技能、合理的知识结构,具备依法执政、科学立法、依法行政、公正司法、高效高质量法律服务能力与创新创业能力,熟悉和坚持中国特色社会主义法治体系的复合型、应用型、创新型法治人才及后备力量。"[31] 并且,在"课程体系"和"课程设置"中将逻辑学课程设置为法学类专业的通识必修课程。[32]

二、普通逻辑与法律逻辑

司法工作人员所需要学习和掌握的、关于逻辑的科学思维方法和智力手段,是否仅指我们通常所说的普通逻辑呢? 普通逻辑是否能够完全适应这种需要呢? 当然不是。

正如前面我们已经谈到的,由亚里士多德最初建立、并在他之后不断丰富和发展起来的逻辑学,亦即通常所说的传统逻辑或普通逻辑,两千多年来在指导人们正确思维方面一直发挥着它应有的重要作用;它的功能,在各个领域,当然也包括司法活动领域,是普遍有效的。也正因如此,它至今仍是我们必须学习和掌握的一门基础性学科,是我们学习和应用逻辑知识的基础。

然而我们又不能不看到,单纯的普通逻辑提供的知识,终究只是适用于各个思维领域的、具有普遍性意义的一般性知识。它没有也不可能对司法活动中具有特殊意义的思维形式和方法,给以科学的概括和说明;不仅如此,由于普通逻辑侧重研究的只是思维形式的结构,如果司法工作人员把应当学习和掌握的逻辑知识仅仅停留在这样一个层面上,显然不够,这样势必会影响它在司法工作中的实践意义(至于纯粹采用符号进行逻辑推演的数理逻辑,同司法实践活动的距离就更远了)。我们只要结合司法实践认真考察就不难看出,无论是侦查工作还是对案件的审理工作,其思维活动往往都不是完全按照普通逻辑已有理论和原则进行操作的;对于这样的思维,也绝不能简单地斥之为"不合逻辑"。相反,这正是结合司法实践应用逻辑知识的结果,根本不同于不顾逻辑的"胡乱思维"。关于这个问题,同样是前面谈到的那位苏联法学教授库德里亚夫采夫,他在《定罪通论》这同一本书中,在讲到如上引所述的关于逻辑学在司法工作中的重要作用之后,又这样写道:"与违反推理本身建立的规则有关的错误,在关于定罪得出的结论中极少碰到。这不奇怪:推理的逻辑形式非常简单,可以说是原始的。""逻辑形式这一简单的性质,明显是解决定罪问题时某种轻视逻辑学意义的原因之一。实际上,如果逻辑学全部意义归结为建立古典的三段论或基本的蕴涵,那么,从对它的这种运用来看,裨益不大。定罪时,主要的困难不在于从两个现成的前提中得出结论,而在于解决为了建立推理恰恰是应当掌握什么样的前提。建立三段论的规则没有回答这一问题。"[33] 显然,如果把他前后所述联系起来就不难看出,他在这里并不是要否定逻辑学的作用,其前后所述也并不矛盾;他在这里想要说明的,正好也就是本书所持的观点:对于司法工作者来说,普通逻辑知识是基

---

〔31〕 教育部高等学校教学指导委员会编:《普通高等学校本科专业类教学质量国家标准》(上册),高等教育出版社2018年版,第33页。

〔32〕 教育部高等学校教学指导委员会编:《普通高等学校本科专业类教学质量国家标准》(上册),高等教育出版社2018年版,第34页。

〔33〕 [苏]B. H. 库德里亚夫采夫:《定罪通论》,李益前译,中国展望出版社1989年版,第131页。

础性的，必须学习和掌握的；但是，如若仅仅局限于普通逻辑知识，又是很不够的。

正是基于司法实践的特点，国内逻辑学界的一些学者为了更好地发挥逻辑知识在司法领域中的应用效力，使之更贴近司法实际而作出了不少努力，并且也取得了不少研究成果。尽管这些成果，包括一些带有法律专业特色的逻辑教材，都还说不上是真正意义上的"法律逻辑"，但对司法人员运用逻辑知识来说，其实用意义还是不可忽视的。

那么，什么又是真正意义上的"法律逻辑"呢？按照法学家的说法，真正意义上的"法律逻辑"是法律适用的逻辑，它是法官、检察官或律师将一般法律规定适用于具体案件过程中，论证判决之所以正当或不正当的一种技术，因而是"供法学家、特别是供法官完成其任务之用的一些工具、方法论工具或智力手段"。[34] 它本质上是属于"法理学"或"法哲学"的一个重要组成部分。如同逻辑学皆以推理为主要的研究对象一样，法律逻辑主要研究的是法律推理问题。不过，它关心的主要不是法律推理的形式结构，而是法律推理的构建活动，亦即其前提如何建立的问题；涉及的实际上是法律适用过程中的思维方法和思维技巧的问题。大概正是由于这样的原因，所以在西方一些国家的法学论著中，"法律推理"(legal reasoning)常常被视作"法律逻辑"或"法律思维"(legal thinking)的同义语而被使用。

法律逻辑虽然关注的核心问题是法律推理，而且，它是以普通逻辑为其基础的，但是它绝不是普通逻辑在法学领域的简单应用。正如《牛津法律大辞典》在"logic in legal contexts"(法律中的逻辑)这一词条中所指出的："法律研究和法律在实践中的适用均彻底地依赖逻辑。在法律研究中，逻辑的运用即是对法律体系、每一个别的法律体系以及其中的每一法律部门中的原则和规则予以分析与分类，对法律术语、概念及其内涵、含义和它们之间的逻辑关系予以分析。……在实际适用法律中，逻辑对于确定某项法律是否可适用于某一问题、设法通过辩论说服他人或裁决纠纷等方面有重大关系。在确定可适用的法律或裁决纠纷等简单案件中，三段论和演绎法的运用是最常见的。……在更复杂的案件中，法律三段论大前提的存在和适当表述的确定是应予探究的主要问题，并可能涉及对许多案件的分析以及从中归纳出一般性原则，或者可能涉及棘手的成文法解释问题。小前提则是事实和证据问题。……那种认为法律指导或争议裁决往往或仅是逻辑的运用的看法是错误的。实际并非如此，个人态度、政策问题、自由裁量权的行使以及何为正义和公平的考虑经常构成最终裁决的一部分。"[35]

法律逻辑关注的核心问题是法律推理。在18世纪末19世纪初，法学家还都曾一度"把法律推理看作是逻辑三段论的运用：法律规范被视为大前提，某一案件的事实被视为小前提，法院的判决或某一问题的解决被视为结论"。[36] 但是，这种机械的法律推理观念，亦即"将法官视为适用法律的机械，只能对立法者所制定的法规，作三段论的逻辑操作"[37]的观点，到了19世纪末期，特别是20世纪初期，就遭到了各种法学派别的批判。因为在法学家看来，尽管将一般的法律规定适用于具体案件的过程，总的可看作一种演绎过程，然而其推论活动却是非常复杂的。这是因为"法律推理是实践推理(practical reasoning)的一个非常精巧的个案，它不是形

---

〔34〕［比］Ch. 佩雷尔曼：《正义、法律和辩论》，转引自沈宗灵：《佩雷尔曼的"新修辞学"法律思想》，载《法学研究》1983年第5期。

〔35〕［英］戴维·M. 沃克：《牛津法律大辞典》，李双元等译，法律出版社2003年版，第707－708页。

〔36〕朱景文主编：《对西方法律传统的挑战——美国批判法律研究运动》，中国检察出版社1996年版，第291－292页。

〔37〕梁慧星：《民法解释学》，中国政法大学出版社1995年版，第62页。

式证明(formal demonstration),而是一种论辩(argumentation),该论辩旨在通过表明这种选择、决定或取向较之同时存在的其他各种选择、决定与取向都更为可取来说服对方、并令对方信服。根据判决所涉及的领域,在实际论辩中给出的'好'理由('good' reasons)可能遍及道德、政治、社会、经济或信仰(religious)各个领域。"[38] 而且"除了事实认定方面的困难之外,面对千变万幻、复杂多歧的具体事实,如何妥当地适用法律也往往是颇费踌躇的。究其原因,或者成文法的条文语意暧昧、可以二解,或者法律规范之间互相抵触、无所适从,或者对于某种具体的案件无明文,或者墨守成规就有悖情理、因而不得不法外通融,如此等等、不一而足"。[39] 不但如此,而且"即使在法律原文的拘束较强的场合,法律家也不可能像一架绞肉机,上面投入条文和事实的原料,下面输出判决的馅儿,保持原汁原味"。[40] 正因如此,法律逻辑就不能不超越普通逻辑的眼界,不能不有它特有的研究视角和内容,特别是在关于法律推理的构造,即大、小前提的建立和推理方式的研究上,都有别于普通逻辑;法律推理不是简单的形式逻辑(或曰普通逻辑)推理的观点,现今已成为法学家们的共识。

鉴于普通逻辑终究是法律逻辑的基础,同时也考虑到对于司法人员学习和运用逻辑知识来说,普通逻辑既是基础性的,然而又是很不够的,因此,本书虽然主要还是介绍普通逻辑的基本知识,但是,由于法律逻辑在关于概念、判断、推理等一系列基本理论问题的阐述方面,同普通逻辑有较大的差异,所以在介绍普通逻辑知识时不但比较注重结合司法实践,而且还特别注意参考和吸收法学家们对相关问题的解说;此外也还适当引入了一些法律逻辑方面的研究成果。正因如此,本书无论在体例上或是对一些基本问题的阐释上,都有别于一般的普通逻辑教材,而且,也有别于国内绝大多数以"法律逻辑"或"法律逻辑学"命名的教材。

课后作业

一、单选题

1. 思维的逻辑形式之间的区别取决于其(　　)。

A. 逻辑常项　　B. 逻辑变项　　C. 逻辑常项和变项　　D. 语言表达形式

2. 中国没有侵略他人、称霸世界的基因,中国人民不接受"国强必霸"的逻辑。

下列对上述议论中"逻辑"一词的含义,理解正确的是(　　)。

A. 表达客观事物的规律　　B. 表达主观思维的规律

C. 表达某种特殊理论、观点和方法　　D. 表达推理、论证及论辩技巧的科学

3. 马克·吐温说:"有时候真实比小说更加荒诞,因为虚构是在一定逻辑下进行的,而现实往往毫无逻辑可言。"

下列对上述议论中"逻辑"一词的含义,理解正确的是(　　)。

A. 都表达客观事物的规律

[38] Ch. Perelman: *Justice, Law, and Argument: Essays on Moral and Legal Reasoning*, D. Reidel Publishing Company, 1980, p. 129.

[39] 季卫东:《"应然"与"实然"的制度性结合》(代译序),载[英]麦考密克、[奥]魏因贝格尔:《制度法论》,周叶谦译,中国政法大学出版社 1994 年版。

[40] 季卫东:《追求效率的法理》(代译序),载[美]波斯纳:《法理学问题》,苏力译,中国政法大学出版社 1994 年版。

B. 都表达主观思维的规律

C. 前者表达客观事物的规律,后者表达主观思维的规律

D. 前者表达主观思维的规律,后者表达客观事物的规律

4. 美国法学家波斯纳指出:“法律寻求的是合理性证明的逻辑而不仅仅是或主要不是发现的逻辑。”

下列对上述议论中“逻辑”一词的含义,理解正确的是(　　)。

A. 二者都是指的主观思维的规律性

B. 二者都是指的客观事物的规律性

C. 前者指主观思维的规律性,后者指客观事物的规律性

D. 前者指客观事物的规律性,后者指主观思维的规律性

5. 数学家陈省身指出:“数学是一门演绎的学问,从一组公设,经过逻辑的推理,获得结论。”

下列对上述议论中“逻辑”一词的含义,理解正确的是(　　)。

A. 表达主观思维的规律性　　B. 表达客观事物的规律性

C. 表达某种特定的理论、观点和方法　　D. 表达研究思维规律及其方法的科学

二、多选题

1. 所谓思维的逻辑形式,就是指(　　)。

A. 思维本身各部分之间的联结方式

B. 思维形式本身各部分之间的联结方式

C. 逻辑常项与逻辑变项之间的联结方式

D. 思维反映客观对象的方式,亦即概念、判断、推理等

2. 爱因斯坦指出:“逻辑会带你从 A 点到达 B 点,想象力将把你带到任何地方。”

下述各项议论中“逻辑”一词的含义,与上述相同的是(　　)。

A. 逻辑是数学的少年时代,数学是逻辑的成年时代。(罗素)

B. 忠诚可以简练地定义为对不可能的情况的一种不合逻辑的信仰。(门肯)

C. 宗教的真正目的在于必须把逻辑的诸原则塞到灵魂的深处去。(莱布尼茨)

D. 哲学上和逻辑上的大多数错误,是由于人类要理智倾向于把符号当作某种实在的东西而发生的。(爱因斯坦)

3. 霍姆斯曾说:“法律的生命从来不是逻辑,而是经验。”

下述各项议论中“逻辑”一词的含义,与上述相同的是(　　)。

A. 科学最基本之处有而且只有经验与逻辑。(殷海光)

B. 逻辑本身不能保证前提的真实性。前提是否真实乃是或至少可能是一个经验问题。(麦考密克)

C. 做一个真正的人,光有一个合乎逻辑的头脑是不够的,还要有一种强烈的气质。(司汤达)

D. 逻辑可以告诉我们走这条路或那条路保证不遇见任何障碍,但是它不能告诉我们哪条道路能引导我们到达目的地。(彭加勒)

三、判断题

1. 亚里士多德不仅是传统逻辑的创始人,也是现代逻辑的创始人。(　　)

2. 著名翻译家严复最先将英文“logic”音译为汉语的“逻辑”。(　　)

3. 思维的逻辑形式,就是思维反映客观对象的方式,亦即概念、判断、推理等。(　　)

4. 思维形式的结构包括逻辑常项和逻辑变项两个组成部分。(　　)

5. 法律逻辑学研究的主要问题是法律推理和法律假设。(　　)

四、思考与练习题

1. 逻辑学作为一门关于思维的科学,为什么同论辩的关系特别密切?你是怎样理解逻辑与论辩的关系的?

2. 18世纪后,逻辑科学是怎样朝着两个根本不同的方向发展的?

3. 简述什么是思维形式,什么是思维形式的结构?

4. 什么是逻辑常项?什么是逻辑变项?试举例说明。

5. 普通逻辑的研究对象是什么?是怎样进行研究的?

6. 为什么说司法工作者特别需要学习逻辑学?

7. 逻辑学对全面推进依法治国、建设社会主义法治国家具有特殊价值和意义,请结合自身学习与思考谈谈你对这一问题的认识和体会。

8. 指出下列各段议论中的"逻辑"一词各是在哪种含义上使用的?

(1)"中国特色社会主义政治发展道路,是近代以来中国人民长期奋斗历史逻辑、理论逻辑、实践逻辑的必然结果,是坚持党的本质属性、践行党的根本宗旨的必然要求。"(党的十九大报告)

(2)"我们要在历史前进的逻辑中前进、在时代发展的潮流中发展。"(习近平)

(3)"只有让学生不把全部时间都用在学习上,而留下许多自由支配的时间,他才能顺利地学习,这是教育过程的逻辑。"(苏霍姆林斯基)

(4)"最弱势的人一旦具备最好的逻辑思维能力,他最终将会战胜一切。因为利用逻辑思维,他可以轻易地预知未来,计算出任何行动所产生的可能结果,从而避免致命的失误,并能寻找到方法去完成看似不可能完成的任务。"(阿特金森)

(5)"人总是愿意相信好听的话,但历史却不仅常常忽视逻辑,而且也常常忽视被我们称为良心的那种东西。"(爱伦堡)

(6)"人类非常偏好理论体系与抽象思考,为了证明自己的逻辑,甚至宁愿歪曲真理,否认觉察到的真相。"(陀思妥耶夫斯基)

(7)"我们并不是因为发现了欲求某个事物的种种理由才去欲求这个事物,而是因为欲求某个事物采取寻找欲求它的种种理由。所以逻辑是无用的,没有人靠逻辑说服任何人;连逻辑学家也只是把逻辑作为收入的一个来源而已。"(叔本华)

(8)"我们是生吞活剥了战后一度风行的理想主义而对更为发达、更为复杂、更为练达的资本主义逻辑唱反调的一代人。然而我现在置身的世界已经成了由更为发达的资本主义逻辑所统领的世界。说一千道一万,其实我已经在不知不觉之中被这一世界连头带尾吞了进去。"(村上春树)

(9)"宗教是一种逻辑上的必然性,人们之所以被迫承认和接受宗教的存在,不仅因为宗教是历史事实,还因为它是一种逻辑上的社会必然性。"(涂尔干)

(10)"因为骗子骗人是有逻辑和章法的,他的核心逻辑就是重构信任体系。"

(11)"如果爱有原因,那就不爱了;如果爱有目的,那也就不爱了;如果爱可以解释,如果爱合情合理,那么爱也就不复存在了。爱情不合乎逻辑,或许这就是爱的逻辑。"

(12)"我是一个严格按照自己逻辑生活的人,这个逻辑不用设定,是习惯。……我确实没有克制。克制是欲而不做,本来就不欲,也就不去做了。"(陈道明)

(13)“一个人的精神生活,不仅仅是逻辑的、理智的,不仅仅是科学的,还有另外一个天地,同样给人以精神和思想上的满足。我想信仰宗教的人大概也有这种感情,这是不能用理智来论证的。”(何兆武)

第二章　概念的一般逻辑知识及其应用

课外阅读

概念、判断、推理等思维形式，在思维活动中是相互依存、相互联系的。但是，若仅从思维形式结构方面来考察，概念则是构成判断并进而联结成为推理的基本要素，是思维的最小单位。只有当我们头脑中对所运用的概念清晰、明确，以之为基础而展开的思维活动才有可能是正确的。因此，普通逻辑对思维正确性的研究，不能不先从概念谈起。

第一节　概念的特征

一、概念及其表达式——语词与词项

概念（concept）是通过反映思维对象的特有属性来指称对象的思维形式，其表现形式相当于语言中的词或词组。例如，"书""星球""私有财产""非法占有他人财产的行为"等，在逻辑上都称为概念。

思维总有其思维的对象，亦即它的思维内容，概念的主要功能就是用来指称思维对象的。概念指称的思维对象既可以是物质性的，也可以是意识性的；既可以是实在的，也可以是经头脑加工而虚构的；既可以是现今存在或曾经存在而现已消逝的，也可以是现今还不存在但将来才会出现的；既可以是具体的事物，也可以是依附于事物的某种性质、关系。

概念的指称功能，是通过反映对象的特有属性来实现的。所谓对象的特有属性（particular attribute），就是仅仅为被指称的那类对象共同具有、而其他对象都不具有的那种属性，因而也是该概念指称的那类对象区别于其他对象的根本特征。

概念是怎样通过反映思维对象的特有属性来指称对象的呢？大家知道，客观世界存在的都是一个个具体事物，譬如这只麻雀，那只乌鸦；这辆汽车，那辆汽车；张三这个人或李四这个人，等等。每个具体事物都有它许许多多的性质，包括形状、颜色、气味、姿态、功用等方面的特征；而且这一事物同另一事物之间，还呈现出如大小、轻重、高矮等关系。这些性质或关系，都是对象具有的属性。

人们关于对象的认识，其实都是对它的属性的认识；所谓甲事物与乙事物相同或相异，指的也是它们的某些属性相同或相异。世界上没有完全相同的两片树叶。客观世界的任何两个具体事物，它们总有某些属性相同，也总有某些属性不同，不存在所有属性都相同或都不同的两个事物。人们就是根据获得的某些对象共同具有，并且又是这些对象之外的其他任何对象都不具有的那些属性的认识，将这些对象看作一个对象类，从而形成指称该类对象的概念。这种只有某类对象才共同具有而其他对象都不具有的属性，就叫作该类对象的特有属性。例如，

客观世界存在许多如麻雀、乌鸦、鸽子、燕子等这类对象，它们各自有着它们自身的许许多多属性，但却又有着这些对象共同具有，并且也只有这些对象才共同具有而其他对象（如所有的人、猪、鱼等）都不具有的属性，即这一类对象的特有属性，如有角质的喙、身有羽毛等。于是，人们就以这些特有属性为根据，将它们看作一个对象类，从而形成关于这个对象类的概念——“鸟”。然后又用这个概念去指称一切具有这种属性的对象，如麻雀、乌鸦、鸽子、燕子等。而“鸟”这个概念，就只反映了各种鸟都共同具有的、同时又是鸟之外的其他对象都不具有的属性，即“鸟”这类对象的特有属性。而其他那些属性，如羽毛的颜色、食虫或不食虫、有眼、有脚等属性，则因其或者不是各种鸟都共同具有的，或者不是只有鸟才具有的，这些就都是“鸟”这类对象的非特有属性（non－particular attribute）。

正因概念只反映了对象的特有属性，舍弃了对象的非特有属性，所以它指称的对象就远不如具体事物那样丰富、生动，具有抽象性、概括性。例如“鸟”这个概念，指称的就是一般的、没有颜色、没有食性等特征的“鸟”，尽管面前的这只麻雀或乌鸦，因其具有角质的喙、身有羽毛这一特有属性而属于“鸟”指称的对象，但这只麻雀或乌鸦具有的属性，却比“鸟”这个概念反映的属性丰富得多。

概念是关于客观对象的一种思想，它必须依附于物质载体才能在头脑中留存，也才能表达、交流。概念的物质载体就是语词（words）或词组（word group，phrase）。语词或词组是可感知的物质形式，而它们的含义，亦即凝聚或包容于其中的那个思想，就是这里所说的概念。所以语词或词组被称为概念的表达式（expression）。

由于概念同语词总是结合在一起的，所以，加引号的某个语词或词组，也可以称它就是某个概念。例如“书”，既可以说它是个词，也可以说它是个概念。当然，这并不意味着可以抹杀二者的区别。

概念虽然是一种思想，是思维的最小单位，但是，在实际思维中它不可能孤立存在或出现。只有把概念连接而成判断，才能形成一个独立、完整的思想；概念的指称作用，也只有当其作为判断的组成成分出现时，才能体现出来。例如，“农民”这个语词表达的概念，孤立地看，所指就是生活在农村的人，若只是说“农民”，谁也不会明白要说的是什么意思。而当我们说“这几个临时工都是农民”，或者说“切实发挥农民在乡村振兴中的主体作用”时，才表达出一个完整的思想；“农民”的具体所指——是农民这类对象的各个个体，还是农民的整体，也只有当其作为上述这样的判断组成成分的时候，才能体现出来。

在判断中出现的、作为判断组成成分的概念，叫词项（term）。把某个概念称作词项，是相对于由它组成的那个判断而言的；离开了判断，它就不叫词项而只是一个孤立的概念。如“农民”，若离开上面这样的具体判断而言，它就只是一个概念；而相对于上面两个判断来说，它就是这两个判断中的一个词项。词项是语词和概念的结合体。虽然它也是概念的表达式，但又有别于仅仅作为表现形式的语词；虽然它也包容有概念的内容，但又有别于撇开语词形式来谈的概念。所以，概念、语词与词项的所指虽然相同，但其含义还是有所区别的。

二、概念同语词的关系以及把握这种关系的实践意义

如前所述，概念同语词有着不可分割的联系。人们有了关于客观对象特有属性的认识，形成了某个概念，就总得要用一个语词来表示它，不可能有离开语词而独立存在的概念。而语词

也只有表达了概念才有其特定的逻辑含义,否则,就只能是人们无法理解的一组声音或笔画。

正因为概念同语词有着不可分割的联系,所以,正确运用概念同恰当用词密切相关。表达时如果不了解某个语词表达的概念,就难免乱用,导致用词不当;如果生编乱造语词,则会使人不了解所表达的概念而难解其意。无论上述哪种情形都会影响表达的效果,甚至让人产生误解。

要做到正确思维,我们不但应懂得概念同语词的联系,更应把握概念同语词的区别。

首先,概念必须通过语词表达,但是并非所有语词都表达概念。一般说来,实词都表达概念,而虚词则有的表达概念,有的不表达概念。其中,如助词、叹词因其无独立的思想意义,不表达概念;而介词、连词(如"因为……所以……"、"并且"、"或者"及"如果……那么……"等)虽然不像实词表达的概念那样有其所指,但在逻辑方面却有其重要意义,因而也被视为表达了概念,并称之为逻辑概念(logical concept)或形式概念(formal concept)。[1]

其次,概念同语词不是一一对应的,并非某个概念只能由某个语词来表达,某个语词也不一定只能表达某个概念。这种所谓"多词同义"或"一词多义"的情形,在普通思维领域极为常见。例如,反映人的死亡这种现象的概念,就可以用"去世""逝世""身亡""丧命""完蛋"等语词来表达,虽然这些不同语词附加上了不同的感情色彩,但表达的概念并无差异。此外,同一个语词表达不同概念的情形,也大量存在。一般地说,某个语词究竟表达什么样的概念,同它出现的语境有关。例如"重伤"一词,在医学领域就不同于法学领域表达的概念。《刑事诉讼法》中所说的"拘留",也有别于《治安管理处罚法》中所说的"拘留":前者指刑事拘留,后者指行政拘留。

既然概念同语词不是一一对应的,因此,在思维或论辩过程中就应特别注意结合特定的语言环境,准确地把握语词实际表达的概念,尤其要防止简单地把相同语词当作相同概念;在运用语词表达概念时,则应尽量避免语词歧义,力求使之能够准确表达所要表达的概念。司法工作中如果不注意上述问题,有时还会导致严重后果。

值得指出的是,在法律文件中,某个语词究竟表达什么样的概念,并不都是那么清楚的。尽管法律、法规的制定者总是力求表达概念时用词的准确性,但语词的多义性问题总难避免,而这又直接关系到法律、法规的正确适用。正是为了弥补这一缺陷,所以有关机构对法律条文中某些语词表达的概念作出解释,就十分必要。例如,我国原《民法通则》第 127 条规定:"饲养动物造成他人损害的,动物饲养人或者管理人应当承担民事责任……"[2]条文中的"动物",就不是指生物学上的"动物"(如单细胞动物等),而是指家畜、家禽和豢养的野兽、宠物,也包括人所饲养的其他动物,如鸟、兽、蜂、蝎子、蜈蚣、蛇等。

---

〔1〕 关于逻辑概念或形式概念,日本学者末木刚博认为:形式概念是不具有语义内容,只表达语法关系的概念,也可称之为"逻辑概念"或"联结词"。大致可分为四种:联项、联结词、量化概念(量词)和陈述概念(规定命题性质的概念,如"是""不是""必然""可能""过去""现在"等)。详见[日]末木刚博等:《逻辑学——知识的基础》,孙中原、王凤琴译,中国人民大学出版社 1984 年版,第 13 - 14 页。谷振诣认为"形式概念是不具有具体内容,只表达命题的形式关系的概念"。"主要有两类,一类是把实质概念联结起来以构成简单命题的形式概念;另一类是把命题与命题联结起来以构成复合命题的形式概念。"参见谷振诣:《论证与分析——逻辑的应用》,人民出版社 2000 年版,第 63 页及以下。

〔2〕 《民法典》将"饲养动物损害责任"单列为第 7 编"侵权责任"之第 9 章,同时将原《民法通则》第 127 条扩充为 7 个法律条文,即第 1245 条至第 1251 条。

司法实践中，由于不同的办案人员，对法律条文中某个语词表达的概念理解不同，因而对即使相同的案件事实能否适用于该项法律条文的认定，以及由此而决定的对案件的处理，也就免不了会出现极大的差异，从而影响法律的公平和公正。例如，有这样两起情况基本相同的案件，一起是：广州市一女孩阿怡，5 年前当其 17 岁时，父母离异，她随母生活，其父则每月支付 350 元抚养费直至阿怡成人。到 1999 年 1 月，其父因她已成年，停付抚养费。也就在这一年，阿怡被某音乐学院录取，其母要承担她一切费用很困难。于是，阿怡要求其父承担她包括购买电脑、钢琴在内的一切费用，并将其告上法庭。广州市某区法院根据最高人民法院《关于审理离婚案件处理子女抚养问题的若干具体意见》中的规定，即尚未独立生活的在校就读的成年子女，父母有给付能力的，仍应负担必要的抚育费；而阿怡符合这一规定。于是法院判其父每月支付 400 元。阿怡认为判得太少，上诉到广州市中级人民法院。中级人民法院认为阿怡每年的学杂费确实太高，于是终审判决其父除每月支付 400 元外，还需支付学杂费的一半。另一起是：上海市一个叫小欢的小孩，也是因父母离异，从小随母生活。后小欢考入大学，要求其父增加生活费和教育费，其父则表示这笔较大的费用无力承担。一审法院判决小欢胜诉，其父不服上诉后，上海市第一中级人民法院改判小欢败诉。之所以作此改判，是因为二审法院认为，虽然我国法律规定，父母对未成年人或不能独立生活的子女负有抚养教育的义务，但“不能独立生活的子女”，是指尚在校接受高中及其以下学历教育，或无法维护正常生活的成年子女。显然，小欢已不符合这种情形。两起类似的案件，判决结果却如此不同。其实他们依据的法律条款并不相悖，原因就在于法官对“尚未独立的在校就读的子女”的理解不同。[3]

当然，我们也不应忽略另一种情形：有的法律、法规或其他规定的制定者，对表达概念用词的准确性注意不够，在条文中采用了本身就含混的用语。据报载：2002 年 11 月 24 日，四川省成都市武侯区某医院宣布正式执行医护人员礼仪制度。该制度规定中有一条就是，“袜子有难闻的气味，罚款 50 元”。[4] 究竟什么是“难闻的气味”？怎么鉴别？按照什么标准来鉴别？在一项严肃的规定中使用这样的语词来表达概念，让人不能不怀疑它能否真正施行；即使施行，恐怕也免不了在实践中引来麻烦。其实，由于这样的原因而引发的麻烦事例，就已出现过。据报载：1997 年 1 月 3 日、4 日，北京连降大雪。4 日中午，刘某偕同家人到某酒家午餐，不慎在酒家门前滑倒摔伤、后住院治疗。为此，刘某以《北京市人民政府关于扫雪铲雪管理规定》中明确规定的“昼间降雪，随时清扫”为据，认为酒家在自己责任区内没有按规定履行义务，造成自己滑倒摔伤的后果，故向法院起诉，要求酒家赔偿损失。而酒家辩称：在下雪过程中，店方及时派人清扫了责任区内的积雪，刘某摔倒，责任应自负。这里，该如何理解“随时清扫”的含义，显然就成了解决此案的关键。对此，北京市环卫局有关人员解释说：“随时清扫是指雪停后应及时清扫，并不是指在降雪过程中扫雪，也不是指不停地扫雪。”[5] 作如此解释后，本案该如何解决固然不言自明，可是，如果规定中选用比“随时清扫”更清楚贴切的用语，岂不是就可以避免这场官司了。

---

〔3〕《两地法院就成年子女要抚养费问题，作出截然不同判决》，载《法制文萃报》2002 年 12 月 2 日。

〔4〕《上班穿臭袜子罚五十元》，载《华西都市报》2002 年 11 月 26 日。

〔5〕《雪天摔伤责任谁负》，载《北京晚报》1997 年 5 月 8 日。

三、法律概念是客观性与规定性的统一

这里所说的法律概念(legal concept),是指法律规范中出现的、用以指称那些属于法律规范调整的事件或行为的概念,亦称"法律专门术语"(legal terminology)。

法律概念在人类法律思维和法律实践中有着极为重要的意义。它是人们通过对法律现象进行概括和抽象而形成的。它既是人们对需要通过法律予以规范的行为认识成果的总结,又是法律思维和法律实践的出发点和工具。正如美国法哲学家博登海默所说:"法律概念乃是解决法律问题所必需的和必不可少的工具。没有限定严格的专门概念,我们便不能清楚地和理性地思考法律问题。没有概念,我们便无法将我们对法律问题的思考转变为语言,也无法以一种可理解的方式把这些思考传达给他人。如果我们试图完全否弃概念,那么整个法律大厦就将化为灰烬。"[6]

法律概念同一般概念相比,既有它们的相同点,也有它自身的一些特点。其主要特点就在于它是客观性与规定性的统一。[7]

概念作为一种思维形式,其内容都具有客观性,都是对客观对象直接或间接的反映,法律概念也是如此。从表面看来,法律概念是立法者通过规范的形式确立的,似乎纯属人的主观创造。其实,正如马克思所述:"哲学家生产观念,诗人生产诗,牧师生产说教,教授生产讲授提纲,等等。罪犯生产罪行……罪犯不仅生产罪行,而且还生产刑法,因而还生产讲授刑法的教授,以及这个教授的……必不可少的讲授提纲。"[8]这就说明,法律概念也只不过是人们在特定社会条件下,对已发生或可能发生的行为的一种反映或预见,是关于人的某种行为的抽象和概括。

但是,法律概念又不是人们对社会上已经发生的、人的行为的一种简单反映,而是立法者根据立法意旨,对那些认为需要通过规范形式予以保护或禁止的行为的反映,因此,法律概念又具有规定性。例如,"盗窃"这一语词表达的概念,当其被摄入法律体系而成为法律概念时,它指称的那类行为及其特征,就有别于普通思维领域的"盗窃"所指;至于达到何种程度的盗窃行为才构成"盗窃罪",不同国家、甚至同一国家在不同时期的法律,完全可以有不同的规定。

既然法律概念是客观性与规定性的统一,因此,运用法律概念时也就应当注意:

第一,理解或陈述法律文件中语词表达的概念,在内容方面必须体现它的法律规定性,不能凭自己的理解作任意解释。例如,"不可抗力"表达的概念,尽管在学术界对之也还有不同解释,但是,依据我国《民法典》第180条第2款之规定,就只能将其理解为是指"不能预见、不能避免且不能克服的客观情况"。不仅如此,有的语词在同一国家的不同法律文件中,表达的概念也还不尽相同。例如"船舶"这一语词,在我国原《防止船舶污染海域管理条例》[9]中,是"指一切类型的机动和非机动船只"(第52条第1款第2项);在我国《海上交通安全法》中,又

---

[6] [美]E. 博登海默:《法理学——法律哲学与法律方法》,邓正来译,中国政法大学出版社1998年版,第486页。

[7] 法律概念的主要特点,不限于客观性与规定性的统一(实则描述性与规范性的统一),同时,也是确定性与不确定性的统一。若按此思路修订,势必大动干戈,且与原版出入较大,经权衡,本小节仍维持第一版的原貌。

[8] 《马克思恩格斯全集》(第26卷),人民出版社1972年版,第415页。

[9] 国务院1983年12月29日发布的《防止船舶污染海域管理条例》,因国务院2009年9月9日公布的《防治船舶污染海洋环境管理条例》自2010年3月1日起施行而同时废止。

"指各类排水或者非排水的船、筏、水上飞行器、潜水器、移动式平台以及其他移动式装置";而在《海商法》中,则是"指海船和其他海上移动式装置,但是用于军事的、政府公务船舶和20总吨以下的小型船艇除外"。我们在理解"船舶"一词所表达的概念时,就不能不根据场合的不同,体现出相关法律的规定。

第二,运用语词表达法律概念时,也必须体现它的法律规定性。在普通思维领域有所谓"多词同义"的情形,而对法律概念的表达却不能如此"灵活"。某个概念按规定就只能用某个语词表达,不允许用别的语词、哪怕是表达完全相同概念的另一个语词来代替,更不允许随意杜撰。例如,表达因重婚而构成的犯罪行为的概念,就只能用"重婚罪"这一法定用语,而不能用诸如"非法同居罪""非法结婚罪"等来代替;表达关于暴力干涉他人结婚或离婚自由而构成的犯罪行为的概念,也只能用"暴力干涉婚姻自由罪"这一法定用语,而不得用诸如"暴力干涉结婚罪""强行阻挠他人结婚罪"等之类的语词表达。不难理解,如果表达法律概念的用语,也像普通思维领域那样"灵活",充满修辞色彩,还怎么能体现法律的规范性和严肃性。

第二节 概念的内涵与外延

概念既然是通过反映对象的特有属性来指称对象的思维形式,因此,概念就既有其"所谓"(denote),也有其"所指"(designatum)。

概念的"所谓",亦即概念的内涵(intension,connotation),就是包容于概念中的被指称的那类对象具有的特有属性,它表明指称的是具有何种特征的对象。概念的"所指",亦即概念的外延(extension,denotation),就是客观世界中具有内涵反映的特有属性的每一个对象,它表明概念指称的对象范围。

概念的内涵和外延,是任何概念都具有的两个基本方面;概念本身就是内涵和外延的结合体。所谓概念的不同,其实就是指其内涵或外延的不同。概念的变化,也是指它的内涵或外延方面的变化。正确思维首先要求概念明确,而概念明确就是对它的内涵、外延要明确。

概念的内涵和外延是相互联系、相互制约的。概念的内涵来自它指称的那类对象,是从被指称的对象中抽象概括出的特有属性。而当这些特有属性一旦被凝聚于概念中而成其为内涵时,反过来又制约着它指称的对象范围。因此,如果概念的内涵和外延任一方面发生变化,都会引起另一方面的变化。

一、概念的内涵及其确立方式——认识性内涵与规定性内涵

如前所述,概念的内涵就是凝聚于概念中的、它所指称的那类对象具有的特有属性,也是它所指称的对象有别于其他对象,因而能够同其他对象区别开来的根本特征。

概念内涵所反映的那些特有属性或根本特征,亦称为概念内涵方面的构成性质。由于对象的特有属性或根本特征,不是孤立地在对象自身中可以显现出来的,总是同其他对象相比较而言的,而"比"就不能没有一个范围。因此,概念内涵方面的构成性质,又只能是在它指称的那类对象所隶属的某个对象类的范围来确立。概念的内涵可通过如下表达式来表示:

"C"="具有性质S的G类"

例如:

①"鸟"="具有性质S的脊椎动物(G)";

②"最不发达国家"="具有性质S的国家(G)"。

表达式中的"C"表示任一概念(英文 Concept 的首字母),"G"是"C"指称的那类对象所隶属的对象类(英文 Genus 的首字母),表明"C"这类对象与"G"这类对象中的其他对象共同具有的性质("C"之"共有属性"),也表明了"S"被确立为构成性质的界定范围。表达式中的"S"(英文 Species 的首字母),则是"G"类中仅为"C"类对象才完全具有的性质或特征("C"之"特有属性"),亦即"C"这个概念内涵方面的构成性质;它通常都不是单一的,而是由若干性质合成的一个性质组。

例如,"鸟"这个概念内涵中的"性质S",就由下面几种性质组合而成,即:

S_1——"具有角质的喙、无牙齿";

S_2——"体外被覆羽毛";

S_3——"前肢为两翼,能飞翔"。

"最不发达国家"这个概念内涵中的"性质S",则是由联合国有关机构确立的,由下面这些性质合成的性质组,即:

S_1——"按人口平均,国内生产总值在100美元以下";

S_2——"国内生产总值中,制造业所占比重为10%以下";

S_3——"成人扫盲率为20%或更低"。

概念内涵根据确立的方式的不同,可分为认识性内涵与规定性内涵。

(一)认识性内涵

认识性内涵(cognitive intension),也称作描述性内涵(descriptive intension),其构成性质是通过对象间性质的比较而确立的,它是人们关于概念所指称的那类对象认识的成果。这里所说的"比较",当然不是在漫无边际的范围中进行的,而是在概念"C"指称的对象所隶属的那个对象类"G"的范围内,通过对"C"这类对象与"C"之外的对象加以比较,然后抽象概括出它的构成性质,并进而将其确立为概念内涵的。

如前面例中,"鸟"这个概念内涵方面的构成性质,就是通过同"鸟"之外的其他脊椎动物相比后而确立的。

又如"两栖类动物"这个概念,人们通过把它指称的对象同许多与其近似的对象相比,然后确立了如下构成性质:

S_1——"身体表面无鳞片或厚甲覆盖";

S_2——"幼体用鳃呼吸,成体用肺呼吸";

S_3——"幼体心脏为一心房一心室,而成体心脏为二心房一心室"。

根据上述构成性质,就能够把"两栖类动物"同鱼、龟、鳖、鲸等区别开来;而这组构成性质,又正是通过同这些非两栖类动物比较后,从两栖类动物具有的各种属性中抽取出来的。

由上可见，通过对象间的比较而确立的概念内涵，其构成性质是对象本身客观地区别于其他对象的性质。人们在通过这种方式确立概念内涵方面的构成性质时，认识的任务只在于通过比较去发现这样的性质。尽管由于人们认识的局限，在确立其指称的构成性质时，不可能因人们认识的需要而改变，也不可能听凭人们主观任意地增加或减少。它的内涵是人们在特定历史条件下对客观对象特有属性认识的成果，只能随着人们对该类对象认识的深化而变化，随着人的认识的发展而发展。

例如，反映人的生命终止这一现象的“死亡”这个概念，人们过去都认为它内涵方面的构成性质，就是“心脏停止跳动、停止呼吸”。人们在判定某人是否死亡时，也是以这一构成性质，即“死亡”概念的内涵为“标准”的。然而20世纪60年代以来出现的几起事例，震动了医学界，使得医学家们不得不怀疑此前对“死亡”概念内涵认识的正确性：其一，在西班牙的一次交通事故中，被撞者经医生检查，确认其已经“心脏停止跳动、停止呼吸”，于是出具了死亡证明。后来，“奇迹”发生了：当“死者”家属将其入棺时，由于棺材略短，殓尸者为勉强将其装入，用锤轻敲其脚跟，“死者”竟醒，后经医院抢救复活。其二，20世纪60年代在越南战死的美军士兵，被装进棺材运回美国。亲人启棺看尸时，发现不少死者已改变了入棺时的姿势，可见，这些改变了入棺时姿势的“死者”，入棺时并未真死，而是后来闷死的。其三，20世纪70年代末，美国阿拉斯加一次雪崩，有39人经检查已心脏停止跳动，被宣布死亡并准备掩埋，后经一医学教授抢救，大多数人居然复活。〔10〕 这些事例表明，人们过去对“死亡”这个概念内涵构成性质的认识，是不正确的。之后，有的医学家通过认真研究，提出了新的死亡“标准”，即“脑电图成光滑水平线、无波折、24小时无变化”。这就是说，关于“死亡”概念的内涵，已随着人们对死亡现象认识的深化而发生变化了，用有的专家的话来说，就是由“心死”变成了“脑死”。

上述表明，认识性内涵构成性质的确立，只是人们在一定历史条件下获得的认识成果，是同人们对客观对象的认识水平相关的，并且也是随着人们认识的深化而深化、随着人的认识的发展而发展的。

（二）规定性内涵

规定性内涵（prescriptive intension），亦称作规范性内涵（normative intension），是人们根据实践需要，通过人为规定方式加以确立的内涵。实际思维中常常会遇到这样的情况：某个概念指称的对象，其范围并不确定；与其他概念指称对象相比，其区别界限显得模糊。然而实践又要求准确地理解和使用这个概念，这就不能不从内涵方面使之精确、清晰。于是，人们便通过“规定”的方式来确立其内涵方面的构成性质，以此作为识别它所指称的对象的“标准”。

例如，“发明”一词表达的概念，其内涵就比较模糊；哪些成就可称得上“发明”，其范围并不那么清晰。在普通思维领域，也许它清晰与否并不怎么至关重要，可是，在国家颁布的《发明奖励条例》中，情况就不是如此了。为了该条例能得以正确地贯彻实施，条例中关于“发明”的内涵，就必须力求精确、清晰，于是就通过规定的方式，将其内涵的构成性质确立为：

③“本条例所说的发明是一种重大的科学技术新成就，它必须同时具备下列三

〔10〕《死亡的新概念》，载《科学园地报》1981年7月24日。

个条件:(1)前人所没有的;(2)先进的;(3)经过实践证明可以应用的。”(国务院1984年4月25日修订发布的《中华人民共和国发明奖励条例》第2条)

在法学领域,几乎所有的法律概念,特别是刑法中的罪名概念,其内涵都是通过规定方式确立的。

通过规定方式确立的内涵,其构成性质虽然也根源于对象自身具有的性质,但是,在对象具有的这些性质中,究竟抽取哪些性质作为构成性质,则由人们在特定领域实践的需要来决定;同时,它也将随着实践的需要而改变。例如,前面谈到的“最不发达国家”这个概念,联合国有关机构在确立其内涵方面的构成性质时,是基于当今世界各国的经济状况,并为了实施某些方面的援助计划而规定的,是否可以再增加或减少某个性质呢?是否可以将其中的某个性质作某些改变呢?回答当然是肯定的。我们完全可以作这样的设想:随着时间的推移,人们对于“最不发达国家”这个概念的内涵,完全可能“规定”出另外的“标准”。

法律概念内涵方面的构成性质,随着形势的发展而发生变化的情形,特别明显、突出。比如“贪污罪”这一概念,在我国1979年《刑法》第155条中,将其内涵规定为“国家工作人员利用职务上的便利,贪污公共财物”的行为。后来随着形势的发展,全国人民代表大会常务委员会根据新形势下打击经济领域犯罪活动的需要,于1988年便将“贪污罪”的内涵,修改规定为“国家工作人员、集体经济组织工作人员或者其他经手、管理公共财物的人员,利用职务上的便利,侵吞、盗窃、骗取或者以其他手段非法占有公共财物的”犯罪行为。在1997年的新《刑法》中,其内涵又有变化。显然,这样的变化并不意味着原来对“贪污罪”内涵的认识不正确,也不意味着现在的认识就更深刻,而是基于形势的发展变化和实践的需要所决定的。

那么,是否任何人都可以“自由”地通过“规定”方式,确立或改变概念内涵方面的构成性质呢?当然不是。问题不在于哪个人或哪个机构可以或不可以这样“规定”,而在于“规定”能否得到公认。这不仅取决于“规定”的依据是否具有合理性,更取决于规定者是否具有权威性。只有当确立构成性质的依据被认为是合理的,并且规定者又在使用该概念的那个领域具有权威性,通过规定而确立的构成性质,才能被人承认,接受。

二、概念的外延及其边缘的模糊性

(一)概念的外延

任何概念不但都有它的内涵,而且也都有它的外延。一个概念的外延,就是具有该概念内涵方面构成性质的那些对象,也就是可用该概念来指称的所有被指称者。

例如,“鸟”这个概念的外延,就有麻雀、乌鸦、燕子,大雁、丹顶鹤等;“最不发达国家”这个概念的外延,就有喀麦隆、乌干达、老挝、柬埔寨、尼泊尔等30多个国家。

概念外延中的每个对象,都是可用该概念来指称的对象,都是该概念的被指称者。例如,麻雀属于“鸟”这个概念的外延,也就是可用“鸟”来指称的对象,说“麻雀是鸟”;乌干达属“最不发达国家”这个概念的外延,也就可用“最不发达国家”来指称它,说“乌干达是最不发达国家”。可见,一个概念的外延,就是可用该概念来指称的所有对象;凡属某个概念指称的对象,也都是该概念的外延。

概念的外延,既可以是一个或若干个对象类,也可以是一个或若干个对象个体。如“麻雀”“乌鸦”等,就是“鸟”这个概念外延指称的各个对象类,而面前的某一只麻雀或某一只乌鸦,则是“鸟”这个概念外延指称的对象个体。“中国人”是“人”这个概念外延中的一个对象类,而张三、李四等,则是“人”这个概念外延中的对象个体。有的概念,如“地球”“世界上人口最多的国家”等,其外延则只有一个对象个体。

概念的外延,既可以是独立存在的实体,也可以是从各种实体中抽象出的某种属性。如前面所举各例,其外延指称的对象便都是独立存在的实体。而像“美丽”“红色”“大于”“帮助”等关于性质、关系方面的概念,其外延指称的对象就不是独立存在的实体,而是依附于实体才能显现出的某种属性。

概念外延指称的对象范围,是由它内涵方面的构成性质决定的。由于概念内涵可以随着人们对客观对象认识的深化而变化,或者基于形势的发展或出自人们实践需要的变化而变化,使得其内涵构成性质有所改变,从而也就必然导致概念的外延相应发生变化:原本属于它指称的对象,有可能不再是它的外延;而原本不属于它指称的对象,却可能被摄入它指称的对象范围。例如,对“贪污罪”内涵方面的规定发生了变化,某人实施的同一行为原本不属于“贪污罪”指称的对象范围,现在就可能成为它指称的对象。正因如此,概念内涵清晰、明确,是概念外延清晰、明确的关键,也是正确运用概念以准确指称对象的基础。

(二)思维过程中的归类活动及概念外延边缘的模糊性

在思维过程中,人们常常需要确定某一个或某一类具体对象,是否属于某个概念指称的对象,亦即确定它是否属于该概念的外延。这种确定某个或某类具体对象属于或不属于某个概念外延的思维活动,就叫归类(subsumption)活动。

归类活动是人们思维中免不了要进行的一种活动。例如,人们通常把鲸称为“鲸鱼”,把鳖称为“甲鱼”,把乌贼叫作“墨鱼”。可是,它们究竟是不是鱼呢?能否将其归属入“鱼”这个对象类,把它们看作“鱼”这个概念的外延呢?当实践需要我们明确其所属的类而进行关于这个问题的思考时,思维中就是在进行归类活动。

日常思维中的归类活动,一般来说凭直觉便可完成,人们也不会感到有多大困难。但是,仅凭直觉进行的归类活动,却并非在任何情况下都是可靠的。要做到归类准确,就必须以拟归属的那个概念的内涵为依据,以之对照被归属的对象,进而再确定该对象属于或不属于某个概念的外延。例如上面谈到的鲸、鳖、乌贼,单凭直觉就很难说清它们究竟是不是鱼;只有当我们根据“鱼”这个概念的内涵,即“鱼”这类对象的根本特征予以对照、判定,才说得上是可靠的。大家知道,鱼类的根本特征就在于它是“用鳃呼吸的脊椎动物”,而上述这些对象都不具有这一性质,据此我们便可以有把握地说:它们不是鱼。

归类活动是司法工作中必不可少的一项思维活动,几乎处理任何一起案件都要经历一个归类过程。司法工作中的归类活动,叫司法归类(judicial subsumption)活动,法学方法论习称“涵摄”(die Subsumption,subsumption)。譬如,在刑事案件的审理活动中,司法人员在查明被告人的行为事实的基础上,首先就要确定该被告人的行为是否构成犯罪,是属于此罪还是彼罪。这一确定过程就是司法归类的过程。由于司法工作的严肃性,要求归类必须准确,因此它不能凭直觉完成,必须以相关的法律概念的内涵,即该概念所指称的那类行为的构成要件来对照确定,否则就难免归类不当、定性不准。

值得注意的是:无论普通思维领域还是法学领域,归类活动并不是在任何情况下都能顺利进行的。归类之所以会遇到困难,原因就在于概念外延边缘的模糊性。

所谓概念外延边缘的模糊性(fuzzification of extension border),就是指客观对象中存在有难以界定的是否属于某个概念外延的两可情形的对象。例如,日常用语中,人们经常都会用到的“老年人”这个概念,其外延的中心部分无疑是清晰的,因而面对一个70岁甚至年龄更大的人,我们可以毫不犹豫地确定他(她)属于“老年人”的外延;可是其外延的边缘部分(无论其界限如何确定,总有处于边缘的对象)就显得模糊不清。譬如,面对一个60岁或59岁、58岁、57岁……的人,他(她)究竟属于或不属于“老年人”的外延呢?对于这些对象,如果不是在特别需要的场合,在没有明确规定年龄界限的情况下,就免不了要遇到处于两可之间、难以界定的边缘对象。

概念外延边缘的模糊性,几乎可说是一种普遍现象。正如英国当代著名法学家哈特所述:即使是一个“一般性语词”,也要区分“标准事例”和“大有问题的或引发异议的事例”。“有时候,词句使用上的标准事例或典范和成为问题的事例之间的差异只是程度问题。一个有着闪亮光滑脑袋的人明显是秃头;另一个头发乱蓬蓬的人则显然不是秃头;但是第三个人的头顶若只这边一点那边一点地有些稀疏的头发,那他到底算不算秃头?这个问题恐怕会无止境地争论下去——如果这样的争论还值得继续或有任何实际用途的话。”〔11〕

客观对象本身就纷繁复杂,社会现象特别是犯罪现象更是无奇不有。而人们在制定法律概念并对之加以规定时,通常考虑到的又只能是该概念指称的较为典型的那些对象的情况,不可能清楚地想象到那些难以界定的两可情形。因此,法律概念外延边缘模糊的情形就更为普遍。司法实践中的所谓疑难案件,其实就“疑”在它是处于法律概念外延边缘的案件,“难”于对其进行准确的司法归类。关于这个问题,本书后面还将谈及。

第三节 准确运用概念的逻辑基础

本章第一节中曾经谈到,概念是不可能孤立存在和出现的。它单独出现不仅不可能表现出任何思想,也体现不出它的指称作用;它总是作为命题的成分而存在和出现的。命题由语句表示,而语句又由语词或词组组成,由于概念同语词有着不可分割的联系,所以语句通不通,用词是否恰当,意思表达是否清楚等表达方面的问题,从根本上来说是逻辑问题,主要又是运用概念是否准确的问题。要准确运用概念,就不能不涉及概念的分类和概念间关系的知识。例如下面几个语句:

①“张某的手被刘某一刀砍断了”。

②“余某是多次作案的一个抢劫团伙”。

③“这起倒卖汽车案件的主犯李某,把95名国家机关干部和78名共产党员拉下了水”。

④“熊掌是国家二级保护动物”。

---

〔11〕[英]哈特:《法律的概念》(第2版),许家馨、李冠宜译,法律出版社2006年版,第4页。

这些语句,大家也许都能看出它的意思不明或语句不通。例①中“张某的手”,其外延有两个对象,这里所说的是被砍断了两只手还是一只手,让人费解;例②中的“余某”是单独的一个人,怎么会是“抢劫团伙”;例③中说的“国家机关干部”当中,难道就没有共产党员?“共产党员”中是否都不是国家机关干部?被拉下水的究竟是多少人,很易被误解;例④中说的“熊掌”,其外延显然指的是熊的脚掌,它怎么可能是什么“动物”。表达中,如果我们能自觉运用概念的分类和概念间关系的知识,就不会出现上述这样的弊病。当然,了解概念的分类和概念间关系的知识,其主要意义还不在于此;它更是学习命题、推理知识的基础。

一、概念分类的知识及其应用

从逻辑方面来考察,根据概念内涵或外延(主要是外延)方面的某些共同特征,按照不同标准可将其作不同的分类。下面着重介绍几种主要的分类方法。

(一)单独概念与普遍概念

前面已经谈到,概念的外延亦即概念所指称的对象,有的只有一个,有的则有两个或两个以上乃至无穷多个。正是根据概念外延反映的对象数量的不同,概念可分为单独概念和普遍概念。

所谓单独概念(single concept),就是其外延只有一个特定对象的概念。如“重庆市”“长江”“周恩来”“南沙群岛”“世界上人口最多的国家”“《马克思恩格斯全集》”“中国共产党中央全面深化改革委员会”“习近平法治思想”等,都是单独概念。

所谓普遍概念(universal concept),就是其外延有两个或两个以上乃至无穷多个对象的概念。如“故宫”这个概念,其外延就有沈阳的故宫和北京的故宫这两个对象;“我国的直辖市”这个概念,其外延现在就有北京、上海、天津、重庆这四个对象;其他如“亚洲的国家”“下岗职工”“植物”“书”“犯罪行为”等,其外延指称的对象就有若干个乃至无穷多个。这些就都是普遍概念。

对单独概念指称的对象作出断定,不涉及被断定对象的数量范围。但对普遍概念指称的对象作出断定,则必须考虑到断定的是否该概念的全部外延,否则就会导致判断不恰当。如前面例①中的“张某的手”就是一个普遍概念。如果张某并不是左手和右手都被砍断了,为表达准确,就应该说“张某左手(或右手)被刘某一刀砍断了”,以免引起别人误解。

司法工作中,特别是在关于名誉权案件的审理中,注意辨别某个语词表达的究竟是不是单独概念,具有特别重要的意义。在语言表达中,常有这样的语言表达式,例如“有一家商店……”“A 班的一个学生……”等。这里指的虽然是“商店”“学生”外延中的一个对象,但却只是一个不确定的非特定对象,而不同于单独概念所指称的某个特定的对象;别人也不可能确认它一定指的是哪一家“商店”、哪一个“学生”。但是,在特定的语言环境中,如果表达普遍概念的那个语词,足以使人确认它指的就是某个特定对象,它就成为单独概念了。对此,法学界人士提出的如下标准,具有重要的参考价值:“新闻报道或者其他文章中,虽然不直接点出受害人的姓名,但是如果其所描写的环境条件使得受害人成为唯一的或者有充分理由使人相信就是指的受害人的话……那么应当认定文章所指的就是受害人。”〔12〕例如,徐良诉《上海文化

---

〔12〕 张新宝、康长庆:《名誉权案件审理的情况、问题及对策》,载《现代法学》1997 年第 3 期。

艺术报》和赵伟昌名誉权纠纷案，就涉及这个问题。《上海文化艺术报》曾发表赵伟昌撰写的《索价3000元带来的震荡》一文，称“当一家新闻单位邀请一位以动人的歌声博得群众爱戴的老山英模参加上海金秋文艺晚会时，这位英模人物开价3000元，少一分也不行。尽管报社同志一再解释，鉴于经费等因素酌情付给报酬，他始终没有改口”。文章发表以后，徐良认为，“虽然没有点我的名，但显然指的是我。因为老山英模中只有我一个人参加了上海金秋文艺晚会演出。《索价》一文事实严重失实……严重损害了我的名誉”，[13] 因此其提起诉讼。显然，徐良是在理的。文章虽然使用的是“老山英模”这个概念，通常情况下它只是一个普遍概念；然而在文章所描写的具体环境中，它实际上已成了特指徐良这个特定对象的单独概念，人们也完全可以根据文章所述情况，确认所指就是徐良。这就是说，“老山英模”这个概念，在上述这样的语言环境下，它实际上已变成“以动人的歌声博得群众爱戴的、参加上海金秋文艺晚会的老山英模”这样的概念（也就是后面将要谈到的复合概念），亦即已经成为指称某一个特定对象的单独概念了。

语言中的专有名词都表达单独概念。至于像人的姓名这样的专有名词，往往因其有着多个同名同姓的对象而使之显得并不“专有”，这是否意味着它就是普遍概念了呢？当然不是。姓名相同，表明的只是姓名的语词形式相同，并不表明它们指称的对象也相同。

（二）集合概念与非集合概念

根据概念外延指称的对象是否由若干个相同个体聚合而成的集合体，可分为集合概念与非集合概念。

集合概念（collective concept）外延指称的对象都是集合体，而非集合概念（non－collective concept）外延指称的对象则不是集合体，而是各个个体或个体具有的某种性质。

这里所说的集合体（collective），是指由若干相同个体聚合而成的群体。因此，有的逻辑著作中把集合概念称为聚合概念或群体概念。例如，“人群”这个概念的外延，指称的对象就是由若干人聚合而成的那些群体；而“人”则指称的是各个个体。“森林”这个概念的外延，指称的对象是由若干棵树聚合而成的那些群体；而“树木”的外延则指称的是各个个体。这里的“人群”“森林”就是集合概念，而“人”“树木”则是非集合概念。

集合概念内涵方面的构成性质，仅仅为它所指称的各个群体具有，组成该群体的个体并不具有。例如，“党的纪律检查、国家监察”的性质，只为行使国家监察职能的专责机关，即各级监察委员会具有这一性质，组成监察委员会的个体，即各级监察委员会的委员并不具有；法律规定“监察委员会”具有的权限、职责，当然也不是其组成个体，即各级监察委员会的委员具有的权限、职责。因此，集合概念只适用于指称群体，而不能用以指称组成该群体的个体。譬如，可以说监察官张三、监察官李四是“监察委员会的委员”，却不能说他是“监察委员会”；可以说这个人或那个人是“××监察委员会的委员”，却不能说他是“××监察委员会”。

同理，各个个体具有的性质，也不必为它们聚合而成的群体所具有。譬如，各个篮球队员有可能生病、负伤，但由他们聚合而成的“篮球队”却不可能生病、负伤；对犯罪团伙的成员可以处以死刑，但对“犯罪团伙”却不能处以死刑；人们能够砍倒的只能是树木，不可能砍倒“森林”；我们能与之拥抱握手的，只能是每一个人，而不可能是“人群”。

---

〔13〕 张新宝、康长庆：《名誉权案件审理的情况、问题及对策》，载《现代法学》1997年第3期。

有的语词表达的只能是集合概念；它既可以是单独概念，也可以是普遍概念。前者如"南沙群岛""全国人民代表大会常务委员会""（中共）中央全面依法治国委员会""《邓小平文选》"等；后者如"山脉""群岛""委员会""海军舰队""丛书"等。

值得注意的是，某些语词既可表达集合概念，也可表达非集合概念。区别某个语词表达的是否是集合概念，必须结合它出现的语言环境来确定。例如：

⑤"W 公司的职工有 200 多人"；

⑥"W 公司的职工都是 40 岁以下的人"。

结合语句含义不难看出，例⑤中的"W 公司的职工"，其外延指称的是群体；只有作为一个群体，它才可能具有"有 200 多人"这样的属性，可见它是集合概念；例⑥中的"W 公司的职工"，其外延指称的则只能是各个个体；群体不可能具有年龄这样的性质，可见它是非集合概念。实际思维中，注意区别某个语词表达的是否是集合概念，直接关系到对概念的正确理解和使用，进而也关系到正确思维与论证，因而不可忽视。

（三）简单概念与复合概念

日本逻辑学家末木刚博将"概念从其结构上"分为简单概念和复合概念。[14] 我们这里所说的"简单概念"与"复合概念"，也是就其语言表达形式的结构而不是就其内容来说的。

所谓简单概念（primitive concept，simple concept），就是其内部无逻辑结构、不能对之再加以分解的概念，也可以称作原始概念（primitive concept）或原子概念（atomic concept）。其包括两种情形：一是该概念的表达式本身只是一个词或者单字，不可能分解；二是如果对之分解，语词含义就会发生根本性改变。例如，"书""花""英雄""勇敢""书记员""联合国"等，便都是简单概念。

复合概念（compound concept）则是由两个或两个以上的概念按照某种逻辑关系组合（结合）而构成的概念，也可以称作组合概念（composite concept）。这样的组合并不是任意两个概念的拼凑，而是有着某种逻辑关系上的联系。

按构成复合概念的逻辑关系不同，共有三类复合概念，即合取式、析取式和否定式。

合取式复合概念（conjunctive compound concept），简称合取式概念，也称并且型概念，是由两个或两个以上的概念按照合取的形式，也就是通过关联词"且"（自然语言中往往省略）联结而构成的复合概念。例如，"教学用书""红色的花""抗击新冠肺炎疫情先进个人""治理能力现代化""人类命运共同体"，以及"知情人""移动电话""三十岁左右的女教师"，还有前面例子中的"以动人的歌声博得群众爱戴的、参加上海金秋文艺晚会的老山英模"等，便都是合取式复合概念。

析取式复合概念（disjunctive compound concept），简称析取式概念，也称或者型概念，是由两个或两个以上的概念按照析取的形式，也就是通过关联词"或"（自然语言中往往省略）联结而构成的复合概念。例如，"老弱病残""酸甜苦辣""喜怒哀乐""坑蒙拐骗""假冒伪劣""关停

---

〔14〕［日］末木刚博等：《逻辑学——知识的基础》，孙中原、王凤琴译，中国人民大学出版社 1984 年版，第 11 - 13 页。

并转”“建（构）筑物”（或曰“构建筑物”）[15]以及前面法条中提到的“动物饲养人或者管理人”等，就都是析取式复合概念。

否定式复合概念（negative compound concept），简称否定概念，就是由一个概念添加否定词所构成的复合概念。无论日常语言还是法律专门术语中，都存在大量的否定式复合概念。例如，“非劳动收入”“非婚生子女”“非公有制经济”“非国家工作人员”“非经法定程序”“非法收养未成年人”“非住宅建设用地”“非营运机动车”“非职务技术成果”“非药品类易制毒化学品”“非经营性互联网信息服务”“非物质文化遗产项目代表性传承人”以及前面提到的“不可抗力”等，都属于否定式复合概念。

区别某个概念究竟是简单概念或复合概念，主要意义在于：第一，有助于我们正确理解概念内涵方面的构成性质。例如“红色人造革的小钱包”这个概念内涵方面的构成性质，就不仅具有“小钱包”的特征，还具有“红色的”、并且是“人造革材料制作的”这些特征。第二，使我们懂得两个或两个以上的概念，可以结合而成一个比原来概念外延更小（或者更大）的概念，从而在必要时进行正确的概念运作。例如，已知某人是妇女，并且又是医生，就可将其表述为“某人是女医生”；这里“女医生”就是“妇女”和“医生”两个概念的结合。这样的概念运作，在刑侦工作中有其重要的意义。因为通过这样的概念结合，可以把作案人的各种分散性的认识结合成为一个整体，从而也就缩小了作案人的对象范围。例如，已知作案人是汽车司机，通过车轮痕迹判定汽车是小轿车，而且这辆小轿车是有横排尾灯的，是“丰田牌”的，根据这些，我们便可将其结合而成为一个关于作案人是“丰田牌横排尾灯小轿车司机”这样的复合概念。它指称的对象范围，显然就比“汽车司机”小得多。再如，“动物饲养人或者管理人”这一复合概念的外延范围，就比“动物饲养人”这一概念的外延范围要大。倘若某饲养动物致人损害，若已知该动物的饲养人是某甲、管理人是某乙，根据我国《民法典》第1245条之规定，则受害人可以向某甲或者某乙请求损害赔偿。假如《民法典》仅只规定“动物饲养人”的民事责任，而不是规定“动物饲养人或者动物管理人”的民事责任，则受害人无权向“动物管理人”请求损害赔偿。

如前所述，概念的结合不是任意两个概念的拼凑。实际思维中，大概谁也不会因为某人既有心脏，又身患有病，就说他有“心脏病”；更不会因为某人个头高大，而且是位作家，就说他是“大作家”。不同概念的结合，是对概念外延进行限制（概括）以缩小（扩大）其外延的一种逻辑方法。

简单概念与复合概念的区别不是绝对的。一个简单概念，其内涵显现出来就是一个复合概念；内涵方面构成性质的组合，就形成复合概念。而有的复合概念，也可以转换为用单一语词表达的简单概念。后面将要谈到的给概念下定义以及定义的方法问题，其实涉及的就是简单概念与复合概念的转换问题。

---

[15] 根据中华人民共和国国家标准《民用建筑设计术语标准》（GB/T 50504－2009）规定，建筑物是指“用建筑材料构筑的空间和实体，供人们居住和进行各种活动的场所”；而构筑物则指“为某种使用目的而建造的、人们一般不直接在其内部进行生产和生活活动的工程实体或附属建筑设施”。二者合称“建筑物或构筑物”，常简称为“构建筑物”或“建（构）筑物”，如2014年中共中央办公厅、国务院办公厅转发的《关于严禁在历史建筑、公园等公共资源中设立私人会所的暂行规定》中就采用了“建（构）筑物”这一析取式复合概念。

(四)概念的其他分类

除上述分类外,概念还可以根据它外延指称的对象,是独立存在的实体还是依赖于实体而显现出的某种属性(性质或关系),分为实体概念与属性概念。如“长江”“动物”“城市”等便是实体概念(entitative concept),而“凶猛”“美丽”“大于”“官僚主义”等,则是属性概念(attributive concept)。所有属性概念都是普遍概念,并且都是非集合概念。

概念还可以根据其内涵方面的构成性质,是以具有某种性质为特征还是以缺乏某种性质为特征,分为正概念(positive concept)与负概念(minus concept),亦称作“肯定概念”(affirmative concept)与“否定概念”(negative concept)。如“成年人”“国有企业”“作为”“有罪供述”,都是正概念;而“未成年人”“非国有企业”“不作为”“无罪供述”,则是负概念。一般来说,正、负概念的区别是相对的,并且,在任何一个概念的基础上都可以形成一个相应的负概念。例如,若以“女性人民警察”[16]反映的性质为依据,“非女性人民警察”(实即“男性人民警察”)就是它的负概念;而以“男性人民警察”反映的性质为依据,则“非男性人民警察”(实即“女性人民警察”)又是它的负概念。前面所说的否定式复合概念其实就是负概念,可见,所有的负概念都是复合概念。

还有一组概念分类,也就是根据外延指称的对象是否为现实中的对象,可分为实概念与虚概念。实概念(real concept),就是现实中存在其外延指称对象的概念。换言之,在现实中其外延指称对象非空的概念。前面所举各类概念的例子,都是实概念。而虚概念(imaginary concept)则是人们虚构、想象出来的概念,它指称的外延对象是空类(empty class)或空集(empty set),因而也称作空概念(empty concept)。换言之,虚概念就是在现实中不存在其外延指称对象的概念。如“獬豸”“魑魅魍魉”“燃素”“永动机”“匀速直线运动”等,都是虚概念。例如,2017年8月21日财政部发布的《关于政协十二届全国委员会第五次会议第0107号(财税金融类018号)提案答复的函》(财税函〔2017〕197号)指出:“我国目前并未开征遗产税,也从未发布遗产税相关条例或条例草案。提案中提到的‘2004年、2010年版《中华人民共和国遗产税暂行条例(草案)》’来源未知。”根据财政部财税函〔2017〕197号文可以知道,“遗产税”“2004年版《中华人民共和国遗产税暂行条例(草案)》”“2010年版《中华人民共和国遗产税暂行条例(草案)》”这三个概念,就都是人们虚构出来的,而不是现实中客观存在的概念,因而都属于虚概念。再如,青海省西宁市某法院法官在一起名誉侵权纠纷案一审判决书中写道:“本院认为,被告《青海法制报》社在没有查清事实的情况下,盲目发表此报道,违背了我国《新闻法》中真实性的原则……”由于判案法官在判决中引用自己凭空想象出来的虚概念“《中华人民共和国新闻法》”作为判案依据,青海省高级人民法院最终撤销了该一审判决。[17]

二、概念间关系的知识及其应用

这里所说的概念间的关系,是指两个不同概念在外延方面的逻辑关系,亦即它们外延指称的对象是否完全相同而形成的关系。

---

〔16〕“女性人民警察”是一个法律概念,参见《监狱法》第18条第2款(“女犯由女性人民警察检查”)、第40条(“女犯由女性人民警察直接管理”)之规定。

〔17〕《中国尚无“新闻法”,法官凭“它”断官司》,载《重庆晨报》1998年7月27日。

一个概念的全部外延,可表示为一个圆圈;两个或两个以上的概念外延关系,也就可以表示为相应多个的圆圈关系。由于这种用圆圈来表示概念外延关系的方法,最早是由18世纪瑞士数学家欧拉(L. Euler,1707–1783)设计出来的,所以人们也就把这种方法,称作欧拉图表示法或欧拉图解(Euler diagrams)。

若以欧拉图表示,则任意的两个概念A与B之间的外延关系,都不外乎如图2–1所示的关系中的一种:

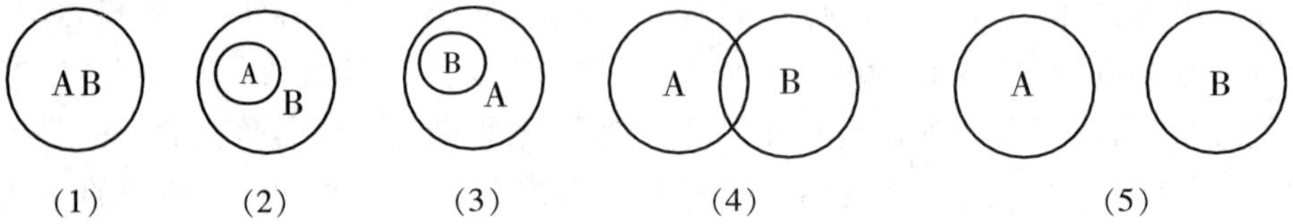

图2–1 A与B之间的外延关系

(一)全同关系

所谓全同关系(identical relation),就是A、B两个概念的外延完全相同的关系。如图2–1(1),亦即凡属于A概念外延指称的对象,同时也是B概念外延指称的对象,并且,凡属于B概念外延指称的对象,同时也是A概念外延指称的对象。因此,A、B两个概念外延圆圈完全重合。

例如,"人民法院"与"我国的审判机关","偶数"与"能被2整除的数",这两组概念就分别都是全同关系。

全同关系也是一种概念外延间的相互包含关系,即A概念的外延中包含了B概念的全部外延,并且,B概念的外延中也包含了A概念的全部外延。

具有全同关系的两个概念之间,汉语表达中常用"即"连接;在语境许可的情况下,它们可以相互替换。但是,要防止把不是全同关系的概念表述为全同关系。例如:

⑦"正确的方法来自正确的世界观,即哲学。"

这里就错误地把"正确的世界观"与"哲学"这两个并非全同关系的概念,表述为全同关系了。

(二)真包含于关系

所谓真包含于关系(proper inclused relation),就是指一个概念的全部外延与另一个概念的部分外延相同的关系。如图2–1(2),亦即A、B两个概念间,若A概念全部外延都属于B概念外延指称的对象,但B概念外延中却还有不属于A概念外延指称的对象,就A对B的关系来说,就是真包含于关系,或者说是A真包含于B的关系。

例如,"国有工业企业"与"国有企业","防护林"与"森林",就这两组概念的前者对后者的关系来说,就分别都是真包含于关系。

(三)真包含关系

所谓真包含关系(proper inclusion relation),就是指一个概念的部分外延与另一个概念的全部外延相同的关系。如图2–1(3),亦即A、B两个概念之间,若A概念外延指称的对象中,有部分对象正好是B概念全部外延指称的对象,就A对B的关系来说就是真包含关系。

例如,“学生”与“大学生”,“司法工作者”与“审判员”,就这两组概念的前者对后者的关系来说,就分别都是真包含关系。

真包含于关系与真包含关系中所说的“真”,是为了表明它有别于全同关系那样的相互包含,并且,这种包含是相对互逆的,即当A真包含于B时,则B真包含A;当A真包含B时,则B真包含于A。因此,这两种关系可合称为从属关系(subordination relation)。在具有从属关系的概念中,外延大的那个概念,叫属概念(genus);外延小的那个概念,叫种概念(species)。例如,当A真包含B时,A就是B的属概念,而B是A的种概念。因此,真包含于关系又叫种属关系(relation of species and its genus),真包含关系则叫属种关系(relation of genus and its species)。总之,具有从属关系的概念中,属概念反映的是较大一类对象的概念,而种概念则是较小一类对象的概念,反映的是大类与小类之间的关系。

但是值得注意,概念间的从属关系,不同于反映对象整体的概念同反映该对象的某个部分的概念之间的关系。具有从属关系的两个概念之间,属概念的外延中包含了种概念的全部外延,而种概念的内涵中又包含了属概念的内涵;反映整体与反映部分的两个概念之间,却不具有这样的关系。例如,“树”与“松树”,“熊”与“棕熊”,它们就分别具有从属关系。而“树”与“树枝”,“熊”与“熊掌”,它们就都不是从属关系,而只是反映整体与反映部分的概念之间的关系。

由于属概念与种概念是不同层次的概念,因此,在表达中一般不宜并列使用。例如,“被告先后盗窃各种机动车、小轿车和自行车共20多辆”,这里就把“机动车”与“小轿车”这两个具有从属关系的概念,错误地并列使用了。

(四)交叉关系

所谓交叉关系(overlapping relation),就是指两个概念的外延仅仅只有一部分相同的关系。如图2-1(4),亦即A概念的外延中有属于B概念外延指称的对象,但不全是;并且,B概念的外延中有属于A概念外延指称的对象,但也不全是。

例如,“大学生”与“共青团员”,“北京人”与“在北京工作的人”,这两组概念就分别都是交叉关系。

表达中,具有交叉关系的概念一般不并列使用,否则容易导致误解。如前面举例说到的:“……主犯李某把95名国家机关干部和78名共产党员拉下了水”,这里就因并列使用了“国家机关干部”与“共产党员”这两个具有交叉关系的概念,使人不得不产生疑惑。

上面这四种关系,有一个共同特点,即两个概念之间至少有一部分外延相同或重合,亦即至少有一个对象同时属于两个概念指称的外延对象。因此,全同、种属、属种和交叉关系,都属于相容关系(compatibility relation),具有相容关系的概念叫作相容概念。

(五)全异关系

所谓全异关系(utterly different relation),就是两个概念的外延完全不同的关系。如图2-1(5),亦即A、B两个概念的外延,相互排斥,没有一个既属于A概念又属于B概念指称的对象存在,全异关系就是不相容关系(incompatibility relation)。

例如,“人民法院”与“审判员”,“房屋”与“土地”,“苹果”与“苹果树”等,这样的两个概念之间的关系,都是全异关系。

若两个具有全异关系的概念A、B,都真包含于一个属概念C,则A、B之间的全异关系又可分为矛盾关系和反对关系。

1. 矛盾关系

如果两个具有全异关系的概念 A、B,都真包含于属概念 C,并且 A、B 两个概念的外延之和,恰好等于其属概念 C 的全部外延,则 A、B 之间的关系就叫矛盾关系(contradictor)。矛盾关系可表示为如图 2－2 所示:

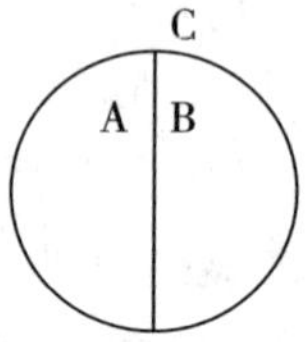

图 2－2　矛盾关系

例如,"成年人"与"未成年人",二者是全异关系,并且,二者的外延之和恰好等于它们的属概念"人"的全部外延;"毒蛇"与"无毒蛇",二者也是全异关系,并且,二者的外延之和恰好等于它们的属概念"蛇"的外延。因此,上述这样的两个概念之间的关系,都是矛盾关系。具有矛盾关系的概念,互称为对方的矛盾概念。例如,"成年人"就是"未成年人"的矛盾概念;反之亦然。

由于具有矛盾关系的概念,首先是外延相互排斥的两个概念,因此,其属概念外延指称的对象中,不存在既属于 A、又属于 B 指称的对象。同时,由于二者的外延之和又恰好等于其属概念的全部外延,因此,属概念外延指称的任一对象,也不存在既不属 A、又不属 B 指称的对象。这就是说,一个概念 C,其外延中的任意一个对象 x,在下属的具有矛盾关系的两个种概念之间,必然是非此即彼的。亦即若 x 属于 A,就必然不属于 B;并且,若 x 不属于 A,就必然属于 B,不可能既属 A 又属 B,也不可能既不属 A 也不属 B。因此,实际思维中若涉及的两个概念 A 与 B 是矛盾关系时,当我们确认 x 属于 A 的时候,就意味着同时否定了 x 属于 B;而当我们否定了 x 属于 A,亦即确认 x 不属于 A 时,也就意味着同时确认了 x 属于 B。

具有矛盾关系的两个概念,通常表现为一个正概念和一个与之相应的带否定词的概念。但是,不能把具有矛盾关系的两个概念,归结为就是任何情况下带否定词和不带否定词的两个概念之间的关系。因为,第一,并非在任何情况下带否定词与不带否定词的两个概念,都是矛盾关系。如"婚生子女"与"非婚生子女",二者就不是矛盾关系。因为其属概念"子女",除上述外还有另外的对象,即"养子女"和"继子女"。第二,两个具有全异关系的概念,尽管其中没有一个带否定词,但二者的外延之和恰好等于其属概念的外延,它们也仍然是矛盾关系。例如,任何一种被确认构成犯罪的行为,它就只能或者属于"故意犯罪",或者属于"过失犯罪",不存在既非故意又非过失的犯罪行为。因此,"故意犯罪"与"过失犯罪",二者就应视为是矛盾关系的概念。

2. 反对关系

如果两个具有全异关系的概念 A、B,都真包含于同一属概念 C,并且,A、B 两个概念的外延之和小于其属概念 C 的全部外延,则 A、B 两个概念间的关系就叫反对关系(contrary relation)。反对关系可表示为图 2－3。

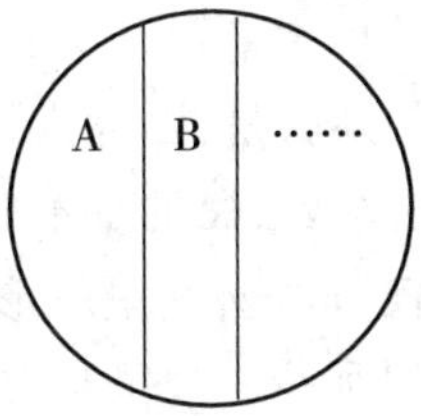

图2-3 反对关系

例如,“青年人”与“老年人”,二者是全异关系,但二者的外延之和却小于“人”的外延,因为还有如“中年人”“少年人”等这些对象存在;“大学生”与“中学生”,二者也是全异关系,并且,二者的外延之和也小于其属概念“学生”的外延,因为还有如“小学生”等对象存在。因此,上述这样的两个概念之间的关系,都是反对关系。具有反对关系的概念,互称为对方的反对概念。例如“青年人”就是“老年人”的反对概念;反之亦然。

具有反对关系的两个概念,其外延关系也是全异关系,相互排斥,这与概念间的矛盾关系相同,亦即概念C外延中的任意一个对象x,在C下属的两个具有反对关系的概念A、B之间,若x属于A就必然不属于B;反之亦然。但是,它与概念间的矛盾关系又有区别:由于具有反对关系的A、B两个概念,其外延之和小于其属概念C,表明属概念C外延指称的对象中,还存在既不属于A也不属于B指称的对象,表明属概念C外延中的任一对象x,不必然要么属于A的外延,要么属于B的外延。因此,实际思维中若涉及的两个概念A与B是反对关系时,当否定x属于A,亦即确认x不属于A的时候,并不意味着确认了x一定属于B;反之亦然。

把握概念间矛盾关系和反对关系各自的特点,特别是它们的区别,对正确思维来说有着重要的意义。例如,在确认了某甲的行为已构成犯罪的情况下,若否认某甲的行为是“过失犯罪”,就等于确认了他的行为是“故意犯罪”;但若否认他的行为是“抢劫罪”,却不等于确认了他的行为是“抢夺罪”。原因就在于前者两个概念之间是矛盾关系,而后者两个概念之间却是反对关系。

综上所述,两个不同概念之间的外延关系,总的不外乎前面所述五种关系;至于矛盾关系和反对关系,则只是全异关系中的两种特殊情形。

以上是仅就两个概念之间的外延关系作出的分析说明,如果要对三个以上概念间的关系作出分析,仍然是以对两个概念间外延关系的分析为基础展开的,只是图形显得更为复杂而已。

三、法律概念间的层序关系及司法归类活动

所谓法律概念间的层序关系(hierarchies & sequence relation),就是指不同层次的法律概念在内涵和外延方面的包含与被包含关系,亦即属概念与种概念之间的关系。

任何一部法律,都是由法律概念组成的一个规范体系,亦即由基本的法律概念派生出其他法律概念,再派生出次一级的法律概念,从而形成一个金字塔式的概念系统。这就使得一些基本概念与另一些概念之间,形成一种层序关系。例如,在现今社会中人们颇为关注的人权问题,能否正确理解“人权”的含义,不仅关系到对国际社会人权领域争论焦点的认识,而且关系

到人权保障制度的设置和完善。从法学角度来看,要正确理解人权问题,就必须把握与之相关的一系列概念之间的层序关系。这种关系就是:因为人权是属于权利中的一种,而人权又包括法律权利和法外权利;在法律权利中又包括公民的基本权利和公民的特殊权利,它比公民基本权利的外延更为宽泛。可见,关于"人权"问题,这里就形成了一个概念系列,就是有的学者所概括指出的:"权利——人权——法律权利——公民基本权利是一些依次相包容的、具有属种关系的概念。"[18]这样的属种关系,也就是我们这里讲的法律概念间的层序关系。只有把握了这样的层序关系,才能深刻、全面而系统地理解关于"人权"的问题。

由于《刑法》中的罪名概念更为明显地表现出这种层序关系,因此,下面我们就以罪名概念间的这种关系为例,予以说明。

大家知道,我国《刑法》由"总则"和"分则"两部分构成,它们之间的关系是一般与特殊、抽象与具体的关系。"总则"中的罪名概念与"分则"中的罪名概念,也具有与此相同的关系。不仅如此,在"分则"中,根据犯罪行为的某些相同点,犯罪行为又分为若干类,并在此基础上分为若干小类,都有相应的罪名概念来指称。这样的罪名概念叫类罪名概念。在每个类中,又进一步分为若干具体的犯罪行为,分别用相应的罪名概念来指称它。这种指称具体犯罪行为的概念,叫具体罪名概念。这样,《刑法》中的罪名概念之间,就形成下面这样的层序关系:

犯罪概念——类罪名概念——具体罪名概念

把握了《刑法》中罪名概念间的这一层序关系,才能深刻、全面而系统地理解和把握整个《刑法》体系;在司法实践中,也才能正确地进行司法归类活动。

前面我们曾经谈到,审理任何一起案件,特别是审理刑事案件,都要在查明事实的基础上将其归属于某个法律概念的外延,亦即对之进行司法归类活动。要正确进行这样的归类活动,在逻辑方面把握法律概念,特别是罪名概念间的层序关系,有着重要的意义。

(一)罪名概念间外延方面的层序关系及其对司法归类活动的指导意义

由于我国实行的是"罪刑法定"的原则,因此,从外延方面看,罪名概念间的层序关系表明:"犯罪行为"外延指称的任一对象,都必然归属于某个类罪名概念的外延;每个类罪名概念外延指称的任一对象,又必然归属于该类中的某个具体罪名概念的外延。因此,不能归属于任何具体罪名概念外延的、抽象的犯罪行为,是不存在的。

罪名概念间外延方面的层序关系告诉我们:在对刑事案件进行司法归类活动的过程中,只要确认了某人的行为属于"犯罪行为"外延指称的对象,就必然能将其归属于某个类罪名概念,并且,也必然能将其归属于某个具体罪名概念。

但是,说它必然能够层层归属,并不意味着这样的归类活动是自然而然地、很容易地就可以实现的。司法实践中往往会遇到这样的情形;某一具体行为虽然明显地可以被确认属于"犯罪行为",但却很难确认它究竟应归属于哪个类罪名概念,更难确认它究竟应归属于哪个具体罪名概念。当然,这也只是暂时认识上的没把握而已,如果某人的行为真的不能归属于某个类罪名概念和某个具体罪名概念,那么,确认它属于"犯罪行为"也就不可能成立。因

---

[18] 林喆:《何谓人权?》,载《新华文摘》2004 年第 9 期。

为我国实行的是罪刑法定原则，不能归属，那就表明该行为属于“法无明文规定”的行为，亦即法学家们通常所说的“法律空白”的行为，在这种情况下就只能认定该行为不属于犯罪行为。

问题在于，司法实践中往往会遇到这样的情况：某人实施的某种行为，其犯罪性质似乎是明显的，但归类却十分困难。例如，曾经在社会上引起很大轰动的清华大学学生刘海洋，2002年一二月间在北京动物园用硫酸泼熊（经救治后痊愈）的事件，让人们为之气愤。对刘海洋的行为如何定性，依据什么法律对其进行处罚，就是一个难题。“难”就难在它的归类上，连国内的刑法专家们也意见不一。有的专家认为应属于“非法猎捕、杀害珍贵、濒危野生动物罪”。有的专家认为：“我国刑法第341条的规定是‘非法猎捕、杀害国家重点保护的珍贵、濒危野生动物的，处五年以下有期徒刑或者拘役、并处罚金。’而黑熊、马熊是否列在我国重点保护的动物名目中，且圈养的动物并非野生状态”，因而认为“刘海洋的行为难以适用刑法的这一规定”。但有专家认为，“我国刑法中还有故意毁坏公私财物罪，而公私财物不仅包括没有生命的财产，也包括活着的动物。如果对刘海洋的行为追究刑事责任，则适用这款规定”。还有的专家则认为，“刘海洋的行为是伤害、虐待动物的行为，但谈不上杀害，刑法上的伤害、虐待都是针对人的，而非动物。按照罪刑法定原则，这里确实存在法律空白”。〔19〕

司法归类活动既是困难的，又是必需的。只有当我们不仅能够确认某人的行为属于“犯罪行为”，而且，能够准确地将其归属于某个类罪名概念并进而归属于某个具体罪名概念的时候，对某人行为犯罪性质的认定才说得上是可靠的；并且，也只有完成这样的归类活动，将某人的行为归属于某个具体罪名概念，才能连接相关法律条款而得出恰当的判处结论。否则，譬如，只把某人的行为归属于某个类罪名概念，却没有能够把它归属于某个具体罪名概念，那就意味着认定这个人实施了某个类罪名概念所指的各种犯罪行为。然而任何一个类罪名概念又都包含了若干种具体犯罪行为，因而这样的认定不仅在逻辑上讲不通，在事实上也不可能；而且，仅仅认定到这一步，也找不到相关的法律规定对其作出判处结论。

由上可见，罪名概念外延方面的层序关系表明“犯罪行为”总是具体的。因此，只要能够确认某人的行为是犯罪行为，并且这一确认是正确的，那么就一定能将其归属到某个类罪名概念，并一定能将其归属到某个具体罪名概念。反之，若不能归属到任何一个具体罪名概念，那就说明或者对某人“犯罪行为”的确认是错误的，至少是不完全的；或者表明存在“法律空白”或“漏洞”。

（二）罪名概念内涵方面的层序关系及其对司法归类活动的指导意义

从内涵方面看，罪名概念间的层序关系在于：具体罪名概念的内涵，包含了它的类罪名概念的内涵，并且，还包含了总的“犯罪行为”概念的内涵。由于“犯罪行为”又不外两种情形，即“故意犯罪”和“过失犯罪”，因此，任何一个具体罪名概念的内涵中，还包含了“故意犯罪”或“过失犯罪”的内涵。

罪名概念间内涵方面的层序关系，告诉我们进行司法归类活动必须经历的思维过程，即当确认某人的行为是否属于某个具体罪名概念外延指称的对象时，首先就应当思考该行为是否

---

〔19〕郄建荣、陈虹伟、孙继斌等：《“刘海洋硫酸泼熊事件”发人深省，如何适用法律遭遇难题》，载《法制日报》2002年2月28日。

符合总的“犯罪行为”内涵方面的构成性质;还应当思考,该行为是否符合拟归属的那个具体罪名概念隶属的类罪名概念内涵方面的构成性质。只有当其完全符合时,才能进一步思考是否符合某个具体罪名概念内涵方面的构成性质。要防止仅仅根据某人行为的表面现象,轻率地直接以具体罪名概念内涵对照归类。

例如,某甲放火烧毁了某乙的私人财产,对此若仅仅根据放火这一现象,就直接将其归属于“放火罪”,这就未免太草率。根据罪名概念间内涵方面的层序关系,如果我们要思考某甲的行为是否能定为“放火罪”,首先应思考,它是否符合总的“犯罪行为”内涵方面的构成性质;同时,“放火罪”又只能由“故意”构成,因此,我们还应思考,某甲的行为是否符合“故意犯罪”内涵方面的构成性质。不仅如此,由于“放火罪”属于“危害公共安全罪”中的一种,所以还必须思考,某甲的行为是否符合“危害公共安全罪”内涵方面的构成性质。只有当确认了某甲的放火行为,层层符合上述罪名概念内涵方面的构成性质后,才能思考某甲的行为能否归属于“放火罪”。

司法实践中,如果忽略上述这样的思维过程,仅仅以具体罪名概念的内涵为依据、对照某一行为进行归类活动,就很容易混淆罪与非罪、此罪与彼罪的界限,导致定性不准。下面这起案例,就很能说明这个问题:

某地农民陈某为泄私愤,用农药毒死了生产队长费某的一头母猪和几头小猪。对此,该县公安局将其认定为“投毒罪”,并按《刑法》(指 1979 年《刑法》,下同)第 106 条报捕。大家知道,“投毒罪”属于“危害公共安全罪”这一类罪名概念中的一种,根据前面谈到的罪名概念在内涵方面的层序关系可知,“投毒罪”就具有“危害公共安全罪”的内涵,它指称的每一个具体的犯罪行为,首先也就必须具有“危害公共安全罪”内涵方面的构成性质,亦即必须具有“危害不特定的多数人的生命或重大的公私财物安全”这样的性质。这个农民的行为,明显是针对特定的某一个人实施的,哪里具有危害公共安全的性质呢?案件报送到县检察院,该县检察院也觉得县公安局的认定不妥。可是,县检察院的这一“感觉”也只是直观的,其实他们也并不真正清楚县公安局认定不妥的原因,以致又重犯县公安局定性不当的错误。县检察院将这个农民的行为,依照当时的《刑法》改定为“破坏集体生产罪”,并按《刑法》第 125 条批捕。按照 1979 年《刑法》的规定,“破坏集体生产罪”属于“破坏社会主义经济秩序罪”这个类罪名概念中的一种,它下属的每个具体罪名概念外延指称的每一个犯罪行为,都必须具有其类罪名概念内涵方面的构成性质,即“违反国家经济管理法规,破坏国家经济管理活动”这样的性质。显然,这个农民的上述行为,又哪里具有这样的性质呢?

该县公安局和检察院的办案人员之所以发生定性不当的错误,一个重要的原因,就在于不懂得应当经历一个什么样的思维过程,直接对照具体罪名概念并凭表面现象定罪。不难设想,在对上述这起案件进行司法归类的活动中,如果该县公安局、检察院的办案人员,能够根据罪名概念间内涵方面的层序关系,自觉遵循司法归类时必须经历的思维过程,上述这样的错误是完全可以避免的。

第四节　明确概念的逻辑方法

一、概念的确定性与不确定性

正确思维要求概念具有确定性。概念是否具有确定性的标志,在于概念是否明确。

所谓概念明确,就是指概念的内涵、外延要明确,亦即对使用的概念,既能清楚地了解它指称的那类对象的根本特征,又能准确识别和把握它指称的有哪些对象。

概念的确定性,是对所使用的概念本身的要求,不同于前面所说的概念外延边缘的模糊性。概念外延边缘的模糊性是因客观对象存在的两可情形所决定,并非概念使用者主观努力所能克服的。

日常思维或表达中,人们使用的大量概念,一般都只能说是大致明确的。人们没有必要、也不大可能使所有概念都那么精确、清晰。例如,人们经常要用到"时间"这个概念,然而对这一概念,正如英国当代一位法哲学家所说:"什么是时间? 若无人问我,我便知道;若要我向询问者解释,我便不知道。"[20] 当然,若在比较严肃正规的场合,譬如在法律文件或司法活动中,实践要求该概念必须明确时,通过一定方法使之清晰也不是不可以办到的。

就人们对概念的运用来看,其确定性的表现不外乎如下四种情形:

第一,内涵清晰、外延封闭。

对使用的概念,不但揭示了它内涵方面的构成性质,明确界定了它外延指称的对象范围,即或者具体列出它指称的每个个体对象,或者列出它指称的各个对象类。例如:

①"太阳系的行星就是沿近似椭圆轨道环绕太阳运行、近似球形的天体。有水星、金星、地球、火星、木星、土星、天王星和海王星。"

②"物权是权利人依法对特定的物享有直接支配和排他的权利,包括所有权、用益物权和担保物权。"(《民法典》第 114 条第 2 款)

第二,内涵清晰、外延开放。

对使用的概念只揭示其内涵方面的构成性质,而未具体列出其外延指称的对象。由于概念的内涵决定着它指称的对象范围,因此,只要内涵清晰了,也就相应确立了界定某个或某类对象是否属于该概念外延的标准,其外延指称的对象范围也就相对明确了。只不过这一范围是开放的,具体指称的对象没有给以限定。例如:

③"纺织品就是用各种纤维作原料经过纺织加工而成的产品。"

④"明知自己的行为会发生危害社会的结果,并且希望或者放任这种结果发生,因而构成犯罪的,是故意犯罪。"

这里,虽然没有明确告诉我们究竟哪些东西是"纺织品"、哪些行为是"故意犯罪",但却提

---

〔20〕［英］哈特:《法律的概念》,张文显等译,中国大百科全书出版社 1996 年版,第 15 页。

供了归类的依据,借此也就可以间接地把握它外延指称的对象。

第三,内涵不清晰,外延封闭。

人们对于某些概念,很难清晰地揭示出它的内涵,或者实践方面并不特别需要了解它的内涵,在这种情况下,只要列出它具体指称的对象,这样的概念也可以说是明确的。例如:

⑤“‘当事人’是指被害人、自诉人、犯罪嫌疑人、被告人、附带民事诉讼的原告人和被告人。”(《刑事诉讼法》第108条第2项)

⑥“本法所称烟草专卖品是指卷烟、雪茄烟、烟丝、复烤烟叶、烟叶、卷烟纸、滤嘴棒、烟用丝束、烟草专用机械。”(《烟草专卖法》第2条第1款)

第四,内涵不清晰、外延开放。

这种概念,就是一种不确定或基本上不确定的概念。其实,这里所说的“不确定”或“基本上不确定”,也只是相对而言的,是就概念确定性的程度不同来说的。任何一个概念都既有它确定的一面,也有它不确定的一面,只不过有的概念确定性程度高,有的则比较低,有的甚至非常低。如果一个概念真的是绝对的不确定,也就不称其为什么概念了。人们日常使用的概念,有不少都是属于这种相对来说不是那么确定或基本上不确定的概念。不过,尽管人们在比较模糊的意义下使用它,在一般场合下,只要人们大致知其所指,也不会影响思维和表达。法学领域中的这类不确定概念,称为类型式或规范性概念。例如,民法中的“诚实信用”这一概念,正如有的民法学者所述:“从规范意义上看极为模糊,在法律意义上没有确定的内涵和外延,其适用范围几乎没有限制。”[21]此外,如“公平”“合理”这样一些概念也是如此,因为人们对其赋予了多层次、多方面的含义,使之具有极大的不确定性,是比较典型的不确定概念。但是,这也不是说它就是绝对的不确定,它作为一个价值评价性概念,作为一种人类社会追求的美德和崇高理想,也还是人们的共识,因此,严格说来它也只是一个确定性程度很低的概念;其他如“重大事由”“情节严重”等一类法律概念,也属于这种情形。

值得指出的是,概念的确定性是通过明确其内涵或外延而实现的。即使对于上述第四种情形这样的概念,如果实践要求它必须更加清晰、确定,也并非不可以通过比如“规定”其内涵或外延的方式来实现。然而,某些概念相对模糊恰恰是实践的需要。比如,在日常生活中,人们常说“某甲长得很像某乙”,听者也会大致知其所指,若要嫌“很像”模糊而给以具体刻画,倒反而会让人听了弄不明白。在法学领域,人们也并不追求所有的法律概念都要具有确定性。以《刑法》条文中经常用到的“情节严重”这一概念为例来说,若要从内涵、外延方面使之精确、清晰,就反而不利于该项法律规定的适用;《民法典》条文中的“公平”“诚实信用”等概念,情形也是如此。之所以需要运用这类似乎并不确定的概念,是因为“立法机关考虑到法律不能包容诸多难以预料的情况,不得不把补充和发展法律的部分权力授予司法者,以模糊规定或不确定规定的方式把相当大的自由裁量权交给了法官”。[22]

---

〔21〕 梁慧星:《民法解释学》,中国政法大学出版社1995年版,第306页。

〔22〕 梁慧星:《民法解释学》,中国政法大学出版社1995年版,第306页。

二、概念内涵的揭示——定义

概念明确，最基本的是概念内涵明确。揭示概念内涵的方法或表达式叫定义（definition）。

（一）定义的特征、作用

从广义上说，凡是对某个概念含义作出解说，都可以称作定义。解说某个概念的含义，可以通过揭示其内涵方面的构成性质来实现，也可以通过说明或规定语词意义的方法完成。

根据所解说或揭示的对象不同，定义可以分为实质定义（real definition）与名义定义（nominal definition）。例如：

⑦"正方形就是四边相等、并且四个角均为直角的四边形。"

⑧"古代'法'写作'灋'……'法'字的本义，人们常常引用东汉许慎《说文解字》的说法，即：'灋，刑也。平之如水，从水。廌，所以触不直者，去之，从去。'"〔23〕

⑨"'两个一百年'奋斗目标，就是指在中国共产党成立一百年时全面建成小康社会，在新中国成立一百年时建成富强民主文明和谐的社会主义现代化国家。"

⑩"本办法所指的盒饭是指集中加工、分装、分送供应的盒装菜肴和主食。"（《上海市盒饭卫生管理办法》第2条第2款）

⑪"'双碳'，即碳达峰与碳中和的简称。碳中和是指国家、企业、产品、活动或个人在一定时间内直接或间接产生的二氧化碳或温室气体排放总量，通过植树造林、节能减排等形式，以抵消自身产生的二氧化碳或温室气体排放量，实现正负抵消，达到相对'零排放'。而碳达峰则是指二氧化碳排放进入平台期后，进入平稳下降阶段。"〔24〕

例⑦揭示了"正方形"这类对象的根本特征，即该概念内涵方面的构成性质；例⑧是对汉字"灋"（"法"）的造字及含义进行说明；例⑨是"'两个一百年'奋斗目标"这一语词的所指，也是该语词意义的说明；例⑩规定了"盒饭"这类对象特有的构成性质；例⑪中包含三个概念的定义，既对"双碳"的含义进行说明，又对"碳达峰"和"碳中和"内涵方面的构成性质予以揭示。

无论实质定义还是名义定义，都由被定义项（definiendum）、定义项（definiens）和联项（copula）组成。如果用"D_s"表示被定义项，"D_p"表示定义项，"＝df."〔25〕表示定义联项，则定义的一般模式（逻辑形式）可表示为：

$$D_s = df.\ D_p$$

名义定义所定义的对象，就是被定义项这个语词本身的含义，习称为语词定义（verbal definition），又可分为说明的语词定义（explicative verbal definition）和规定的语词定义（stipulative verbal definition）。前者是对某个语词本来意义的说明，如"犊就是小牛"，前面例⑧就属于这样的语词定义。后者是用词者对所使用的某个语词作出的约定性解说，它只在特定领域内有效，如前面例⑨中的"两个一百年"和例⑪中的"双碳"，就都属于这样的语词定义。

---

〔23〕　武树臣：《中国法律思想史》，法律出版社2004年版，第51页。

〔24〕　中共中央、国务院《关于完整准确全面贯彻新发展理念　做好碳达峰碳中和工作的意见》（2021年9月22日）；陈迎、巢清尘：《碳达峰碳中和100问》，人民日报出版社2021年版，第3－4页。

〔25〕　"df."是英文definition的缩写，"＝df."读作"定义为"，相当于汉语中的"就是""是指""即"等连接词。

由于语词定义只是“以词释词”,它虽然也可以使人们通过较熟悉的语词的含义去理解被定义项,在一定程度上可以起到明确概念的作用,但是,它本身并未显现出被定义项的内涵,正因其并非严格意义上的定义,所以也被称为名义定义。

实质定义,也称真实定义,揭示的是被定义项的内涵,亦即以对该概念指称的那类对象的构成性质的认识或规定为基本内容,并采用简练语言表述出来的。因此,定义本身虽然与内涵方面的构成性质一致,但不完全就是一回事。实质定义所定义的对象,是被定义项所指称的对象或事物,因此也称为事物定义(thing definition),如前面例⑦和例⑩,以及例⑪中“碳达峰”和“碳中和”的定义,都属于实质定义。

例如,“刑讯逼供罪”这一概念,根据我国《刑法》第247条之规定,则其内涵方面的构成性质是:

S_1:实施这种行为的犯罪主体是司法工作人员;

S_2:犯罪者主观上具有逼取口供的目的;

S_3:犯罪者为获取口供而采用了肉刑或变相肉刑的手段;

S_4:犯罪行为的对象是被指控或被怀疑犯罪的人。

而“刑讯逼供罪”的定义,则可基于上述内容而将其表述为:

⑫“刑讯逼供罪就是指司法工作人员对犯罪嫌疑人、被告人使用肉刑或者变相肉刑,逼取口供的犯罪行为。”

根据定义项所涉及的知识领域是通用领域还是专门领域,定义可分为通用定义(general definition)和专用定义(special definition)。前者也称作日常定义或普通定义,是对日常生活中普通概念的内涵或日常语词的含义给予揭示或说明,如前面例⑨就是通用定义。后者是对某一科学或特定领域专门术语的含义或内涵予以揭示或说明,如前面例⑦揭示了几何学之“正方形”的内涵、例⑧说明了“瀍”的造字及含义、例⑩和例⑫是法律定义、例⑪中的“双碳”、“碳达峰”和“碳中和”,都是气候、生态方面的专门术语。再看下面这几个定义:

⑬“‘钻石王老五’,出自电影《王老五》,是指过了35岁,很有钱但没有家室的单身男人。其特征是:英俊帅气、高学历、能力强、多金(自己拥有事业,继承了丰厚家产)和低调(从来不愿多说自己的事情,尽量把自己隐藏在普通人里,避免外界的打扰)。”

⑭“水是以雨的形式从云端降下的液体。”(参见《百度汉语》)

⑮“水是常温常压下无色、无味、无嗅、透明的液体。在标准气压下,冰点0℃,沸点100℃,4℃时密度最大,为1克/毫升。”(参见《现代汉语词典》)

⑯“水是最简单的氢氧化合物,即两个氢原子和一个氧原子的化合物,分子式为H_2O。”(参见《现代汉语词典》)

⑰“民法所称的‘以上’、‘以下’、‘以内’、‘届满’,包括本数;所称的‘不满’、‘超过’、‘以外’,不包括本数。”(《民法典》第1259条)

上面的例⑬是对民间俗语“钻石王老五”这个日常概念的含义给予说明、例⑭是对“水”的普通含义予以揭示,二者都属于通用的实质定义。而例⑮、例⑯和例⑰都是专用定义。其中,例⑮是“水”的物理学定义、例⑯是“水”的化学定义，二者都是专用的实质定义，例⑰也是一个法律定义，但它属于专用的名义定义。

有时，要区分一个定义属于通用的还是专用的未必是界限分明、轻而易举的。例如，“中国梦”是习近平总书记在党的十八大后首先提出的一个政治学领域的专门概念，随着时间推移尽人皆知，已演变成一个通用的日常概念。“中国梦”具有非常丰富的内涵，但其基本内涵就是“国家富强”、“民族振兴”和“人民幸福”这三个内涵方面的构成性质，即：

> ⑱“实现中华民族伟大复兴，是近代以来中国人民最伟大的梦想，我们称之为‘中国梦’，基本内涵是实现国家富强、民族振兴、人民幸福。”[26]“中国梦是一种形象的表达，是一个最大公约数，是一种为群众易于接受的表述，核心内涵是中华民族伟大复兴，可以适当拓展，但不能脱离中华民族伟大复兴这个主题，要紧紧扭住这个主题激活和传递正能量。”[27]

此外，根据定义项所揭示的内涵方面的构成性质组的逻辑结构不同，定义还可分为合取式定义（conjunctive definition）与析取式定义（disjunctive definition）。前者亦称并且型定义，其内涵方面的构成性质组以合取关系（“且”）的形式联结而成。后者也称或者型定义，其内涵方面的构成性质组以析取关系（“或”）的形式联结而成。后面“法律概念的定义结构”还有详细讨论。实际上，合取式定义与析取式定义并不限于法律概念，普通的非法律概念中也大量存在。例如：

> ⑲“水磨石，是一种人造石料，用水泥、水石子儿、颜料等加工拌和制作而成，抹在建筑物的表面，固结后打磨光滑，显露出花纹。”[28]
>
> ⑳“鼻饲，就是用特制的管子通过鼻腔插入胃内，把流食或药液灌进去。”[29]
>
> ㉑“壁画，就是指绘在建筑物的墙壁或天花板上的图画。”[30]

这三个定义，都是对非法律领域的普通概念所下的通用定义。例⑲“水磨石”的定义项中，其内涵方面的构成性质组以“合取”关系（连接词“且”）构成的，前面第二节举例的“鸟”“最不发达国家”，就都属于合取式定义；例⑳“鼻饲”的定义项、例㉑“壁画”的定义项，它们内涵方面的构成性质组都是以“析取”关系（连接词“或”）构成的，因而也都属于析取式定义。

定义是明确概念的一种常用的逻辑方法。一般地说，定义可以起到这样两个方面的作用，或者说可以达到两个方面的目的：一是“通过提供一个代号或公式来把被定义的词转换成其他易懂的用语”；二是“通过揭示该词所涉及的事物的特征（既包括此事物与同类事物的共有特征，也包括使之与其他种类事物区别开来的特征）来划定它的范围”。[31]

---

〔26〕 习近平：《顺应时代前进潮流，促进世界和平发展——在莫斯科国际关系学院的演讲》（2013 年 3 月 23 日），载《人民日报》2013 年 3 月 24 日。

〔27〕 中共中央文献研究室编：《习近平关于实现中华民族伟大复兴的中国梦论述摘编》，中央文献出版社 2013 年版，第 10 页。

〔28〕 中国社会科学院语言研究所词典编辑室编：《现代汉语词典》（第 7 版），商务印书馆 2019 年版，第 1227 页。

〔29〕 中国社会科学院语言研究所词典编辑室编：《现代汉语词典》（第 7 版），商务印书馆 2019 年版，第 66 页。

〔30〕 中国社会科学院语言研究所词典编辑室编：《现代汉语词典》（第 7 版），商务印书馆 2019 年版，第 75 页。

〔31〕 ［英］哈特：《法律的概念》，张文显等译，中国大百科全书出版社 1996 年版，第 15 页。

定义在法学领域应用极广。制定法律文件时,对一些至关重要或者被赋予了与日常用语不同的特定含义的概念,若不通过定义使之明确,与之相关的法律规定就会显得含混不清,就容易导致法律适用的混乱;而在法律适用过程中,司法人员若不通过定义以揭示相关法律概念的内涵,就无法论证对具体案件归类的合理性。

(二)定义的方法及概念的概括与限制

实质定义通常是采用"属加种差定义"(definition per genus et differentiam)的方法作出的。若以"S"表示种差,以"G"表示"属概念",则这种方法可用公式表示为:

$$D_s = df.(S + G)$$

上述公式表述了这种方法的运用过程:先确定被定义项所隶属的类,亦即找出它的属概念(G),目的在于表明它与同类事物具有的共同特征,并且也划定确立其种差的对象范围。然后,在该属概念外延范围内,通过比较,以区别出被定义项指称的对象与其他种概念指称的对象的根本差别,即找出其种差(S)。再把种差与属概念结合而成复合概念,即为定义项(S + G)。被定义项与定义项通过"就是"(= df.)这类语词的连接,便形成一个定义的表达式。

由上也就可以看出,运用"属加种差定义"方法下定义的过程,其实也是对概念进行概括与限制的概念运作过程,即先对被定义项进行一次概括,确立(或找出)它的属概念;然后再对这一属概念进行限制,直到将其限制到与被定义项外延相等为止。

概括与限制,都是在具有从属关系的概念之间进行的逻辑推演活动,是由种概念到属概念,或者由属概念到种概念的过渡。

1. 概念的概括

所谓概念的概括(generalization),亦称概念的扩大(amplification),就是由种概念过渡为它的属概念,从而扩大概念外延的逻辑方法。例如,由"鱼"过渡为"脊椎动物",由"大学生"过渡为"学生",由"刑事诉讼法"过渡为"法律",如此等等便都是概念的概括。

概念的概括是通过减去被概括概念内涵方面的某项构成性质来实现的;其语词表现形式,通常是减去被概括概念的某部分限制词,也可以换用另一个表达包含它的、外延更大的概念的语词。

对概念进行概括的主要意义就在于:

第一,因为它是由种概念向其属概念的过渡,而属概念内涵方面的构成性质,又是它下属的各个种概念内涵方面都共同具有的性质,因此,通过对概念的层层概括,就可以使我们认识到被概括概念反映的对象与其他对象共有的特征。例如,我们要思考关于"公民的基本权利"的问题,就应考虑到它具有的较一般的性质,即它属一种"法律权利",而"法律权利"又都是关于人的权利,亦即属"人权"的问题;"人权"当然也是一种"权利",而权利的根本特征就在于它"是一种文化现象,它标志着人们可以、能够或实际做出或不做出某种行为的自由度"。[32] 通过这样的层层概括,就不但使我们清楚了"公民的基本权利"具有的最一般性质,而且也便于理清对其思考的思路。

第二,在对概念下定义时,只有先对被定义的概念进行概括,找出它的属概念之后,才有可

[32] 林喆:《何谓人权?》,载《新华文摘》2004年第9期。

能与其相似或近似的那些概念反映的对象进行比较，找出被定义概念反映的对象的独有特征，从而确立其种差。

2. 概念的限制

所谓概念的限制（limitation），亦称概念的缩小（diminution），就是由属概念过渡为它的某一个种概念，从而缩小概念外延的逻辑方法。例如，由“脊椎动物”过渡为“用鳃呼吸的脊椎动物”，由“学生”过渡为“大学生”，由“法律”过渡为“刑事诉讼法”，如此等等都是概念的限制。

对概念的限制，是通过增加内涵方面的构成性质来实现的。例如，在“医生”这个概念内涵的基础上，增加“女性”这一性质，就成为“女医生”这个概念的内涵；在此基础上再增加“擅长诊治眼睛方面的疾患”这一性质，就成为“女眼科医生”这个概念的内涵。由此也就可以看出，在语词表现形式上，概念的限制通常（当然并非全部如此）就表现为在某个语词前面附加可缩小概念外延的限制词，形成一个复合概念的表达式；若实践需要，可以连续限制到单独概念（可变为专有名词表达的简单概念）。

对概念进行限制的主要意义，就在于可以使概念指称的对象更为清楚、准确，避免笼统、含混。显然，这是正确思维所不可忽略的；在涉及有关法律的活动中，尤其如此。否则，还会因使用的概念笼统、含混而带来意想不到的后果。20 世纪 80 年代初，我国某进出口公司与外商签订了一项进口五万张黄牛皮的经济合同。当时由于我方人员经验不足，合同标的中却写为“牛皮”。后外商运来的竟然绝大多数都是水牛皮，严重侵害我方利益。争议发生后，因合同标的写的是“牛皮”而非“黄牛皮”，致使仲裁机关也无法作出有利于我方的裁判。在 2001 年国内也发生过这样一起影响颇大的纠纷。当时中央电视台对南京“冠生园”用前一年的陈旧月饼馅生产月饼的事件曝光后，《中国商报》又以“月饼危机，‘冠生园’惹的祸”为题，做了报道。没想到这却引发了一场官司：因为 1956 年以后，除上海外，其余各地的“冠生园”都是各自独立的企业，因此，使用“冠生园”这一名称时，应加域名。报道本应为“南京的‘冠生园’”，却只称“冠生园”，就让人误以为是指上海的“冠生园”了。为此，上海“冠生园”提起诉讼，要求该报赔偿损失。[33] 由上可见，必要时对概念进行限制的重要性。

值得注意的是，逻辑上所说的对概念的概括或限制，是关于概念外延的扩大或缩小的一种逻辑方法，是在具有从属关系的概念之间进行的。因此，无论是概括或限制，其前后之间的概念关系，只能是属概念与种概念之间的关系；不具有这样的关系，就不是正确的概括与限制，或者说，就根本不是这里所说的概括与限制。例如，由“树叶”到“树枝”到“树”，或者，由“四川省人民政府”到“四川省成都市人民政府”到“四川省成都市锦江区人民政府”，这样的概念之间的变化，就都不是属概念与种概念之间的过渡，不存在外延大小的变化问题，因而都称不上是这里所说的概念的概括或限制。

对概念进行概括或限制，不但可以扩大或缩小概念的外延，有助于我们准确地运用概念，而且，更重要的意义还在于可以使我们正确把握一个概念的属概念或种概念，明确它指称的对象属于哪个概念的外延。前面谈到的归类活动，其实也是概念概括与限制的应用。

（三）定义的规则

正确的实质定义，在逻辑方面必须遵守以下规则：

---

〔33〕 采自中央电视台 2002 年 9 月 13 日《今日说法》。

1.定义项的外延必须与被定义项的外延相等。

定义项是显示被定义项内涵的一个复合概念,如果定义正确,二者在外延方面必然构成全同关系。若定义项的外延大于被定义项的外延,表明该定义并没有把被定义项指称的对象同别的概念指称的对象区别开来,这种情形就叫犯了“定义过宽”的错误。若定义项的外延小于被定义项的外延,表明定义项反映的性质仅仅是被定义项指称的部分对象具有的性质,并非被定义项指称的全部对象都具有,这种情形就叫犯了“定义过窄”的错误。例如:

㉒“盗窃罪就是非法占有公私财物的犯罪。”

㉓“企业就是直接从事工业生产活动并独立核算的经济单位。”

上述语句若作为定义,例㉒就犯了“定义过宽”的逻辑错误。因为其定义项“非法占有公私财物的犯罪行为”并不都是“盗窃罪”,还有其他,如“抢劫罪”“诈骗罪”等。可见,它反映的性质并非被定义概念反映的对象所独有,说明定义项的外延大于被定义项的外延。而例㉓则又犯了“定义过窄”的逻辑错误。因为其定义项“从事工业生产活动并独立核算的经济单位”,并非“企业”反映的对象都具有,比如有的企业从事的就不是工业生产活动,而是交通运输或商品流通的活动,可见,它反映的性质并非被定义的概念反映的对象所共有,说明定义项的外延又小于被定义项的外延。

要注意的是,下定义时,除常犯的“定义过宽”和“定义过窄”错误外,偶尔还可能会犯两类不太常见的错误。

第一类,就是定义项的外延与被定义项的外延之间具有交叉关系,说明所下的定义没有包括被定义项指称的全部对象,而同时又包括了被定义项本身没有的对象,这种情形就叫犯了“定义交叉”的错误。例如,“所谓古迹就是历史上的建筑物”这一语句,若作为定义,就是犯了“定义交叉”的错误,因为定义项“历史上的建筑物”与被定义项“古迹”之间具有交叉关系。

第二类,就是定义项的外延与被定义项的外延之间具有全异关系。具体包括三种情形:

一是“望文生义”,即下定义时并不了解被定义项的确切内涵,仅从字面上强做不确切、牵强附会的解说。例如,2008年第13届CCTV青年歌手电视大奖赛决赛有一个环节是歌手文化及综合素质考试。当评委问:“杯水车薪是什么意思?”一歌手答:“用一杯水作为给车夫的工钱。”再问:“百步穿杨是什么意思?”答:“百步之外射中了杨六郎,形容敌人凶残。”[34]参赛歌手就是对被定义概念“杯水车薪”“百步穿杨”做望文生义的解说。

二是“定义矛盾”,就是下定义时,定义项与被定义项之间互相对立、抵触和冲突(二者构成矛盾关系或反对关系)。例如,“所谓防卫过当,是指明显超过必要限度造成重大损失,应当负刑事责任的正当防卫行为”。这一语句若作为定义,就犯了“定义矛盾”的错误,因为正当防卫行为是合法行为,防卫过当行为则是不合法行为(或犯罪行为),该定义将被定义项的矛盾概念误作其属概念。

三是“以比喻代替定义”,也就是定义项中包含有隐喻或明喻。例如,“所谓报复,就是狗咬了你之后,你再去咬狗的行为”。尽管这样的比喻既形象又有趣,对“报复”的形式、作用也作了某种程度的解说,但它并没有揭示出“报复”的内涵,因而不足以成为其定义。

---

〔34〕 姚远、仇逸:《艰难1分——青歌赛综合素质考试看点》,载《河南日报》2008年4月17日。

上述三种情形，都是定义项与被定义项不相干，或者相互抵触冲突，也就是彼此间互不相容。因此，这类错误，可统称为“定义全异”的错误。

2. 定义项不能直接或间接地包含被定义项。

被定义项之所以需要通过定义来揭示其内涵，是因为它本身内涵不明显。若这一内涵不明显的概念又出现在定义项中，亦即在定义项中直接或间接地包含了它，就等于用某个概念自身来说明它自身，这样当然不可能达到揭示被定义项内涵的目的。

违反这条规则，就叫犯了“同语反复”或“循环定义”的错误。

“同语反复”是直接地用被定义项作为定义项，定义项中直接包含了被定义项，通常表现为只是改变了被定义项的语词表达形式。例如，“残疾人就是身有残疾的人”“盗窃罪就是因盗窃而构成的犯罪行为”，这些语句若作为定义，就都犯了“同语反复”的错误。

“循环定义”的特点，是定义项要依赖被定义项来解释。实际上也就是在定义项中间接包含了被定义项。例如，“近亲属就是比远亲属血缘关系更近的亲属”，若以此作为定义，其定义项中的“远亲属”又得依赖被定义项“近亲属”来解释。因为“远”或“近”是相对而言的，二者相互依赖。这样的定义就犯了“循环定义”的错误。

3. 定义项一般不能用否定概念。

否定概念即负概念，是以对象缺乏某种性质为内涵的概念，它只能表明被定义项指称的对象不具有什么性质，而没有回答它究竟具有的是什么性质。例如，“盗窃罪就是不使用暴力、胁迫等手段而非法占有公私财物的犯罪行为。”这样的定义，虽然在一定程度上可以把盗窃罪同某些犯罪行为区别开来，但未正面说明盗窃罪的根本特征，因而达不到定义的目的。

这条规则只是针对被定义项是肯定概念而言的。若被定义项本身就是否定概念，则定义项既可以是肯定概念，也可以是否定概念。例如，“不可抗力，就是指不能预见、不能避免且不能克服的客观情况。”这里，尽管定义项是几个否定概念的组合，但作为定义却是清楚的。

4. 定义项必须是清楚确切的科学概念。

定义的目的在于让人明白被定义项的内涵，如果定义项是一个让人无法理解、甚至比被定义项更令人费解的概念，当然都不可能达到定义的目的。例如，有人解释“仪式”时说，“仪式就是自我的实现技巧和人的愿望物化的形式”，这样的定义就只能让人莫名其妙，丝毫无助于概念明确。

（四）法律概念的定义结构

正如德国法学家克卢格所说：“从各个角度看，定义在法律科学中都扮演着重要角色。对于法律逻辑而言，它们在精确固定初始材料方面具有决定性意义。只有对前提中出现的概念进行精确定义才能联结起可验证的结论。尽管如此，虽然在法律实践中定义——无论是法律定义还是由法律科学或司法发展出的定义——日复一日地被运用和加工，人们通常还是忽略了去设法弄清定义的逻辑结构。”[35]法律概念的定义，一般都是通过“属加种差定义”方法作出的。但是，确立法律概念的种差，亦即通过规定方式得出其内涵方面的构成性质，一般都不是单项的，而是多个种差项的组合。不同的组合方式，决定了它不同的定义结构。就其种差项与种差项之间的逻辑关系来看，主要有两种情形：

---

〔35〕［德］克卢格：《法律逻辑》，雷磊译，法律出版社 2015 年版，第 121－122 页。

1."或者型"定义结构

如果被定义的法律概念,其指称的对象包括了两种以上的不同类型,并各自具有其独有特征而不能作总的概括,定义项中就只能分别列出其种差项。这样的各个种差项之间,就具有"或者"一词表示的选择性的逻辑关系,即"析取"(符号表示为"∨")的关系。故这样的定义结构,亦称析取式定义结构。

若以"Legal Concepts"(法律概念)的首字母大写"LC"表示被定义的法律概念;"G"表示它的属概念;"S_1""S_2"……"S_n"等表示种差项,则其定义结构形式可用公式表示为:

$$LC = df.(S_1 \lor S_2 \lor \cdots\cdots \lor S_n) + G$$

例如:

㉔"重婚罪就是指有配偶而又与他人结婚,或者明知他人有配偶而与之结婚的犯罪行为。"

"或者型"定义是否正确,取决于各种差项的外延之和是否恰好等于被定义项的外延。如果定义项中列举的种差项有所遗漏,各种差项的外延之和就会小于被定义项的外延,这样就会犯"定义过窄"的错误。例如,有人给"侵犯财产罪"下定义说:

㉕"侵犯财产罪就是指使用非法手段将公私财物据为己有的犯罪行为。"

这一定义中列举的种差项,就只是"侵犯财产罪"指称的部分对象具有的性质。根据我国《刑法》的规定,"侵犯财产罪"除"非法占有公私财物"这种行为以外,还包括"故意毁坏公私财物"这样的行为。显然,"故意毁坏"的目的并非"占有"。可见,上述定义就犯了"定义过窄"的错误。又如,若把"民法"定义为"民法是调整财产关系的法律规范的总称",就遗漏了民法还"调整一定的人身关系"这一种差项,缩小了它的适用范围,也是犯了"定义过窄"的错误。

反之,若定义项中列举的种差项,多于被定义法律概念指称的对象类型,亦即把本来不属被定义法律概念指称的对象,也作为种差项列入,从而使各种差项的外延之和,大于被定义项的外延,扩大了被定义法律概念的适用范围,这样就会犯"定义过宽"的错误。例如,有人解释"防卫过当"时说:

㉖"所谓防卫过当,就是防卫者出于一时义愤、激怒而放任自己的行为,或者由于性急失手不能理智地控制自己的行为,或者出于某种成见借题发挥而加害于人的行为,从而使防卫超过必要限度,造成不应有的危害而构成的犯罪行为。"

这一定义中的第三个种差项,就根本不具有防卫的性质,也无所谓"过当"的问题,而是属被定义法律概念外延之外的"故意加害"的行为了。可见,该定义就犯了"定义过宽"的错误。

2."并且型"定义结构

如果被定义法律概念指称的对象,共同具有若干种差项表明的性质,并且,这些不能作总的概括的各个种差项表明的性质,组合成一个整体后,才成为被定义法律概念指称的对象的根本特征,这样的各个种差项之间,就具有"并且"一词表示的逻辑关系,即"合取"(符号表示为"∧")的关系,表明各种差项不可分割、缺一不可。故这样的定义结构,亦称合取式定义结构。其结构形式可用公式表示为:

$$LC = df. (S_1 \wedge S_2 \wedge \cdots\cdots \wedge S_n) + G$$

例如,依据我国原《发明奖励条例》第2条之规定,关于“发明”可表述为如下定义:

㉗“本条例所说的发明,就是指前人所没有的、先进的、并且经实践证明可以应用的科学技术新成就。”

该定义中的三个种差项之间,就具有合取的逻辑关系。

与“或者型”定义结构的逻辑要求恰好相反,“并且型”定义是否准确,取决于各种差项组合后,其外延指称的对象是否恰好等于被定义项的外延。若定义项中列出的种差项少于应有的种差项,就会“定义过宽”;多于应有的种差项,则会“定义过窄”。例如,若把“贪污罪”定义为“贪污罪就是利用职务上的便利,侵吞、盗窃、骗取或者以其他手段非法占有公共财物的犯罪行为”,就缺少了必不可少的犯罪主体方面的特征,亦即缺少了一个“合取”的种差项。这样,它就不能把“贪污罪”同“盗窃罪”“诈骗罪”等犯罪行为区别开来,表明这个定义揭示的性质,并非“贪污罪”独有的性质。可见,这一“定义过宽”。反之,若将其定义为“贪污罪就是国家工作人员、集体经济组织工作人员或者其他经手、管理公共财物的人员,利用职务上的便利,侵吞、盗窃、骗取或者以其他手段非法占有公共财物,数额巨大的犯罪行为”,这样定义,就多出了一个“合取”的种差项“数额巨大”,无疑就缩小了关于“贪污罪”的适用范围,说明“定义过窄”。

特别值得指出的是:

第一,所谓“定义过宽”或“定义过窄”,是相对于法律规定而言的。前面说过,法律概念内涵方面的构成性质,本来就应体现法律的规定性,立法者当然有权对它作新的规定。如果立法者认为有必要增加或减少某个法律概念内涵方面的某个种差项,以扩大或缩小它的适用范围,这不仅谈不上什么“定义过宽”或“定义过窄”的问题,而且,立法者作出的新的解释,正是我们判定某人关于某个法律概念的定义是否准确的依据和标准。

第二,所谓定义结构的“或者型”与“并且型”,是就定义中的种差项与种差项之间的逻辑关系而言的,并不是说一个法律概念的定义结构,就只能要么是“或者型”,要么是“并且型”。实际上,不少法律概念的定义中,它各个种差项本身又有多项的“析取”或“合取”的情形,如前面关于“贪污罪”的定义就是如此。不过,不管定义中“析取”与“合取”如何交错,结构如何复杂,其逻辑要求及“定义过宽”或“定义过窄”的错误表现是相同的。

三、概念外延的揭示——列举与划分

概念明确,不但要做到概念内涵清晰,而且还应使其外延指称的对象范围确定,明确它指称的是哪些对象。

明确概念的内涵,虽然是做到概念明确进而使概念具有确定性的关键,但是,在某些情况下,譬如,当概念的内涵难以清晰揭示,或者当实践更需了解概念指称的对象范围的时候,明确概念的外延就显得特别必要。

揭示概念的外延,也就是使概念“外延封闭”。其方法有列举和划分两种。

(一)列举与划分的特征

所谓列举(enumeration),就是通过列出概念指称的部分或全部对象以明确其外延的逻辑

方法。例如:

㉘“本法所称司法工作人员,是指有侦查、检察、审判、监管职责的工作人员。”(《刑法》第 94 条)

㉙“‘当事人’是指被害人、自诉人、犯罪嫌疑人、被告人、附带民事诉讼的原告人和被告人。”(《刑事诉讼法》第 108 条第 2 项)

㉚“‘配偶、父母、子女、兄弟姐妹、祖父母、外祖父母、孙子女、外孙子女为近亲属。”(《民法典》第 1045 条第 2 款)

㉛“根据我国《刑法》第 114、115 条之规定,危害公共安全的危险方法,有放火、决水、爆炸以及投放毒害性、放射性、传染病病原体等物质或者其他危险方法。”

㉜“本法下列用语的含义是:

(一)各级各类学校,是指实施学前教育、普通初等教育、普通中等教育、职业教育、普通高等教育以及特殊教育、成人教育的学校。

(二)其他教育机构,是指少年宫以及地方教研室、电化教育机构等。

(三)中小学教师,是指幼儿园、特殊教育机构、普通中小学、成人初等中等教育机构、职业中学以及其他教育机构的教师。”(《教师法》第 40 条)

列举有穷举和枚举之分。本书后面的穷举归纳推理和枚举归纳推理与此相关。

所谓穷举(exhaustive enumeration),即完全列举,就是通过逐一列出概念指称的全部对象以明确概念全部外延的逻辑方法。如上述例㉘、㉙、㉚和例㉜之第一项,都属于穷举。

所谓枚举(inexhaustive enumeration),即不完全列举,也称“例示”(instantiation),就是通过列出概念指称的典型对象或已知对象以明确概念部分外延的逻辑方法。如上述例㉛以及例㉜之第 2、3 项,都只列出各自概念的典型对象或已知对象从而明确概念的一部分外延,因而都属于枚举。

从形式上看,“其他”“等”是表示枚举的标识语词。现代汉语中的“等”是多义字,《现代汉语八百词》和《现代汉语词典》对“等”的解释之一,都是“表示列举未尽”。[36] “等”与“其他”具有同样的作用和意义,都是枚举的标志。运用枚举的情形,通常有三种:一是只需要明确部分外延的情形;二是概念反映的对象所包含的分子(或小类)数目列举不完、无法穷尽的情形;三是由于人类认识的局限性而一时无法确知某个概念全部外延的情形。枚举往往只是根据实际需要,将应列举的进行列举,不需要列举的就不列举。枚举应用于立法,通称为“例示规定”。法条中的“等”与“其他”就是例示规定的标识语词。[37] 如例㉜第 2 项中的“等”表示对“其他教育机构”列举未尽、第 3 项中的“其他”也是如此,表示对“中小学教师”列举未尽。再如,2021 年 11 月 25 日修订通过的《四川省反不正当竞争条例》第 17 条第 3 款,就是采用例

---

〔36〕 吕淑湘主编:《现代汉语八百词》(增订本),商务印书馆 1999 年版,第 167 页;中国社会科学院语言研究所词典编辑室编:《现代汉语词典》(第 7 版),商务印书馆 2019 年版,第 275 页。

〔37〕 刘风景:《例示规定的法理与创制》,载《中国社会科学》2009 年第 4 期。

示规定(枚举方法)来明确"商业宣传"这一概念的部分外延的。[38]

列举与后面即将介绍的划分,都是明确概念外延的逻辑方法。它们的不同之处在于:第一,列出的只是个体对象(虽然有时概念在表现上有"类"的特征,其实指的是个体),而不是关于对象的分类。第二,列出个体对象时,有多少就列多少,不存在列举的根据,但一般应考虑到排列的先后顺序。如上面的例㉘,其排列顺序就是我国刑事诉讼不同阶段的先后顺序而依次列出的。虽然排列顺序并不关系到明确概念外延的问题,但是,在法学领域和政治生活领域却不可忽略。第三,列出的个体对象,并不一定都是互相排斥的。如上面的例㉙,就某一个具体的"当事人"而言,就可以既是"被害人",又是"自诉人"和"附带民事诉讼的原告人"。

通过列举来明确概念的外延,可以使人更清楚、具体地了解概念指称的对象,而且不存在违反逻辑规则的问题。实际运用过程中,穷举可以用来明确外延对象数量极其有限的概念,枚举可以用来明确外延对象数量无穷或未知的概念,但有时仍然不如划分那样严谨、明晰。

所谓划分(division),就是按照一定标准,把一个概念的全部外延分成若干小类,也就是把一个属概念分成若干个种概念以揭示概念外延的逻辑方法。例如:

㉝"三角形分为直角三角形、钝角三角形、锐角三角形。"

㉞"森林,……按照用途可以分为防护林、特种用途林、用材林、经济林和能源林。"(2019 年修订《森林法》第 83 条第 1 项)

在一个划分中,需揭示其外延的概念,即被划分概念,叫划分的母项(totum divisionis)。如上例中的"三角形""森林"就分别是上面两个划分中的被划分概念,即该划分的母项。通过划分列出的、表示母项外延的概念,即划分概念,叫划分的子项(membra divisionis)。如例㉝中的"直角三角形""钝角三角形""锐角三角形",例㉞中的"防护林""特种用途林"等,就分别是上面两个划分中的划分概念,即该划分的子项。列出子项时所依据的属性(可以是一个,也可以是一组),叫划分的根据(basis of division)或划分的标准。如上面例㉝,它列出子项依据的标准就是"是否有一个角为直角";例㉞中列出子项的依据的标准就是"森林的用途"。

在一个划分中,划分的母项、子项都是明显的,而划分的根据,亦即列出子项时所依据的标准却是隐藏的,甚至常常是人们在进行划分、列举子项时,自己也未曾意识到的。但是,不管划分者是否意识到,在列举一个母项的任何一个子项时,总免不了有其列举依据的标准。例如说:"学生有大学生、中学生和小学生"。这里列举依据的标准,就是"学生所处的学业阶段";若说"学生有男学生、女学生"。这里列举依据的标准,则是"学生的性别"。由于被划分概念反映的对象,通常都具有多种属性,因此,划分时就可根据实践的需要,选取不同的属性作为划分的标准,进行不同的划分;划分标准不同,列出的子项也就不同。

划分可以是一次性的(single division),也可以是连续性的(successive division)。连续进

〔38〕《四川省反不正当竞争条例》第 17 条规定:"经营者不得对其商品的性能、功能、质量、来源、联名合作和加盟等关联关系、销售状况、用户评价、曾获荣誉等作虚假或者引人误解的商业宣传,欺骗、误导消费者。经营者不得通过组织虚假交易等方式帮助其他经营者进行虚假或者引人误解的商业宣传。本条所称商业宣传,包括下列行为:(一)在经营场所或者通过互联网、上门推销、展览、展销、鉴定等方式,对商品进行展示、演示、说明、解释、推介或者文字标注等;(二)张贴、散发、邮寄商品的说明、图片或者其他资料;(三)展示商品的销售量、用户评价或者网站点击量、页面浏览量以及点赞、打赏等交易互动数据等;(四)其他不构成广告的商业宣传行为。"

行的划分,就是以划分出的某一个子项作母项,进行另一次划分;一直可连续划分到满足实践需要为止。

划分通常是多项性的分类列举,亦即多分法(polytomy),特殊情况下也可采用二分法(dichotomy)。二分法就是把被划分概念分为两个具有矛盾关系的概念,一般都表现为一个是正概念,另一个则是在正概念基础上加否定词而形成的负概念。例如,把“死亡”分为“正常死亡”与“非正常死亡”,将“合同”分为“有效合同”与“无效合同”,等等。

划分不同于分解(partition)。因为划分的目的是要揭示概念的外延,所以划分列出的子列,必须是母项外延指称的对象,因而母项与子项之间的关系,就只能是属概念与种概念的关系。分解则不同,它是把某个概念指称的那个对象整体分解成它的各个组成部分。例如,把“轮船”分解为“前舱”“后舱”“驾驶室”“机房”等;把“人民法院”分为“民事审判庭”“刑事审判庭”“经济审判庭”“行政审判庭”等。这些就都是分解而不是划分,因为这里列出的那些概念指称的对象,并非被划分概念的外延,而是该概念指称的对象的各个组成部分。分解起不到揭示概念外延的作用。

(二)划分的规则

划分不是任意进行的。正确的划分必须符合如下规则的要求:

1. 各子项外延之和必须恰好等于母项的外延。

如果一个划分是正确的,那么母项外延中的任一对象都必然能归属于某个子项,并且,也只有属于母项外延指称的对象,才能归属于它的某个子项。也就是说,划分的子项与母项必须是相称的,即子项外延指称的对象,既要能包括母项外延的全部对象,并且又不能超出母项指称的对象范围。

如果划分出的各子项外延之和小于母项的外延,这样就叫犯了“划分过窄”(亦称“遗漏子项”或“划分不全”)的错误。反之,如果划分出的各子项外延之和大于母项的外延,这就意味着把本来不属于母项外延的对象也包括进去了,这样就叫犯了“划分过宽”(“多出子项”)的错误。例如:

㉟“著作权可分为发表权、署名权、修改权和保护作品完整权。”

这一划分列出的子项,实际上只是著作权中的精神权利那一部分,此外还应该包括财产权利,即“使用权”和“获得报酬权”。可见,上述划分所列各子项的外延,并非“著作权”的全部外延,漏掉了应有的两个子项,因而犯了“划分过窄”的错误。而下面这样的划分,如:

㊱“地方各级人民法院有高级人民法院、中级人民法院、基层人民法院和专门人民法院。”

上面划分中,子项“专门人民法院”就不属“地方各级人民法院”的外延,因而犯了“划分过宽”的错误。

须得说明的是:如果对之进行划分的概念,其子项很多,不便一一列出时,可以根据实践需要,只列出某些主要子项,并在最后那个子项的后面加上“等等”“以及其他”之类的字眼,以表示未列举完,这种情况当然不能视为“划分过窄”;但若其子项已列举完,则不能在后面乱加“等等”,否则,就是“划分过宽”。

2. 同一次划分中必须依据同一个划分标准。

划分标准是列出子项的依据，它可以是对象的某一个属性，也可以是几个属性的组合。但在同一次划分中列出子项时，无论依据的是某一个属性还是几个属性的组合，都不得中途改变，不能时而依据这个标准，时而依据另外的标准。否则，列出的子项就会混乱，导致被划分概念的外延不清。

违反这条规则，就叫犯了“多标准划分”的错误。例如，将“森林”划分为“防护林、用材林、国有林和私人承包林”，这里，在列出前面几个子项时是以森林的用途为标准的，而在列出后面两个子项时就变成了以森林的所有权为标准了。这样的划分就犯了“多标准划分”的错误。当然，如果不是同一次划分，或者，在列举不同标准划分出的子项时，中间用分号“;”隔开以表明划分标准的改变，这是完全可以的。

3. 各子项的外延必须互相排斥、相互构成全异关系。

这条规则与前一条规则是相互联系的。如果划分中没有坚持同一个划分标准，就必然出现“子项相容”的错误；而子项不互相排斥，也反映了划分的标准没有保持同一。如上例中，“防护林”“用材林”，就分别与“国有林”相容。

上述关于划分的规则中，关键的是在同一次划分中必须坚持同一个划分标准。如果在同一次划分中没有坚持同一个划分标准，还会导致划分中遗漏某些子项，犯“划分过窄”的错误；也容易使得各子项不是处于同一层次的、并列的种概念，引起划分混乱。

课后作业

一、单选题

1. 概念外延指称的对象范围，取决于概念的(　　)。

A. 语言形式　　B. 逻辑形式

C. 内涵方面的构成方式　　D. 内涵方面的构成性质

2. 下列关于种概念和属概念的说法中，正确的是(　　)。

A. 种概念必然具有属概念的内涵　　B. 属概念必然具有种概念的内涵

C. 属概念不具有种概念的任一内涵　　D. 种概念不具有属概念的任一内涵

3. 所谓概念外延边缘的模糊性，就是指客观对象中存在难以界定的是否属于某个概念外延的两可情形。根据上述定义，下述各项中属于外延边缘模糊性情形的是(　　)。

A. 横看成岭侧成峰，远近高低各不同。[(宋)苏轼《题西林壁》]

B. 双兔傍地走，安能辨我是雄雌？[(宋)郭茂倩《乐府诗集·木兰诗》]

C. 东边日出西边雨，道是无晴却有晴。[(唐)刘禹锡《竹枝词》]

D. 座中醉客延醒客，江上晴云杂雨云。[(唐)李商隐《杜工部蜀中离席》]

4. 在“书生误国，皆因清谈”和“十有九八堪白眼，百无一用是书生”这两句话中，“书生”这一语词所表达的概念(　　)。

A. 都是集合概念　　B. 都是非集合概念

C. 前者是集合概念，后者是非集合概念　　D. 前者是非集合概念，后者是集合概念

5.《民法典》第1045条第1款规定“亲属”包括“配偶、血亲和姻亲”；第2款规定“近亲属”为“配

偶、父母、子女、兄弟姐妹、祖父母、外祖父母、孙子女、外孙子女”;第3款规定“家庭成员”为“配偶、父母、子女和其他共同生活的近亲属”。根据我国《民法典》的规定,“外祖父母”与“家庭成员”之间的逻辑关系是( )。

A. 真包含于关系　　B. 真包含关系　　C. 交叉关系　　D. 全异关系

6.“奴隶社会、封建社会和资本主义社会都是人剥削人的社会。”

上述议论中的“人”这一语词所表达的概念,它们之间的关系是( )。

A. 全同关系　　B. 交叉关系　　C. 全异关系　　D. 从属关系

7. 党内监督必须把纪律挺在前面,运用监督执纪“四种形态”,经常开展批评和自我批评、约谈函询,让“红红脸、出出汗”成为常态;党纪轻处分、组织调整成为违纪处理的大多数;党纪重处分、重大职务调整的成为少数;严重违纪涉嫌违法立案审查的成为极少数。(《中国共产党党内监督条例》第7条)上述规定中的“严重违纪”与“党纪重处分”之间的逻辑关系是( )。

A. 矛盾关系　　B. 反对关系　　C. 交叉关系　　D. 从属关系

8.“该村去年的粮食作物中,水稻、小麦、玉米和油菜都获得了大面积丰收。”

从运用概念的逻辑要求来看,上述议论( )。

A. 犯了“属种概念并列使用”的逻辑错误　　B. 犯了“交叉概念并列使用”的逻辑错误

C. 犯了“限制不当”的逻辑错误　　D. 犯了“概括不当”的逻辑错误

9.“法院立案后迅速着手调查,很快查明了案情及假电报的来龙去脉。”从运用概念的逻辑要求来看,上述议论( )。

A. 犯了“交叉概念并列使用”的逻辑错误　　B. 犯了“属种概念并列使用”的逻辑错误

C. 犯了“概括不当”的逻辑错误　　D. 犯了“限制不当”的逻辑错误

10. 若将“最高人民法院巡回法庭”概括为“最高人民法院”,限制为“最高人民法院第五巡回法庭”,则( )。

A. 概括和限制都正确　　B. 概括和限制都不正确

C. 概括正确而限制不正确　　D. 概括不正确而限制正确

11.《礼记·曲礼下》:“天子之五官,曰司徒、司马、司空、司士、司寇,典司五众。”这是我国殷周时期分掌政事的五个高级官职。其中:司徒主政务、司马主军事、司空主礼祭、司士主纠察百官、司寇主刑狱。上述对“五官”的定义属于( )。

A. 说明的名义定义　　B. 规定的名义定义　　C. 通用的实质定义　　D. 专门的实质定义

12. 若以“D_s”表示被定义项、“S_1、S_2……”表示种差项、“G”表示邻近的属概念、“=df.”表示定义联项,则“合同是民事主体之间设立、变更、终止民事法律关系的协议。”(《民法典》第464条第1款)这一法律概念的逻辑结构,可用符号公式刻画为( )

A. $D_s = df. (S_1 \wedge S_2 \wedge S_3) + G$　　B. $D_s = df. (S_1 \vee S_2 \vee S_3) + G$

C. $D_s = df. (S_1 \wedge (S_2 \vee S_3 \vee S_4)) + G$　　D. $D_s = df. (S_1 \vee (S_2 \wedge S_3 \wedge S_4)) + G$

13. 假如“C可分为C_1、C_2、C_3”是一正确的划分,则( )。

A. C_1与C_3之间是矛盾关系　　B. C_2与C_3之间是反对关系

C. C_1与C之间是属种关系　　D. C与C_2之间是种属关系

14. 时间知觉是对客观现象延续性和顺序性的感知,时间知觉的信息,既来自外部,也来自内部。外部信息包括计时工具,也包括宇宙环境的周期性变化,内部信息是机体内部的一些有节奏的生理过程和心理活动。根据以上定义,下列没有包含时间知觉信息的是( )。

A. 东边日出西边雨,道是无晴却有晴[(唐)刘禹锡《竹枝词》]

B. 三更灯火五更鸡,正是男儿读书时[(唐)颜真卿《劝学诗》]

C. 人有悲欢离合,月有阴晴圆缺[(宋)苏轼《水调歌头》]

D. 月出惊山鸟,时鸣春涧中[(唐)王维《鸟鸣涧》]

15. 翻异别勘,是宋代为防止冤假错案而规定的复审制度,是指犯人如果在录问或行刑时提出申诉,案件必须重新审理。宋代的"翻异别勘"分为原审机关的"移司别勘"和"差官别勘"两种形式。"移司别勘"是指由原审机关将案子交给另一个同级的司法机关复审。"差官别勘"是指原审机关将案子申报到上级机关,由上级机关负责差派与原审机关不相干的另外一个机关的官员重新审理。这种情况下,往往或者是差派上级机关的官员前往原审机关主审,或者将案子移往上级机关复审。

根据上述定义,下列不属于"翻异别勘"的是(　　)。

A. 犯人对州县审理的案件提出申诉,可以将案件移交至州县的上级——路的长官进行重审

B. 犯人对州县审理的案件提出申诉,州县的上级——路的长官可以亲至州县对案件进行重审

C. 宋代中央司法机关刑部分左、右两厅,对其中一厅审理的案件,若犯人提出申诉,则由另一厅重审

D. 宋代地方司法机关从上至下分为路、州、县三级,对由县上诉至州的案件作出判决后,若犯人提出申诉,则由州发回县重审

二、多选题

1. 下列语句中,标有横线的语词表达单独概念的是(　　)。

A. <u>神女</u>应无恙,当惊世界殊。(毛泽东《水调歌头·游泳》)

B. 水生笑了一下,<u>女人</u>看出他笑得不像平常。(孙犁《荷花淀》)

C. 儿童相见不相识,笑问<u>客</u>从何处来。[(唐)贺知章《回乡偶书》]

D. 风吹柳花满店香,吴姬压酒劝<u>客</u>尝。[(唐)李白《金陵酒肆留别》]

2. 下列属于复合概念的有(　　)。

A. 度量衡　　B. 氨基酸　　C. 当事人　　D. 密接者

3. 下列属于析取式复合概念的有(　　)。

A. 忠诚卫士　　B. 吹拉弹唱　　C. 吃拿卡要　　D. 老少边穷

4. 如果甲概念与乙概念之间具有交叉关系,且乙概念与丙概念之间具有全异关系,则甲概念与丙概念之间可能具有(　　)。

A. 全异关系　　B. 交叉关系　　C. 种属关系　　D. 属种关系

5. 下述各组概念中,与"鲈鱼"和"脊椎动物"具有相同外延关系的是(　　)。

A. "鲸鱼"与"鱼"　　B. "海马"和"鱼"　　C. "企鹅"和"鸟"　　D. "蜘蛛"和"昆虫"

6. 下列各项中,属于揭示概念外延的是(　　)。

A. 思维形式包括概念、命题和推理等

B. 婚姻状况包括未婚、已婚、离婚和丧偶

C. 语句包括陈述句、疑问句、祈使句和感叹句

D. 汉地九州包括冀州、兖州、青州、徐州、扬州、荆州、豫州、梁州、雍州

7. "这次展出的一百多件代表作品,一部分是原稿,另一部分是复制品,还有一些是近年来的新作。"

上述议论作为划分(　　)

A. 犯了"多出子项"的错误　　B. 犯了"遗漏子项"的错误

C. 犯了“子项相容”的错误　　　　D. 犯了“多标准划分”的错误

8. 下列关于“定义过宽”的叙述,正确的有(　　)。

A. 定义项的外延大于被定义项的外延

B. 定义项的外延小于被定义项的外延

C. 定义项所揭示的内涵少于被定义项应有的内涵

D. 定义项所揭示的内涵多于被定义项应有的内涵

三、判断题

1. 如果一个具体对象不具有某一概念的内涵,则它一定不属于该概念的外延。(　　)
2. 单独概念就是由一个语词表达的概念。(　　)
3. 所有的否定概念都属于复合概念。(　　)
4. 由一个语词构成的概念都属于简单概念。(　　)
5. “民不畏死,奈何以死惧之”(《老子》)中的“民”这一语词表达的是集合概念。(　　)
6. 从逻辑结构来看,名义定义也是由定义项、被定义项和定义联项组成的。(　　)
7. 规定的语词定义,也都是通过“属加种差方法”来定义的。(　　)
8. 对合取式概念下定义时,如果定义项揭示的内涵多于被定义概念应有的内涵,就要犯“定义过宽”的逻辑错误。(　　)
9. 一个正确的划分,所划分出的任一概念与被划分概念之间一定是属种关系。(　　)
10. 一个划分如果犯了“划分过宽”的错误,则至少有一个子项与母项不相容。(　　)
11. 概念的限制就是由属概念过渡到它的种概念的逻辑方法,其实质在于概念外延的缩小。(　　)
12. 概念的概括与限制,也可以在不具有从属关系的概念之间进行推演。(　　)
13. 具有属种关系的两个析取式复合概念,其内涵与外延之间不具有反变关系而是正变关系。(　　)
14. 根据内涵中包含有一种构成性质还是两种以上的构成性质,概念可分为简单概念与复合概念。(　　)

四、思考与练习题

1. 简述概念同语词的关系以及了解这种关系的实践意义。
2. 如何理解法律概念是客观性与规定性的统一?
3. 什么是概念的内涵?认识性内涵与规定性内涵有何不同?
4. 请指出下列概念的外延以及该概念外延的边缘对象。

A. “青年人”;　B. “书”;　C. “小学生”

5. 区别下列语句中标有横线的概念,是集合概念还是非集合概念。

(1)“不是国家制度创造人民,而是人民创造国家制度。”(马克思)

(2)“只有相信人民的人,只有投入生气勃勃的人民创造力泉源中去的人,才能获得胜利并保持政权。”(列宁)

(3)“人民,只有人民,才是创造世界历史的动力。”(毛泽东)

(4)“我是中国人民的儿子,我深情地爱着我的祖国和人民。”(邓小平)

(5)“人民就是江山,江山就是人民。”(习近平)

(6)“来自人民、植根人民、服务人民,是我们党永远立于不败之地的根本。”(胡锦涛)

(7)“政府的一切权力都是人民赋予的,一切属于人民,一切为了人民,一切依靠人民,一切归功于

人民。”(温家宝)

(8)“读书不放一字过,闭户忽惊双鬓秋。”[(宋)陆游《寄题吴斗南玩芳亭》]

(9)“黑发不知勤学早,白首方悔读书迟。”[(唐)颜真卿《劝学诗》]

(10)“读书切戒在慌忙,涵泳工夫兴味长。”[(宋)陆九渊《读书》]

(11)“坑灰未冷山东乱,刘项原来不读书。”[(唐)章碣《焚书坑》]

(12)“却看妻子愁何在,漫卷诗书喜欲狂。”[(唐)杜甫《闻官军收河南河北》]

(13)“粗缯大布裹生涯,腹有诗书气自华。”[(宋)苏轼《和董传留别》]

(14)“月上柳梢头,人约黄昏后。”[(宋)欧阳修《生查子·元夕》]

(15)“生当作人杰,死亦为鬼雄。”[(宋)李清照《夏日绝句》]

(16)“北京大学的学生多数是本科生。”

(17)“北京大学的学生来自全国各地。”

(18)“这堆苹果至少有200公斤。”

(19)“这堆苹果都是‘红富士’。”

6. 区别下列语句中标有横线的概念,是单独概念还是普遍概念。

(1)“为人民服务。”(毛泽东)

(2)“人民对美好生活的向往,就是我们的奋斗目标。”(习近平)

(3)“人的本质并不是单个人所固有的抽象物。在其现实性上,它是一切社会关系的总和。”(马克思)

(4)“人是天生的政治动物。”(亚里士多德)

(5)“人为万物之尺度。”(普罗塔哥拉)

(6)“人是一根会思考的芦苇。”(帕斯卡)

(7)“人是肉身化的理性,有思考的生物——这个称号使他区别于其他生物,成为万物之灵长。”(别林斯基)

(8)“人是一种能习惯于任何环境的动物,我以为给人下这样一个定义是最恰当不过的。”(陀思妥耶夫斯基)

(9)“复恐匆匆说不尽,行人临发又开封。”[(唐)张籍《秋思》]

(10)“清明时节雨纷纷,路上行人欲断魂。”[(唐)杜牧《清明》]

(11)“故垒西边,人道是,三国周郎赤壁。”[(宋)苏轼《念奴娇·赤壁怀古》]

(12)“莫道不消魂,帘卷西风,人比黄花瘦。”[(宋)李清照《醉花阴·薄雾浓云》]

(13)“国家不论大小、强弱、贫富,都应当尊重别国的主权。”

(14)“国家维护社会主义法制的统一和尊严。”(《中华人民共和国宪法》第5条)

(15)“《红楼梦》是一部古典文学名著。”

(16)“这家书店今年售出的《红楼梦》就有100多部。”

(17)“《重庆晨报》是重庆市的地方性报纸。”

(18)“最近几天的《重庆晨报》上都没有你说的那篇文章。”

(19)“有一个A班的学生反映王老师不关心学生。”

(20)“有一个A班的学生,尽管个头最高,但是表现最不好。”

7. 运用概念分类的知识,指出下列语句中使用概念的错误。

(1)“他培养的学生,不少是省级以上的代表队。”

(2)“贪污罪往往是有权限的人。”

(3)“作为领导班子,他当然有权处理这件事。”

8. 任意两个不同的概念,其外延方面可能是哪几种关系?请分别举例并说明这些关系的特点。

9. 下列概念中,哪些是简单概念,哪些是复合概念?其中,运用哪些概念又可以组合成一些什么样的复合概念?试用欧拉图分别表示出其中任一概念同另一概念(包括组合后形成的复合概念)之间的外延关系。

a.“医生”;b.“20 多岁的年轻人”;c.“军人”;d.“大学生”;e.“操四川口音的人”;f.“40 岁以上的人”;g.“男人”;h.“教师”;i.“妇女”

10. 结合具体语境及语句含义,用欧拉图表示下列各段议论中标有横线的各个概念之间的外延关系。

(1)“2020 年 11 月 16 日至 17 日召开的中央全面依法治国工作会议(a),首次提出习近平法治思想(b)。这是继习近平强军思想(c)、习近平新时代中国特色社会主义经济思想(d)、习近平生态文明思想(e)、习近平外交思想(f)之后的又一重要思想(g)。”(2020 年 11 月 21 日求是网《习近平法治思想引领法治中国建设》)

(2)“习近平法治思想(a)是顺应实现中华民族伟大复兴(b)时代要求应运而生的重大理论创新成果,是马克思主义法治理论中国化最新成果(c),是习近平新时代中国特色社会主义思想(d)的重要组成部分,是全面依法治国(e)的根本遵循和行动指南。”(2020 年 11 月 19 日《人民日报》评论员文章)

(3)“乡村振兴(a)是包括产业振兴(b)、人才振兴(c)、文化振兴(d)、生态振兴(e)、组织振兴(f)的全面振兴,实施乡村振兴战略的总目标是农业农村现代化(g),总方针(h)是坚持农业农村优先发展,总要求(i)是产业兴旺、生态宜居、乡风文明、治理有效、生活富裕,制度保障(j)是建立健全城乡融合发展体制机制和政策体系。”(习近平 2019 年 3 月 8 日参加全国人大会议河南代表团审议时的讲话)

(4)“一把手(a)抓是责任、是使命,不容含糊;抓一把手(b)是手段、是措施,必须坚持。”(《人民日报》2017 年 4 月 18 日时评《一把手抓,抓一把手》)

(5)“台湾(a)是中华人民共和国(b)的神圣领土的一部分。完成统一祖国的大业是包括台湾同胞(c)在内的全中国人民(d)的神圣职责。”(《宪法》序言)

(6)“人民法院审判第一审案件(a)应当公开进行。但是有关国家机密(b)或者个人隐私的案件(c),不公开审理;涉及商业秘密的案件(d),当事人申请不公开审理的,可以不公开审理。不公开审理的案件(e),应当当庭宣布不公开审理的理由。”(《刑事诉讼法》第 188 条)

11. 运用概念间关系的知识,指出下列语句中使用概念的错误。

(1)“陈××的住房是他姑母去世时留下的地皮。”

(2)“在云南发现的元谋人化石,是我们祖国境内最早的人类。”

(3)“疟疾流行区,凡是发病率在 5% 以上的地区,例如车间、居民点、院坝、家属等,都要采取预防措施。”

12. 什么是司法归类活动?对犯罪行为进行司法归类活动应经历一个什么样的思维过程?为什么?

13. 你如何理解概念的确定性?结合下面材料说明“净菜”这个概念为什么是不确定的?你能否使之具有确定性?

“某市李先生在净菜超市买了几盒净菜,里面夹了不少烂叶,又摘又拣颇费力气。

记者在净菜市场问售货小姐什么是净菜,她回答说:‘摘干净打上包就是了。’该超市的经理介绍:

一般叶菜两天就要打包检查,把腐烂的挑出来。该市技术监督局某处长说,目前我国对净菜没有统一的标准,他个人理解,净菜应该不需要消费者再摘,买回去洗洗就可以烹制食用。"(参见《"净菜"有没有标准》,载《生活报》1998年4月24日)

14. 什么是定义?试举例说明给概念下定义的思维过程。

15. 分别举例并说明什么是概念的概括,什么是概念的限制。下列各组概念中,由前者到后者哪些属于概念的限制:

(1)市人大常委会→市人大常委会主任

(2)经济案件→涉外经济案件

(3)贪污犯→可耻的贪污犯→终将受到法律制裁的可耻的贪污犯

(4)生产假药的人→生产并销售假药的人→生产、销售假药、情节严重的人

16. 下列各组概念,由前者到后者,哪些属于正确的概括?哪些不是正确的概括?这些不正确概括的概念与概念之间的关系是什么关系?

(1)"助理审判员"→"审判员"→"民事审判庭庭长"

(2)"优秀共产党员"→"中国公民"→"有中国国籍的人"

(3)"女子排球队队员"→"排球队队员"→"运动员"

(4)"能被8整除的数"→"能被4整除的数"→"偶数"

(5)"中国西部地区"→"中国"→"联合国"

(6)"杀害某甲的嫌疑人"→"刑事案件的被告人"→"罪犯"

17. 下列语句作为定义为什么不正确?试根据定义的规则分别予以说明。

(1)"故意杀人罪就是存心杀人而构成的犯罪。"

(2)"故意杀人罪就是非法剥夺他人生命的犯罪。"

(3)"故意杀人罪就是故意非法剥夺他人生命,并导致他人死亡的犯罪。"

18. 下列语句中,哪些语句(或语句中的哪些部分)属于对概念外延的揭示?其中,哪些是列举?哪些是划分?

(1)"本法所称药品,是指用于预防、治疗、诊断人的疾病,有目的地调节人的生理机能并规定有适应症或者功能主治、用法和用量的物质,包括中药、化学药和生物制品等。"(《药品管理法》第2条第2款)

(2)"森林,包括乔木林、竹林和国家特别规定的灌木林。按照用途可以分为防护林、特种用途林、用材林、经济林和能源林。"(《森林法》第83条第1项)

(3)"本法所称环境,是指影响人类生存和发展的各种天然的和经过人工改造的自然因素的总体,包括大气、水、海洋、土地、矿藏、森林、草原、湿地、野生生物、自然遗迹、人文遗迹、自然保护区、风景名胜区、城市和乡村等。"(《环境保护法》第2条)

(4)"本法所称长江流域,是指由长江干流、支流和湖泊形成的集水区域所涉及的青海省、四川省、西藏自治区、云南省、重庆市、湖北省、湖南省、江西省、安徽省、江苏省、上海市,以及甘肃省、陕西省、河南省、贵州省、广西壮族自治区、广东省、浙江省、福建省的相关县级行政区域。"(《长江保护法》第2条第2款)

19. 试析下列概念划分的组成及其逻辑错误。

(1)"违法行为尽管多种多样,但是总的可分为刑事违法行为、民事违法行为、行政违法行为、金融违法行为、经济合同方面的违法行为,以及未成年人的违法行为和婚姻家庭方面的违法行为。"

(2)"改革开放以来,这个村的村民喂养的家禽发展很快,鸡、鸭、鹅、鱼、兔都比两年前增长了一倍

以上。”

(3)“这个学校的教师多数是40岁以上的教师,青年教师和女教师只占少数。”

20. 用符号表示出下述定义的结构形式。

(1)“假冒专利罪就是指以获取非法利益为目的,违反国家专利管理法规,在法律规定的专利有限期内假冒他人或者单位的专利权益,情节严重的行为。”

(2)“侵犯通信自由罪是指隐匿、毁弃或者非法开拆他人信件,侵犯公民通信自由权利,情节严重的行为。”

(3)“民事法律行为是民事主体通过意思表示设立、变更、终止民事法律关系的行为。”(《民法典》第133条)

(4)“技术合同是当事人就技术开发、转让、许可、咨询或者服务订立的确立相互之间权利和义务的合同。”(《民法典》第843条)

21. 运用概念相关知识,分析说明下列各段议论在运用概念方面是否存在逻辑错误,并简述理由。

(1)“周成王时,周公治陕以东,召公治陕以西,盖以陕为分界处,今省称陕西,即召公所治地也。”(《澄衷蒙学堂字课图说》)

(2)“有七尺之骸,手足之异,戴发含齿,倚而趣者,谓之人。”(《列子·黄帝》)

(3)“期刊可按出版周期分为年鉴、半年刊、季刊、双月刊、月刊、旬刊和周刊。”

(4)“市面上流行的文化衫,从形式上看主要有画像文化衫和广告文化衫。”

(5)“所有这一切正在被个人电脑、公共场所触摸屏、手机、移动终端及iPad所代替。”

(6)“云南是我国民族类型最多的省份,聚居着白族、傣族、佤族、纳西族、哈尼族、景颇族、拉祜族、傈僳族、普米族、独龙族、基诺族和汉族等20多个少数民族。”

(7)“近年来‘考博’的热度并不亚于‘考研’,从今年北师大报考人数逾千的事实就可略见一斑。”

(8)“明朝经济规模在当时可称世界第一,无论是铸铁、造船、建筑等重工业,还是纺织、陶瓷、印刷等轻工业,在世界都享有盛誉。”

(9)“A股2021年半年报收官,整体来看,A股公司盈利能力较去年大幅好转,复苏态势显著。全部A股公司营业收入、净利润、扣非净利润这三项成长指标均创下历史同期最好水平。”

22. 运用概念相关知识,结合下列材料,给“恐怖主义”下一个你认为恰当的实质定义,并具体分析所下定义的逻辑结构及采用的定义方法。

恐怖主义是暴力行为,但不是战争。……不是任何暴力行为都是恐怖主义,它要符合下面四个基本条件:(1)它是一个意图和决定的产物,它不是“一时兴起”之作,也不是单纯的“事故”。(2)它要有政治动机。它不是谋财害命,也不是个人恩怨。它有政治上的目的,它犯法犯罪是为了理念和理想。至于对不对、善或恶,则是价值判断的问题。(3)它的对象是“非战斗员”。因为不是打仗,所以它不期望“战斗”。基本上,它要袭击无力或无机会防守的人,包括军人。(4)从事恐怖行动者是“次国家团体”或“秘密组织”分子。它不是国家与国家之间的对抗。(参见关中:《恐怖主义与美国命运》,载《参考消息》2001年9月18日)

23. 运用概念相关知识,分析指出下列材料中灵活运用了概念方面的哪些逻辑知识。

“小孩子已经学会了一些概念。狗,是个大概念。黑狗、黄狗是小些的概念。他家里的那条黄狗,就是具体的。人,这个概念,已经舍掉了许多东西,舍掉了男人、女人的区别,大人、小人的区别,中国人、外国人的区别,革命的人和反革命的人的区别,只剩下区别于其他动物的特性。谁见过‘人’?只能见到张三、李四。‘房子’的概念,谁也看不见,只看到具体的房子,天津的洋楼,北京的四合院。”(《毛泽东在杭州会议上的讲话(1965年12月21日)》,载《毛主席论教育革命》,人民出版社1967

年版）

24. 运用概念相关知识，结合以下案例，分析“蔬菜”“水果”概念外延边缘的模糊性及其司法归类难题。

西红柿究竟是水果还是蔬菜？每个人可能有不同的理解。西红柿大都被当作蔬菜在厨房使用，也会和水果摆放一起在超市售卖。从植物学来看，水果是指多汁，且主要味觉为甜味和酸味，可食用的植物果实。而蔬菜是指可以做菜、烹饪成为食品的植物或菌类，包括植物的根、块茎、叶、花、茎和种子。美国司法史上曾发生一起有趣的“西红柿案”，即“尼克斯诉赫登案”（Nix v. Hedden，149 U. S. 304. 1893）。

1883 年颁布的《美国关税法》规定，进口蔬菜需缴纳 10% 的关税，而水果却不用。当时，纽约海关认为西红柿是蔬菜，须交税。做进口西红柿生意的尼克斯兄弟（John Nix、John W. Nix、George W. Nix 和 Frank W. Nix）研习植物学知识后，于 1887 年将纽约港海关税收员赫登（Edward L. Hedden）告上法庭。他们认为西红柿应归为水果，要求返还被征收的税款。

主审本案的格雷（Horace Gray）大法官发现本案争论焦点在于，西红柿应当被归类为水果还是蔬菜。当时的美国，税法里既没有关于西红柿是水果还是蔬菜的相关规定，也没有类似判例可供援引。

庭审中，双方的律师展开激烈交锋。本案不像其他案件那样证据证人无数，原被告双方的律师都使用《韦氏词典》、《伍斯特词典》及《帝国词典》的词典释义作为证据。原告认为，西红柿有丰富的果汁，这是一般蔬菜所不具备的；它又可以生食，同一般蔬菜也不一样，形状、色泽也都应当属于水果范畴。被告则认为，西红柿要进入厨房，经过烹制，才能成为人们餐桌上的佳肴，理应属于蔬菜、应当交税。

最高法院全体大法官一致认为，从植物学角度而言，西红柿是果实，可是在日常习惯中，人们把它当作蔬菜。就像黄瓜、南瓜、大豆和豌豆一样，西红柿是一种蔓生的果实，无论是买主还是卖主，在人们通常的谈论中总是把它和栽种在菜园中的马铃薯、胡萝卜、欧洲防风、甜菜、花椰菜、甘蓝、芹菜和莴苣一样作为饭菜用；无论是生吃还是熟食，它总是同饭后才食用的水果不一样。最高法院于 1893 年最终裁定，《美国关税法》所指的“蔬菜”应采用其日常含义而不是植物学含义，根据西红柿的烹调方法和流行观点，它应当被视作蔬菜，从而驳回了原告尼克斯兄弟的诉讼请求。

25. 运用概念相关知识，结合以下案例，分析“麻花”、“糕点”与“油炸面制品”概念外延边缘的模糊性及其司法归类难题。

2017 年 5 月，于某某向济南市历下区食药监局举报称，其购买的“众望牌”麻花超范围使用食品添加剂“纽甜”，要求该局查处并予以奖励。食药监局根据国家标准《糕点术语》（GB/T 12410 - 2007）、《食品安全国家标准食品添加剂使用标准》（GB2760 - 2014），《食品安全标准、食品添加剂使用标准实施指南》（书籍）等相关资料，认定该麻花属于糕点而非油炸面制品，对举报作出不予受理决定并书面告知举报人。于某某不服，向历下区人民法院提起行政诉讼。一审法院审理后认为，食药监局认定“众望牌”麻花属于糕点类食品并无不当，其认定事实的证据确实、充分，且对原告告知适用法律正确，对原告的诉讼请求不予支持。于某某不服，向济南市中级人民法院提起上诉。

二审法院审理后认为，双方当事人对证据和行政程序无异议，本案争议焦点是“麻花属于粮食和粮食制品中的油炸面制品还是焙烤食品中的糕点”，而如何认定，需综合分析与考量。

首先，事实认定和法律适用系不同概念。麻花是属于糕点还是油炸面制品系事实认定问题，而非法律适用问题，因此，关于麻花在食品中分类的理解和解释，不属于对法律的解释。字词典、行业规范、行业标准、权威书籍、常识等，均可作为对事实的解释和认定的依据。因此，上诉人主张的应当按照法律解释的要求对解释主体、依据进行限制的理由不能成立。

其次,对于字词含义的界定基本原则。二审法院认为,对于字词含义的界定,一般应当优先按照普通人可以接受的含义进行理解;当对于行业专用语词理解发生歧义时,自然应当尊重该行业对该语词的定义。麻花属于食品,其在原材料和制作工艺上同时涉及油炸面制品和糕点两类食品,普通人确实难以直接准确地将其进行分辩归类。此时,需要借助该行业的专业知识进行认定。被告依据《糕点术语》及《食品安全标准、食品添加剂使用标准实施指南》(书籍)等相关资料对争议的麻花属性进行认定并无不当。

最后,涉案品牌的麻花符合油炸糕点的定义特征。《糕点术语》中对于糕点的定义为"以粮、油、糖、蛋等为主料,添加(或不添加)适量辅料,经调制、成型、熟制等工序制成的食品"。油炸糕点的定义为"油炸熟制的一类糕点"。从上述行业定义看,麻花符合油炸糕点的定义特征。《食品安全国家标准食品添加剂使用标准》中列明,油炸面制品是指经油炸工艺制成的面制品,如油条、油饼等。另外,从生活常识理解,糕点属于可长期储存的零食,而油炸面制品则通常属于即食的主食。综合以上行业知识及生活常识,结合食品标签标注、生产许可证和明细表、产品的原料和生产工艺,麻花确属糕点类食品,而非上诉人主张的油炸面制品。

综上,二审法院作出终审判决:一审判决书认定事实清楚,适用法律正确,应予维持;上诉人的上诉请求不能成立,本院不予支持。(方庆海、张猛、蔡轲:《一根麻花引发的行政诉讼案》,载《中国医药报》2017年12月17日)

第三章　命题的一般特征

课外阅读

第一节　判断及其表达式

一、判断的特征

所谓判断(judgment),就是对客观事物情况有所断定的思维形式,它的直接表现形式就相当于语言中的句子。

所谓“客观事物情况”,就是指客观事物自身具有或者不具有某种属性,或者,这一种事物情况同另一种事物情况之间,它们自身具有或不具有某种联系。而所谓“断定”(assertion),则是指人们对某种事物情况的肯定或否定,表现的是人们对客观事物情况的一种认识,是对客观事物情况的反映。因此,判断具有这样两个特征:

第一,它对事物情况总是有所断定,亦即总是或者肯定了某一种事物情况,或者否定了某一种事物情况(这里所谓的“肯定”和“否定”,有别于后面将要谈到的一个具体命题本身的肯定形式和否定形式)。如果没有断定,也就不成其为判断,至少不是严格意义上的判断。例如:

①“有的大学生不是学习法律专业的。”

②“并非所有犯罪分子都是青年人。”

③“如果死者胃里有浓烈酒味,那么死者是饮酒后不久死亡的。”

例①肯定了“大学生”中有的对象不具有“学习法律专业”的性质,亦即肯定了“有的大学生不是学习法律专业的”这一事物情况;例②则否定了“犯罪分子都是青年人”这样的事物情况;例③则肯定了“死者胃里有浓烈的酒味”,与“死者是饮酒后不久死亡的”这两种事物情况之间,存在有“如果……那么……”这样的条件联系。

第二,判断具有真假值。判断的真假值,简称判断的真值(truth value),包括判断的“真”(truth)和“假”(false)两个逻辑值。由于判断是对客观事物情况的反映,是关于事物情况的一种断定,只是表明了人们对事物情况的一种认识,因而对事物情况的断定,不等同于事物情况自身,它们是反映与被反映、认识与被认识的关系。因此,不能把断定的事物情况同事物本身的情况混为一谈。既然判断只是对事物情况的一种认识或反映,相对于事物本身的情况来说,它就必然要么符合,要么不符合。所以,任何判断就都具有或者为真或者为假的属性;只要是判断,就都具有真假值。如果对事物情况的断定与事物自身的情况相符合,该判断就真;反之,该判断就假。如上面例①,因为事实上有的大学生不是学习法律专业的,该判断的断定符合事物自身的情况,所以它是真的。假若对这一事物情况否定,比如断定说“并非有的大学生不是学习法律专业的”,这一判断就不符合事物自身的情况,因而它就是假的。

判断的真或假,涉及判断的具体内容。要判定一个具体判断究竟是真还是假,必须依靠人们的社会实践和相关的具体科学知识,这当然不属于逻辑学所能研究和解决的问题;逻辑学也没有必要去研究一个个具体的判断究竟是真还是假的问题。尽管任何一个具体的判断,其内容总是确定的,对照所断定的客观事物情况来看,它究竟是真还是假也是确定的,但逻辑学对此并不关心;逻辑学只是从普遍性的角度,从判断的结构形式、种类、特征等方面,研究它们各自在何种情况下为真、何种情况下为假,以及它们相互间的真假关系。这就是说,逻辑学中所说的判断,其实是脱离了认识主体的、并非认识主体在具体情况下作出的实实在在的判断,而只是判断的表达式,亦即命题(proposition)。关于这个问题,后面还将谈及。

二、判断、符号与陈述

判断是一种思想,存在于人们的头脑中,既看不见、也摸不着。人们获得关于事物情况的某种认识,对某种事物情况作出的断定,要传达给别人,就必须借助于一定的物质手段,将其外化为一种可感知的物质现象。不仅关于事物情况的某种认识是这样,其他如对现象的某种情感、疑问以及要求他人作出或不作出某种行为的示意等,这些思想要传达给别人,也必须将其外化为可感知的物质现象。

同一定思想相联系的、可借以传达某种思想的人为安排的物质现象,叫作符号(sign,亦译“指号”或“记号”)。例如,教师批改学生作业时,在作业本上某道题的题解旁边或别的地方画上一个“×”,这一人为安排的物质现象就传达了教师这样一个思想:“此题解答错误。”城市十字路口上的交通指挥灯,若红灯闪亮,这一人为安排的物质现象就传达了交通管理者的这样一个命令:“禁止驶往×方向的车辆通行。”

符号是思想的外化,要别人感知,当然它首先就必须是一种物质现象。但是,并非任何物质现象都可以称之为符号。譬如,刮风、下雨、鸟飞、鱼游等,这些也都是一种物质现象,然而这些并不是什么符号。

符号不仅是一种物质现象,还必须是一种人为安排的物质现象。所谓“人为安排”,也就是指受人的意识控制而发生的,是有意作出的某种物质现象(在特定情况下的某种不作出,本身也就是一种“作出”)。因此,符号虽然是一种人为安排的物质现象,然而又并非任何这样的现象都可以称作符号。例如,同样一个“×”,在另外别的场合就可能什么思想也没有表示,不一定就是符号。只有同一定思想相联系的、人为安排的物质现象,才能成为传达某种思想的有意义的东西,也才能起符号的作用。

符号不仅是一种物质现象,也不仅是一种人为安排的物质现象,还是同一定思想相联系的人为安排的物质现象。所谓同一定思想相联系,就是指要赋予人为安排的物质现象以思想意义。也就是说,某种人为安排的物质现象是否成为传达某种思想的符号,取决于该现象是否同某种思想相联系,亦即是否赋予了该现象以思想意义,是否确定了该现象的意义规则。如果赋予了某种现象以某种思想意义,确定了该现象的意义规则,并且,现象的安排者遵循这样的意义规则给出某种现象,另一些人也遵循同样的意义规则,通过对现象的感知而接受它传达的某种思想,这种人为安排的物质现象,才成为传达某种思想的符号。

可见,某种人为安排的物质现象能否成为传达某种思想的符号,关键就在于是否确定了它

的意义规则。确定人为安排的物质现象的意义规则,有两种情形:

一种情形是人们长期的使用习惯、约定俗成的。例如,相互熟悉的两个人,在路上相遇时向对方点点头,这里,“点头”这一现象表示的问候、打招呼之意,就是长期习惯形成的,其思想意义不需解释就能被对方理解。又如,教师在学生的作业题旁边画的“ ×”,它具有的思想意义也不需教师作解释,学生就能接受它传达的思想。在这些情况下,某种人为安排的物质现象之所以成为传达某种思想的符号,遵循的就是习惯形成的意义规则。

在另外一些情况下,意义规则也可以是某个人或某个组织机构作出的规定,是通过规定的方式形成的,并且规定的意义既可以是随机性的,也可以是相对稳定的。譬如,某抢劫团伙头目与其同伙事前约定,在对某人实施抢劫活动时,自己做出何种手势,大家就怎样行动。在特定的场合下,该头目作出的某种手势,就成为指挥其同伙的命令,或者说这种手势就成为该头目指挥其团伙行动的某种思想的符号。这样的意义规则,就是个人作出的,并且也是随机性的。此外,如前面谈到的城市十字街口交通指挥灯的红灯或绿灯亮着,各意味着管理者的何种特殊规定,遵循的也是规定的意义规则。只不过它不是由某一个人临时作出的规定,而是有权管理城市交通的机构作出的规定,并且是相对稳定的规定。

显然,在后者这种情况下,究竟赋予某种人为安排的物质现象以何种意义,这无关紧要——可以把红色交通指挥灯亮着,规定为禁止驶往某个方向的车辆通行,也可以规定为允许驶往该方向的车辆通行。重要的是,其意义规则一旦被确定,使用时就得遵循这样的意义规则。否则,它就可能被误解,或者起不到符号的作用。

无论遵循的是习惯的意义规则或是规定的意义规则,某种人为安排的物质现象之所以成为符号,是因为其总是同某种思想相联系的。但是,在区别某种人为安排的物质现象是否传达某种思想的符号时,有必要注意这样两点:

第一,要注意分析和区别出现某种人为安排的物质现象的具体场合。某种人为安排的物质现象成为传达某种思想的符号,总是不能离开特定场合的。同样的“点头”这一现象,在不同场合下就可以表达不同的意思:可以表示同意某人的观点,也可以表示赞赏某种情况,当然也还可以表示别的什么意思;同样的交通指挥灯,如果不是在特定位置上而是在其他地方,即使亮着,也不一定就传达了某种命令。

第二,某种人为安排的物质现象,究竟是否传达某种思想、传达的是何种思想,通常是由现象安排者决定的,不能由其他人强加或者作任意解释。“文化大革命”期间就发生过这样一起荒唐事:有个人在邮给别人的信封上,不在意地并排贴着两张大小相同的纪念邮票,左边一张是毛主席的头像,右边一张的画面是一个运动员正在掷标枪。信寄到某单位后,被一位有心人“发现”:“怎么标枪正对着毛主席的头像呢? 这不是在发泄阶级仇恨么!”告发后,寄信者所在单位将其视为一起“恶毒攻击”案,对他批斗了一个多月。这就是对人为安排现象作任意解释的结果。但是,我们也不能作这样的理解,似乎某种现象是否传达某种思想的符号,必须得到现象安排者的承认。一般来说,只要某种人为安排的物质现象被赋予了某种意义,信息接受者也遵循同样的意义规则去理解,事后即使现象安排者否定该现象的思想意义,也应确认该现象是传达某种思想的符号。

司法工作中,注意区别某种人为安排的物质现象,究竟是否传达某种思想的符号,很有意义。例如,某单位一位女职工刘某,从银行取款后来到一处行人稀少的地方候车。不久,她发现有一青年右手一直旋甩着一根拴有水果刀的钥匙链,在她身旁走来走去。当她不在意时,该青年一下抢去她装有四千多元现金的挎包,飞快逃去,后被捉获。审理该案时,被害人称,因见他甩动小刀,不敢追喊。而被告辩称,旋甩钥匙链是自己平常的习惯性动作。这里,能否确认被告在现场旋甩带有小刀的钥匙链是传达某种思想的符号,显然就不是一个无关紧要的问题。

语言(language)也是一种人为安排的物质现象。它不但是一种最普遍、最常用的符号,而且是一个符号系统。语言的意义规则,因不同的民族、地区而存在差异,但都是长期使用习惯约定俗成的。

在语言这种特殊的符号系统中,能够直接、明确地传达某种思想的语言形式,就是语句(sentence)。就语句传达思想的功能而言,是多种多样的:可用以描述事物情况或表达情感态度,也可用以表达询问、请求或命令,甚至还可用以抒发感情。

通过语句来描述客观事物情况,表达对某件事情或某种现象的情感、态度,这样的表达方式叫作陈述(statement);也可把这样的语句本身称为陈述。比如本节开头的例①、②、③,当我们说出这几句话的时候,就是在通过语句这样的手段来描述事物的情况,也就是在作出例句那样的几个陈述。

也许人们会问,前面举例时说例①、②、③都是判断,这里又说它们是语句,是一种陈述,这是否意味着判断同语句或陈述就是一回事呢? 为了弄清这个问题,就不能不了解判断同语句的关系。

三、判断同语句、命题的关系

(一)判断同语句的联系

判断是对客观事物情况作出的断定,是判断主体即判断者对客观对象的认识或反映,它是存在于判断者头脑中的一种思想。而这样的思想要能在头脑中形成并通过陈述这样的物质手段表达出来,就离不开语句这样的表现形式;而语句如果没有表达判断,则不能告知别人关于事物情况如何的信息。因此,如同概念必须通过语词来表达,不可能有赤裸裸的概念存在一样,判断也必须通过语句来表达,不可能有离开语句而孤立存在的判断。

但是,也正如并非所有语词都表达概念一样,并非所有语句都表达判断。一个语句究竟是否表达判断,表达的是一个什么样的判断,要根据语句表达的思想是否符合判断的两个特征来确定,并且还要透过语句形式来把握它实际上表达的是一个什么样的断定。区别一个语句是否表达判断,不但关系到我们对该语句所表达思想的态度,而且关系到能否正确理解表达者的思想;只有通过语句把握它实际表达的判断,才能抓住各种各样语句形式掩盖下的推理关系。因此,弄清判断同语句的关系,特别是二者的区别,不是没有意义的。

(二)语句的多种功能

为进一步理解判断同语句的关系,有必要了解语句在表达思想方面的多种功能。

就表达思想的功能来看,主要有描述功能、评价功能、示意功能和询问功能;当然,也还有其他一些功能。这里只着重谈谈与本书某些内容相关的前四种功能。

1. 语句的描述功能,亦即通过语句来描述客观事物自身的状况。所描述的事物本身的状况,可以是事物呈现出的外部特征,也可以是关于事物本质的认识;可以是具体事物的情况,也可以是抽象的或者关于某个类的事物的情况;可以是已经发生或正在发生的事物情况,也可以

是将来才会出现的事物情况,等等。例如:

④“鱼是脊椎动物。”

⑤“绝大多数吸毒者都是青年人。”

⑥“王某某的身上有12处刀伤。”

⑦“到2050年,中国的工人与退休工人的比例将达到3:1。”

这类描述事物自身状况的语句,同时也是关于客观事物情况的一种陈述,因而也叫描述陈述。

2. 语句的评价功能,亦即通过语句来表达对于某件事情或某种现象赞赏或不赞赏的情感、态度。例如:

⑧“公款吃喝是可耻的行为。”

⑨“孔繁森同志的品德多么高尚啊!”

⑩“这幢大楼的造型美观大方。”

这类评价性的语句,虽然也是关于客观事物情况的陈述,但是表达的客观事物情况,并非纯粹的事物自身的情况,而是表达者对于事物情况的某种评价,反映了表达者对该事物情况的赞赏或不赞赏的情感、态度。这样的语句也是关于事物情况的一种陈述,可称为评价陈述。

3. 语句的示意功能,亦即通过语句表达某项通知、告诫、命令或请求,目的在于要求别人按照语句表达的思想,作出或不作出某种行为。例如:

⑪“禁止生产、销售假药。”

⑫“会场内请勿吸烟。”

⑬“你立即把伤员送到医院。”

这类语句即语法学中所说的“祈使句”。它表达的思想仅仅是表达者的示意,一种“希望”或“要求”,并未表明事物的情况如何——希望或要求事物的情况如此这般,不等于事物情况就是如此这般。因此,这样的语句不是一种陈述。

4. 语句的询问功能,亦即通过语句发出疑问,提出问题,目的在于得到对方的回答,以获得相关事物情况的信息。例如:

⑭“你是在北京打工的农民工吗?”

⑮“吸烟有哪些危害?”

⑯“伙同你盗窃汽车的还有哪些人?”

这类语句就是语法学中所说的“疑问句”,它表达的只是说话人期望得知某种事物情况的思想,本身并未对事物情况作出直接的描述或评价。因此,它也不是一种陈述。

语句在表达思想方面,除上述四种功能外,还有单纯抒发感情的功能,这即语法学中所说的“感叹句”。例如:“祖国万岁!”“高举习近平法治思想伟大旗帜　坚定不移推进全面依法治国。”这类语句当然也不是对事物情况的陈述。

根据上述关于语句表达思想的功能可以看出,只有描述性语句与评价性语句,才对事物情况有所陈述,因而这类语句在语法学中也都被称为陈述句。

(三)判断同语句的区别

由于判断是关于事物情况的一种认识或反映,而语句则是表达思想的一种手段,是判断的表现形式,这就决定了判断同语句有如下两个方面的区别:

第一,就语句形式而言,并非所有语句都表达判断。如前所述,陈述句是判断的表达式(当然,从严格的逻辑意义上说,描述性语句同评价性语句所表达的判断,在性质上还有差异),而祈使句、疑问句等则不表达判断,或者说它们不是严格意义上的判断。

但是,值得注意的是:一个语句究竟是否表达了判断,不能简单地仅就语句形式来区别,要看语句实际表达的思想是否对事物情况有所断定来决定。特别是对于疑问形式的语句,区别它是否表达判断时,更应注意以下两点:

其一,有的表面看来是疑问形式的语句,其实是"无疑而问",其目的不在于期望得到对方的回答:它实际上表达了某种断定,只不过用反问的形式来表现而已。这即语法学中所说的"反诘句"。例如:

⑰"难道当官的犯法就不受法律的制裁吗?"

⑱"你刚才说的是真话,谁相信?"

这两个语句表面看来是一种"问"句,实际上是对事物情况作出了某种陈述,或者说表达了某种断定:前一句断定了"当官的犯法也是要受法律制裁的",后一句断定了"你刚才说的不是真话"。

其二,疑问句表达的"问题",常常是在已知为真或假定为真的某种断定的基础上发出的,因而"问"的本身往往隐含了某种断定,或者说"问"本身也会给予我们关于客观事物情况的某种信息。这种在疑问句中隐含的断定,叫作"问题"的预设。例如:

⑲"你窃得的那个钱包里面有多少现金?"

这一语句中就隐含着"你窃得了一个钱包,并且钱包里面有现金"这样的断定。此外,如前面举例所说的"吸烟有哪些危害",也隐含了"吸烟是有危害的"这样的断定。

注意识别并把握疑问句实际隐含的断定很有意义,它不仅有助于我们透过"问"而把握提问者掌握的信息,而且也关系到对"问题"的准确回答。

第二,如同概念同语词不是一一对应的关系一样,判断同语句形式也不是一一对应的。

一方面,同一个判断可以用不同的语句来表达。例如,"我没有犯法"这个语句表达的判断,就可以用下面这些语句形式表达出来,如"我犯了什么法""我哪里犯了法""怎么能说我犯了法",如此等等。上面这些尽管语句形式不同,表达的判断却相同。逻辑学关心的,就是不同语句形式实际表达的判断。

另一方面,同一个语句可以被理解为不同的判断。例如,"有几个工厂居民点的居民是该厂空气污染的直接受害者",这句话就既可理解为断定的是"<u>有几个工厂</u>居民点的居民……",也可理解为"<u>有几个</u>工厂<u>居民点</u>的居民……",还可理解为"<u>有几个</u>工厂居民点的<u>居民</u>……"。这就是说,对该语句表达的断定,可理解为"有几个工厂的(所有)居民点的居民……","有几个(属于工厂的)居民点的(所有)居民……","有几个(属于工厂居民点的)居民……"。理解不同,断定的受害者的对象数量就大有区别。既然同一个语句可以被理解为不同的判断,说明该语句表达的思想有歧义。实际思维中要做到表达准确,就应注意避免出现这样的情况。

（四）判断与命题

一般地说，区别判断（judgment）与命题（proposition）并不特别重要。一个描述或评价事物情况的语句，既可以说它是一个判断，也可以说它是一个命题。事实上，不少逻辑著作中也是把“判断”与“命题”看作同义语的，对之并未加以区别。

不过，严格说来，判断同命题还是有区别的。前面我们曾经谈到，判断是人们对客观事物情况作出的断定，是被断定了的某种陈述，不但它的内容是确定的，而且，它究竟是真还是假，对应于它所断定的事物自身的情况来看，也是确定的。因此，判断同认识主体相联系，也同所断定的客观事物情况相关。而命题则与之有别，它只是一种表达对事物情况有所断定的、具有真假意义的语句，不涉及认识主体，也不涉及所断定的客观事物情况自身。例如，张三或李四谈及有关问题时说：“有的大学生是不懂法律的。”这句话相对于张三或李四来说，就是他作出的一个判断，是被他断定了的一个陈述。假若撇开这句话的表达者，单就这句话本身而言，它就只是一个表达了对事物情况有所断定的、具有真假意义的语句；至于它究竟是真还是假，没有涉及。

逻辑学研究的“判断”，不可能是这个人或那个人在实际思维中具体作出的判断，只能是不涉及认识主体的一些判断表现形式，亦即只是一些语句，因而称之为命题更准确，故本书在后面研究各种判断形式时，都称之为“命题”；在某些地方为了论述的方便，有时虽然也还称其为判断，不过其意义与“命题”没有区别。

第二节　描述命题与评价命题

一、命题的不同性质、作用

从前面的叙述可以看出，陈述基本上不外两种作用，即对事物情况的描述作用，及对自己关于某种事物情况在情感方面的表达作用，所以陈述也就有描述陈述（descriptive statement）和评价陈述（evaluative statement）之分。由于命题都是通过陈述句这样的形式表达的，因此，相应地也可将这两种陈述的语句本身，分别称为描述命题和评价命题。由于两种命题的性质不同，因而它们的作用也不同。

所谓描述命题（descriptive proposition），亦称事实判断（fact judgement），即描述陈述表达的命题，也就是陈述事物自身情况的命题。这类命题，传达的是关于客观事物情况是如此或不是如此这样的信息，表明事物自身情况就是命题所描述的那样。

由于描述性命题陈述的是关于事物自身的情况，是对事物情况的反映，命题中不仅表达了对事物情况的断定，而且也可以对照被描述的事物情况来确定其真假，是具有真假意义的语句。即使是关于未来事物情况的预测性描述，最终也是可以检验其真假，或者通过其他事物情况可间接验证其真假的。例如，“这所监狱关押的人犯都是重刑犯”这一描述命题，若所指的“这所监狱”关押的人犯确实都是重刑犯，该命题就是真的；若有一个或几个人犯不是重刑犯，该命题就是假的。又如，在第十三届亚运会前，有人说：“李雪梅将是女子200米赛的金牌得主。”然而后来事实证明并非如此，可见该命题是假的。这就是说，描述命题完全符合判断的两个特征:既有所断定,又具有真假值;因此,它是严格逻辑意义上的判断(或命题)。

描述命题只起传达信息的作用,只是把陈述者关于客观事物情况的现象的感知或本质的认识,通过语句传达给别人,告知对方;事物情况就是命题所描述的那样,是如此这般或不是如此这般。

所谓评价命题(evaluative proposition),亦称价值判断(value judgment),即评价陈述表达的命题,也就是关于事物情况的某种评价的命题。它传达的主要是陈述者对某件事情或某种现象的评价,表明的是陈述者对某种事物情况的好恶情感和赞赏或不赞赏的态度。

评价命题虽然也同事物自身情况有关,但更主要的是反映了陈述者对事物情况的情感、态度,并且,这样的评价取决于陈述者对现实的评价标准,同人们头脑中的价值观念相联系。评价现实的标准既可以是美学方面的,也可以是宗教、伦理道德方面的,当然还可以是政治、法律或政策方面的。

评价命题尽管也陈述了对事物情况的断定,但命题中断定的事物情况并不完全是事物自身的情况,而主要是陈述者的评价。而评价的不同又取决于人们的评价标准,因此,评价命题就不能简单地对照事物自身情况来确定其真假。比如,对同样一件服装,甲说“这件服装式样很美”,乙说“这件服装式样不美”。对于这样两个相反的命题,就不能简单地对照这件服装的式样来确定它们哪个真哪个假,也无法确定它们的真假。因此,评价命题不是严格的、逻辑意义上的命题。

但是,从表达的语句形式来看,无论描述命题或评价命题,都具有相同的结构形式;而且不同的人即使评价标准相同,对同一事物情况也可以作出不同的评价。这就使不同的评价命题之间也构成一定的逻辑关系,这种关系也具有类似真假的意义。因此,普通逻辑从研究正确推理出发,也就撇开了两种命题在性质方面的差异,把它们都看作判断或命题。

正由于评价命题陈述了对事物情况的情感,以及实际上陈述了对某件事情或某种现象的赞赏或不赞赏的态度,因此,评价命题就可以起到一种暗示或建议的作用,希望别人按照命题的评价作出或不作出某种行为。例如:

①“随地吐痰是很不好的行为。”

这一评价命题就不仅表达了对随地吐痰这种行为的认识,陈述了讨厌这种行为的情感、态度,同时它还起到这样的作用:暗示别人不要作出这样的行为,希望别人按这样的建议行事。我国著名的逻辑学家周礼全先生,对此就作过如下论述,指出:“评价语句影响或推出道义语句,举晏子的一个例子:齐景公所养爱马暴病死。公怒。令人操刀肢解养马人,大臣们都不敢说话,聪明的晏子说:‘让我来剐他!’晏子拿了刀,问景公:‘古圣先王剐人从何剐起?’景公无言以对,过了一会,说‘算了吧!这回饶他一死。’晏子的话有这样几点:(1)‘古圣先王剐人从何剐起?’是疑问句,有一个预设:‘古圣先王剐人。’无论景公说从哪里剐起,他都接受了这个预设。但这个预设事实上不能成立,所以景公不能作出回答。(2)预设‘古圣先王剐人’,不成立,则可推出‘古圣先王没有剐人’。(3)‘古圣先王不剐人是正确的’,进一步又可推出‘我们不应当剐人’。”[1]

---

〔1〕 周礼全:《形式逻辑和自然语言》,载《哲学研究》1993年第12期。

例子中的“古圣先王不剐人是正确的”就是一个评价性命题，它就有这样的暗示、建议（推出）：“我们不应当剐人”。

就命题陈述的内容性质来看，除了单纯的描述命题和单纯的评价命题外，还有既是描述的、又含有评价成分的命题。例如，“昨天各地普降喜雨”，就不完全等同于“昨天各地都降了雨”，前者就含有评价的成分；至于像“李某是被刘某残酷杀害的”这样的命题，更明显地含有评价成分。对于这类命题，则应善于区别它的感情部分和事实部分。此外还值得注意的是：评价描述命题的命题，本身是评价命题而非描述命题。例如：

②“被告某甲说他参加了三次盗窃活动，这一供词是可信的。”

这一命题是对被告某甲作出的那个描述命题的评价，因而是评价命题而不是描述命题。同理，描述评价命题的命题，则是描述命题而非评价命题。例如：

③“公诉人说过，被告某甲的供词是可信的。”

这一命题本身，就是描述谁作出过什么样的陈述的命题，因而是描述命题。

二、区别两种性质不同的命题的意义

我们之所以有必要从性质上区分一个命题是描述命题还是评价命题，其主要意义在于确立解决分歧的方法。

分歧，就是“（思想、意见、记载等）不一致；有差别”。[2] 从其终极意义上，任何分歧都可归入信念分歧或态度分歧中的某一类。所谓信念分歧（the disagreement in beliefs），就是由描述命题的不一致所产生的分歧，它“包含着某种主要属于信念方面的对立”。[3] 也就是关于事实判断的不一致，这样的分歧不能并列共存、同时成立。而态度分歧（the disagreement in attitudes）则是由评价命题的不一致所产生的分歧，它“包含着态度上的对立”。[4] 实则关于价值判断的不一致，这样的分歧可以同世并存、相互竞争。

由于描述命题是陈述事物自身情况的命题，因而命题中对事物情况的断定究竟与客观事实是否相符，需要对照事物情况本身来确定。所以，当描述命题之间出现信念分歧，主要就靠对照事物自身的情况来判定谁真谁假，进而达到调整、改变自己或对方的观点，实现观点统一。比如，甲说“死者胸部的刀伤是致命伤”，乙说“死者胸部的刀伤不是致命伤”。究竟谁对谁错呢？就可以通过法医解剖予以证明。一般来说，描述命题之间出现信念分歧，不能寄希望于通过论证来解决，不能以为凭说得如何就能调整或改变对方的观点，而要依靠证据对照事实；也只能通过对照事实才可判定真假对错。

评价命题之间出现态度分歧，其解决方法则不是如此。因为评价命题是关于事物情况的一种评价，不同的人对同一事物情况的不同评价，是与他们各自不同的价值观念和不同的评价现实的标准相联系的；评价命题之间的分歧，实则不同的评价标准的分歧。因此，当评价命题之间出现态度分歧，而客观情势又亟须统一的时候，就不能简单地“就事论事”地争论，也不能

---

〔2〕 中国社会科学院语言研究所词典编辑室：《现代汉语词典》（第7版），商务印书馆2017年版，第305页。

〔3〕 [美]查尔斯·L.斯蒂文森：《伦理学与语言》，姚新中等译，中国社会科学出版社1991年版，第7页。

〔4〕 [美]查尔斯·L.斯蒂文森：《伦理学与语言》，姚新中等译，中国社会科学出版社1991年版，第7－8页。

寄希望于对照事实来解决评价的差异。它只能通过论证、探索或者提供能使对方改变评价标准的依据(在司法工作中,这样的“依据”可以是具有权威性的法律解释,或者是有关的指导性案例或其他典型案例中对类似于待评价事实的评价),以统一双方的评价标准。只有当双方的评价标准取得一致或有了共识的时候,才有调整或改变自己或对方观点的基础,也才能真正消除评价命题之间的分歧。

司法实践中常常会发生这样的情况:对案件事实方面的认定,大家都没有异议,可是对事实的评价却争论不休。之所以出现这样的情况,往往就是由于评价现实的标准不同而引起的。例如这样一起案件:被告杨某怀疑其妻彭某有不正当的男女关系,在婚后6年多的时间内多次打骂彭某,严重的毒打就有6次。在最后的一次打骂中,杨某边打边揪住彭某的头发往屋里拖,被邻居拉开后,彭某直奔阳台跳楼死亡。审理此案时,有人认为杨某已构成虐待家庭成员罪,有人则持相反的看法,认为仅属一般家庭纠纷。这里,分歧的焦点显然就不在事实本身,而在于对被告迫害家庭成员行为的评价。前者认为,“被告迫害家庭成员的行为是一贯的,并且情节恶劣”。后者认为,“被告虽然多次打骂其妻,但不是经常的、连续不断的,因而还说不上是一贯的,也说不上是情节恶劣”。不言而喻,在这样的场合下,关于被告杨某是否构成虐待家庭成员罪的争论,若不解决评价“一贯”“情节恶劣”的标准,就很难统一双方对本案性质的认识。

现实生活中,注意区别一个命题是描述命题还是评价命题,很有意义。有的人为什么会在一些问题上争论不休,甚至争论得面红耳赤也毫无结果?原因往往就在于发生分歧的问题是评价问题,而争论时又没有注意研究并解决评价标准。其实,若是评价命题发生分歧,客观情势又并不亟待统一,而且暂时也难以实现评价标准的一致,在这种情况下即使各自保留自己的观点也是可以的,大可不必无休止地争论下去。据报载,青岛曾发生过这样一件事:有位22岁的女青年,某日与其男友看完电影后,因双方对电影中女主人公的恋爱观点持不同的看法,在返家途中一直争论。后来,女青年竟为没能改变其男友的观点,回家后,一气之下吞下了自己的金项链和金戒指,不久便腹痛难忍,满地打滚,被发现后送医院急救才脱险。无独有偶,在《武汉晨报》上也载有这样一则消息:“2004年2月4日,高速巡警碰到一件令人啼笑皆非的事情。当日下午5时左右,高管三大队民警在汉宜高速公路37公里处发现,一名穿着体面的男士在路上拦车。经询问得知,该男子姓朱,武汉人。当日他与新婚妻子一起,驾车从仙桃返汉。路上,两人讨论今年春节晚会优秀节目的评选,因意见不一发生争吵。盛怒之下,妻子将丈夫赶下汽车,独自驾车走了。无论怎么打电话,妻子也不接,无奈之下,朱先生只好冒险在高速公路上拦车回家。”对于这样的现象,其发生的更为根本的原因,固然就正如有人针对此事而撰文指出的那样:有的人之所以“听不得不同声音,容不得持不同意见者”,是同他们“没养成善待、容忍异见的胸怀与品性有着密不可分的关系”。[5] 但这也可以说明应如何正确看待和解决不同评价命题这类分歧的意义。

---

〔5〕《普通公民也必须学会容忍异见》,载《南方周末》2004年2月12日。

第三节　命题形式及其分类

上面我们是就命题在内容方面的性质所作的分类。在实际思维中，特别是在司法实践中，这样的分类虽然有它重要的、不可忽视的意义，但是逻辑学对命题的研究终究更着眼于命题的形式结构。

一、命题的逻辑形式及其逻辑性质

命题的逻辑形式，简称命题形式(propositional form)。

前面第一章已经谈到，命题(或称判断)是内容和形式的统一体，命题形式是同类型命题所表现出来的共性，亦即不同内容的命题本身各部分之间具有的相同的连接方式。例如：

①“哺乳动物都是用肺呼吸的。”

②“幼儿园的儿童都是天真可爱的。”

这两个命题陈述的思想内容各不相同，甚至就所陈述的思想内容的性质来看，也大有差异：前者是描述性的，后者是评价性的，然而它们本身各部分之间的连接方式却是相同的。如果我们把这两个命题中表达具体内容的概念抽去，它们就都属于这样的形式：

□都是□

为研究方便，前后两个被抽去概念的空位，分别用符号“S”和“P”换入，便概括出这类命题的共同形式，即：

(所有)S 都是 P

又如：

③“如果物体发生摩擦，那么物体就会生热。”

④“如果∠A 与∠B 是对顶角，那么∠A 与∠B 相等。”

这也是两个有着不同具体内容的命题。如果我们把它们表达具体内容的成分，即把“物体发生摩擦”“物体会生热”“∠A 与∠B 是对顶角”“∠A 与∠B 相等”这些命题成分抽去，它们就都属于这样的形式：

如果□，那么□

由于这些空格内抽去的不是由语词表达的概念，而是由语句表达的命题，若以“p”“q”分别换入前后被抽去命题成分的空格，便概括出这类命题的共同形式，即：

如果 p，那么 q

人们具体运用的命题，其内容是千差万别、丰富多彩的，然而采用的命题形式，也就只是有限的几种。在概括出的几种命题形式中，被抽去具体内容的空位处，亦即代之以符号的成分，叫逻辑变项;而余下的决定命题形式的成分,叫逻辑常项。命题形式就是逻辑变项与逻辑常项的特定组合形式。

逻辑学研究各种类型的命题形式,目的在于考察它们各自不同的逻辑性质,以服务于研究正确的推理。而所谓命题的逻辑性质,最根本的就是它的真假值。

前面谈到,一个具体的命题总有它的具体的思想内容,相对于它反映的客观事物自身情况来看,该命题总是要么是真的,要么不是真的(假的)。例如:

⑤“所有大学生都是熟悉法律的。”

⑥“有的大学生不是熟悉法律的。”

相对于客观事物自身的情况来看,前一命题陈述的内容就与事实不符合,因此它是一个假命题;而后一命题陈述的内容则与事实符合,因而它就是一个真命题。

然而逻辑学并不去研究,也不可能去研究每一个具体命题究竟是真还是假;它只是从命题形式的角度,研究某种类型的命题形式在何种情况下为真、何种情况下为假。因而从这个角度说的命题的真假,是撇开了具体内容的、具有逻辑必然性的真或假。例如,“所有S是P”这一命题形式,由于组成该命题的两个词项,即“S”和“P”是由概念充当的,根据该命题形式表明的断定,当且仅当事实上“S”的外延全部包含于(可以是全同关系的“包含于”,也可以是“真包含于”)“P”的外延之中,该命题才是真的。这样的真就是逻辑必然性的真;任何一个具体的这种类型的真命题,代入“S”和“P”的两个概念,其外延关系必然如此。可见,命题形式的真假,是对具体命题真假情况的一种抽象。其他如“如果p,那么q”等类型的命题形式,其真或假的含义也是如此。

由此也可以看出,无论描述命题还是评价命题,仅就其命题的逻辑形式及其逻辑性质来看,二者并没有任何根本的不同;它们的不同仅是在内容方面究竟是事实性的还是评价性的。因此,在考察逻辑形式时,对二者也就不再加以区别了。

二、命题的分类

这里所说的命题的分类,是关于命题形式的分类,基本上又是根据逻辑常项进行的分类。

首先,根据命题是否包含“必然”“可能”“必须”“禁止”等模态词,命题可分为模态命题与非模态命题两大类。在模态命题中,又分为真值模态命题与规范模态命题。

其次,在非模态命题中,根据命题本身是否由其他命题组成,或者说根据它是否包含有其他命题成分,分为简单命题和复合命题。

最后,简单命题中,又根据断定的是对象具有或不具有某种性质,还是断定对象与对象之间存在或不存在某种关系,分为性质命题与关系命题。本书只着重介绍性质命题。

在复合命题中,根据组成复合命题的各个命题成分之间的联系性质,亦即根据不同的逻辑连接词,又可分为联言命题、选言命题、假言命题和负命题。

上述分类总结如图3-1所示。

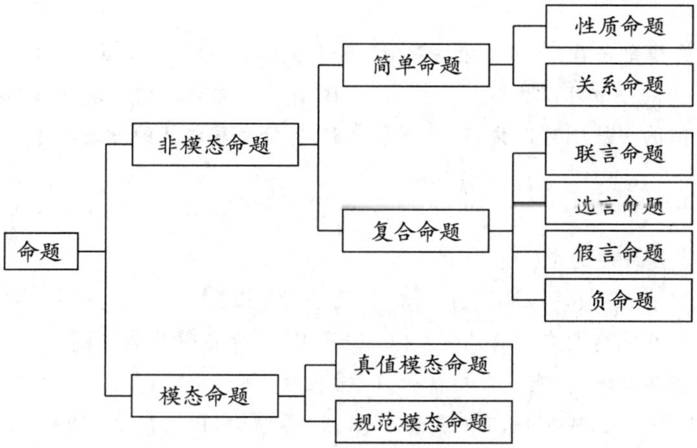

图3-1 命题分类

课后作业

一、单选题

1. 语句是表达命题的语言形式，按其用途和语气不同，可分为陈述句、疑问句、祈使句（命令句）和感叹句四类。“红豆生南国，春来发几枝？愿君多采撷，此物最相思！”唐朝诗人王维这首著名的《相思——江上赠李龟年》就包括了以上（　　）语句类型。

A. 1种　　B. 2种　　C. 3种　　D. 4种

2. 语句的示意功能是指通过语句表达某种通知、告诫、命令或请求，目的在于要求别人按照语句表达的思想，做出或不做出某种行为。

根据上述定义，下列未反映语句的示意功能的是（　　）。

A. 请勿穿拖鞋进入图书馆　　B. 老师们现在应该在阅卷

C. 禁止非法种植毒品原植物　　D. 请全体考生立即停止答卷

3. 命题的逻辑特征，除了对事物情况有所断定外，还具有（　　）。

A. 客观性　　B. 主观性　　C. 指称性　　D. 真假值

4. 2006年10月19日，陕西邱兴华特大杀人案的庭审（一审）质证中，被告人邱兴华针对公诉方出示的所有证据均无异议，唯一的争执出现在公诉方对其“好逸恶劳”的指控上，邱兴华就此反驳说：“我不是一个懒人。我每到一个地方都在拼命赚钱养家糊口。”

从法律逻辑学的视角来看，上述说明（　　）。

A. 判定描述命题和评价命题真假对错的标准和途径是不一样的

B. 描述命题之间的分歧，只能通过对照事实来判定其真假对错

C. 评价命题之间的分歧，也可通过对照事实来判定其真假对错

D. 评价命题之间的分歧，不能通过对照事实来判定其真假对错

5. 2016年4月14日，山东省冠县于某目睹吴某等10余人因催债辱骂、殴打其母苏某。于是从桌子上摸到一把水果刀乱捅，致使催债人员杜某因失血性休克死亡，另2人重伤，1人轻伤。2017年2月17日，山东省聊城市中级人民法院一审以故意伤害罪判处于某无期徒刑。被告和部分原告不服，分别提起上诉。2017年6月23日，山东省高级人民法院认定于某属防卫过当，构成故意伤害罪，判处其有

期徒刑5年。

从法律逻辑学的视角来看,上述两级法院对“辱母杀人案”的判决差异说明(　　)。

A. 描述命题之间的分歧可以共存　　B. 评价命题之间的分歧可以共存

C. 描述命题之间的分歧不可以共存　　D. 评价命题之间的分歧不可以共存

二、多选题

1. 下列语句中表达命题的是(　　)。

A. 但使龙城飞将在,不教胡马度阴山。[(唐)王昌龄《出塞》]

B. 贺兰山下几株松?南北东西有几峰?[(宋)王安石《勘会贺兰溪主》]

C. 嗟夫!使六国各爱其人,则足以拒秦。[(唐)杜牧《阿房宫赋》]

D. 六国破灭,非兵不利,战不善,弊在赂秦。[(宋)苏洵《六国论》]

2. 下列陈述中,属于评价命题的有(　　)。

A. 他是一个忘恩负义的人　　B. 懂逻辑的人更不易被骗

C. 被告人好逸恶劳、好吃懒做　　D. 肥胖者患糖尿病的风险更高

3. 以下各项,属于评价命题功能的是(　　)。

A. 知照　　B. 传达　　C. 暗示　　D. 建议

4. 明朝冯梦龙《古今谭概》中曾记载一桩趣事:文皇尝谓解(解缙)学士曰:“有一出句,甚难其对,曰:‘色难’。”解应声曰:“容易。”文皇不悟,故谓解曰:“既云容易,何久不属对?”解曰:“适已对矣。”文皇始悟,为之大笑。

从逻辑学的角度来看,上述说明(　　)。

A. 思维形式和语言形式,不是一一对应的关系

B. 在不同语境中,同一语词可以表达不同概念

C. 在不同语境中,同一概念可用不同语词表达

D. 在不同语境中,同一语句可以表达不同命题

三、判断题

1. 决定命题形式的逻辑性质的是命题变项和命题常项。(　　)

2. 所有的语句都是命题,而且,所有命题都有真有假。(　　)

3. 如果两个命题具有相同的真值,那么它们在逻辑上就是等值的。(　　)

4. 部分描述命题,除了其知照功能外,还可能兼具暗示功能。(　　)

5. 从逻辑学的视角来看,司法实务中有关案件事实的争议属于评价命题的分歧。(　　)

6. 从逻辑学的视角来看,司法实务中有关适用法律的争议属于评价命题的分歧。(　　)

四、思考与练习题

1. 简述判断的特征及其同语句的关系。

2. 什么是符号?下述各种现象是否是传达某种思想的符号?为什么?

(1)柳树发出了新芽。

(2)犯罪分子在作案现场留下的脚印。

(3)汽车喇叭鸣叫。

3. 举手这种现象,在下述场合中,哪些是符号、哪些不是符号?请予以说明。

(1)某人穿毛衣时;(2)进行以手势来选举时;(3)在讨论问题时;(4)在课堂上听老师讲课时;(5)某人练习体操时;(6)某人站在街道旁,一辆出租车驶来时。

4. 什么是描述命题,什么是评价命题?区别两种不同性质命题的意义何在?

5. 评价命题的主要作用是什么?它在司法工作中能否起到证词的作用?为什么?

6. 下述命题中哪些是描述命题?哪些是评价命题?

(1)"这个厂的工程师差不多都是上海人。"

(2)"A厂领导班子的成员没有一个不是作风朴实、富有开拓精神的。"

(3)"被告李某在任厂长期间,是一位形象高大、举止文雅的人。"

(4)"某甲比某乙的个头高大得多。"

(5)"王某的犯罪情节恶劣之处,就在于他采取的是极端卑鄙、极端无耻的手段骗奸被害人。"

(6)"这批案件都是盗窃案,都是侦破难度非常大的案件。"

(7)"全面依法治国任务依然繁重。"

(8)"我们的很多院士都具有'先天下之忧而忧,后天下之乐而乐'的深厚情怀,都是'干惊天动地事,做隐姓埋名人'的民族英雄!"

(9)"不敢腐的目标初步实现,不能腐的笼子越扎越牢,不想腐的堤坝正在构筑,反腐败斗争压倒性态势已经形成并巩固发展。"

(10)"'双减政策'旨在减轻孩子们的学习压力,让孩子们轻松学习,也减轻家长们的教育支出,减轻家长的经济压力。"

(11)"黄代表针对'全面三孩'政策建议:女职工应当享受全额带薪产假,且累计工时。"

(12)"许多学者坚持认为,大学生应该获准自由选课,而无须接受家长和校方的限制。"

课外阅读

第四章 性质命题

从思维形式的结构方面来考察，命题是由概念连接而成的，并且它又是构成推理的基础，没有命题，就谈不上推理。因此，为了更好地理解和把握推理，就不能不首先理解和把握各种命题的结构特点及其逻辑性质。前面，我们对常用的命题形式的分类作了总的介绍。本章将要介绍的是非模态命题中的简单命题。

所谓简单命题(simple proposition)，就是不包含其他命题成分，而直接由词项构成的命题。本书只着重介绍简单命题中的性质命题。

第一节 性质命题概述

一、性质命题与关系命题

性质命题(categorical proposition)，又称直言命题，是断定对象具有或者不具有某种性质的命题。[1] 其标准的语句表达形式是主谓式语句。例如：

①“所有共青团员都是青年人。”

②“有的刑事被告人不是犯罪分子。”

以上两个语句表达的就是两个性质命题。其中，例①断定了“共青团员”这个概念反映的全部对象，都具有“青年人”这个概念所反映的性质；例②断定了“刑事被告人”这个概念的外延中，至少存在有一个对象不具有“犯罪分子”这样的性质。

可见，性质命题就是直接断定“什么是什么”或“什么不是什么”这样的命题。它本身只由词项(概念)构成，命题中没有包含其他命题成分，因而它属于简单命题。

构成性质命题的基本成分叫词项(term)，主要由概念充当；此外，还有一些相关的语词。从结构上看，任何性质命题都可以分解为这样四个组成部分，即：主项、谓项、联项和量项。

主项(subject)就是性质命题中表示断定对象的词项。如例①中的“共青团员”，例②中的“刑事被告人”就分别是上述两个性质命题的主项。

谓项(predicate)是性质命题中用以陈述被断定对象具有或者不具有的某种性质的词项。如例①中的“青年人”，例②中的“犯罪分子”，就分别是上述两个性质命题的谓项。

---

[1] 心理学著述中，依直译，惯称“范畴命题”，我国台湾地区、香港特别行政区、澳门特别行政区以及大陆(内地)1949年以前的出版物中，习惯称为“定言命题”。

联项(copula)就是性质命题中连接主项和谓项的词项,它表明了对主项和谓项之间外延关系的断定,分为肯定性的断定和否定性的断定两种。前者通常用"是"表示,后者通常用"不是"表示。在日常语言中,表示肯定性或否定性断定的语言形式多种多样,要根据具体语句实际表达的断定来确定。一般来说,表达肯定性断定的联项可以省略,如"中国城乡差距世界最高",就相当于说"中国的城乡差距是世界最高的";但表达否定性断定的联项不能省略。

量项(quantifier)就是性质命题中表示所断定的主项外延数量或范围的词项,表明是否断定了主项的全部外延。如例①中的"所有",例②中的"有的",就分别是上述两个性质命题的量项。在日常语言中,尽管表达性质命题量项的语言形式也多种多样,但逻辑学中只关注它是否断定了主项的全部外延,亦即或者断定了主项的全部外延,或者没有断定主项的全部外延。

任何一个性质命题,总有它断定的具体内容。不同的内容,取决于充当主项和谓项的是什么样的概念。因此,主项和谓项是性质命题中的可变成分,是性质命题中的逻辑变项。为便于考察性质命题结构形式方面的规律性,逻辑学中就用"S"(拉丁文 *Subjectum* 的首字母)表示主项,用"P"(拉丁文 *Predicatum* 的首字母)表示谓项。

性质命题中的联项和量项,则是命题中相对稳定的成分,并且,特定的联项和量项,表现了不同的性质命题的结构形式,所以,这两部分就称为逻辑常项。

把逻辑变项和逻辑常项结合起来,性质命题的结构形式就可以表示为:

(所有或者有些)S 是(或不是)P

由于性质命题实际上断定的是"S"和"P"这两个概念之间的外延关系,即或者断定了主项"S"全部(或部分)外延在谓项"P"的外延之中,或者断定了主项"S"的全部(或部分)外延在"P"的外延之外。因此,一个性质命题的真或假,就取决于所断定的两个词项的外延关系,是否同它们在客观上的外延关系一致。[2] 若一致,该命题就真;若不一致,该命题就假。

不同形式的性质命题,断定的主项和谓项的外延关系是不一样的。把握了不同性质命题断定的主、谓项外延关系,就把握了性质命题的逻辑特征。这是我们学习和把握性质命题的关键。

在进一步了解性质命题基本特征之前,我们首先要注意把它同关系命题区别开来。

关系命题(relative proposition)就是断定对象之间具有或者不具有某种关系的命题。它也是仅仅由词项构成的简单命题,其语句表达式往往也是主谓句。但是,关系命题断定的是作为词项的概念所反映的对象之间是否存在有某种事实上的关系,而性质命题则断定的是作为词项的两个概念之间的外延关系。例如:

③"张老师喜爱的学生是有独立思考能力的学生。"

④"张老师喜爱有独立思考能力的学生。"

⑤"所有的观众喜欢有的歌星。"

⑥"有的观众喜欢所有的歌星。"

尽管例③和例④这两个命题实际表达的思想并无多大差异,但从命题的结构特点上看则

---

〔2〕 所谓"一致",并不意味着二者完全等同。

是有区别的:例③是一个性质命题,它断定了主项“张老师喜爱的学生”这个概念的全部外延,在谓项“有独立思考能力的学生”这个概念的外延之中;例④则是一个关系命题,它断定的是“张老师”和“有独立思考能力的学生”之间具有“喜爱”这样的关系。

任何关系命题都由三个部分构成,即关系者项(relatum)、关系项(relational term)和关系量项(quantifier)。

关系者项就是命题中表示“关系”承担者的概念,即被关系者,如例④中的“张老师”和“有独立思考能力的学生”,就是该命题的关系者项。由于“关系”不能脱离其依存的对象而独立存在,只能存在于两个或两个以上的对象之间,因而必然涉及两个或两个以上指称对象的概念,所以在关系命题中至少有两个关系者项。

关系项是表达关系者项具有何种“关系”的词项,它是由各种各样表达关系的概念充当的。比如“等于”“大于”“相邻”“伙同”“同窗”“批评”等,就都是可以充当“关系项”的概念。如上例中的“喜爱”,就是该命题的关系项。对象之间的关系是多种多样的,我们不能逐一穷尽考察,但是,在各种不同的具体关系中,存在某些相同的逻辑特征;这些具体关系中存在的某些相同的逻辑特征,就是逻辑学关注的问题。

由上可见,关系者项是由各种各样的具体概念充当的,因而是关系命题中的逻辑变项。逻辑学中就用小写字母“a、b、c”(或“x、y、z”)[3]等来表示关系者项,而用“R”(英文 relation 的首字母)表示关系项。

在关系命题中,有时还会涉及量项的问题,也就是说,人们在使用关系命题来断定事物之间具有某种关系的时候,有时就会用量项来表达所断定的关系者项的数量或范围,如前面的例⑤和例⑥。这两个关系命题的关系项(“喜欢”)和关系者项(“观众”“歌星”)都是相同的,乍看貌似差别不大,其实二者所表达的思想却大相径庭。例⑤与例⑥之间的差异,就是由于各自实际使用的关系量项不同而决定的。例⑤断定的是“至少存在一个这样的歌星,他(她)为所有的观众所喜欢”;而例⑥断定的则是“至少存在一个这样的观众,只要是一个歌星,他(她)就会喜欢”。例⑥断定的含义,显然比例⑤断定的含义要多,因此,由例⑥可以推出例⑤,但由例⑤不能推出例⑥。由此可见,关系量项不同,关系命题的逻辑性质就不同,然而这是由关系逻辑来研究的一个比较复杂的问题,本书不作详细讨论。

若不考虑关系命题的量项,则关系命题的逻辑形式可以表示如下:

$$aRb \quad 或 \quad Rab$$

若关系命题涉及三个或者三个以上的关系者项,则可表示为:

$$R(a、b、c\cdots\cdots n)$$

有些命题与关系命题在语言表达方面非常相似,却并非关系命题。除前面谈到的性质命题与关系命题的区别外,还要注意同某些其他命题的区别。例如:

⑦“王某和李某是作案嫌疑人。”

⑧“王某和李某是同乡。”

---

〔3〕 关系者项,若由单独概念充任,则用 a、b、c……表示;若由普遍概念充任,则用 x、y、z……表示。

上述两个命题的断定形式似乎相同,其实大有区别。例⑦可以把它看作“王某是作案嫌疑人”和“李某是作案嫌疑人”这样两个性质命题的组合;也可以分解为后面这样两个命题。但是,例⑧却不能作如是的理解。因为“同乡”是一种关系,这种关系只能存在于一个(类)对象与另一个(类)对象之间,因而不能像例⑦那样,将其看作两个性质命题的组合;也不能将其分解为“王某是同乡”与“李某是同乡”这样两个命题。如果作这样的分解,命题就不能成立了。

我们在这里之所以要对关系命题作如上的简单说明,目的只是在于把它同后面将要着重介绍的性质命题及其他相似命题区别开来。

二、性质命题的基本类型

根据不同的标准,可以把性质命题分为以下类型。

(一)全称命题、特称命题与单称命题

性质命题总是或者断定了主项的全部外延,或者没有断定主项的全部外延。根据性质命题的量(quantity),即其是否断定了主项的全部外延,可将其分为全称命题、特称命题与单称命题。

全称命题(universal quantifier)是断定主项S的全部外延都具有或者不具有性质P的命题。例如:

⑨“所有盗窃行为都是行为主体故意实施的行为。”

⑩“凡年龄未满18周岁的公民都不是有选举权的公民。”

全称命题的逻辑形式,亦即该类命题的典型公式就是:

所有S是(或不是)P

由于全称命题是对主项全部外延作出的断定,因此,只要能够表达出是对主项外延指称的全部对象作出的断定,无论用的是什么样的语词,都被视为是表达全称命题的量项。汉语中,诸如“所有”“一切”“凡是”“任何”等语词,都可以用以作为全称命题的量项。在一个全称命题的断定中,如果命题没有量项限制,也表明该命题断定的是主项的全部外延,因此这样的命题也都被看作全称命题。

特称命题(particular proposition)是断定主项S的外延中至少有一个对象具有或者不具有性质P的命题。例如:

⑪“有的金属是液体。”

特称命题的逻辑形式是:

有的S是(或不是)P

由于特称命题没有断定主项的全部外延,在命题中也就总有表示对主项外延数量限制的语词。不过,它的语词形式可以多种多样,比如就常有这样的表达形式,如说“绝大多数(或少数)S是(或不是)P”“很多(或很少)S是(或不是)P”“不少S是(或不是)P”“S中多数(或少数)是(或不是)P”,等等。这些表达断定主项不同数量范围的性质命题,其逻辑性质无疑是有

差异的;用以构成推理时,其不同的逻辑性质还很明显(这个问题,我们在后面讨论推理有关问题时还将谈及)。但是,从性质命题最一般的逻辑性质上来考察,从性质命题构成的推理的普遍有效性的角度来考察,无论这些命题断定的主项外延数量大小程度如何,它都属于“没有断定主项全部外延”这种情况,因而都属于“有的S是(或不是)P”这一公式概括的命题形式。

不仅表达特称命题的量项,其语词形式多种多样,而且,量项在命题中的位置也多种多样。典型情形是量项放在主项的前面,也可以放在主项或联项的后面,甚至还可以放在主项中间。例如,“华新厂生产的许多产品都是不合格的产品”。这个性质命题的主项是“华新厂生产的产品”,但该命题并未断定主项的全部外延,表达量项的语词“许多”就处在主项概念的中间。

由上可见,特称命题的上述逻辑形式,只是对多种多样没有断定主项全部外延的命题形式的一种抽象表达,不完全等同于日常语言中同样语句表达的意思。

在理解特称命题公式的逻辑特征时,最重要的是要把握量项“有的”(或“有些”)的逻辑含义。由于特称命题的量项“有的”(或“有些”)是“至少存在一个”之意,它不仅只是概括表述一切没有断定主项全部外延的逻辑用语,是一种公式语言,而且,即使在日常用语中,当我们断定“有的S是P”时,它最具普遍意义的、必然性的逻辑含义,也只能理解为是断定了“至少存在一个S具有P性质”;至于究竟有多少S具有P性质,命题本身并未断定。因此,从逻辑上说,断定“有的S是P”,不必然意味着同时就断定了“有的S不是P”;反之,断定“有的S不是P”,也不必然意味着同时就断定了“有的S是P”。

性质命题就其对主项是否断定了它的全部外延来说,基本的类型就是如上所述的全称命题和特称命题。然而,性质命题还有另外一种特殊的情形,即单称命题。

所谓单称命题(singular proposition),就是断定某一个特定的S具有(或不具有)P性质的命题。例如:

⑫“孔繁森是优秀的共产党员。”

⑬“重庆市不是我国城市人口最多的大城市。”

单称命题的逻辑形式是:

(某个特定的)S是(或不是)P

单称命题之所以被视为一种特殊情形,是因为:一方面,就其对主项也是断定了对象的全部外延来说,它也相当于是一种全称性命题;但另一方面,当涉及确定命题与命题之间真假关系的时候,单称命题之间的关系又不同于全称命题之间的关系。所以,就有必要把它单独列出。

值得注意的是:单称命题的主项,只能是单独概念或者是在特定的语言环境中足以使人明确其是特指某一个具体对象的概念。例如,“纪念碑是用一万七千块坚固的花岗石和洁白的汉白玉砌成的”。[4] “纪念碑”本来是非特指的普遍概念,但是在这个命题的具体语境中,人们不难确定其所指称的就是一座特指的“纪念碑”。因此,不能把某些并非单称的命题,混同于单称命题。如“A班有个学生是很贫困的学生”“这条街有一家商店是不售假货的商店”,如

〔4〕 周定舫:《人民英雄永垂不朽——瞻仰首都人民英雄纪念碑》,载《人民日报》1958年4月23日。

此一类的命题,就都不是单称命题而属于特称命题。

(二)肯定命题与否定命题

根据性质命题的质(quality),即其断定的是主项S的外延(全部或至少有一个)在谓项P的外延之中,还是在P的外延之外。或者说,根据性质命题断定的是主项S(全部或至少有一个)具有还是不具有P性质,可以把性质命题分为肯定命题和否定命题。

肯定命题(affirmative proposition)断定主项S的外延(全部或至少有一个对象)在P的外延之中,亦即断定S指称的对象(全部或至少有一个对象)具有P性质。例如:

⑭"所有党政机关干部都是国家工作人员。"

⑮"有的青年人是优秀的科技人才。"

肯定命题的逻辑形式是:

(所有或有的)S是P

否定命题(negative proposition)断定的是主项S的外延(全部或至少有一个对象)在P的外延之外,亦即断定S指称的对象(全部或至少有一个对象)不具有P性质。例如:

⑯"所有违反公序良俗的民事法律行为都不是有效的。"

⑰"有的律师不是大学法律专业毕业的。"

否定命题的逻辑形式是:

(所有或有的)S不是P

性质命题实则是对主、谓项外延关系的断定。肯定命题断定主项S的外延(全部或部分)包含于谓项P的外延之中;否定命题断定主项S的外延(全部或部分)被排斥在谓项P的外延之外。这是肯定命题和否定命题的根本区别点。

把上述质、量两个方面结合起来进行划分,并且以A(拉丁文*Affirmo*的第一个元音字母)表示全称肯定,E(拉丁文*Nego*的第一个元音字母)表示全称否定,I(拉丁文*Affirmo*的第二个元音字母)表示特称肯定,O(拉丁文*Nego*的第二个元音字母)表示特称否定,加上性质命题的主项S和谓项P,性质命题的分类及其公式就是:

(1)全称肯定命题"所有S都是P",其命题形式可简化为"SAP",亦称A命题。

(2)全称否定命题"所有S都不是P",其命题形式可简化为"SEP",亦称E命题。

(3)特称肯定命题"有的S是P",其命题形式可简化为"SIP",亦称I命题。

(4)特称否定命题"有的S不是P",其命题形式可简化为"SOP",亦称O命题。

除上述A、E、I、O四种基本的性质命题外,还有:

(5)单称肯定命题,即"(某个特定的)S是P",其命题形式可简化为"SFP",亦称F命题。

(6)单称否定命题,即"(某个特定的)S不是P",其命题形式可简化为"SNP",

亦称N命题。[5]

第二节 性质命题的逻辑特征

一、性质命题词项的周延性

性质命题的词项周延性(distribution)问题,是指一个性质命题的主项或者谓项,在该命题中是否被断定了全部外延的问题。如果在一个性质命题中断定了主项或谓项的全部外延,那么,该词项在这个命题中就是周延的(distributed);反之,它就是不周延的(undistributed)。可见,所谓词项周延或不周延的问题,其实就是一个具体性质命题的断定是否涉及某个词项全部外延的问题。

就一个性质命题在逻辑上所能给予我们的信息而言,全称命题因其断定了主项S的全部外延在(或者不在)谓项P的外延之中,命题的断定涉及主项的全部外延,所以全称命题的主项是周延的。特称命题则因其断定的是主项S的外延中,至少有一个对象在(或者不在)谓项P的外延之中,并没有断定主项S的全部外延怎么样,亦即没有涉及主项的全部外延,所以特称命题的主项是不周延的。

可见,确定一个性质命题的主项是否周延,关键取决于该命题是否为全称命题。

同理,就一个性质命题在逻辑上所能给予我们的信息而言,由于肯定命题只断定了主项S的全部或者部分对象在谓项P外延之中,至于这部分对象是否就是谓项的全部外延,命题本身并未断定。就其给予我们的信息来看,我们只能从命题中得知主项的全部或部分外延在谓项外延之中,不能确定其就是谓项的全部外延。这就是说,命题的断定没有涉及谓项的全部外延,因此,肯定命题的谓项P是不周延的。而否定命题则因其断定的是主项S的外延(全部或者部分)在谓项P的外延之外,这就意味着断定了谓项P的全部外延中没有主项这部分对象,因而涉及P的全部外延了,所以否定命题的谓项P是周延的。

可见,确定一个性质命题的谓项是否周延,关键取决于该命题是否为否定命题。

根据以上分析,性质命题主、谓项的周延情况如表4-1所示:

表4-1 性质命题主、谓项的周延情况

命题类型	主项S	谓项P
A	周延	不周延
E	周延	周延
I	不周延	不周延
O	不周延	周延

---

〔5〕逻辑史上很少研究单称命题,也没有类似A、E、I、O一样的符号表达式。其通常做法是,根据二者的词项周延情形完全相同,将单称命题并入全称命题,本书第一版也是如此。其实,单称命题与全称命题,既有相同之处,也有差异之处。为便捷后续讨论,我们尝试采用拉丁文*Affirmo*(我肯定)的第一个辅音字母"F"表示"单称肯定命题"、拉丁文*Nego*(我否定)的第一个辅音字母"N"表示"单称否定命题"。

关于性质命题词项周延性的问题,我们必须注意:

1. 所谓词项周延性的问题,是指一个具体的性质命题是否涉及它的主项或谓项的全部外延的问题,或者说,是指作为性质命题的主项或谓项,在一个具体命题中是否被断定了全部外延的问题。因此,在思考某个概念充当的词项是否周延的时候,不能脱离开它所在的那个命题。同一个概念,在不同的性质命题中是既可能周延,也可能不周延。如果离开具体的性质命题来看,孤立的概念不存在周延与否的问题。

2. 判定命题中词项是否周延,只能以该命题对其主、谓项外延关系的断定为根据,与命题主、谓项事实上的外延关系无关,也与命题的真假无关。性质命题断定的主、谓项外延关系,不等同于它们事实上的外延关系。例如,"有的共青团员不是青年人",尽管这个性质命题是假的,并且事实上"共青团员"的全部外延都在"青年人"的外延之中,只是"青年人"外延中的部分对象,然而就命题本身的断定来看,则应确定它的主项"共青团员"不周延,而谓项"青年人"却周延。

3. 构成单称命题主项的概念,只能是单独概念或者是在特定语境中特指某一个具体对象的概念,因此,单称命题也是断定了其主项的全部外延的,具有全称命题相同的特点,即 SFP 的词项周延情形同 SAP 的词项周延情形完全相同,SNP 的词项周延情形同 SEP 的词项周延情形完全相同。

二、性质命题真假的判定以及不同性质命题之间的逻辑关系

(一)性质命题真假的判定

如前所述,性质命题实际上是对主项和谓项外延关系的断定。但是,实际断定的外延关系并不等同于主项和谓项这两个概念在客观方面具有的外延关系。如果一个性质命题断定的主项和谓项的外延关系与两个概念在客观方面的外延关系一致,则该命题就是真的;否则,该命题就是假的。

由于任意两个概念之间的外延关系,在客观方面不外乎如下五种关系中的一种,如图 4－1 所示:

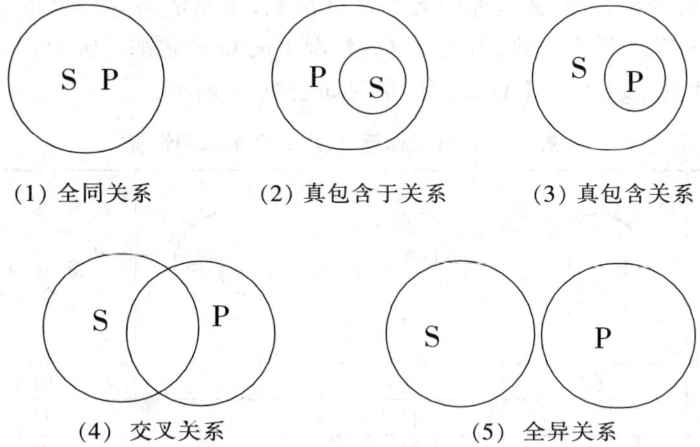

图 4－1　任意两个概念之间的外延关系

从各种性质命题所断定的主、谓项外延关系来看：

第一，就A命题来说，由于它断定的是主项S的全部外延都在谓项P的外延之中，因此，当事实上S和P这两个概念的外延关系，如图4-1(1)或者图4-1(2)所示的外延关系时，表明S的全部外延(无论是包含于或真包含于P)都在P的外延之中，在这种情况下作出一个A命题，对S和P外延关系的断定就与其事实上的外延关系一致，因而这样的A命题就是真的。如果事实上S和P两个概念的外延关系，如图4-1(3)、(4)或者(5)所示的外延关系，表明S并非全部外延都在P的外延之中，在这种情况下作出一个A命题，断定的主、谓项外延关系就与这两个概念事实上的外延关系不一致，因而这样的A命题就是假的。

第二，就E命题来说，由于它断定的是主项S的全部外延都不在谓项P的外延之中，意味着断定了主、谓项的外延关系完全相互排斥。因此，当事实上S和P两个概念的外延关系，是图4-1(5)所示外延关系时，表明S和P这两个概念在客观方面是全异关系，在这种情况下的E命题就是真的。而在其他情况下，即当事实上S和P两个概念的外延关系如图4-1(1)、(2)、(3)或者(4)所示的外延关系时，表明S的外延中，至少有一个对象在P的外延之内，在这种情况下，E命题的断定就与两个概念事实上的外延关系不一致，因而这样的E命题就是假的。

第三，就I命题来说，由于它断定的是主项S的外延中，至少有一个对象在谓项P的外延之中，因此，当事实上S和P两个概念的外延关系如图4-1(1)、(2)、(3)或者(4)所示的外延关系时，都表明S外延中至少有一个对象在P的外延之内，在这种情况下，I命题的断定就与两个概念事实上的外延关系一致，因而这样的I命题是真的。只有当事实上S和P两个概念的外延关系如图4-1(5)所示的外延关系时，表明S的外延中没有一个对象在P的外延之内，在这种情况下的I命题才是假的。

第四，就O命题来说，由于它断定的是主项S的外延中，至少有一个对象在谓项P的外延之外，因此，当事实上S的外延无论是全部对象还是部分对象在P的外延之外，亦即S与P的外延关系如图4-1(3)、(4)或者(5)所示的外延关系时，O命题的断定，都与事实上S和P的外延关系一致，因而在这些情况下的O命题都是真的。如果事实上S和P两个概念的外延关系如图4-1(1)或者图4-1(2)所示的外延关系时，表明S的全部外延都在P的外延之中，没有一个对象在P的外延之外，在这种情况下的O命题，所断定的S和P的外延关系就与这两个概念事实上的外延关系不一致，因而在这些情况下的O命题都是假的。

基于上述，性质命题A、E、I、O的真假情况如表4-2所示：

表4-2　性质命题A、E、I、O的真假情况

S与P的外延关系 / 命题的真假 / 命题种类				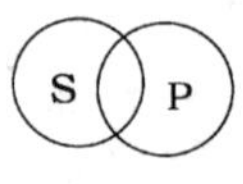	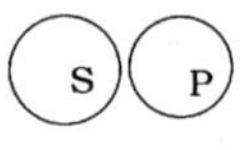
SAP	真	真	假	假	假
SEP	假	假	假	假	真
SIP	真	真	真	真	假
SOP	假	假	真	真	真

注：A、E、I、O的真假情况表，也称作“直言命题的真值表”。

（二）性质命题之间的真假关系

从表 4－2 中，只要加以对照便可以看出，A、E、I、O 四种性质命题相互间有一种特定的真假制约关系。比如，对照表 4－2 中的一、四两行，即 SAP 与 SOP，就可以看出：在 A 为真的时候，O 都是假的；而当 A 为假的时候，O 却总是真的。对照其他各行也可看出它们相互间的真假关系。A、E、I、O 相互间的这种真假制约关系，叫作性质命题间的对当关系（opposition）[6]，包括反对关系（contraries）、下反对关系（subcontraries）、差等关系（subalterns）和矛盾关系（contradictories）。这些关系，可表示为图 4－2 这样的逻辑方阵图（logical square；square of opposition），也称"直言方阵"。

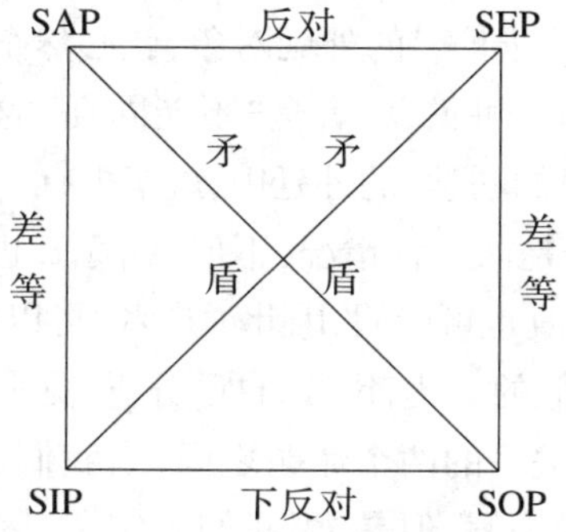

图 4－2　逻辑方阵

图 4－2 的逻辑方阵表明了不同类型性质命题在命题素材（主项和谓项，也就是其逻辑变项）分别相同的情况下，相互之间的四类真假关系。

在理解和把握 A、E、I、O 几种性质命题之间的真假关系时，首先必须明确，这里所说的它们之间的真假关系，虽然根源于它们在事实上的真假关系，但是，当我们具体谈论它们相互间的真假关系时，所讲的某个命题的真假，并不是指它事实上的真或假；若对应事实，某个命题是真就是真、是假就是假，在事实面前谈论它们相互间的真假关系，显然没有任何意义。这里谈论的真假关系，是指当我们确定某个命题为真或假时产生的命题相互间的真假关系。所谓"确定为真"，就相当于我们主张或赞同某个命题表达的思想；所谓"确定为假"，就相当于我们反对或否定某个命题表达的思想。因此，命题间的对当关系，实际上是告诉我们：当我们主张或赞同某个命题时，就意味着同时否定了或没有否定什么样的命题；而当我们否定或反对某个命题时，又意味着我们同时也就主张了或赞同了什么样的命题。显然，这对于论证和反驳来说，是有其重要意义的。其次，还须明确，普通逻辑关于性质命题之间真假关系的成立，是以性质命题的主项非空（不是空类）作为前提条件的。如果性质命题的主项是空类，即主项所反映的对象在客观现实中不存在，那么，只有矛盾关系能够成立，其他真假关系都不能成立。例如，"有的魔鬼是邪恶的"和"有的魔鬼不是邪恶的"这两个命题，由于其主项"魔鬼"是一个空类，

[6]　逻辑学所讲的对当关系，有狭义和广义之别。此处所谓"性质命题间的对当关系"是狭义的，即命题素材（逻辑变项）相同的 A、E、I、O 之间的真假制约关系。而广义的对当关系，指的则是任意两个或者多个命题之间的真假制约关系，它并不限于命题素材相同的性质命题，甚至也不限于性质命题。本书后面讲到的单称命题间的真假制约关系、"直言六角"，就属于广义的对当关系。

它们本身无所谓真假,它们之间也不存在真假制约关系。

下面就分别来谈谈上述这四类关系:

1. 反对关系,即 A 与 E 之间的真假关系。二者之间的真假关系是"不能同真,可以同假"的关系。例如:

A:"甲班所有同学都是共青团员。"

E:"甲班所有同学都不是共青团员。"

从表 4-2 和图 4-2 中可以看出,在如上 A、E 两种命题中,如果 A 为真,那么主项"甲班的同学"的全部外延对象,就必然都在谓项"共青团员"的外延之内,在这种情况下,E 当然为假;如果 E 为真,那么主项"甲班的同学"的外延对象,就必然全部都在谓项"共青团员"的外延之外,在这种情况下,A 当然为假。可见,二者是"不能同真"的。

如果 A 为假,那么主项"甲班的同学"的外延中,就至少有一个对象、当然也可能全部对象在谓项"共青团员"的外延之外。若是前一种情况,不但 A 假,E 也假;若是后一种情况,则 A 假 E 真。可见,若 A 为假时,E 却可能真也可能假,因此说二者"可以同假"。与上述分析相类似,如果 E 为假,A 也是既可能真、也可能假的。读者可以自己分析(见表 4-2 中 SAP 与 SEP 两行)。

基于上述可知:在具有反对关系的两个命题之间,当我们确定了其中一个命题为真时,也就意味着同时确定了另一个命题为假;但是,当我们确定了其中一个命题为假时,却并不意味着同时确定了另一个命题的真或者假。简言之,对于反对关系的命题,我们可以"由真推假",但不能"由假推真"。

2. 下反对关系,即 I 与 O 之间的真假关系。二者之间的真假关系是"不能同假,可以同真"的关系。例如:

I:"甲班有的同学是共青团员。"

O:"甲班有的同学不是共青团员。"

从表 4-2 和图 4-2 中可以看出,在如上 I、O 两种命题中,如果 I 为假,表明主项 S 外延中没有一个对象在谓项 P 的外延之中,因此,O 就必然为真;如果 O 为假,表明主项外延中,没有一个对象在谓项外延之外,因此,I 就必然为真。所以说二者是"不能同假"的。但是,如果 I 为真,则表明主项的外延对象至少有一个、也可能全部在谓项的外延中,因而 O 就可能真也可能假,是真假不定的。如果 O 为真,则表明主项的外延对象至少有一个、也可能全部在谓项外延之外,因而 I 也就可能真、也可能假,是真假不定的。所以说二者是"可以同真"的(见表 4-2 中 SIP 与 SOP 两行)。

基于上述可知:在具有下反对关系的两个命题之间,如果否定了其中一个命题,亦即确定其中一个命题为假,也就意味着同时确定了另一个命题为真;但是,主张或赞同其中一个命题,亦即确定其中一个命题为真,并不意味着同时就确定了另一个命题的真或者假。简言之,对于下反对关系的命题,我们可以"由假推真",但不能"由真推假"。

3. 矛盾关系,即 A 与 O,E 与 I 之间的真假关系。从表 4-2 和图 4-2 中可以看出,二者之间的真假关系,分别都是"既不能同真、也不能同假",亦即真假"非此即彼"的关系。例如:

A:"甲班的同学都是共青团员。"

O:“甲班有的同学不是共青团员。”

在A、O两种命题中，如果A为真，表明主项S的外延对象全部在谓项P的外延之中，在这种情况下O当然为假；如果O为真，表明主项S的外延中至少有一个对象在谓项P的外延之外，因而A当然就假。可见，二者“不能同真”。如果A为假，表明主项外延中至少有一个对象在谓项外延之外，因而O就必然为真；如果O为假，表明主项的外延中没有一个对象在谓项的外延之外，因而A就必然为真。可见，二者也“不能同假”（见表4-2中SEP与SIP两行）。

基于上述可知：在具有矛盾关系的两个命题之间，如果确定了其中一个命题为真，也就意味着同时确定了另一个命题为假；而当确定了其中一个命题为假时，也就意味着同时确定了另一个命题为真。简言之，对于矛盾关系的命题，我们既可以“由真推假”，也可以“由假推真”。

4. 差等关系，即A与I、E与O之间的真假关系。二者之间的真假关系，分别都是“既可以同真，也可以同假”的关系。例如：

A:“甲班的同学都是共青团员。”
I:“甲班有的同学是共青团员。”

所谓“可以同真”，就是指当全称命题为真时，则与其质（肯定或否定）相同的特称命题必然为真；而当特称命题为真时，则与其质（肯定或否定）相同的全称命题却既可能真，也可能假，是真假不定的，可见二者可以同时为真。所谓“可以同假”，则是指当全称命题为假时，与其质（肯定或否定）相同的特称命题却可能真、也可能假，而当特称命题为假时，与其质（肯定或否定）相同的全称命题则必然为假，可见，二者是可以同时为假的（见表4-2中SAP与SIP两行）。

至于E与O之间的真假制约关系，与上述道理相同，读者可以自行分析（见表4-2中SEP与SOP两行）。

基于上述可知：在具有差等关系的两个命题之间，由全称的真，可以推知特称的真；由特称的假，可以推知全称的假。但是，不能由特称的真，推知全称的真；也不能由全称的假，推知特称的假。

性质命题之间的真假制约关系，同样适用于其他命题之间的真假关系。亦即只要两个命题具有“不能同真，可以同假”的关系，就都是反对关系；只要两个命题具有“既不能同真，也不能同假”的关系，就都是“矛盾关系”，如此等等。同理，如果两个命题之间是反对关系，那么它们之间就是“不能同真，可以同假”的关系；如果两个命题之间的关系是矛盾关系，它们之间就是“既不能同真、也不能同假”的关系，如此等等。

命题素材相同的单称肯定命题与单称否定命题之间的真假关系，与全称命题SAP与SEP之间的真假制约关系是不同的。

如果是命题素材相同的单称肯定命题与单称否定命题，二者之间的真假关系是“非此即彼”的矛盾关系。例如：

①“华新药厂是先进企业。”
②“华新药厂不是先进企业。”

显然，这两个单称命题之间是“既不能同真，也不能同假”的关系，即矛盾关系。因此，确定了其中一个命题真,也就等于同时确定了另一个命题假;确定了其中一个命题假,也就等于同时确定了另一个命题真。

如果只是主项相同的两个单称肯定命题,若其谓项是一对矛盾关系的概念,则两个命题之间的真假关系就是矛盾关系;若其谓项是一对反对关系的概念,则两个命题之间的真假关系就是反对关系。例如:

③“李某是未成年人。”

④“李某是成年人。”

上述两个单称肯定命题,因其主项相同,而谓项是具有矛盾关系的概念,所以两个命题之间也就是既不能同真、也不能同假的矛盾关系。例如:

⑤“华新药厂是当地经济效益最好的企业。”

⑥“华新药厂是当地经济效益最差的企业。”

上述这两个单称肯定命题,因其主项相同而谓项是一对反对关系的概念,所以两个命题之间就是不可能同真,但可以同假的反对关系。

如果只是主项相同的两个单称否定命题,若其谓项是一对矛盾关系的概念,则两个命题之间是矛盾关系;若其谓项是一对反对关系的概念,则两个命题之间就是下反对关系。例如:

⑦“那一位穿红马甲的抗疫志愿者不是安徽人。”

⑧“那一位穿红马甲的抗疫志愿者不是四川人。”

上述这两个单称否定命题的主项相同而谓项是一对反对概念,这两个命题就是可以同真、不可能同假的下反对关系。

如果两个单称命题主项相同,其谓项是具有从属关系(属种或种属关系)的两个概念,则这样的两个单称命题之间,是既可以同真、也可以同假的差等关系。不过,其真假情形需具体分析。

上面分别讨论了性质命题的基本类型 A、E、I、O 之间的真假关系以及单称命题之间的真假关系。如果把单称命题添加到前面的“直言方阵”中,就可以采用下面这样的“逻辑六角”(logical hexagon)来表示逻辑变项(命题素材)相同的 A、E、I、O、F、N 六种性质命题之间的真假制约关系,也称作“对当六角(阵)”(the hexagon of oppositions)[7]或“直言六角”(见图 4-3)。

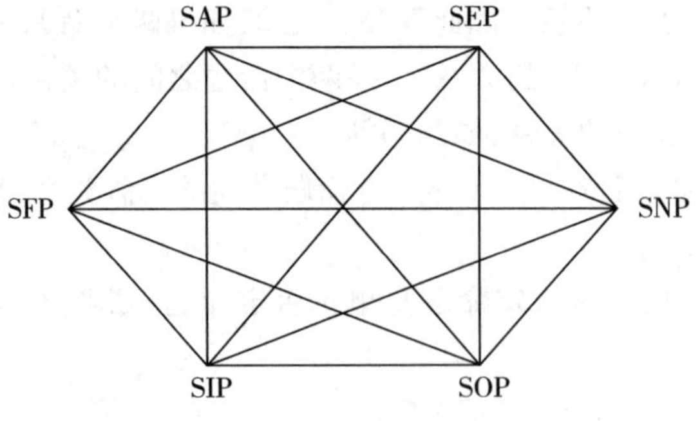

图 4-3　直言六角

[7] See Alessio Moretti, *Why the Logical Hexagon?* Logica Universalis, 2012, p. 69-107.

在“直言六角”中，“直言方阵”依然有效。“直言六角”直观地揭示了主项和谓项分别相同的六种性质命题之间，总共具有四类 15 种具体的真假制约关系：

SAP 与 SOP、SEP 与 SIP、SFP 与 SNP 之间，分别具有矛盾关系。

SAP 与 SEP、SAP 与 SNP、SEP 与 SFP 之间，分别具有反对关系。

SIP 与 SOP、SIP 与 SNP、SOP 与 SFP 之间，分别具有下反对关系。

SAP 与 SIP、SAP 与 SFP、SFP 与 SIP 之间，以及 SEP 与 SOP、SEP 与 SNP、SNP 与 SOP 之间，分别具有差等关系。

根据“直言六角”揭示的上面这些真假关系，若已知六种性质命题中任意一个命题的真或者假，就可以推知出命题素材相同的另外五个性质命题的真假情况。[8] 例如，若已知“我们班班长的‘法律逻辑学’考试及格了”（SFP）这一命题为真，根据矛盾关系，则可推知“我们班班长的‘法律逻辑学’考试没有及格”（SNP）为假；根据反对关系，则可推知“我们班所有同学的‘法律逻辑学’考试都没有及格”（SEP）为假；根据下反对关系，则可推知“我们班有的同学的‘法律逻辑学’考试没有及格”（SOP）真假不定。根据差等关系，则可推知“我们班有的同学的‘法律逻辑学’考试及格了”（SIP）为真、“我们班所有同学的‘法律逻辑学’考试都及格了”（SAP）真假不定。

正如前面已经谈到的，了解性质命题之间的对当关系（进而还可引申到其他形式的命题之间的真假关系），非常有助于我们正确地论证和恰当地反驳。因为，论证的目的是要确立一个命题为真，反驳则是确立一个命题为假。论证虽然可以直接去证明该命题的真或假，但有时就不如通过证明其他命题的真或假，借助于命题间的真假关系来证明该命题的真或假更为简明、有力。其中最常用到的就是命题间的矛盾关系。例如，在“文化大革命”初期，江青在一次会上胡说“民歌都是靡靡之音”。在场的周恩来总理反驳说：“《东方红》就是民歌嘛。”这里用来反驳的命题，相对于被反驳的命题来说，就是后者的反对关系命题，它等于断定“《东方红》这首民歌不是靡靡之音”，[9] 而这个命题的真实性又是不容置疑的。像这样的反驳，就显得非常简明、有力。从命题间的真假关系也可以看出，反驳一个全称命题比较容易，只需举出一个相反事例，即可将其驳倒；但若要反驳一个特称命题，就只能通过证明与之构成矛盾关系的全称命题的真才能实现，显然，其难度就比较大。因此，在日常思维中如果对事物的情况没有绝对可靠的把握，切不可草率作出全称命题。

第三节　性质命题的隐含命题以及揭示方法

一、性质命题的隐含

任何一个性质命题所表达的断定，总是隐含了与该命题断定相一致的或者相等值的断定。

---

〔8〕 根据“直言六角”进行的推导，在国家公务员招录考试之“行政职业能力倾向测验”，以及 MBA 等管理类专业硕士学位入学考试全国联考“综合能力”中多有涉及。

〔9〕 若用 S 表示主项“民歌”、P 表示谓项“靡靡之音”，则该命题的逻辑形式为 SNP，被反驳命题的逻辑形式为 SAP。根据“直言六角”，SNP 与 SAP 之间具有不能同真、可以同假的反对关系。

例如,“本案的作案人是外科医生”这样一个命题,它就等于断定了“至少有一个外科医生是本案的作案人”,也等于断定了“非外科医生都不是本案的作案人”。后面这两个命题,就是前一命题中所隐含的命题。可见,所谓隐含命题(implication of proposition, implicature of proposition),其实就是一个命题未直接陈述出来但由该命题必然可以得出的另一个(或几个)与其意思相同、真假等值或者一致的命题。

善于识别并准确地把握一个命题所隐含的命题,不但有助于正确理解一个性质命题所表达的断定,而且也有助于我们恰当地作出断定。因为,如果隐含命题为假,则说明原命题为假,这样就更能显现出原命题的不恰当性。有这样一则大家都熟悉的笑话:有位主人宴请客人,客人来后,主人却迟迟不请客人入席就座。后来主人对大家说:“实在对不起,请大家再稍等片刻,因为该来的人还没有来。”已来的这些客人一听,心想:“该来的人都还没有来,岂不是说我们来的人都是不该来的吗?”一气之下,于是纷纷离去。后来主人出来看见绝大多数客人都走了,非常吃惊地问唯一没走的那位客人所为何故,这位客人坦率地告知客人们被气走的原因。没想到主人听后竟说:“唉! 不该走的人怎么都走了!”剩下的这位客人一听,也气了,心想:“不该走的人都走了,岂不是说没走的人是该走的吗?”于是也拂袖而去。这虽然只是一则笑话,但却说明了把握一个性质命题所隐含的命题的意义。

二、揭示性质命题的隐含命题的逻辑方法

正确地揭示一个性质命题的隐含命题,无论是否自觉,实际上都要用到一定的逻辑方法。这些方法就是换质法(obversion)、换位法(conversion),以及换质法和换位法的综合运用。这些方法遵循的原则是:揭示出的命题的断定范围,不能超出原命题断定的范围。否则,揭示出的命题就不是原命题必然隐含的命题。

(一)换质法

通过改变一个性质命题的质,并将其谓项换成它的矛盾概念,从而得出一个与原命题不同质的性质命题。得出的命题,是原命题必然隐含的命题,例如:

> 根据:“正确的定义都是符合定义规则的定义。”
> 可换质为:“正确的定义都不是不符合定义规则的定义。”
> 又如:“关系到老百姓利益的事都不是小事。”
> 可换质为:“关系到老百姓利益的事都是大事。”

运用换质法值得注意的是:换质后的命题,其谓项必须是原命题谓项的矛盾概念。否则,换质后所得的命题就不是原命题必然隐含的命题。例如:

> 根据:“A 案的死者不是 40 岁以上的人。”
> 换质为:“A 案的死者是 30 岁左右的人。”

显然,换质后得出的命题,就不是原命题必然隐含的命题;某人作出原命题那样的断定,并不意味着就作出了换质后得出的那样的断定。因为“30 岁左右的人”与“40 岁以上的人”是反对关系的概念,而非矛盾关系的概念。

各种性质命题均可运用换质法揭示其隐含的命题。其换质情况可用公式表述如下:

(1)由“所有S是P”,可得出“所有S不是非P”。

公式:$SAP \longleftrightarrow SE\overline{P}$

(2)由“所有S不是P”,可得出“所有S是非P”。

公式:$SEP \longleftrightarrow SA\overline{P}$

(3)由“有的S是P”,可得出“有的S不是非P”。

公式 $SIP \longleftrightarrow SO\overline{P}$

(4)由“有的S不是P”,可得出“有的S是非P”。

公式:$SOP \longleftrightarrow SI\overline{P}$

(5)由“(某个特定的)S是P”,可得出“(某个特定的)S不是非P”。

公式 $SFP \longleftrightarrow SN\overline{P}$

(6)由“(某个特定的)S不是P”,可得出“(某个特定的)S是非P”。

公式:$SNP \longleftrightarrow SF\overline{P}$

公式中的$\overline{P}$是概念P的矛盾概念;“$\longleftrightarrow$”表示等值,意思是前后命题相互隐含,可以互换。若符号为“→”,则表示前面的命题必然隐含了后面的命题,但后面的命题不必然隐含前面的命题(下文同此)。

通过命题的换质,我们可以从一个肯定命题得到一个否定命题,或者从一个否定命题得到一个肯定命题。这样,我们就从正反两个方面把握了同一命题所表示的不同断定。

(二)换位法

通过改变原命题主项与谓项的位置,不改变原命题的质,从而可以得到原命题隐含的、而又改变了断定对象的命题。例如:

“有的见义勇为的人是进城务工的农民。”

可换位为: “有的进城务工的农民是见义勇为的人。”

“所有的马克思主义者都不是唯心主义者。”

可换位为: “所有的唯心主义者都不是马克思主义者。”

值得注意的是:运用换位法时,原命题中不周延的词项在换位后也不得周延。否则,换位后所得到的命题就不是原命题必然隐含的命题。据此,各种类型性质命题的换位,可用公式表示如下:

(1)由“所有S是P”,可得出“有的P是S”。

公式为:$SAP \rightarrow PIS$

(2)由“所有S不是P”,可得出“所有P不是S”。

公式为:$SEP \longleftrightarrow PES$

(3)由“有的S是P”,可得出“有的P是S”。

公式为:$SIP \longleftrightarrow PIS$

从上面公式可以看出,由“所有S是P”可必然得出“有的P是S”,因为原命题中,“P”是不周延的,故只能由全称命题换位得出特称命题;若得出全称命题就把本来不周延的词项变周延了,得出的命题就不必然是原命题隐含的命题。如“A厂生产的矿泉水都是不合格的矿泉水”,若对其换位理解为“不合格的矿泉水都是A厂生产的矿泉水”,显然就改变了原命题的意思,不是原命题必然隐含的命题。

特称否定命题不能换位。因为特称否定命题的主项是不周延的,换位后成了否定命题的谓项,必然周延,这样就不能保证通过换位得出的命题,是原命题必然隐含的命题。比如,“有的知识分子不是大学教师”,这个命题无疑是可以成立的,可是,若对其换位,得出“有的大学教师不是知识分子”这样的命题,显然就变得不能成立了,可见其不是原命题必然隐含的命题。

单称命题也可以换位,但要特别注意的是:当单称命题的谓项由普遍概念充任时,只能换位成特称命题。当单称命题的谓项由单独概念充任时,只能换位成单称命题。例如,“张文宏是杰出医生”只能换位成“至少有一位杰出医生是张文宏”。“南京市不是安徽省的省会”只能换位成“安徽省的省会不是南京市”。

一个性质命题,还可以通过换质法和换位法的综合运用,得出它更多的隐含命题。这种综合运用换质与换位的方法可选择不同方式。既可以先换质,即“换质位法”,也可以先换位,即“换位质法”;既可以一次性运用换质法与换位法,即“一次换质位法”或“一次换位质法”,也可以连续相继交替运用换质法与换位法直到不能再换为止,即“戾换法”(inversion)。无论以哪种方式综合运用换质法和换位法,都要注意两点:一是必须交替运用换质法与换位法,亦即相邻两步不得运用同一种方法;二是每一次换质或换位,都必须分别遵循换质法或换位法的要求。

在具体运用换质法与换位法的时候,若只进行一次换质位,得出以原命题谓项的矛盾概念为主项的隐含命题,就先换质后换位。例如:

根据:“凡是正确的定义都是符合定义规则的定义。”
先换质,得出:①“凡是正确的定义都不是不符合定义规则的定义。”
再换位,得出:②“凡是不符合定义规则的定义都不是正确的定义。”

如果对“凡是正确的定义都是符合定义规则的定义”这个命题,在上述一次换质位的基础上进行戾换,便可得出以原命题谓项的矛盾概念作主项的命题,即:

再换质,得出:③“凡是不符合定义规则的定义都是不正确的定义。”
再换位,得出:④“有的不正确的定义是不符合定义规则的定义。”
再换质,得出:⑤“有的不正确的定义不是符合定义规则的定义。”
(特称否定命题不能继续再换位)

通过上述戾换(换质位法)得出的命题①②③④⑤,都是“凡是正确的定义都是符合定义规则的定义”这个命题必然隐含的命题。但值得注意的是:在换质或换位过程中为了保证不扩大词项的周延性,肯定命题的谓项换作主项后只能是特称命题,并且特称否定命题不能换位。

综合运用换质法和换位法对A、E、I、O四种性质命题的隐含进行推导,其正确的推导序列或有效的公式为:

(1) $SAP \xrightarrow{换质} SE\overline{P} \xrightarrow{换位} \overline{P}ES \xrightarrow{换质} \overline{P}A\overline{S} \xrightarrow{换位} \overline{S}I\overline{P} \xrightarrow{换质} \overline{S}OP$

(2) $SAP \xrightarrow{换位} PIS \xrightarrow{换质} PO\overline{S}$

$$(3)\ SEP \xrightarrow{换质} SA\bar{P} \xrightarrow{换位} \bar{P}IS \xrightarrow{换质} \bar{P}O\bar{S}$$

$$(4)\ SEP \xrightarrow{换位} PES \xrightarrow{换质} PA\bar{S} \xrightarrow{换位} \bar{S}IP \xrightarrow{换质} \bar{S}O\bar{P}$$

$$(5)\ SIP \xrightarrow{换位} PIS \xrightarrow{换质} PO\bar{S}$$

$$(6)\ SOP \xrightarrow{换质} SI\bar{P} \xrightarrow{换位} \bar{P}IS \xrightarrow{换质} \bar{P}O\bar{S}$$

（说明：公式中推出符号上面的“换质”“换位”，表示当前步骤采用的方法）

三、性质命题的隐含命题在司法实践中的应用

把握性质命题的隐含命题，在司法实践中有着重要的意义。

例如，某起预谋杀妻案的预审中，预审员与犯罪嫌疑人之间有如下交锋：

讯问：“详细过程，你应该、也能够讲清楚，可你讲了两遍，都是含糊其词，少头无尾，这给我们一个印象，你不愿意讲实话……”

供述：“该讲的我都讲了。”

讯问：“还有你觉得不该讲的吗？”

供述：……（无言以对）

在这里，犯罪嫌疑人之所以无言以对，是因为他的供述“该讲的我都讲了”中隐含着“没有讲的都是不该讲的”这样的断定。由于熟悉命题隐含的预审员准确把握住了这些潜在的信息，很容易就抓住了犯罪嫌疑人供述中的破绽。

再如，侦查工作中通过现场勘查得知，“本案的作案人是熟悉现场周围情况的人”，若能熟练地把握它的隐含命题，就会想到“有的熟悉现场周围情况的人是作案人”，也会想到“不熟悉现场周围情况的人都不是本案的作案人”。由此可见，办案人员如能熟练掌握隐含命题及其推导，显然有助于办案工作的展开。

法律解释（legal interpretation）更涉及隐含命题的揭示问题。例如，“未成年人犯罪的案件不公开审理”，对此，根据逻辑要求，当然不能理解为“不公开审理的案件都是未成年人犯罪的案件”。但是，由于法律规范的抽象性、法律用语的歧义性、法律本身的缺陷以及社会生活的复杂多样等原因，若对法律条文作严格逻辑意义上的理解又有违立法意旨时，就需得对法律文本进行解释，即法律解释。通过法律解释，以明确法律规定之立法意旨，展示立法者的真实意图或隐藏于法律内部的合理含义，以便更好地适用法律。法律解释的方法有若干种，其中，就包括“反对解释”。

反对解释（opposite interpretation），亦称反面解释（contrario interpretation）。当法律条文对某一反面形式未设明文规定，而立法本意又有其对反面情形规定之意，若按逻辑的一般要求运用上述方法，又不能从法律条文的正面规定中揭示其立法本意的时候，就只能通过“反对解释”来明确其反面的情形。例如，我国2001年《著作权法》第4条规定：“依法禁止出版、传播的作品，不受本法保护。”[10]对此进行反面解释，即为：“凡不属于法律禁止出版、传播的作品，

---

[10] 该条为《著作权法》1990年通过以及2001年修正版的第4条。《著作权法》2010年修正版、2020年修正版，均已删除该条规定。

均受本法保护。”这一解释就把原法律条文中依纯逻辑规律不能得出来的立法意旨显现出来。这作为权威性的解释无疑是正确的,但就其得出隐含命题的逻辑过程来看,却不是靠上述方法能给以说明的,因为它类似于这样的戾换过程:

$$SAP \xrightarrow{\text{换质}} SE\overline{P} \xrightarrow{\text{换位}} \overline{P}ES \xrightarrow{\text{换质}} \overline{P}A\overline{S} \xrightarrow{\text{换位}} \overline{S}A\overline{P}$$

显然,从逻辑形式方面来分析,这样进行换质位是不具有逻辑必然性的。

那么,究竟具有何种逻辑特征的法律条文才能进行这样的反对解释呢?前面讲过,全称命题 SAP,只有当事实上主项 S 和谓项 P 处在如图 4-4(1)和(2)的外延关系时,它才是真的。

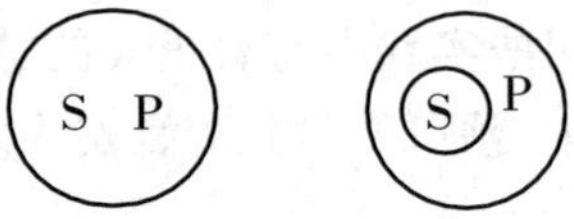

(1) (2)

图 4-4 SAP 主项与谓项间的两种外延关系

若已知或确定了“S”与“P”为全同关系,就完全可以由 SAP 得出 $\overline{S}A\overline{P}$,例如,“18 周岁以上的公民是成年人”。[11] 这一法律条文因其作为一种定义性的规定,主项和谓项之间已被确定为是全同关系,因此,对这一法律条文就可以采用反对解释的方法得出原命题的隐含命题:“未满 18 周岁的公民都是未成年人。”一般的、未予明确(或未予规定)其主、谓项外延关系是全同关系时,除法定有权解释的机关外,则不可作这样的推导。

课后作业

一、单选题

1. 老张、老王、老李、老赵四人的职业分别是司机、教授、医生、工人。老张比教授个子高。老李比老王个子矮。工人比司机个子高。医生比教授个子矮。工人不是老赵就是老李。

根据以上条件,可以推出( )。

A. 四个人的职业都已经确定　　B. 四个人的职业都不能确定

C. 老李可能是教授　　D. 四个人的职业只能确定一个

2. “这些因参与防疫工作而牺牲的工作人员大都是累死的”,这一命题的量项是( )。

A. 这些　　B. 多数　　C. 有的　　D. 所有

3. “法学并不是一门仅仅通过死记硬背就可以学好的学科”,这一语句所表达的命题属于( )。

A. 全称命题　　B. 特称命题　　C. 单称命题　　D. 不定命题

4. “这幢宿舍楼下面那块黑板报是我们班的”的主项是( )。

A. 这幢宿舍楼下面那块黑板报　　B. 这幢宿舍楼下面的黑板报

C. 宿舍楼下面那块黑板报　　D. 宿舍楼下面的黑板报

5. “在这 100 多份流调报告中,几乎所有人都过着一成不变的辛苦日子”这一语句所表达的命题,

[11] 该条为原《民法通则》第 11 条之规定。《民法典》第 17 条对“成年人”及其反面情形“未成年人”都作了明确规定(“18 周岁以上的自然人为成年人。不满 18 周岁的自然人为未成年人”),现在无须反对解释。

其主项是(　　)。

A. 这100多份流调报告中的人　　B. 流调报告中的人

C. 几乎所有人　　D. 人

6. “鱼目岂能混珠?”这一语句所表达的命题,其逻辑形式为(　　)。

A. SAP　　B. SEP　　C. SFP　　D. SNP

7. 直言命题的词项周延情况取决于其(　　)。

A. 逻辑变项　　B. 逻辑常项　　C. 语言形式　　D. 语言内容

8. 直言方阵直观地展示了逻辑变项相同的四个直言命题之间的真假制约关系共有(　　)。

A. 4种　　B. 6种　　C. 9种　　D. 15种

9. 有位逻辑学家要去慧泉酒店参会。在一个三岔路口,并没有路标,但在可去的路上有三个路牌。他知道去酒店的路和路牌上的真话都是唯一的。而且他径直走到了慧泉酒店。

(1)往东的路牌上写着:此路可通慧泉酒店。

(2)往南的路牌上写着:此路不通慧泉酒店。

(3)往北的路牌上写着:那两个牌子上的话都真。

该逻辑学家所走的路是(　　)。

A. 往东的路　　B. 往南的路　　C. 往西的路　　D. 往北的路

10. 自今年起的每年8月8日为“全民健身日”。甲、乙、丙、丁四人议论“全民健身日”的性质。

甲说:“我们办公室所有人都知道这不是法定的健身活动日。”

乙说:“如果小张说这不是法定的健身活动日,那么他就认为是法定的‘国家体育日’。”

丙说:“小张说这不是法定的健身活动日,也不是法定的北京奥运会纪念日。”

丁说:“我们办公室有人就不知道这是法定的健身活动日,而认为是体育节。”

已知上述四人中只有一人说的不符合事实。

由此可以推出(　　)。

A. 甲说假话　　B. 乙说假话　　C. 丙说假话　　D. 丁说假话

11. “有的国家希望与某些国家建交,有三个以上的国家不希望与某些国家建交;至少有两个国家希望与每个国家结盟,有的国家不希望与任一国家建交。”

根据上述陈述,可以推出(　　)。

A. 每个国家都有一些国家希望与之结盟

B. 每个国家都有一些国家希望与之建交

C. 至少有一个国家,既有国家希望与之结盟,也有国家不希望与之结盟

D. 至少有一个国家,既有国家希望与之建交,也有国家不希望与之建交

12. 凡美的都是真的,凡真的都是不容怀疑的,而美的事物是存在的。所以(　　)。

A. 凡真的都是美的　　B. 有的美的值得怀疑

C. 有的真的是美的　　D. 凡不美的都是要怀疑的

二、多选题

1. 若“有的A是B”和“有的A不是B”都真,则A与B之间的外延关系不可能是(　　)。

A. 全同关系　　B. 交叉关系　　C. 全异关系　　D. 种属关系

2. 下列直言命题中,主项和谓项不都周延的是(　　)。

A. 一切色彩皆有其背后的三原色　　B. 腐败分子几乎不能逃脱惩罚

C. 没有爱的生活是不完美的生活　　D. 没有一件事情会不留下痕迹而过去

3."甲市高教园区发现有些外国专家没有办理境外人士居留证。"

如果上述断定为真,则下列断定不能确定真假的是(　　)。

A. 甲市高教园区的所有外国专家都未办境外人士居留证

B. 甲市高教园区的所有外国专家都办了境外人士居留证

C. 甲市高教园区有些外国专家办理了境外人士居留证

D. 甲市高教园区的外国专家刘易斯教授办了境外人士居留证

4. 国际金融危机对大学毕业生的就业影响非常大,某高校就业中心的陈老师希望广大同学能够调整自己的心态和预期。他在一次就业指导会上提到,有些同学对自己的职业定位还不够准确。

假如陈老师以上陈述为真,则下列不一定为真的是(　　)。

A. 有些人对自己的职业定位准确　　B. 所有人对自己的职业定位都不够准确

C. 不是所有人对自己的职业定位都准确　　D. 不是所有人对自己的职业定位都不够准确

5. 从"业务能力较强的律师是不惧疑难案件的"能必然推出(　　)。

A. 有的业务能力较强的律师不惧疑难案件

B. 惧疑难案件的律师都是业务能力较弱的

C. 有的业务能力不强的律师是惧疑难案件的

D. 不惧疑难案件的律师都是业务能力较强的律师

6. 毛泽东同志曾告诫全党:"所有的共产党员要替人民着想。"

由此可以推出(　　)。

A. 替人民着想的都是共产党员　　B. 有些共产党员是替人民着想的

C. 不替人民着想的都不是共产党员　　D. 有些非共产党员是不替人民着想的

三、判断题

1. 直言命题的逻辑常项就是其主项和谓项。(　　)

2. 单称否定命题的主项和谓项都是周延的。(　　)

3. 具有反对关系的两个命题,由其中一个命题真,并不能推知另一个命题的真假。(　　)

4. 根据对当关系原理,若"甲医院传染科张主任没有参加疫情防控专项工作"为假,则"甲医院所有职工都没有参加疫情防控专项工作"真假不定。(　　)

5. 主项相同谓项具有种属关系的两个单称肯定命题之间具有蕴涵关系。(　　)

6. 主项相同而谓项为反对概念的两个单称否定命题之间具有反对关系。(　　)

7. 主项相同而谓项为交叉概念的两个单称肯定命题之间具有不可比关系(独立关系)。(　　)

8. 有效的换位法,其新命题与原命题之间不能是矛盾关系。(　　)

9. 戾换时相邻的两个步骤可以使用同一种方法。(　　)

10."人品好的人学问也好"逻辑上隐含"有些人品不好的人学问也不好"。(　　)

四、思考与练习题

1. 什么是性质命题词项的周延性?在理解词项周延性问题时应注意哪些问题?

2. A、E、I、O 四种性质命题之间的对当关系,是一种什么样的关系?请分别对这些关系作简要说明。

3. 分别举例并用欧拉图说明各种性质命题断定的主、谓项外延关系,并分别举例说明它们各自在何种情况下为真、在何种情况下为假。

4. 若SAP为真，S与P两个概念在事实上可能是哪些关系？请分别举例说明。

5. 若SEP为假，S与P两个概念在事实上可能是哪些关系？请分别举例说明。

6. 若S与P事实上是具有交叉关系的概念，可以作出哪些为真的命题？请分别举例说明。

7. 若S对于P来说，事实上是具有真包含于关系的概念，可以作出哪些为真的命题？请分别举例说明。

8. 若甲命题与乙命题为反对关系，乙命题与丙命题为差等关系，当丙命题为真时，甲命题的真假情况怎样？

9. 若甲命题与乙命题为下反对关系，乙命题与丙命题为矛盾关系，当甲命题为真时，丙命题的真假情况怎样？

10. 下列语句各表达何种类型的性质命题？试分析其逻辑结构，具体指出其主项概念和谓项概念，写出该命题的逻辑公式，并说明该主项和谓项周延或不周延。

(1)这个初心和使命是激励中国共产党人不断前进的根本动力。(党的十九大报告)

(2)中国产生了共产党，这是开天辟地的大事变。(毛泽东)

(3)人世间的一切幸福都需要靠辛勤的劳动来创造。(习近平)

(4)世界上没有哪一个国家能在这么短的时间内帮助这么多人脱贫。

(5)粤港澳大湾区的发展为区域经济注入新动能。

(6)没有谁的人生是圆满的。

(7)不具有中国国籍的人不是中国的公民。

(8)红枫制衣厂的不少女工，是外地来的打工妹。

(9)无论什么困难都不是不能克服的。

(10)A市第一中学有个女教师是今年才从大学毕业的。

(11)多数司法人员都是具有大学本科以上文化程度的人。

(12)这家企业的管理人员一般都会英语。

(13)难道非法侵犯他人人身权利的行为还不是犯罪行为吗？

(14)“三无产品”差不多都是假冒伪劣产品。

(15)为数不少操四川口音的人并不是四川人。

(16)这辆车上的遇难者都是小学生。

(17)占我国人口70%的农民是社会的弱势群体。

(18)这所中学70%以上的学生都考上了大学。

(19)所谓来源不明的巨额财产其实有相当部分都不是正当收入所得的。

(20)本届人大代表都很关注“三农”问题。

(21)人无完人。

11. 若确定下列命题为真，请根据性质命题间的对当关系，指出与其词项相同的其他几种命题的真假情况。

(1)H厂的下岗职工中有的是没有技术的中年妇女。

(2)甲厂生产的有些产品不是优质产品。

(3)任何书写习惯都是动力定型的具体表现。

(4)凡颈部有卡压痕迹的死者都不是自杀身亡的。

(5)“没有一件事情会不留下痕迹而过去。”(契诃夫)

(6)“双减”政策实施以来这所学校的学生大多未参加学科类培训。

(7)凡是进入法官员额的,要在司法一线办案,对案件质量终身负责。

(8)这些地区的易地扶贫搬迁后续扶持工作取得了明显的成效。

(9)没有一个人不爱自己的家乡。

(10)新冠肺炎感染者不都有症状。

12. 若确定下列命题为假,请根据性质命题间的对当关系,指出与其词项相同的其他几种命题的真假情况。

(1)A校的学生都不是家在本市的学生。

(2)参加这次会议的代表有的不是私营企业家。

(3)本届商品展销会上的商品都是乡镇企业的产品。

(4)A县法院的法官都是大学法律专业毕业的。

(5)这个班无论哪个学生都未见过新校长。

(6)这个培训班上的任何人都不会功成名就。

(7)几乎所有的不幸都是由无知造成的。

(8)这个老旧小区没有哪位老年人没买养老保险。

(9)为数不少的抗疫志愿者是闻讯后赶来的。

(10)这些收费荐股的人差不多都是“活雷锋”。

13. 根据性质命题间的对当关系,下列各组命题中的b命题能否反驳a命题,为什么?

(1)a.“本案所有证据材料都是经过查证核实的。”

b.“本案中张某和李某的证词就没有经过核实。”

(2)a.“本案被告人的行为是故意杀人罪。”

b.“本案被告人的行为是侵犯人身权利罪。”

(3)a.“本案被告人的行为是故意杀人罪。”

b.“本案被告人的行为不是侵犯人身权利罪。”

(4)a.“本案有的证据材料是可靠的。”

b.“本案有的证据材料不是可靠的。”

(5)a.“A班不少学生是共青团员。”

b.“A班有的学生不是共青团员。”

(6)a.“王某是北京人。”

b.“王某是四川人。”

14. 指出下列各组命题之间的真假关系。

(1)a.“张某有作案时间。”

b.“张某没有作案时间。”

(2)a.“某法院本月受理的民事案件都是婚姻案件。”

b.“某法院本月受理的民事案件都不是婚姻案件。”

(3)a.“这个村的每户村民家里都有电视机。”

b.“这个村的有些村民家里没有电视机。”

(4)a.“K地现场留下的脚印都是许某留下的脚印。”

b.“K地现场留下的脚印,有的是许某留下的脚印。”

(5)a.“王某不是大学毕业生。”

b."王某不是法律专业毕业的大学生。"

15. 下列各题中,命题①是否隐含命题②,请运用换质法、换位法或换质位法予以验证:

(1)①"说假话的人都不是老实人。"

②"不说假话的人都是老实人。"

(2)①"凡肯定命题的谓项都是不周延的。"

②"凡否定命题的谓项都是周延的。"

(3)①"质量合格的商品是不怕检验的。"

②"质量不合格的商品都是怕检验的。"

(4)①"在科学上有成就的人都是事业心很强的人。"

②"有些在科学上没有成就的人不是事业心很强的人。"

(5)①"精神上有缺陷的人不能作证人。"

②"有些不能作证人的人是精神上有缺陷的人。"

16. 运用性质命题换质换位的方法,证明"科学的理论都不是违反逻辑的理论"这一命题,是否隐含下列命题。

①"有的不违反逻辑的理论是科学的理论。"

②"凡不违反逻辑的理论都是科学的理论。"

③"一切非科学的理论都是违反逻辑的理论。"

④"有的不违反逻辑的理论不是科学的理论。"

⑤"违反逻辑的理论都是非科学的理论。"

第五章　复 合 命 题

课外阅读

第一节　复合命题概述

一、复合命题的特征、组成

所谓复合命题(compound proposition),就是包含有其他命题成分的命题,或者说,就是以命题作为其组成成分的命题。其表现形式相当于语言学中所说的复句。例如:

①“本案被告人王某既构成盗窃罪,又构成强奸罪。”

②“只有某甲年满 18 岁,某甲才有选举权。”

③“张某、王某或李某是本案的作案人。”

④“如果李某不具有作案时间,那么李某不是本案的作案人。”

上述这些命题都是复合命题,它们都是由若干命题组合而成的命题。例①既断定了“本案被告人王某构成盗窃罪”,同时又断定了“本案被告人王某构成强奸罪”;该复合命题就是由这两个简单命题组合而成的命题。例②断定了“某甲年满 18 岁”和“某甲有选举权”之间存在着某种条件制约关系,并且也是由这两个简单命题组合而成的命题。例③断定了“张某”“王某”“李某”中至少有一人是“本案的作案人”,它是由“张某是本案的作案人”“王某是本案的作案人”“李某是本案的作案人”这三个简单命题组合而成的命题。例④断定了“李某不具有作案时间”与“李某不是本案的作案人”存在某种条件制约关系,并且也是由这两个简单命题组合而成的命题。

由上可见,复合命题总是由其他命题组合而成的命题,或者说,它是包含有其他命题成分的命题。

一个复合命题中包含的命题成分,称作该复合命题的肢命题(subproposition)。它可以是简单命题,也可以是复合命题;可以是肯定命题,也可以是否定命题。若肢命题为复合命题的复合命题,则称为多重复合命题(multiple compound proposition)。

复合命题的肢命题,决定了复合命题的具体内容,它是复合命题中的逻辑变项,是可以代入具体内容的命题成分。逻辑学为了便于研究不同类型复合命题的一般性的逻辑特征,就以小写字母 p、q、r 等来表示复合命题中的肢命题。

在复合命题中,除表达了不同具体内容的肢命题外,特别值得注意的是它不同的连接词(connective)。不同的连接词表明了该复合命题所表示的不同断定,同时也决定着它不同的逻辑性质,因而起着决定复合命题种类及其逻辑性质的作用。例如:

⑤“王某是作案人并且李某是作案人。”

⑥“或者王某是作案人，或者李某是作案人。”

⑦“如果王某是作案人，则李某不是作案人。”

以上三个不同类型的复合命题的肢命题都是一样的，但是，由于肢命题之间的连接词不同，它们所表达的断定就不同。逻辑学对复合命题的研究，着重考察的就是不同连接词所显示的不同断定及其不同的逻辑性质。

在以下的研究中，我们可以看到，复合命题的逻辑性质同构成该复合命题的连接词有关，而与构成该复合命题的简单命题内部结构无关。这就是说，考察一个复合命题时，已经不再对简单命题的构成成分，亦即词项之间的关系作分析，而且也不管它肢命题本身属何种类型的性质命题，而是只把它作为一个复合命题的组成部分来看待；具体应用时，无非也就只考虑它是肯定命题还是否定命题，是简单命题还是复合命题，是哪种复合命题，如此而已。

逻辑学对复合命题的研究，之所以只着眼于它的连接词所表明的结构形式，是因为不同结构形式的复合命题，有其不同的逻辑特征，用以构成推理时也就有着不同的逻辑要求。因此，了解不同结构形式的复合命题的逻辑特征及其相互间的逻辑关系，不但非常有助于我们恰当地运用各种复合命题，更有助于我们正确运用由复合命题构成的推理。

二、复合命题真假的判定与真值表

命题的一个重要特征就在于它具有真假值。从传统逻辑角度考察，任一命题要么是真的，要么是假的；不假必真、不真必假。命题的真假值，亦叫命题的逻辑值，简称命题的真值（truth value）。

判定复合命题的真值同判定简单命题的真值不同。简单命题，特别是性质命题真假的判定，取决于它所断定的主、谓项外延关系，是否同这两个概念在客观方面的外延关系一致。而复合命题真假的判定，虽然归根结底仍取决于它的断定是否符合客观实际，但是，在具体判定方法上却较为复杂。

复合命题的真假，唯一地取决于它所包含的各肢命题的真假组合。由于复合命题是由两个或两个以上的肢命题组合而成的，而任一肢命题又都有或者为真、或者为假这两种可能，因此，当一个复合命题是由 2 个肢命题组合而成时，则其真假组合就有 $2 \times 2 = 4$ 种可能的组合；若是由 3 个肢命题组合而成时，则其真假组合就有 $2 \times 2 \times 2 = 8$ 种可能的组合；若有 n 个肢命题时，则有 2^n 种真假组合。

为了说明复合命题的真值情况，逻辑学采用了真值组合的列表方法给予揭示。表明复合命题真值情况的图表，称为真值表（truth table）。

真值表把复合命题所包含的各肢命题的所有真假组合情况，用图表的形式列出，这样不但可以直观地显示出一个复合命题在哪些情况下为真、哪些情况下为假，从而把一个复合命题的逻辑特征通过真值表显示出来；而且借助于真值表，还能够比较方便地判定两个或两个以上的、具有相同素材的复合命题是否等值。这对于我们更深刻地理解复合命题的逻辑特征，理解一个具体复合命题的断定，以及在思维中做到前后断定一致，无疑都是很有意义的。

为了讲述方便，在后面分析复合命题的真值情况时，一般都只限于由两个肢命题组合而成的复合命题形式。

第二节 复合命题的基本形式及其逻辑性质

一、联言命题

联言命题(conjunctive proposition)就是同时断定两种以上事物情况都存在的复合命题。例如:

①“我们既要抓好物质文明建设,又要抓好精神文明建设和政治文明建设。”

②“被告刘某不仅贪污数额巨大,而且犯罪情节严重。”

③“某甲、某乙和某丙都是盗窃集团的成员。”

上述几个命题都是联言命题,例②同时断定了两种事物情况,例①和例③则同时断定了三种事物情况。组成联言命题的肢命题叫联言肢(conjunct)。如例①就是由“我们要抓好物质文明建设”、“我们要抓好精神文明建设”和“我们要抓好政治文明建设”这三个肢命题组合而成的;例②是由“被告刘某贪污数额巨大”“被告刘某犯罪情节严重”这两个肢命题组合而成的。例③则是由“某甲是盗窃集团的成员”、“某乙是盗窃集团的成员”和“某丙是盗窃集团的成员”这三个肢命题组合而成的。

在自然语言中,表示联言命题的连接词多种多样。如“不但……而且……”“既……又……”“虽然……但是……”“……并且……”“……而……”等。例如,下面三例也都是联言命题:

④“虽然我们有一千多万党员,但是在全国人口中仍然只占极少数。”(毛泽东)

⑤“我不同意你所说的每一个字,但我誓死捍卫你说话的权利。”(伏尔泰)

⑥“人生的困惑大都是因为忘记了该记住的,却记住了该忘记的。”

联言命题的各肢命题之间不一定都有连接词;没有任何连接词连接的两个或两个以上的命题,总的来看也可以是一个联言命题。例如:

⑦“先天下之忧而忧,后天下之乐而乐。”(范仲淹:《岳阳楼记》)

⑧“我们的人民热爱生活,期盼有更好的教育、更稳定的工作、更满意的收入、更可靠的社会保障、更高水平的医疗卫生服务、更舒适的居住条件、更优美的环境,期盼孩子们能成长得更好、工作得更好、生活得更好。”[1]

例⑦是由两个联言肢构成的无连接词联言命题。例⑧选自习近平总书记在十八届中共中央政治局常委同中外记者见面时的演讲,它虽然没有使用连接词,却是由“我们的人民期盼有更好的教育”“我们的人民期盼有更稳定的工作”“我们的人民期盼孩子们能生活得更好”等这样10个联言肢构成的联言命题。

---

〔1〕 习近平:《人们对美好生活的向往,就是我们的奋斗目标》,载中共中央文献研究室编:《十八大以来重要文献选编》(上),中央文献出版社2014年版。

联言命题尽管其连接词多种多样，它们在语法上也有着不同的意义，但从逻辑上看，都属于对几种事物情况的同时断定，或者说，都断定了它的各个肢命题同时为真，因而都具有"并且"一词表达的意义，所以，"并且"就被用以作为联言命题典型的连接词。若以 p、q、r 等表示联言肢，联言命题的公式（仅以两个肢命题的情形为例）就是：

p 并且 q

如同对所有复合命题的考察都主要是其逻辑性质一样，对联言命题应着重把握的也是它的逻辑性质，亦即它的真假值。

由于联言命题是对几种事物情况的同时断定，等于分别断定了它的每个联言肢都真。因此，当一个联言命题为真时，就意味着它的每一个肢命题都真；也只有当其每一个肢命题都真时，该联言命题也才真。这也就是说，如果一个联言命题中有一个肢命题假，该联言命题就假；而一个联言命题为假，也就意味着它至少有一个肢命题为假。以前面例②来说，若被告刘某并非贪污数额巨大；或者刘某虽然贪污数额巨大，但是还说不上是犯罪情节严重；当然，还可能刘某贪污数额不大，犯罪情节也说不上严重——在上述任何一种情况下，例②这个联言命题就都是假的。

联言命题的上述性质，逻辑上称之为"合取"，并用符号"∧"表示（读作"合取"或"并且"）。我们对联言命题的考察，只是对其命题逻辑形式方面的考察，亦即只关注它的真假值。从其真假值来看，联言命题的上述逻辑性质又可用公式表示为"合取式"（conjunction），即：

$$p \land q$$

联言命题 $p \land q$ 与其肢命题 p、q 之间的真假关系，可用如下的真值表揭示（见表 5 - 1）：

表 5 - 1　（$p \land q$）的真值表

p	q	p∧q
+	+	+
+	—	—
—	+	—
—	—	—

注：表中的"+"表示真，"—"表示假。以下同。

从表 5 - 1 可以看出，一个联言命题只有当它的每个肢命题都真时，它才是真的；只要其中有一个肢命题假，它就假。因此，若一个联言命题的联言肢是一对矛盾关系的命题，该联言命题在任何情况下都必然是一个假命题，逻辑学中把这样的命题称为永假命题，并相应地把"$p \land \sim p$"（"$\sim p$"即"非 p"，是"p"的矛盾命题）这样的命题公式，称为"永假式"或"矛盾式"（contradiction）。

联言命题是司法工作中一种常用的命题形式。例如，我们在分析犯罪嫌疑人的行为是否触犯刑法时，一般都是先分析犯罪嫌疑人的事实，看其是否与相关的法律规定中各联言肢所假定的情况相符合；如果犯罪嫌疑人的行为与该法律条文规定中某一个肢命题不相符合，就不能适用该法律条文。又如，在刑侦工作中，侦查员根据所掌握的材料，对犯罪嫌疑人所进行的特征刻画,诸如形象、年龄、职业、身高等特征的分别断定,组合起来也是一个反映该犯罪嫌疑人特征的联言命题。

由于联言命题同时断定了两种以上事物情况的存在,因此,正确使用这种复合命题时要注意:第一,如果一个具体的联言命题各肢命题出现了互相矛盾的断定,则互相矛盾的断定不能同真,因此,该联言命题的联言肢中至少有一个肢命题是假的。据此,我们就可判定该联言命题是假的。如断定"被害人张某死亡的原因既是自杀,又是他杀",由于构成该联言命题肢命题是矛盾命题,因而仅此就可以判定该联言命题是假的。第二,由于一个联言命题的任一肢命题是假的,该联言命题就是假的,因此,反驳一个联言命题时,只要能证明其中任一肢命题为假,就可以达到反驳该联言命题的目的。比如我们要反驳"张某不仅是故意杀人,而且杀人手段非常残忍"这一联言命题,就不必既反驳"张某是故意杀人",又反驳"张某杀人手段非常残忍",而只要反驳其中一个肢命题就够了。

以上分析告诉我们,在作出一个联言命题时,要注意构成该联言命题各肢命题的真假。对肢命题真假无把握时,如果将其包含于联言命题之中,就可能导致断定不当。

二、选言命题

选言命题(disconjunctive proposition)就是断定几种事物情况中至少有一种事物情况存在的命题。例如:

⑨"王某致人重伤的行为或者是故意的,或者是过失的。"

⑩"林某之死可能是自杀、可能是他杀、也可能是意外事故。"

由以上两个命题可以看出,选言命题实际上是断定了两种以上事物情况之间存在选择关系,断定有几种可能情况存在的命题。

选言命题也是由两个或两个以上的肢命题加上连接词构成的。作为选言命题组成成分的肢命题,叫选言肢。例⑨这个选言命题就包含了"王某致人重伤的行为是故意的"和"王某致人重伤的行为是过失的"这两个选言肢;例⑩这个选言命题的三个选言肢则包含了"林某之死是自杀"、"林某之死是他杀"和"林某之死是意外事故"这三种可能的死亡原因。

在自然语言中,表达选言命题的连接词,通常用"或""或者",有时也用"要么……要么……""也许……也许……""是……还是……"等语词表示。此外,如下的语言表达形式,实际上表达的也是选言命题:

⑪"甲、乙、丙中至少有一人是本案的作案人。"

⑫"本案性质不外这几种可能,即奸情杀害、图财害命或报复杀人。"

⑬"在权力与制度之间,只有两个选择:要么是权力把制度关到笼子里,要么是制度把权力关到笼子里。"

⑭"考试没考好,也许是怯场心慌,也许是身体不适。"

例⑪等于断定"或者甲、或者乙、或者丙是本案的作案人";例⑫等于断定"本案的性质或者是奸情杀害,或者是图财害命,或者是报复杀人";例⑬等于断定了"权力与制度之间,只有两个选择:或者是权力把制度关到笼子里,或者是制度把权力关到笼子里";例⑭等于断定"考试没考好,或者是怯场心慌,或者是身体不适"。总之,无论自然语言的表现形式如何,只要它断定的是几种事物情况之间存在有某种选择关系,就都属于选言命题。

无论一个具体的选言命题使用的是何种形式的连接词,它都只表明了各肢命题所反映的事物情况中至少有一种事物情况存在,亦即选言命题只断定了至少有一个选言肢为真。但是,究竟哪种事物情况存在,或者说,究竟哪一个选言肢为真,选言命题并未断定。这是选言命题的一个重要特点。

尽管自然语言中表达选言命题的连接词多种多样,但都相当于“或者”一词表达的意思,因此,逻辑学中就用以作为表示选言命题的典型连接词。若以“p”“q”等表示组成选言命题的选言肢,选言命题的公式就是:

p 或者 q

就选言命题的肢命题“p”“q”等所反映的事物情况来看,有两种情形:一是“p”“q”反映的事物情况在某些情况或某些场合下可以同时并存,不互相排斥;二是“p”“q”等反映的事物情况,在任何场合下都互相排斥,不可能同时并存。因而从内容方面来看,选言命题就有相容(inclusive)和不相容(exceptive)的区别。例如:

⑮“这座新楼垮塌的原因,或者是建筑材料质量不符合要求,或者是施工没有按规定执行,或者设计时计算不准确。”

⑯“某甲的血型只能或者是A型,或者是B型,或者是AB型,或者是O型。”

例⑮中,就具体的“这座新楼垮塌的原因”来说,各选言肢反映的事物情况事实上就有可能同时存在,它们之间并不互相排斥。例⑯则不同,四个选言肢反映的情况对任何一个人来说,都不可能有两个以上的情况同时存在,各选言肢反映的事物情况,相对于每一个人来说都是相互排斥的。正是基于如上这样的区别,所以在一般的逻辑教材中,把例⑮这样的选言命题称为相容选言命题,而把例⑯这种选言命题称为不相容选言命题。

应当看到,把选言命题分为相容选言命题(inclusive disjunctive proposition)和不相容选言命题(exclusive disjunctive proposition),在逻辑上是具有一定意义的,特别是对于正确运用选言推理来说,其意义还不可忽视。但是,这里有必要特别指出的是:

第一,就一个具体的选言命题来看,它的各个选言肢究竟是否相容,必须结合具体情况并借助于相关内容方面的知识才能判定。一般来说,除很少情况下使用的“要么……要么……”这样的连接词表达的选言命题外,在使用其他连接词或采用其他表达形式的情况下,仅从命题形式上是很难确定该选言命题的类型的。例如,“某甲、某乙或者某丙是本案的作案人”,要区别它究竟是相容的还是不相容的选言命题,就只能根据这个具体案件的情况来确定。如果已确认该案只可能是一人作案,则它的各个选言肢就是相互排斥的,因而就属不相容选言命题;如果已确认该案有可能是两人以上作案,则它的各个选言肢就不是相互排斥的,它就是相容选言命题。可见,在实践中要区别一个具体的选言命题究竟是相容的还是不相容的,纯属具体知识解决的问题。

第二,尽管区别一个选言命题的类型有其一定的意义,但是,无论是相容选言命题还是不相容选言命题,其共同特点都是断定几种事物情况之间存在选择关系,亦即都是断定了各选言肢反映的事物情况中,总有一种事物情况存在,总有一个选言肢为真。何况,人们在运用选言命题时,往往也只是用以表达多种事物情况中至少有一种事物情况是存在的,并不考虑各选言肢是否相互排斥。

因此,本书对选言命题不予分类。

选言命题的断定特点,表明了它的逻辑性质:如前所述,选言命题断定的是多种事物情况(各选言肢反映的事物情况)中,至少有一种事物情况存在,因此,只要有一个选言肢为真,该选言命题就真;只有当各个选言肢都假,该选言命题才假。例如说:“某甲或者是四川人,或者是云南人,或者是贵州人。”只要其中有一种情况为真,该选言命题就真;只有当某甲既不是四川人,也不是云南人,而且也不是贵州人的时候,该选言命题才是假的。选言命题的这种逻辑性质称作“析取”,并用符号“∨”(读作“析取”或者“或”)表示。因此,选言命题可用公式表示为“析取式”(disjunction),即:

$$p \vee q$$

选言命题的逻辑性质可用如下真值表揭示(见表5-2):

表5-2 (p∨q)的真值表

p	q	p∨q
+	+	+
+	—	+
—	+	+
—	—	—

由上面选言命题的逻辑性质也就不难看出:如果一个选言命题的肢命题,确实穷尽了事物情况的各种可能性,就能保证各肢命题中至少有一个肢命题为真,在这种情况下该选言命题当然就必然真。因此,若一个选言命题的选言肢为一对矛盾关系的命题时,就意味着其中必然有一个肢命题为真,对于这样的选言命题,仅在思维领域(无须对照事实)就能判定它必然是真的。这样的选言命题,逻辑上称为永真命题,并相应地把“p∨~p”(“~p”即“非p”,是“p”的矛盾命题)这样的命题公式,称为“永真式”(tautology)[2]。

选言命题在认识客观事物过程中有其重要的作用。当人们在分析、认识事物的过程中,由于条件的限制,对事物情况无法确定那一种为真时,就只能作出一个选言命题。选言命题虽然并未确定究竟哪种事物情况为真,但却为我们的认识提供了方向,确定了范围,从而也就使我们能够在此基础上进一步分析、思考,并借助于选言命题通过推理而获得可靠的认识。否则,对事物情况的认识,就会陷入盲目;对相关事物情况的思考也就难免杂乱无章。

选言命题在侦查工作中的作用不可忽视。在侦查工作的初始阶段,由于侦查员所掌握的材料不充分,要确定案件性质、作案人、作案时间、作案过程、案情可能的发展方向等,都只能作出种种推测,分析存在哪些可能性,亦即只能作出一个选言命题。只有借助于选言命题,侦破工作才能在特定范围内有目的、有计划地展开。否则,侦破工作便无法进行。

侦查工作中作出选言命题,目的是为推理建立前提,以便在选言命题断定的基础上,有目

〔2〕“tautology”,通译“重言式”。我国台湾地区、香港特别行政区、澳门特别行政区音译为“套套逻辑”或“套套络基”。

的地进行调查研究工作，最终确定选言前提中哪个选言肢为真。而推理要能正确有效地进行，前提的真是一个必要条件。所以，在侦查工作的初始阶段，确保作出的选言命题的真实，是至关重要的。为了保证该选言命题真实可靠，就必须考虑到各选言肢是否至少有一个肢命题为真。为此，各选言肢就必须力求做到穷尽一切可能。只有穷尽了各种可能情况，构成的选言命题才是真实可靠的，否则，构成的选言命题就可能虚假。

在审判工作中，如果援用的某项法律条款属于选言命题的形式，将其适用于具体案件时就应当注意把握它在逻辑上的"析取"性质，即只要案件事实符合其中某一个选言肢规定的情况，便可视为符合该项法律条款的规定；若要确认案件事实不符合该项法律条款的规定，则必须证明案件事实与每一选言肢规定的情形都不符合。可见，把握选言命题的逻辑性质，对于有效地展开证明或反驳来说，也具有不可忽视的意义。

三、假言命题

（一）假言命题的特征

假言命题（hypothetical proposition，我国台湾地区、香港特别行政区、澳门特别行政区习称"设言命题"），就是断定两种事物情况之间存在某种条件制约关系的命题。例如：

⑰"如果死者背上有自己无法形成的致命伤，那么死者是被人杀害的。"

⑱"只有李某具有作案时间，李某才是本案的作案人。"

从例子可以看出，假言命题并未直接断定某种事物情况存在或不存在，而只是断定：当某种事物情况存在或不存在时，另一种事物情况怎么样，是存在还是不存在。假言命题就是只断定了一种事物情况同另一种事物情况之间，存在有什么样的条件制约关系的命题。如上面例⑰，该假言命题并未断定"死者背上有自己无法形成的致命伤"这一情况为真，也没有断定"死者是被人杀害的"这一事物情况为真，而只是断定前一种事物情况同后一种事物情况之间，存在着"如果……那么……"这样的条件制约关系。例⑱也如此，它既没有断定"李某具有作案时间"这一事物情况为真，也没有断定"李某是本案的作案人"这一事物情况为真，只是断定了前后两种事物情况之间，存在"只有……才……"这样的条件制约关系。正由于假言命题实际上断定的只是两种事物情况之间的条件制约关系，所以又称条件命题（conditional proposition）。

假言命题是由肢命题（假言肢）加连接词构成的。假言命题有两个假言肢，即前件和后件。其中，表示条件（或原因）的假言肢叫作假言命题的前件（antecedent），表示受条件（或原因）制约的假言肢叫作假言命题的后件（consequent）。它们都由表达各种具体内容的命题充当，因而是假言命题的逻辑变项，如例⑰中的"死者背上有自己无法形成的致命伤"是前件，"死者是被人杀害的"是后件；例⑱中的"李某具有作案时间"是前件，"李某是本案的作案人"是后件，可分别用"p""q"表示。

值得注意的是，前件与后件的区分，并不以假言肢的出现先后而定（在前面的并不总是前件），而是由其中的条件关系决定的。例如，"欲写相思，除非天样纸"（《董西厢》）这个假言命题，"（有）天样纸"显然是"写相思"的条件，而不是相反。因而其前件是"（有）天样纸"，后件是"写相思"。

对“p”“q”之间条件关系的断定,则由不同的连接词表示。也就是说,不同的逻辑连接词表明了假言命题的不同断定,也表明了假言命题前件与后件之间不同的逻辑关系和特征,是不同内容的假言命题共同具有的相同的命题成分,因而是假言命题的逻辑常项。如前面的例①和例②,若以 p 表示它们的前件,以 q 表示它们的后件,例①就属于“如果 p,那么 q”这样的命题形式,例②则属于“只有 p,才 q”这样的命题形式。

表达假言命题的连接词有“如果……那么……”“只有……才……”“当且仅当……才……”,以及“只要……就……”“若……就……”“……就……”“……才……”等。

作为假言命题中的前件部分和后件部分的命题,都既可以是简单命题,也可以是复合命题;既可以是肯定命题,也可以是否定命题。为讲述方便,这里只着重介绍以简单命题作肢命题所构成的假言命题:至于以复合命题作肢命题而构成的假言命题,将在后面的多重复合命题涉及。

(二)假言命题的分类及其逻辑性质

假言命题是对客观事物情况之间条件制约关系的一种断定,因此,在了解假言命题的分类及其逻辑性质之前,不能不先了解事物情况之间在客观方面的条件制约关系。

1. 客观事物情况之间的条件制约关系

大家知道,任何一种客观事物情况的存在或出现,都不是孤立的,都是同另一种客观事物情况的存在或出现相联系的。两种事物情况在客观方面存在的这种联系,具体情形多种多样,但其中最重要的一种联系,就是两种事物情况之间的条件制约关系。从条件制约关系的特点来看,最基本的又有如下两种情形。

(1)充分条件

若 A、B 两种事物情况之间,当 A 情况出现或存在时,B 情况就必然伴随出现或存在,亦即“有‘A’就必然有‘B’”,则 A 情况就是制约 B 情况出现或存在的充分条件(sufficient condition)。例如,以“物体发生摩擦”与“物体生热”这两种事物情况来说,前一种事物情况,即“物体发生摩擦”出现,后一种事物情况,即“物体生热”就必然出现,前一种事物情况“物体发生摩擦”,对于后一种事物情况“物体生热”而言,就是制约后一种事物情况出现的充分条件。

(2)必要条件

若 A、B 两种事物情况之间,当 A 这一种事物情况不出现或不存在时,B 这一种事物情况就必然不出现或不存在,亦即无“‘A’便必然无‘B’”,则 A 情况就是制约 B 情况出现或存在的必要条件(necessary condition)。例如,根据我国法律规定,“某人年满 18 岁”与“某人有选举权”这两种事物情况之间,若前一种事物情况不存在,则后一种事物情况就不存在。这里,前一种事物情况,即“某人年满 18 岁”,就是制约后一种事物情况“某人有选举权”的必要条件。

基于上述,有必要指出如下几个特别值得注意的问题:

第一,如果两种事物情况之间,若 A 这种事物情况出现或存在时,B 这种事物情况就必然伴随着出现或存在;并且,若 A 这种事物情况不出现或不存在时,则 B 这种事物情况也必然不出现或不存在。简言之,就是:有“A”必有“B”,并且,无“A”必无“B”。在这种情况下,A 对于 B 来说就不但是充分的,而且是必要的。这样的条件关系叫充分必要条件(sufficient and necessary condition,简称充要条件)的关系。例如,“某个三角形是等边三角形”与“某个三角形是等角三角形”这两种事物情况之间，前者对后者来说，就是制约后者出现或存在的充分必要条件关系。

第二，如果两种事物情况之间，A 这种事物情况出现时，B 这种事物情况并不必然出现，亦即存在有 A 出现而 B 不出现这样的事例；并且，A 这种事物情况不出现时，B 这种事物情况却不一定不出现，亦即存在有 A 不出现而 B 却能出现这样的事例，在这样的情况下，就表明 A 这种事物情况对于 B 这种事物情况而言，既不是充分的，也不是必要的，因而这样的两种事物情况之间，就不存在任何条件制约关系，或者说，这两种事物情况之间就没有必然联系。例如，“某人是四川人”与“某人是有突出贡献的科学家”这两种事物情况，有前者，即有“某人是四川人”这一情况，并不必然就有后者“某人是有突出贡献的科学家”这一情况；而没有前者“某人是四川人”这一情况，却不一定就没有后者“某人是有突出贡献的科学家”这一情况。可见，两种事物情况之间就没有任何必然联系，更不存在什么条件制约关系。

第三，充分条件关系与必要条件关系，是相互逆反的关系，亦即当前一种事物情况是制约后一种事物情况的充分条件关系时，则后一种事物情况就是制约前一种事物情况的必要条件；当前一种事物情况是制约后一种事物情况的必要条件时，则后一种事物情况就是制约前一种事物情况的充分条件。例如，这样两种事物情况：(a)“数 x 能被 8 整除”与(b)“数 x 能被 4 整除”，就(a)对(b)来说，是制约(b)出现的充分条件；而就(b)对(a)来说，则是制约(a)出现的必要条件。

注意理解和把握上述几点，对于我们正确理解和把握与假言命题相关的许多逻辑问题，比如假言命题自身或与其他复合命题之间的变换规律，以及假言推理的正确运用等问题，都有着至关重要的意义。

2. 假言命题的基本类型及其逻辑性质

假言命题是对两种事物情况之间条件制约关系的断定，但是，断定的条件制约关系，绝不等同于事物情况之间自身存在的条件制约关系。如果断定的条件制约关系符合事物情况自身存在的条件制约关系，该假言命题就真；反之，该假言命题就假。

区别假言命题断定的是何种条件制约关系，唯一地取决于它的连接词，而与其前件和后件两种事物情况自身的条件制约关系无关，亦即不取决于对前、后件具体内容的分析。

根据假言命题断定的条件关系的不同，可将其分为如下两种类型：

(1) 充分条件假言命题

充分条件假言命题(sufficient condition hypothetical proposition)就是断定前件 p 是后件 q 的充分条件的假言命题。例如：

⑲“如果死者是砒霜中毒而死的，那么死者的牙根就会呈现青黑色。”

⑳“只要王某收受他人财物的行为不是利用职务之便，王某的行为就不是贪污行为。”

㉑“如果数 x 能被 8 整除，那么数 x 就能被 4 整除。”

㉒“假如语言能够创造物质财富，那么最夸夸其谈的人就是世界上最富有的人。”(斯大林)

上面例⑲中断定了“死者是砒霜中毒而死的”这一事物情况，是“死者的牙根呈现青黑色”

这一事物情况的充分条件;例⑳断定了"王某收受他人财物的行为不是利用职务之便"这一事物情况,是"王某的行为不是贪污行为"这一事物情况的充分条件。例㉑断定了"数 x 能被 8 整除"这一事物情况,是"数 x 能被 4 整除"这一事物情况的充分条件。例㉒则断定了"语言能够创造物质财富"这一事物情况,是"最夸夸其谈的人是世界上最富有的人"这一事物情况的充分条件。

表达充分条件假言命题的典型连接词是"如果……那么……"。此外,汉语中还有如"……则……""只要……就……""要是……就……""若……则……""假如(倘若)……就……""……不是……就是……""……就……""……便(是)……""……必(必须)……"等,表达的也是充分条件假言命题;也还有不用连接词,但实际表达了充分条件假言命题的情形。例如:

㉓"没有农业农村现代化,就没有整个国家现代化。"(习近平)

㉔"这家航空公司的大多数航班不是晚点,就是比时刻表提前到达。"

㉕"改革如逆水行舟,不进则退。"(李克强)

㉖"不怕'丢脸',便是'不要脸'。"(鲁迅)

㉗"无论你们签订接受八项条件的协定也好,不签这个协定也好,人民解放军总是要前进的。"(毛泽东《南京政府向何处去?》)

㉘"不管前面是地雷阵还是万丈深渊,我都将一往无前,义无反顾,鞠躬尽瘁,死而后已。"(朱镕基)

㉙"你见,或者不见我,我就在那里,不悲不喜。"(扎西拉姆·多多《班扎古鲁白玛的沉默》)

㉚"实现中国梦,必须弘扬中国精神。"(习近平)

㉛"人无远虑,必有近忧。"(《论语·卫灵公》)

㉜"差之毫厘,谬以千里。"(《论语·先进》)

㉝"会当凌绝顶,一览众山小。"(杜甫《望岳》)

上面例㉓至例㉖,都是由"……就(则,便)……"连接的条件复句,实际上是省略连接词"如果(若)……那么……"的形式;[3] 例㉗至例㉙,都是无条件复句;例㉚和例㉛都是由"……必……"连接的条件复句;例㉜和例㉝都是无连接词条件复句。上面例㉓至例㉝这些例子,实际上都分别断定了前件是其后件的充分条件,因而就都属于充分条件假言命题。

若以 p、q 分别表示充分条件假言命题的肢命题,即假言命题的前件和后件,则充分条件假言命题的公式就可表示为:

---

[3] 对于例㉔这类由连接词"不是……就是……"连接的复句的归类,语言学界和逻辑学界存在分歧。语言学界几乎都将其当作选择复句(参见孟田:《关联词语例释》,黑龙江人民出版社 1981 年版,第 41 页;居志良等:《关联词语辨析》,福建教育出版社 1988 年版,第 30 – 31 页;黄成稳:《复句》,人民教育出版社 1990 年版,第 31 页;赵恩芳、唐雪凝:《现代汉语复句研究》,山东教育出版社 1998 年版,第 76 页;邢福义:《汉语复句研究》,商务印书馆 2001 年版,第 247 – 250 页等)。逻辑学界通常将其视为省略了连接词"如果……那么……"的充分条件假言命题,例如,"不在沉默中爆发,就在沉默中灭亡"(鲁迅《纪念刘和珍君》),实则"如果不在沉默中爆发,那么就在沉默中灭亡"的省略形式。根据后面讲到的蕴析律,这个充分条件假言命题等值于"或在沉默中爆发,或在沉默中灭亡"这一选言命题。

如果 p,那么 q

由于充分条件假言命题断定了前件 p 是后件 q 的充分条件,这就意味着断定了有 p 就有 q,前件 p 真时后件 q 就必然真。从逻辑的角度来看,当一个命题为真时另一个命题就必然真,这样的命题之间的关系,就称为“蕴涵”关系,并用符号“→”(读作“则”或“蕴涵”)来表示。充分条件假言命题其实就是断定前件蕴涵后件的命题,因而又可以用公式表示为“蕴涵式”(implication),即:

$$p \rightarrow q$$

值得注意的是,充分条件假言命题只断定了有“p”这一事物情况,就必然有“q”这一事物情况,亦即只断定了“p”真时“q”就不可能假;至于没有“p”这个情况时,“q”这一情况究竟出现或不出现,亦即当“p”假时,“q”究竟是真还是假,命题本身并未断定。以前面例⑤为例来说,该命题就只断定了“数 x 能被 8 整除”这个情况出现,就必然有“数 x 能被 4 整除”这个情况出现;至于数 x 不能被 8 整除(“数 x 能被 8 整除”这个情况不出现)时,数 x 究竟能不能被 4 整除,该命题并未断定。

一个充分条件假言命题为真的条件是:事实上 p 是 q 的充分条件。也就是从客观方面来看,确实在任何情况下 p 出现 q 就必然出现。否则,如果 p 出现而 q 却不出现(或者存在“p”出现而“q”可以不出现这样的情形),就说明 p 不是 q 的充分条件,在这种情况下该假言命题的断定就是假的。

上述表明,一个充分条件假言命题是否为真,就取决于它的前件是否为后件的充分条件,亦即取决于它前件“p”这一情况出现时,后件“q”这一情况是否必然出现。若前件“p”出现而后件“q”可以不出现,就说明前件“p”并非后件“q”的充分条件,只有在这样的情况下才能证明该充分条件假言命题是假的。在除此之外的其他那些情况下,即:①前件“p”真,后件“q”也真;②前件“p”假,后件“q”却真;③前件“p”假,后件“q”也假——在这些情况下都不能证明前件“p”不是后件“q”的充分条件,都不能证明该充分条件假言命题是假的,因而在这些情况下都得承认该充分假言命题是真的。

基于上述,一个充分条件假言命题的真假值,与其前、后件的真假组合关系,可用真值表揭示如表 5－3 所示:

表 5－3　(p→q)的真值表

p	q	p→q
+	+	+
+	—	—
—	+	+
—	—	+

由表 5－3 可以看出:

①一个充分条件假言命题为假的唯一条件是“p”真并且“q”假。

②一个充分条件假言命题为真的条件是或者“p”假,或者“q”真。亦即只要其前件为假时,该假言命题总是真的;或者,只要其后件为真时,该假言命题也总是真的。

既然充分条件假言命题为假的唯一条件就是"p"真并且"q"假,因此,如果我们要反驳一个充分条件的假言命题,就必须证明在前件"p"存在的情况下,而后件"q"却可以不存在。因为只有在这样的情况下,才能说明该假言命题的前件"p",不是后件"q"的充分条件;否则就达不到反驳的目的。

(2)必要条件假言命题

必要条件假言命题(necessary condition hypothetical proposition)就是断定前件"p"是后件"q"的必要条件的假言命题,例如:

㉞"只有某人年满18岁,某人才有选举权。"

㉟"只有刘某到过发案现场,发案现场才会有刘某留下的脚印。"

㊱"只有在党的领导下依法治国、厉行法治,人民当家作主才能充分实现。"(《中共中央关于全面推进依法治国若干重大问题的决定》)

例㉞断定了"某人年满18岁"这一事物情况,是"某人有选举权"这一事物情况出现的必要条件;例㉟断定了"刘某到过发案现场"这一事物情况,是"发案现场有刘某留下的脚印"这一事物情况的必要条件;例㊱断定了"在党的领导下依法治国、厉行法治"这一事物情况,是"人民当家作主能够充分实现"这一事物情况的必要条件。

表达必要条件假言命题的典型连接词是"只有……才……"。有时也用"必须……才……""唯有……才……""……才……""除非……才……""除非……不……"等一类连接词表示。例如:

㊲"中国的社会必须经过这个革命,才能进一步发展到社会主义的社会去。"(毛泽东)

㊳"必须以党建引领扶贫,才能取得脱贫攻坚的决定性胜利。"

㊴"唯有在中国大力普及现代逻辑,才能把人们的认知能力从泛道德主义、泛情绪主义、泛经验主义的束缚中解放出来。"(殷海光)

㊵"年满23周岁且具有大专以上文化程度的,才能录用为本公司职员。"

㊶"除非战胜上海申花队,北京国安队才有可能进入决赛。"

㊷"他考不上理想的大学,除非他特别用功。"

上面例㊲至例㊴都是用"必须(唯有)……才……"连接的复句;例㊵是用"……才……"连接的复句,实际上是省略"只有"的形式;它们都表达必要条件假言命题。例㊶和例㊷都是"除非句",表达的也就都是必要条件假言命题。[4]

值得注意的是,有一部分"无……无……""不……不……""非……非……"类型的语句

〔4〕"除非"的意思相当于"只有",表示必要条件,常跟"才"搭配,说明"除非……才……","才"引出结果(参见孟田:《关联词语例释》,黑龙江人民出版社1991年版,第43页)。"只有"从正面提出某个唯一条件,"除非"从反面强调不能缺少某个唯一条件,语气更重[参见吕淑湘主编:《现代汉语八百词》(增订版),商务印书馆1999年版,第125-126页;居志良等:《关联词语辨析》,福建教育出版社1988年版,第121-122页]。"除非……不……"与"除非……才……"是等值的,二者是正反同义结构(参见史维国、杨帅:《正反同义结构"除非……不……"与"除非……才……"》,载《吉林大学社会科学学报》2019年第5期)。前面的例㊷等于断定了"只有他特别用功,才能考上理想的大学"。

也可以表达必要条件假言命题。例如,“无风不起浪”“无图无真相”“不破不立”“不入虎穴,焉得虎子”,它们就都表达的是必要条件假言命题。

必要条件假言命题的公式可表示为:

只有 p,才 q

由于必要条件假言命题断定的是前件“p”是后件“q”的必要条件,亦即断定了没有“p”就不可能有“q”,断定了“p”假“q”就必然假。这也就等于断定了有“q”就必然有“p”,“q”真“p”就必然真(“q”蕴涵“p”)。因此,根据必要条件假言命题断定的这种关系,就可以用符号“←”(读作“逆蕴涵”或“才”)来表示,这样,必要条件假言命题又可以用公式表示为“逆蕴涵式”(converse implication)[5],即:

$$p \leftarrow q$$

由于必要条件假言命题只断定了“p”是“q”的必要条件,断定的只是“p”这种事物情况不出现时,“q”这种事物情况就不可能出现;至于“p”这种事物情况出现时,“q”这种事物情况究竟是否会出现,命题本身未予断定。

因此,一个必要条件假言命题的真或假,就唯一地取决于前件“p”是否为后件“q”的必要条件,亦即取决于前件“p”这一事物情况不出现时,后件“q”这一事物情况是否必然不出现。若事实上“p”这一情况不出现时,而“q”这一事物情况仍然可以出现,就表明其前件“p”不是后件“q”的必要条件。只有在这种情况下,才能证明该必要条件假言命题是假的。在除此之外的其他情况下,即①前件“p”假,后件“q”假;②前件“p”真,后件“q”也真;③前件“p”真,后件“q”假——在这些情况下都不能证明前件“p”不是后件“q”的必要条件,因此,在这些情况下都得承认该必要条件假言命题是真的。

基于上述,必要条件假言命题的真假关系,与其前件 p 和后件 q 的真假组合关系,可用真值表揭示如表 5 - 4 所示:

表 5 - 4　(p←q)的真值表

p	q	p←q
+	+	+
+	—	+
—	+	—
—	—	+

从表 5 - 4 可以看出:

①必要条件假言命题为假的唯一条件是“p”假并且“q”真。

②当一个必要条件假言命题“p←q”为真时,不外两种情形,即或者其前件“p”为真,或者其后件“q”为假。亦即必要条件假言命题为真的条件是或者“p”真,或者“q”假。

由于必要条件假言命题为假的唯一条件是“p”假并且“q”真,因此,我们要反驳一个必要

---

〔5〕 逆蕴涵式,亦称“反蕴涵式”(anti - implication)。

条件假言命题,就必须证明该命题前件"p"不出现时,而后件"q"却可以出现;否则,就达不到反驳的目的。

特别需要强调的是:区别一个假言命题究竟是充分条件假言命题还是必要条件假言命题,唯一地取决于该假言命题的连接词,即它所表现出来的断定形式(命题形式),而不取决于对其前、后件所反映的事物情况在客观方面实际具有的条件制约关系,也不取决于对其断定的前、后件两种事物情况间条件制约关系的分析。比如,尽管前件"p"反映的事物情况,在客观方面实际上是后件"q"这一事物情况的充分条件,但若断定为"只有p,才q"时,它就断定了"p"是"q"的必要条件,因而只能将其视为必要条件假言命题;也正因其误断了"p""q"之间的条件关系而使之成为一个假命题。又如,尽管前件"p"反映的事物情况,在客观方面实际上是后件"q"这一事物情况的既充分又必要的条件,但若只是断定为"如果(或只要)p,那么就q",就只能将其视为充分条件假言命题;若只是断定为"只有p,才q",就只能将其视为必要条件假言命题。切不可用它们在内容方面反映的客观事实方面的条件关系的分析,代替对命题形式的逻辑分析。

还需要特别说明的是,在一般逻辑教材中都介绍了充要条件的假言命题(sufficient and necessary conditional hypothetical proposition),即那种断定前件"p"是后件"q"的既充分又必要条件的假言命题。本书未将其列出,主要是考虑到:

第一,在一般逻辑教材中将充要条件的假言命题的公式,都表述为"当且仅当p,才q",(公式为"p⟷q",亦称"等值命题"),这无疑是正确的;而且在考察命题间的关系时也是必要的。但是,这样的表达方式在日常思维领域几乎难以得见。

第二,从实际应用情形来看,当人们要断定一种事物情况是另一种事物情况的既充分又必要的条件关系时,常常也是从两个方面同时给以断定的,亦即既断定p是q的充分条件,又断定p是q的必要条件,比如就常常将其表达为"如果p则q,并且,只有p才q""如果p则q,并且,非p则非q""如果p那么q;并且,如果q那么p""只有p才q;并且,只有q才p",或者表达为"有且只有p,才q",如此等等。例如,"人不犯我,我不犯人;人若犯我,我必犯人"(毛泽东《和中央社、扫荡报、新民报三记者的谈话》)、"凡事预则立,不预则废"(《礼记·中庸》)、"寡欲则心清,心清则寡欲"[(清)冯曦晴《颐养诠要》]、"长相知,才能不相疑;不相疑,才能长相知"(曹禺《王昭君》)、"有且只有根据经验与逻辑,我们才能知道这个世界的真相"(殷海光《逻辑新引·怎样判别是非》),就都分别断定了一种事物情况同另一种事物情况之间,不但是充分条件的关系,也是必要条件的关系。由于在日常语言的表达中,并没有人们常用的、可用以准确表达充要条件假言命题的连接词,在这样的情况下列出充要条件假言命题,从应用的角度来考虑就不仅不是必要的,而且容易导致人们去具体分析一个假言命题究竟是否为充要条件的假言命题;在应用逻辑知识分析假言命题构成的推理时,也会带来麻烦。故本书对充要条件假言命题不作为一种独立的假言命题介绍。

假言命题在司法工作中,特别是在刑事侦查中是运用较多的一种命题形式,因此,了解和把握假言命题的逻辑知识,对于司法工作来说有着极为重要的意义。

人们在认识客观事物的过程中,常常要根据某种事物情况的出现或不出现、存在或不存在,推断另一种事物情况出现或不出现、存在或不存在。在作出这样的推断时,所依据的就是对两种事物情况之间条件制约关系的认识。比如,我们根据"p"这一事物情况的出现或存在,推断“q”这一事物情况必然出现或存在时，在头脑中实际上就断定了“p”是“q”的充分条件，或者说，也就断定了“q”是“p”的必要条件。

在刑事侦查工作中，侦查人员无论是分析认定案件性质还是刻画作案人的条件，其实就都是以现场勘查得知的客观事物情况为基础，借助于已知的事物情况之间的条件制约关系而获得认识的。例如，通过现场勘查发现，“现场有李某留下的脚印”，便可推断“李某到过发案现场”。在作这样的分析时，实际上就是断定了“现场有李某留下的脚印”这一事物情况，是“李某到过发案现场”这一事物情况的充分条件；也等于断定了“李某到过发案现场”这一事物情况，是“现场有李某留下的脚印”这一事物情况的必要条件。

然而在司法实践中，侦查人员在作这样的分析认定时，并不都是正确的。之所以会出现分析认定的错误，其中一个重要原因，就在于不懂得假言命题的逻辑性质，没有掌握判定推断是否正确的思维方法。

上面谈到，当我们由“p”这一事物情况的出现或存在，推断“q”这一事物情况的出现或存在时，实际上就是断定了“p”是“q”的充分条件，等于作出了一个“如果p，那么q”这样的充分条件假言命题；而充分条件假言命题的逻辑性质又表明，若“如果p，那么q”要真，就不应当存在“p”出现而“q”却不出现这样的事例，亦即必须排除“p”真而“q”假这样的可能性。否则，由“p”的出现或存在而推断“q”的出现或存在就不能成立。这是判定“如果p，那么q”能否成立的基本的思考方法。

有的侦查人员在根据现场勘查得知的情况作案情分析时，却不大注意运用上述这样的思考方法，导致推断不正确。例如，某地陈某被人杀害，侦查人员通过尸检发现：“死者胃容物内有浓烈酒味。”（p）于是由此推断认定“死者临死前同凶手在一起喝过酒”（q），并进而推断“凶手是与死者熟悉的人”，像这样的推断显然就是不能成立的。因为有前一种事物情况“p”，即有“胃容物内有浓烈的酒味”这一事物情况，并不必然就有后一种事物情况“q”，即并不必然就有“同熟悉的人一起喝过酒”这样的情况，说明“p”为真时“q”未必就真。可见，根据“p”而推断“q”，就把本来不是充分条件的关系误断为充分条件关系了。如果侦查人员在作如上分析时，能够自觉运用上述思考方法予以思考，也许就不会出现这样不合逻辑的分析了。

第三节　复合命题的等值式及其应用意义

一、负命题及其等值式

（一）什么是负命题

负命题（minus proposition，negation of proposition）就是否定某个命题所构成的复合命题。它是一种特殊类型的复合命题，因而又不同于其他那些复合命题——它不是由若干肢命题组合而成的。之所以把它也视为复合命题，仅仅因其也是包含有其他命题成分的命题。

负命题中被否定的那个命题，就是该负命题包含的肢命题。如同前述各种复合命题的肢命题一样，负命题的肢命题既可以是肯定命题，也可以是否定命题；既可以是简单命题，也可以是复合命题，而且还可以是多重复合命题。例如：

①“并非所有菌类植物都不是有毒的。”

②“并不是只要掌握了法律专业知识,就能成为优秀的法官。”

③“不可能只有何某和郑某都在广州,刘某才会去广州作案。”

例①否定的是“所有菌类植物都不是有毒的”这样一个性质命题;例②否定的是“只要掌握了法律专业知识,就能成为优秀的法官”这样一个充分条件假言命题;例③否定的则是“只有何某在广州并且郑某在广州,刘某才会去广州作案”这样一个多重复合命题。

否定某一个命题,也就是断定该命题为假。如果我们断定一个命题为假,或者对某一命题以某种方式表示了否定(如反驳或不赞成),也就等于作出了一个以该命题为肢命题的负命题。对任何一个命题(包括负命题),都可以形成一个相应的负命题。

表达负命题的语言形式多种多样,如“不可能p”“并不是p”“p是不可能的”“p是假的”“p是错误的”等。典型的表达负命题的语词是“并非”,符号表示为“~”(读作“非”或“并非”),若用“p”表示被否定的命题,则负命题的公式就为:

“并非p”

也可表示为“~p”。

一个负命题等值于它的肢命题(被否定的命题)的矛盾命题。前面已经谈过,具有矛盾关系的两个命题之间,它们的真假关系是非此即彼的,因此,负命题与其肢命题的真假关系就是:若肢命题为真,则负命题为假;若肢命题为假,则负命题为真。因此,负命题的真值情况可用真值表揭示如表5-5所示:

表5-5 ~p的真值表

p	~p
+	—
—	+

被否定的命题,本身还可以是负命题。对负命题的否定,亦即“~~p”,它是对“p”的双重否定,等值于“p”。负命题的负命题之等值式(equivalence),可用命题公式表示为:

$$\sim\sim p \longleftrightarrow p$$

(二)几种基本的负命题及其等值式

对于负命题,关键是要把握它的等值命题。把握了一个负命题的等值命题,才能正确理解当否定了某个命题的时候,实际上等于作出了一个什么样的命题。

负命题的肢命题有时显得较为复杂,但是,不管它有多么复杂,其等值形式及转换规律,与基本的命题形式的等值情形是相同的,只是结构层次略为复杂而已。下面介绍几种基本的等值式。

1. 性质命题的负命题及其等值式

性质命题的负命题就是否定某个性质命题的命题。根据负命题与其所否定的肢命题之间的真假关系可知,一个性质命题的负命题,就等值于与该性质命题构成矛盾关系的命题。对此,性质命题间的对当关系已给予揭示,具体说来就是(符号“⟷”表示“等值”):

（1）“并非所有S是P”，等值于“有的S不是P”。公式为：

$$\sim(SAP)\longleftrightarrow SOP$$

（2）“并非所有S不是P”，等值于“有的S是P”。公式为：

$$\sim(SEP)\longleftrightarrow SIP$$

（3）“并非有的S是P”，等值于“所有S不是P”。公式为：

$$\sim(SIP)\longleftrightarrow SEP$$

（4）“并非有的S不是P”，等值于“所有S是P”。公式为：

$$\sim(SOP)\longleftrightarrow SAP$$

（5）“并非（某个特定的）S是P”，等值于“（某个特定的）S不是P”。公式为：

$$\sim(SFP)\longleftrightarrow SNP$$

（6）“并非（某个特定的）S不是P”，等值于“（某个特定的）S是P”。公式为：

$$\sim(SNP)\longleftrightarrow SFP$$

上面的等值式，读者可自行举例。

2. 复合命题的负命题及其等值式

复合命题的负命题就是否定某个复合命题的命题，也就是以复合命题作肢命题而形成的负命题。根据负命题与其肢命题之间的真假关系可知，一个复合命题的负命题，其实就意味着断定该复合命题为假，因此，它也就等值于该复合命题为假时的情形。各种复合命题负命题的等值命题，具体说来就是：

（1）联言命题的负命题及其等值式

联言命题的负命题，亦称负联言命题，它断定了某个联言命题为假，否定了某个联言命题的各肢命题之间具有“合取”的性质。公式为“并非p并且q”，也可用命题公式表示为“$\sim(p\wedge q)$”。

联言命题的逻辑性质表明：一个联言命题为假，说明它至少有一个肢命题为假，因此，当断定一个联言命题为假时，也就意味着断定了它的肢命题中至少有一个肢命题是假的，亦即等值于断定“或者p假，或者q假”，因而它就等值于一个相应的选言命题。简言之，对“合取”的否定，等值于“否定的析取”。所以，负联言命题的等值式可用命题公式表示为：

$$\sim(p\wedge q)\longleftrightarrow(\sim p\vee\sim q)$$

例如，“并非张某和李某都是法律专业的毕业生”就等值于断定“或者张某不是法律专业的毕业生，或者李某不是法律专业的毕业生”。

（2）选言命题的负命题及其等值式

选言命题的负命题，亦称负选言命题，它断定了某个选言命题是假的，否定了该选言命题的各肢命题之间具有“析取”的性质。其公式为“并非或者p或者q”，也可用命题公式表示为“$\sim(p\vee q)$”。

选言命题逻辑性质表明：一个选言命题为假的唯一情形，就是它的每一个肢命题都假。因此，当断定一个选言命题“p或者q”为假时，也就等值于断定了它的每个肢命题都假，亦即等值于断定“不但p假，而且q也假”。所以一个负选言命题就等值于一个相应的联言命题。简言之：对“析取”的否定，等值于“否定的合取”，所以，负选言命题的等值式可用命题公式表示为：

$$\sim(p \vee q) \longleftrightarrow (\sim p \wedge \sim q)$$

例如，“并非或者甲队是第一名，或者乙队是第一名”等值于“甲队不是第一名并且乙队也不是第一名”。

(3)充分条件假言命题的负命题及其等值式

充分条件假言命题的负命题，亦称负充分条件假言命题，它是否定某个充分条件假言命题的前件是其后件的充分条件的命题。其公式为“并非如果 p，那么 q”（也常表达为“并不是只要 p，就 q”），也可用命题公式表示为“$\sim(p \rightarrow q)$”。

负充分条件假言命题断定了某个充分条件假言命题是假的，实际上也就是断定了该命题的前件“p”不是后件“q”的充分条件。而“p”不是“q”的充分条件，就意味着有“p”不一定有“q”，亦即充分条件假言命题真值表所揭示的“前件 p 真并且后件 q 假”这样的情形。因此，一个负充分条件假言命题的等值式，可用命题公式表示为：

$$\sim(p \rightarrow q) \longleftrightarrow (p \wedge \sim q)$$

例如，“并不是只要李某到过发案现场，李某就是作案人”，就等值于断定“虽然李某到过发案现场，但李某并不是作案人”。

(4)必要条件假言命题的负命题及其等值式

必要条件假言命题的负命题，亦称负必要条件假言命题，它是否定某个必要条件假言命题的前件是其后件的必要条件的假言命题。其公式为，“并非只有 p 才 q”，也可用命题公式表示为“$\sim(p \leftarrow q)$”。

负必要条件假言命题断定了某个必要条件假言命题是假的，也就是断定了该必要条件假言命题的前件“p”不是后件“q”的必要条件。而“p”不是“q”的必要条件，就意味着没有“p”不一定没有“q”，即必要条件假言命题的真值表揭示的“前件 p 假并且后件 q 真”的这种情形。故负必要条件假言命题的等值式，可用命题公式表示为：

$$\sim(p \leftarrow q) \longleftrightarrow (\sim p \wedge q)$$

例如，“并非只有某人的行为造成了被害人死亡的后果，某人的行为才构成故意杀人罪”，就等值于断定“虽然某人的行为没有造成被害人死亡的后果，某人的行为也能构成故意杀人罪”。

若仅从复合命题各肢命题之间的关系来看，除前面所讲的“合取”“析取”“蕴涵”（含“逆蕴涵”）等关系外，还有一种“等值”(equivalence)关系，即“双条件句”(biconditional statement)或“双条件命题”(biconditional proposition)，符号表示为“$\longleftrightarrow$”（读作“等值”或“当且仅当”）。

前面我们曾经谈到，假言命题除前述充分条件假言命题和必要条件假言命题外，还可以有既断定“p”是“q”的充分条件、又断定“p”是“q”的必要条件这样的情形；通常的逻辑教材中也把这样的假言命题列为与前两种并列的一种假言命题，即充要条件假言命题。由于这样的假言命题，断定了“p”不但是“q”的充分条件，而且还是“q”的必要条件，亦即断定了“有‘p’就有‘q’、并且没有‘p’就没有‘q’。”因此，它实际上也就等值于断定了“p”“q”等值。所以，其命题公式也就可以表示为“$p \longleftrightarrow q$”。

可见，当断定"p""q"之间具有等值关系时，本身也是一种复合命题形式，因而也就有它的负命题。其负命题断定的是"并非p、q等值"（也可表示为"并非当且仅当p，才q"）。等值命题的负命题，也可用命题公式表示为"$\sim(p\longleftrightarrow q)$"。

断定"p""q"两个命题不是等值命题，否定二者等值，不意味着必然断定了"p"不是"q"的充分条件，也不意味着必然断定了"p"不是"q"的必要条件，而是断定了该等值命题断定的两种条件关系中，至少有一种条件关系是假的，因而也就等值于断定"或者p不是q的充分条件，或者p不是q的必要条件"。所以，等值命题负命题的等值式，也就可用命题公式表示为：

$$\sim(p\longleftrightarrow q)\longleftrightarrow((p\wedge\sim q)\vee(\sim p\wedge q))$$

上面介绍的这些复合命题负命题的等值式中，"$\sim\sim p\longleftrightarrow p$"这个等值式，称作"双否律"，即"双重否定律"（law of double negation）。"$\sim(p\wedge q)\longleftrightarrow(\sim p\vee\sim q)$"和"$\sim(p\vee q)\longleftrightarrow(\sim p\wedge\sim q)$"这两个等值式，称作"德·摩根律"（De Morgan's laws）。"$\sim(p\rightarrow q)\longleftrightarrow(p\wedge\sim q)$"这个等值式，称作"蕴否律"，即"蕴涵否定等值律"（law of negating implication）。"$\sim(p\leftarrow q)\longleftrightarrow(\sim p\wedge q)$"这个等值式，称作"逆蕴否律"，即"逆蕴涵否定等值律"（law of negating converse implication）。

此外，多重复合命题也有其负命题，其等值命题遵循的仍然是上述各种复合命题的等值规律，只不过代入的肢命题成分和演变过程略显复杂而已。

二、复合命题形式的转换及其应用意义

所谓复合命题形式之间的转换（equivalent transformation），就是在不改变一个复合命题真假值的条件下，将其转换为另一个命题形式不同的复合命题。这样的转换是建立在不同命题形式等值关系的基础上的，亦即转换后的命题与原命题必须真假等值。简言之，命题之间的等值式，也就是它们之间可以相互转换的命题形式。

其实，对复合命题形式的转换，也是对该复合命题所隐含的命题的揭示。

这里介绍的只是一些最基本的复合命题的转换形式（它们之间的等值式）。

（一）充分条件假言命题与必要条件假言命题之间的转换

1."如果p，那么q"可转换为"只有q，才p"；而"只有p才q"也可转换为"如果q，那么p"。

"如果p，那么q"断定"p"是"q"的充分条件，亦即断定了有"p"就必然有"q"。既然有"p"就必然有"q"，当然没有"q"也就必然没有"p"，因此也就等值于断定了"q"是"p"的必要条件。故充分条件假言命题就可以转换为与其等值的必要条件假言命题，并可用命题公式表示为：

$$(p\rightarrow q)\longleftrightarrow(q\leftarrow p)$$

同理，若断定"只有p，才q"，即断定"p"是"q"的必要条件，也就是断定了没有"p"就不可能有"q"。既然没有"p"就必然没有"q"，也就意味着断定了有"q"就必然有"p"，因而也就等值于断定了"q"是"p"的充分条件。故必要条件假言命题也可以转换为与其等值的充分条件假言命题，并可用命题公式表示为：

$$(p \leftarrow q) \longleftrightarrow (q \rightarrow p)$$

综上所述,一个假言命题若断定前件是后件的充分条件,也就等值于断定了后件是前件的必要条件;若断定前件是后件的必要条件,也就等值于断定了后件是前件的充分条件。根据这样的关系,就可以把一个充分条件假言命题,转换为一个必要条件假言命题;一个必要条件假言命题也可以转换为一个充分条件假言命题。例如:

④“如果死者是砒霜中毒而死的,则死者的牙根会呈现青黑色。”

可以转换为:

⑤“只有死者的牙根呈现青黑色,死者才会是砒霜中毒而死的。”

2. 在上述转换关系的基础上,根据两种假言命题的断定特点,还可以转换得出更多的、不改变命题真假值的不同的假言命题形式。比如“如果 p,那么 q”,它断定了有“p”就必然有“q”,亦即“p”真“q”就真。如前所述,这又等值于断定没有“q”就不可能有“p”,亦即“q”假“p”就必然假。结合负命题的表达含义,断定“p 假”,与断定“非 p”同义,因而上述假言命题又可用公式表示为“如果非 q,那么非 p”。若以“非 q”又作为转换后的这个充分条件假言命题的前件,“非 p”作为它的后件,便又可将其转换为“只有非 p,才非 q”。上述这些转换关系可用命题公式表示为:

$$(p \rightarrow q) \longleftrightarrow (\sim q \rightarrow \sim p) \longleftrightarrow (\sim p \leftarrow \sim q)$$

就以前面举过的例子来说,“如果数 x 能被 8 整除,那么数 x 能被 4 整除”,可将其转换为“如果数 x 不能被 4 整除,那么数 x 就不能被 8 整除”,又可将其再转换为“只有数 x 不能被 8 整除,数 x 才不能被 4 整除”。

对必要条件的假言命题,也可以用上述方法作同样的分析,并可得出如下这样的命题转换公式:

$$(p \leftarrow q) \longleftrightarrow (\sim p \rightarrow \sim q) \longleftrightarrow (\sim q \leftarrow \sim p)$$

上面介绍的这些充分条件假言命题与必要条件假言命题之间的等值式,统称为“假言易位律”(hypothetical translocation law)。

(二)假言命题与选言命题之间的转换

假言命题与选言命题之间的转换,是指:当一个假言命题为真时,等值于一个何种形式的选言命题;当一个选言命题为真时,又等值于一个何种形式的假言命题。

1.“如果 p,那么 q”,等值于(可转换为)“非 p 或者 q”。

充分条件假言命题真值表揭示的逻辑性质表明,当一个充分条件假言命题为真时,它的前件“p”和后件“q”的真假组合不外两种情况,即:或者它的前件“p”假,或者它的后件“q”真。这就是说,断定“如果 p,那么 q”,就等值于断定“或者非 p,或者 q”。因而可以得出如下命题公式的等值式:

$$(p \rightarrow q) \longleftrightarrow (\sim p \vee q)$$

上面这个等值式,刻画了“蕴涵”与“析取”之间的等值关系,叫作“蕴析律”(“蕴涵析取等值律”)。例如,“如果被害人是被钝器打击致死的,那么被害人身上就有钝器击伤的痕迹”这一假言命题,就等值于“或者被害人不是被钝器打击致死的,或者被害人身上有钝器击伤的痕迹”这一选言命题,因而前面那个充分条件假言命题,也就可以转换为后面这样的选言命题。蕴析律(“如果非 p,那么 q”等值于“或者 p,或者 q”)的存在,很可能是语言学界将“不是 p,就是 q”(~p→q)这一句式误当作选择复句“或者 p,或者 q”(p∨q)的一个原因。

2.“只有 p,才 q”等值于“p 或者非 q”。

必要条件假言命题真值表揭示的逻辑性质表明,必要条件假言命题为真时,其前件和后件的真假组合也不外两种情形,即:或者它的前件“p”为真,或者它的后件“q”为假。因此,断定“只有 p,才 q”,就等值于断定“或者 p,或者非 q”,故可用命题公式表示为:

$$(p \leftarrow q) \longleftrightarrow (p \vee \sim q)$$

上面这个等值式,刻画了“逆蕴涵”与“析取”之间的等值关系,叫作“逆蕴析律”(“逆蕴涵析取等值律”)。例如,“只有加大对农村教育经费的投入,才能从根本上改变农村的落后面貌”这一必要条件假言命题,就等值于“或者加大对农村教育经费的投入,或者不从根本上改变农村的落后面貌”这一选言命题。

又如,“只有发现被害人尸体的地方不是第一现场,现场才不会留下任何杀人痕迹”这一必要条件假言命题,就等值于“或者发现被害人尸体的地方不是第一现场,或者现场会留下任何杀人痕迹”这一选言命题。

根据蕴析律(或逆蕴析律),我们也可以将一个选言命题,转换成与之等值的充分条件假言命题(或必要条件假言命题)。例如,“本案的性质或者是奸情杀害,或者是抢劫杀人”这一选言命题,就等值于“如果本案的性质不是奸情杀害,那么本案的性质就是抢劫杀人”这样一个充分条件假言命题;而“张某或王某不是本案的作案人”这一选言命题,就等值于“只有张某不是本案的作案人,王某才是本案的作案人”这样一个必要条件假言命题。

司法工作者懂得并熟练把握不同复合命题形式之间的转换关系,具有重要的实践意义:

第一,把握了各种复合命题形式之间的转换关系,实际上也就把握了一个复合命题的隐含命题。其意义也就如同我们前面介绍的把握性质命题隐含命题的意义一样,它大大有助于我们更好地理解一个复合命题所表示的断定,这不但可以使我们在更深层次上把握一个复合命题实际断定的意思,而且更有利于我们在论证过程中对自己不同意的某个复合命题给以恰当的反驳。

第二,把握了各种复合命题形式之间的转换关系,有助于我们在同一思维过程中做到前后断定一致,从而保证思维具有确定性。因为,在实际思维活动中,我们对事物情况常常要作出许多判断,对同一事物情况的断定,往往也要用到不同的命题形式。然而正确思维要求我们,对于同一事物情况作出的断定,尽管命题形式可以不同,但是,所表示的断定却不能不同,绝不允许前后断定不一致。显然,要保证做到前后断定一致,就必须懂得不同复合命题形式的等值关系。

第三,把握了不同复合命题形式之间的转换关系,可以帮助我们从不同角度分析或思考作出的某个判断是否恰当。这对于侦查人员来说,尤其具有重要的意义。前面我们曾经谈到,当我们根据现场勘查获得的情况,分析推断案件性质或刻画作案人的条件时,实际上就是以已知的情况“p”作为前件,推断出的情况“q”作后件,从而形成的一个充分条件假言命题。这样的分析推断是否正确呢?这就必须借助于复合命题形式的转换方法,分析、思考该充分条件假言命题能否成立。比如,侦查人员通过对被害人尸检发现“死者身上有致命刀伤”,分析推断“死者是被别人用刀杀死的”,这一分析推断,实际上就是作出了下面这样一个充分条件假言命题:

⑥“如果死者身上有致命刀伤,那么死者就是被人用刀杀死的。”

可是,这样的分析推断是否成立呢?如果直接判定感到无把握或者有困难,我们就不妨将其转换为下面这样的必要条件假言命题:

⑦“只有死者是被人用刀杀死的,死者身上才会有致命刀伤。”

如果对此还感到难以判定,我们就还可以在此基础上,进一步将其转换为:

⑧“如果死者不是被人用刀杀死的,死者身上就不会有致命刀伤。”

应当说,这一命题的不恰当性就比较明显了。因为客观方面有不少这样的事例:死者并不是被人用刀杀死,而是自杀身亡,在这种情况下,死者身上仍会有致命刀伤。这就表明,有“死者不是被人用刀杀死的”这一情况,并不一定就有“死者身上没有致命刀伤”这样的情况。而这一不恰当的命题,又与前面的分析推断的那个命题等值,由此便可以更有把握地判定前面那个分析推断的不恰当性。当然,实际思维中在作这样的思考时,头脑中也许是一闪即过的,然而尽管如此,却不可否认复合命题转换关系在头脑中的实际运用。

三、多重复合命题及其等值式

(一)什么是多重复合命题

所谓多重复合命题(multiple compound proposition),就是至少有一个肢命题是由复合命题构成的复合命题。多重复合命题也属于复合命题,只不过是结构更为复杂的复合命题。其结构特点在于:在一个多重复合命题形式中,总体上可以是联言、选言、假言等多种命题形式,肢命题中则至少有一个是联言、选言、假言等任一形式的复合命题。

多重复合命题总体上的连接词,称作“主连接词”(main connective),其肢命题中的连接词,称作“从连接词”(subordinate connectives)。命题形式“$A \vee B \rightarrow C$”中,因无法识别“$\vee$”还是“$\rightarrow$”是主连接词,这就要借助于括号来加以区分,[6]而在自然语言中则是凭借具体的语境和语句层次来加以区分。比如,命题形式“$A \vee (B \rightarrow C)$”的主连接词是“$\vee$”,而命题形式“$(A \vee B) \rightarrow C$”的主连接词则是“$\rightarrow$”,因而前者属于选言命题,后者属于充分条件假言命题。例如:

⑨“如果我们不具备现代化的科学文化知识,或者不学习先进的企业管理经验,那么,我们就办不好现代化的大企业。”

⑩“只有俯下身子接地气、真心实意听民声,‘民生’跟着‘民声’走,领导干部的

〔6〕[美]蒂德曼、[美]卡哈尼:《逻辑与哲学——现代逻辑导论》(第9版),张建军等译,中国人民大学出版社2017年版,第39页。

辛苦与努力才能得到群众的拥护和赞誉。”〔7〕

⑪“只要我们切实尊重和有效实施宪法，人民当家作主就有保证，党和国家事业就能顺利发展。反之，如果宪法受到漠视、削弱甚至破坏，人民权利和自由就无法保证，党和国家事业就会遭受挫折。”〔8〕

上面这三个命题，都是多重复合命题。从整个语句可以看出，例⑨中的“如果……那么……”是主连接词，“或者”是从连接词，它的前件是一个选言命题，后件是一个简单命题。例⑩中的“只有……才……”是主连接词，从连接词是表示并列意义的“且”（前件中的顿号和逗号，以及后件中的“与”“和”），它总体上是一个必要条件假言命题，它的前件和后件都分别是一个联言命题。例⑪中表示转折意义的“反之”充当主连接词（表达“且”），“只要……就……”和“如果……就……”分别充当从连接词，它总体上是一个联言命题，两个联言肢都是充分条件假言命题，并且都是较为复杂的充分条件假言命题，亦即其肢命题本身又是多重复合命题。

多重复合命题虽然结构形式比较复杂，但是，它的基本类型仍不过是假言、选言和联言三种基本类型。我们可以先分析其主连接词，再分析它的从连接词，用符号把它所包含的各肢命题的关系表示出来。这样，我们就可以很容易地将它们转换成其他命题形式，也便于我们从逻辑结构上把握它。

上面例⑨是一个充分条件假言型多重复合命题，如果我们用相应的符号表示该命题中作为肢命题中的各个简单命题，即：

A＝“我们不具备现代化的科学文化知识”；

B＝“我们不学习先进的企业管理经验”；

C＝“我们办不好现代化的社会主义大企业。”

该命题就可用命题公式表示为：

$$(A \vee B) \rightarrow C$$

上面例⑩是一个必要条件假言型多重复合命题，如果我们用相应的符号表示该命题中作为肢命题中的各个简单命题，即：

A＝“（领导干部）俯下身子接地气”；

B＝“（领导干部）真心实意听民声”；

C＝“‘民生’跟着‘民声’走”；

D＝“领导干部的辛苦能得到群众的拥护”；

E＝“领导干部的辛苦能得到群众的赞誉”；

F＝“领导干部的努力能得到群众的拥护”；

G＝“领导干部的努力能得到群众的赞誉”。

该命题就可用命题公式表示为：

〔7〕　姬建民：《“民生”跟着“民声”走》，载《思想政治工作研究》2014年第6期。

〔8〕　习近平：《坚持全面依法治国》，中央文献出版社2020年版，第9页。

$$(A \wedge B \wedge C) \leftarrow (D \wedge E \wedge F \wedge G)$$

上面例⑪是一个联言型多重复合命题。如果我们用相应的符号来表示这个多重复合命题包含的各个肢命题,即:

A ="我们切实尊重宪法";

B ="我们有效实施宪法";

C ="人民当家作主有保证";

D ="党的事业能顺利发展";

E ="国家事业能顺利发展"。

根据命题的否定,则有:

"宪法受到漠视、削弱甚至破坏" = $\sim(A \wedge B)$;

"人民权利和自由无法保证" = $\sim C$;

"党的事业会遭受挫折" = $\sim D$;

"国家事业会遭受挫折" = $\sim E$。

在用符号表示上述肢命题的基础上,例⑪就可以表示为下面这样一个命题公式:

$$((A \wedge B) \rightarrow (C \wedge D \wedge E)) \wedge (\sim(A \wedge B) \rightarrow (\sim C \wedge \sim D \wedge \sim E))$$

值得注意的是,汉语中还有一类比较特殊的,由"否则"连接的复句,即"否则句"〔9〕。"否则句"中,有一部分是可以表达多重复合命题的,其基本类型是"如果 p 那么 q,否则 r"和"只有 p 才 q,否则 r"〔10〕。例如:

⑫"只有这个斗争胜利了,第三次世界大战才可以避免,否则是不能避免的。"(毛泽东《和美国记者安娜·路易斯·斯特朗的谈话》)

⑬"只有实行改革开放才是唯一出路,否则我们的现代化事业和社会主义事业就会被葬送。"(《中共中央关于党的百年奋斗重大成就和历史经验的决议》)

⑭"我们看问题一定不要忘记划清这两种界限:革命和反革命的界限,成绩和缺点的界限。记着这两条界限,事情就好办,否则就会把问题的性质弄混淆了。"(毛泽东《党委会的工作方法》)

⑮"如果是不但口头上提倡提倡而且自己真想实行大众化的人,那就要实地跟

---

〔9〕关于"否则句",国内语言学界讨论较多,如吕淑湘偏重于从后项(后句)分析[参见吕淑湘:《现代汉语八百词》(增订版),商务印书馆 1999 年版,第 211 - 212 页],邢福义则偏重于从前项(前句)讨论(参见邢福义:《汉语复句研究》,商务印书馆 2001 年版,第 309 页)。至于"否则句"的归类,更是众说纷纭,如黎锦熙将其看作选择复句(参见黎锦熙:《新著国文语法》,商务印书馆 1957 年版,第 273 - 274 页),王力认为当属条件式复句(参见王力:《中国语法理论》,商务印书馆 1964 年版,第 118 页),吕淑湘则看作假设句(参见吕淑湘:《中国文法要略》,商务印书馆 1982 年版,第 423 页),林裕文认为属于联合复句(参见林裕文:《偏正复句》,上海教育出版社 1984 年版,第 42 页)。逻辑学界探讨不多,仅贝新祯的《"否则"的逻辑》、马家珍的《"否则"句的逻辑特征》、刘板的《"否则"表达的判断和推理》等文。

〔10〕"否则句"的表现形式丰富多样,除这两类外,还有很多不表达多重复合命题的其他形式,如"一切革命同志都要拥护这个变动,否则他就站到反革命立场上去了"(毛泽东《湖南农民运动考察报告》)、"干部要深入生产第一线,否则就会脱离实际",等等。

老百姓去学，否则仍然‘化’不了的。”（毛泽东《反对党八股》）

⑯“除非你去，我才去；否则，我不去。”

在“否则句”中，“否则”词的前面和后面，既可以安排单句，也可以安排复句，还可以安排更小或更大的语言单位。“否则”作连接词，其语义是“如果不这样（要不然，不然的话）……”，表示“如果不是前文所说的情况，就产生或可能产生后文所说的情况或结果”。“否则句”隐含着二重层次性，往往形成“先正言之，后反言之”的二重复句，从其总体的逻辑结构来看，恰好是一个联言型多重复合命题，它包含有两个部分，“否则”之前为一个联言肢，“否则”之后为另一个联言肢。例如：

前面例⑫的总体结构是“只有 p 才 q，否则 r”，它等于断定了“只有 p 才 q，并且，如果非 p 那么非 q”，亦即“只有这个斗争胜利了，第三次世界大战才可以避免；并且，如果这个斗争没有胜利，那么第三次世界大战就不能避免”。用命题公式表示，即：

$$(p \leftarrow q) \land (\sim p \rightarrow \sim q)$$

前面例⑭中的第一句“我们看问题一定不要忘记划清这两种界限：革命和反革命的界限，成绩和缺点的界限”是交代背景的，本身不属于后面的“否则句”。因此，该句的总体结构是“如果 p 那么 q，否则 r”，它等值于“如果 p 那么 q，并且，如果非 p 那么非 q”，亦即“记着这两条界限，事情就好办，并且，如果不记着这两条界限，事情就不好办”。用命题公式表示，即：

$$(p \rightarrow q) \land (\sim p \rightarrow \sim q)$$

前面例⑯既是“否则句”，也是“除非句”，其总体结构是一个联言型多重复合命题，它包含的两个联言肢都各是一个假言命题。它等值于“除非你去，我才去；并且，如果你不去，那么我也不去”。由于“除非……否则……”，等价于“除非……才……否则……”[11]，因此它也等值于“除非你去，否则，我不去”。

有时，不用“否则句”而是在语句中直接使用“……如果不这样（要不然，不然的话）……”。比如前面的例⑯，如不用“否则句”，也可以表达成下面这样：

⑰“除非你去，我才去；要不然的话，我就不去。”

前面的例⑬和例⑮，读者可自行分析，此处从略。

（二）多重复合命题的负命题及其等值式

多重复合命题也有它的负命题。多重复合命题的负命题否定的是一个多重复合命题，或者说，它断定了一个多重复合命题是假的。

多重复合命题负命题的等值式，遵循的仍然是前面介绍的各种复合命题负命题的等值规律，只不过代入的肢命题成分和演变过程显得略为复杂而已。例如：

⑱“并非只要某甲或者某乙是作案人，某丙就不是作案人。”

为便于分析，我们先用符号表示各个肢命题：

---

〔11〕 吕淑湘：《现代汉语八百词》（增订版），商务印书馆 1999 年版，第 212 页；林裕文：《偏正复句》，上海教育出版社 1984 年版，第 42 页。

p="某甲是作案人";

q="某乙是作案人";

r="某丙是作案人"(~r="某丙不是作案人")。

则上面这个多重复合命题的负命题,就可以用命题公式表示为:

$$\sim((p \vee q) \rightarrow \sim r)$$

根据语句含义以及在此基础上表示出的命题公式可以看出,该语句总的表达的是一个充分条件假言命题的负命题。结合充分条件假言命题负命题的等值式"$\sim(p \rightarrow q) \longleftrightarrow (p \wedge \sim q)$",我们再将上述被否定命题的前件"$(p \vee q)$"代入"p",后件"$\sim r$"代入"q",这样便可得出该多重复合命题负命题的等值式,即:

$$(p \vee q) \wedge \sim\sim r(=r)$$

再将语句还原代入即可看出,上述多重复合命题的负命题,就等值于断定:

⑲"不但某甲或者某乙是作案人,而且,某丙也是作案人。"

遵循各种复合命题形式之间的转换规律,也可将一种形式的多重复合命题转换为另一种形式的多重复合命题。例如:

⑳"如果甲队是第1名、乙队是第2名,则丙队就是第3名或者第4名。"

很明显,这也是一个充分条件假言命题,若以"p""q""r""s"等符号依次代替这个多重复合命题中的各个肢命题,它的命题形式就是:

$$(p \wedge q) \rightarrow (r \vee s)$$

将"$(p \wedge q)$"和"$(r \vee s)$"分别看作该假言命题的前件和后件,若要将其转换为选言命题,便可依据"$(p \rightarrow q) \longleftrightarrow (\sim p \vee q)$"的转换公式,并将上述命题公式代入,便可得出其选言命题的等值式,即:

$$\sim(p \wedge q) \vee (r \vee s)$$

由于"$\sim(p \wedge q)$"本身又是一个联言命题的负命题,依据联言命题负命题的等值式可知,它又等值于"$(\sim p \vee \sim q)$",以此代入,上述等值式又可以为:

$$(\sim p \vee \sim q) \vee (r \vee s)$$

再将语句还原代入,上述假言命题便可转换为下面这样的选言命题:

㉑"或者甲队不是第1名或乙队不是第2名,或者丙队是第3名或第4名。"

(三)几个常用的多重复合命题等值式

下面这几个多重复合命题的等值式,在日常思维和法律实务中都是经常运用的,而且在复合命题推理中也有其重要作用。

1."如果p或q,则r"等值于"如果p则r,并且,如果q则r"

这个等值式,可用命题公式表示为:

$$((p\vee q)\rightarrow r)\longleftrightarrow((p\rightarrow r)\wedge(q\rightarrow r))$$

例如,我国《民法典》第235条规定“无权占有不动产或者动产的,权利人可以请求返还原物”,就是一个前件为选言命题的多重复合命题。它等值于“(若)无权占有不动产的,(则)权利人可以请求返还原物,并且,(若)无权占有动产的,(则)权利人可以请求返还原物”。

2.“如果p,则q或r”等值于“如果p则q,或者,如果p则r”

这个等值式,可用命题公式表示为:

$$(p\rightarrow(q\vee r))\longleftrightarrow((p\rightarrow q)\vee(p\rightarrow r))$$

例如,我国《消费者权益保护法》第59条关于经营者行政责任的补救之规定“经营者对行政处罚决定不服的,可以依法申请行政复议或者提起行政诉讼”,就是一个后件为选言命题的多重复合命题。它等值于“经营者对行政处罚决定不服的,可以依法申请行政复议,或者,经营者对行政处罚决定不服的,可以依法提起行政诉讼”。

3.“如果p,则q且r”等值于“如果p则q,并且,如果p则r”

这个等值式,可用命题公式表示为:

$$(p\rightarrow(q\wedge r))\longleftrightarrow((p\rightarrow q)\wedge(p\rightarrow r))$$

例如,“没有中国共产党,就没有新中国,就没有中华民族伟大复兴”。(习近平《在纪念辛亥革命110周年大会上的讲话》)

我国《民法典》第182条第2款关于紧急避险之规定“危险由自然原因引起的,紧急避险人不承担民事责任,可以给予适当补偿”,就是一个后件为联言命题的多重复合命题。它等值于“(若)危险由自然原因引起的,(则)紧急避险人不承担民事责任,并且,(若)危险由自然原因引起的,(则紧急避险人)可以给予适当补偿”。再如,“如果人民币不加快升值,那么人民币利率偏低的状况无法纠正,资产泡沫也有可能越吹越大”。这一命题,就等值于“若人民币不加快升值则人民币利率偏低的状况无法纠正,并且,若人民币不加快升值则资产泡沫有可能越吹越大”。

4.“如果p且q,则r”等值于“如果p,那么,一旦q就r”

这个等值式,可用命题公式表示为:

$$((p\wedge q)\rightarrow r)\longleftrightarrow(p\rightarrow(q\rightarrow r))$$

例如,“如果商品房价格太高,并且不注意改善质量,那么商品房的销售量就会下降”。这个命题,就等值于“如果商品房价格太高,那么,如果不注意改善质量,商品房的销售量就会下降”。

5.“p,并且,q或者r”等值于“p且q,或者,p且r”

这个等值式,可用命题公式表示为:

$$(p\wedge(q\vee r))\longleftrightarrow((p\wedge q)\vee(p\wedge r))$$

6.“p,或者,q且r”等值于“p或q,并且,p或r”

这个等值式,可用命题公式表示为:

$$(p\vee(q\wedge r))\longleftrightarrow((p\vee q)\wedge(p\vee r))$$

上面介绍的这些等值式中,“$((p\wedge q)\rightarrow r)\longleftrightarrow(p\rightarrow(q\rightarrow r))$”这个等值式,叫作“输出输入律”,其中,由左到右的推导,叫作“输出律”(exportation);由右到左的推导,叫作“输入律”(importation)。“$(p\wedge(q\vee r))\longleftrightarrow((p\wedge q)\vee(p\wedge r))$”和“$(p\vee(q\wedge r))\longleftrightarrow((p\vee q)\wedge(p\vee r))$”这两个等值式,叫作“分配律”(commutativity),其中,前者是“合取对析取的分配律”,后者是“析取对合取的分配律”。

上面这些多重复合命题的常用等值式,既可以借助前面讲过的等值式进行命题转换得到验证,也可以借助于后面的真值表方法予以验证。

若以“$((p\vee q)\rightarrow r)\longleftrightarrow((p\rightarrow r)\wedge(q\rightarrow r))$”为例,可借助命题等值转换方法验证如下(其他等值式,读者可以自证):

根据蕴析律:“$(p\vee q)\rightarrow r$”,等值于“$\sim(p\vee q)\vee r$”;
根据德·摩根律:“$\sim(p\vee q)\vee r$”,等值于“$(\sim p\wedge\sim q)\vee r$”;
根据交换律:“$(\sim p\wedge\sim q)\vee r$”,等值于“$(\sim p\vee r)\wedge(\sim q\vee r)$”;
根据蕴析律:“$(\sim p\vee r)\wedge(\sim q\vee r)$”,等值于“$(p\rightarrow r)\wedge(q\rightarrow r)$”。

本章介绍的各种复合命题的等值式,都可以相互转换。把握各种复合命题形式的转换,可以从多角度、深层次上理解一个命题所表达的意义,也有助于我们在表达一个改变了命题形式的情况下,保持断定的一致性和无矛盾性。司法工作中把握各种复合命题形式的转换,对于我们准确理解法律规范,从而正确地适用法律是极为有益的。

四、如何分析法律条文的命题形式

现代国家的规范性法律文件,大都是以条文为基本构成单位的。从其表述来看,法律条文(provision of law)可以分为规范性条文和非规范性条文。非规范性条文是指不直接规定法律规范,而规定某些法律技术内容的条文(如专门术语的界定、公布机关和时间、生效日期等)。法律条文或法律条款,简称法条,是法律规范中以语句形式表现出来的具体规定。它大都表现为复合命题乃至多重复合命题,尽管其逻辑结构较为复杂,然而其内部逻辑关系,仍不外乎本章所介绍的假言命题、联言命题、选言命题等命题形式。因此,对法条逻辑结构的分析,就必须在分析法律条文语句含义的基础上,借助逻辑符号,将其分析为符号化的命题公式。

下面以《民法典》条文为例,具体说明这种符号化的分析方法(条文内部的规范词此处不分析,下一章将详细介绍)。

例如,我国《民法典》第238条规定:“侵害物权,造成权利人损害的,权利人可以依法请求损害赔偿,也可以依法请求承担其他民事责任。”

从语句表达形式来看,“侵害物权,造成权利人损害的”与“权利人可以依法请求损害赔偿,也可以依法请求承担其他民事责任”之间并没有出现任何表示连接词的语词,但从语义上分析,前者表示“行为模式”,亦即行为的构成要件,后者表示“后果模式”,亦即行为的法律效果。前者相对于后者来说,具有“蕴涵”关系(连接词“如果……那么……”所表达的关系),因此该法律条文就是一个充分条件假言型的多重复合命题。

进一步结合语义分析,前件中的“侵害物权,造成权利人损害的”所描述的两种情况之间的关系,显然要两种情况同时出现才可成立的关系,它们之间就是“合取”关系(连接词“并且”

所表达的关系);后件中的“权利人可以依法请求损害赔偿,也可以依法请求承担其他民事责任”所描述的也是两种情况,它们之间也是“合取”关系(连接词“并且”所表达的关系)。

如果我们用符号表示代表行为模式和后果模式的各个肢命题,即:

p=“侵害物权(的)”;

q=“造成权利人损害的”;

r=“权利人可以依法请求损害赔偿”;

s=“权利人可以依法请求承担其他民事责任。”

这样,我国《民法典》第238条这一法律条文,就可以用命题公式表示为:

$$(p\land q)\to(r\land s)$$

根据前面讲过的多重复合命题常用等值式可知,上述命题公式等值于:

$$((p\land q)\to r)\land((p\land q)\to s)$$

根据一个联言命题如果为真,则其所有联言肢都一定为真,则由上述命题公式可分别得出:

①$(p\land q)\to r$

②$(p\land q)\to s$

上述公式①的意思是“侵害物权,造成权利人损害的,权利人可以依法请求损害赔偿”;公式②的意思是“侵害物权,造成权利人损害的,权利人可以依法请求承担其他民事责任”。这实际上就是可供法官或律师等法律人构建法律推理大前提时援引的裁判规范。

通过上述这样的逻辑分析,就可以清晰地揭示出法律条文中的行为模式与后果模式之间,以及这两部分各自所包含的各个肢命题之间所隐藏的各种逻辑关系。这样的逻辑分析方法对于我们正确理解和援引法律条文,进行合乎逻辑的法律推理极有帮助。

五、真值表判定方法

前面曾经谈到,真值表(truth table)就是用以揭示一个复合命题逻辑性质的逻辑图表。借助于真值表,不仅能简明地反映出一个复合命题的真值情况,而且可用以判定任意的两个或两个以上的、其肢命题素材相同而命题形式不同的复合命题,是否等值。

如何运用真值表来判定两个或两个以上的复合命题是否等值呢?如果需要判定的两个或两个以上的复合命题是用自然语言表达的命题,首先得将其改写为相应的命题公式,然后依下列步骤进行:

第一步,确定需要判定的复合命题形式中所含的命题变项(若含有负命题,则应设立负命题的肢命题)。比如,若需判定“$(\sim p\to q)$”与“$(q\lor\sim p)$”这两个复合命题是否等值,其命题变项就只有“p”“q”两项(“p”是“$\sim p$”的肢命题);若需判定“$(\sim(p\lor q)\to\sim r)$”与“$((p\land q)\lor\sim r)$”是否等值,则可确定其命题变项就有“p”“q”“r”三项。

在确定了需判定的两个(当然也可以是两个以上)复合命题的所有命题变项后,列表排列出它们所有可能的真假组合。前面讲过,任一命题都有真假二值,因此,若命题变项是2个,则其真假组合就有 2×2=4 种可能的组合;若命题变项是 3 个,则有 2×2×2=8 种可能的组合;其余可类推。

第二步,根据复合命题的构成顺序,依次由需判定的命题中包含的简单命题、再复合命题、再多重复合命题,逐项列出需判定命题的组成成分。比如上面的两个多重复合命题,就需先列出"(p∨q)",再列出"~(p∨q)",最后才列出"(~(p∨q)→~r)";又比如对于这样一个多重复合命题:"~(p∧q)∨(r∨s)",就需先分别列出"(p∧q)"与"(r∨s)",然后再列出"~(p∧q)",最后再列出"~(p∧q)∨(r∨s)"。

第三步,依据命题变项的真假组合和各种基本的复合命题的逻辑性质,确定复合命题各个组成成分的真假值。

第四步,根据需判定的两个(或两个以上的)复合命题,在各种真假组合情况下,是否每行都真则同真、假则同假,若是这样,则它们等值;若不是这样,只要有一行二者真假不同,则它们不等值。

下面就用真值表方法,以对(~p∨q)与(~q←p)这两个复合命题是否等值的判定为例予以说明:

表 5-6 (~p∨q)与(~q←p)的真值表

p	q	~p	~q	(~p∨q)	(~q←p)
+	+	—	—	+	—
+	—	—	+	—	+
—	+	+	—	+	+
—	—	+	+	+	+

从表 5-6 可以看出,最后两列即需判定其是否等值的两个复合命题,它们的第一、二两行就都真假不同,因而可以判定二者不等值。

课后作业

一、单选题

1. 恩格斯在《家庭、私有制和国家的起源》指出:"在社会发展某个很早的阶段,产生了这样一种需要:把每天重复着的生产、分配和交换产品的行为用一个共同规则概括起来,设法使个人服从生产和交换的一般条件。这个规则首先表现为习惯,后来便成了法律。随着法律的产生,就必然产生出以维护法律为职责的机关——公共权力,即国家。"基于以上陈述,可以推出(　　)。

A. 如果没有法律,就一定没有国家　　B. 只要有了国家,就一定会有法律

C. 只要有了法律,就一定会有国家　　D. 即使国家消亡了,仍然会有法律

2. 海明威曾说:"我同情所有不想上床睡觉的人,同情所有夜里要有亮光的人。"上述这一语句表达的是(　　)。

A. 关系命题　　B. 联言命题　　C. 选言命题　　D. 假言命题

3. "醉过才知酒浓,爱过才知情重"的逻辑常项是(　　)。

A. 并且……并且……　　B. 或者……或者……

C. 如果……那么……　　D. 只有……才……

4. 若依次用英文字母表示变项，则“一死一生，乃知交情。一贫一富，乃知交态。一贵一贱，交情乃见”（《史记·汲郑列传》）这一语句表达的命题，可用公式表示为（　　）。

A. $(A \leftarrow B) \wedge (C \leftarrow D) \wedge (E \leftarrow F)$　　B. $(A \leftarrow B) \vee (C \leftarrow D) \vee (E \leftarrow F)$

C. $(A \rightarrow B) \vee (C \rightarrow D) \vee (E \rightarrow F)$　　D. $(A \rightarrow B) \wedge (C \rightarrow D) \wedge (E \rightarrow F)$

5. 若依次用英文字母表示变项，则“如果家里没有黄金、权力为你铺就的道路，你就得努力，就得忍耐，就得接受磨炼，学会奋斗”这一语句表达的命题形式，可以用公式表示为（　　）。

A. $((A \wedge B) \rightarrow (C \wedge D \wedge E \wedge F))$　　B. $((A \vee B) \rightarrow (C \wedge D \wedge E \wedge F))$

C. $((A \wedge B) \rightarrow (C \rightarrow (D \rightarrow (E \rightarrow F))))$　　D. $((A \wedge B) \rightarrow (C \rightarrow (D \rightarrow (E \wedge F))))$

6. 所谓负命题就是否定原命题得到的复合命题。若原命题为p，则负命题为 $\sim p$，而负命题自身的负命题为 $\sim(\sim p)$。负命题的逻辑性质表明，双重否定等值于肯定，用公式表示为“$\sim\sim p = p$”。

根据上述逻辑学原理，则“马来西亚总理纳吉布否认之前马航否认马来西亚交通部长否认过的由马来西亚军方否认的有关MH370航班失联的表态”这一陈述的真实意思是（　　）。

A. 马来西亚总理纳吉布对之前有关MH370航班失联的表态自相矛盾

B. 马来西亚总理纳吉布对之前有关MH370航班失联的表态模棱两可

C. 马来西亚总理纳吉布否定了之前有关MH370航班失联的表态

D. 马来西亚总理纳吉布肯定了之前有关MH370航班失联的表态

7. 若“只有被告认识被害人，他才会是作案人”为假，则下述命题中必然为假的是（　　）。

A. 如果被告是作案人，那么他就一定认识被害人

B. 如果被告不是作案人，那么他就不认识被害人

C. 并非如果被告不认识被害人他就不是作案人

D. 不可能被告或者认识被害人或者不是作案人

8. 某居民违章搭建，严重影响市容。执法人员对他说：“如果你不在规定期限内自行拆除。那么，我们将依法强拆。”该居民回答：“我坚决不同意。”按照该居民的说法，下列哪项是他同意的（　　）。

A. 在规定期限内自已坚决不拆，执法人员也不要依法强拆

B. 在规定期限内自行拆除，不需要执法人员依法强拆

C. 在规定期限内不自行拆除，等着执法人员依法强拆

D. 违章搭建严重影响市容，不如一拆了之

9. 教授：如果父母都是O型血，其子女的血型也只能是O型，这是遗传规律。

学生：这不是真的，我的父亲是B型血，而我是O型血。

学生最有可能把教授的陈述理解为（　　）。

A. 只有O型血的人才会有O型血的孩子　　B. O型血的人不可能有B型血的孩子

C. B型血的人永远都会有O型血的孩子　　D. 如果父母都是B型血，其孩子也会是B型血

10. 已知：①只要甲被录取，乙就不被录取；②只要乙不被录取，甲就被录取；③甲被录取。若这三个判断只有一个真。由此可推出（　　）。

A. 甲、乙都被录取　　B. 甲、乙都未被录取

C. 甲被录取，乙未被录取　　D. 甲未被录取，乙被录取

11. 除非怀有积极的心态并且采取乐观的行动，否则很难在团队成员整合上取得效果。

下列断定与上述陈述含义不一致的是（　　）。

A. 只有怀有积极的心态并且采取乐观的行动,团队成员整合才能取得效果

B. 如果没有积极的心态或者不采取乐观的行动,团队成员整合就不能取得效果

C. 若团队成员整合没有取得效果,则或者没有采取乐观的行动,或者没有积极的心态

D. 除非在团队成员整合上没有取得效果,否则既怀有积极的心态又采取了乐观的行动

12. 气候变暖已经成为全人类共同面临的大问题。科学家和环境保护组织不断发出警告:如果我们不立刻行动起来保护环境,阻止气候变暖,那么人类总有一天会毁灭地球,不能继续生存下去。由此可以推出(　　)。

A. 只要我们立刻行动起来保护环境,就能阻止气候变暖,人类就能在地球上继续生存

B. 如果人类不能继续生存在地球上,必定是没有立刻开始保护环境

C. 要想保护环境、保护地球、保护人类自身,就必须防止气候变暖

D. 如果人类想在地球上继续生存,就必须立即行动起来保护环境,阻止气候变暖

13. "中国要富国强兵必须发展工业;中国要发展工业必须研究科学。中国要研究科学,必须在文化价值上注重认知特征;中国在文化价值上要注重认知特征,最必须而又直截的途径之一就是规规矩矩地学习逻辑。"基于以上陈述,可以推出(　　)。

A. 如果中国规规矩矩地学习逻辑,就能富国强兵

B. 只有中国要富国强兵,才要规规矩矩地学习逻辑

C. 除非中国要富国强兵,否则不用规规矩矩地学习逻辑

D. 如果中国不能规规矩矩地学习逻辑,就不能富国强兵

14. 文化自信是主体对自身文化的认同、肯定和坚守。文化自觉是文化自信的前提,没有深刻的文化自觉,就不可能有高度的文化自信。没有高度的文化自信,就没有文化的繁荣昌盛,就没有中华民族的伟大复兴。由此可以推知(　　)。

A. 没有文化的繁荣昌盛,就一定没有深刻的文化自觉

B. 只要有了高度的文化自信,就会有文化的繁荣昌盛

C. 没有深刻的文化自觉,就没有中华民族的伟大复兴

D. 有了高度的文化自信,就会有中华民族的伟大复兴

15. 有经济学家认为,现在中央政府是按照GDP指标考量地方政府的政绩。要提高地方的GDP,需要大量资金。在现在体制下,地方政府只有通过转让土地才能筹集大量资金。要想高价拍卖土地,则房价必须高,因此地方政府有很强的推高房价的动力。但中央政府已经出台一系列措施稳定房价,如果地方政府仍大力推高房价,则可能受到中央政府的责罚。

以下陈述中,属于这位经济学家论述的逻辑结论的是(　　)。

A. 在现行体制下,地方政府如果降低房价,就不会受到中央政府的责罚

B. 在现行体制下,地方政府如果不追究GDP政绩,就不会大力推高房价

C. 在现行体制下,地方政府只有提高其GDP政绩,才不会降低房价

D. 在现行体制下,地方政府可能受到中央政府的责罚,或者无法提高其GDP政绩

16. 开展技能型政府建设活动可以有效地提高政府部门的工作效率。只有培养乡镇干部的创业精神和服务意识,提高乡镇干部的技能水平和服务本领,并转变乡镇政府职能,才能有效地进行技能型政府建设。由此可以推出(　　)。

A. 只有培养乡镇干部的创业精神和服务意识,才能转变乡镇政府职能

B. 只有提高乡镇干部的技能水平和服务本领,才能培养乡镇干部的服务意识

C. 如果没有转变乡镇政府职能,就不能培养乡镇干部的创业精神和服务意识

D. 如果不能提高乡镇干部的技能水平和服务本领，就不能有效进行技能型政府建设

17. 全面建设节约型社会，就是以发展促节约，以节约保发展。全社会只有增强资源节约意识，资源利用的效率才能充分提高；如果资源节约技术和管理水平进一步提高，并且节约型社会的相关政策法规进一步完善，那么环境保护就可以获得更加有力的保障。由此可以推出(　　)。

A. 只有资源节约技术进一步提高，全社会资源节约意识才能进一步增强

B. 如果资源利用的效率充分提高了，那么说明全社会资源节约意识增强了

C. 如果节约型社会的相关政策法规进一步完善，那么环保就可以获得更加有力的保障

D. 只有节约型社会的相关政策法规进一步完善，才能进一步提高资源节约的管理水平

18. 近日，某集团高层领导研究了发展方向问题。

王总经理认为：既要发展纳米技术，也要发展生物医药技术；

赵副总经理认为：只有发展智能技术，才能发展生物医药技术；

李副总经理认为：如果发展纳米技术和生物医药技术，那么也要发展智能技术。

最后经过董事会研究，只有其中一位的意见被采纳。

根据以上陈述，下列最符合董事会研究决定的是(　　)。

A. 发展纳米技术和智能技术，但是不发展生物医药技术

B. 发展生物医药技术和纳米技术，但是不发展智能技术

C. 发展智能技术和生物医药技术，但是不发展纳米技术

D. 发展智能技术，但是不发展纳米技术和生物医药技术

二、多选题

1. “只要法律不再有力量，一切合法的东西也都不会再有力量。”(卢梭)

下列命题中，与上述命题具有相同逻辑常项的是(　　)。

A. 只要我们万众一心，众志成城，就没有克服不了的困难。(习近平)

B. 没有毛主席，至少我们中国人民还要在黑暗中摸索更长的时间。(邓小平)

C. 如果贪污浪费现象不能肃清，不但会断送一些干部的前途，而且会妨碍资金的积累，妨碍新民主主义制度的巩固。(毛泽东)

D. 如果没有邓小平同志，中国人民就不可能有今天的新生活，中国就不可能有今天改革开放的新局面和社会主义现代化的光明前景。(江泽民)

2. 以下命题不能反驳“只有进了正规大学，才能成才”这一论断的有(　　)。

A. 进了正规大学，成才就有希望　　　　B. 不想成才，就没有必要进正规大学

C. 不进正规大学的，也能成才　　　　D. 进了正规大学，不一定能成才

3. 下述命题中，与“要想人生有价值，就要不时地对人生进行反省”等值的有(　　)。

A. 只要不时地对人生进行反省，人生就一定有价值

B. 只有不时地对人生进行反省，人生才有价值

C. 若不能经常反省人生，则人生必无价值

D. 或者人生无价值，或者不时地对人生进行反省

4. “他不能跳过这道沟，除非他是运动员。”以下准确地表达上述断定原意的项是(　　)。

A. 除非他是运动员，否则，他不能跳过这道沟

B. 只要他是运动员，他就能跳过这道沟

C. 如果他不是运动员，那么他就不能跳过这道沟

D. 只有他是运动员,他才能跳过这道沟

5. 如果不积极参与国际贸易,一个国家的经济就不能发展。下列与上述断定含义一致的是(　　)。

A. 只有积极参与国际贸易,一个国家的经济才能发展

B. 不存在一个积极参与国际贸易而经济却不能发展的国家

C. 如果一个国家的经济能够发展,那么该国积极参与了国际贸易

D. 除非一个国家经济没有发展,否则该国一定积极参与了国际贸易

6. 以下诸项中,准确地表达了“没有民主就没有真正的社会主义”这一断定原意的有(　　)。

A. 除非坚持民主,否则不可能有真正的社会主义

B. 如果不坚持民主,那么就没有真正的社会主义

C. 只要坚持民主,就一定有真正的社会主义

D. 如果有了真正的社会主义,说明一定坚持了民主

7. 甲、乙、丙在一起讨论“不劳动者不得食”这句话的含义。

甲说:“不劳动者不得食意味着得食者可以不劳动;”

乙说:“不劳动者不得食意味着得食者必须是劳动者;”

丙说:“不劳动者不得食意味着得食者可能是劳动者。”

据此,以下说法不正确的有(　　)。

A. 甲的理解正确,乙和丙的理解错误　　　B. 乙和丙的理解正确,甲的理解错误

C. 甲和丙的理解正确,乙的理解错误　　　D. 乙的理解正确,甲和丙的理解错误

8. 从世界经济的发展历程来看,如果一国或地区的经济保持着稳定的增长速度,大多数商品和服务的价格必然随之上涨,只要这种涨幅始终在一个较小的区间内就不会对经济造成负面影响。由此可以推出,在一定时期内(　　)。

A. 如果大多数商品和服务的价格上涨,说明该国经济正在稳定增长

B. 如果大多数商品和服务价格涨幅过大,对该国经济必然有负面影响

C. 如果大多数商品和服务的价格不上涨,说明该国经济没有保持稳定增长

D. 只有大多数商品和服务的价格上涨,说明该国经济才保持了稳定增长

9. 子曰:“人而无信,不知其可也。”(《论语·为政》)这告诫我们,一个人要能在社会上立足,诚信是非常重要的。通过总结大量成功人士的经验之后,尽管他们有种种不同,但都有一个共同点:一个人要想真正成功、诚信和担当缺一不可。以下各项中,符合上述断定愿意的有(　　)。

A. 一个人,只有讲诚信并且勇于担当,才能取得真正成功

B. 一个人取得真正意义上的成功,说明他或她讲诚信并有勇于担当

C. 一个人,除非讲诚信并勇于担当,否则不能取得真正意义上的成功

D. 一个人没有取得真正意义上的成功,说明他或者不讲诚信或者缺乏担当

10. 某矿山发生了一起严重的安全事故。调查组四位专家对事故原因有如下断定:

甲:如果造成事故的直接原因是设备故障,那么肯定有人违反操作规程

乙:确实有人违反操作规程,但造成事故的直接原因不是设备故障

丙:造成事故的直接原因确实是设备故障,但并没有人违反操作规程

丁:造成事故的直接原因是设备故障

调查结果证实,只有一位专家的断定符合事实,则据此可以判定(　　)。

A. 甲的断定为真,但没有人违反操作规程　　　B. 乙的断定为假,但有人违反了操作规程

C. 丙的断定为假,但没有人违反操作规程　　D. 丁的断定为假,但没有人违反操作规程

三、判断题

1. 只有当两个命题都是真的,才可以用连接词“并且”把它们联结起来构成一个联言命题。(　　)

2. 如果甲是乙的必要条件,且丙是乙的充分条件但不是乙的必要条件,那么丙是甲的必要条件但不是甲的充分条件。(　　)

3. 设 p、q 为 2 个任意命题,若 p 真时 q 可真可假,且 p 假时 q 也可真可假,反之亦然,则 p 与 q 之间具有不可比关系。(　　)

4. 任何一个复合命题的真假,都是由其肢命题的真假情况决定的。(　　)

5. 一个充分条件假言命题,当其前件假时,无论其后件真还是假,它都是真的。(　　)

6. 两命题否定的合取等值于两命题析取的否定。(　　)

7. 两命题合取的否定等值于两命题否定的析取。(　　)

8. 不同类型复合命题的真假,在事实方面唯一地取决于它的逻辑连接词。(　　)

9.“容易犯错误的人,不是认为自己什么都不懂,就是认为自己什么都懂”这一语句表达的是选言命题。(　　)

10. 西塞罗说:“假如一个人丧失了友情,那他可能无法生存在这个世界上。”这一语句表达的是充分条件假言命题。(　　)

11. 曹禺曾说:“长相知,才能不相疑;不相疑,才能长相知。”这一语句表达的是充分必要条件假言命题。(　　)

12.“以当时举国上下思想僵化之严重,没有邓小平的眼界、意志、威望,就没有中国的改革开放”这一语句表达的是必要条件假言命题。(　　)

13.“如果没有信仰、法律和制度的土壤,每一个人都是魔鬼”,这一语句表达的命题,可以用公式刻画为“$\sim(p \land q \land r) \rightarrow SAP$”。(　　)

14. 从逻辑学的角度看,“如果美国对中国采取了贸易保护手段,中国就会采取更加强硬的报复措施”与“只要中国采取了更加强硬的报复措施,那一定是美国对中国采取了贸易保护手段”之间具有下反对关系。(　　)

四、思考与练习题

1. 什么是复合命题? 从逻辑学的角度来看,复合命题与简单命题相比有哪些不同点?

2. 简述各种复合命题的结构及其命题形式和逻辑性质。

3. 在复合命题中,哪种复合命题断定了它的肢命题真? 哪种复合命题断定了它的肢命题假? 哪些复合命题既没有断定它的肢命题真,也没有断定它的肢命题假? 并请简要说明理由。

4. 仅从复合命题的真假值来看,若已知“李某会驾驶汽车”这一命题为假,则下面这些复合命题哪些必然真? 哪些必然假? 哪些不能判定其真或假? 为什么?

(1)“李某或者会驾驶汽车,或者不会驾驶汽车。”

(2)“并非李某既会驾驶汽车,又不会驾驶汽车。”

(3)“李某不但会驾驶汽车,而且他还会驾驶摩托车。”

(4)“如果李某会驾驶汽车,李某就是世界上第一流的驾车高手。”

(5)“如果李某不会驾驶汽车,李某就不会是本案的作案人。”

(6)“只有李某会驾驶汽车,李某才会是这个犯罪集团的成员。”

(7)“并不是只要李某会驾驶汽车,李某就是本案的作案人。”

(8)“只有李某是律师,李某才会驾驶汽车。”

5. 下列语句各表达何种类型的复合命题?请分析其逻辑结构,指出其逻辑常项和变项,并写出其逻辑形式。

(1)“哲学家们只是用不同的方式解释世界,问题在于改变世界。”(马克思)

(2)“只有用人类创造的全部知识财富来丰富自己的头脑,才能成为共产主义者。”(列宁)

(3)“我们不仅要善于团结和自己意见相同的同志,而且要善于团结和自己意见不同的同志一道工作。”(毛泽东)

(4)“只有老实人才能经得起事实和历史的考验。”(周恩来)

(5)“革命是解放生产力,改革也是解放生产力。”(邓小平)

(6)“实现中华民族伟大复兴,必须有领导中国人民前进的坚强力量,这个坚强力量就是中国共产党。”(习近平)

(7)“脱贫攻坚既要扶智也要扶志,既要输血更要造血。”(习近平)

(8)“改革要既有顶层设计,又尊重基层的首创精神。”(李克强)

(9)“人的一生,最重要的两件事情就是善于选择和敢于放弃。”(林肯)

(10)“人不可能掌握全部真理。”

(11)“中国脱贫攻坚取得的辉煌成就不仅为人类减贫事业作出了直接贡献,也为解决全球贫困治理难题提供了中国经验及启示。”

(12)“往事如烟,或者不如烟,端看往事里的人,选择遗忘,或者不遗忘。”(林清玄)

(13)“你说的办法对人民有好处,我们就照你的办。”(毛泽东)

(14)“人员不流动,思想就会僵化。”(邓小平)

(15)“如果现在再不实行改革,我们的现代化事业和社会主义事业就会被葬送。”(邓小平)

(16)“只有每个人都为美好梦想而奋斗,才能汇聚起实现中国梦的磅礴力量。”(习近平)

(17)“只要培养一大批学者,国家就有希望。”(蔡元培)

(18)“一个人思虑太多,就会失去做人的乐趣。”(莎士比亚)

(19)“并不是有肥料就能丰收。”

(20)“公安机关、检察机关和国家安全机关都具有侦查权。”

(21)“钱匣上那个痕迹是大拇指印,但它既不是被害人留下的,也不是参与现场勘查的任何人留下的。”

(22)“本案凶手可能是撬门入室,也可能是翻窗入室,还可能是叫门入室。”

(23)“只有被告人口供,没有其他证据的,不能认定被告人有罪和处以刑罚。”

(24)“不懂得使用炸药或者没有条件获取炸药的人,不可能是本案的作案人。”

(25)“现场提取的字条,不是死者的笔迹,就是凶手的笔迹。”

(26)“本案被害人不是自杀,而是他杀。”

(27)“不努力学习而想取得好成绩,这是不可能的。”

(28)“倘若法学研究的是随历史变迁的法律秩序,那它只能被理解为技艺或实践智慧。”([德]施罗德)

(29)“或者说是一种激情,或者说是一种好奇,或者说是一种敏感。”(张抗抗《写作与生活的关系》)

(30)“她们心里也许有些后悔,不该这么冒冒失失走来,也许有些怨恨那些走远了的人。”(孙犁

《荷花淀》)

(31)“说这种话的人,不是幼稚无知,就是别有用心。”

(32)“向使当初身便死,一生真伪复谁知?”(白居易《放言五首其三》)

(33)“若道中华国果亡,除非湖南人尽死。”(杨度《湖南少年歌》)

(34)“这件事只有你们两个人知道,不是你说出去的,就是他说出去的。”

(35)“除非你理解世上最令人发笑的趣事,否则你便不能解决最为棘手的难题。”(丘吉尔)

(36)“除非有关各方都派代表参加,否则这个问题是没法解决的。”

(37)“大多数病毒既不会被激活也不会扩散,除非你使用了藏有病毒的东西。”

(38)“我们要在根据地内学习好如何管理大城市的工商业和交通机关,否则到了那时将无所措手足。”(毛泽东《学习和时局》)

6. 运用复合命题的有关知识,解答下列各题。

(1)把下列命题转换为联言命题。

①“并非只有犯罪者是男人,犯罪者才会构成强奸罪。”

②“说王某偷了手表或者偷了自行车,这话不可信。”

③“并不是小王或者是审判员,或者是先进工作者。”

(2)把下列命题转换为选言命题。

①“如果本案不是奸情杀害,那么就是图财害命。”

②“并非甲队、乙队和丙队都不是冠军队。”

③“只有死者的尸斑呈紫蓝色,死者才是亚硝酸盐中毒致死的。”

(3)把下列命题转换为充分条件假言命题。

①“他是法律系毕业的而不懂得法律,这是不可能的。”

②“只有你承认错误,我才会原谅你。”

③“这起火灾事故只能或者是有人纵火,或者是不慎失火。”

④“并非刘某和杨某都是该案的知情人。”

(4)把下列命题转换为必要条件假言命题。

①“不可能某甲既到现场作案又不留下痕迹。”

②“某甲或者不是四川人,或者不是云南人。”

③“只要某甲的行为是刑法没有明文规定的,某甲的行为就不构成犯罪。”

④“如果盗窃者的作案目标准确,则盗窃者熟悉被盗现场情况。”

7. 分析下列多重复合命题的逻辑结构,分别指出其主连接词和从连接词,并用符号公式写出其逻辑形式。

(解题提示:用 A、B、C……依序表示肢命题;若肢命题涉及 A、E、I、O 命题,则请尽量分析至其内部结构)

(1)“中国共产党和中国人民并没有被吓倒,被征服,被杀绝。他们从地下爬起来,揩干净身上的血迹,掩埋好同伴的尸首,他们又继续战斗了。”(毛泽东《论联合政府》)

(2)“我们不但要看到近期的需要,而且必须预见到远期的需要;不但要依据生产建设发展的需求,而且必须充分估计到现代科学技术的发展趋势。”(邓小平《在全国教育工作会议上的讲话》)

(3)“没有中国共产党,就没有新中国,就没有中华民族伟大复兴。”(习近平《在纪念辛亥革命110周年大会上的讲话》)

(4)“任何想把中国共产党同中国人民分割开来、对立起来的企图,都不会得逞;任何想让中国人

民放弃中国共产党领导的企图,都不会得逞。”(中共中央宣传部《中国共产党的历史使命与行动价值》)

(5)“没有高度的文化自信,没有文化的繁荣兴盛,就没有中华民族伟大复兴。”(党的十九大报告)

(6)“没有革命的武装就无法战胜武装的反革命,就无法夺取中国革命胜利,就无法改变中国人民和中华民族的命运,必须以武装的革命反对武装的反革命。”(《中共中央关于党的百年奋斗重大成就和历史经验的决议》)

(7)“只要一万万五千万人翻身,我们的力量就比蒋介石的大,后备力量就比他大得多。”(刘少奇《在全国土地会议上的结论》)

(8)“只要我们胸怀理想、坚定信念,不动摇、不懈怠、不折腾,顽强奋斗、艰苦奋斗、不懈奋斗,就一定能在中国共产党成立一百年时全面建成小康社会,就一定能在新中国成立一百年时建成富强民主文明和谐的社会主义现代化国家。”(党的十八大报告)

(9)“中国人民不但善于破坏一个旧世界、也善于建设一个新世界,只有社会主义才能救中国,只有社会主义才能发展中国。”(中共中央宣传部《中国共产党的历史使命与行动价值》)

(10)“没有女人,就没有爱情,既没有母亲,也没有英雄。”(普希金)

(11)“有的人能抵挡金钱的诱惑但未必能抵挡美女的诱惑,有的人能抵挡金钱美女的诱惑,但未必能抵挡权力的诱惑。”(莫言)

(12)“人走着走着就老了,是一种自然现象,走着走着变坏了,是一种社会现象。如果没有信仰引导和制度的制约,如果社会缺少公平正义,人走着走着变坏,必将是大概率事件。”

(13)“我们知道他们在说谎,他们也知道他们在说谎,他们也知道我们知道他们在说谎,我们也知道他们知道我们知道他们在说谎,但是他们依然在说谎。”([俄]索尔仁尼琴)

(14)“中国如果强盛起来,我们不但是要恢复民族的地位,还要对于世界负一个大责任。”(孙中山《三民主义》)

(15)“只要我们为人民利益坚持好的,为人民利益改正错的,我们的队伍就一定会兴旺起来。”(毛泽东《为人民服务》)

(16)“如果自己不督促自己、自己不严格要求自己,那么即便请一百位老师来管束你,他们也是无能为力的。”([苏联]苏霍姆林斯基)

(17)“这种作风,拿了律己,则害了自己;拿了教人,则害了别人;拿了指导革命,则害了革命。”(毛泽东《改造我们的学习》)

(18)“只有外来干部和本地干部完全团结一致,只有本地干部大批地生长了,并提拔起来了,根据地才能巩固,我党在根据地内才能生根,否则是不可能的。”(毛泽东《整顿党的作风》)

(19)“如果不信仰法治,没有坚守法治的定力,面对权势、金钱、人情、关系,是抵不住诱惑、抗不住干扰的。”(习近平)

(20)“一个党,一个国家,一个民族,如果一切从本本出发,思想僵化,迷信盛行,那它就不能前进,它的生机就停止了,就要亡党亡国。”(邓小平《解放思想,实事求是,团结一致向前看》)

(21)“人们首先必须吃、喝、住、穿,然后才能从事政治、科学、艺术、宗教等等。”(马克思、恩格斯《共产党宣言》)

(22)“资产阶级除非使生产工具,从而使生产关系,从而使全部社会关系不断地革命化,否则不能生存下去。”(马克思、恩格斯《共产党宣言》)

(23)“如果没有邓小平同志,中国人民就不可能有今天的新生活,中国就不可能有今天改革开放

的新局面和社会主义现代化的光明前景。”(江泽民)

(24)“人世间的美好梦想,只有通过诚实劳动才能实现;发展中的各种难题,只有通过诚实劳动才能破解;生命里的一切辉煌,只有通过诚实劳动才能铸就。”(习近平《2013年4月28日在同全国劳动模范代表座谈时的讲话》)

(25)“只有全党本领不断增强了,‘两个一百年’的奋斗目标才能实现,中华民族伟大复兴的‘中国梦’才能梦想成真。”(习近平《在中央党校建校80周年庆祝大会上的讲话》)

(26)“只要我们变压力为动力、善于化危为机,有序恢复生产生活秩序,强化‘六稳’举措,加大政策调节力度,把我国发展的巨大潜力和强大动能充分释放出来,就能够实现今年经济社会发展目标任务。”(习近平)

(27)“只有打赢脱贫攻坚战,才能确保全面建成小康社会、实现第一个百年奋斗目标。”(《中共中央关于党的百年奋斗重大成就和历史经验的决议》)

(28)“如果我们身为中国共产党员,却对于中国问题熟视无睹,只能记诵马克思主义书本上的个别的结论和个别的原理,那么,我们在理论战线上的成绩就未免太坏了。”(毛泽东《整顿党的作风》)

(29)“看到有道德、有才学的贤人,便应该以他为榜样,主动效法他,向他看齐;看到不贤的人,就应该自觉地扪心自问,是不是和他有同样的缺点毛病,有就赶快改正,没有也要引以为戒。”

(30)“作为党员干部,若是真心想为国家做贡献、为群众服务好,就必须要有一身好本领。否则,再多的言语,也只不过是在耍嘴皮子。”

(31)“人进到大学,主要就是学四样东西:一是学怎样做人(learn to be);二是学怎样读书(learn to learn);三是学怎样做事(learn to do);四是学怎样与人相处(learn to together)。”(金耀基)

(32)“只有经过自己努力思索,而不是仅凭记忆得来的东西,才算得上你自己的东西。”([俄]列夫·托尔斯泰)

(33)“如果家里没有黄金、权力为你铺就的道路,你就得努力,就得忍耐,就得接受磨炼,学会奋斗。”(朱学东)

(34)“没有逻辑,就缺乏从简单到复杂的路;没有逻辑,就缺乏从经验到科学的路;没有逻辑,你就不能够为你下一步的生存找到一条新的途径,你就不能发展。”(黎鸣《学会真思维》)

(35)“只有改革开放才能发展中国、发展社会主义、发展马克思主义。”(习近平)

(36)“一切有价值、有意义的文艺创作和学术研究,都应该反映现实、观照现实,都应该有利于解决现实问题、回答现实课题。”(2019年3月4日习近平看望参加政协会议的文艺界社科界委员时的讲话)

(37)“如果因为有了大数据,就以为可以重新搞起计划经济的话,那么,不光是经济体制,而且政治、社会、文化各领域的体制就都不能按照现代化的方向发展,不能朝自由、民主、法治的方向发展。”

(38)“除非这位法官十分清楚手中的案件应依据哪一条规则处理,以及他能确定这案件确属其职责范围,否则他必拒绝采取任何行动。”

(39)“只有学以致用、用以促学、学用相长,才能使自己主导的实践成为正确的而不是盲目的实践,成为系统的而不是零碎的实践,成为有科学根据的而不是想当然的实践领导干部学习不学习不仅仅是自己的事情,本领大小也不仅仅是自己的事情,而是关乎党和国家事业发展的大事情。”

(40)“他党性原则强,自觉维护团结,顾全大局,不计较个人得失,光明磊落,作风正派。他勤于学习,重视调查研究,工作深入细致,善于总结经验。他始终把党和人民的利益放在首位,遵循全心全意为人民服务的宗旨,兢兢业业为党和人民的事业工作。他作风民主,善于倾听不同意见,集思广益,注意调动和发挥各方面的积极性。他为人宽厚,平易近人,关心同志,爱护干部。他谦虚谨慎,严于律

己,宽以待人,生活俭朴,对家属和身边工作人员严格要求,始终保持了共产党员的政治本色。”(新华社《华国锋同志生平》)

(41)“在这个小点(指地球——引注)上,每个你爱的人、每个你认识的人、每个你曾经听说过的人,以及每个曾经存在的人,都在那里过完一生。”([美]卡尔·萨根)

(42)“如果要想使中央银行的货币政策能够有效,就必须综合协调财政政策、投资和收入分配政策,否则货币政策将难以发挥作用,也不可能达到应有的调控目的。”

(43)“只有全体公民都认识到宪法才是保护他们权利的最终屏障,只有所有国家机关及其工作人员都认识到宪法是他们的最高行为准则,只有全社会都牢固树立宪法至上、宪法至尊的观念,宪法才能真正走进我们的生活,成为我们生活中须臾不可离的重要内容。”(《新京报》社论:《宪法有效实施才有生命力》,2012年12月4日)

(44)“这些干部、农民、秀才、狱吏、商人和钱粮师爷,就是我的可敬爱的先生,我给他们当学生是必须恭谨勤劳和采取同志态度的,否则他们就不理我,知而不言,言而不尽。”(毛泽东《〈农村调查〉的序言和跋》)

(45)“只有加强学习,才能增强工作的科学性、预见性、主动性,才能使领导和决策体现时代性、把握规律性、富于创造性,避免陷入少知而迷、不知而盲、无知而乱的困境,才能克服本领不足、本领恐慌、本领落后的问题。否则,‘盲人骑瞎马,夜半临深池’,虽勇气可嘉,却是鲁莽和不可取的,不仅不能在工作中打开新局面,而且有迷失方向、落后于时代的危险。”(习近平《在中央党校建校80周年庆祝大会上的讲话》)

(46)“国虽大,好战必亡;天下虽平,忘战必危。”(《司马法》)

(47)“吾心信其可行,则移山填海之难,终有成功之日;吾心信其不可行,则反掌折枝之易,亦无收效之期也。”(孙中山《建国方略》)

(48)“得其人而不得其法,则事必不能行;得其法而不得其人,则法必不能济。”(《海瑞集·治黎策》)

(49)“将军若跨有荆、益,保其岩阻,西和诸戎,南抚夷、越,外结好孙权,内修政理,天下有变,则命一上将将荆州之军以向宛、洛,将军身率益州之众出于秦川,百姓孰敢不箪食壶浆以迎将军者乎?”(《三国志·诸葛亮传》)

8. 假设“如果李某会使用注射器,并且他有条件获取违禁药品,那么他就是本案的同案犯”这一命题为假,请据此确定下列各命题的真假情况,并简要说明理由。

(解题提示:先将题中给出的命题,转换为其负命题的等值命题,并确定其各个肢命题的真假后,再按题意回答问题。)

(1)“虽然李某会使用注射器,并且有条件获取违禁药品,但他不是本案的同案犯。”

(2)“只有李某不会使用注射器,李某才不是本案的同案犯。”

(3)“或者李某没有条件获取违禁药品,或者李某不是本案的同案犯。”

(4)“如果李某是本案的同案犯,李某就具有作案时间。”

9. 用真值表方法判定下列各题中的a、b两个命题(或命题公式)是否等值。

(1)a.“并非只有非p才非q”。

b.“p并且非q”。

(2)a.“并非如果黄某去过作案现场,他就是本案的作案人”;

b.“或者黄某不是本案的作案人,或者黄某去过作案现场”。

(3)a.“并不是只要甲队不是冠军,乙队就是冠军”;

b.“甲队和乙队都不是冠军”。

(4)a.“如果她的嗓子好,然而不是一个好歌手,那么她就没有经过音乐专业的训练”;

b.“如果她的嗓子好,而且经过音乐专业的训练,那么她就是一个好歌手”。

10. 下列三个命题形式中,只有一个为真,请据此结合复合命题的有关知识,分析指出S与P之间的外延关系。

(1)“有的S是P”。

(2)“有的S不是P”。

(3)“如果S都是M,那么有的P是M”。

11. 运用复合命题相关知识,分析下列法律条文的逻辑结构(不必分析规范词),并写出其逻辑形式。

(1)“破坏交通工具、交通设施、电力设备、燃气设备、易燃易爆设备,造成严重后果的,处10年以上有期徒刑、无期徒刑或者死刑。”(《刑法》第119条第1款)

(2)“紧急避险采取措施不当或者超过必要的限度,造成不应有的损害的,紧急避险人应当承担适当的民事责任。”(《民法典》第182条第3款)

(3)“经营者违反本法规定,滥用市场支配地位的,由反垄断执法机构责令停止违法行为,没收违法所得,并处上一年度销售额百分之一以上百分之十以下的罚款。”(《反垄断法》第47条)

(4)“药品存在质量问题或者其他安全隐患的,药品上市许可持有人应当立即停止销售,告知相关药品经营企业和医疗机构停止销售和使用,召回已销售的药品,及时公开召回信息,必要时应当立即停止生产,并将药品召回和处理情况向省、自治区、直辖市人民政府药品监督管理部门和卫生健康主管部门报告。药品生产企业、药品经营企业和医疗机构应当配合。”(《药品管理法》第82条)

12. 运用命题相关知识,分析说明下列说法是否成立,并简述理由。

(1)“《左传》云:‘非我族类,其心必异。’这话倒过来理解,意思是说:只要是我族类,就可以齐心协力。”(许纪霖:《走出阁楼以后》,载《读书》1997年第9期)

(2)“《论语·卫灵公》云:‘己所不欲,勿施于人’。这曾被不少人奉为道德金律,但也有人将其替换为‘己之所欲,施之于人’。”

(3)“按照‘有国才有家’的逻辑,势必产生‘无国则无家’的逆定理。然而,无论‘有国才有家’,还是‘无国则无家’,都是荒谬的、不符合逻辑的。”(摘自博客中国《“有国才有家”吗?》)

(4)“为传播社会主义核心价值观,各家电视台反复播放‘国是千万家,有国才有家’的公益广告宣传片。广告词的前一句无疑是正确的,但后一句值得推敲。第一,‘有国才有家’不符合人类社会先有家庭、后有国家的历史事实,也不符合未来有关共产主义社会国家必然消亡、但家庭依旧存在的预测。恩格斯在《家庭、私有制和国家的消亡》中非常明确地指出,当一夫一妻制家庭产生之后,出现了阶级分化,然后有了国家。家庭和国家的起源是这样,即便是后来的改朝换代,也仍然是家庭在先、国家在后。比如,1949年2月,中共中央下达了关于废除国民党《六法全书》的指示,但没有宣布过去按照《六法全书》中有关婚姻法规定登记为夫妻的家庭关系无效。到了共产主义社会,阶级和国家都自行消亡了,而家庭依然存在。第二,‘有国才有家’不符合中国‘格物、致知、诚意、正心、修身、齐家、治国、平天下’的传统文化。第三,‘有国才有家’漏掉了社会主义核心价值观三个层次中的第二个层次——‘社会’。从‘家’到‘国’,中间还有一个‘社会’。所以党的十八大以后,法治社会、法治政府、法治国家三位一体,相提并论了。基于以上三点,‘国是千万家,有国才有家’的说法不妥,建议改成‘国是千万家,家和万事兴’。”(选自郝铁川《“有国才有家”广告词欠妥》,载《法制日报》2017年2月28日,有删节)

13. 结合以下案例,运用命题相关知识,分析说明本案各方何以对《治安管理处罚条例》第19条第5项理解各异。

1990年8月30日,浙江省富阳县某村委会主任夏小松因本村与邻村为一块250公斤的堤石之所有权归属而生争端,遂在村广播中向村民喊话:"凡在村的社员,都到黄家田公路边去,如强烈村要强抬石头,我们是不罢休的,这口气一定要出!"煽动本村村民前往助威,以致发生纠纷,继则持械斗殴、闹事,造成很坏影响。县公安局根据《治安管理处罚条例》第19条第5项之规定,以"煽动闹事"为由对夏处以治安行政拘留12日。夏不服,在行政复议和一审败诉后,以自己"没有造谣惑众"为由,向杭州市中级人民法院提起行政上诉。二审法院认为,《治安管理处罚条例》第19条第5项只规定了一种行为,行为人必须同时具备"造谣惑众"和"煽动闹事",才能适用该条规定。而夏只有"煽动闹事"的行为,没有"造谣惑众"的行为,其行为未构成《治安管理处罚条例》第19条第5项之规定的法定要件,遂认定县公安局以及一审法院适用法律、法规不当,判决撤销一审判决和县公安局的治安行政处罚决定书。浙江省高级人民检察院随后对二审判决依法提起行政抗诉。浙江省高级人民法院在再审时,具体承办此案的法官内部对《治安管理处罚条例》第19条第5项也存在两种不同解释。有的认为,该条款只规定了一种行为,有的则认为规定了两种行为。(参见《夏小松诉富阳县公安局治安处罚裁决抗诉案》,载《中国法律年鉴1992》;陈有西:《堤石激起的轩然大波》,载《上海法苑》1992年第6期)

附:《中华人民共和国治安管理处罚条例》(1986年修订)第19条:

有下列扰乱公共秩序行为之一,尚不够刑事处罚的,处十五日以下拘留、二百元以下罚款或者警告:

(一)扰乱机关、团体、企业、事业单位的秩序,致使工作、生产、营业、医疗、教学、科研不能正常进行,尚未造成严重损失的;

(二)扰乱车站、码头、民用航空站、市场、商场、公园、影剧院、娱乐场、运动场、展览馆或者其他公共场所的秩序的;

(三)扰乱公共汽车、电车、火车、船只等公共交通工具上的秩序的;

(四)结伙斗殴,寻衅滋事,侮辱妇女或者进行其他流氓活动的;

(五)造谣惑众,煽动闹事的;

(六)谎报险情,制造混乱的;

(七)拒绝、阻碍国家工作人员依法执行职务,未使用暴力、威胁方法的。

第六章 规 范 命 题

课外阅读

第一节 模态命题与真值模态命题

一、模态命题概述

所谓模态命题(modal proposition),就是一切包含有“可能”“必然”“必须”“禁止”等这类模态词(modality,modal term)的命题。

包含模态词的命题与不包含模态词的命题,其逻辑性质是大不相同的:不包含模态词的命题只取决于它的结构形式,而包含模态词的命题,则主要取决于它不同的模态词。例如:

①“张某是本案的作案人”;

②“张某可能是本案的作案人”;

③“张某一定是本案的作案人。”

显然,这三个命题表达的断定程度是不同的,而且例①与②、③也有区别:例①陈述的是事物的情况实际上是怎样的,而②、③陈述的则是事物情况有某种可能性或必然性。因此,对它们真假的判定也就大有差异。又如:

④“重庆市的汽车都是靠右行驶的”;

⑤“重庆市的汽车必须靠右行驶”;

⑥“重庆市的汽车可以靠右行驶。”

这三个命题也有明显区别。例④是关于实际出现的事物情况的一种断定,是对客观事物情况的反映。而例⑤、例⑥则只是一种规定,陈述的是对汽车驾驶人员的一种命令、要求;要求如此,当然不等于事物情况就是如此。

在历史上,传统逻辑中所说的模态命题,仅仅指包含有“可能”“必然”这类模态词的命题,即狭义的模态命题。随着逻辑科学的发展,模态命题所指的范围也有了很大的扩展。现代意义下的模态命题,除狭义模态命题之外,还包括包含有“应该”“知道”“相信”等模态词的广义模态命题。在广义模态命题中,人们较为常见的,也是司法工作中免不了要涉及的,就是包含有“必须”“允许”“禁止”这类模态词的命题,即规范模态命题(normative modal proposition),简称规范命题(normative proposition)。

二、真值模态命题的特征及其分类

狭义模态命题,亦即真值模态命题(alethic modal proposition),就是断定事物情况具有可能性或必然性的命题,换言之,就是包含有“可能”“必然”这类模态词的命题。由于这类模态命题相对于客观事物情况而言,可以确定其真或假,具有真假值(不过,这涉及“可能世界”的理论问题,本书对此不拟细说),因而被称为真值模态命题。

真值模态命题陈述的模态,可以是事物情况自身的模态,也可以是人们对事物情况在认识上的模态。[1] 例如:

⑦“他明年可能考取研究生”;

⑧“他明年可能满30岁。”

前一命题反映的就是事物情况自身的模态,陈述的是“他明年考取研究生”这一事物情况,本身只是一种可能性;后一命题反映的则是对事物认识上的模态,因为就事物情况自身而言,“他”明年是否满30岁,这是确定的,只是陈述者没有把握而只能作出的可能性的断定。我们后面对真值模态命题的简略介绍,不再考虑这样的区别。

根据真值模态命题断定的是事物情况的必然性还是可能性,可将其分为如下两类:

(一)必然命题

必然命题(apodeictic proposition)就是断定事物情况具有必然性的命题。例如:

⑨“改革会遇到阻力,这是必然的。”

⑩“任何高超的技术都必然不是一天就能学会的。”

表达必然命题的模态词,除“必然”外,还有“一定”“必定”“必将”“总是”之类的语词。

由于模态词所制约的命题成分可以是肯定命题,也可以是否定命题,因而可以分为必然肯定命题和必然否定命题。若以公式来表示就是:

S必然是P==“S是P”是“必然”的;

S必然不是P==“S不是P”是“必然”的。

上述公式,若以“p”表示命题成分,以符号“□”表示“必然”模态词,又可以将其表示为:

$$\Box p; \qquad \Box \sim p$$

(二)或然命题

或然命题(problematic proposition)是断定事物情况具有可能性的命题。例如:

⑪“肝炎转化为肝癌是可能的。”

⑫“本案作案人可能不是当地人。”

表达或然命题的模态词,除“可能”外,还有“也许”“大概”之类的语词。或然命题也可以分为或然肯定命题和或然否定命题,若以公式表示就是:

S可能是P==“S是P”是“可能”的;

S可能不是P==“S不是P”是“可能”的。

假若以“p”表示命题成分,以符号“◇”表示“可能”模态词,则上述公式又可以表示为:

---

[1] 模态逻辑中,前者被称为客观模态或事物模态,后者被称为主观模态或认识模态。

◇p;　　　◇ ~ p

三、真值模态命题相互间的逻辑关系

若给“p”代入相同的命题素材,则上述真值模态命题的四种基本形式,即“□p”“□ ~ p”“◇p”“◇ ~ p”,它们相互间也具有特定的真假关系。

1.“必然 p”与“必然非 p”之间为反对关系,二者不可能同真,但可以同假。因此,由其中一个命题的真,可以推知另一命题假;但由其中一个命题假,却不能据此确定另一个命题的真假。

2.“必然 p”与“可能非 p”,“必然非 p”与“可能 p”,它们之间分别为矛盾关系,亦即二者是既不能同真、也不能同假的关系。因此,由其中一个命题的真,可推知另一个命题假,并且,由其中一个命题假,可推知另个一命题真。

3.“必然 p”与“可能 p”,“必然非 p”与“可能非 p”,它们之间分别都是差等关系,二者既可以同真、也可以同假。所谓“同真”,是指当已知必然命题为真时,则其可能命题也为真;所谓“同假”,是指当已知可能命题为假时,则其必然命题也为假。但是,当已知必然命题为假时,不能据此确定其可能命题的真或假,并且,当已知可能命题为真时,也不能据此确定其必然命题的真或假。

4.“可能 p”与“可能非 p”之间为下反对关系,二者不可能同假,但可以同真。因此,已知其中一个命题假,可推知另一个命题必然真。但是,已知其中一个命题真,却不能据此确定另一个命题的真或假。

真值模态命题的上述真假关系,也可用如下逻辑方阵图,即“模态方阵”(logical square of modal proposition),见图 6 – 1 所示:

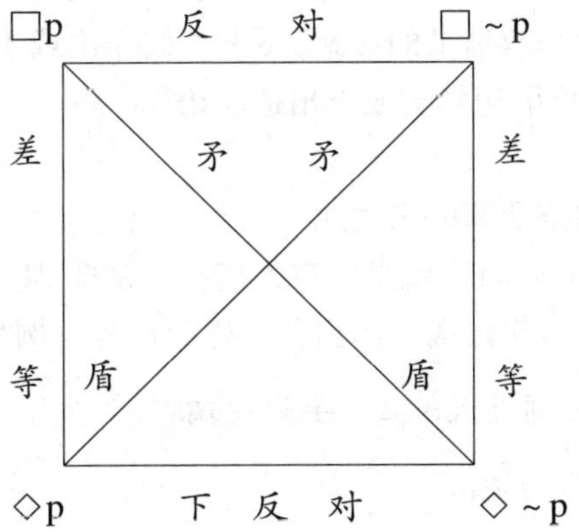

图 6 – 1　模态方阵

根据真值模态命题间的矛盾关系,可以得知一个真值模态命题负命题的等值命题。

真值模态命题的负命题,也就是否定某个真值模态命题的命题,表现为命题中对模态词的否定(符号表示为“ ~ □”“ ~ ◇”)。例如,“并非必然……”“不一定……”“不可能……”“不可能不……”等,就都是对一个真值模态命题的否定。

真值模态命题的负命题,等值于被否定模态命题的矛盾命题。因此,有以下模态等值式:

① $\sim\Box p$(不必然 p)$\longleftrightarrow\Diamond\sim p$(可能不 p)

② $\sim\Box\sim p$(不必然不 p)$\longleftrightarrow\Diamond p$(可能 p)

③ $\sim\Diamond p$(不可能 p)$\longleftrightarrow\Box\sim p$(必然不 p)

④ $\sim\Diamond\sim p$(不可能不 p)$\longleftrightarrow\Box p$(必然 p)

例如,断定“不必然 p”,是对“必然 p”的否定,等值于“可能非 p”而不等值于“必然非 p”。因此,“并非学习成绩好的人必然品德好”,就等值于“学习成绩好的人可能有的品德不好”,而不等值于断定“学习成绩好的人必然品德不好”。[2] 又如,断定“不可能 p”,是对“可能 p”的否定,它等值于“必然非 p”而不等值于“可能非 p”。因此,断定“本案不可能是奸情杀害”,就等值于断定“本案必然不是奸情杀害”,而不等值于断定“本案可能不是奸情杀害”。

第二节 规范命题概述[3]

所谓规范命题(normative proposition),就是要求人们以某种方式作出或不作出某种行为的命题,换言之,也就是包含有“必须”“允许”“禁止”这类规范模态词(normative modality,deonic modality,简称规范词)的命题。亦称道义命题(deontic proposition)或义务命题(proposition of obligation)。其语句表现形式相当于语法学中所说的“祈使句”或“命令句”。

规范命题是同人的行为相关的,是建立在对行为的评价基础上的。前面第三章曾经谈到,评价命题总是隐含了某种暗示或建议。然而这样的暗示、建议,人们可以采纳,也可以不采纳,正是为了让评价命题陈述的赞赏或不赞赏的情感要求成为现实,所以就在评价的基础上提出了行为规范,直接明确地以命令或请求的形式,要求人们作出或不作出某种行为。所以说“评价语句常导出命令语句”“评价语句影响或推出道义语句。”[4]

一、行为规范的特征与规范命题的表达式

所谓行为规范(code of conduct),就是约束人们行为的规则,它要求特定的人在假定的某种情况出现的时候,以某种方式作出或不作出什么样的行为。例如:

①“本室值班人员在刮大风时必须关好玻璃窗。”

上面就是一个最简单的行为规范。

---

〔2〕 值得注意的是,“并非学习成绩好的人必然品德好”这一模态命题的构成成分,不是单称命题而是一个全称命题。用 S 表示“学习成绩好的人”,P 表示“品德好”,则该模态命题的逻辑形式为“$\sim\Box$(SAP)”。根据模态等值式,它等值于“$\Diamond\sim$(SAP)”,亦即“$\Diamond$(SOP)”,也就是“学习成绩好的人可能有的品德不好”。它并不等值于“学习成绩好的人必然品德不好”[逻辑形式是“$\Box$(SEP)”]。

〔3〕 关于“法律规范命题”比较详细的介绍,请参看雍琦主编,《法律适用中的逻辑》第四章“法律推理的基本依据——法律规范命题”,中国政法大学出版社 2002 年版。

〔4〕 周礼全:《形式逻辑和自然语言》,载《哲学研究》1993 年第 12 期。

任何规范总是同人的行为相联系的，因此，任何规范也都可以称为行为规范。既然规范是关于人的行为的规范，因而也就只能是针对人来说的。否则，所谓规范就毫无意义。据报载，四川省龙池镇政府和龙池景区曾经出台了一个专门针对龙池顽猴的“礼貌山猴行为准则”。“礼貌山猴行为准则”共有四条：不许不礼貌，做到文明待客；不许哄抢游客，做到彬彬有礼；不许骚扰游客、尤其是女游客；要助人为乐、尊老爱幼、不许斗殴、寻衅滋事。[5] 正如针对此事的有关评论文章所说的：“准则、守则之类，是一种行为规范，比如教师守则、学生行为准则等等，它们全都是针对特定人群的。而山猴之类的野生动物，却是无法理解人类情感、思想的，更谈不上识文断字，因此，给它们制定什么‘行为准则’无异于对牛弹琴。”[6] 规范不仅是针对人的，而且，规范要求人们作出或不作出的行为，还只能是人的意志可以控制的行为，否则，这样的规范也同样毫无意义。

一般来说，就规范所涉及的人的行为关系来看，规范可分为技术规范和社会规范。

技术规范是关于人们支配和使用自然力、劳动工具、劳动对象的行为规则。比如各种技术操作规程、生产管理的规章制度等，就属此类。

社会规范是调整人们社会关系的行为准则，包括道德的、宗教的、社会习惯以及其他共同生活的准则。法律规范是具有特殊作用的社会规范，是由国家机关制定或认可，并且以国家强制力来保证其实施的行为规范，因而不同于一般的社会规范。后者不是由国家机关制定的，也不是通过国家机关的强制力来保证其实施的，而且，一般也没有采用正式文件的形式，通常只存在于人们的观念中，或存在于人们的共同生活中。

行为规范不仅反映了人们赞赏或不赞赏某种行为的情感、态度，而且表达了要求特定的人，按照某种特定方式（“必须”、“允许”或“禁止”）作出或不作出某种行为的指令或建议。因此，行为规范虽然与一定的评价相联系，但又不同于评价命题，更不同于描述命题：它既没有说人的行为的事实情况怎样，也没有说人的某种行为是好的或是不好的；它只是陈述了人的行为应当怎样或不应当怎样。因而就其陈述的指令或建议而言，也就只能说它有效或无效，合理或不合理，而不存在真假的问题。所以从严格意义上说，表达行为规范的语句不表达判断，也不能被称为命题。

但是，表达行为规范的语句也同样具有一定的命题结构形式，并且，相同素材的不同规范命题之间也有着类似真假的关系（不过，因其无真假值，故对相互可以推出的命题关系不叫“等值”，而称其为“等价”）因而人们还是把这样的语句视作命题，并称为规范命题。

一个完整的规范命题，总是包含了这样四个方面的内容，即：(1)确立规范的承受者，表明该规范是针对谁发出的指令，是对谁提出的行为要求；(2)表示规范要求承受者作出或不作出的是什么样的行为，这即规范中对某种行为作出的描述，其结构形式可以简单，也可以复杂；(3)指明要求承受者作出或不作出某种行为时所需具备的情况或条件，它只是规范中的一种假定或预见；(4)在一个规范命题中，还有表明该规范的执行方式的语词，即各种“规范词”，它确立了承受者作出或不作出某种行为是“必须”的、“允许”的还是“禁止”的。

例如，我们前面那个例子中，“本室值班人员”，就是该规范的承受者；“关好玻璃窗”是规

---

〔5〕 蒋冰等：《成都景区首次出台“礼貌山猴”行为准则》，载《成都晚报》2004 年 1 月 17 日。

〔6〕 钟鼓篇：《“山猴准则”如何落实？》，载《工人日报》2004 年 1 月 21 日。

范要求作出的行为;"刮大风"则是要求承受者作出"关好玻璃窗"这种行为时,所假定或预见的情况或条件;而"必须"则表明了在假定情况出现时作出某种行为的执行方式。

又如,下面这样一个规范命题:

②"本校学生因病不能按时返校的,必须出具医生证明办理请假手续。"

这里,"本校学生"就是这一规范的承受者;"因病不能按时返校"则是这一规范假定的情况;"出具医生证明办理请假手续"就是这一规范要求的作出的行为;"必须"则是该规范命题的执行方式。

有时,规范的表述情形较为复杂。例如,我国《刑事诉讼法》第204条规定:

③"在法庭审判过程中,遇有下列情形之一,影响审判进行的,可以延期审理:
(一)需要通知新的证人到庭,调取新的物证,重新鉴定或者勘验的;
(二)检察人员发现提起公诉的案件需要补充侦查,提出建议的;
(三)由于申请回避而不能进行审判的。"

这是一个结构形式比较复杂的规范命题。它的承受者是负有审判责任的人民法院的审判人员,因其在《刑事诉讼法》的总则中已有规定,故命题中略去;"延期审理"则是要求作出的行为;而命题中列举的第一、二、三项,则是假定的本条规范适用的情况、条件。命题中的"可以",表明的是承受者在假定情况出现时作出某种行为的执行方式(规范词)。

规范所确立的承受者,可以是某个特定的对象,也可以是具有某种特征的一类对象。以此作为划分标准,规范可分为个别规范和一般规范。

个别规范是针对某一个特定对象而给出的规范。例如:

④"如无特殊情况,某甲必须在3日内到本厂报到。"

一般规范是针对具有某种特征的一类对象而给出的规范。例如:

⑤"参加考试的人员进入考场后,必须将准考证摆放在座位右上角。"

此外,根据规范要求承受者应当或不应当作出的行为,是一次性的或是重复性的,亦即是否每当规范假定或预见的情况出现,规范的承受者都要按规范指示的行为去做,规范又可分为具体规范和抽象规范。

具体规范是指命令承受者作一次性行为的规范。例如前面例子中,根据规范的要求,某甲只要按规定到该厂报到,就算履行了该规范给出的指令;在这种情况下该规范也就失去了约束力。

抽象规范是命令承受者每当假定或预见的情况出现时,都得按指令作出或不作出某种行为的规范。如根据规范的要求,每当"进入考场"这个情况出现,承受者"参加考试的人员"都得按规定作出某种行为。

对规范的上述划分,是按照不同标准作出的。一个个别规范,既可以是具体规范,也可以是抽象规范;一般规范的情形也是如此。

根据一个完整的规范命题包含的四个方面的内容,可将其概括为如下的表达式:

如果某人具有特征T,并且出现情况W,那么△作出C行为。

表达式中的“△”是表示“必须”、“允许”或“禁止”等执行方式的规范词。上述表达式也可用命题公式表示为：

$$(T \wedge W) \rightarrow \triangle C$$

在实际牛活中，规范命题常常不是上述公式表述得这样完整。如果在一个规范命题中没有表明该规范的承受者，则可能由于其承受者在该规范体系中已经明确，或者由于承受者是没有预期特征的，亦即所有的人都适用的，因而在规范命题的表达中将其略去。如果规范命题中没有明确指出要求作出或不作出某种行为所假定的情况、条件，则表明该规范要求的是承受者在任何情况下都得按指令行事。因此，一个规范命题也可以表述为：

“X△C”[7]

在一个规范命题中，主要成分是要求作出的是什么样的行为，亦即关于行为的规定。就规范对承受者给出的“行为规定”来看，又都包含了肯定和否定两个方面的意思。例如：

⑥“本厂职工必须按时上下班，不得迟到早退。”

这一规范命题的前面部分，表达的就是肯定方面的意思，要求承受者必须作出什么样的行为；而后面部分，表达的则是否定方面的意思，要求承受者必须不作出什么样的行为。但是，实际生活中并非每一规范都会如此明显地作出正反两方面的表述。当一个规范只以肯定形式命令承受者作出某种行为时，它隐含的另一方面的意思，就是禁止承受者作出与之相反的那类行为；当一个规范只以否定的形式，命令承受者不得作出某种行为时，它隐含的另一方面的意思，就是要求承受者必须作出与之相反的行为。

因此，当规范表达为“必须 C”时，也就等于规定说，“必须 C，并且禁止非 C”；当规范表达为“不准 C(‘禁止 C’)”时，也就等于规定说，“不准 C，并且必须非 C”。所以，规范可以采用命令作出某种行为的语言形式，也可以采用禁止作出某种行为的语言形式。命令形式和禁止形式可以互相替换。

当规范表达为“可以 C”时，隐含的另一方面的意思，就是不禁止作出与“C”相反的行为；反之，当规范表达为“可以非 C”时，隐含的另一方面的意思，就是不禁止作出与“非 C”相反的行为。

采用否定语言形式表达的规范，通常把承受者省去。如前所述，这样的规范都是一般规范，其承受者就是特定范围内的每一个人。例如，“场内禁止吸烟”，这一规范的承受者就是某个特定的“场内”的每一个人；“严禁酒后开车”，这一规范的承受者就是所有的驾车人员。

行为规范虽然是约束人们行为的规则，然而承受者不可能都那么乐于接受、并按规范的要求作出或不作出某种行为。为此，规范的制定者往往在给出一个规范命题的同时，相联系地给出一个制裁规定，以警告承受者：如若不按规范行事，将招致什么样的痛苦或损失。例如：

⑦“场内禁止吸烟，违者罚款×元。”

---

〔7〕　“△”表示“必须”“允许”“禁止”这一类规范词。在一个具体的规范命题“X△C”中，“△”表现为“X 必须 C”、“X 可以 C”或“X 禁止 C”。

制裁规定当然也是一种行为规范。不过,在同一规范中,制裁规定总是同某个一般行为规范相联系的,而且,制裁规定的承受者与行为规范的承受者是不同的。为了表示区别,我们不妨将制裁规定称作制裁规范,以区别于行为规范。制裁规范是行为规范的制定者给有责任监督履行某项行为规范的人发出的指令,目的在于保证与之相联系的某项行为规范得到履行。如上例,“场内禁止吸烟”是对特定场合内的人(表达中省去的承受者)给出的指令;“违者罚款×元”,既是对不执行这一规范者的警告,更是给负有监督履行规范责任的人员发出的指令。这就表明,与某个规范命题相联系的制裁规定,已不属于该规范命题表达式中的构成部分,而是与之相联系的另一个规范命题。

二、法律规范及其结构

这里所说的法律规范(norm of law,legal norm),不是指具体的某一个法律规范命题,而是指法律体系或一个完整的法律文件。

“法律规范是法律制度的‘基本粒子’。”[8]法律规范是具有特殊意义的一种社会规范。它不同于一般社会规范的根本特点,就在于它是由国家机关制定或认可的,并且是依靠国家的强制力来保证其实施的。法律规范的强制性突出地表现为,在给出行为规范的同时还给出了相应的制裁规范。例如,《宪法》中关于公民权利与义务的规定,就是给公民提出的行为规范,它的承受者是每一个有行为能力的公民;而《刑法》则是对违反者的制裁规定,它是立法者给执法机关的指令,要求执法机关在假定的违反规范的情况出现的时候,按规定的制裁方式予以刑罚惩处。

不难理解,如果法律规范也如同其他某些社会规范那样,只对承受者提出作出或不作出某种行为的要求,没有相应的制裁规定,承受者就会觉得履行也可以,不履行也没有什么痛苦或损害的威胁,这样一来,法律规范也就失去它应有的意义而不成其为法律规范了。正如美国一位法理学家所述:“一个法律制度,如果没有可强制实施的惩罚手段,就会证明无力限制非合作的、反社会的和犯罪等因素,从而就不能实现其在社会中维持秩序与正义的基本职能。”他还借用德国19世纪著名学者耶林的比喻说:“没有强制力的法律可比作一把不燃的火,一缕不发亮的光。”[9]事实也证明确实如此。例如,1992年4月3日第七届全国人民代表大会第五次会议通过的《工会法》,正是由于缺乏“法律责任”一章,缺少处罚条款,“这就使少数司法人员以为这部法律可以执行也可以不执行”。一些地方也“发生工会主席因为保护工人合法权益而被辞退或解聘的事件。辞退者言之凿凿:他是我辖下的职工,我有权辞退;被辞者搬出《工会法》:工会主席是工人选举产生、上级工会备案的,任期不满不得罢免……但是,法律并不能保证他最终能回到原来职位上去”。“对违背《工会法》的行为,我们可以依法评判违法,却不能依法说出对该违法者怎么办。”[10]

当然,制裁也并非目的。在对承受者提出应当怎样要求的同时,确立相联系的制裁规定,目的在于使规范的承受者预见到违反规范的害处,懂得必须作或不作什么,以保证规范得以实

〔8〕 [德]魏德士:《法理学》,丁小春、吴越译,法律出版社2003年版,第48页。
〔9〕 [美]E.博登海默:《法理学——法律哲学与法律方法》,邓正来译,中国政法大学出版社1998年版,第344页。
〔10〕 马蔚:《〈工会法〉应该硬起来》,载《工人日报》1996年3月16日。

现它的效力。所以,法律规范作为一个完整的法律体系或一个法律文件来看,它都包含了这三个部分,即假定、处理和制裁。其中"假定"和"处理"这两部分也合称为"行为模式","制裁"部分则称为"后果模式",也就是某一行为的法律后果。就一个具体的法律规范命题而言,则都可分解为"行为模式"和"后果模式"这两部分。

"假定"部分,就是法律规范中指出的、适用该规范的条件或情况的那一部分。而所谓"条件",又包括承受者应具备的特征和要求作出或不作出某种行为所需具备的条件,相当于前面谈到的行为规范结构中的"T"和"W"这两部分。

"处理"部分,就是规范要求承受者作出或不作出的行为的描述,相当于前面谈到的行为规范结构中"C"这一部分。

"制裁"则是法律规范中规定的、违反该规范将承担的法律后果的这一部分。

这样,我们就可以把一个完整的法律规范体系(不是指具体的某一个法律规范命题)的结构,表述为下面这样一个公式:

"如果具有性质 T 的人,并且出现情况 W,那么△C;违者(或侵犯者)处以 S。"

也可用命题公式表示为:

$$((T \wedge W) \rightarrow \triangle C) \wedge (\sim C \rightarrow \triangle S)$$

在一个完整的法律规范体系中,上述结构的各个部分有如下几种表现形式:

第一,在同一法律规范体系中,假定、处理部分和违反规范的制裁部分,分别表述在不同的法律文件中。例如,《宪法》就只是关于处理部分的规定,而《刑法》则是关于对违反者的制裁规定。

第二,在同一法律文件中,假定、处理和制裁这几部分,分别表述在不同的条文中,因而该法律文件中的某些法律条文就省去了假定的情况或条件,或者省去了制裁规定。

第三,单就制裁规范而言,也同样可分解为适用规范的假定部分("违者"具有的特征和出现了什么样的情况)和具体的制裁方式部分。其中,"假定"部分中的"违者"特征,又统一表述在另一些条文中,比如《刑法》,就将这一部分表述在总则中,分则条文里面就省去了这一部分。

上述也就进一步表明,法律规范的结构不等同于具体的法律规范命题(法律条文)的结构;我们将进一步讨论的,只是法律规范命题的结构。

三、规范命题的组成

任何行为规范、包括法律规范,必然表现为一个个具体的具有命题结构形式的语句,[11] 而且,作为一种行为规范,是给特定对象发出的某种指令,因而也就不仅有要求作出或不作出的行为描述,而且还要表明作出或不作出这种行为的执行方式。所以,规范命题都由这样两部分组成:一是关于行为的描述,称为"行为规定",它是可以代入不同内容的部分,表明规范要求

〔11〕 正如日本法学家川岛武宜所说的:"所谓法律命题,是指以命题或语句的形式存在着的法律规范。在现代,它主要是指国家制定的法律或法院适用的判例。"([日]川岛武宜:《现代化与法》,王志安等译,中国政法大学出版社 1994 年版,第 218 页)

承受者作出或不作出的是什么样的行为。这部分是规范命题的逻辑变项。二是关于行为规定的“执行方式”,由不同的规范词表示,这部分是规范命题的逻辑常项。[12] 例如:《公职人员政务处分法》第 53 条之规定就是一个完整表达式的规范命题:

“监察机关在调查中发现公职人员受到不实检举、控告或者诬告陷害,造成不良影响的,应当按照规定及时澄清事实,恢复名誉,消除不良影响。”

在这一具体的规范命题中,“应当”就是表示“执行方式”的规范词(语言表达上,有时可省略);“规范的承受者”是“监察机关”,“行为本身”是“发现公职人员受到不实检举、控告或者诬告陷害,造成不良影响的,按照规定及时澄清事实,恢复名誉,消除不良影响”,“行为条件”是“在调查中”。

若以“△”表示“行为方式”(规范词)、“T”表示“规范的承受者”、“W”表示“行为条件”、“C”表示“行为”,则规范命题的表达式可以概括表示为:

如果某人具有特征 T,并且,出现情况 W,那么△作出 C 行为。

上述表达式,亦可用符号公式表示为:

$\triangle((T\wedge W)\rightarrow C)$　或者　$(T\wedge W)\rightarrow\triangle C$

若以“A”(英文 Action 的首字母)表示上述公式中的“$(T\wedge W)\rightarrow C$”(行为规定),则规范命题的一般形式可进一步简化为:

---

〔12〕 规范命题的逻辑常项,本书称规范(模态)词,即规范算子(norm operators)或道义算子(deontic operators)。“算子”是逻辑常项,相当于运算符,如“ + − × ÷ ”就是算术算子,其对应英文 operators、俄文 оператор、德文 Operatoren。大陆逻辑学界的规范译名为“算子”,另有哲学学者译为“作用词”(参见[法]保罗·利科主编:《哲学主要趋向》,商务印书馆 1988 年版,第 454 页),我国台湾地区有学者译作“应然助词”[参见王鹏翔:《论涵摄的逻辑结构——兼评 Larenz 的类型理论》,载《成大法学》第 9 期(2005 年)]或“规范运作词”[参见陈显武:《条件式规范之逻辑特性——从法学的观点出发》,载《台大法学论丛》第 33 卷第 1 期(2003 年)],这些译名虽不标准,但尚不至于误导。而大陆法学界则多有误译。例 1:“任何完整的法律条文都是由当为要求(命令,禁止或参谋长 = 德昂式的操作手段/deontische operatoren)……”,“当为可以分为要求、禁止、允许和免除(义务),即所谓的德昂式操作手段(deontische operatoren)。”(转引自[德]魏德士:《法理学》,丁小春、吴越译,法律出版社 2003 年版,第 57、63 页)。例 2:“如果规范性陈述只包括一个正式的启动因素(c)或者一个正式的指示(如‘有义务’、‘有权利’等),那么,这样的规范性陈述就是直接的。否则,它们就属于间接的规范性陈述。”(转引自[英]拉兹:《法律体系的概念》,吴玉章译,中国法制出版社 2003 年版,第 60 页)。查核英文版,上引译文对应原文为“Normative statements will be said to be direct if they include only statements with either a normative operator (like ‘ought to…’ or ‘is permitted to…’) or a normative predicate (e. g. ‘have a duty’, ‘have a right to’). Otherwise they will be called indirect normative statements.”译者将“规范算子”(normative operator)误译为“正式的启动因素”,此外,还将“规范谓词”(normative predicate)误译为“正式的指示”。例 3:“排他性许可仅仅在义务施动者(deontic operator)上与命令性规范有所不同:排他性许可的义务施动者取代了在命令性规范陈述中出现的排他性‘应当’与一阶‘应当’的义务施动者。”(转引自[比]马克·范·胡克:《法律的沟通之维》,孙国东译,法律出版社 2008 年版,第 102 页)。经查对英文版,上引译文中“许可的义务施动者”对应的英文为“permission operator”(应译作“允许算子”)、“义务施动者(deontic operator)”则应译为“道义算子”。比较有意思的是,该译者在 deontic operator 后面还专门添加了一段较长的“译者注”——引用上引例 2 这段译文,指出“predicate”实为谓词之意、“operator”在这里可能还是它的本意“操作者”的意思,但译者没有沿用译名“启动因素”,也未改用译名“操作者”,而之所以改用“施动者”这一译名,是因其听取了专事拉兹研究的师兄的意见。上引三例法学界的译作,确实会误导不明就里的读者。笔者阅读之时,起初也被搅得一头雾水,真所谓失之毫厘,谬之千里。之所以如此,与我国法学界不少译(学)者的逻辑学知识匮乏而疏于核查工具书、咨询业内人士密切相关。

△A

在上述规范命题形式“△A”中，“△”是表示行为“执行方式”的规范词（如“必须”、“允许”或“禁止”等），它是规范命题中相对稳定的部分，属于逻辑常项；“A”是命题成分（关于行为的陈述，亦即行为规定部分），属于规范命题中的逻辑变项。[13]

四、规范命题的分类

根据规范命题“△A”中的逻辑常项“△”，即规范词的性质不同，规范命题可以分为允许型规范命题、必须型规范命题和禁止型规范命题三类。

根据规范命题△A 中的逻辑变项“A”，即行为规定的逻辑结构不同，规范命题可以分为简单规范命题和复合规范命题两类。

（一）必须型规范命题、禁止型规范命题与允许型规范命题

从规范命题的性质来看，不外三种类型，即授权性规范、义务性规范和禁止性规范，各自都通过相应的规范词表示。

1. 允许型规范命题

允许型规范命题（permitted normative proposition），亦称授权性规范命题，它表明承受者有作出或不作出某种行为的权利，即：一旦规范假定的情况出现，按照规范要求的行为去做，是许可的。

允许型规范命题的模态词，通常用“允许”“可以”“可”“有权”“有……的权利”等一类语词表示。例如：

⑧“宪法第十一条增加规定：‘国家允许私营经济在法律规定的范围内存在和发展。私营经济是社会主义公有制经济的补充。国家保护私营经济的合法的权利和利益，对私营经济实行引导、监督和管理。’”（1988 年《宪法修正案》第 1 条）

⑨“审判长宣布辩论终结后，被告人有最后陈述的权利。”（《刑事诉讼法》第 198 条第 3 款）

⑩“对于自首的犯罪分子，可以从轻或者减轻处罚。”（《刑法》第 67 条第 1 款第 2 句）

⑪“对于自诉案件，被害人有权向人民法院直接起诉。”（《刑事诉讼法》第 114 条第 1 句）

上述几例就都属允许型规范命题。

须得说明的是：允许型规范命题都有“可以”“有权”这类模态词，但是，并非在命题中有这类语词的都是允许型规范命题。因为在自然语言中，“有权”“可以”都是多义词，并非在任何情况下都起规范词的作用。例如“可以”一词，有时就不表示“允许”，而是表达对某件事情或某种现象的评价，有“比较好”“没有坏处”这样的意思。比如说“大学生可以参加一些体力劳动”“她的演技还可以”“她的能力表明，她可以担任审判长”，如此等等。这些语句中的“可

---

〔13〕 本书第一版采用符号“（m）”表示各种规范词，因符号“（m）”容易与表示“行为规定”的符号混淆，与本书配套的教学参考书《法律逻辑教与学》已将“（m）”替换为“△”（详见雍琦、金承光主编：《法律逻辑教与学》，法律出版社 2007 年版，第 128 页）。

以”,显然就不能作为“允许”理解。“有权”一词也是如此,在法律规范中,“有权”在有的地方意味着“可以如此,并且不禁止不如此。”例如,我国《刑事诉讼法》第114条第1句规定,“对于自诉案件,被害人有权向人民法院直接起诉”。其中的“有权”就属此意。但是,在另一些地方,“有权”表达的则是赋予承受者的、与其职责相联系的职权,在这样的情况下,“有权怎样”不仅意味着“允许”怎样,而且含有“必须怎样”的意思。例如:“食品卫生监督机构有权进行食品卫生监测、检验和技术指导。”这里的“有权”就不仅仅只是“允许”的意思。

允许型规范命题,除含有上述那些模态词的命题以外,在法律条文中还有如“照×条×款酌情处理”这样的表达形式。它表明:如果假定的情况出现,按照指定的条款执行是允许的。因而这样的命题也属允许型规范命题。

2. 必须型规范命题

必须型规范命题(obligatory normative proposition),亦称为义务性规范命题或命令性、强制性规范命题,也就是包含有“必须”“应当”一类模态词的命题。它表明对承受者给出的相关行为规定是被命令履行的,亦即:一旦假定情况出现,不履行相关的行为规定是禁止的。例如:

⑫“在中国境内的外国人必须遵守中华人民共和国的法律。”(《宪法》第32条第1款后半句)

⑬“公安机关逮捕人的时候,必须出示逮捕证。”(《刑事诉讼法》第93条第1款)

必须型规范命题,除了包含有“必须”“应当”这类模态词的命题以外,还有包含“有义务”“有……的义务”“有……的责任”这类语词的命题。例如:

⑭“人民法院有义务保证被告人获得辩护。”(《刑事诉讼法》第11条后半句)

⑮“凡是知道案件情况的人,都有作证的义务。”(《刑事诉讼法》第62条第1款)

⑯“发回重审的案件,原审人民法院应当按照第一审程序另行组成合议庭。”(《民事诉讼法》第41条第3款)

上面例子中的“有义务”“有……的义务”“有责任”,就与“必须”“应当”这类模态词具有同样的意义,因而上述几例都属必须型规范命题。

3. 禁止型规范命题

禁止型规范命题(forbidden normative proposition),就是表明禁止承受者做出或不做出某种行为的命题,亦即包含有“禁止”“严禁”“不得”“不准”“不许”之类语词的命题。例如:

⑰“禁止承包人将工程分包给不具备相应资质条件的单位。”(《民法典》第791条第3款第1句)

⑱“监察官不得打听案情、过问案件、说情干预。”(《监察官法》第46条第1款第1句)

⑲“任何单位和个人不得歧视传染病病人、病原携带者和疑似传染病病人。”(《传染病防治法》第16条第1款第2句)

以上几例都属于禁止型规范命题。

由于行为规范可能要求承受者作出某种行为(作为),也可能要求承受者不作出某种行为(不作为),上述三类规范命题各有肯定和否定两种形式,因而规范命题共有六种形式。

我们再借用规范逻辑中以符号表示规范词的方法,以“P”(英文Permission的首字母)表示“允许”,以“O”(英文 Obligaton 的首字母)表示“必须”,以“F”(英文 Forbid 的首字母)表示“禁止”,仍以“A”表示“行为规定”,即规范命题的逻辑变项(它可以是简单命题,也可以是复合命题或多重复合命题),“～A”表示“A”的否定命题形式,于是规范命题就有如下六种类型:

(1)“PA”——“允许 A”,亦即“有 A 这样的权利”;

(2)“P～A”——“允许非 A”,亦即“有非 A 这样的权利”;

(3)“OA”——“必须 A”,亦即“有 A 这样的义务”;

(4)“O～A”——“必须非 A”,亦即“有非 A 这样的义务”;

(5)“FA”——“禁止 A”,亦即“不得有 A 这样的行为”;

(6)“F～A”——“禁止非 A”,亦即“不得有非 A 这样的行为”。

如前所述,若规范命题的表述形式为“必须 C”,也就等于“必须 C,并且禁止非 C”;若规范命题的表述形式为“禁止 C”,也就等于“禁止 C,并且必须非 C”。这就意味着,“O～A”(“必须非 A”)与“FA”(“禁止 A”)、“F～A”(“禁止非 A”)与“OA”(“必须 A”)在逻辑上是等价的,亦即“必须”与“禁止”可以相互转换。而且,“O～A”(“必须非 A”)和“F～A”(“禁止非 A”)这两类规范命题形式,在法律、道德等行为规范中也极少实例。因此,规范命题就可以归结为“PA”“P～A”“OA”“FA”四种基本类型。

(二)简单规范命题与复合规范命题

1. 简单规范命题

简单规范命题(simple normative proposition),就是“△A”中的逻辑变项“A”是由性质命题或者关系命题这样的简单命题充当的规范命题。例如:

⑳“夫妻有相互继承遗产的权利。”(《民法典》第 1061 条)

㉑“非师范学校应当承担培养和培训中小学教师的任务。”(《教师法》第 18 条第 2 款)

㉒“广告主应当对广告内容的真实性负责。”(《广告法》第 4 条第 2 款)

㉓“附加刑也可以独立适用。”(《刑法》第 34 条第 2 款)

㉔“发回重审的案件,原审人民法院应当按照第一审程序另行组成合议庭。”(《民事诉讼法》第 41 条第 3 款)

㉕“事故调查组的组成应当遵循精简、效能的原则。”(国务院《生产安全事故报告和调查处理条例》第 22 条第 1 款)

上述例⑳中的逻辑变项“夫妻相互继承遗产”是关系命题、例㉑中的“非师范学校承担培养和培训中小学教师的任务”和例㉒中的“广告主对广告内容的真实性负责”也都是关系命题;而例㉓中的逻辑变项“附加刑独立适用”、例㉔中的“发回重审的案件,原审人民法院按照第一审程序另行组成合议庭”,以及例㉕中“事故调查组的组成遵循精简、效能的原则”,则都是性质命题。

简单规范命题,因其逻辑常项“△”(规范词)的性质不同,又有必须型、禁止型和允许型简单规范命题之分,如前面所述。

2. 复合规范命题

复合规范命题(compoun normative proposition),就是“△A”中的逻辑变项“A”是由复合

命题(联言、选言、假言)充当的规范命题。复合规范命题,主要有条件式、析取式和合取式三种基本类型。

(1)条件式规范命题

条件式规范命题(proposition of conditional norm)亦称假言型规范命题,也就是其逻辑变项由充分条件假言命题充当的复合规范命题。条件式规范命题的基本模式(逻辑形式)为:

$$\triangle(p\rightarrow q)\qquad 或 \qquad (p\rightarrow\triangle q)$$ [14]

因规范词的性质不同,相应地,就有必须型、禁止型和允许型条件式规范命题。其基本模式分别为:"p→Oq"、"p→Fq"和"p→Pq"。例如:

㉖"对于中止犯,没有造成损害的,应当免除处罚;造成损害的,应当减轻处罚。"(《刑法》第24条第2款)

㉗"第二审人民法院审理被告人上诉的案件,不得加重被告人的刑罚。"(参见《刑事诉讼法》第237条第1款)

㉘"侵害自然人人身权益造成严重精神损害的,被侵权人有权请求精神损害赔偿。"(《民法典》第1183条第1款)

上述例㉖是必须型条件式规范命题,例㉗是禁止型条件式规范命题,例㉘是允许型条件式规范命题。

条件式规范命题,是规范命题的最典型形式,正如日本法学家川岛武宜所说的:"最典型的法律命题是,'……当[F]事实存在时……p要为A行为'。在这一语句中,'提出条件'部分的内容被称为'要件'(或'法律要件')。而以该条件为前提应为的行为部分的内容则被称为'效果'(或'法律效果')。"[15]

(2)析取式规范命题

析取式规范命题(proposition of disjunctional norm)亦称选言型规范命题,也就是其逻辑变项由选言命题充当的复合规范命题。析取式规范命题的基本模式(逻辑形式)为:

$$\triangle(p\vee q)$$

析取式规范命题,也因规范词的性质不同而区分为必须型、禁止型和允许型,其基本模式

---

〔14〕 关于条件式规范命题的逻辑形式,究竟是内在的形式["O(p→q)"],还是外在的形式("p→Oq"),西方学者素有争议。罗斯、冯·莱特、凯尔森等学者,大都认同其表达形式为内在式"O(p→q)"。而德国法学界则普遍接受外在式"p→Oq"作为条件式规范命题的表达形式,如阿列克西、科殷、吕斯曼等学者,芬兰学者阿尔诺、瑞典学者佩策尼克也都认可外在的形式。另外,还有一些德国学者采用量化命题(谓词逻辑公式)来刻画外在形式的条件式规范命题,如克卢格、阿列克西等学者[参见陈显武:《论条件式规范之逻辑特性——从法学的观点出发》,载《台大法学论丛》第33卷第1期(2003年)]。我国学者极少探讨复合规范命题,偶有涉及,也将其逻辑形式刻画为O(p→q)、P(p←q)这类内在的形式[参见王效:《关于规范判断分类》,载《天津师大学报(社会科学版)》1989年第1期]。其实,从法条实际及其基本语义与逻辑含义来看,条件式规范命题的基本形式,既可以表示为外在的形式"(p→△q)",也可以表示为内在的形式"△(p→q)",二者实际上是等价的,只是表现形式不同而已。例如,我国《刑法》第233条"过失致人死亡的,处三年以上七年以下有期徒刑"(省略了规范词),就既是"过失致人死亡的,应当处三年以上七年以下有期徒刑"[其公式刻画为"(p→Oq)"],也是"'过失致人死亡的,处三年以上七年以下有期徒刑'是应当的"[其公式刻画为"O(p→q)"]。

〔15〕 [日]川岛武宜:《现代化与法》,王志安等译,中国政法大学出版社1994年版,第254-255页。

依次为“O(p∨q)”、“F(p∨q)”和“P(p∨q)”。例如：

㉙“委托他人代为诉讼，必须向人民法院提交由委托人签名或者盖章的授权委托书。”(《民事诉讼法》第 62 条第 1 款)

㉚“禁止非法搜查或者非法侵入公民的住宅。”(《宪法》第 39 条第 2 句)

㉛“自然人可以立遗嘱将个人财产赠与国家、集体或者法定继承人以外的组织、个人。”(《民法典》第 1133 条第 3 款)

上述例㉙、㉚、㉛，就是必须型、禁止型、允许型析取式规范命题。

(3)合取式规范命题

合取式规范命题(proposition of conjunctional norm)亦称联言型规范命题，也就是其逻辑变项由联言命题充当的复合规范命题。合取式规范命题的基本模式(逻辑形式)为：

$$\triangle(p\wedge q)$$

合取式规范命题因规范词的性质不同也有必须型、禁止型和允许型的区别。其基本模式分别为“O(p∧q)”、“F(p∧q)”和“P(p∧q)”。例如：

㉜“各级各类学校应当对学生进行健康知识和传染病预防知识的教育。”(《传染病防治法》第 10 条第 2 款)

㉝“禁止在私人交往和通信中涉及国家秘密。”(《保守国家秘密法》第 26 条第 3 款)

㉞“当事人有权在法律规定的范围内处分自己的民事权利和诉讼权利。”(《民事诉讼法》第 13 条第 2 款)

上述例㉜是必须型合取式规范命题、例㉝是禁止型合取式规范命题、例㉞是允许型合取式规范命题。

第三节　规范命题相互间的逻辑关系

素材相同而形式不同的四种规范命题之间，也具有类似于真值模态命题的四种命题形式之间的推演关系，只不过它不是一种真假的推演关系，而是“规范”妥当或不妥当的关系，是关于权利与义务，进而也是同“禁止”和“制裁”相联系的推演关系；同时，也是“规范”与“执行”之间的一种推演关系。[16]

---

〔16〕 行为规范不具有或真或假那样的逻辑值，不存在所谓的真假问题。作为行为规范的法律规范，从分析实证法学的观点来看，只具有有效或无效这样的性质(“恶法亦法”)；若从自然法学的观点来看，则具有妥当或不妥当、合理或不合理、良法或恶法这样的性质(“恶法非法”)。表达行为规范的语句形式，即规范陈述，也具有一定的命题结构形式，可称为规范命题。从这个角度来看，任何规范命题也都具有或真或假的逻辑值。当然，这样的真假值与性质命题等经典命题的真假值是有区别的。归根结底，规范命题的真假值，是看它所陈述的行为规范是否有效、是否妥当、是否合理。

“必须 A”(禁止非 A)、“必须非 A”(“禁止 A”)、“允许 A”与“允许非 A”四种规范命题之间的逻辑关系,也可用如下逻辑方阵图,即“规范方阵”(logical square of mormative proposition),见图 6 – 2 所示:

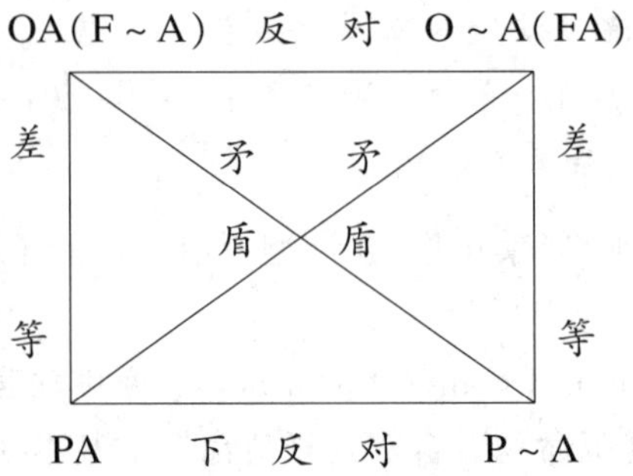

图 6 – 2 规范方阵

对于上述这些关系,重要的是理解其含义。

一、反对关系

反对关系就是指“必须 A”(“禁止非 A”)与“必须非 A”(“禁止 A”)之间的关系。这种关系就是:在同一规范体系中,“A”与“非 A”两种行为不可能同时都是义务,但可以同时都不是义务。因此:

第一,在同一规范体系中,“A”与“非 A”不能同时确立为义务,亦即不能要求承受者既“必须”作“A”这样的行为,又“必须”作“非 A”这样的行为。否则,规范本身就会自相矛盾,不可能生效。

第二,由于“必须 A”与“必须非 A”之间为反对关系,因此,当一个规范体系中已明确“A”是义务时,则可推知“非 A”必定不是义务(反之亦然),因而承受者不做“非 A”这样的行为也就不是被禁止的,不能又制裁不做“非 A”者。

但是,假若规范中明确规定“A”(或“非 A”)不是义务,亦即规定承受者“没有‘A’(或‘非 A’)这样的义务”,或者没有明确规定“A”(或“非 A”)是义务,不能由此推出“非 A”(或“A”)就是义务;有可能“A”与“非 A”都不是义务。因此,如果规范中没有要求承受者必须履行“A”(或“非 A”)这样的行为规定,不能据此理解为要求必须按照“非 A”(或“A”)这样的行为规定执行。

二、差等关系

差等关系就是指“必须 A”(“禁止非 A”)与“允许 A”,“必须非 A”(“禁止 A”)与“允许非 A”之间的关系。这种关系就是“必须”蕴涵“允许”,“允许”的否定蕴涵“必须”的否定。换言之,义务蕴含权利;对权利的否定也就意味着对义务的否定。

具体说来,差等关系的含义在于:

第一,在制定规范过程中,由于权利与义务二者可以同时成立(义务蕴涵权利),也可以同时不成立(对权利的否定蕴涵对义务的否定),因此,当某种行为可以确立为义务时,那么,这种行为也就可以同时确立为权利；特别是当某种行为是同承受者的职责相联系时，这种行为就不但是承受者的一种义务，同时也是他的一种权利。因而他就不但必须这样做，而且也可以这样做。若某种行为不能确立为权利，或者确立为权利都不妥当时，当然也就不能确立为义务。但是，某种行为可以确立为权利，不等于就可以确立为义务；当某种行为只是与人的自由相联系，而不是与职责相联系时，就只能确立为权利而不能确立为义务。

第二，否定某种行为是义务，即"不必须 A"，不意味着否定了这种行为是权利，即不等于"不可以 A"或"没有 A 这样的权利"；但是，如果否定了某种行为是权利，也就否定了该种行为是义务，亦即"不可以 A"蕴涵"不必须 A"（"没有 A 这样的权利"蕴涵"没有 A 这样的义务"）。

第三，从规定与执行之间的关系来看，若某种行为被确立为义务，就意味着承受者有作出这种行为的权利，亦即根据"必须 A"，可以证明"有 A 这样的权利"；既然规定"A"是"必须"的，当然可以推知作"A"是"允许"的。例如，根据法律规定，"知道案件情况的人都有作证的义务"，当然可以推出"知道案件情况的人有权作证"。若有人干涉、阻挠，妨碍承受者做"A"即为侵权，因而是不允许的。

至于"必须非 A"与"允许非 A"之间的关系，道理与上述相同，不再赘述。

由"必须"可以推出"允许"，但是，反过来，由"允许"却不能推出"必须"。这意思就是说，如果规定"A"是允许履行的，不能因此而认为"A"是必须履行的；规定承受者有"A"这样的权利，不能推出他有"A"这样的义务。例如，根据"辩护律师可以查阅案卷材料"这样的规定，就不能推出"辩护律师必须查阅案卷材料"，不能对前者作后者这样的理解。简言之，"权利"不能推出"义务"。

规范命题之间的差等关系还告诉我们：在同一规范体系中，"必须 A"与"允许 A"（或者"必须非 A"与"允许非 A"）二者可能都成立，也可能都不成立。因此，对于某些行为既可以确立为义务，也可以确立为权利；而对于另外有些行为，则既不能确立为义务，也不能确立为权利。其关系是：如果"A"这样的行为确立为义务（"必须 A"）是能够成立的，那么，把"A"这样的行为确立为权利（"允许 A"）也就是可以成立的；若把"A"这样的行为确立为权利（"允许 A"）都不能成立，那么，将其确立为义务（"必须 A"）就更不能成立。道理很明显，若规定"公民有按规定纳税的义务"，当然就得承认公民有按规定纳税的权利；若规定"公民无权干涉他人的婚姻自由"，即否定了公民有干涉他人婚姻自由的权利，当然也就否定了公民有干涉他人婚姻自由的义务。简言之，对"允许 A"的否定，（"不允许 A"），可以推出对"必须 A"的否定（"不必须 A"）。

三、下反对关系

下反对关系就是指"允许 A"与"允许非 A"之间的关系。这种关系就是：在同一规范体系中，"A"与"非 A"作为权利，可以同时成立，但不可能同时都不成立。因此，其含义在于：

第一，在同一规范体系中，若确立了承受者有"A"这样的权利，并不意味着就否定了有"非 A"这样的权利，但也并不意味着就肯定了有"非 A"这样的权利。这就是说，由"允许 A"不能推出"不允许非 A"，也不能推出"允许非 A"。同理，由"允许非 A"不能推出"不允许 A"，也不能推出"允许 A"。因为，在某些情况下，规定"允许 A"，意味着"不禁止非 A"，即"允许非 A"；

而在另一些情况下,比如"A"既确立为权利,同时又确立为义务时,"允许 A"成立,而"允许非A"就不成立,所以规定"允许 A"并不意味着"允许非 A"。例如,我国《宪法》规定:"中华人民共和国公民有受教育的权利和义务。"对于这一规定中的"中华人民共和国公民有受教育的权利",显然就不能将其理解为"因为规定可以受教育,所以也就可以不受教育"。这就是说,由"允许 A"不能推出"不允许非 A",也不能推出"允许非 A"(同理,由"允许非 A"不能推出"不允许 A",也不能推出"允许 A")。简言之,不能由"可以怎样"推出"不可以怎样"或"可以不怎样"。

第二,在同一规范体系中,"允许 A"(或"允许非 A")不能成立,则"允许非 A"(或"允许A")必然成立、亦即由"不允许 A"可以推出"允许非 A",由"不允许非 A"可以推出"允许 A"。这就是说,在规范体系中如果不承认承受者有作出"A"(或"非 A")这种行为的权利,就必须承认承受者有作出"非 A"(或"A")这种行为的权利。否则,既不承认有"A"这样的权利,又不承认有"非 A"这样的权利,就会使承受者动辄得咎,无所适从。这样的规范当然也不会有任何效力。

四、矛盾关系

矛盾关系就是指"必须 A"("禁止非 A")与"允许非 A","必须非 A"("禁止 A")与"允许A"之间的关系。这样的关系就是:在同一规范体系中,二者非此即彼,既不可能同时成立,也不可能同时都不成立。这就是说,如果在规范中确立了承受者有"A"这样的义务,就不能同时又确立承受者有"非 A"这样的权利(反之亦然);如果确立了承受者有"A"这样的权利,就不能确立承受者又有"非 A"这样的义务(反之亦然)。同理,如果在规范中否定了承受者有"非A"这样的权利,就等于确立了有"A"这样的义务(反之亦然);如果否定了有"A"这样的义务,就等于确立了有"非 A"这样的权利(反之亦然)。

因此,由对"必须 A"的否定("不必须 A"),可以推出"允许非 A";由对"允许 A"的否定("不允许 A"),可以推出"必须非 A"。同理,由对"必须非 A"的否定("不必须非 A"),可以推出"允许 A";由对"允许非 A"的否定("不允许非 A"),可以推出"必须 A"。

基于上述规范命题之间的逻辑关系,再借用符号" ~ "表示对某个模态词的否定,"→"表示"蕴涵"(意即可推导出),"⟷"表示"等价"(意即其前后命题可以互推,类似于"等值"),可总结为如下这样一些推演式:

(1) $FA \longleftrightarrow O\sim A$

(2) $F\sim A \longleftrightarrow OA$

(3) $OA \longleftrightarrow \sim P\sim A$

(4) $O\sim A \longleftrightarrow \sim PA$

(5) $PA \longleftrightarrow \sim O\sim A$

(6) $P\sim A \longleftrightarrow \sim OA$

(7) $FA \longleftrightarrow \sim PA$

(8) $F\sim A \longleftrightarrow \sim P\sim A$

(9) $\sim FA \longleftrightarrow PA$

(10) $\sim F\sim A \longleftrightarrow P\sim A$

(11) $OA \rightarrow PA$

(12) $O\sim A \rightarrow P\sim A$

上述推演关系,表明了义务型、授权型和禁止型三种规范命题之间的相互关系。由于禁止型规范命题,又同制裁性的规范命题相联系,规定“禁止A”就意味着要制裁作“A”者,因而上述关系也就表明了它们同制裁的关系。从上面这些关系可以看出,只有当“A”(或“非A”)被确立为义务(规定为“必须A”或“必须非A”)的时候,才可以作出“禁止非A”(或“禁止A”)这样的规范,也才能确立制裁作“非A”者(或制裁作“A”者)这样的规范。

由上述这些推演关系还可以看出,由于规范词的变化,就影响和制约了“行为规定”命题结构形式的变化(“A”可以变为“非A”)。若代入的变项是复合命题形式,代入后则应遵循复合命题形式的转换规律,而且还涉及模态词与其所制约的各肢命题的关系问题。

当“行为规定”(规范命题中的逻辑变项)是一个简单命题时,规范词与其制约的“行为规定”之间的关系,显而易见。例如:

①“人民法院有义务保证被告人获得辩护。”

若将这一规范命题包含的两部分(“行为规定”与“执行方式”)分解开来,就是这样的形式:

②“人民法院保证被告人获得辩护”是“必须”的。

根据规范命题之间的逻辑关系(前述推演式②),由上述规范命题就可得出下面这样一个与其“等价”的禁止型规范命题:

③“人民法院不保证被告人获得辩护”是“禁止”的。

但是,如果代入的“行为规定”是一个复合命题,其变化情形就必须遵循复合命题的演变规律。例如这样一个规范命题:

④“二年级研究生必须选修日语或俄语。”

根据这样的规定,何种情况算是该规范的违反者呢?亦即被禁止的或者说须“制裁”的,是作出何种行为的人呢?由前面关于不同规范命题之间的推演关系可知:“OA”等价于“$F\sim A$”。而这里的“A”又是“$(p \vee q)$”这样的选言命题结构,以之代入后,“OA”即为“$O(p \vee q)$”,又等价于“$F\sim(p \vee q)$”。根据德·摩根律,对“析取”的否定,等值于“否定的合取”,亦即“$\sim(p \vee q)$”等值于“$(\sim p \wedge \sim q)$”。可见,该规范的“违反者”,既非该规范承受者中“不选日语”的人,也非“不选俄语”的人,而是“既不选日语也不选俄语”的人。

又如下述这个规范命题:

⑤“因事、因病不能参加会议,必须事先请假。违者作××处理。”

该规范的“违者”,又指的是何种情况呢?这一规范命题(不含后面的制裁规范),若将其规范词抽出,即为这样的规范命题形式:

⑥“如果因事不能参加会议,或者因病不能参加会议,那么,事先请假”是“必须”的。

若以命题公式来表示则为:

$$O((p \vee q) \to r)$$

在这一规范命题公式中,规范词制约的命题成分“$((p \vee q) \to r)$”,根据前面第五章介绍的多重复合命题的等值式,等价于“$(p \to r) \wedge (q \to r)$”。再引进规范词即为:

$$O((p \to r) \wedge (q \to r))$$

这里,规范词制约的是一个复合的联言命题结构。而当规范规定为“$O(p \wedge q)$”时,意味着规范要求不仅“p”这样的行为必须履行,而且“q”这样的行为也必须履行。因此,上面这个规范命题的公式,又等价于下面这样的命题公式,即:

$$O(p \to r) \wedge O(q \to r)$$

再根据“OA”等价于“F ~ A”,上面这一规范命题公式,又可写为下面这样的命题公式,即:

$$F \sim (p \to r) \wedge F \sim (q \to r)$$

根据蕴否律,上式等价于:

$$F(p \wedge \sim r) \wedge F(q \wedge \sim r)$$

然后把前面规范命题的内容代入,可见该规范的“违反者”指的就是“因事不能参加会议而不事先请假”者,和“因病不能参加会议而不事先请假”者。

上述这些,是可以通过规范逻辑的演算系统给以证明的,我们这里纯属直观的解释。实际生活中,尽管我们谁也不会像上面这样解题似地去理解一个规范命题表达的意思,但是,从上面分析可以看出,了解规范词与其所制约的各肢命题之间的逻辑关系,对于正确理解一个复合的规范命题的含义来说,无疑是有其重要意义的。

第四节　刑法规范命题的一般特征和结构特点

所谓刑法规范命题(normative proposition of criminal rules),就是国家机关制定的、表述对犯罪行为制裁规定的法律规范命题,主要指具体的刑法条文(条款)。

刑法规范命题是审理刑事案件时构建法律推理的基本前提,是对案件作出定性、判处结论的法律依据。大家知道,援用刑法条款得出定性、判处结论,是通过推理实现的,而推理是否合乎逻辑,又与作为该推理的前提,特别是大前提的命题结构有关。因此,要使得法律推理(主要指形式法律推理——其特征,后面第八章将作介绍)合乎形式结构方面的要求,就不能不了解刑法规范命题的一般特征和它的结构形式。

从逻辑角度对刑法规范命题的研究,当然不是关于它内容方面的研究,但是,不研究它的内容,不意味着就根本不涉及它的内容。因为研究刑法规范命题的结构,是在分析刑法条文语句含义的基础上进行的,而要理解和把握刑法条文的语句含义,显然是不能脱离其内容的。

既然是结合刑法条文的语句含义来研究它的命题结构,研究的当然也就只能是既成的刑法条文。研究的目的也只是了解刑法条文的命题结构形式,以及不同结构形式的逻辑性质,以便准确援引适用。这也就表明,这里关于刑法条文命题结构的研究,只是立足于司法的角度而不是立法的角度。不过,了解刑法条文命题结构方面的逻辑性质,无疑也有助于我们运用恰当的命题结构形式,以准确表达相应的规范内容,因而对立法工作来说,也不是没有意义的。

一、刑法规范命题的一般特征

同普通思维领域的命题相比,刑法规范命题具有如下两个特征:

(一)强制性

应当说,法律规范命题都具有强制性。从法律规范体系来看,其他法律规范命题的强制性,集中地就体现在与命令规范相联系而确立的制裁规范上,主要又体现在刑法规范上。由于刑法规范是规定犯罪和刑罚的法律规范,并且是通过国家的专门机关的强制力来保证其实施的,因而表述刑罚规范的法律条文,亦即刑法规范命题,也就具有特别明显的强制性。

刑法规范命题具有强制性,这使它不仅不同于普通思维领域的命题,甚至也有别于其他规范命题。

大家知道,普通思维领域被广泛运用的命题,是人们反映客观事物不可缺少的手段。通过语句表达出来的这类命题,表现的是认识主体对客观世界的认识,是关于客观事物情况的断定。不容置疑,这样的命题对于人的行为起着重要的影响作用,然而它对于认识主体之外的人来说,终究没有约束力。即使是一个真实、恰当的命题,人们在其尚未被经验证实,或者在其真实性尚未得到有效论证的时候,仍然可以相信它、也可以不相信它;可以接受、也可以不接受。

法律规范命题,特别是刑法规范命题,它不仅不是对实际出现的客观情况的断定,而且,也不单是要求人们如何行为的命令;它是关于违反法律规范的各种情况的预见、假定,以及这些情况一旦出现时将如何制裁的规定。简言之,它是立法者给负有监督履行法律规范责任的国家司法机关发出的制裁指令。因此,对于规范假定的承受者来说,不论你是否理解,也不管你是否同意,它都具有无可争辩的约束力。即使它有不妥之处,也只有立法者才有权修改或作别的解释,变动前却不会因其有不妥之处而影响它的约束力。

由于刑法规范命题具有明显的强制性,用以作为推理基本依据的前提,它也就具有不容争辩的可接受性。因此,在推理过程中,对前提本身也就无须给以证明——"因为规定是如此这般,所以就应这样执行"。因为前提本身具有强制性,由此而合乎逻辑地推出的结论,当然也就具有强制性。

(二)关联性

在同一个国家的法律体系内,刑法规范命题与其他法律规范命题之间具有关联性。一般来说,命题是通过语句来表达的,而语句表达的内容,往往又同说话时的语境有关。正因如此,所以不能脱离特定的语境来理解语句表达的命题内容。例如,正在公共汽车站候车的某个人对他的同伴说:"车来了!"这里的"车来了",表达什么样的命题呢?显然,即使街上来往车辆不断,恐怕谁也不会把它理解为"所有的车来了";也不会理解为"有一辆车来了"。然而尽管如此,普通语句表达的命题内容,通常只受语境的制约。如上例,"车来了"表达的命题内容,虽然同说这句话时的语境有关,但作为命题独立出现,它的意思还是清楚的。其他,如"鱼是生活在水中的动物”“如果天下雨,那么地面会湿”等,情形也是如此。

刑法规范命题则与此不同。从表面看来,任一刑法条款相对独立,可以单独援用,其实,它与其他法律规范命题之间,在结构或内容方面都具有关联性。

第一,刑法规范命题与其他法律规范命题之间,在逻辑结构方面具有关联性。

前面曾经谈到,一个完整的法律规范体系,包括假定、处理和制裁这三个组成部分。刑法规范命题表述的,只是这一法律规范体系中的制裁部分。与之联系的假定、处理部分,则表述在其他法律文件中。

例如,《宪法》第 54 条规定:

①“中华人民共和国公民有维护祖国的安全、荣誉和利益的义务,不得有危害祖国的安全、荣誉和利益的行为。”

根据前面关于规范命题结构成分及其逻辑关系的分析,该条文可简化为这样的形式,即:

“必须 A,禁止非 A”

然而法律规范只规定出“应当怎样,并且禁止怎样”,显然是不完整的,还得有对违禁者将怎样制裁的规定;如前所述,没有对违者的制裁规定,“法律”也就不成其为法律了。刑法条文中关于各种犯罪行为的刑罚规定,就是对“违禁者”的制裁规定。例如:

②“勾结外国,危害中华人民共和国的主权、领土完整和安全的,处无期徒刑或者十年以上有期徒刑。”(《刑法》第 102 条第 1 款)

③“投敌叛变的,处三年以上十年以下有期徒刑。”(《刑法》第 108 条)

如此等等。这些条文,实则就是与上引《宪法》条文相联系的、对“违禁者”的制裁规定,也不妨把它看作是与该条文相联系的另一命题成分。它们之间在结构形式上的联系,可作如下表述:

“必须 A,禁止非 A;如果非 A((a)、(b)等等),则处以 S。”

了解刑法规范命题与其他法律规范命题在结构形式上的联系,才能明确通过制裁所要达到的目的。

第二,在刑法体系内,刑法规范命题相互间在内容方面具有关联性。

在刑事审判活动中,作为法律推理的大前提是《刑法》分则条文。而《刑法》分则条文的内容,实则要受到《刑法》总则条文的制约。因此,在援用《刑法》分则条文构建法律推理时,就不能不考虑到命题内容方面隐含的制约因素。

例如,《刑法》第 234 条第 1 款规定:“故意伤害他人身体的,处三年以下有期徒刑、拘役或者管制。”据此,是否只要确认“某人故意伤害他人身体”,就可以联结该条文构成推理、并得出判处结论呢?表面看来,这样构成推理似乎无可非议,其实并不如此简单。因为上引这一刑法规范命题不能孤立看待,它在内容方面要受到如下若干刑法规范命题的制约:

首先,所指实施“故意伤害他人身体”行为的人,并非泛指一切实施这种行为的人。其内容要受《刑法》第 17 条关于犯罪责任年龄规定的制约;同时,还要受《刑法》第 18 条关于行为人是否具有刑事责任能力规定的制约。

其次，所指“故意伤害他人身体”的这种行为，也不是泛指一切这样的行为。它的内容又要受《刑法》第13条关于“情节显著轻微危害不大的，不认为是犯罪”这一命题的制约。

最后，在“作某种行为，处××刑”之间的逻辑联结上，还要受有关从重、从轻、减轻、免除处罚或数罪并罚等方面规定的制约。

不言而喻，如果我们在援用《刑法》分则条文构建法律推理时，不考虑到刑法规范命题相互之间内容方面的关联性，就势必歪曲该条款规定的原意。

人们也许不难从一些逻辑著作中，看到类似这样的推理例子：

④故意杀人的，处死刑；

某甲故意杀人，

所以，某甲应处死刑。

这很容易使人产生一种错觉，似乎法律推理就是如此几个命题的简单联结。其实并非如此，它没有反映出构建法律推理时的复杂思维过程；而且，即使只从形式结构上看，由于这类法律推理的基本前提，应是《刑法》分则条文第232条，上面这一推理援用的法律条款，原文是“故意杀人的，处死刑、无期徒刑或者十年以上有期徒刑；情节较轻的，处三年以上十年以下有期徒刑”。可见，仅从形式结构方面来说，也很难对上面那样的推理形式给以合理的解释。

正是为了研究法律推理的需要，避免人们对法律推理结构形式作简单化理解，因而有必要强调指出刑法规范命题在内容方面的关联性。

二、刑法规范命题的结构形式

在法律规范体系中，刑法规范命题与其他法律规范命题相比，在结构形式方面既有相同点，也有不同点；但分析其结构形式的方法则是可以通用的。

从法律规范的总体结构来看，刑法规范命题是与命令性、禁止性规范命题相联系的制裁性规范命题。三者联系起来，可表述为：

“必须A，禁止非A；如果非A，那么S”

刑法规范命题，就是这一表达式中“如果非A，那么S”这一部分。不过，在具体的刑法规范命题中（主要指《刑法》分则条文），“非A”一般被列举描述为各种具体的违禁情况“a”“b”等等。关于违禁情况的描述，又叫罪状描述或行为模式，亦即构成要件。

从表达式也可以看出，制裁作出（或不作出）某种行为的人，其实质是禁止作出（或不作出）这样的行为，目的在于使人们自觉遵循命令规范的要求，不作出（或作出）某种行为。

禁止作出的行为是否有人违反，立法者只能作出某种估计。刑法规范中描述的某种违禁情况，就是立法者估计可能出现的、对违禁情况的一种预见或假定，它既没有说这些情况已经出现，也不完全是针对已经发生或正在发生的行为作出的规定；而且从根本意义上说，立法者也并不希望这些行为发生。因此，就刑法规范命题本身来看，它只是表明：一旦“p”，即某种犯罪行为实际发生，那么就“q”，某种法律后果就随之而来，国家专门机关就应根据立法者给予的指令，予以某种处罚。

因此，从命题的结构形式来看，刑法规范命题中关于违禁情况的描述（罪状描述），是假定的条件，相当于一个假言命题的前件；某种处罚规定，则是与之相连接的后件，即法律后果。因

此,可以把刑法规范命题刻画成这样的假言型(条件式)规范命题结构:

(禁止P)如果P,那么处以S

刑法规范命题虽然表现为假言型规范命题的形式,但是,从其逻辑结构来看,它的前件("P")部分和后件("S")部分,具体的结构形式比较复杂。特别是它的前件部分,往往既有联言命题的形式,又有选言命题的形式,甚至联言、选言相互交错。这就使得刑法规范命题,一般都表现为多重复合规范命题的形式。由于刑法规范命题是刑事审判活动中构建法律推理的基本前提,要依据这样的前提进行正确的推理,就不能不把握其前件和后件的命题结构,不能不正确析解其前、后件各肢命题间的逻辑关系。

刑法规范命题虽然一般都属多重复合规范命题,结构形式显得比较复杂,然而它包含的各肢命题间的逻辑关系,与一般的复合命题并无不同,仍不外具有析取、合取、蕴涵等逻辑性质;遵循的也是一般复合命题所遵循的逻辑规律。因此我们要析解刑法规范命题各肢命题间的逻辑关系,也不会感到特别困难。

考虑到析解刑法规范命题的结构,用自然语言表述极不方便——这样析解不仅冗长繁杂,而且很难使它包含的各肢命题间的逻辑关系,让人一目了然。比较好的办法,就是采用国内外一些逻辑学者在分析自然语句逻辑结构时所采用的方法,即:在分析刑法条文语句含义的基础上,借助于命题逻辑符号,把它"翻译"为一种命题逻辑语言。

为了分析方便起见,我们这里暂时撇开规范词,或者把规范词也放在命题成分中一并处理;并且,以"p""q"分别表示一个具体的刑法规范命题的前件和后件,以"a""b""c"或"p_1""p_2","q_1""q_2"等,分别表示前后件中包含的肢命题成分。此外,再用不同的括号表示命题成分的不同层次;用"∨""∧""→"等,分别代替"或者""并且""如果……那么……"这样的连接词,以表示析取、合取、蕴涵等逻辑关系。借助于这样一些符号,我们就可以结合刑法条文的语句含义,把一个自然语言表述的刑法条文,表述为一种完全用符号表示的命题逻辑语言形式。

对此,我们不妨结合实例的分析,作进一步的说明。

例如,我国1997年修订《刑法》第114条规定:

> ⑤"放火、决水、爆炸、投毒或者以其他危险方法破坏工厂、矿场、油田、港口、河流、水源、仓库、住宅、森林、农场、谷场、牧场、重要管道、公共建筑物或者其他公私财产,危害公共安全,尚未造成严重后果的,处三年以上十年以下有期徒刑。"[17]

如前所述,上述这一刑法条文总体可看作这样一个假言型规范命题,"放火、决水……尚未造成严重后果的",这部分是假定或预见的情况部分,亦即该假言命题的前件;"处……刑",则是前件描述情况一旦出现时的处罚方式,亦即该假言命题的后件。两部分之间具有相当于"如果……那么……"这样的关系(符号"→"表达的关系),它表明:一旦前件描述的那类情况出现,就得按照后件规定的方式处罚。

---

〔17〕 2001年12月29日颁布施行的《中华人民共和国刑法修正案(三)》已将该条文修改为:"放火、决水、爆炸以及投放毒害性、放射性、传染病病原体等物质或者以其他危险方法危害公共安全,尚未造成严重后果的,处三年以上十年以下有期徒刑。"

进一步结合语句含义分析，还可以看出：前件中的“放火、决水……或者以其他危险方法”描述的各情况之间的关系，显然只是其中任一情况出现即可成立的关系，故这部分属选言命题的性质，我们以符号“a”表示这一部分，并以“a_1”“a_2”等表示该项选择关系中的各个肢命题成分。

然而，该条文表明：并非只要采用了上述方法就属该规范所假定的情况；还必须同时具备“破坏工厂、矿场……或者其他公私财产”这种情况，我们用符号“b”表示这一部分。而这一部分中的各项之间又是选择关系，以“b_1”“b_2”等表示之。

此外，从条文的语句含义还可以看出：该规范命题所假定的情况，除上述“a”“b”两部分之外，还必须同时具备“危害公共安全”（以符号“c”表示）和“尚未造成严重后果”（以符号“d”表示）这两部分。这就是说，该假言命题的前件“p”，实则又是“a”“b”“c”“d”这些部分的“合取”；而“a”“b”本身又分别是若干项的“析取”。

这样，我们借助于前面介绍的表示复合命题各肢命题间逻辑关系的符号，就可以把上述刑法条文表述为下面这样的命题逻辑语言形式：

$$((a_1 \vee a_2 \vee a_3 \vee a_4 \vee a_5) \wedge (b_1 \vee b_2 \cdots\cdots b_{15}) \wedge c \wedge d) \rightarrow q$$

通过这样的“翻译”，刑法条文中的假定条件（或罪状描述）和处罚方式之间，以及这两部分中包含的各肢命题之间隐藏的逻辑关系，就显现出来了。这种做法的意义，正如国外有的逻辑学者所述：“完成从自然语言到命题逻辑语言的翻译之后，我们乃得以摆脱掉所有那些与逻辑无关的信息，弄清了复合命题的逻辑结构，使它成为单义的和易为直观所了解的东西。”[18]

当然，这里的意思也绝不是说，司法工作者每次援用法律条款之前，都要像上面所作的分析那样，把该条文先用符号表示为命题逻辑的语言形式；实践中，谁也不会这样去做。做这样的“翻译”，只是用符号刻画出我们头脑中的、对援用的刑法条文逻辑结构的理解，便于我们在此基础上把握推理的正确形式。正如德意志民主共和国著名哲学家格·克劳斯所述：“当然，不能想象，检察官会带一块黑板到法庭上来，以便用命题逻辑的语言在上面写出公式，向被告证明他们必须受到严厉惩罚。实际上谁也不会这样来作判决。但是，上述推论方法是法学结论的理论论证。”[19]因为，刑事审判活动中法律推理的大前提是刑法条文，而刑法条文又总是表现为假言命题的结构形式，在此基础上构成的法律推理，也就只能表现为实际上的肯定前件式（后面第八章将会介绍）。可是在这样的推理过程中，小前提应确认一些什么样的案件事实，才算符合肯定前件的要求呢？又怎样判定该推理在形式方面是否具有有效性呢？这些问题的解决，都涉及对大前提命题结构的正确理解问题。把自然语言表述的法律条文，“翻译”为命题逻辑的语言形式，就是服务于上述目的的。

作这样的“翻译”，表面看来似乎十分简单，其实，由于自然语言的模糊性，语言结构层次的不明确性，以及人们对语句含义理解上的随意性，这些都会使人们在具体“翻译”中遇到这样那样的困难，甚至发生“误解”。法律论证中的某些错误，也源出于此。

---

〔18〕［苏］И. Я. 楚巴欣、［苏］И. Н. 布洛德斯基主编：《形式逻辑》，宋文坚译，上海人民出版社1981年版，第270页。

〔19〕［德］格·克劳斯：《形式逻辑导论》，金培文、康宏逵译，上海译文出版社1981年版，第163页。

课后作业

一、单选题

1. 习近平总书记说:“我们提倡短文、短话,并不是说凡是长文就一定不好。”基于以上陈述,可以推出(　　)。

A. 所有长文可能好　　B. 有的长文可能好

C. 所有长文一定好　　D. 有的长文一定好

2. 可能今年有的城市房地产价格会下降。据此,可以推出(　　)。

A. 可能今年有的城市房地产价格不会下降

B. 可能今年所有城市的房地产价格都不会下降

C. 必然今年有的城市房地产价格会下降

D. 不必然今年所有城市房地产价格都不会下降

3. “以暴力或者其他方法公然侮辱他人或者捏造事实诽谤他人,情节严重的,处三年以下有期徒刑、拘役、管制或者剥夺政治权利。”(《刑法》第246条第1款)从逻辑学的角度看,上述这一法律条款属于(　　)。

A. 合取式规范命题　　B. 析取式规范命题

C. 条件式规范命题　　D. 直言式规范命题

4. “禁止以任何形式买卖人体细胞、人体组织、人体器官、遗体。”(《民法典》第1007条第1款)从逻辑学的角度看,上述这一法律条款属于(　　)。

A. 合取式规范命题　　B. 析取式规范命题

C. 条件式规范命题　　D. 直言式规范命题

5. 不必然任何经济发展都会导致生态恶化,但不可能有不阻碍经济发展的生态恶化。下列最准确地表达了题干原意的是(　　)。

A. 有的经济发展可能导致生态恶化,而任何生态恶化都可能阻碍经济发展

B. 有的经济发展可能不导致生态恶化,但任何生态恶化都必然阻碍经济发展

C. 有的经济发展可能不导致生态恶化,但任何生态恶化都可能阻碍经济发展

D. 任何经济发展都不必然导致生态恶化,但任何生态恶化都必然阻碍经济发展

6. 世界上不可能有某种原则适用于所有不同的国度。以下哪项与上述断定的含义最为接近(　　)。

A. 有某种原则可能不适用于世界上所有不同的国度

B. 任何原则都可能有它不适用的国度

C. 任何原则都必然有它所适用的国度

D. 任何原则都必然有它不适用的国度

7. 所有正直的人都不可能听信一些非正式渠道的流言。假如上述命题为假,则下列命题一定为真的是(　　)。

A. 所有正直的人必然不会听信所有非正式渠道的流言

B. 一些正直的人必然不会听信一些非正式渠道的流言

C. 一些正直的人可能听信所有非正式渠道的流言

D. 一些正直的人可能听信一些非正式渠道的流言

8. 一把钥匙能打开天下所有的锁。这样的万能钥匙是不可能存在的。下列最符合题干断定的

是(　　)。

A. 任何钥匙都必然有它打不开的锁

B. 至少有一把钥匙必然打不开天下所有的锁

C. 至少有一把钥匙可能打不开天下所有的锁

D. 至少有一把锁天下所有的钥匙都必然打不开

9. 有人认为“巨额的国家预算赤字必然会导致巨额的国家贸易逆差”,如果这样的话,那么世界上预算赤字最大的国家必然会有相应的最大的贸易逆差;但我们知道,世界上预算赤字最大的国家是美国,而美国的贸易总的来说是顺差而不是逆差(因为尽管其货物贸易亏本,但其技术和服务贸易却赚得非常多)。由此可以推出(　　)。

A. 巨额的国家预算赤字必然不会导致巨额的国家贸易逆差

B. 巨额的国家贸易逆差必然不会导致巨额的国家预算赤字

C. 巨额的国家预算赤字可能不会导致巨额的国家贸易逆差

D. 巨额的国家预算赤字可能会导致巨额的国家贸易逆差

10. 专家甲:除非所有的疾病都必然有确定的诱因,否则有些疾病可能难以预防。

专家乙:我不同意你的看法。

下列哪项能够准确表达专家乙的看法(　　)。

A. 所有的疾病都必然有确定的诱因,但是有些疾病可能难以预防

B. 所有的疾病都可能没有确定的诱因,但有些疾病可能难以预防

C. 有些疾病可能没有确定的诱因,但所有的疾病都必然难以预防

D. 有些疾病必然没有确定的诱因,但所有的疾病都可能难以预防

二、多选题

1. 根据模态命题之间的对当关系,若已知“张某可能具有作案时间”为假,则可推知(　　)。

A.“张某一定具有作案时间”假　　B.“张某一定不具有作案时间”真

C.“张某不一定具有作案时间”假　　D.“张某可能不具有作案时间”真

2. 下列各段议论中,表达了“律师不得利用提供法律服务的便利牟取当事人争议的权益”原意的是(　　)。

A. 禁止律师利用提供法律服务的便利牟取当事人争议的权益

B. 律师不可以利用提供法律服务的便利牟取当事人争议的权益

C. 律师可以不利用提供法律服务的便利牟取当事人争议的权益

D. 律师利用提供法律服务的便利牟取当事人争议的权益,是不允许的

3. 彩票销售点的工作人员煽情地对彩民们说:“买彩票的人都可能中大奖。”下列断定不符合上述说法的原意的是(　　)。

A. 有的买彩票的人可能不中大奖　　B. 买彩票的人不可能不中大奖

C. 买彩票的人都中大奖,这是可能的　　D. 没有一个人买彩票中大奖,这是不可能的

三、判断题

1. 模态命题的逻辑性质主要取决于其模态词。(　　)

2. 法律规范中关于某一行为的描述,属于规范命题的逻辑变项。(　　)

3. 从形式上分析,任何规范命题都包括规范词和行为规定两个组成部分。(　　)

4. 从逻辑上看,规范命题恰当与否,唯一取决于其制订者是否权威。( )

5. 一个规范命题的逻辑性质取决于其行为规定是否合理。( )

6. 任何一个法律规范,不是真的就是假的。( )

7. 在同一个规范体系中,既规定“必须 p”,又规定“允许 p”,该规范体系有效。( )

8.“这个无症状感染者可能不是零号病人”与“这个无症状感染者一定是零号病人”是反对关系。( )

四、思考与练习题

1. 断定“明天小张可能不来参加讨论会”,是否等于断定“明天小张可能来参加讨论会”? 为什么?

2. 否定“某甲可能具有作案时间”这一命题,等于肯定了什么样的命题?

3. 说“本案死者不一定不是自杀”,是否等于说“本案死者一定是自杀”?

4. 断定“并非甲队不必然能战胜乙队”,是否等于断定“甲队不可能不能战胜乙队”?

5. 一个完整的行为规范,包含有哪些组成部分? 请分别予以简要说明。

6. 试用公式表示出一个完整的法律规范体系的结构,并对之给以说明。

7. 在同一个规范体系中,既规定“必须 p”,又规定“允许 p”,该规范体系是否有效? 若既规定“不允许 p”,又规定“不允许非 p”,该规范体系又是否有效? 为什么?

8. 若某校的教学计划中规定“二年级本科生可以选修专业英语”,却又以此为根据惩罚那些不选修专业英语的学生,是否合理? 为什么?

9. 若某宾馆规定“本宾馆没有代旅客购买车船票的义务”,是否等于说“本宾馆不准代旅客购买车船票”? 为什么?

10. 指出下列各组真值模态命题之间的真假制约关系。

(1)a.“有些东西可能是没用的。”

b.“所有东西必定是有用的。”

(2)a.“甲班同学可能会游泳。”

b.“甲班同学一定不会游泳。”

(3)a.“任何法律人都不必然代表正义。”

b.“任何法律人都可能代表正义。”

(4)a.“人不可能掌握全部真理。”

b.“人必然能掌握全部真理。”

(5)a.“王某必然有经济犯罪行为。”

b.“王某可能有经济犯罪行为。”

(6)a.“太阳系不一定有未发现的行星。”

b.“太阳系可能有未发现的行星。”

(7)a.“所有错误必然能避免。”

b.“所有错误必然不能避免。”

11. 指出下列各组规范命题之间的真假制约关系。

(1)a.“证人不应当充任证据鉴定人。”

b.“证人可以不充任证据鉴定人。”

(2)a.“犯罪情节轻微的可以免予刑事处分。”

b.“犯罪情节轻微的不可以不免予刑事处分。”

(3)a.“签订经济合同必须平等互利。”

b.“签订经济合同不应当不平等互利。”

(4)a.“当事人在法庭上可以提出新的证据。”

b.“当事人在法庭上可以不提出新的证据。”

(5)a.“律师不得在同一案件中为双方当事人担任代理人。”

b.“律师可以在同一案件中为双方当事人担任代理人。”

(6)a.“凡知道案件情况的人都有义务出庭作证。”

b.“凡知道案件情况的人都有权利出庭作证。”

(7)a.“因产品缺陷造成受害者人身伤害的应当承担精神损害赔偿。”

b.“因产品缺陷造成受害者人身伤害的可以承担精神损害赔偿。”

12. 结合语句含义,用符号表示下列法律条文的命题结构(注意分析规范词的制约关系)。

(1)“煽动民族仇恨、民族歧视,情节严重的,处以三年以下有期徒刑、拘役、管制或者剥夺政治权利;情节特别严重的;处三年以上十年以下有期徒刑。”(《刑法》第249条)

(2)“强令他人违章冒险作业,或者明知存在重大事故隐患而不排除,仍冒险组织作业,因而发生重大伤亡事故或者造成其他严重后果的,处五年以下有期徒刑或者拘役;情节特别恶劣的,处五年以上有期徒刑。”(《刑法》第134条第2款)

(3)“禁止以任何形式买卖人体细胞、人体组织、人体器官、遗体。”(《民法典》第1007条第1款)

(4)“饲养的动物造成他人损害的,动物饲养人或者管理人应当承担侵权责任;但是,能够证明损害是因被侵权人故意或者重大过失造成的,可以不承担或者减轻责任。”(《民法典》第1245条)

(5)“承运人应当妥善地、谨慎地装载、搬移、积载、运输、保管、照料和卸载所运货物。”(《海商法》第48条)

(6)“通过自动化决策方式作出对个人权益有重大影响的决定,个人有权要求个人信息处理者予以说明,并有权拒绝个人信息处理者仅通过自动化决策的方式作出决定。”(《个人信息保护法》第24条第3款)

13. 运用规范命题相关知识,结合以下材料,分析“法不禁止即允许”原则的逻辑学依据。

据《金陵晚报》报道:南京某高校学生小顾和女友国庆长假赴外地旅游,到达目的地后投宿旅社,开了一个双人标间。当晚,几个联防队员冲进房间将正在洗澡的小顾硬从卫生间里拖了出来,声称小顾没有结婚证同女友开房属于卖淫嫖娼行为,并最终处以罚款。

笔者认为,公安部门要求男女开房需持结婚证,以及进行所谓的例行查房没有法律依据,侵害了酒店、宾馆顾客的合法权益。到目前为止,法律的强制规范只是禁止强奸、重婚与性交易这三种行为,未婚男女外出同住并未在禁止之列。其他任何人或机关均无权干涉或处理。同时,根据私权行使“法不禁止即允许”的原则,既然法律没有对不能出示结婚证的未婚男女外出同住行为作出禁止规定,那么,这种行为也没有违法。此外,居住权是公民的最基本的权利之一,除法定情形外,任何人不能对此予以剥夺。在此情况下,无论宾馆还是公安部门无权要求顾客出示除身份证之外的其他任何证件及进行所谓的例行查房。否则,就严重侵犯了顾客的人权,违背了现代法治精神。(参见《男女开房必须持结婚证吗?》,载《中国青年报》2002年10月21日)

14. 运用规范命题相关知识,结合以下材料,分析“法无授权即禁止”原则的逻辑学依据。

某大学3名研究生因校外嫖娼被开除、处分决定书以实名的形式在学校公示而引发关注。校方回应称,处理决定是由学校保卫处作出、校长办公会议审议通过的,且处罚公示仅在校内,未刊发在网

络上,可以起到警示其他学生的作用。对此,有关法律人士曾评论如下:

纵观《普通高等学校管理规定》及相关法律规定所有条款,皆未赋予校方“张榜公告”的权力,因公权力“法无授权即禁止”,校方张榜公告实为越权之举。有人说张榜公告是一种法定的送达方式,但众所周知,公告送达是穷尽一切送达手段后的不得已方式,在本案中完全不适用,且其张榜公告行为本质上根本不是“送达行为”,而是赤裸裸的曝光再处罚行为。从校方的“处罚公示仅在校内,未刊发网络”辩解来看,其对“张榜公告”行为必将传播至全社会是明知的、持放任与故意态度的,故辩解无效。具体到本案的法理,无论是从“禁止双重危险”“一事不再罚”还是“法无授权即禁止”原则的角度,都很难给校方的行为找到法律理由。事实上,校方的做法缺少法治意义与人文关怀意识,也与当下我国的法治文明建设背道而驰。(参见《三学生嫖娼“社死”事件中校方并无“张榜公告”权》,载知乎网 2021 年 9 月 25 日,https://zhuanlan.zhihu.com/p/413700629。)

第七章　推理的概述

课外阅读

人的思维活动，主要表现为一系列推理活动；人们对某个问题的思考或论证过程，实则也表现为一系列推理的运用过程。因此，所谓思维技巧或思维艺术，其实主要也就是指运用推理的技巧或艺术。由于推理活动的展开，不但涉及背景知识，而且也与智力功能、心理因素等密切相关，逻辑学在这些方面当然无能为力；但是，运用推理就不能不涉及一定的推理结构形式。推理的结构形式是相同类型推理的共性，认识和遵循推理结构形式方面的规律、规则，可以使我们正确认识所运用的推理及其所得结论的逻辑性质，把握运用各种类型推理的逻辑要求，从而保证推理正确并扩展我们运用推理的能力。因此，逻辑学提供的关于推理结构形式方面的知识，直接关系到思维的正确性问题。不但如此，在逻辑学中虽然还要研究概念、判断（命题）这些思维形式，其实对这些问题的研究，从根本上来说还是服务于研究推理的。正是基于上述这些方面的原因，所以人们常常把逻辑学解释为是一门关于如何正确推理的科学。

第一节　推理的特征

一、什么是推理

推理（reasoning），就是根据几个已知命题推导出另一个命题的思维形式，它始终是命题之间某种性质（真、模态、概率、合法性等）的过渡，即将某种性质由已知命题过渡到未知命题。例如下述这段话：

①“现场勘查证明，A 地现场发现的这具尸体是出现尸斑的尸体；而法医学知识告诉我们，凡是出现尸斑的尸体都是死后 2－4 小时的尸体，因此可以肯定，A 地现场发现的这具尸体是死后 2－4 小时的尸体。”

这段话表述的实际上就是一个推理，它表明“A 地发现的这具尸体是死后 2－4 小时的尸体”这个命题，既不是直接感知的，也不是胡乱猜测得来的，而是根据这样两个已知命题，即“A 地现场发现的这具尸体是出现尸斑的尸体”，和“凡是出现尸斑的尸体都是死后 2－4 小时的尸体”，并借助于这两个命题的联结而推导出来的。逻辑学中为了便于研究推理的结构，就把人们实际运用的各种各样的推理，整理排列为相应的推理形式，并用一横线表示推理中的已知命题同推出命题之间具有的推导关系：横线上面表示得出某个命题的根据，是推理中已知为真或确定为真的命题；横线下面表示推导得出的命题。上述这个推理，我们就可以整理排列为下面例②这样的推理形式：

②凡是出现尸斑的尸体都是死后2-4小时的尸体;

A地现场发现的这具尸体是出现尸斑的尸体,

所以,A地现场发现的这具尸体是死后2-4小时的尸体。

又如下面这段话:

③"1960年,英国有一个农场的10万只鸡、鸭,由于吃了发霉的花生而得了癌症,死去了;用这种饲料喂养的羊、猫、鸽子也先后患癌症死去。1963年,有位科学家基于上述情况,又有意识地在实验室里观察了白鼠吃了发霉花生后的反应,结果发现白鼠也得了肝癌。据此,这位科学家得出了这样一个结论:动物吃了发霉的花生都会患癌症。后来通过对发霉的花生的化学分析,发现其中含有黄曲霉素,而黄曲霉素是致癌物质。"

这段话表述的那位科学家得出结论的思维活动,也是一个推理。这个推理推导出的命题,就是"动物吃了发霉的花生都会患癌症";这段话中前面讲述的那些情况,就是那位科学家进行推理的根据,是该推理的已知命题。我们也可以把它整理排列为下面例④这样的推理形式:

④鸡吃了发霉的花生会患癌症;

鸭吃了发霉的花生会患癌症;

羊吃了发霉的花生会患癌症;

猫吃了发霉的花生会患癌症;

鸽子吃了发霉的花生会患癌症;

白鼠吃了发霉的花生会患癌症;

(而鸡、鸭、羊、猫、鸽子、白鼠都属于动物)

所以,动物吃了发霉的花生都会患癌症。

推理亦叫推论(inference)[1]或推测。它既可以在名词的意义下被理解为那种静态的、既成的命题组合方式,即逻辑学中所说的推理这种思维形式;如上面的例②和例④便是。它也可以在动词的意义下被理解为那种根据已知推未知,亦即由一些命题向另一个命题过渡的、动态的思维活动过程,也就是指在人们头脑中凭借空间想象能力而展开的一种智力活动。这样的智力活动,就正如毛泽东同志所说的:"《三国演义》所谓'眉头一皱计上心来',我们普通说话所谓'让我想一想',就是人在脑子中运用概念以作判断和推理的功夫。"[2]"眉头一皱"表明头脑中正在展开这样的智力活动,正在进行由已知推未知、由一些命题向另一个命题过渡;而"计上心来",则表明通过这样的智力活动已获得了某种结果,即结论。人们把描写侦查破案

〔1〕 我国著名逻辑学家殷海光认为,"推论"(inference),不是"推理"(reasoning),二者大有分别。"所谓'推理'程序,是以各种特定的(specific)'理'为前提的推衍程序。'理'有多种:物理学有物理学之理,化学有化学之理,地质学有地质学之理……(请注意:作者并未说'飞机有飞机之理',或'物各有理'。)因而,以各种不同的理为前提可以构成一套一套的'推理'。但是,如果我们将作为这一套一套的推理之前提的各种'理'一一抽掉,所剩下的就是纯形式的推衍所据之以行的一个系统。这个系统,是一语法系统。这一语法系统的运作或演算,就是推论。这样看来,推论不从任何一种特定的'理'出发。"(殷海光:《逻辑究竟是什么》,载贺照田编:《思想与方法》,上海三联书店2004年版)本书对"推理"和"推论"不作严格区分。

〔2〕 《毛泽东选集》(第1卷),人民出版社2009年版,第262页。

的小说称为“推理小说”,这里所说的“推理”就是动态意义的;日常语言中所说的“推理能力”中的“推理”,也是这样的意义。

不过,尽管“推理”一词有着静态的和动态的两种含义,然而就其所指来看,有时二者并无严格的界限。譬如,就一个具体的推理而言,当我们侧重于它获得某种结论的思考或分析过程来看,说它是个“推理”,这是动态的意义;而当我们侧重于这一既成的推理的命题组合方式,并把它的命题组合方式排列起来考察的时候,说它是个“推理”,就是静态的意义了。逻辑学中研究的各种推理,考察的就是静态意义下既成的推理形式;而目的则是动态意义下的推理活动,亦即如何正确运用这些推理的问题。

就人们获得的认识来说,总要表现为这样或那样的命题。而得出这些命题的途径,可能来自感知,也可能来自胡乱的猜测,当然还可能来自推理。推理的根本特点就在于“推”,是有根据的一种推导活动,是由一些命题向另一个命题的过渡。因此,它既不同于直接的感知,也不同于“瞎猜”:感知,是人们对客观事物情况的直接反映;“瞎猜”,则是不依赖于任何根据而作出的断定。比如,在一荒郊野地躺着张三的尸体,围观者对张三的死因议论纷纷。李四说:“我猜,张三肯定是被人杀害的。”这里,李四作出的“张三是被人杀害的”这一判断,就是“瞎猜”的,他什么根据也没有。王五说:“我亲眼看见有人紧追张三,并从背后捅了他一刀,把张三杀死了。张三是被人杀害的。”这里,王五作出的“张三是被人杀害的”这一判断,就是他直接的感知。假若侦查人员到达现场并通过尸检发现,死者(张三)背上有自己无法形成的致命伤,据此得出结论说:“死者(张三)是被人杀害的。”这里,侦查人员作出的“张三是被人杀害的”这一判断,就既不是感知,更不是瞎猜,而是推理所得了。又如,有人指着一个鼓囊囊的口袋,问大家口袋里装的是什么?甲随口就回答说:“口袋里装的都是玻璃球。”乙上前用手伸进口袋,当其第一次摸出的是一个玻璃球,第二次摸出的又是一个玻璃球,接着第三次、四次、五次摸出的也都是玻璃球的时候(尽管口袋里的东西他并没有全部摸出来看),然后回答说:“口袋里装的都是玻璃球。”丙则上前打开口袋仔细看了里面装的东西后说:“哇!口袋里装的都是玻璃球。”这里,虽然他们三人的回答都一样,然而甲的回答却是“猜”得的,丙的回答则是感知的;只有乙的回答,才是根据“已知”通过推理得出的。由上可见,推理同感知、瞎猜是大有区别的。

二、推理的组成及其语言表达形式

如前所述,既然推理是根据一些已知命题推导出另一个命题的思维形式,是有根据的推导活动,是由已知命题向另一个命题的过渡,因此,任何推理就都必然包含有这样三个组成要素,即前提、结论和推导关系。

所谓推理的前提(premise),就是推理赖以进行的、作为推导出某个命题的根据的那些已知命题。如前面例②和例④中横线上面的那些命题,就分别是例②和例④这两个推理的前提。实际思维中,推理的前提总是推理运用者已知为真或确定为真(或假定为真)的命题,是该推理赖以进行的基础和出发点,也是通过推理要证明某个命题为真的理由或根据。

所谓推理的结论(conclusion),就是根据推理的前提推导出来的那个命题。它是依赖于已知命题的过渡而得出的命题。如前面例②和例④中横线下面的那两个命题,就分别是例②和例④这两个推理的结论。

推理的前提和结论,是构成推理的要素中显现出来的组成成分;此外,还有一个隐藏于推理中间的、非常重要的要素,即前提与结论之间的推导关系。由前面例子可以看出,推理虽然是由一些命题组合而成的命题序列,但是,它绝不是任意的一些命题的简单堆砌或随意的拼凑、组合;它的一些命题同另一个命题之间总是存在某种逻辑联系的。这种逻辑联系,就是它们之间构成的推导关系。

如同判断(命题)有其内容和逻辑形式两个方面一样,推理也有其具体内容和逻辑形式两个方面。推理的具体内容就是前提命题和结论命题所反映的客观事物情况;它的逻辑形式,也就是它的前提与结论之间的逻辑联系,亦即它们之间的推导关系,具体就表现为它们之间的联结方式。推理前提与结论之间的联结方式,又叫推理的结构形式,简称推理形式。例如下面这个推理:

⑤野生动物都是受国家保护的;
蛇是野生动物,
———————————
所以,蛇是受国家保护的。

如果我们用“M”“P”“S”依序替换上例中先后出现的几个概念,该推理前提与结论之间的联结方式,亦即它所采用的推理形式就是:

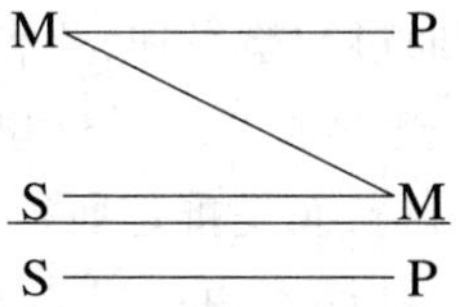

又如下面这个推理:

⑥如果死者的胃容物有浓烈的酒味,那么,死者是进食后不久死亡的;
(某个)死者的胃容物有浓烈的酒味,
———————————
所以,(某个)死者是进食后不久死亡的。

如果我们以逻辑变项“p”“q”分别代替“死者的胃容物有浓烈的酒味”和“死者是进食后不久死亡的”,该推理的逻辑形式就是:

如果 p,那么 q
p
———————
所以,　　q

该推理形式还可以进一步用符号公式表示为:

$$\frac{p \to q \quad p}{q}$$

再如前面所举例④的推理,其前提与结论之间的联结方式则是:

$$
\begin{array}{c}
S_1\text{是}P;\\
S_2\text{是}P;\\
\cdots\cdots\\
S_n\text{是}P;\\
\underline{(S_1、S_2\cdots\cdots S_n\text{都属于}S)}\\
\text{所以,所有}S\text{都是}P
\end{array}
$$

如此等等。推理的前提与结论之间的推导关系,是逻辑学在推理方面特别关注的核心问题。推导关系的实质,就在于它能把前提的真(无论是确实为真还是假定为真)传递给结论,能用前提的真来证明结论必然真或非常可能为真;并且,承认结论的真还必须依赖于承认或相信前提的真。正是推理中的这种推导关系,才使得人们承认该推理的前提,就必须承认或者相信它的结论;并且,承认或相信它的结论,仅仅是基于承认或相信它的前提。否则,命题与命题之间就不成其为正确的推理关系,甚至它们的组合就根本不成其为推理。

如同概念要借助于语词或词组、判断(命题)要借助于语句来表达一样,推理通常也要借助于一定的语言形式来表达。推理的语言表达形式,其实是关于命题与命题之间具有的推导关系的语言表达形式。这种推导关系,亦即日常语言中用"因为……,所以……"这类语词或相当于这类语词表达的关系,如"由于……,所以……""……,因而……""……,因此……""……,所以……"等等。其中,"所以""因而""因此"之后的那个命题就是推理的结论;而"因为"、"由于"或相当于这类语词之后的那些命题,就是前提。此外,在语言表达中,当我们为了证明某个论断或观点的正确性而陈述其理由或根据时,尽管没有上述那类表达推导关系的语词,然而作为理由或根据的命题,同所要证明的命题(所要证明的论断或观点)之间,也总是(并且应当是)具有推导关系的:作为理由或根据的命题就是推理的前提;而所要证明的论断或观点,则是该推理的结论。

正是由于"因为"、"所以"以及与之含义相似的语词,表达了前后命题之间具有推导关系,所以,我们在口头或书面语言表达中就不要随意乱用,使用时一定要考虑到该语词前后的命题与命题之间是否具有推导关系,否则就会闹笑话。譬如这样两句话:"我母亲是农家妇女,今年已经七十岁了。"这两句话作为一个联言命题,逻辑上并没有什么错,可是,若在它们中间加上诸如"因为""所以"之类的语词,就会成为笑话;两句话之间哪有什么推导关系呢!司法工作中,如果在制作法律文书时不注意这个问题,也难免会出现这样的笑话。例如,有份判决书中就这样写道:"由于被告杜某长期旷工,在外鬼混,致使该厂连续三个多月未能完成生产任务。"被告一个人旷工,怎么就可以使得一个厂几个月不能完成生产任务?前后两个命题之间,哪有什么推导关系?还有份判决书中这样写道:"经查证明,原告张某与被告程某确系中华人民共和国成立前由父母包办的婚姻关系,因而实属难以维持下去的婚姻关系,故准予离婚。"对此,就正如有人撰文批评指出的那样:"中华人民共和国成立前由父母包办的婚姻关系,难道就一定是难以维持下去的婚姻关系?判决书的说法若能成立,岂不等于宣布中华人民共和国成立前由父母包办的老夫老妻都应离婚。"

三、推理是有预定目的的思维活动

推理是在人们头脑中进行的思维活动,是凭借空间想象能力而展开的一种智力活动。但是,这种活动的展开不是盲目的,也不是头脑中随时随地都在进行着的。人们运用推理总是基于某种需要而自觉进行的——当然,这里所说的“自觉”,并不是指推理的运用者一定能够意识到他是在运用推理,更不是说他一定就知道所运用的是什么样的推理、懂得所运用的推理的逻辑性质;而只是说推理本身是一种自觉的活动,是有预定目的的一种思维活动。不是出自某种预定目的,头脑中就不会去思考,也就不会有推理的发生。

我们运用推理的“预定目的”,主要有两种情形:一是基于认识的需要。当某人在实践中获得了某些认识,亦即掌握了某些已知命题,并由此而引发了他头脑中对问题的思考的时候,当其希望能够根据这些已知的情况去探寻未知的情况,以求获得关于事物情况的某种新的认识的时候,在这样的情况下他头脑中就会用到推理。二是基于论证的需要。人们为了证明或确立某个命题的真实性或虚假性,就会有意识地为之“寻找”理由或根据,“寻找”时,就不能不思考理由或根据同所要证明的命题之间的说明关系(这当然不包括那种不加思考而乱列“理由”的情形);这一思考过程,也就是他在头脑中运用推理的过程。论证中,只有当人们做这样的思考的时候,他的头脑中才会有推理的发生。简言之,所谓推理的“预定目的”,就是或者由已知的(前提)命题出发,求结论命题;或者由确立的结论命题出发,“寻找”能推导出它的前提命题。不过,这只是就其表现出来的情形说的而已,实际上,当我们为了证明或确立某个命题的真实性或虚假性而“寻找”理由或根据的时候,头脑中进行的推理活动,也还是由前提(理由或根据)到结论(需要证明的命题)的推导活动,与前一种情形并无根本的区别;何况,当我们把通过推理获得认识的过程倒过来表述的时候,也就相当于后一种情形了。

人们要获得对客观事物的认识,必须运用推理。大家知道,人们获得的关于客观事物的认识,不外来自两个途径,一是感知,二是推知。感知是认识主体在实践活动中凭借感觉器官直接获得的经验性知识,亦即亲知。就任何一个具体的认识主体而言,都不可能也不必要事事依靠直接经验,因此,在他的知识中,直接经验而得的知识终究是很少的,大量都是通过推理间接得来的。而且,就人类总的知识来说,基本上也都是在前人已有的知识和新的感性材料的基础上运用推理而得的。正因如此,所以恩格斯指出:“甚至形式逻辑也首先是探求新结果的方法、由已知到未知的方法。”[3]不但人们要获得新的知识就必须运用推理,而且也只有当人们有了某种认识需要的时候,也就是只有有了某种“预定目的”的时候,思维中才会有意识地运用所掌握的已知前提,并在此基础上展开推理活动,也才有推理的发生。

就以前面所举的例②来说,面对“A 地现场发现的尸体是出现尸斑的尸体”这一情况,对于在现场围观的一般群众而言,尽管他们也会感知这一情况,然而也仅仅不过就是感知而已,对之往往会不以为然;没有认识的需要,头脑中当然也就没有推理的发生。但是,对于侦查人员来说就不同了,因为他们勘查现场、检验尸体的目的,就是弄清死者的有关情况,以便根据已知推未知,最终查明案件的真相。因此,面对现场尸体出现尸斑的情况,侦查人员的头脑中就会有意识地联系到已知的、法医学提供的知识,推知“这具尸体是死后 2-4 小时的尸体”。显然,如果侦查人员不是出于这种认识的需要,他的头脑中也不会有例②这个推理的发生。

正是由于推理是一种有预定目的的思维活动,所以人们只有出自推理的需要,才会有意识地去运用已有的知识,或者进一步去收集、“寻找”可供推理需要的知识,并将其作为前提进行

---

〔3〕《马克思恩格斯选集》(第 2 卷),人民出版社 1972 年版,第 174 页。

推理活动。就以前面谈到的那位科学家运用推理的情形为例来说：当这位科学家了解到鸡、鸭、羊、猫、鸽子这些动物吃了发霉的花生都患癌症死去的情况后，他头脑中就产生了疑问，从而也就引发了如何根据这些已知情况而获得某种认识的思考，亦即有了推理的预定目的；也正是为了更好地运用推理，他才会又有意识地在实验室观察白鼠吃了发霉花生后的反应，实则也就是进一步收集可供推理需要的前提。再以前面所举的回答口袋里面所装何物的例子来说，乙为什么要先从口袋里一次又一次地摸几个东西出来看呢？也正是由于他头脑里已经有了运用推理的意识，所以才会这样有意识地“寻找”可供推理需要的前提。

在为证明或确立某个命题的真实性或虚假性的论证中，为什么有的论证者要“乱列理由”呢？原因就在于论证者在论证过程中没有考虑（思考）到所要列举的理由，同准备证明的命题之间是否具有推导关系。头脑中没有这样的预定目的，列举理由时也就没有推理的发生，“乱列”自然也就难免。例如，20世纪70年代中期，某地农村一个拖拉机训练班发生了一起盗窃案，当地有关部门认定是该班学员、青年农民何某所为。他们在上报材料中列举之所以“认定是何某所为”的若干理由中，就还列有这样两条“理由”：一条是“何某的父亲在抗美援朝时被俘过”；另一条是“何某不是该训练班的正式学员”。显而易见，这两条所谓的“理由”，同关于何某是否盗窃的论断之间，哪有什么推导关系？又哪能成为认定何某盗窃的“理由”？

如果我们稍加注意就不难发现，现实生活中类似上述那样乱列理由的事例，并不少见。论证问题时不加思考，没有运用推理的预定目的，不考虑陈述的理由与准备证明的命题之间的推导关系而乱列“理由”，不但会闹笑话，而且，这样的“论证”不堪一“驳”。

懂得推理是有预定目的的思维活动，很有意义。它告诉我们，头脑中没有某种预定目的，没有对推理的需求，就不会有推理的发生。所谓人的推理能力，尽管同人的心理因素、背景知识等方面密切相关，但首先取决于是否有“求知”的欲望，是否有自觉地、有意识地运用推理的习惯；没有对推理的需求，没有推理的发生，当然更谈不上所谓推理的能力了。

第二节 推理的类型及其区别与联系

一、推理的分类

实际思维中，人们运用的推理，其结构形式多种多样。逻辑学对这些推理形式，从不同的角度、按照不同的标准把它分为若干种类型，目的在于研究不同类型推理形式的推导特点及其规律性，了解不同类型推理结论的逻辑性质，从而使得我们不但能有意识地运用各种推理，而且指导我们正确地运用各种推理。

值得说明的是，关于推理究竟应该如何分类是一个比较复杂的问题。如同人们对“逻辑”理解得不同一样，不同的学者基于不同的逻辑理念出发，不仅对推理有着各自不同的分类，而且，对划分出来的各种推理，即使称谓相同、解说也大有差异。本书对推理的分类及其解说，也只是众多关于推理分类及其解说中的一种。

从司法工作的实用角度出发，本书对推理只作如下两种分类。

(一)必然性推理与或然性推理

根据推理形式的前提与结论间的推导关系、亦即前提与结论间的联系性质的不同,可以分为必然性推理(apodeictic reasoning)与或然性推理(probable reasoning)。

所谓必然性推理,就是指其联结方式可以保证由真前提推导出真结论的推理。由于这种推理形式的前提与结论之间的联结方式具有必然性,因此,只要(并且也只有)其形式完全符合该推理形式要求的时候,如果它的前提真,结论就必然真;若结论假,则前提必然有假。必然性推理的特点表明,它的前提为它的结论提供了完全支持的强度。

所谓或然性推理,就是指其联结方式只能在一定程度上保证由真前提推导出真结论的推理。这就是说,这种推理形式的前提与结论间的联结方式,本身就不具有必然性,因此,尽管在推理形式符合要求的情况下,前提为真时,结论未必就真;即使结论不真,也不意味着就否定了它的前提真。或然性推理的特点表明,这种推理的前提,只是为它的结论提供了一定程度的支持强度。所以,即使承认它的前提,并不一定意味着就承认了它的结论;否定它的结论,也不意味着就否定了它的前提。正是由于或然性推理只能在一定程度上保证由真前提推导出真结论,所以在运用这种类型的推理时,就特别要求我们必须注意有意识地去提高其结论的可靠程度,特别要求我们注意分析前提对结论的支持强度,因而也特别能检验出我们自觉运用推理的水平和艺术;在社会科学领域,特别是在司法工作和刑事侦查工作中,尤其如此。

(二)演绎推理、归纳推理与类比推理

根据推理由前提到结论的推导进程思维方向的不同,推理可分为演绎推理(deductive reasoning)、归纳推理(inductive reasoning)和类比推理(analogical reasoning,reasoning by analogy)。

第一,演绎推理就是由一般性前提推导出特殊性结论的推理,也就是从关于某类事物的一般性知识出发,推出该类事物中某一特殊对象情况的结论的推理。它的思维进程的方向,亦即由前提得出结论的思维过程,是由"一般"推知"特殊",或者说,是根据一个比较一般性的原理,来认识或证明某个比较特殊性的命题。

这里所谓前提的"一般性",是相对于结论的"特殊性"而言的,是指作为推理基本依据的前提命题所断定的对象范围或事物情况,较结论命题断定的对象范围或事物情况更为宽泛,亦即:或者前提命题断定的对象范围已包含了结论断定的对象在内,或者前提断定的事物情况已包含了结论断定的那种事物情况。譬如,作为前提的命题中,已断定了"S"这个概念外延反映的对象的情况都怎样,而结论只是断定"S"这个概念外延中的某一分子、如"S_1"或"S_2"的情况也怎么样;作为前提的命题中已断定了在任何情况下出现"p"就必然出现"q",结论则断定在特定情况下出现了"p",当然就必然出现"q";如此等等。在演绎推理中,总是以一般性的前提作为推理基本依据而进行的,因而说它是由"一般"推向"特殊"的推理。

第二,归纳推理就是由若干个特殊(或个别)性的前提推导出一个一般性结论的推理;它的思维进程的方向,亦即由前提得出结论的思维过程,是由"特殊"(或"个别")推知"一般",是从一系列特殊性或个别性的事例中,得出一个比较一般性命题的结论。

归纳推理的前提,是关于一类事物包含的若干对象情况的命题;结论则是关于这类事物情况的整体性的命题。实际上,归纳推理的结论是对前提若干对象或事例的概括。譬如,前提只是断定了"S"这类事物中的"S_1""S_2"等对象的情况,而结论则断定的是整个"S"类事物的情况。它结论断定的对象范围,相对于它各个前提断定的对象范围来说,更为宽泛,更具一般性,所以说它是由“特殊”推向“一般”的推理。

第三,类比推理就是根据某个(或某类)对象与另一个(或另一类)对象的许多属性都相同或相似,从而推知某个(或某类)对象,与另一个(或另一类)对象的另外某种属性也相同或相似的推理。就类比推理的前提命题断定的对象范围与结论命题断定的对象范围来看,是“同等”的,即:或者是根据这个对象的情况,推知另一个对象的情况;或者是根据这类对象的情况,推知另一类对象的情况。因此,类比推理思维进程的方向,亦即由前提得出结论的思维过程,是一种“由此及彼”的推导活动。所以说,类比推理是由“特殊”推向“特殊”的推理。

除以上两种分类外,推理还可以按照其他的根据作另外的划分,比如,根据推理是否要求前提必须真实可靠,可分为证明性推理与非证明性推理;在法学中,根据推理是否涉及形式推导关系、是否涉及前提的实质内容,可分为实质推理(material reasoning)与形式推理(formal reasoning),前者亦称辩证推理(dialectical reasoning)或论辩推理(argumentative reasoning),后者也称分析推理(analytical reasoning),等等。这里从略。

以上两种分类,是按照不同的划分根据进行的,因此,就某一种具体的推理而言,它并非只能属于其中的某一种。关于这个问题,本书没有采纳逻辑学界某些学者的观点,比如有人认为,所谓演绎推理就只能是必然推理,甚至认为二者就是同义的。本书不这样认为。本书主要从如何更有利于司法工作者学习和应用推理知识、如何更好地结合司法实践来阐释各种推理的角度出发,同时也还考虑到上述这样的分类方法,本来就是普通逻辑传统的分类方法,所以本书作了上述这样的分类。

二、不同类型推理的区别

从上面关于演绎推理、归纳推理和类比推理的简略介绍中,已不难看出它们之间的主要区别:

(一)由前提推导出结论的思维进程方向不同

演绎推理是由一般到特殊(或个别)的推理,是从前提中那个反映一般性事物情况的命题中,推出一个反映特殊性或个别性事物情况的命题。归纳推理则与之相反,它是由特殊(或个别)到一般,也就是从一系列特殊性或个别性的事物情况中,推出一个反映一般性事物情况的命题。类比推理比较独特,它既不是由一般到特殊(或个别),也不是由特殊(或个别)到一般,而是由特殊到特殊,或者由个别到个别,亦即由一个反映此类(或这个)事物情况的命题,推出一个反映另一类(或另一个)事物情况的命题。

(二)由前提推出结论的推理特点不同

由前提推出结论的推理特点不同,因而对前提数量的要求也不同。

1. 演绎推理的特点

由于演绎推理是由一般推向特殊,是根据一般性的命题来证明或确认某个较特殊性、或个别性命题的推理,所以,在运用演绎推理时,人们总是基于所需认识的关于某类或某个对象事物情况的命题出发,再将其导入头脑中已有的、相关的一般性知识(命题)断定的范围,然后联结而得出关于某类或某个对象事物情况的结论。因此,演绎推理的典型情况,总是由这样三个命题组成的:一是需待认识的关于某类或某个对象事物情况的命题,称作演绎推理的小前提;它通常是人们直接感知而得的。二是用以作为认识某类或某个对象事物情况基本依据的一般性命题,称作演绎推理的大前提;它通常是人们头脑中已有的、包括了某类或某个对象事物情况在内的一般性知识。三是通过两个前提的联结而得出的命题、即结论。

演绎推理虽然是由一般推向特殊(或个别)的推理,然而实际思维中运用演绎推理的认识起点,却是小前提。有了小前提,并且有进一步认识某类或某个对象的需要,亦即有了某种预定目的,人们才会有意识地将其与头脑中的已有知识联系起来,从而得出关于某类或某个对象的新的认识,即结论。就以前面所举的例②来说:侦查人员经过在发案现场对死者尸体的检验后得知,"A 地现场发现的这具尸体是出现尸斑的尸体"——这是直接的感知。可是,"出现尸斑的尸体"说明什么呢?侦查人员自然就会联想到头脑中已有的知识,亦即"寻找"到他得以认识当前具体对象情况的大前提——"出现尸斑的尸体都是死后 2 - 4 小时的尸体"。通过大、小前提的联结,于是得出了关于某个对象("A 地现场发现的这具尸体")的新的认识,即结论。这就表明,演绎推理就其由前提推导出结论的思维进程来说,是由"一般"推向"特殊",然而从演绎推理的实际运用来说,其认识起点却是先有"特殊",然后再联系(或"寻找")"一般"而后得出结论的。

可见,所谓演绎推理的"演绎",其实就是把大前提反映的一般性知识展现出来并使之具体化,或者说,是依据一般性知识而对具体对象认识的延伸和扩展。

正由于演绎推理总是由三个命题组成的,因此,历史上把演绎推理通称为"三段论"。

2. 归纳推理的特点

如前所述,归纳推理是由特殊(或个别)推向一般的推理。它由"特殊"(或"个别")推出"一般"的过程,其实就是从一系列特殊性(或个别性)的具体事例中,概括出共同的属性并将其扩展到同类事物中去,从而得出关于该类事物整体性结论的过程。唯物辩证法告诉我们,人们能够通过感知而直接认识的对象,只能是个别性或特殊性的;然而个性中包含有共性,特殊中包含有一般,因此,我们也就能够通过对一系列具体事例的考察,从中概括出它的共性,获得关于该类事物的整体性认识。这是归纳推理之所以能够由"特殊"(或"个别")推出"一般"的认识论基础,也是它能够从一系列个别性或特殊性事例中概括出关于一类事物整体性结论的客观依据。

归纳推理的根本特点,就在于它的结论是来自对前提所列举事物情况的概括,并且是在前提已知事物情况基础上的扩展和延伸。例如,我们根据"某甲会英语""某乙会英语""某丙会日语""某丁和某戊会法语",并且,我们又知道甲、乙、丙、丁、戊都是 A 公司的部分职员,于是得出结论说:"A 公司的职员都会外语。"这里,结论的主项"A 公司的职员",是对各个前提的主项甲、乙、丙、丁、戊的概括;结论的谓项"会外语",则是对各个前提的谓项"会英语""会日语""会法语"的概括。不但如此,结论断定的是"A 公司职员"的全部,显然已扩展了前提已知对象事物情况的范围。

正是由于归纳推理的上述推理特点,首先,决定了它前提命题的数量不同于演绎推理,是不受限制、可多可少的。当然,又不能太少。如果前提考察的事例仅三两个,显然就难以从中发现一类事物的共性或规律性,归纳推理也就派不上用场;即使轻率地得出结论,其前提对结论的支持强度也极低。其次,它的结论只能是全称性的,或能适用于任何情况下的一般性命题;若只是得出一个特称性的,或只能适用于某个具体情况的命题,就不成其为在运用"归纳推理"。

3. 类比推理的特点

类比推理表面看来似乎其前提就是甲、乙两个(或两类)对象,其实它推理的依据,或者说它用以作为推理的前提,是甲、乙两个(或两类)对象的若干相同或相似的属性。因此,在前提的数量方面,它也不同于演绎推理而与归纳推理相似,是不受限制、可多可少的;当然也不能太少。如果仅仅依据甲乙两个对象的某一个或两个属性相同,就推知它们的另一个属性也相同,就谈不上是在进行真正意义上的“类比”。类比推理与归纳推理的主要区别,就在于它的结论不仅不是对前提已知情况的概括,而且结论也不是比前提命题断定范围更为宽泛的全称命题;它只是关于某个特殊的类或关于某个具体对象的命题。

(三)前提与结论之间逻辑联系的性质不同

演绎推理的前提与结论之间的联结方式,亦即它推理的逻辑形式,是确定的。因此,在完全符合推理形式要求的情况下,其逻辑变项代入相应的概念或命题,无论它的内容是哪个方面的,只要代入的命题为真,它的结论就必然真;若结论不真,则其前提中就必然至少有一个前提为假。所以说,演绎推理的前提与结论之间的联系具有必然性。不过,特别值得说明的是,这是就演绎推理的推理形式完全符合它的逻辑要求的情况来说的;如果所运用的推理,虽然也属于演绎推理的形式,然而并不完全符合它在推理形式方面的逻辑要求,其前提与结论之间的联系,就不具有这样的必然性。在这种情况下,即使它的前提都真,结论也未必就真;尽管结论为假,它的前提也不一定就假。

就推理的前提与结论之间逻辑联系的性质来说,归纳推理与类比推理都不同于演绎推理,它们的前提与结论之间的联系都不具有必然性。无论归纳推理还是类比推理,尽管它们也都有它各自的推理形式,但是,其推理形式并不是确定的,它只不过是对该类型推理的公式表述而已,不像演绎推理那样,可以在逻辑变项中代入相应的具体概念或命题。由于它们的推理形式本身,其前提与结论之间就没有必然的联系,因此,即使归纳推理或类比推理的前提都真,它们的结论也未必就真。

为什么归纳推理(尽管完全归纳推理例外)和类比推理,不能保证在前提真的情况下,结论必然真呢?根本原因就在于这两种推理都是扩展性的推理,其结论都超出了前提已知的事物情况的范围。有限的前提,不可能为扩展了的结论提供完全强有力的支持,更不可能保证在前提真的情况下结论必然真。

虽然归纳推理与类比推理都只是一种或然性推理,但是其认识意义却不可忽视,它们都是人们在已知事物情况的基础上扩展知识的重要手段。特别是类比推理,往往能把人的认识从一个领域引申到另一个领域,其应用更是具有极大的灵活性,因而比演绎推理、甚至比归纳推理都更具创造性。

三、不同类型推理的联系

演绎推理、归纳推理与类比推理,若仅从推理本身来看,它们之间的区别是明显的,然而在实际思维中,它们的运用却是相互联系的,很少有孤立地运用某种推理而不涉及其他类型推理的情形。若从理论上来说,各种类型的推理更是相互联系、密不可分的。特别是演绎推理同归纳推理之间的关系,就尤为如此。它们既相互区别,又相互依赖、相互渗透。

演绎推理同归纳推理之间的联系,或者说它们之间的相互依赖关系,主要表现为:

第一,演绎推理的大前提,亦即作为演绎推理基本依据的一般性命题,要靠归纳推理提供。

演绎推理能够由一般推出特殊,首先要依赖于它反映某类事物情况的一般性命题,即它的大前提。可是,这个一般性命题是从哪里来的呢?谁都知道,人们能够直接认识的,只能是这个或那个具体的事物,不可能直接获得关于某类事物的整体性的知识。要获得这样的知识,就必须借助于归纳推理。没有归纳推理,就不可能有演绎推理必不可少的、作为大前提的一般性命题。用前面谈到的例②那个演绎推理来说,侦查人员为什么能够根据"A 地现场发现的这具尸体是出现尸斑的尸体",推知"A 地现场发现的这具尸体是死后 2-4 小时的尸体"呢?是依赖于它的大前提:"凡是出现尸斑的尸体都是死后 2-4 小时的尸体"。可是,这个一般性命题怎么来的?它只能是人们通过对若干具出现尸斑的尸体及其死亡时间的具体事例的考察后,通过归纳推理得出的。可见,没有归纳,就谈不上演绎。

第二,归纳推理的运用,又不可能是盲目的,它必须依赖于演绎推理的指导。离开了演绎推理的指导,就不能正确地分析这些具体事例或现象,也不能解决观察什么、实验什么的问题。不仅如此,归纳推理得出的结论,其可靠程度究竟如何,靠归纳推理本身也是不能证明的,必须通过演绎推理来验证。如前所述,归纳推理因其是扩展性的推理,结论超出了前提的范围,即使其前提都真实可靠,结论也不必然可靠。要验证其结论的可靠程度,归纳推理自身不可能解决,必须依赖演绎推理,也就是把归纳推理所得的结论作为大前提,用以认识或预测未知的事物情况,看其与该归纳推理所得的结论是否相符。若验证情况与归纳推理的结论相符,就能够提高该结论的可信度,对该结论起到支持的作用;反之,则表明该结论不可靠,对之就有必要予以修正甚至给以否定。

下面,我们不妨结合具体实例,进一步来说明演绎推理与归纳推理之间相互联系的情形。

某地发生了一起碎尸案。侦查人员经过艰苦细致的工作,从全市收集到被碎尸死者的尸块虽然有 40 多块,但拼凑起来也还不到该尸体的 2/3;何况这些尸块还高度腐败,根本无法辨认出死者身份。不言而喻,要侦破这起案件,首先必须查明死者的身份,为此,就不能不刻画出死者的特征,以便查证。可是,通过对尸块的检验后,可以肯定的只有死者是个女性,另外就是从死者的一块下巴骨发现,死者已萌生智齿。侦查人员据此运用演绎推理:"萌生智齿是一种生理变化,而生理变化是同年龄有关的,可见萌生智齿是同年龄有关的。"然而,生理变化以及人的发育情况,还会受到气候和饮食习惯等诸多因素的影响,那么,本市萌生智齿的女性究竟该是多大年龄呢?经过查找一些相关资料后仍不得而知。为了获得这个一般性命题,侦查人员就运用了如下这样的归纳推理——他们在当地抽查了 50 多名已萌生智齿的女性,结果发现,她们的年龄都是在 19 岁到 21 岁之间,没有低于 19 岁和高于 21 岁的事例,于是便得出了这样的结论:"萌生智齿的女性都是 19 岁到 21 岁之间的人。"把这个归纳推理整理出来就是这样的:

妇女 1	年龄为 20 岁;
妇女 2	年龄为 19 岁;
妇女 3	年龄为 21 岁;
妇女 4	年龄为 19 岁;
……	……
妇女 51	年龄为 20 岁;
妇女 52	年龄为 19 岁;

(这 50 多名妇女都是萌生智齿的女性)

所以,萌生智齿的女性都是 19 岁到 21 岁之间的人。

为了验证这一结论的可靠性，借助于演绎推理，侦查人员又随意抽查了若干名萌生智齿的妇女，结果也没有发现有超出结论中年龄范围的事例。于是他们根据这个一般性命题，运用演绎推理，由“被碎尸的死者是萌生智齿的女性”，推知：“被碎尸的死者是19岁到21岁之间的人。”

上例表明，侦查人员头脑中如果没有演绎推理的指导，想不到萌生智齿同年龄有关，就不可能有意识地去抽查萌生智齿女性的年龄情况，归纳推理的运用就无从谈起；而不通过归纳推理，就得不到关于那个被碎尸死者年龄的认识。由此可见，在实际思维中归纳推理与演绎推理的关系，确实也就如恩格斯指出的那样：“归纳和演绎，正如分析和综合一样，是必然相互联系着的。”[4]

第三节　推理的有效性与合理性

正确的思维首先必须是合乎逻辑的思维，主要又是指推理必须合乎逻辑。那么，什么样的推理才是合乎逻辑的推理呢？

有必要首先说明的是，关于什么是“合乎逻辑”（logical）的问题，人们可以在不同的意义上理解。按照英国当代法哲学家麦考密克的说法：“‘合乎逻辑’这个词至少有两层含义，它们仅部分一致。从演绎逻辑推理这一意义上讲，如果一个命题符合逻辑本身的要求，换句话说，如果结论部分是通过前提严格推理得出的，那么该命题就合乎逻辑。”“然而，我们平常所运用的‘合乎逻辑’一词具有更宽的意义……某一行为或某一事实陈述，我们可以说它们不合逻辑，这是因为它们有讲不通的地方。”“如果一个法律推理的大前提‘不合逻辑’，那么对由该大前提得出的结论，也就打上了‘不合逻辑’的烙印。”[5]这就是说，关于推理是否“合乎逻辑”的问题，既有广义的，也有狭义的。广义的“合乎逻辑”的推理，是指推理不但符合它“逻辑本身”的要求，其结论是严格按照“逻辑本身”的要求得出的，而且其内容还不能是虚假的、“讲不通的”。意大利法律逻辑学家萨托尔（Giovanni Sartor）在其专著《法律推理——对法律的认知方法》中，对“合乎逻辑的”也持与麦考密克相同甚至更为宽泛的观点，即：“法律人倾向于认为，‘合乎逻辑的’或‘形式主义的’不仅仅包括从已有的前提推导（演绎）出待决案件之解，也还包括为了预决未来的判决活动而预先设定的一组前提集（set of premises）。因此，只要立法者试图制定一个精细的和协调的规章来调整广泛的法律领域，他们就是‘合乎逻辑的’。只要法官通过一致的和留有余地的判决理由来证立其判决，他们就是‘合乎逻辑的’。只要法律学者

[4]　《马克思恩格斯选集》（第3卷），人民法院出版社1972年版，第548页。

[5]　See Neil MacComick, *Legal Reasoning and Legal Theocy*, Clarendon Press, 1978, p. 38－39. 本书第一版写作及出版之时，麦考密克的《法律推理与法律理论》尚无中译版。此处引文，可参见［英］麦考密克：《法律推理与法律理论》，姜峰译，法律出版社2005年版，第35页及以下。

倾向于提供一套系统的普遍观念,他们也是'合乎逻辑的'。"[6]

简言之,用我们比较习惯的话来说就是:"合乎逻辑"的推理,是指形式方面符合逻辑要求、前提内容真实的推理。就狭义的"合乎逻辑"的推理而言,则只是就推理是否符合它本身的逻辑要求来说的;至于内容方面的问题是不涉及的。

推理合乎逻辑,亦即人们常说的推理具有逻辑性。推理的逻辑性,其实也可以说就是指推理的合理性(rationality)。而所谓"合理性"或"合乎逻辑",如上所述,既有内容方面的,也有形式方面的。如果撇开前提内容方面的"合理性",即前提的真假问题不谈,仅从"逻辑本身",亦即推理形式方面的角度来看,所谓推理的"合理性",就是指一个推理的前提给予了结论一定程度的支持而使得结论具有一定程度的可接受性(acceptability)。

因此,所谓"合理"的,或者说"合乎逻辑"的推理,就是指其前提能够为其结论提供足够支持强度的推理。而谈及这个问题,又不能不涉及推理的有效性以及有效性程度的问题。

"合理"的,或者说"合乎逻辑"的推理,当然包括了有效的推理。但是,并非只有有效的推理,才是"合理"的、"合乎逻辑"的推理。譬如,我们运用的某种推理,如果它的前提与结论之间的联结方式具有必然性,而且运用时又完全符合该种推理形式规则的要求,由此得出必然性的结论,这样的推理在形式上就是有效的推理。一个在形式方面有效的推理,当然是合理的,合乎逻辑的推理。可是,如果我们运用的某种推理,它的前提与结论之间的联结方式本身就不具有必然性,亦即不是有效的推理,但是,我们在运用这种推理时,却能够符合它"逻辑本身"的要求,得出的不是必然性而只是或然性的结论,或者,只把它的结论看作或然性的,在这样的条件下,只要它的前提可以为得出这种或然性结论提供一定程度的支持,并且运用时注意努力提高其支持强度,这样的推理虽然不是有效的,但也必须承认它是合理的,因而也可以说它是合乎逻辑的。

所以,推理的有效性,不等于推理的合理性;非有效的推理,不等于就一定是不合逻辑的推理。是否"合理"的关键,在于所运用的推理是否符合它"逻辑本身"的要求,能不能正确看待它结论的逻辑性质。若推理形式本身就是有效的,因而把它的结论看作是必然性的,这样的推理当然是合理的,合乎逻辑的;若推理形式本身并不是有效的,因而只把它的结论看作或然性的,并且能正确看待它结论的可靠程度,这样的推理也是合理的、合乎逻辑的。只有当所运用的推理,推理形式本身并不有效,运用时却把它当作是有效的推理,把本来不具有必然性的结论看作是必然性的;或者把前提对其支持强度极低的结论,看作是非常可靠的,这样的推理就不具有合理性,因而也就是不合逻辑的。

推理的有效性(validity),亦称推理形式的保真性(truth - preserving)或正确性,就是指推理的前提与结论之间联系的逻辑必然性。显然,这只有演绎推理才具有;其他如归纳推理(完全归纳推理除外)、类比推理,其前提与结论之间的联系,都不具有这样的必然性,当然也就谈不上形式的正确性,从而也就无所谓推理的有效性。可见,如果把推理的"有效性",等同于推理的"合理性"或"逻辑性",就等于宣布说归纳推理、类比推理,"天生"就是不合逻辑的推理。

---

[6] 因中文版未采用逻辑学专业术语,译得有些词不达意(参见[意]萨尔托尔:《法律推理——法律的认知路径》,武汉大学出版社2011年版,第435页),此处引文系引者重新翻译的(See Giovanni Sartor, *Legal Reasoning: A Cognitive Approach to the Law*, Springer, 2005, p. 398.)。

然而这样一来,因为演绎推理的大前提又要靠归纳推理提供,岂不是又等于说演绎推理的大前提——就正如前引麦考密克所述——必然会“打上‘不合逻辑’的烙印”吗?

一个演绎有效的推理,是指完全符合该种推理形式规则要求的推理。这种推理因其前提与结论之间的联系具有逻辑必然性,所以不管代入什么样的内容,只要完全符合推理形式规则的要求,它都能保证由真的前提得出真的结论。例如下面这个推理:

①所有金属都是导电的;

X是金属,

所以,X是导电的。

上例这个推理,在形式上就是一个有效的推理。其有效性就在于:“X”无论代入什么样的概念,只要代入的具体概念能使得“X是金属”这个命题为真,那么结论“X是导电的”这个命题就必然真。这样的推理由于它在形式方面完全符合该种推理形式规则的要求,因而它能保证把前提的真实性传递给结论;结论的真实性,能由它前提的真实性给以完全足够的证明。

然而,即使是演绎形式的推理——由大、小前提加结论组合而成的推理,并不都是这样有效的推理。因为这种类型推理的有效性,是以完全符合其推理形式方面规则的要求为条件的,如果不完全符合其规则要求,它也就失去了有效性。我们后面将要具体介绍的各种形式演绎推理的规则,目的就在于了解它们各自在什么情况下才具有这样的有效性。但是,这绝不意味着不完全符合规则要求的演绎形式的推理,就是不能运用的、完全错误的不合乎逻辑的推理;更不能因此而说它的结论就是必然错误的推理——非有效的推理不能保证它的结论必然真,但不等于说它的结论就必然假。实际上,不完全符合规则要求的演绎推理,也还可以是合理的、合乎逻辑的。比如下面这个推理:

②很多大学生是共青团员;

李某是大学生,

所以,李某是共青团员(是“可能的”)。

显然,这个推理不是有效的,即使它的前提都真,结论也不必然真。但是,它的前提也给予了结论一定的支持强度,如果只是将其结论看作或然性的,这样的推理无疑也应当承认它是合理的。

推理的有效性问题,是国内逻辑学界不少学者特别偏爱的问题,似乎讲逻辑就是要讲究推理的有效性;不是有效的推理就不是合乎逻辑的推理。这不仅不能合理地解释归纳推理、类比推理的问题,即使对于演绎形式的推理来说,如此特别看重推理的有效性,其实用意义也是不大的。国内有位出访过美国的学者,在其题为《美国高校普通逻辑教学体系探究》一文中就谈道:“在推理有效性问题上,(美国)一些逻辑教科书提出了‘有效性程度’这一概念,认为推理的有效性可分为必然有效(DV)、强(S)、中(M)、弱(W)几个等级。”[7]文中还举例道:

---

〔7〕　贺善侃:《美国高校普通逻辑教学体系探究》,载上海市逻辑学会编:《现代逻辑与逻辑比较研究》,开明出版社1992年版。

“例如:勃郎斯果园中的每个苹果都属A级+这个苹果是勃郎斯果园的

↓

这个苹果是A级　　(DV)

几乎所有勃郎斯果园中的苹果都属A级+这个苹果是勃郎斯果园的

↓

这个苹果是A级　　(S)

勃郎斯果园中的苹果约有一半是A级+这个苹果是勃郎斯果园的

↓

这个苹果是A级　　(M)

勃郎斯果园中的苹果少数属A级+这个苹果是勃郎斯果园的

↓

这个苹果是A级　　(W)”[8]

例子中的第一种情形,即有效性强度为(DV)的情形,就是我们前面所说的有效推理的情形,也是国内普通逻辑教材中都承认其为正确的、合乎逻辑的演绎推理的情形。此外,结论的有效性强度为(S)、(M)、(W)的这几种情形,就都不是有效的推理,也是国内普通逻辑教材中斥责的错误推理。我们认为,这些推理形式虽然不是有效的,但也并不一定就是错误的(除非不恰当地夸大了其结论的可信度、或者说夸大了它的有效性强度)。对于这些非有效的推理,若能正确看待其结论的逻辑性质,注意分析并努力提高其前提对结论的支持强度,推理就还是合理的。因此,不能简单地将这些推理,统统看作是不合逻辑的推理。

就拿上面结论强度为(S)的这个推理来说,它结论的可靠程度就比较高。虽然它还不是绝对可靠的,还不能保证没有例外的情况出现,但是,这样的推理,因其前提与结论之间的联系比较强,前提为结论提供了比较强的证据支持,只要它的前提都真,结论就很可能为真,所以,它的结论具有比较强的可接受性。这样的推理当然是合理的。

再看上面结论强度为(M)的这个推理。它结论的可靠程度同前一种情形相比就比较弱。它前提命题断定的情况,没有为结论的可靠性和可接受性提供更强的证据支持,使得前提与结论之间的联系相对较弱,似乎若有若无。因此,即使它的前提都真,结论也只不过是真假参半。对于这样的推理,尽管对它的结论既不能轻易地接受,也不能简单地拒斥,但是还得承认它的前提为其结论提供了一定程度的支持,因而也就还得承认该推理有一定的合理性,不能简单地就斥之为“不合逻辑”。

至于上面结论强度为(W)的这个推理,情形又有不同。因其前提命题的断定情况,使得它们同结论之间的联系很弱,前提只为结论提供了很弱的支持。因此,即使在它的前提都真的情况下,其结论为真的可能性也很低。这样的推理,其合理性当然也就低。

尽管实际思维中运用演绎推理的情形,有如上种种;尽管这些推理的前提对其结论的支持强度大不一样,但是,它们的前提都为它们的结论提供了一定程度的支持。我们在运用这些推理时,只要对其结论可靠程度的判定,没有超出该推理前提对结论的支持强度,就应当承认这

[8] 贺善侃:《美国高校普通逻辑教学体系探究》,载上海市逻辑学会编:《现代逻辑与逻辑比较研究》,开明出版社1992年版。

样的推理是合理的、合乎逻辑的。

强调注意推理的合理性，指出合乎逻辑、具有逻辑性的推理并不只是有效的推理，而且还包括虽然不是有效的、但却是合理的推理，其意义在于可以使我们能在理解推理有效性的基础上，把握推理的合理性，以便在灵活运用各种推理的同时，随时注意分析和提高其前提对结论的支持强度，增强推理的合理性，进而增强思维的逻辑性。就拿侦查人员对刑事案件的侦破工作来说，无论是现场勘查还是作调查访问，目的就是刻画作案人的特征，进而根据这些特征去寻找作案人，其间就非得要用到这样的演绎形式的推理：

P　是　M
S　是　M
―――――――
S　是　P

显然，这是一个非有效的演绎推理形式。如果侦查人员能够在理解推理有效性的基础上，把握推理的合理性，就可以在提高其前提对结论的支持强度上下功夫。譬如，侦查人员根据对某起凶杀案被害人尸体检验和遗留在现场的凶器判断："凶手是外科医生。"若仅仅以此为依据，再结合"王某是外科医生"，得出"王某是凶手"（当然，只是认定他为"作案嫌疑人"）的结论，很明显，它前提对结论的支持强度就非常弱，因为起"M"作用的"外科医生"这个概念的外延太大。为了提高其前提对结论的支持强度，就应努力缩小这个概念的外延，比如，若还得知凶手是"三十岁左右的人"，是"与被害人非常熟悉的人"，将其组合成为复合概念后，就获得"凶手是与被害人非常熟悉的、三十岁左右的外科医生"这样的命题。以这样的命题作为依据，假如可以肯定"王某是与被害人非常熟悉的、三十岁左右的外科医生"，由此得出"王某是凶手"（当然也还只是认定他为"作案嫌疑人"）的结论，这样的推理尽管也仍然是非有效的演绎推理，但推理的合理性却大大增强了。如此运用推理，我们当然不能说它是"不合逻辑"的。

应当看到，在日常思维中，在社会科学领域，特别是司法活动领域，人们运用的推理属有效性推理的情形是比较少见的；大量都是非有效的，然而又是具有一定程度合理性的推理。譬如，在运用证据证明案件事实的过程中，如果司法人员运用的推理都是有效推理的话，那当然再理想不过了，然而，这在很多情况下是难以做到的。事实上，司法人员在这个过程中所用的推理，即便是演绎形式的推理，若单就一个个的具体推理来看，也差不多都是，而且往往也只能是非有效的推理（当然，若干个这样的具体推理有机组合后，其认识意义大不一样）。否则，对于比较复杂案件的某个方面事实的认定，法学家们就不会主张"只要它不存在'合理疑点'就可以成立"，西方国家一些法学家也不会认为"事实认定是概率的而不是确定的"[9]了。在侦查破案工作中，情况更是如此。尽管侦查人员每前进一步几乎都要用到逻辑推理，但是，由于破案的过程基本上属于对案件事实的探索过程，更免不了非有效推理的运用。如果把这些推理都看作是不合逻辑的，要求侦查人员只能运用有效推理的话，那几乎就等于要他们舍弃对推理的运用。

---

〔9〕［美］波斯纳：《法理学问题》，苏力译，中国政法大学出版社1994年版，第271页。

第四节　证据的运用与逻辑推理

推理具有从已知推未知的特点,因而有其重要的认识作用,是人们在认识客观事物过程中不可缺少的一种智力手段。科学史证明,许多重要的发现、发明,都是同推理的运用分不开的;即使在人们的日常生活和工作中,比如医生对患者疾病的诊断和制定治疗方案,企业管理人员对市场情况的预测和制定生产经营计划,军事指挥员根据已掌握的情况推测敌方的行动意图并制定相应的计划、作出决策,等等,其中都少不了推理的运用。

在法学领域,推理的作用尤为突出。就以司法人员对案件的裁决、判处来说,其结论都不能是随意作出的断定,都必须有得出该结论的理由、根据;"以事实为根据,以法律为准绳",这是司法人员办案必须遵循的基本原则。基于这一原则而得出裁决、判处结论的过程,本身就是运用推理的过程。

所谓"以事实为根据",在刑事诉讼活动中就是要运用证据来确定案件的客观真实性。这样的"确定",当然不是简单的断定,要经历一个复杂的思维过程。其间,司法人员既免不了要运用逻辑推理,又要避免凭"想当然"办案,为此,就很有必要进一步认识推理在这一过程中的重要作用,懂得什么样的推理才是合理的,亦即合乎逻辑的推理,从而把握正确推理与主观主义臆测之间的界限,避免推理错误而陷入主观主义的泥坑。

一、证据的运用是复杂的逻辑推理过程

众所周知,刑事诉讼活动的任务就是要查明案件事实,以确定某一犯罪事实是否发生,弄清犯罪者是谁。但是,案件事实不是我们可以直接感知的,更不可能因我们认识的需要而重复再现。那么,司法人员是凭借什么而获得对案件事实的认识的呢?就是靠收集和占有证据材料,并在此基础上通过逻辑推理来认识的。

要运用证据证明案件事实,不仅必须掌握证据,而且证据还必须确实、充分。为此办案人员就不仅要注意收集证据,而且还必须对收集到的证据进行审查判断。所以,运用证据证明案件事实的过程,其实也是不断收集证据、审查判断证据,进而认定案件事实的过程。这一过程贯穿在刑事诉讼活动的各个阶段,不但审判阶段存在,侦查、起诉阶段也同样存在。

收集证据,是司法人员为了发现和取得证据而进行的诉讼活动,也是司法人员接触、认识、掌握和运用证据的过程。为了保证及时发现和取得证据,司法人员在收集证据之前,就必须在大致了解案情的基础上,经过初步分析和思考,以确定收集证据的方向、范围以及应采取的步骤、方法等。否则,收集证据的活动就难以展开。所以,收集证据的过程,不仅是一个艰苦细致的实践活动过程,同时也是一个不断分析、认识的过程。

收集证据,目的在于证明案件事实,而要能证明案件事实,它就必须确实、充分。为此,对收集到的证据还必须进行审查判断,不但要审查判断证据本身的确实性、可靠性,更要判定证据的充分性,亦即判定证据与证据之间、证据与案件事实之间有无联系,能不能用以证明案件事实。这无疑要求司法人员要特别善于思索,要有科学的思维方法。为什么这样说呢?

大家知道,能证明案件事实的证据,分为直接证据和间接证据。一般来说,直接证据与案件事实的联系明显,可以直接反映出案件的事实。比如,证人陈述他目睹被告人行窃,只要这一陈述本身被证明真实可靠,就可以证明被告人实施了盗窃这样的案件事实。间接证据则不同,它同案件事实之间的联系不那么明显,而且每个间接证据还只能反映出案件事实的某个片断、某个侧面,不可能反映出案件事实的全貌。因此,要运用间接证据证明案件事实,就必须借助于逻辑推理。只有通过逻辑推理,才能把握证据同证据、证据同案件事实之间的联系,才能联结案件事实的各个片断,以认识案件的主要事实。

直接证据虽然可以直接反映出案件的主要事实,但是,直接证据通常又是在司法人员掌握了间接证据之后,对案件事实已有了初步认识的基础上才获得的,而且,获得的直接证据是否可靠,常常也还要靠间接证据来证明。因此,不仅运用间接证据证明案件事实时必须运用逻辑推理,运用直接证据,实际上也离不开逻辑推理。为了说明这个问题,我们不妨结合案例作一简要分析。

某地农村一个储蓄所,在值班人员离所外出(约半小时)买饭回来后,发现保险柜里存放的7000多元现金被盗。侦查人员经过现场勘查发现,“保险柜的门、锁、四周均无撬压痕迹”。这是侦查人员直接感知到的案件事实(痕迹物证)。但是,这一证据事实自身,并不能说明案件事实的情况,更不能直接反映出谁是作案人。然而,稍具经验的侦查人员只要经过头脑的一番分析思考,就都不难由这一证据事实推出这样的案件事实片断:“本案作案人是用钥匙打开保险柜的。”在此基础上又可得知:“本案作案人是具有掌握钥匙或有接触钥匙条件的人。”

显然,上述关于案件事实(虽然仅是片断)的认识,不是侦查人员直接感知的,而是根据已获取的证据事实、并结合背景知识,通过一系列逻辑推理而得的。若把这些推理整理出来,就是下面这样一些推理形式:

①根据已有知识(经验知识和痕迹学知识):

“如果这个保险柜是用工具撬开的,那么,这个保险柜上面就必然会留下撬压痕迹。”

而现场勘查得知:

“这个保险柜上面没有撬压痕迹。”

于是,上述已知情况联结后便可推知:

“所以,这个保险柜不是用工具撬开的。”

若用相应的符号代替上述内容,就可看出它实际上就是这样一个演绎推理形式:

如果p　那么q
　　　　　非q
―――――――――
所以,　　非p

②在上述推理基础上,又根据已有知识:

“任何一个保险柜能够被打开,只能或者用工具撬开,或者用钥匙打开。”

根据上面推理得知：

"这个保险柜不是用工具撬开的。"

上述已知情况联结后,又可推知：

"所以,这个保险柜是用钥匙打开的。"

用相应的符号代替内容后,便可看出它实际上是这样一个演绎推理：

或者 p，　或者 r
非 p
———————————
所以，　　r

③在上述推理基础上,再借助于已有知识：
"只有某人具备掌握钥匙或有接触钥匙的条件,他才能用钥匙打开保险柜。"
联结推理②的结论可知：

"本案的作案人是用钥匙打开保险柜的。"

于是又可以推知：

"所以,本案的作案人具备掌握钥匙或有接触钥匙的条件。"

若以相应符号代替具体内容,这个演绎推理的形式就是：

只有 t,才 r
　　　　r
———————————
所以，　t

通过上述这样的推理,在一定程度上就刻画出了作案人的具体条件。不过,实际思维中侦查人员在进行这样的思考时,头脑中是一闪即过的;他也不会想到究竟运用了一些什么样的推理。但是,"没有想到"这是一回事,事实上是怎么推论的则是另一回事。其实,只要我们对侦查人员的上述分析略加思索,就不难看出他的上述推理过程。

正是借助于类似上述这样一系列的推理,办案人员才能从已感知的证据材料中,获得关于案件事实的认识,把握犯罪分子必须具备的某项条件。尽管这样的认识还只是关于案件的片断认识,但是,根据收集到的各种证据材料,分别通过上述这样的推理,就可以从不同侧面反映出案件事实的全貌,从而获得对案件主要事实的认识。

值得我们注意的是,不仅运用证据认识案件事实时要依靠逻辑推理,即使在勘查现场、收集证据的过程中,实际上也离不开逻辑推理。因为需要收集的证据材料,是与案情有联系的事实材料,可是,怎样确定某种现象或某个事实材料,与案情是有联系还是没有联系、是该收集还是不需要收集呢?比如,一起刑事案件发生后,侦查人员进入现场,面对那么多事实材料,究竟应注意哪些情况、应收集哪些材料呢?显然,这不是靠直观可以解决的。如果不通过思维活动,不借助于逻辑推理,就很难确定。仍以前面分析的例子来说,为什么侦查人员要注意观察保险柜上面有没有撬压痕迹呢?正是由于侦查人员的头脑中,已经把它同保险柜是怎样被打开的,把它同本案是盗窃保险柜里的现金这个基本案情联系起来了的缘故。正如恩格斯早就指出的那样:"没有理论思维,就会连两件自然的事实也联系不起来,或者连二者之间所存在的联系都无法了解。"[10]因为事实材料与案情之间的联系,不是凭感官可以直接感知的,不借助于理论思维来把握,不通过推理使它们的联系显示出来,就会在收集证据的过程中忽略这些材料,影响对案情的认识。

例如这样一起案件:某天晚上,某地农村青年妇女徐某吃完晚饭后不久,她的邻居叫她端水回来洗澡。徐某端回热水后只擦了身子,随即关上大门,点上煤油灯,独坐堂屋做针线活。不久,突然从她家厨房里窜出一名歹徒,将煤油灯吹熄并在徐身上乱砍了20余刀,迅即从后门逃去。徐重伤未死。案发后,侦查人员勘查现场时,在徐倒卧处发现一把柴刀,上面还留有血迹。显然,这把柴刀是同案情有联系的事实材料,当然应当收集。经了解,这把柴刀是被害人家里自己用的,原放在厨房靠水缸的地面上。而水缸盖上面还放有一把菜刀,歹徒未曾动用。表面看来,这把菜刀就同厨房里面的其他东西,诸如水缸、板凳、碗筷等东西一样,没有因案件的发生而变化,似乎与案情没有什么联系。其实,借助于推理就可以发现,这把菜刀虽然不是证明某人犯罪的证据,但却反映了案件事实的某个方面。侦查人员起初正是忽略了这把菜刀,只是根据歹徒事前潜伏在厨房内,并且是乘被害人不备时窜出作案这些情况,分析本案是预谋杀人,并且在这一认识的基础上结合其他材料,认定本案是奸情杀害。当侦破工作走了一段弯路之后,侦查人员这才回过头来联想到这把菜刀,感到原先对案件性质的认定不妥。因为,如果是预谋杀人,其目的是要置人于死地,那就应该是自带凶器或者选用更易置人于死的凶器。可是,本案作案人不仅没有自带凶器,而且,菜刀与柴刀同放一处,他为什么不用锋利的菜刀而用不锋利的柴刀呢?由此可以推知,本案不可能为预谋杀人。这里,正是借助于推理,才使得看起来似乎与案情无关的菜刀,同案情联系起来,反映了本案不可能是预谋杀人的性质。

可见,不仅审查判断证据、运用证据证明案件事实时,必须依靠逻辑推理,就是收集证据也不能不运用逻辑推理。

二、证据运用中逻辑推理与主观臆断的界限

如上所述,运用证据证明案件事实的过程,是一个复杂的认识过程,必须借助于逻辑推理。而能否正确运用推理,特别是能否正确看待推理结论的逻辑性质,又与能否正确认定案件事实密切相关。因此,司法人员运用证据证明案件事实的能力,很大程度上取决于他的逻辑思维能力。

所谓逻辑思维能力,也叫空间想象能力,主要又表现在推理能力上。这种能力虽然也是在头脑中展开的,具有想象的色彩,但不同于主观主义的想象、臆测;它是在感性材料的基础上,运用概念、判断、推理等思维形式,对客观对象进行间接、概括反映的一种能力。但是,推理能力与主观主义的想象、臆测,二者之间并没有不可逾越的鸿沟。如果推理运用不当,或者不能正确看待所运用推理的结论的逻辑性质,就可能因此而陷入凭主观臆断,亦即凭"想当然"办案的主观主义泥坑;而这又正是司法工作的大忌。因此,在证据运用中如何正确运用推理并正确看待推理结论的逻辑性质,划清正确的逻辑推理与凭"想当然"、凭主观臆断办案的界限问题,就成为司法工作者不可不予重视的问题。

---

[10] 《马克思恩格斯选集》(第3卷),人民出版社1972年版,第482页。

我们强调的司法人员应当具有的逻辑思维能力,不是一般意义下所谈的想象能力。它的特点在于:第一,它是以可靠的感性材料为基础的,绝非凭空乱想。比如前面例子中,侦查人员经过一番头脑思考后,得出“本案的作案人具备掌握钥匙或有接触钥匙的条件”这个结论,就是产生于“保险柜上面没有撬压痕迹”这一可靠的感性材料基础上的。第二,它是以已有的知识,即已认识到的客观事物情况间的必然联系为依据的。前例中,侦查人员为什么能够由感知到的事实材料——“保险柜上面没有撬压痕迹”,推知“保险柜不是用工具撬开的”?是由于他依据已认识到的两种事物情况之间的这种联系,即“如果保险柜是用工具撬开的,那么,保险柜上面就必然留下撬压痕迹”。这种联系,是事物情况自身的、客观的必然的联系。推理所依据的这一认识(推理者头脑中已有的、用以进行推理的背景知识),因其正确地反映了客观事物情况之间的联系,所以是真实可靠的。第三,在由前提得出结论的过程中,结论的逻辑性质没有超越前提所能给予的支持强度,具有合理性。亦即:如果前提与结论之间的联结方式具有必然性,并且运用时完全符合相应推理形式规则的要求,由此得出必然性的结论,或者,把结论看作是必然性的,这当然是合理的;如果前提与结论之间的联结方式只具有或然性,或者,不完全符合相应推理形式规则的要求,其结论就只具有或然性,或者只能将其结论看作或然性的。总之,在对待推理所得结论逻辑性质的问题上,结论没有超出前提的支持强度。仍以前面例子来说,侦查人员在分析案情时所运用的逻辑推理,完全符合相应的推理形式规则的要求,因而得出必然性的结论既是有效的,更是合理的。司法人员应当具有的所谓逻辑思维能力,也就是具有上述特点的这种推理能力。

主观主义的想象、臆测,则与此不同。它虽然通常也有一定的感性材料作基础,并不一定都是凭空乱想,而且,也要在这些感性材料的基础上进行由此及彼的推导,但是,在进行推理时,其特点是:或者以想象的事物情况之间的(而不是事物情况自身的、客观的)联系作为推理的依据,不顾推理前提的真实性;或者不分析所运用推理的前提与结论之间联结方式的逻辑性质,过分地夸大了前提对结论的支持强度。不但如此,主观主义的想象、臆测最根本的特点,还在于它是凭“想当然”来认识事物——本来得出结论的依据就是“想”出来的联系,却还把依据胡猜乱想或者胡乱推导出来的结论当作就是事实,视为“当然如此”而认定不误。司法人员若以这样的思维方式办案,那就不是在凭借什么推理能力,而是在凭“想当然”办案了——这就陷入了主观主义的泥坑。

在《汇苑详注》一书中,就载有如下这样一则古代判例:某县县官张忠定,有一天在回县衙途中,见到一个从钱库出来的小吏,胡须上沾有一文小钱。县官火冒三丈,认定这个钱吏必有贪污,当即令差役将其抓回县衙,并令给以杖刑。钱吏不服,顶撞了几句,县官更是火上加油,于是写下一纸判决处斩。判决书共16个字,曰:“一日一钱,千日千钱;绳锯木断,水滴石穿。”

钱吏胡须上沾有一文小钱,这是事实,也是县官感知到的材料。但是,“胡须上沾有钱”同“偷钱”有什么必然联系呢?怎么能从他胡须上沾有钱,就推断他必定偷了钱呢?何况,即使是偷了钱,根据这一天偷了一文钱,也不能由此必然推出他每天都偷了一文钱,一千天就偷了一千文钱。“千日千钱”本来就是胡乱推导出来的结论,却还把它当作就是事实,并以之作为定案根据认定不误。这里,这位县官就不是在运用逻辑推理,而是地地道道地在凭主观臆断、凭“想当然”办案。

人们熟悉的昆曲《十五贯》中的县官过于执,也是这种凭主观臆断、凭“想当然”办案的典型。它在认定熊友兰与苏戌娟通奸，并且合谋杀害了苏父尤葫芦的时候，也运用了“推理”。他根据苏戌娟“艳如桃李”，就推断她“焉能无人勾引”；根据她“年正青春”，推断她“岂能冷若冰霜”。在此基础上进一步推断“熊、苏二人必然勾搭成奸”。此外，他又根据“尤葫芦丢失的钱是十五贯”，而“熊友兰身上的钱也是十五贯”，于是据此认定“熊友兰身上的钱就是尤葫芦身上的钱”，如此等等。显然，在这一系列推论过程中，不能说过于执一点根据都没有；问题就在于他用以作为推理的依据，本来就是想象出来的，而非客观事物情况间必然的联系，何况运用推理时又不顾及前提对结论的支持强度，把本来只具有或然性（而且或然性程度很低）的结论，看作是必然性的，而且还将其当作就是事实，认定不误。显然，这也不是真正在运用逻辑推理，而是在凭“想当然”办案。

其实，现实生活中也不乏类似上述这样的“办案”实例。如果我们对那些经媒体报道出来的冤、假、错案略加分析，就不难看出办案人员头脑中凭“想当然”办案的思维痕迹。例如这样一起案例：张某与韩某两家，因小事发生冲突，后扭打起来。在混乱中张某被打伤，其告到法院。办案人员为弄清谁是打伤张某的凶手，进行了调查了解。后从一证人提供的证言中得知，打伤张某的人是韩某的儿子（证言的可靠情况，未予判定）。而韩家又有三个儿子，究竟是哪一个儿子打的呢？于是法庭审理时，就叫韩家的三个儿子都到庭让证人辨认。韩家的老大、老三都按时到庭，经证人辨认予以否定；唯独老二因发生纠纷时不在场，自认为与己无关，没有到庭。法院办案人员竟然由此作出推论：“有意回避就是不敢到庭让证人辨认；既然老二不敢到庭让证人辨认，可见是有意回避。”据此，法院判老二负责赔偿医药费。不言而喻，这哪里是在运用逻辑推理，完全是在凭“想当然”办案。

从上面的分析可以看出，主观主义的想象、臆测，亦即人们常说的“想当然”，虽然也要运用推理，但它同我们强调的司法人员必须具有的推理能力，不是一回事。关键就在于主观主义的想象、臆测，是把本来不具有必然性的结论看作是必然性的，并以之代替事实。比如前面谈到的处理钱吏的那位县官，如果他根据钱吏胡须上沾有一文小钱这个事实，推断他“有可能偷了钱”，然后认真调查一番，再作定论，这并没有错；错就错在他把“可能偷了钱”看作“必然偷了钱”，并且据此定案。《十五贯》中的过于执也是如此，如果他根据“尤葫芦丢失的钱是十五贯”“熊友兰身上的钱也是十五贯”，从而得出结论说：“熊友兰身上的钱可能是尤葫芦身上的钱”，仅仅作为一个疑问提出，这当然也没有什么不可以；问题也在于把上述推理得出的或然性结论，当作必然性的了。

司法工作中注意把握上述界限，很有意义。如前所述，因为在运用证据证明案件事实的过程中，既离不开逻辑推理，又免不了要用到如恩格斯所说的“有缺陷的推理”；既强调司法人员必须具有较强的逻辑推理能力，又要避免凭“想当然”办案，陷入主观主义的泥坑。所以，能否正确看待所运用的推理结论的逻辑性质，就显得特别重要。

课后作业

一、单选题

1. 逻辑推理是指从一个或多个已知命题得出一个新命题的思维过程。根据上述定义，下列不属于逻辑推理的是（　　）。

A. 太阳照石头热,这个石头比那个石头小,这个石头比那个石头热

B. 所有人都是会死的,张三是人,张三也是会死的

C. 中国人是勤劳勇敢的,张三是中国人,张三是勤劳勇敢的

D. 黑马是马,白马不是黑马,白马不是马

2. 已知一个演绎推理的结论为真,则其(　　)。

A. 前提一定是真实的　　B. 推理形式一定有效

C. 推理形式一定无效　　D. 前提可能是虚假的

3. 如果一个演绎推理的形式有效,那么(　　)。

A. 前提真时,结论一定真　　B. 前提真时,结论可能假

C. 前提假时,结论一定假　　D. 前提假时,结论一定真

4. 篮球队教练规定,如果一号队员上场,并且三号队员没有上场,那么五号与七号队员中至少要有一人上场。如果教练的规定被彻底执行了,一号队员没有上场的充分条件是(　　)。

A. 三号队员上场,五号、七号队员没有上场　　B. 三号队员没上场,五号、七号队员上场

C. 三号、五号、七号队员都没上场　　D. 三号、五号、七号队员都上场了

5. 在世界总人口中,男女比例相当,但黄种人是大大多于黑种人的,在其他肤色的人种中,男性比例大于女性。由此可以推出(　　)。

A. 黄种男性多于黑种女性　　B. 黄种男性多于黑种男性

C. 黄种女性多于黑种女性　　D. 黄种女性多于黑种男性

6. 某校1978级校友中,有10位湖南籍同学,毕业30周年后这10位同学相聚,聊天后发现他们之间在毕业后没有人给3位以上同学写信,有1个人给另外3位同学写信,有3个人给另外2位同学写信,有6个人给另外1位同学写信。如果上述断定为真,则以下陈述一定为真的是(　　)。

(ⅰ)所有同学都给其他同学写了信。

(ⅱ)所有同学都收到其他同学的来信。

(ⅲ)至少有一位同学没有对所收到的每一封信进行回信。

A.(ⅰ)(ⅱ)(ⅲ)　　B. 只有(ⅰ)和(ⅱ)

C. 只有(ⅱ)和(ⅲ)　　D. 只有(ⅰ)和(ⅲ)

二、多选题

1. 若一个演绎推理的结论为假,则(　　)。

A. 前提一定是假的　　B. 前提可能是真的

C. 推理的形式一定是无效的　　D. 推理的形式可能是无效的

2. 如果一个演绎推理的形式有效,那么其(　　)。

A. 前提真时,结论一定真　　B. 前提真时,结论不一定真

C. 前提假时,结论一定假　　D. 前提假时,结论可能真

3. 假如一个演绎推理的前提是虚假的,而且推理形式也是无效的,则其结论(　　)。

A. 一定是假的　　B. 一定是真的　　C. 可能是假的　　D. 可能是真的

4. 一个有效的演绎推理,其前提与结论之间不可能是(　　)。

A. 等值关系　　B. 蕴涵关系　　C. 矛盾关系　　D. 反对关系

5. 只要前提真实且推理形式有效,则推理结论必然真实。

根据上述判断,下列有可能出现的情形是(　　)。

A. 前提虚假且推理形式无效,但推理结论真实
B. 推理结论真实且前提真实,但推理形式无效
C. 前提虚假且推理形式无效,但推理结论虚假
D. 推理形式有效且推理结论真实,但前提虚假

三、判断题

1. 任何推理都包含有逻辑常项与逻辑变项两个部分。(　　)
2. 推理中的推导关系是推理的逻辑常项。(　　)
3. 一个演绎推理的前提虚假,并且推理形式也无效,则其结论必然为假。(　　)
4. 一个有效演绎推理并不能保证它的推理结论是真实的。(　　)
5. 演绎推理的本质是封闭的和非扩展性的,因而也是保守的。(　　)
6. 推理的有效性,仅仅与推理的逻辑形式有关,而与推理的内容毫无关系。(　　)
7. 一个形式有效的演绎推理,足以保证它的推理结论一定是真实的。(　　)
8. 一个推理,只要它的前提是真实的或推理形式是有效的,就能推出真实的结论。(　　)

四、思考与练习题

1. 什么是推理?它有哪些特征?怎样区别一个句组或句段是否表达了推理?
2. 为什么说推理是有预定目的的思维活动?
3. 什么是演绎推理?什么是归纳推理?二者有何关系?实际思维中怎样才能正确运用演绎推理和归纳推理?
4. 如何理解推理的有效性与合理性?实际思维中注意推理的合理性,有何重要意义?
5. 英国法学家麦考密克曾说“在法律人的技术当中,主要的就是进行正确的推理和有力的论证的技术”,法律人技术中“正确的推理技术”主要有哪些?
6. 正确的推理能力与主观主义的想象、臆测,有无相同之处?区别点在哪里?

第八章　演 绎 推 理

课外阅读

前面曾经谈到，演绎推理（deductive reasoning）就是由一般性的前提推导出特殊性结论的推理。其推论特点就是以已知的特殊对象的情况为基础，然后将其导入已知的一般性命题断定的范围，进而得出关于特殊对象未知的结论的推理。因此，演绎推理必然由这样三个命题构成：一是，它的前提中总有一个比较一般性的命题；二是，前提中必然还有一个比较特殊性的命题，亦即关于我们所需认识对象的命题；三是两个前提联结而推导出的命题，即结论。正因为演绎推理总是由三个命题构成的，因此，历史上人们都习惯于把演绎推理叫作“三段论”。尽管至今也还有人这样沿用，但现在逻辑学界对“三段论”这一术语比较普遍的用法，则是仅用以指称演绎推理中的一种，即仅指由三个性质命题构成的演绎推理——直言三段论或称定言三段论（categorical syllogism），而不包括由复合命题构成的演绎推理（reasoning of compound proposition）。

演绎推理的推导过程，其实就是把“特殊”导入“一般”而得结论的过程，或者说，是援引一般性原理来认识或论证较特殊性命题的过程。例如，科学家们考察发现，喜马拉雅山有水生生物的化石，获得了“喜马拉雅山地区是有水生生物化石的地区”这样的认识。而这一认识又说明了什么呢？科学家们将这一认识导入地质史上已证明了的原理：“凡是有水生生物化石的地区都是古海洋地区。”于是，由此得出结论：“喜马拉雅山地区是古海洋地区。”科学家们得出这一结论的过程，就是一个演绎推理的过程。

推理是由“已知”推“未知”的一种思维活动。由上例可以看出，通过演绎推理得出结论的“已知”部分，亦即它的前提是两个：一是我们已感知的或已认识到的，并且又须在此基础上进一步认识的比较特殊性的事物情况，如上例中的“喜马拉雅山地区是有水生生物化石的地区”这一认识；二是作为认识特殊事物情况依据的一般性原理，如上例中的“凡是有水生生物化石的地区都是古海洋地区”这一命题。演绎推理的过程，就是将获得的特殊对象的情况，置于这个一般性原理断定的范围，进而获得关于这个特殊对象的新认识的过程。

演绎推理的过程也告诉我们：运用演绎推理的能力，既同人的实践经验有关，也同人的知识面有关。没有相关的实践经验，没有获得感知的、需待认识的事物情况，没有运用演绎推理的“预定目的”，也就没有运用演绎推理的基础；同时，如果缺乏相关的背景知识，没有掌握据以认识特殊对象事物情况的一般性知识或原理，演绎推理的运用也无从谈起。简言之，一个人运用演绎推理的能力如何，是同他的知识面密切相关的。而关于演绎推理的逻辑知识，则是我们在掌握了相关知识的基础上，正确运用演绎推理的必要条件。

第一节　三　段　论

一、三段论的特征

三段论(syllogism)就是借助于两个性质命题中共同词项(概念)的联结作用而得出结论的演绎推理。在形式上,它与其他演绎推理的不同之处,就在于它是由三个性质命题构成的演绎推理。例如:

①　凡哺乳动物都是用肺呼吸的动物;
鲸是哺乳动物,
———————————————
所以,鲸是用肺呼吸的动物。

②　凡溺水而死的人(其肺、肝、肾)都有硅藻反应;
水中捞出的这个死者(其肺、肝、肾)没有硅藻反应,
———————————————
所以,水中捞出的这个死者不是溺水而死的人。

上面就是两个三段论推理。在组成三段论的三个性质命题中,有两个是前提,一个是结论。从例子可以看出,组成三段论的三个性质命题,不是任意三个性质命题的拼凑或组合,而是有其逻辑联系的。这种逻辑联系就在于:三个性质命题中的每一个主项或谓项概念都重复出现一次,因而实际上只有三个不同的词项,并且,其中有一个词项是两个前提中都共同具有的、起联结作用的词项,如例①中的"哺乳动物",例②中的"硅藻反应"。三段论推理正是借助于这个共同的词项,才使得其中的另外两个词项能够连接起来并进而得出结论的。

用以构成三段论推理的这三个不同的词项,是三段论推理的逻辑变项,可以代入包含各种具体内容的概念,并分别称之为小项(minor term)、中项(middle term)和大项(major term)。

在三段论结论中作为主项的那个词项,叫小项;在结论中作谓项的那个词项,叫大项;在两个前提中都出现而在结论中不再出现的词项,叫中项。为便于研究三段论推理结构形式的规律性,逻辑学中就以符号代之,即:以"S"表示小项,"M"表示中项,"P"表示大项。如前面例①中的"鲸",例②中的"水中捞出的这个死者",就分别是两例中的小项;而例①中的"用肺呼吸的动物",例②中的"溺水而死的人",就分别是两例中的大项;此外,例①中的"哺乳动物",例②中的"有硅藻反应"则分别是其中项。

人们在运用三段论推理时,表达其大前提(major premise)、小前提(minor premise)和结论(conclusion)的语言形式、先后顺序,都不是固定的,可以先说结论,后说前提;也可以先说小前提,后说大前提,然后再说结论。区别大、小前提的关键取决于结论。因为结论是要说明的观点,其在语言表达中显而易见。抓住了结论,就确定了大项和小项,进而也就能确定大、小前提——包含大项的前提就是大前提;包含小项的前提就是小前提。这样,我们就可以把语言表达中实际运用的三段论,整理排列为前面例子那样的三段论推理形式,其排列顺序就是大前提在先,小前提居中,结论继后。

三段论推理之所以能够由前提得出结论,依据的就是其小项、中项和大项概念外延间的包

含与被包含关系。前面第四章曾经讲过,性质命题实际上都是对它主项、谓项外延关系的断定,而三段论的两个前提中又都有M(中项)这个共同的词项充当其主项或谓项,前提中就对之都有所断定,既断定了它同小项的外延关系,又断定了它同大项的外延关系,这样,借助于这个共同的词项被断定的情况,也就可以确定小项和大项这两个概念的外延关系,进而得出结论来。

如例①这个三段论,它的大前提断定了中项M("哺乳动物")的全部外延在大项P("用肺呼吸的动物")的外延之中,而小前提又断定了小项S("鲸")的全部外延在中项M的外延之中,由此自然也就可以确定,小项S的全部外延都在大项P的外延之中。因而也就可以得出结论:"(所有)S都是P。"

又如例②这个三段论,它的大前提断定了大项P("溺水而死的人")的全部外延在中项M("有硅藻反应")的外延之中,而小前提又断定了小项S("水中捞出的这个死者")的外延在中项M的外延之外,由此自然也就可以确定,小项S的(全部)外延在大项P的外延之外,因而也就可以得出结论:"(所有)S不是P。"

由上可见,三段论能够把大、小前提联结起来得出结论,完全依赖于中项M的媒介作用。如果中项的媒介作用能保证大、小项的关系确定(如前面两例那样,只可能是某种关系而不可能有相反的关系),那么,其前提与结论之间的联结方式就具有必然性,这样的三段论推理就是完全有效的,在这种情况下,只要它的前提真,结论就必然真。否则,该三段论就不具有完全的有效性,结论也就不是必然可靠的。[1]

但是,一个三段论不是完全有效的,不等于说这个三段论就一定是不合理的。三段论中项的媒介作用如何,不但决定着该三段论是否完全有效,而且,在非完全有效的情况下,中项外延范围的大小,还可以决定其有效性程度的强弱(关于这个问题,前面第七章已作介绍,这里不再赘述)。

二、判定三段论形式有效性的标准——三段论的规则

三段论是依据性质命题断定的主、谓项外延关系而由前提得出结论。三段论的规则,就是基于它的词项外延关系而总结出的,保证一个三段论在形式结构方面有效的、既充分又必要的条件;同时,这些规则也是我们判定一个三段论是否完全有效的标准。如果一个三段论完全符合这些规则的要求,那么,该三段论在形式方面就是完全有效的,它能保证由真前提必然得出真结论,这样的三段论推理形式,就叫三段论的有效式;如果一个三段论在形式结构方面不完全符合这些规则的要求,违反了其中的任何一条,那么该推理即使前提都真,结论也未必就真,推理形式不能保证它由真前提必然得出真结论,这样的三段论形式,就叫三段论的非有效式(无效式)。

三段论的规则有如下7条:

---

[1] 本章所说的"完全有效的"或"完全有效性",就是上一章所讲的"有效性程度"之最高等级"必然有效(DV)",相当于一般逻辑著述中的"有效";本章所说的"不完全有效",即上一章所讲的"有效性程度"之"强(S)""中(M)""弱(W)"等级,相当于一般逻辑著述中的"无效"。

1. 中项在大、小前提中必须是全同关系的概念。

如前所述，三段论之所以能够由两个性质命题作前提而得出结论，关键在于中项对两个前提所起的联结作用。如果中项在两个前提中不是全同概念，实际上就等于没有了中项。而没有了中项，作为前提的两个命题，也就成了与结论毫无逻辑关系的命题。因此，若两个前提中没有全同关系的概念作中项，不仅不能使两个前提联结起来，无法确立小项和大项的外延关系，而且，这样的"三段论"实际上只不过是三个性质命题的堆砌或拼凑而已，根本就不成其为推理了。

实际思维中，人们当然不会用显而易见的、没有全同概念作中项的两个性质命题（比如像"A 是 B，C 是 D"这样的两个命题）作前提来构建三段论；违反这条规则的情形往往是作为中项的那个词项，在大、小前提中只是语词形式相同，而表达的概念却不同。例如下面这个三段论推理：

"被告李某虽然盗窃公款属实，但他在部队服役期间曾两次荣立三等功，是有立功表现的。根据我国《刑法》第 68 条（原第 63 条）之规定，犯罪分子有立功表现的，可以从轻或者减轻处罚，因此，被告李某可以从轻或减轻处罚。"这段论述整理出来，其实就是下面这样一个三段论：

③　有立功表现的犯罪分子是可以从轻（或减轻）处罚的；
被告李某是有立功表现的犯罪分子，
―――――――――――――――――――――――――
所以，被告李某是可以从轻（或减轻）处罚的。

从表面看来，这个三段论似乎无可非议，其实根据其论述就不难看出，论证者所说的被告李某的"立功表现"，是其在部队服役期间的立功表现，根本不同于《刑法》中所说的"立功表现"，即"检举、揭发他人犯罪，或提供侦破其他案件的重要线索，并经查证属实"这样的"立功表现"。可见，该三段论中起联结作用的中项"有立功表现的犯罪分子"，在大、小前提中实际上只是两个相同的语词，而不是两个全同概念。

又如下面这个三段论：

④　农民是政府特别关注的弱势群体；
本案的被告人张某是农民，
―――――――――――――――――――――――――
所以，本案的被告人张某是政府特别关注的弱势群体。

这个三段论的中项"农民"，在大小前提中也只是语词相同而概念不同：从表达命题的语句含义可以看出，大前提中的"农民"，指的是农民群体，它是集合概念；而小前提中的"农民"则指的是一类对象，是非集合概念。

上述这样的三段论，看起来似乎也有中项起联结作用，实际上它的两个前提也无异于两个没有逻辑联系的命题。既然没有中项起媒介作用，严格说来就不成其为三段论推理，不仅谈不上推理形式的有效性，也无所谓推理的合理性。

违反这条规则而出现的上述这样的错误，其本质在于"中项不同一"（non - identity middle term，inconsistency middle term），习惯称之为"四词项"（fallacy of four terms）错误或"四概念"（fallacy of four concepts）错误。

"四概念"错误，不是仅从形式结构方面就可以发现的错误，它涉及对语词所表达的概念内容的理解问题,不借助与概念内容相关的知识是难以判定的。不过,一般来说,如果一个三段论推理,它的两个前提(证明某个结论的理由)分别来看都是正确的,从推理的结构形式表面看来也没有什么不妥,然而其结论却又明显荒谬、令人难以接受,在这种情况下,该推理往往就隐藏了"四概念"错误;或者说,在这种情况下,如果我们承认它的前提却又不承认它的结论,那就须得从"四概念"的错误方面给以分析。否则,既承认该推理的前提,却又不接受该推理的结论,在逻辑上就站不住脚。

2. 中项在前提中必须至少周延一次。

三段论的结论,是小项和大项的连接而构成的性质命题。而小项和大项的外延关系,又是通过中项的媒介作用来确定的。如果中项在两个前提中都不周延,那就意味着大、小前提中都没有涉及它的全部外延。这就是说,在大前提中,它只与大项的部分外延有关;在小前提中,它也只是与小项的部分外延有关。而大项和小项各自与中项相关的那一部分外延,并不必然就是同一个部分,大项完全有可能同中项的这部分外延有关,而小项却同中项的另一部分外延有关。这样,中项在前提中就起不到足以使得大、小项关系确定的媒介作用,因而也就不能保证结论必然可靠。例如这个三段论:

⑤ 本案的作案人是外科医生;
王某是外科医生,

所以,王某是本案的作案人。

这个三段论的中项"外科医生",在大小前提中就都是肯定命题的谓项,没有一次是周延的。在大前提中,断定了"本案的作案人"包含于"外科医生"的外延之中,但并不是后者的全部外延;小前提虽然也断定了"王某"在"外科医生"的外延之中,但却无法确定它是在其外延中的哪一部分:可能在"本案的作案人"的外延之中,也可能在"本案的作案人"的外延之外。因此,小项"王某"与大项"本案的作案人"的外延关系也就不是确定的,据此得出的任何结论,都不具有必然性,所以其推理形式也就不是完全有效的。

又如下面这个三段论:

⑥ 有的审判员是有法学硕士学位的;
这个学习班的学员都是审判员,

所以,这个学习班的学员都是有法学硕士学位的。

在这个三段论中,中项"审判员"在大前提中是特称命题的主项,不周延,表明"审判员"的外延中,至少有一个对象在"有法学硕士学位的"这个概念外延之中,至于其余"审判员"对象的情况,并未断定。而中项在小前提中又是肯定命题的谓项,也不周延,该命题只是断定了"这个学习班的学员"的全部外延在"审判员"的外延之中,并未断定是"审判员"的全部外延。显然,根据这样两个性质命题的断定,小项"这个学习班的学员"与大项"有法学硕士学位的"这两个概念的外延关系,无法确定,因而其结论不是必然可得的,这样的推理形式也就不是完全有效的。

如果运用上述形式的推理却得出了必然性的结论,或者把这种形式推理的结论看作是必然可靠的,就犯了"中项不周延"(undistributed middle)的逻辑错误。

须得说明的是,三段论"中项不周延",只是其推理形式不完全有效,不能保证在前提真的情况下结论必然真,并不是说它的结论就必然错;也不是说只要"中项不周延",该推理就没有合理性。

实际思维中,我们对于"中项不周延"的三段论,重要的是要注意分析其结论可靠程度的高低,或者说,要注意分析其前提对结论的支持强度,而其关键又在于分析和把握中项外延范围的大小情况。若中项的外延范围越小,则小项与大项相关的可能性就越大,结论的或然性程度就越高;中项的外延范围越大,则小项与大项相关的可能性就越小,其结论的或然性程度就越低。之所以要强调指出这点,是因为在司法工作中,特别是在刑事案件的侦破工作中,常常免不了要用到类似上述那样"中项不周延"的三段论。把握了这条规则的实质,才能增强运用三段论推理的能力。

例如这样一起案例:某地发现一具无名女尸,侦查人员为了查明女尸的年龄等特征,通过尸检发现,"这个女尸是股骨与肱骨的骨骺与骨体吻合的",这无疑同年龄相关。可是,出现这种生理特征的女性应该是多大年龄呢? 办案人员查阅相关科学资料得知:"20 岁以上的女性都是股骨与肱骨的骨骺与骨体吻合的。"显然,根据已知的这两个性质命题断定的情况,是不能得出必然可靠结论的,因其中项"股骨与肱骨的骨骺与骨体吻合的"在两个性质命题中都不周延。然而,不能据此得出必然性结论,并不意味着就不能联结而构成推理。问题是用以构成推理得出或然性结论,其或然性程度有多高呢? 这实际上就涉及"20 岁以上的女性"的外延,占"股骨与肱骨的骨骺与骨体吻合的"外延的多大部分。为了弄清这个问题,办案人员专门请教有关专家。专家解释说:"股骨与肱骨的骨骺与骨体吻合的,基本上都是 20 岁以上的女性,例外情形虽然有,但是极为少见。"于是,办案人员也就比较有把握地得出结论:"这个女尸是 20 岁以上的女性。"显而易见,办案人员在分析和把握了中项周延情况的基础上,运用三段论得出的这个结论,尽管因其推理形式不是完全有效的,结论还说不上必然可靠,但却应承认,该结论有相当高的可靠程度。

3. 前提中不周延的词项,在结论中也不得周延。

在结论中出现的词项,只有小项和大项。它在前提中不周延,表明在前提中只断定了其部分外延对象的情况。而前提又是推理的根据,既然前提中只断定了该词项外延部分对象的情况,结论当然也就只能断定这部分外延对象的情况。

如果前提中不周延的词项在结论中变周延了,就等于根据部分外延对象的情况推出全部外延对象的结论,这样,结论的断定就超出了前提的"已知"范围,就不能保证在前提真的情况下,结论必然真。

实际思维中,运用三段论推理而违反这条规则的情形,通常是在推理过程中把本来不周延的词项,当作是周延的,不恰当地扩大了它的外延。违反这条规则的错误,总的就叫"词项不当扩张"(illicit term)。具体又有两种错误情形:

一种错误情形是:结论中作主项的那个词项,在前提中不周延而在结论中变周延了,推理过程中扩大了小项的外延。这种错误叫"小项不当扩张"(illicit minor)。例如:

⑦　审判员都是 23 岁以上的公民;
审判员都是司法工作者,

所以,司法工作者都是 23 岁以上的公民。

在上面这个三段论中,结论的主项“司法工作者”在小前提中是肯定命题的谓项,不周延,而在结论中却成了全称命题的主项,变周延了,扩大了它在前提中被断定的外延范围。这样,推理就没有必然性的依据,推理形式也就不具有完全的有效性,不能保证在前提真的情况下结论必然真。

实际思维中,运用三段论而犯“小项不当扩张”错误的情形,比较常见。人们往往容易仅仅依据个别性或为数不多的事例,就得出了全称性的结论。比如,根据某个(或某几个)对象(M)具有P性质,同时,这个(或这几个)对象(M)又具有S的性质,于是便得出结论说:“凡具有S性质的对象,都具有P性质。”例如这个三段论:

⑧ 刘某是表现很好的学生;
刘某是来自贫困地区的学生,
———————————————
所以,来自贫困地区的学生都是表现很好的学生。

这个推理表述的思维特点,其实在人们实际思维中不乏其例。依据个别性的事例就得出全称性结论,或者以个别性事例来证明全称性命题,并且还把其结论看作必然可靠的,这种情形在逻辑上就都属于犯了“小项不当扩张”的错误。

另一种错误情形是:结论中作谓项的那个词项,在前提中不周延而在结论中变周延了,推理过程中扩大了大项的外延。这种错误叫“大项不当扩张”(illicit major)。例如:

⑨ 律师都是熟悉法律知识的;
A公司的管理人员都不是律师,
———————————————
所以,A公司的管理人员都不是熟悉法律知识的。

在这个三段论中,结论的谓项“熟悉法律知识的”在前提中是肯定命题的谓项,不周延,而在结论中是否定命题的谓项,变周延了。其错误的实质在于:前提中本来只断定“某类对象(M)都具有P性质”(或者,只断定了“有的具有P性质的对象是属M类对象”),推论过程中却把它误解为“只有某类对象(M)才具有P性质”,亦即误解为“某类对象(M)是所有具有P性质的对象”(或者误解为“所有具有P性质的对象都属M类对象”)。显然,把命题中对P的断定扩大为全称性的,是推理时不经意地添加到前提中去的,暗地改变了前提断定的主、谓项外延关系。由于推理过程中非正当地扩大了大项在前提中被断定的外延范围,推理就失去了必然性的依据,因而其推理形式就不是完全有效的,不能保证在前提真的情况下结论必然真。

“大项不当扩张”的错误,也是人们在日常思维中容易犯的一种逻辑错误。常见的情形是:根据某类对象(M)都具有P性质,而需待认识的对象S又不属于某类对象(M),于是就得出结论说:“凡S都不具有P性质。”比如,根据“A厂生产的化肥都是劣质化肥,本商店销售的化肥都不是A厂生产的,因此本商店销售的化肥都不是劣质化肥”,就属犯这种错误的常见推理。

“在前提中不周延的词项,在结论中也不得周延”的规则,也是从形式结构方面保证三段论推理完全有效的必要条件。“词项不当扩张”,因其推理形式不具有完全的有效性,也就不能保证在任何不同内容的情况下,由前提的真证明结论必然真。但是,也正如前面我们曾经讲过的,不完全有效的推理,不一定都是不合理的推理,“词项不当扩张”的三段论也是如此。只是实际思维中必须注意的是,对于这样的推理只能将其看作是或然性的,即使它的前提都真,其结论也只能视为可能真。如果我们注意分析中项M与大项P（或与小项S）两个概念，在客观方面实际上具有的外延关系，应用时还可以提高其结论的可靠性程度。比如，若已知M类对象是具有P性质对象中的绝大多数对象，亦即绝大多数具有P性质的对象都属于M类对象，而待认识对象S又不属于M类，在这种情况下得出结论说“S不是P”，虽然它也不必然可靠，但其或然性程度却比较高。刑事侦查工作中就常有这样的应用情形，例如，侦查人员根据多年实践经验得知，“绝大多数流窜犯是不戴手套作案的”；而“本案的作案人是戴手套作案的”（不是不戴手套作案的）。由此推知，“本案的作案人不是流窜犯”。其推理形式实际上就是：

绝大多数P是M
S不是M
———————
所以，S不是P

显然，这样的推理尽管在形式上不具有完全的有效性，但不等于该推理就不具有合理性，并且，就这个具体推理来看，其结论为真有着极大的可能性。

4. 两个否定命题作前提不能得出必然性结论。

这条规则，也称作“两个前提中必须有一个是肯定命题”。如果用两个否定命题作前提，无论其中哪个词项作中项，都意味着中项的外延，分别与大项和小项的全部（或部分）外延排斥，这样，中项就起不到联结被排斥在其外延之外的大项和小项的媒介作用，大项和小项的关系也就不能根据前提的断定而确定下来；即使任意地将其连接起来而得出某个结论，该结论实际上也与两个前提无关。例如：

⑩　所有鸟都不是胎生的；
×这类动物不是鸟。
———————
?

在例⑩中，一个命题断定了“鸟”这个概念（中项）的外延，全部在谓项“胎生的”这个概念的外延之外；而另一个命题又断定“×这类动物”的全部外延也在“鸟”（中项）这个概念的外延之外。既然小项和大项都在中项的外延之外，二者的外延关系究竟是什么样的关系，无法确定。因此，由上面这样两个前提，不可能推知“×这类动物”究竟是“胎生的”或不是“胎生的”。

用两个否定命题作前提，无论它们是全称否定命题或是特称否定命题，其结论都不是必然可得的。这样的“三段论”，不仅推理形式不具有有效性，而且也不具有合理性。违反这条规则的三段论，就要犯“排斥前提”或“两否定前提”（exclusive premises）的错误。〔2〕

5. 前提中若有一个是否定命题，则结论必为否定命题；若结论为否定命题，则前提中必然有一个否定命题。

如果两个前提中的任意一个前提是否定命题，则另一个前提就只能是肯定命题（由规则4

〔2〕 关于违反这条规则的三段论错误，我国大陆地区的逻辑著述大都未涉及。国外逻辑著述有的将其称为“排斥前提”的谬误〔参见[美]赫尔利：《简明逻辑学导论》（第10版），陈波等译，世界图书北京出版公司2010年版，第209页；[美]柯匹、科恩：《逻辑学导论》（第13版），张建军等译，中国人民大学出版社2014年版，第265页〕，我国台湾地区、香港特别行政区、澳门特别行政区也称之为“两否定前提”的错误（参见邓公玄：《理则学与科学方法》，台北，台湾商务印书馆1977年版，第94页；杨士毅：《语言·演绎逻辑·哲学》，高雄，台湾书林出版社1992年版，第353页）。

可知)。这样,在否定命题的前提中,中项与大项(或小项)的外延相排斥,而在肯定命题的前提中,中项与小项(或大项)的外延相容,必然是全部或部分的包含或被包含关系。据此,当然也就可以确定,与中项相容、构成包含或被包含关系的小项(或大项)外延的全部或部分对象,必然与大项(或小项)的外延排斥。因此,其结论只能是否定命题。

如果一个三段论的结论是否定命题,则其前提中就必然有一个是否定命题。因为,如果前提中没有一个否定命题,即两个都是肯定命题,那么,大项和小项同中项的外延关系,就只能是全部或部分的包含或被包含关系,通过中项的联结作用,也就只能得出肯定命题的结论;只有当前提中有一个是否定命题时,才能据以确定大、小项之间有排斥关系。所以,若结论为否定命题,其前提中就必然有一个否定命题。否则,结论就与前提无关,根本不成其为推理。违反这条规则的三段论,就叫犯了“由否定推肯定”或“由否定前提得肯定结论”(affirmative conclusion from a negative premise)的错误。[3]

6. 两个特称前提不能得出必然性结论。

若用两个特称命题作前提,这两个特称命题的组合不外如下几种情形:

(1)两个都是特称否定命题。根据前面规则4,只要是两个否定命题就不能得结论。

(2)两个都是特称肯定命题。在这种情况下,因为特称肯定命题的主谓项都不周延,两个前提中就没有一个周延的词项,中项也就必然两次不周延。因此,根据规则2,由这样两个前提得出的结论,不具有必然性。

(3)一个特称肯定命题(I)和一个特称否定命题(O)。在这种情况下,如果要得出结论,根据规则5,其结论就只能是否定命题,这样,作为结论谓项的大项就必然周延,根据规则3,为了不犯“大项不当扩张”的错误,大项在前提中也就必须周延。同时,又根据规则2,中项在前提中也必须至少周延一次。这就是说,在这样两个命题组合的情况下,若要得出必然性结论,前提中就必须有两个周延的词项,一个作大项,一个作中项。然而I与O这两个命题中,周延的词项只有一个,即O命题的谓项。如果在前提中把这一周延的词项作大项,那么,中项就必然一次也不周延;如果在前提中把这一周延的词项作中项,就必然犯“大项不当扩张”的错误。可见,若用I和O这样两个特称命题作前提,不可能得出必然性结论。

7. 前提中有一个是特称命题,结论必然是特称命题。

前提中有一个是特称命题,根据规则6,另一个就只能是全称命题。这样,两个前提命题的组合就不外如下四种情形:

(1)一个是全称否定命题,一个是特称否定命题,即E与O两种命题的组合。前面规则4已证明,这种情况下根本不能得结论。

(2)一个是全称肯定命题,一个是特称肯定命题,即A与I两种命题的组合。在这种情况下,只有A命题的主项是周延的,根据规则2,这个周延的词项必须作中项。除此之外,其余的词项都不周延,因而小项在前提中也就只能是不周延的。根据规则3,小项在结论中也不得周延,而小项是结论的主项,它不周延,就只能是特称命题。

(3)一个是全称肯定命题,一个是特称否定命题,即A与O两种命题的组合。在这种情况

---

〔3〕 参见[美]柯匹、[美]科恩:《逻辑学导论》(第13版),张建军等译,中国人民大学出版社2014年版,第265页;[美]柯匹、[美]科恩、[美]弗莱格:《逻辑要义》,胡泽洪等译,北京联合出版公司2018年版,第108页。

下,前提中有两个周延的词项,即 A 命题的主项和 O 命题的谓项。这两个周延的词项,一个必须作中项,否则犯“中项不周延”的错误;另一个必须作大项,因为根据规则 5,前提中有一个是否定命题,结论就只能是否定命题,而否定命题的谓项,即大项,必然周延,根据规则 3,要求大项在前提中必须周延,否则会犯“大项不当扩张”的错误。这样,余下的两个词项,即 A 命题的谓项和 O 命题的主项,都不是周延的,无论用哪个作小项都不周延,所以,结论只能是特称命题。

(4)一个是全称否定命题,一个是特称肯定命题,即 E 与 I 两种命题的组合。在这种情况下,前提中也只有两个周延的词项,即 E 命题的主项和谓项。这两个周延的词项,一个必须用来作中项,否则会犯“中项不周延”的错误;另一个必须用来作大项,因为其前提中有一个是否定命题,结论就只能是否定命题,大项必然周延,要求大项在前提中必须周延。这样,余下的就只有 I 命题的主项和谓项,都不周延。所以,结论也就只能是特称命题。

上述 7 条规则中,规则 2 和规则 3 占据核心地位。至于规则 1,它不属于严格意义上的形式结构方面的问题,没有中项,两个性质命题就不能联结而构成三段论;而用两个语词相同而概念不同的词项作中项,亦即“四概念”的错误问题,又需借助于对概念在特定语境条件下含义的分析,不是仅从形式结构上就可以简单判定的。而规则 4、5、6、7 各条,其实只不过是规则 2 和规则 3 的扩展或延伸,是为了不违反 2、3 两条规则而对前提方面提出的要求。因此,一个三段论的推理形式是否完全有效,根本地取决于其是否符合规则 2 和规则 3。

三、三段论的格和式

所谓三段论的格(figure of syllogism),就是指三段论的中项在前提中所处的位置不同而形成的不同的三段论结构形式。

三段论的中项在大、小前提中,都既可以作主项,也可以作谓项。它在前提中的位置不外如下四种可能,因而也就有四种不同的格。

中项在大前提中作主项,在小前提中作谓项,这样的三段论叫第一格(the first figure);中项在大、小前提中都作谓项,这样的三段论叫第二格(the second figure);中项在大、小前提中都作主项,这样的三段论叫第二格(the third figure);中项在大前提中作谓项,在小前提中作主项,这样的三段论叫第四格(the fourth figure)。各个格的结构形式可表示如下:

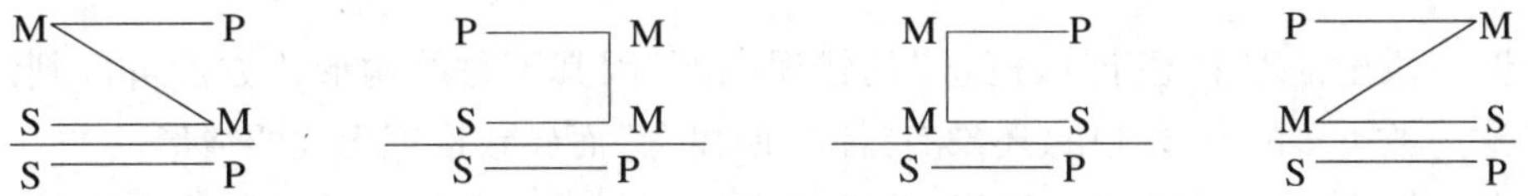

(第一格)　(第二格)　(第三格)　(第四格)

上面表示的只是三段论的中项所处的位置不同而形成的不同结构形式。此外,由于构成三段论的三个性质命题的联项和量项不同,又决定了三段论各个格的不同的式(moods of syllogism)。例如:

⑪　凡瞳孔散大的死者都不是有机磷农药中毒致死的;
　　本案被害人是瞳孔散大的死者,
　　———————————————
　　所以,本案被害人不是有机磷农药中毒致死的。

这个三段论,根据它中项“瞳孔散大的死者”在两个前提中的位置可知,它属第一格。又根据其大前提是一个 E 命题,小前提是一个 A 命题(单称被视为全称),结论也是一个 E 命题,这样的三段论就叫第一格的 EAE 式。又如:

⑫ 有的大学毕业生是国家工作人员;
有的大学毕业生不是审判员,
所以,审判员不是国家工作人员。

这个三段论的中项"大学毕业生"在前提中的位置表明,它属第三格。而它的大前提是一个 I 命题,小前提是一个 O 命题,结论是一个 E 命题。这样的三段论,就叫第三格的 IOE 式(只不过根据三段论规则可知,它是一种无效式)。

从理论上说,组成三段论的三个性质命题,每一个性质命题都有 A、E、I、O 四种可能性,这样,每一种格就都有 4×4×4=64 种可能的组合,亦即每个格都有 64 种式。[4] 而三段论又有四种格,于是也就有 64×4=256 种式。然而根据前面谈到的三段论的规则可知,这 256 种式中,绝大多数都属不符合规则要求的无效式。比如上面第三格 IOE 式的三段论,首先,因其中项是两个特称前提的主项,在前提中一次也不周延;其次,结论中周延的大项,在前提中是不周延的,犯"大项不当扩张"的错误。因此,这样的三段论就是一个无效式。若把这些不具有完全有效性的推理形式排除在外,即使加上有效式中的弱式(weakened mood)——亦即本来可以得出一个全称命题的结论,却得出一个特称命题的结论(逻辑方阵表明,全称真,特称必真),完全有效的推理形式也并不多,它们是:

第一格有:AAA,AII,EAE,EIO,〔AAI〕,〔EAO〕。

第二格有:AEE,EAE,AOO,EIO,〔AEO〕,〔EAO〕。

第三格有:AAI,AII,OAO,EIO,IAI,EAO。

第四格有:AAI,AEE,IAI,EIO,〔AEO〕,EAO。

中世纪逻辑学家希雷斯伍德的威廉(William of Shyreswood)和西班牙的彼得(Peter of Spain)的教科书中都编有一套著名的拉丁文歌诀帮助人们记忆三段论的有效式,其中最著名的一行是:Barbara,Celarent,Darii,Ferio,Baralipton。歌诀本身没有意义,也不能翻译,但每个拉丁文单词的元音字母依次表示构成三段论的三个命题的量和质,辅音字母表示三段论的类型等。[5]

如前所述,三段论推理中还有"四概念"的错误问题,因其不是结构形式方面可以判定的问题,所以在这为数不多的有效式中,还没有排除"四概念"而导致推理无效的情形。

对于上述这些有效式,并无必要熟记,关键是要把握判定一个三段论是否完全有效的标准,简便的方法就是熟悉各个格的逻辑要求。因为这些逻辑要求,是三段论规则的具体化,是不同的结构形式不违反规则(除第一条规则外)的必要条件。熟练地把握了不同格的逻辑要求,就可以比较容易地判定该三段论在形式方面是否具有完全的有效性。

第一格,亦即中项在大前提中作主项,在小前提中作谓项的三段论式。其逻辑要求是:

---

〔4〕 在传统逻辑的三段论中,单称命题一般被当作主项类只有一个分子的全称命题来处理。

〔5〕 这里列举的5个式,分别对应第一格 AAA 式、EAE 式、AII 式、EIO 式和第四格 AAI 式。参见[英]威谦·涅尔、[英]玛莎·涅尔:《逻辑学的发展》,张家龙、洪泽鼎译,商务印书馆 1985 年版,第 301 页;[英]安东尼·肯尼:《牛津西方哲学简史》,陈晓曦译,中国轻工业出版社 2019 年版,第 172-173 页。

(1)小前提必须是肯定命题;(2)大前提必须是全称命题。

先看要求(1)。如果小前提不是肯定命题,就只能是否定命题。这样,其结论就只能是否定命题,结论中的谓项、即大项也就周延。为不犯“大项不当扩张”的错误,大项在大前提中也就必须周延,而它在大前提中是谓项,要周延就只能是否定命题。然而这样一来,就是两个否定命题了,不可能得结论。可见,小前提只能是肯定命题。

再看要求(2)。既然小前提只能是肯定命题,其谓项,即小前提中的中项就是不周延的。这就要求中项在大前提中必须周延。而中项在大前提中是主项,它要周延,就只能是全称命题。

三段论的第一格,最明显地体现了三段论推理所依据的、概念外延间的包含与被包含关系,而且也最明显地体现了演绎推理由一般推知特殊的认识特点。因此,它被视为演绎推理,特别是三段论的典型格(typical figure)。实际思维中,当人们根据一般原理来认识特殊对象的时候,或者把特殊事例置于一般原理之下予以证明的时候,常常就要用到第一格。我们前面所举例子,差不多就都属三段论的第一格。

三段论第一格因其结论可以得出A、E、I、O各种命题,所以,第一格也被视为三段论的完善格(perfect figure)。

第二格,亦即中项在大、小前提中都作谓项的三段论。其逻辑要求是:(1)前提中必须有一个否定命题;(2)大前提必须是全称命题。[6]

实际思维中,当人们要指出对象间的区别时,就免不了要用到第二格,也就是根据某类事物都具有某种性质,而需认识的某类对象却不具有这样的性质,进而确定这些对象必然不属于某类事物。例如,根据“渎职罪的犯罪主体都是国家机关工作人员”,和“本案被告人不是国家机关工作人员”这两个前提,便可得出结论说,“本案被告人不是渎职罪的犯罪主体”,进而也就可以否定“本案被告人”构成渎职罪的认定。所以,第二格也叫区别格(distinctive figure)。

第三格,亦即中项在大、小前提中都作主项的三段论。其逻辑要求是:(1)小前提必须是肯定命题;(2)结论只能是特称命题。

由于第三格的结论总是特称命题,因此人们常常根据个别性事例,通过第三格得出特称命题,以反驳与之相矛盾的全称命题。例如,要反驳“会飞的动物都是鸟”这个命题,就可以根据“蝙蝠不是鸟”和“蝙蝠是会飞的动物”这样两个前提,运用第三格得出结论:“有的会飞的动物不是鸟。”所以,第三格也被称为反驳格(rebut figure)。

第四格,亦即中项在大前提中是谓项,在小前提中是主项的三段论。其逻辑要求是:(1)如果前提中有一个是否定命题,则大前提就必须是全称命题;(2)如果大前提是肯定命题,则小前提就必须是全称命题;(3)如果小前提是肯定命题,则结论就只能是特称命题。

第四格是一种很不自然的格,很少运用。

三段论各个格的逻辑要求,是根据前述三段论的规则推导出来的,是不同结构形式的三段论符合规则要求的必要条件。如果一个三段论不符合它的格的要求,就必然违反了某条规则;但是,符合了格的要求,却不一定就完全符合三段论的规则。不仅“四概念”错误情形在格的要求中没有反映出来,而且,即便是形式结构方面的问题也没有完全概括。例如下面这个三

---

〔6〕 第二格、第三格、第四格的逻辑要求之推导,从略,读者可以自推。

段论:

⑬　有的青年人是大学毕业的;
有的青年人是文化程度很低的人,

所以,有的文化程度很低的人是大学毕业的。

例⑬是一个第三格的三段论,它完全符合第三格的要求,但却违反了规则 2“中项必须至少周延一次”和规则 6“两个特称的前提不能得必然性结论”。所以,符合格的要求,只是符合三段论规则的必要条件。

值得注意的是,无论三段论的规则或格的要求,都只是判定一个三段论是否完全有效、是否在前提真的情况下结论必然真的标准,而不是判定其推理是否具有合理性的标准。

上一章中曾经谈到,一个演绎推理只有当其前提都真并且形式完全有效时,它的结论才必然真。然而在实际思维中,尤其在人文科学领域所运用的许多三段论,作为人们通常都承认的或能够接受的陈述,其大前提就很难达到必然性的严格标准,很难说它必然就真。换言之,人们为解决或论证某个问题而运用的三段论,其前提往往是不完备或不确定的,或者是随条件的变化而有变化的。因此,实际思维中大量运用的三段论,只是常识性或扩展性的,其前提并未给结论提供绝对可靠的证据支持。但是,这样的三段论也仍有其自身的价值,只要我们不把它的结论误认为是必然真或绝对可靠的,它在实际思维中的价值和效用不容忽视。

即使仅从形式结构方面的有效性来看,不完全有效的三段论,也不一定就是不合理的三段论。实际思维中,人们运用的三段论其实在很多情况下都只是合理的,而不是完全有效的。例如:

⑭“法医学断定,在因寒冷致死的情况下,在解剖尸体时,在胃的粘液膜上,一般总会发现细微的深黄色的溢血现象,即所谓维失聂夫斯基斑点。这种斑点一般被认作是寒冷致死在解剖学上的特征。因此在死亡原因方面发生争执问题时,如在解剖尸体后发现有维失聂夫斯基斑点,就被认作是证明这个人因寒冷而致死的证据。相反地,如果没有发现维失聂夫斯基斑点,那么就可以从这一事实作出结论说,这个人不是因寒冷致死的。”

这段论述中就包含了这样两个三段论:

⑮　一般说来,因寒冷致死者尸体的胃粘液膜上有维失聂夫斯基斑点;
某死者的胃粘液膜上有维失聂夫斯基斑点,

所以,某死者是因寒冷致死的。

⑯　一般说来,因寒冷致死者尸体的胃粘液膜上有维失聂夫斯基斑点;
某死者的胃粘液膜上没有维失聂夫斯基斑点,

所以,某死者不是因寒冷致死的。

若从结构形式上看,很明显,例⑮属于第二格的 IAA 式,是无效式。由于它的大前提不是严格的全称命题,因而不符合规则 2“中项在前提中必须至少周延一次”的要求;例⑯属于第二格的 IEE 式,也是一种无效式,同样由于它的大前提不是严格的全称命题,因而不符合规则 3“前提中不周延的词项在结论中不得周延”的要求,这就是说,上面这两个三段论,在形式方面都不是严格演绎有效的，但是也必须承认，它们的前提仍给结论提供了较强程度的支持，因而其结论仍具有较大程度的可靠性和较强程度的可接受性。这样的三段论当然还是合理的，并且，在司法实践中也绝不是没有应用价值的。

四、三段论的应用形式——省略式与复合式

实际思维中，人们运用三段论推理，不但经常地、大量地使用三段论的省略式(enthymeme)，而且，还常常把几个三段论连接起来作出更为复杂的推理，即三段论的复合式(polysyllogism)。

三段论的省略式，亦称省略三段论，就是语言表达中省去了某个命题(大前提、小前提或结论)而不完整的三段论。

作为一个推理来看，任何一个三段论在逻辑结构上都必然包含有大前提、小前提和结论；实际应用时无论是否意识到，实际上思维中也不可能缺少任何一个部分，只是语言表达出来并不完整而已。

三段论的省略式，因其省略了某个部分，就容易掩盖错误。为了准确识别一个省略三段论是否正确，弄清一个不能接受的三段论究竟是前提内容方面有问题，还是形式结构方面有问题，进而确定如何反驳，就必须将一个省略三段论恢复为完整的三段论。

那么，怎样将一个省略三段论还原或恢复为一个完整的三段论呢？或者说，怎样识别一个表达不完整的三段论，还隐藏了一个什么样的命题或掩盖了一种什么样的推理关系呢？还原时，头脑中实际上要经历这样几个步骤：

第一，首先必须确定省略部分是前提还是结论，特别要注意抓住结论。因为结论是要说明的观点，通常不会省略。关键是看表达出来的两个命题之间，是否有“因为……所以……”等表示推导关系的联结命题关系的语词。在“因为”或相当于这类表达理由的语词后面的命题，就是前提；而“所以”或相当于“所以”这类语词之后的命题，就是结论。如果没有这类联结词，就必须根据语义来确定两个命题之间是否有推理关系；如果有推理关系(说明与被说明的关系)就须得确定哪是前提、哪是结论？如果表达出来的两个命题中有一个共同的词项，并且它们二者之间又没有说明与被说明的关系，便可以确定该三段论省略了结论。

第二，抓住了结论，就可以确定表达出来的另一个命题是前提。根据结论的主项和谓项，便可以确定哪是小项、哪是大项，并进而确定表达出的这个命题是小前提还是大前提。如果这个前提是包含小项的前提，即小前提，那么，它省去的就是大前提；如果这个前提是包含大项的前提，即大前提，那么，它省去的就是小前提。

第三，还原出省去的命题，并将其恢复为完整的、标准的三段论。还原省略的大前提，就是把结论中的大项与小前提中的中项(结论中没有出现的词项)连接而成为命题；还原省略的小前提，则是把结论中的小项与大前提中的中项连接而成为命题；而还原结论，则是把表达出来的两个命题中的不同词项连接而成为命题。

例如：“你是知道案件情况的人，所以你有作证的义务。”这段话表述的两个命题之间，显然有着说明与被说明的关系，并且其推导关系是概念间的连接关系，可确定它是一个省略三段论。从两个命题之间的说明关系还可看出，“你有作证的义务”是结论。另一个命题，即“你是知道案件情况的人”，是表达出来的、用以证明该结论的前提。为什么根据这一前提就能推出

“你有作证的义务”呢？显然说话人头脑中还隐藏了一个由该前提得出上述结论的依据，亦即省去了一个必不可少的前提。由于表达出来的这个前提，是包含了结论主项，即小项“你”的小前提，可知省去的是大前提。小前提中的中项“知道案件情况的人”，与大项“有作证的义务”连接，即为大前提：“凡知道案件情况的人都有作证的义务。”这样，该省略三段论便可恢复为如下完整形式：

⑰　凡知道案件情况的人都有作证的义务；
你是知道案件情况的人，
所以，你有作证的义务。

由于省略三段论通常省略的是某个前提，是推理得出结论的一个依据，用省略方式表达虽然简明，但也容易掩盖错误。将其恢复为完整的三段论，目的就在于发现和抓住它隐藏的错误。一般来说，一个隐藏了逻辑错误的省略三段论，或者我们认为不能接受的省略三段论，它必然或者推理形式不正确，或者前提内容不真实。因此，为使反驳显得可靠、有力，将其还原时就既要检查它推理形式，又要注意检查它前提内容的真假。例如这段话：“他的父亲是国内有名的医生，当然是一位共产党员。”这两个命题也表达了一个省略三段论，后一个命题明显是要证明的观点，即该推理的结论“他是一位共产党员”。表达出来的前提是小前提。可是，根据“他的父亲是国内有名的医生”，怎么就能证明“他的父亲是共产党员”呢？显然就还隐藏了一个推理的依据，即大前提。如果把这个大前提恢复为“凡是国内有名的医生都是共产党员”，该三段论的完整形式就是：

⑱　凡是国内有名的医生都是共产党员；
他的父亲是国内有名的医生，
所以，他的父亲是共产党员。

若作这样的恢复，形式结构符合规则要求，是完全有效的推理形式，可是，其大前提却明显地不真实。如果将其省略的大前提恢复为“有的国内有名的医生是共产党员”，该三段论的完整形式就是：

⑲　有的国内有名的医生是共产党员；
他的父亲是国内有名的医生，
所以，他的父亲是共产党员。

若作这样的恢复，保证了前提真实，可是，其推理形式不符合规则要求，结论不具有必然性。

可见，一个包含有错误的省略三段论，总是或者前提不真，或者形式不完全有效。把本来不可靠的结论当作是必然可得的，推理当然不能成立。

在上一章我们曾经谈到，在日常思维中，特别是司法实践中常有乱列理由的情形。其实，之所以“乱列”，往往就是忽略了所隐藏的推理依据，没有思考隐藏的依据能否成立；若能自觉把握所隐藏的依据，错误也就容易发现和避免。例如：某县法院审理了一起故意伤害案，法院经审理，对被告人作了“免予刑事处罚”的判决。列举的理由是：“第一，被告伤人后已两次行政拘留共19天；第二，被告已赔偿被害人医药费、营养费1200元；第三，被告伤人后无新的犯罪。”这里,我们当然没有必要去讨论该判决是否恰当的问题,但可以肯定的是,判决书列举的这几条“理由”却没有一条能够成立。因为,要有“理由”证明判决结论,必须有相关的法律规定,而该判决书列举的任何一条“理由”,与得出的判决结论之间,所隐藏的依据(被省去的大前提)实则是“被行政拘留过的被告人可以免除处罚”“赔偿了被害人损失的被告人可以免除处罚”,等等,法律中哪有这样的规定呢?可见该判决隐藏了完全虚假的前提(按规定,判决所依据的法律条款是不能省略的)。

实际应用中,有时仅凭一个三段论不足以说明如何从一组前提得出结论。人们还经常会把几个三段论连接起来构成更复杂的推理(而且往往省去其中的一些前提或结论)。这种由两个或两个以上彼此之间有某种逻辑关系的三段论连接在一起构成的形式更复杂的三段论,就是三段论的复合式,亦称复合三段论(polysyllogism)。复合三段论,并不是两个或两个以上三段论的拼凑或随意堆砌,它们彼此之间有某种逻辑关系上的关联,这种逻辑关系突出地表现为:前一个三段论的结论,同时又是紧随其后的三段论的前提(既可以是大前提,也可以是小前提)。它反映的是多层次的概念外延之间的属种包含关系。例如:

⑳“我认识几个吸烟的医生。为了我的个人健康,我不会再找他们看病。对于我而言,他们如此不关心自己的健康,又怎么可能关心我的健康呢?”[7]

上面这一段议论,就不是一个简单的三段论,而是下面例㉑和例㉒这样两个三段论的连用:

㉑　所有吸烟的医生都是不关心自身健康的医生;
所有不关心自身健康的医生都是不关心我的健康的医生;
———————————————
所以,所有吸烟的医生都是不关心我的健康的医生。

㉒　所有不关心我的健康的医生都是不把我当病人的医生;
———————————————
所以,所有吸烟的医生都是不把我当病人的医生。

上面的“所有吸烟的医生都是不关心我的健康的医生”这一命题,既是例㉑这个三段论的结论(第一格 AAA 式),同时又是例㉒这个三段论的小前提(第一格 AAA 式)。这就是一个形式更复杂的复合三段论。

上面这样的复合三段论,如果用省略形式来表达,即省略其所有的中间结论,只列出前提和最后的结论,就是连锁三段论(sorites)。因此,连锁三段论作为复合三段论的简化形式,和省略三段论一样,也是语言表达方面的省略与简化。从推理结构和逻辑形式方面看,就是几个三段论结合起来连用。例如:

㉓　所有适合做人民陪审员的人都是思维正常的人;
所有思维正常的人都是依逻辑办事的人;
所有精神上有缺陷的人都不是依逻辑办事的人;
这几个人都是精神上有缺陷的人;
———————————————
所以,这几个人都不是适合做人民陪审员的人。

[7]　[美]赫尔利:《逻辑学基础》,郑伟平、刘新文译,中国轻工业出版社 2017 年版,第 248 页。

例㉓就是一个连锁三段论。它只列出了前提和最后的结论,而省略了所有的中间结论。它实际上是下面这样三个三段论连接起来运用的省略形式:

㉔ 所有适合做人民陪审员的人都是思维正常的人; (ⅰ)
所有思维正常的人都是依逻辑办事的人; (ⅱ)
所以,所有适合做人民陪审员的人都是依逻辑办事的人。 (ⅲ)
㉕ 所有精神上有缺陷的人都不是依逻辑办事的人; (ⅳ)
所以,所有精神上有缺陷的人都不是适合做人民陪审员的人。 (ⅴ)
㉖ 这几个人都是精神上有缺陷的人; (ⅵ)
所以,这几个人都不是适合做人民陪审员的人。 (ⅶ)

例㉔、㉕、㉖这三个三段论连接起来运用,如果省略了结论(ⅲ)"所有适合做人民陪审员的人都是依逻辑办事的人"和结论(ⅴ)"所有精神上有缺陷的人都不是适合做人民陪审员的人",就是例㉓。

例㉓是完全有效的,因为它包含的每一个三段论都符合三段论的规则及逻辑要求。例㉔由(ⅰ)和(ⅱ)作前提得出结论(ⅲ),运用了三段论第一格的有效式 AAA 式;例㉕由(ⅲ)和(ⅳ)作前提得出结论(ⅴ),运用了三段论第二格的有效式 AEE 式;例㉖由(ⅴ)和(ⅵ)作前提得出结论(ⅶ),运用了三段论第一格的有效式 EAE 式。

我们上面介绍省略三段论和复合三段论等应用形式时,只是举出其中较为典型的形式为例。人们实际运用的复合三段论(或省略三段论)很可能会更加复杂。但是,不管人们实际运用的复合三段论(或省略三段论)多么复杂,它归根结底都是由一个一个简单的三段论连接而成的。因此,要确定一个复合三段论(或省略三段论)是否完全有效,就必须先把它分解、恢复为一个一个简单的、完整的三段论,然后再运用三段论规则和逻辑要求对其逐一进行检验。

三段论的应用形式,在 MBA、MPA 等管理类专业硕士学位入学考试全国联考,以及国家公务员招录考试中多有涉及。例如,2012 年中央国家机关公务员录用考试《行政职业能力测验》试卷第 106 题,考查的就是三段论的应用形式:

㉗"任何无法量化及不设定时限的目标都是无效目标,而任何无效的目标都没有实际操作的方法。因此,详细的职业规划不是无法量化及不设定时限的目标。"

为使上述论证成立,必须补充以下哪项作为前提?(　　)

A. 详细的职业规划不都是无效的目标

B. 详细的职业规划有实际操作的方法

C. 有效的目标都是可以量化和设定时限的目标

D. 无法量化及不设定时限的目标没有实际操作的方法

例㉗这道试题,由题干的前 2 个命题作前提,运用三段论第四格有效式 AEE 式,可以推出"任何有实际操作的方法都不是无法量化及不设定时限的目标"这一命题作结论(例㉘)。同时,将该命题作为一个前提,再加上备选项 B 作为另一前提,运用三段论第一格有效式 EAE 式,可以推出题干中的结论(例㉙)。其推理过程,就是一个运用复合三段论的过程,即:

㉘ 任何无法量化及不设定时限的目标都是无效目标；
任何无效的目标都没有实际操作的方法；
———————————————
所以，任何有实际操作的方法都不是无法量化及不设定时限的目标。

㉙ 详细的职业规划有实际操作的方法；
———————————————
所以，详细的职业规划不是无法量化及不设定时限的目标。

第二节 复合命题推理

所谓复合命题推理（reasoning of compound proposition），就是以复合命题作前提或结论的演绎推理，基本类型有联言推理、选言推理和假言推理。

一、联言推理及其应用

（一）联言推理的特征与种类

所谓联言推理（conjunctive reasoning），就是其前提或结论中有一个是联言命题，并且，是根据联言命题的逻辑性质进行推论的演绎推理。从其组成情况来看，它的前提或结论是一个联言命题。例如：

① 制造毒品是违法行为；
贩运毒品是违法行为；
贩卖毒品是违法行为；
吸食毒品是违法行为；
———————————————
所以，制造、贩运、贩卖、吸食毒品都是违法行为。

联言推理是根据联言命题的逻辑性质进行推理的。联言命题的逻辑性质在于：一个联言命题为真，当且仅当该联言命题的各个肢命题都真。正是基于这样的逻辑性质，所以，联言推理也就有两种推理形式：

1. 联言推理的分解式

联言推理的分解式（decomposable expression），是以联言命题为前提，以该联言命题中的某个肢命题为结论而构成的联言推理。其推理过程是通过对联言命题前提的分解，从而获得人们所需要的某个联言肢。例如：

② 任何人不得利用宗教进行破坏社会秩序、损害公民身体健康、妨碍国家教育制度的活动。
———————————————
所以，任何人不得利用宗教进行损害公民身体健康的活动。

联言推理分解式的逻辑形式为：

p 并且 q
————
所以，p

该逻辑形式也可以用蕴涵式表示为:

$$(p \wedge q) \rightarrow p$$

2. 联言推理的组合式

联言推理的组合式(composite expression),就是以若干肢命题为前提,进而得出以这些肢命题的组合为结论的联言推理。其推理过程,实则就是把这些肢命题组合而成为一个联言命题。例如,

③ 中华人民共和国公民有言论的自由;
中华人民共和国公民有出版的自由;
中华人民共和国公民有集会的自由;
中华人民共和国公民有结社的自由;
中华人民共和国公民有游行的自由;
中华人民共和国公民有示威的自由。
———————————————————
所以,中华人民共和国公民有言论、出版、集会、结社、游行、示威的自由。

实际思维中,借助于联言推理的组合式所得的结论,不必然都表现为联言命题的形式,而表现为以联言命题为基础,经过浓缩而形成的复合概念形式。例如:

④ 黄某是妇女;
黄某是医生。
———————————————————
所以,黄某是女医生。

⑤ 本案凶手是与死者熟悉的人;
本案凶手是40岁左右的中年人;
本案凶手是会驾驶汽车的人。
———————————————————
所以,本案凶手是与死者熟悉、40岁左右的会驾驶汽车的人。

上面例④结论中的"女医生",就是以"既是妇女,又是医生"为基础浓缩而成的合取式复合概念;例⑤结论中的"与死者熟悉、40岁左右的会驾驶汽车的人",则是以前提中三个肢命题为基础浓缩而成的合取式复合概念。

联言推理组合式的逻辑形式是:

$$\frac{\begin{array}{c}p\\q\end{array}}{\text{所以 } p \text{ 并且 } q}$$

该逻辑形式也可用蕴涵式表示为:

$$(p,q) \rightarrow (p \wedge q)$$

联言命题的逻辑性质表明,如果若干个肢命题都真,则这些肢命题组合而成的联言命题也就真,因此,只要联言推理组合式的前提真,其结论必然真。

(二)联言推理在司法工作中的应用

联言推理虽然较为简单,但它却是人们思维活动中经常要用到的一种推理形式;在司法工

作中更是如此。

首先,在刑事侦查工作中应用联言推理,可以帮助办案人员准确分析案情,掌握证据,获得对案件情况的正确认识。

例如,某商店被盗。办案人员在现场发现并提取了作案人留下的三枚较为完整的右手指纹,经用粉末显现后观察到:①食指指纹右边的两枚指纹中,有一枚是无名指指纹;②无名指指纹左边的两枚指纹中,有一枚是中指指纹;③弓型纹左边的两枚指纹中,有一枚是斗型纹;④箕型纹右边的两枚指纹中,也有一枚是斗型纹。

根据上述观察①,可知左边的是食指指纹;根据上述观察④,可知左边的是箕型纹。以此作前提运用联言推理组合式,就可以推出"左边的指纹是食指指纹,并且是箕型纹"这一综合性的结论。按照同样的方法,还可以推出"右边的指纹是无名指指纹,并且是弓型纹""中间的指纹是中指指纹,并且是斗型纹"这样的结论。

其次,在审判工作中运用联言推理,可以帮助审判人员准确地分析和理解法律条文,从而正确适用法律。法律条文通常表现为多重复合命题,要从它所包含的多项内容中推导出某项具体规定,并将其作为审判推理的大前提,就常常要用到联言推理的分解式。例如,我国《民法典》第1229条规定:"因污染环境、破坏生态造成他人损害的,侵权人应当承担侵权责任。"如果我们用符号来表示该款规定中的肢命题成分,即:

p="因污染环境造成他人损害的";

q="因破坏生态造成他人损害的";

r="侵权人应当承担侵权责任";

这样,该法律条款的命题形式,就可以用公式表示为:

$$(p \vee q) \rightarrow r$$

根据前面第五章介绍过的多重复合命题常用等值式,则上述法律条款的命题形式便可转换为:

$$(p \rightarrow r) \wedge (q \rightarrow r)$$

在此基础上运用联言推理的分解式,便可必然得出:

①($p \rightarrow r$),即"因污染环境造成他人损害的,侵权人应当承担侵权责任"。

②($q \rightarrow r$),即"因破坏生态造成他人损害的,侵权人应当承担侵权责任"。

上述两个命题,就是运用联言推理分解式,由前引《民法典》第1229条必然推导出来的具体规定,因而也都可以分别作为审理上述不同情况具体案件的大前提。

上述表明,联言推理虽然看似简单,但却是司法工作中免不了要用到的一种推理形式。

二、选言推理及其应用

(一)选言推理的特征

选言推理(disjunctive reasoning)就是以选言命题作大前提,并且是根据选言命题断定的选择关系进行推演的演绎推理。

前面第五章中曾经谈到,选言命题是断定两种以上事物情况之间存在选择关系的命题,它断定了几种事物情况中至少有一种事物情况是真的。正是基于这样的逻辑性质,因此,只要大前提选言命题的断定为真,在小前提逐一否定了其余选言肢的情况下,结论就必然可以肯定余下的那个选言肢;而在某些情况下,当小前提肯定了某一个选言肢以后,结论也就可以否定其余的选言肢。因此,选言推理总的来说,就有这样两种形式:

1. 否定肯定式(modus tollerdo ponens)。例如:

⑥ 林某非正常死亡的原因,或者是自杀,或者是他杀,或者是意外事故。
经查证明,林某不可能是自杀,也不可能是他杀,
———————————————
所以,林某非正常死亡的原因是意外事故。

上例就是一个否定肯定式的选言推理。其小前提否定了大前提中的其余选言肢,结论就肯定剩下的那个选言肢。[8] 它的逻辑形式可表示为:

p或者q或者r
非p,非q
————
所以r

也可表示为:$((p \vee q \vee r) \wedge (\sim p \wedge \sim q)) \rightarrow r$

其典型形式通常只表述为两个选言肢,即:

p或者q
非p
————
所以,q

也可以表示为:$((p \vee q) \wedge \sim p) \rightarrow q$

2. 肯定否定式(modus ponendo tollens)。例如:

⑦ 林×某非正常死亡的原因,或者是自杀,或者是他杀,或者是意外事故。
尸检证明,林某确系他杀,
———————————————
所以,林某非正常死亡的原因,既不是自杀,也不是意外事故。

上面就是一个肯定否定式的选言推理。它的小前提肯定了大前提中的某一个选言肢,结论就否定其余的那些选言肢。其逻辑形式可表示为:

p 或者q 或者r
q
————
所以,非p并且非r

也可以表示为:$((p \vee q \vee r) \wedge q) \rightarrow (\sim p \wedge \sim r)$

---

[8] 复合命题推理中,所谓"否定",是指两个命题互不相容,亦即互相矛盾(若涉及具体的实质内容,也包括二者之间具有反对关系);所谓"肯定",是指两个命题的断定相一致或相同(等值)。比如,若某个选言肢本身是否定命题,小前提是与其相反的肯定命题,就是对该肢命题的"否定"。

其典型形式通常也只表示为两个选言肢,即:

p或者q
<u>　　p　　</u>
所以,非q

也可以表示为:$((p \vee q) \wedge p) \rightarrow \neg q$

尽管选言推理有否定肯定式和肯定否定式两种推理形式,但是,正如第五章中已经讲过的,就选言命题的肢命题所反映的事物情况来看,有相容和不相容两种情形:前者是各肢命题反映的事物情况,在某些情况或某些场合下可以同时并存、不互相排斥;后者是各肢命题反映的事物情况,在任何场合下都互相排斥,不可能同时并存。它们共同的特点是:如果一个选言命题为真,则各选言肢中必然有一个肢命题为真。因此,无论其各个肢命题反映的事物情况是否互相排斥,否定了其余选言肢以后,都必然可以肯定余下的那个选言肢。所以,否定肯定式是选言推理的普遍有效式。然而,肯定否定式就不同了。因为,如果大前提选言命题的各个选言肢并不互相排斥,尽管小前提肯定了某个选言肢为真,却不能保证其余选言肢必然都不真,因此,据此得出否定其余选言肢的结论,就不具有必然性,不能保证该推理在前提真的情况下,结论必然真。例如:

⑧这座公路桥垮塌的原因,或者是设计有误,或者是建筑材料质量不合要求,或者是施工不符合规定;
<u>经现场检查证明,建筑材料的质量确实不合要求,</u>
所以,这座公路桥垮塌的原因,不是设计有误,也不是施工不符合规定。

这个肯定否定式的选言推理,其大前提断定的几种可能情况,亦即它的各个选言肢之间,就不是互相排斥的,“这座公路桥垮塌的原因”,完全可能二者或三者都存在,因此,肯定一个就否定其余,其结论不具有必然性。

(二)怎样正确运用选言推理

选言命题的特征,决定了运用选言推理的逻辑要求。为了正确运用选言推理,保证推理形式的完全有效性和结论的可靠性,运用时就必须注意:

第一,运用否定肯定式选言推理时,必须注意分析大前提的选言肢是否穷尽了各种可能性。如上所述,选言推理的否定肯定式是选言推理的普遍有效式,因而运用时可以不必去考虑各选言肢是否互相排斥。但是,说否定肯定式是选言推理的普遍有效式,纯粹是就其逻辑形式而言的;要真正保证其结论完全可靠,还取决于大前提要穷尽相关的一切可能情况。因为,只有在穷尽的情况下,才能保证该选言大前提至少有一个选言肢为真,从而也才能保证否定了其余选言肢以后,余下的那个选言肢必然真,使结论完全可靠。否则,若选言肢遗漏了相关的某种可能情况,否定肯定式的结论就不具有必然性。例如:

⑨　本案的作案人或者是甲,或者是乙,或者是丙;
<u>经调查证实,不可能是甲,也不可能是乙,</u>
所以,本案的作案人是丙。

不言而喻,上面这个选言推理否定肯定式结论的可靠性,完全取决于“本案的作案人”是否只有甲、乙、丙这三个人作案的可能性。如果分析案情时,漏掉了“丁”这个人也有作案的可能性,由否定甲、乙是作案人,就肯定丙是作案人,所得结论显然就不是必然可靠的。

实际思维中,选言推理的运用还常表现为这样的情形,即:根据“X 不是 A,也不是 B”,于是就肯定“X 一定是 C”。这样的推论,明显是省去了选言大前提的否定肯定式选言推理。其结论是否可靠,也取决于它的选言肢是否穷尽,亦即 X 是否只有 A,B,C 这三种可能性。例如,经过调查证实,某作案嫌疑人在案发时没有在工作单位上班,也没有在家,由此便肯定该作案嫌疑人案发时一定在作案现场,这样的认定显然就是轻率的。除非该嫌疑人确实无法提供案发时的去处,经分析证明该嫌疑人确实也不可能在其他地方(通常所说的“去向不明”),否则,这样的推理虽有一定的合理性,其结论却不具有必然性。

第二,运用肯定否定式选言推理时,必须注意分析大前提中的各个选言肢是否互相排斥,亦即分析各选言肢反映的事物情况,在特定场合下是否有可能同时为真。只有当大前提各选言肢互相排斥,在任何情况下都不可能同时为真时,才能运用肯定否定式,否则,结论就不可靠。

例如,某商场被盗,侦查人员经多方调查并认真分析后,确定张某、陈某和李某为重点嫌疑对象,也就是作出了这样一个选言命题:“本案的作案人或者是张某,或者是陈某,或者是李某。”后经进一步调查证实,张某确系作案人,能否仅仅据此就可否定陈某和李某是作案人呢?显然还不能如此轻率地肯定一个就否定其余,还必须分析本案是否只可能一人作案。若经过认真分析,根据事实,确认只能一人所为,那就意味着上述选言命题的各个选言肢是互相排斥的。在这样的基础上运用如上的肯定否定式,其结论当然就必然可靠。如果没有把握作这样的确认,无法排除有二人以上合伙作案的可能性,就切不可轻易运用肯定否定式,至少不能将其结论看作是必然可靠的。

上述两点注意事项,其实都涉及选言推理大前提——选言命题的内容问题。毫无疑问,不借助于相关的具体知识,就不可能确定各个选言肢反映的事物情况是否互相排斥,也无法判明各个选言肢是否穷尽了相关的一切可能情况。固然,逻辑学本身不可能解决这方面的问题,但是,从推理的合理性来考虑,运用选言推理又总免不了要涉及这两个方面的问题。何况,人们在实践中运用选言推理,并不是为了推理而推理,而是要以推理作为决策和行动的依据,总是希望并力求从已有的前提推导出真实可靠的结论,以指导自己正确的行动,因此,从正确运用选言推理的角度,指出上述注意事项,也是非常必要的。

(三)选言推理在司法工作中的应用

选言推理是在选言命题基础上的展开,是人们常用的一种推理形式。人们在认识客观事物的过程中,对客观对象的认识通常都不可能是一步到位的。在初始阶段,人们往往是根据已有知识,结合对需认识对象具体情况的分析,作出种种可能的猜测性认识,亦即形成一个选言命题,为获取确实、可靠的认识指出方向和范围。然后,以此选言命题为指引,逐一验证该选言命题的各个选言肢,并不断否定那些不可能为真的猜测(选言肢),进而获得对关于需认识对象的确定性认识。这样一个认识过程,其实就是选言推理的运用过程。

在司法工作中,特别是在侦查工作中,无论分析案情、认定案件性质,或是确定作案嫌疑人、明确侦查方向,都要靠运用选言推理,特别是要运用选言推理的否定肯定式。因为,在侦查破案的初始阶段,若要用足够多的证据直接证明或确认某个猜测的正确性,往往比较困难,甚至是不可能的。而通过某些证据去证明某些猜测不可能，则相对比较容易。同时，不断地否定一些选言肢，也就不断地缩小了侦查范围，使得侦查工作能够有目的、有计划地进行。因此，选言推理的否定肯定式，是侦查人员破案过程中不可或缺的一种认识手段。为了说明这个问题，我们不妨看看如下实例：

某年1月28日，由某部押运的×次列车装载的82破甲弹，在沈阳大成车站停靠检查时，发现被盗一箱(共三发)。侦查人员首先对被盗情况作出了如下这样一个选言命题："炮弹或者在列车运行中被盗，或者在停靠过的车站被盗。"通过现场勘查得知，该次列车车厢是密封的，而且车门有粗铁丝加固，于是否定了"在列车运行中被盗"这一可能性，从而肯定"炮弹是在列车停靠过的车站被盗的"。侦查人员进一步通过调查，了解到该次列车由赤峰站始发后，先后在阜新、新邱、新立屯和大成站停靠过，于是又作出一个选言命题："炮弹只可能或者在赤峰站，或者在阜新站，或者在新邱站，或者在新立屯站，或者在大成站被盗。"在此基础上，侦查人员通过查证该次列车的停站情况和时间，又相继否定了炮弹在赤峰、阜新、新立屯和大成站停靠时被盗的可能性，于是认定"炮弹是在新邱站被盗的"。此案的侦破过程充分说明，在刑事案件的侦破工作中，选言推理的运用多么重要，甚至可以这样说，在破案过程中，连续运用否定肯定式选言推理，已成为侦查人员分析案情、指导破案行动的思维模式。

也正因否定肯定式选言推理在刑事侦查工作中被广泛运用，所以，有必要特别指出：尽管从逻辑形式上说，选言推理的否定肯定式是普遍有效式，然而，由于社会现象纷繁复杂，犯罪分子的作案动机和手段更是无奇不有，这就使得侦查人员分析案情时，很难把一般情况之外的、通常想象不到的各种可能都考虑到，亦即很难做到选言肢穷尽。因此，在刑事侦查工作中运用选言推理的否定肯定式，切不可因其形式的有效性而忽略其结论的或然性，必须正确看待否定肯定式结论的逻辑性质。否则，就难免使侦破工作误入歧途；实践中也不乏这类事例。

例如：某地摆渡工罗某，深夜在渡船上熟睡中被人用石头砸死。通过现场勘查和调查访问后，分析认为："罗某被害的原因或者是私仇报复，或者是谋财害命，或者是奸情杀害。"在此基础上经过进一步调查得知：罗某生前朴实寡言，从未与任何人结过仇怨，故可确定不可能是私仇报复杀害；同时又了解到，罗某是当地有名的贫困户，一直靠摆渡维持生计，被害当天身上也无钱财，因此认为谋财害命的可能性也极小。于是认定："罗某被害的原因是奸情杀害。"办案人员便围绕这个确认的侦查方向展开侦破工作，对罗某及其妻子在男女交往方面作了大量的调查工作，结果一无所获。侦破工作因误入歧途而走了不少弯路。后来破案证实，罗某因与其弟相貌极像，而其弟与人结仇，罗某是被犯罪分子误杀的。显然，像这样的可能性，侦查人员就很难分析到，"遗漏"这样的选言肢当然也就在所难免。

又如，前面第七章我们曾经讲到的那起案例：某天晚上，某地农村独身青年妇女徐某吃完晚饭后不久，她的邻居叫她端水回来洗澡，回来后她用水擦了身子，随即关上大门，在堂屋点上灯做针线活。不久，从她厨房窜出一名歹徒，将她砍了20余刀后逃去。侦查人员根据现场勘查和被害人的具体情况，分析本案性质只能或者是仇杀，或者是财杀，或者是情杀。经进一步认真调查和分析，否定了该案仇杀和财杀的可能性，于是确认是情杀。侦查人员围绕这一认定展开侦破工作，经过一个多月，所列嫌疑人全部否定，破案陷入困境。后侦查人员又重新研究案情，破案后方知：作案人是一初中学生，当晚准备去乡里看电影，路过徐家门口时，正好听到徐的邻居叫她端水洗澡，该歹徒想偷看她洗澡，于是趁机躲进厨房。后因徐关上了大门，他无法出去,这才蹿出作案。其作案动机就如此奇特,恐怕再高明的侦查员也很难分析到这种可能性。

以上事例表明,在刑事侦查工作中,对否定肯定式所得的结论,切不可过于迷信。

三、假言推理及其应用

假言推理(hypothetical reasoning),有广义与狭义之分。

从广义上说,假言推理就是前提中至少有一个假言命题,并且根据假言命题前后件之间的逻辑关系而进行推演的演绎推理。根据前提中命题类型的不同,分为纯假言推理(pure hypothetical reasoning)和混合假言推理(mixed hypothetical reasoning)两大类。前者指前提和结论都是假言命题的假言推理,包括假言易位推理(hypothetical transposition reasoning,即根据前面第五章所讲的等值式"假言易位律"所进行的推导,此处从略)和假言连锁推理(hypothetical chain reasoning);后者指由假言命题和其他类型命题(直言、选言、联言)作前提构成的假言推理,包括假言直言推理(hypothetical - categorical reasoning)、假言选言推理(hypothetical - disjunctive reasoning)和假言联言推理(hypothetical - conjunctive reasoning)。

从狭义上说,假言推理仅指假言直言推理。这是"假言推理的基本形式",也是一般逻辑教科书所讲的"假言推理"。[9]

(一)假言推理的基本形式

狭义的假言推理,就是以假言命题作大前提,并且根据假言命题断定的条件制约关系进行推演的演绎推理。例如:

⑩ 如果死者是砒霜中毒而死的,那么死者的牙根就会呈现出青黑色;
本案死者的牙根没有呈现出青黑色,
———————————————
所以,本案死者不是砒霜中毒而死的。

⑪ 只有(某人)年满18岁,(某人)才有选举权;
程某已有选举权,
———————————————
所以,程某已满18岁。

上面就是两个假言推理。它们的大前提假言命题,分别都断定了两种事物情况之间的条件制约关系,而它们的小前提则肯定(或否定)了假言命题中前件或后件那种情况的存在,结论也就肯定(或否定)另一种情况的存在。例⑩这种形式叫否定后件式,例⑪这种形式叫肯定后件式。

一个真实的假言命题,是正确反映了两种事物情况之间条件制约关系的命题。就客观事物情况而言,一种事物情况的存在或者不存在,总是同另一种事物情况的出现或者不出现相联系的。因此,人们只要认识和把握了事物情况之间的这种条件制约关系,自然就能够由其中一种事物情况存在或者不存在,推知另一种事物情况必然出现或不出现。这是假言推理能够根据已知推未知的客观基础。

假言推理的大前提是比较一般性的命题,它只断定了 p、q 两种事物情况间存在某种条件

[9] 狭义的假言推理,因其另一个前提(小前提)是对假言前提(大前提)前件(或后件)的肯定(或否定),往往表现为直言命题的形式,习惯上称作"假言直言推理"。本书所说的"假言推理",如无特别说明,均指狭义的假言推理。

制约关系，并没有断定 p 这一情况事实上是否存在，也没有断定 q 这一情况事实上是否出现。而小前提则把大前提断定的这种条件制约关系引申到特殊场合，并断定了在这个特殊场合下“p”（或“q”）已经存在或不存在，从而推知在这个特殊场合下“q”（或“p”）必然出现或者不出现。因此，假言推理也明显地体现了演绎推理由一般推知特殊的思维进程的特点。

由于假言推理是以假言命题作为大前提而构成的演绎推理，其推理依据是假言命题断定的条件制约关系；而假言命题又因其断定的条件制约关系的不同，决定了假言命题类型的不同，最基本的又有充分条件假言命题和必要条件假言命题两种类型。不同的假言命题，断定了不同的条件制约关系，用以构成推理，也就有不同的推理形式和逻辑要求。因此，假言推理相应地也分为两种：

1. 充分条件假言推理

充分条件假言推理（sufficient conditional hypothetical reasoning），就是以充分条件假言命题作大前提而构成的假言推理。

由于这种假言推理的大前提是充分条件假言命题，推论过程是依据它断定的前件是后件的充分条件这样的关系进行的。而充分条件假言命题的逻辑性质表明：它断定了有前件、就必然有后件；前件真时后件必然真。因此，当一个充分条件假言命题为真时，在特殊场合下确定了它的前件真，就必然可以推知其后件也真；并且，若在特殊场合下确定了它的后件假，也可以必然推知其前件假。正是基于这样的逻辑性质，所以充分条件假言推理也就有如下两种有效式：

（1）肯定前件式（modus ponens，affirming the antecedent）。小前提肯定大前提的前件，结论则肯定大前提的后件。[10] 例如：

⑫　如果现场有某甲的脚印，则某甲到过现场；
勘查发现，现场有某甲的脚印，
————————————
所以，某甲到过现场。

充分条件假言推理肯定前件式的推理结构形式为：

如果 p，那么 q
p
————————
所以，　q

也可以表示为：　$((p \to q) \land p) \to q$

（2）否定后件式（modus tollens，denying the consequent）。小前提否定大前提的后件，结论则否定大前提的前件。例如：

⑬如果死者的心脏粉碎性破裂系肇事汽车撞伤所致，那么，他根本不可能维持十余小时才死亡；
王某被肇事汽车撞伤后过了 11 个小时才死亡，
————————————
所以，王某的心脏粉碎性破裂不是肇事汽车撞伤所致。

[10] 这里所说的小前提对前件或后件的“肯定”或“否定”，是相对于前件或后件本身的命题形式来说的。若与其断定一致（相同或等值），则为对其“肯定”；若与其断定相反（矛盾或反对），则为对其“否定”，因此，它不等同于小前提本身是肯定命题或否定命题。

充分条件假言推理否定后件式的结构形式为:

如果 p,那么 q
非 q
————
所以,非 p

也可以表示为:$((p \to q) \wedge \sim q) \to \sim p$

由于充分条件假言推理只断定了“有前件,就必然有后件;前件真时后件必然真”,但是,它并未断定当其前件为假时,其后件究竟是真或是假;也没有断定当其后件为真时,其前件究竟是真或是假(充分条件假言命题的真值表表明,当其前件为假时,其后件可真可假;而当其后件为真时,其前件也可真可假)。因此,当一个充分条件假言命题前件反映的事物情况,在特殊场合下不出现或不存在时,其后件反映的事物情况却不一定,所以也就不能根据其前件反映的事物情况不存在,推知后件反映的事物情况必然不出现(当然也不能推知它必然出现),即不能由否定前件进而否定后件。同理,当一个充分条件假言命题后件反映的事物情况,在特殊场合下出现或存在时,也不能反推其前件反映的事物情况就必然存在(当然也不能推知它必然不存在),即不能由肯定后件进而肯定前件。所以,充分条件假言推理的如下两种形式,就都属于无效式:

(1)否定前件式(denying the antecedent)。小前提否定了大前提的前件,结论就否定其后件。其推理形式为:

如果 p,那么 q
非 p
————
所以,非 q

也可以表示为:$((p \to q) \wedge \sim p) \to \sim q$

例如:

⑭ 如果犯罪者年龄不满 18 岁,应从宽处罚;
本案被告已年满 18 岁,
————
所以,本案被告不应从宽处罚。

这个推理中,根据《刑法》的相关规定,其大前提无疑是正确的。但是,从《刑法》的若干规定可以看出,“年龄不满 18 岁”只是导致其后件“从宽处罚”出现的一种情形;此外,还有符合诸如“投案自首”等等条件,也应“从宽处罚”。因此,否定了某人“年龄不满 18 岁”(肯定某人年龄已满 18 岁),并不足以证明某人就“不应从宽处罚”。因此,这样的结论不具有必然性。

(2)肯定后件式(affirming the consequent)。小前提肯定了大前提的后件,结论就肯定其前件。其推理形式为:

如果 p,那么 q
q
————
所以,p

也可以表示为:$((p \to q) \wedge q) \to p$

例如：

⑮　如果电路保险丝断了，室内的电灯就不会亮；
室内的电灯不亮，
———————————————
所以，电路保险丝断了。

显然，这个推理的结论也是不具有必然性的。因为"室内电灯不亮"，有可能电厂停电或拉闸，也可能线路发生故障；"电路保险丝断了"只是一种可能，因而其结论也不具有必然性。

上述充分条件假言推理的无效式只是表明：这样的推理形式不是完全有效的，它不能保证在前提真的情况下结论必然真。但是，并不是说这样的推理就都是不合理的。

充分条件假言推理的无效式，虽然告诉我们这样的推理在前提真的情况下结论不必然真，但也为我们提供了如何依据事物情况之间的条件制约关系，探索性地认识事物情况的思维方法。上述无效式表明，当制约某种事物情况的某一种原因不存在，或者证明某个结论的某个理由不成立时，并不意味着某种事物情况本身也必然不存在，或者，某个结论本身就必然不成立——理由不成立，不等于结论本身不成立；否定了理由，不等于否定了结论本身。这也就是"否定其前件，不能否定其后件"的要义。同理，尽管某种原因必然导致某种结果，但我们却不能根据结果反推必然存在这种原因。道理很明显，比如，尽管"身患感冒"必然"体温增高"，但根据"体温增高"，却不能反推必然是"身患感冒"——由结果不能确定必然是哪种原因，亦即承认某个结论，不一定就承认了证明该结论的某个理由。这也就是"肯定其后件，不能肯定其前件"的要义。不过，这些都只是就其结论不具有必然性来说的。如果我们只将其结论看作或然性的，或者，只将这样的推理作为对事物情况认识的一种探索，就像前面例子所述那样，根据"室内电灯不亮"，反推可能"保险丝断了"；根据"体温增高"，反推可能"身患感冒"，如此等等，这样的推理无疑也是合理的。其实，刑事侦查工作中就不乏运用这类无效推理的情形，特别多见的就是根据某种结果，依据已知的条件制约关系，反推其很可能是哪种原因所致。比如，根据现场勘查得知：被害人家里的衣物有被翻动的迹象，现金及存折被丢失，于是推测本案性质很可能是图财害命；其推理的依据是："如果是图财害命，那么被害人就会有财物丢失的迹象。"这样的推理，逻辑学中称之为"回溯推理"（abduction），[11] 其推理形式可以表示为：

q
如果 p，那么 q
———————
所以，p

可见，所谓"回溯推理"，实则就是充分条件假言推理的肯定后件式，只不过其认识起点是

———————

〔11〕 回溯推理，亦称溯因推理、溯源方法，源自美国逻辑学家皮尔士的假设推理（hypothetic inference）和逆推（retreduction）。美国哲学家汉森称作"发现的模式"（patterns of discovery），美国数学家波利亚称作"合情推理"（plausible reasoning），英国哲学家哈尔曼、李普顿称作"最佳说明的推理"（inference to the best explanation，亦译"最佳解释推理"，简称 IBE），我国台湾地区、香港特别行政区、澳门特别行政区通称"设证推理"或"设证法"。波兰齐姆宾斯基认为："回溯推理是这样一种推理：它的前提是由结论推导出来的，虽然结论不是从前提推导出来。对这个结论还必须作如下补充：推理的前提不是单独地由结论逻辑地推导出来，而是由结论和通常省略的其他前提结合起来逻辑地推导出来的。这涉及到省略的前提结合结论和第一个前提之间的联系。"（[波兰]齐姆宾斯基：《法律应用逻辑》，刘圣恩等译，群众出版社 1988 年版，第 239 页）

某种“结果”。其推论过程,是对导致这种结果的“原因”的探索;而推理的依据,则是关于某种“原因”与“结果”之间充分条件制约关系的认识。对于这样的推论,只要我们能够正确看待它结论的性质,其认识意义无疑还是不可忽视的。

2. 必要条件假言推理

必要条件假言推理(necessary conditional hypothetical reasoning),就是以必要条件假言命题作大前提构成的假言推理。

由于这种假言推理的大前提是必要条件假言命题,其推论过程是依据它断定的前件是后件的必要条件这种关系进行的。而必要条件假言命题的逻辑性质表明:它断定前件反映的事物情况不存在时,其后件反映的事物情况就不可能出现,没有前件就必然没有后件,亦即前件假、后件必假;如果后件反映的事物情况出现了,也就表明前件反映的事物情况必然存在,有后件就必然有前件,亦即后件真、前件必真。因此,当一个必要条件假言命题为真时,在特殊场合下确定了它前件反映的事物情况不存在,也就可以推知其后件反映的事物情况不可能出现;若已知在特殊场合下其后件反映的事物情况出现了,当然也可反推其前件反映的事物情况必然存在。正是基于这样的逻辑性质,所以必要条件假言推理就有如下两种有效式。

(1)否定前件式。小前提否定大前提的前件,结论就否定大前提的后件。例如:

⑯ 只有何某具有作案时间,何某才会是本案的作案人;
经调查证实,何某根本不具有作案时间,
所以,何某不是本案的作案人。

必要条件假言推理否定前件式的推理结构形式为:

只有 p,才 q
非 p
所以,非 q

也可以表示为:$((p \leftarrow q) \land \sim p) \rightarrow \sim q$

(2)肯定后件式。小前提肯定大前提的后件,结论则肯定大前提的前件。例如:

⑰只有作案人是了解氯化钾药物性能的人,才会通过注射大量氯化钾杀害被害人;
本案作案人是通过注射大量氯化钾杀害被害人的,
所以,本案作案人是了解氯化钾药物性能的人。

必要条件假言推理肯定后件式的推理结构形式为:

只有 p,才 q
q
所以,p

也可以表示为:$((p \leftarrow q) \land q) \rightarrow p$

由于必要条件假言命题只断定了前件是后件的必要条件,亦即只断定了“没有前件,就必然没有后件:前件假、后件必然假”,但是,它并未断定当其前件为真时,后件究竟是真或是假;

也没有断定当其后件为假时,其前件究竟是真或是假(必要条件假言命题的真值表表明:当其前件为真时,其后件可真可假;当其后件为假时,其前件也可真可假)。因此,当一个必要条件假言命题前件反映的事物情况,在特殊场合下存在或出现时,不能推知其后件反映的事物情况也必然存在或出现(当然,也不能推知它必然不存在或不出现),即不能由肯定前件进而肯定后件。同理,当一个必要条件假言命题后件反映的事物情况,在特殊场合下没有出现或不存在时,也不能反推其前件反映的事物情况必然不存在(当然也不能推知它必然存在),即不能由否定后件进而否定前件。所以,必要条件假言推理的如下两种推理形式,就都属无效式:

(1)肯定前件式。小前提肯定必要条件假言命题的前件,结论就肯定其后件。其推理形式为:

只有 p,才 q
p
————————
所以, q

也可以表示为:$((p\leftarrow q)\wedge p)\rightarrow q$

例如:

⑱ 只有了解氯化钾药物性能的人,才会是本案的作案人;
调查证明,杨某是了解氯化钾药物性能的人,
————————————————
所以,杨某是本案的作案人。

显然,这个推理即使前提都真,结论却未必真。因为,大前提只断定了"了解氯化钾药物性能",是成为"本案作案人"必备的一个条件;但是,并没有断定该前件是成为"本案作案人"唯一必备的条件。因此,仅仅根据某人具备这个条件,就认定他是"本案的作案人",由肯定其前件就进而肯定其后件,结论当然不具有必然性。

(2)否定后件式。小前提否定大前提的后件,结论就否定大前提的前件。其推理形式为:

只有 p,才 q
非 q
————————
所以,非 p

也可以表示为:$((p\leftarrow q)\wedge \sim q)\rightarrow \sim p$

由于必要条件假言命题只断定了前件是后件出现的必不可缺少的条件,没有前件就必然没有后件。但是,它并没有断定前件是后件出现唯一不可缺少的条件。因此,在特殊场合下当后件反映的事物情况不出现时,是否必然就是由于大前提前件反映的事物情况不存在所致,大前提本身不能给以证明。所以,由此得出否定大前提前件的结论也不具有必然性。

必要条件假言推理的无效式,也如同充分条件假言推理的无效式一样,它只是表明:这样的推理尽管前提都真,结论却未必就真,推理形式本身不具有完全的有效性。但是,这并不意味着这样的推理就都不具有合理性。因为大前提虽然只断定了前件 p 是后件 q 出现的必要条件,没有 p 就必然没有 q,然而据此却可推测:当其前件 p 在特殊场合下存在时,其后件 q 的出现无疑有其可能性;而在特殊场合下没有 q 出现时,前件 p 不存在无疑也是可能的。比如:根据"只有外语考试成绩合格,才能被录取为研究生",而已知"某甲外语考试成绩非常好,合格

无疑”,由此推论“某甲很可能被录取为研究生”;或者,根据“某甲没有被录取为研究生”,推论“某甲很可能外语考试成绩不合格”。显然,只要不把这类推理的结论看作必然的,仍得承认它具有一定的合理性。

上面我们介绍了两种假言推理的基本形式及其逻辑要求,对照后便不难看出,它们的有效式与无效式,恰好相反:充分条件假言推理的有效式,正好是必要条件假言推理的无效式;而充分条件假言推理的无效式,又正好是必要条件假言推理的有效式。之所以如此,是由假言命题的逻辑性质决定的。本书在第五章关于假言命题的介绍中讲过:当断定前件 p 是后件 q 的充分条件时,也就等于断定后件 q 是前件 p 的必要条件;而当断定前件 p 是后件 q 的必要条件时,也就等于断定后件 q 是前件 p 的充分条件。从中即可看出,两种假言推理的有效式或无效式,所依据的条件制约关系完全一致,即:若断定 A 是制约 B 的充分条件,便可由肯定 A 进而肯定 B,并且可以由否定 B 进而否定 A。所不同的只是,大前提是以 A 作前件(表现为充分条件假言命题),还是以 B 作前件(表现为必要条件假言命题)而已。

上述同时也告诉我们:假言推理在形式上是否演绎有效,主要取决于大前提假言命题的类型。而假言命题的类型,又唯一地取决于它断定了前件 p 是后件 q 的何种条件。显然,“断定”的条件制约关系,不等于事实上的条件制约关系。因此,尽管事实上前件 p 是后件 q 的必要条件,但若将其断定为“如果 p,那么 q”,并以此作为大前提进行推理,就只能将其视为充分条件假言推理,也只能根据充分条件假言推理的逻辑要求来判定该推理是否演绎有效;切不可用对前提内容的分析,代替对推理形式是否有效的分析。

(二)假言联锁推理

所谓假言联锁推理(hypothetical chain reasoning),就是前提中至少有两个假言命题,并且根据假言命题前件与后件之间条件关系的传递性而进行推演的纯假言推理。例如下面这两个推理:

⑲ 如果猫养得多,那么田鼠就会减少;
如果田鼠减少,那么丸花蜂就会增多;
如果丸花蜂增多,那么三叶草就会丰收;
如果三叶草丰收,那么羊就养得多;
———————————————
因此,如果猫养得多,那么羊就养得多。

⑳ 孕妇必须喝牛奶,才能摄取足量的钙质;
只有摄取足量的钙质,孕妇才能保持身体健康;
只有孕妇身体健康,才能保证胎儿发育好;
———————————————
因此,孕妇必须喝牛奶,才能保证胎儿发育好。

上面的例⑲是一个由四个充分条件假言命题作前提构成的假言联锁推理;例⑳是一个由三个必要条件假言命题作前提构成的假言联锁推理。

假言联锁推理的特点是,前提和结论都是假言命题,而且,前一个假言前提的后件与后一个假言前提的前件相同,从而把所有的假言前提像锁链一样连接起来。

由于假言前提的性质不同,假言联锁推理相应地也分为两种:

1. 充分条件假言联锁推理

充分条件假言联锁推理，就是完全以充分条件假言命题作前提，并且根据充分条件假言命题前件与后件之间条件关系的传递性而进行推演的假言联锁推理。充分条件假言联锁推理有肯定式和否定式两种有效式：

（1）肯定式。肯定式即前提和结论都是充分条件假言命题，并且，结论的前件是第一个假言前提的前件，结论的后件是最后一个假言前提的后件。其结构形式为：

如果 p_1，那么 p_2

如果 p_2，那么 p_3

……

如果 p_{n-1}，那么 p_n

所以，如果 p_1，那么 p_n

也可以表示为：$((p_1 \rightarrow p_2) \land (p_2 \rightarrow p_3) \land \cdots\cdots \land (p_{n-1} \rightarrow p_n)) \rightarrow (p_1 \rightarrow p_n)$

前面例⑲，就是充分条件假言联锁推理的肯定式。

充分条件假言联锁推理的肯定式，在实际运用中往往省略结论。例如：

㉑“我们要造成民主风气，要改变文艺界的作风，首先要改变干部的作风；改变干部的作风首先要改变领导干部的作风；改变领导干部的作风，首先从我们几个人改起。”〔12〕

㉒“古希腊是城邦制国家。城邦制要求民主选举，要求民主选举就要辩论，要辩论就要演说，要演说就要用语言去说服别人，要用语言去说服别人就需要逻辑，而需要逻辑就要学逻辑。”〔13〕

上面这两段议论，就都运用了省略结论的充分条件假言联锁推理肯定式。其中，例㉑省略了结论“我们要造成民主风气，要改变文艺界的作风，首先从我们几个人改起”；例㉒省略了结论“城邦制国家就要学逻辑”。

（2）否定式。根据前面第五章所讲的“假言易位律”，如果把前面肯定式的结论“如果 p_1，那么 p_n”转换为“如果非 p_n，那么非 p_1”，则整个推理形式就成为否定式：

如果 p_1，那么 p_2

如果 p_2，那么 p_3

……

如果 p_{n-1}，那么 p_n

所以，如果非 p_n，那么非 p_1

也可以表示为：$((p_1 \rightarrow p_2) \land (p_2 \rightarrow p_3) \land \cdots\cdots \land (p_{n-1} \rightarrow p_n)) \rightarrow (\sim p_n \rightarrow \sim p_1)$

例如，下面的例子，就都是充分条件假言联锁推理的否定式：

---

〔12〕周恩来：《在文艺工作座谈会和故事片创作会议上的讲话（1961 年 6 月 19 日）》，载《周恩来选集》（下卷），人民出版社 2004 年版。

〔13〕黎鸣：《用逻辑学去赚看不见的钱》，载《北京青年报》2006 年 8 月 9 日。

㉓ 如果要实现现代化,就要提高全民族科学文化水平;
如果要提高全民族科学文化水平,就要大力发展教育事业;
————————————————
因此,如果不大力发展教育事业,就不能实现现代化。

㉔ 排进河中的污水含汞量过高,这些汞就会被河中的鱼吸收;
一旦被鱼吸收,汞就会在鱼体内积蓄;
人们吃了这种鱼,就会造成汞中毒;
————————————————
因此,要消除汞中毒,就必须清除河水中过量的汞。

2. 必要条件假言联锁推理

必要条件假言联锁推理,就是完全以必要条件假言命题作前提,并且根据必要条件假言命题前后件之间条件关系的传递性而进行推演的假言联锁推理。它的结构形式为:

只有 p_1,才 p_2
只有 p_2,才 p_3
……
只有 p_{n-1},才 p_n
————————————————
所以,只有 p_1,才 p_n

也可以表示为:$((p_1 \leftarrow p_2) \wedge (p_2 \leftarrow p_3) \wedge \cdots\cdots \wedge (p_{n-1} \leftarrow p_n)) \rightarrow (p_1 \leftarrow p_n)$

前面的例⑳,以及下面这个推理,就都是必要条件假言联锁推理:

㉕ 只有去请他,他才会出面;
只有他出面,这件事才会有转机;
————————————————
可见,只有去请他,这件事才会有转机。

根据前面第五章所讲的"假言易位律",上面的推理结论"只有 p_1,才 p_n",既可以转换成"如果非 p_1,那么非 p_n",也可以转换成"如果 p_n,那么 p_1"。这样,就构成了必要条件假言联锁推理的两种形式"否定式"和"肯定式"。对于前面的例⑳,如果我们把推理结论转换为"如果孕妇不喝牛奶,那么胎儿就会发育不好",它就是必要条件假言推理的否定式。如果把例㉕的推理结论转换成"如果这件事有了转机,那么一定去请了他",它就是必要条件假言联锁推理的肯定式。

必要条件假言联锁推理,在实际运用中也常有省略结论的形式。例如:"只有经过共产党的团结,才能达到全阶级和全民族的团结,只有经过全阶级全民族的团结,才能战胜敌人,完成民族和民主革命的任务。"[14]这里显然省略了结论"只有经过共产党的团结,才能战胜敌人,完成民族和民主革命的任务"。

假言联锁推理常常用于思考或说明一系列事物之间的密切关系,以及思考或说明某个现象可能引起的一系列后果。

〔14〕 毛泽东:《为争取千百万群众进入抗日民族统一战线而斗争》,载《毛泽东选集》(第1卷),人民出版社2009年版。

(三)假言推理在司法工作中的应用

假言推理在司法工作中应用极为广泛,特别是在刑事案件的侦破过程中,假言推理的作用尤为突出。

众所周知,刑事诉讼的任务,就是要查明案件事实,确定某一犯罪事实是否发生,弄清究竟谁是作案人。而要获得这样的认识,就不能不首先认识案件性质,然后在此基础上确认犯罪者必须具备的条件,进而才可能确定侦查方向和侦查范围。而这一过程的每个环节,就都只有在收集和占有证据材料的基础上,主要依靠运用假言推理来实现。

就以对一起凶杀案件性质的认识来说,要确认其究竟是仇杀、奸情杀害,还是图财害命或其他原因,就免不了要根据犯罪现场出现的种种迹象,借助于头脑中已知的关于事物情况之间的条件制约关系,运用假言推理作出初步的推测。例如,某地农村发生一起凶杀案,被害人一家五口,包括60多岁的老人和年仅7岁的小孩,全部被惨杀于家中。侦查人员现场勘查后发现,每个死者、包括小孩,均被砍10余刀,多的被砍20余刀,被杀惨状令人目不忍睹。侦查人员借助于头脑中已知的事物情况间的条件制约关系,自然就可得出这样的认识:"只有仇杀,才会有如此杀人惨状。"以此为大前提,通过必要条件假言推理的肯定后件式,于是认定"本案是仇杀无疑"。确认了案件性质,才有可能进一步确定侦查方向。

再以对犯罪分子必备条件的刻画来说,更离不开假言推理。大家知道,在侦破案件的工作中,侦查人员只有刻画出犯罪分子必须具备的条件,才有可能根据这些条件去寻找作案人;而要刻画犯罪分子必须具备的条件,就不能不借助于假言推理。我们仍以前面曾经谈到的一起案件为例来看:某地农村一个储蓄所存放在保险柜里的巨额现金被盗。侦查人员通过现场勘查和调查了解得知,现金是发案前两天才放入保险柜的;与被盗保险柜同放一室的还有另外6个保险柜,其中有的里面存放有少量现金,有的则没有存放现金。经查,被开启并被盗走现金的这个保险柜,位于其余6个保险柜的中间,但这6个保险柜都没有作案人触动过的痕迹。这些情况表明:"罪犯作案目标准确"(为便于后面解说,以符号"A_1"表示)。那么,这一情况说明罪犯具有什么样的条件呢?稍具逻辑思维能力并有一定经验知识的人,无疑都能由此推知:"罪犯是熟悉现金存放情况的人"(以符号"B_1"表示)。同时,经调查了解和现场勘查还得知:该保险柜原是锁好了的,经检查,保险柜的门、锁及柜身四周,又都没有任何撬压痕迹(这一情况可概括为"不撬压保险柜而能够打开保险柜",并以符号"A_2"表示)。据此又可推知:"罪犯是具有掌握钥匙或有接触钥匙条件的人"(以符号"B_2"表示)。这样,侦查人员便刻画出了犯罪分子必须具备的如下两个条件:第一,作案人是熟悉现金存放情况的人;第二,作案人是有接触保险柜钥匙条件的人。借助于联言推理的组合式可得结论:"本案作案人是熟悉现金存放情况、并有接触保险柜钥匙条件的人。"根据这样的条件,便可把所有不具备上述条件的人通通排除,寻找作案人也就有了方向和范围。

然而侦查人员又是怎样由上述"A_1"推知"B_1"、由上述"A_2"推知"B_2"的呢?当我们由"A_1"(或"A_2")推知"B_1"(或"B_2")时,头脑中实际上就是以对"A_1"(或"A_2")与"B_1"(或"B_2")之间的条件制约关系的认识,亦即"只有B_1,才A_1""只有B_2,才A_2"这样的两个假言命题为依据,并且以之作大前提,通过如下这种形式的假言推理得知的,即:

只有B_1(或B_2),才A_1(或A_2)
A_1(或A_2)
————————————
所以,B_1(或B_2)

显而易见,只要上述现场勘查无误,对犯罪分子作案条件的刻画也就不容置疑。正是借助于这样的假言推理,才能刻画出罪犯必须具备的条件,侦破工作也才可能在此基础上展开。

刑事侦查工作中运用假言推理,还常常把充分条件假言推理的否定后件式,同选言推理的否定肯定式结合运用,特别是分析案情时更免不了这样的运用方式。其运用过程是:先作出几种可能情况的猜测,形成一个选言命题。然后,把其中的若干选言肢分别作为充分条件假言命题的前件,并分别引申出与之有必然联系的后件,形成若干个充分条件假言命题。在此基础上逐一分析或验证这些后件。若证明这些后件与现实不符或存在矛盾,便可由否定这些后件进而否定其前件,这样,就可以否定若干选言肢,再通过运用选言推理的否定肯定式,就可得出关于案件性质的某种认识。其上述推理过程,可表述为如下这样的推理形式:

或者 A、或者 B、或者 C、或者 D
如果 A,则 p;非 p,所以;非 A
如果 B,则 q;非 q,所以;非 B
如果 C,则 r;非 r,所以;非 C
————————————————
所以,D

例如,某地一居民楼的二楼某室首先起火,导致一起火灾案件。大火熄灭后,侦查人员进入首先起火的已被火烧过的室内,发现该室屋主人死在已被火烧毁的床上,尸体被烧糊,已面目全非。死者是因何致死的呢?侦查人员分析不外三种可能,即:或者是因意外火灾事故被烧死的,或者是自焚而死的,或者是被人杀害后纵火焚尸。经过调查了解后得知,该室从窗户冒烟到燃起熊熊大火,前后不到10分钟,这就是说,“如果是意外火灾事故,起火不可能如此之快(显然有助燃物)”,因此推知,“死者不可能是意外火灾事故致死”;又根据尸检得知,死者尸体虽然已烧糊,但尸体无蜷曲状,而“如果是死者自焚而死(活着被烧死),则尸体必然蜷曲”,因此又可推知:“死者不是自焚而死。”于是在上述推理的基础上,运用选言推理否定肯定式得出结论:“本案死者是被人杀害后纵火焚尸。”

可见,上述推理的过程,总体上是选言推理的否定肯定式,只是在否定其余选言肢的时候,又分别运用了充分条件假言推理的否定后件式。

四、复合命题推理的应用形式——省略式、二难推理与综合推理

实际思维中,人们对复合命题推理的运用,往往不是单一的,也很少是典型的、完整的。具体来说,复合命题推理的应用形式,主要有省略形式(elliptical expression)、二难推理(dilemma)和综合推理(synthesis reasoning,complex reasoning)。这些应用形式遵循的仍是相关复合命题推理形式的逻辑要求,因而它们并非与前面那些复合命题推理形式并列的、独立的推理形式,而只是那些推理形式的具体运用而已;它遵循的也是相关的复合命题推理形式的逻辑要求。

(一)复合命题推理的省略式

复合命题推理在语言表达形式上,也像三段论一样有省略形式——省略大前提、小前提或结论。下面以实例说明复合命题推理在应用中的省略形式。

1. 省略大前提的形式

例如,法国数学家布特鲁(Pierre Leon Boutroux,1880 - 1922)曾经说过一句很有名的话:

"逻辑是不可战胜的,因为反对逻辑也必须使用逻辑。"

这就是一个省略大前提的充分条件假言推理肯定前件式,将其恢复为完整形式,即:

㉖ 如果反对逻辑也必须使用逻辑,那么逻辑是不可战胜的;
反对逻辑也必须使用逻辑;
———————————————
所以,逻辑是不可战胜的。

其他复合命题推理也有省略大前提的形式。例如:"人的正确思想是从哪里来的?是从天上掉下来的吗?不是。是自己头脑里固有的吗?不是。人的正确思想,只能从社会实践中来,只能从社会的生产斗争、阶级斗争和科学实验这三项实践中来。"[15]这段议论就运用了省略大前提的选言推理否定肯定式,将其恢复为典型、完整的形式是:

㉗人的正确思想,只能或者是从天上掉下来的,或者是自己头脑里固有的,或者是从社会实践中来的;
人的正确思想,不是从天上掉下来的,也不是自己头脑里固有的;
———————————————
所以,人的正确思想,只能从社会实践中来。

2. 省略小前提的形式

例如,1978年3月18日邓小平同志《在全国科学大会开幕式上的讲话》中曾指出:"白是一个政治概念。只有政治上反动,反党反社会主义的,才能说是白。怎么能把努力钻研业务和白扯到一起呢!"[16]

这里运用的就是一个省略小前提的必要条件假言推理否定前件式。其省略了的小前提是"努力钻研业务不是政治上反动,反党反社会主义的"。其完整的结构形式是:

㉘ 只有政治上反动,反党反社会主义的,才能说是白;
努力钻研业务不是政治上反动,反党反社会主义的;
———————————————
所以,努力钻研业务不能说是白。

再如,毛泽东同志在《关于正确处理人民内部矛盾的问题》中指出:"当人们推翻了帝国主义、封建主义和官僚资本主义的统治之后,中国要向哪里去?向资本主义,还是向社会主义?有许多人在这个问题上的思想是不清楚的。事实已经回答了这个问题:只有社会主义能够救中国。"[17]

这也是一个选言推理的否定肯定式,省略了的小前提是"中国不能走向资本主义"。

3. 省略结论的形式

例如,1962年1月30日毛泽东同志在"七千人大会"的讲话中说道:"没有高度的民主,不可能有高度的集中,而没有高度的集中,就不可能建起社会主义经济。我们的国家,如果不建起社会主义经济,那会是一种什么状况呢?就会变成修正主义的国家,变成实际上是资产阶级的国家,无产阶级专政就会转化成资产阶级专政,而且是反动的、法西斯的专政。"[18]

---

〔15〕《毛泽东文集》(第8卷),人民出版社1999年版,第320页。
〔16〕《邓小平文选》(第2卷),人民出版社1994年版,第94页。
〔17〕《毛泽东文集》(第7卷),人民出版社1999年版,第214页。
〔18〕《毛泽东文集》(第8卷),人民出版社1999年版,第296－297页

上面这段议论就运用了省略结论的充分条件假言联锁推理。恢复为完整的结构形式是:

㉙ 如果没有高度的民主,就不可能有高度的集中;
如果没有高度的集中,就不可能建起社会主义经济;
如果不建起社会主义经济,就会变成修正主义的国家、资产阶级的国家,
———————————————————————————————
所以,如果没有高度的民主,就会变成修正主义的国家、资产阶级的国家。

再如,"在困难的家庭里,一个人要是逼得父母动老本儿,那他就是一个坏蛋,一个流氓,一个无赖……于勒叔叔把自己应得的那部分遗产吃得一干二净以后,还大大减少了我父亲所指望的那一部分"。[19]

莫泊桑采用上述这段议论来刻画于勒叔叔早年的败家子形象,就运用了省略结论的充分条件假言推理肯定前件式。其完整形式为:

㉚在困难的家庭里,一个人要是逼得父母动老本儿,那他就是一个坏蛋,一个流氓,一个无赖了;
于勒叔叔把自己应得的那部分遗产吃得一干二净以后,还大大减少了我父亲所指望的那一部分;
———————————————————————————————
所以,于勒叔叔是一个坏蛋,一个流氓,一个无赖。

值得注意的是,后面要讲的二难推理在实际运用过程中,有时还可能会同时省略选言前提及结论。例如,李密在《陈情表》中向晋武帝诉说内心苦楚:"臣欲奉诏奔驰,则以刘病日笃;欲苟顺私情,则告诉不许;臣之进退,实为狼狈。"[20]这段议论实际上运用的就是一个省略形式的二难推理,它既省略了选言前提,同时也省略了结论。学完二难推理后,读者可尝试恢复。

(二)二难推理

所谓二难推理(dillema),就是以两个充分条件假言命题和一个选言命题(或联言命题)作前提而构成的一种特别的演绎推理[21],但它并不是一种独立的推理形式。[22]

例如,恩格斯在《论权威》这篇著作中写道:"总之,二者必居其一。或者是反权威主义者自己不知所云,如果是这样,那他们只是在散布糊涂观念;或者他们是知道的,如果是这样,那他们就是在背叛无产阶级运动。在这两种情况下,他们都只是为反动派效劳。"[23]这段论述,实际上就是这样一个二难推理:

---

[19] [法]莫泊桑:《我的叔叔于勒》,载《莫泊桑中短篇小说选》,郝运、赵少侯译,人民文学出版社1981年版。

[20] (清)吴楚才、吴调侯:《古文观止》,岳麓书社1998年版,第333页。

[21] 亦即假言选言推理或假言联言推理。所谓假言选言推理就是至少由两个假言命题和一个选言命题(其选言肢数目与假言命题的数目相等)作前提构成的混合假言推理。而假言联言推理则是至少由两个假言命题和一个联言命题(其联言肢的数目与假言命题的数目相等)作前提构成的混合假言推理。若单纯从形式结构方面看,二难推理就是由两个充分条件假言前提和一个二肢的选言前提(或联言前提)构成的假言选言推理(或假言联言推理)。二难推理之所以"特别",则在于其内容方面,即结论的两种可能性实质上是对方不能接受或不愿接受的。

[22] 金岳霖先生早在1937年就曾指出,二难推理"似乎是辩论的工具,它使人注意的地方完全在实质方面……它的普遍形式不过是一种假言与析取命题相联合的推论而已……联合假言命题与析取命题的推论,既不必限于'二'也不必有所'难',可见二难推论不过是普遍形式之下一种特别实质的辩论而已……所谓'二难推论'根本就是实质上彼此非难的工具,而不是逻辑方面的普遍形式。"(参见金岳霖:《逻辑》,三联书店1961年版,第142-143页)

[23] 《马克思恩格斯选集》(第2卷),人民出版社1972年版,第554页。

㉛　如果反权威主义者自己不知所云，那他们只是在散布糊涂观念；
如果反权威主义者知道自己所说的是什么，那他们就是在背叛无产阶级运动。
反权威主义者或者自己不知所云，或者知道自己所说的是什么，
所以，反权威主义者或者是在散布糊涂观念，或者是在背叛无产阶级运动。

又如，据《隋书·萧吉传》载：隋文帝杨坚曾说："古凶出人，不在于地。……正如我家墓田，若云不吉，朕不当为天子；若云不凶，我弟不当战没。"杨坚在这里以自己当上了皇帝，而他的弟弟却被战死这样的事实，说明所谓"风水"的吉凶纯属无稽之谈。从逻辑上说，他运用的就是这样一个二难推理：

㉜　如果说我家的墓地不吉利，我就不能当上皇帝；
如果说我家的墓地吉利（不凶），我弟弟就不会战死。
我当上了皇帝，并且，我弟弟被战死，
所以，我家的墓地既吉利，又不吉利（谈不上吉利或不吉利）

上面例㉛就是由两个充分条件假言命题和一个选言命题组成的二难推理。选言命题的前提指出只有两种可能性，而结论都使对方难以接受，有力地揭露了所谓"反权威主义"观点的实质。例㉜的小前提则是一个联言命题，[24]指出两个相互矛盾的充分条件假言命题的前件，它们引申出的后件都不成立，因而证明其前件"墓田吉利"或"墓田不吉利"都不成立，这一结论，对于相信风水吉凶的人来说是难以接受的。

最能表明这种推理"二难"特征的，莫过于元朝姚燧写的一首描写一个妻子心恋戍边丈夫的复杂心情的曲子，曲曰："欲寄君衣君不还，不寄君衣君又寒，寄与不寄间，妾身千万难。"[25]这首曲子直白地说就是："如果把御寒的衣服寄给你，又怕你不回来；如果不把御寒的衣服寄给你，又怕你冻坏身体。"可是，又只能"或者寄衣服，或者不寄衣服"，而结果就只能是"或者你不回来，或者让你冻坏身体"。所以，"妾身千万难"。

二难推理常用于论辩，通常是将对方的某个观点分析为相矛盾的两种可能性，然后由这两种可能性分别引申出对方都难以接受的、必然得出的后件，从而陷对方于两种可能的选择中进退维谷、左右为难的困境。例如，列宁在批驳马赫主义者所谓"物体是感觉的复合"这一主观唯心主义的哲学谬论时，就抓住他们既认为"物体是感觉的复合"，又认为感觉是和"我们头脑中所发生的一定过程有联系"这一矛盾，反驳中就运用了如下这样一个二难推理：

㉝如果我们的头脑是感觉的复合，那么，"结果是，我（'我'也无非是感觉的复合）依靠感觉的复合去感知感觉的复合。多妙的哲学！"
如果我们的头脑不是感觉的复合，那么，感觉之外就还存在有物质；
或者头脑是感觉的复合，或者头脑不是感觉的复合，
所以，或者承认是用感觉的复合去感知感觉的复合，或者承认感觉之外还存在有物质。

---

〔24〕　传统逻辑认为，二难推理是一种特殊的假言选言推理。事实上，二难推理也可以借助假言联言推理的形式。
〔25〕　（元）姚燧：《凭栏人·寄征衣》，载刘严选注：《元曲三百首》，光明日报出版社1995年版。

通过这样一个二难推理,列宁就把马赫主义者的说法置于进退两难之中。结论的前一个选言肢明显荒谬;而第二个选言肢又与马赫主义者自身的说法不相容。正如列宁所指出,若承认"除了那个大写的自我之外还存在着其他'复合',物体是感觉的复合这一基本前提就遭到了破坏"。[26]

可见,在论辩中善于运用二难推理,可以使论辩更具说服力,也是驳斥谬误的有力手段。

根据二难推理逻辑结构形式的不同,可对其作不同的分类。首先,根据它的结论是简单命题还是复合命题(选言命题或联言命题),可将其分为简单式和复杂式;其次,根据它的选言(或联言)前提的各个肢命题,是分别肯定假言前提的前件,还是分别否定假言前提的后件,可以分为构成式和破坏式。把上述二者结合起来进行划分,二难推理便有四种形式,即:简单构成式(simple constructive)、复杂构成式(complex constructive)、简单破坏式(simple destructive)、复杂破坏式(complex destructive)。

1. 简单构成式

其特点是:构成二难推理的两个充分条件假言命题的前件不同,但后件相同;而选言(或联言)命题的各个肢命题则分别肯定充分条件假言命题的前件,结论则肯定同一个后件。其推理形式为:

如果p,那么r
如果q,那么r
p或者(或"并且")q
————————————
所以,r

也可以表示为:$((p\to r)\land(q\to r)\land(p\lor q))\to r$

或者,表示为:$((p\to r)\land(q\to r)\land(p\land q))\to r$

例如:

㉞ 这个会议如果邀请他,他一定要来;
如果不邀请他,他也一定要来。
或者邀请他,或者不邀请他
————————————
所以,他一定要来。

简单构成式二难推理是实际思维中经常用到的一种推理。当人们分析问题、须待作出抉择时,若两种相反情况引申出的结果都一样,就表明没有选择的余地。人们对问题思考后常说的"反正都一样",指的就是这种情形。论证中也常用这种推理进行反驳。例如,解放战争时期,毛泽东同志针对一些幻想走第三条道路的人说我们对反动派"太刺激了"的论调反驳说:"对于这些人,并不发生刺激与否的问题,刺激也是那样,不刺激也是那样,因为他们是反动派。""我们要学景阳岗上的武松。在武松看来,景阳岗上的老虎,刺激它也是那样,不刺激它也是那样,总之是要吃人的。"[27]这段话整理出来就是这样一个二难推理:

---

〔26〕《列宁全集》(第14卷),人民出版社1959年版,第35页。

〔27〕《毛泽东选集》(第4卷),人民出版社2009年版,第1473页。

㉟ 景阳岗上的老虎，刺激它是要吃人的；
不刺激它也是要吃人的。
或者刺激它，或者不刺激它，
———————————————
所以，景阳岗上的老虎总是要吃人的。

2. 复杂构成式

其特点是：构成二难推理的两个充分条件假言命题，它们的前件和后件分别都不相同，但其前件穷尽了事物情况只可能有的两种情形。其推论过程是：作为选言前提的两个肢命题（正反两种可能性），分别肯定了充分条件假言命题的前件，结论也就分别肯定其后件并形成一个选言命题。其推理形式为：

如果 p，那么 r
如果 q，那么 s
p 或者 q
———————————————
所以，r 或者 s

也可以表示为：$((p \to r) \land (q \to s) \land (p \lor q)) \to (r \lor s)$

前面的例㉛和例㉝，就都属这种复杂构成式。

由于这种二难推理的两个充分条件假言命题的前件，穷尽了事物情况的正反两种可能性，因此，若以联言命题的形式同时肯定其前件，就必然是一个矛盾式的永假命题，结论也只能是一个永假命题，故不存在运用联言前提的情形。

3. 简单破坏式

其特点是：两个充分条件假言命题的前件相同，但后件不同，而选言（或联言）命题的两个肢命题，则分别否定两个后件，结论则否定其相同的前件。其推理形式为：

如果 p，那么 r
如果 p，那么 s
非 r 或者（或“并且”）非 s
———————————————
所以，非　p

也可以表示为：$((p \to r) \land (p \to s) \land (\sim r \lor \sim s)) \to \sim p$

或者，表示为：$((p \to r) \land (p \to s) \land (\sim r \land \sim s)) \to \sim p$

例如：

㊱ 如果本案是李某所为，就应证明李某确有作案时间；
如果本案是李某所为，就应认定现场提取的脚印与李某的脚印同一。
本案既不能证明李某确有作案时间，又不能证明脚印同一，
———————————————
所以，本案不可能是李某所为。

4. 复杂破坏式

其特点是：构成这种二难推理的两个充分条件假言命题的前件和后件，分别都不相同。其推导过程是，作为选言（或联言）前提的两个肢命题，分别否定两个假言前提的后件，结论则分别否定其前件，并形成一个选言（或联言）命题。其推理形式为：

如果p,那么r
如果q,那么s
非r或者(或"并且")非s
———————————
所以,非p或者(或"并且")非q

也可以表示为:$((p\to r)\wedge(q\to s)\wedge(\sim r\vee\sim s))\to\sim p\vee\sim q$

或者,表示为:$((p\to r)\wedge(q\to s)\wedge(\sim r\wedge\sim s))\to\sim p\wedge\sim q$

前面例㉜所说的隋文帝杨坚揭露所谓"风水"吉凶、纯属无稽之谈的那个二难推理,就属这种复杂破坏式。

实际思维中最常用的二难推理,是二难推理的构成式。[28] 借助于二难推理,可以使我们的思维更加严密。比如,当我们要根据事物情况作出某种决定时,往往就会从正反两种可能性方面,分别引申出必然出现的后件,然后在此基础上权衡轻重利弊,从而也就有助于我们做到两弊相权取其轻、两利相权取其重,慎重抉择。这样一个思考过程,其实就是二难推理的运用过程。例如,曾经出现过司法机关对犯罪嫌疑人超期拘押的情况。之所以出现这样的情况,就是由于司法机关的一些办案人员逮捕了犯罪嫌疑人之后,既苦于证据不足、无法提交法院审理,又不愿将其释放所致。他们在思维中就处于这样一种"二难"的尴尬境地:若将其释放吧,觉得会使得今后工作被动;不释放吧,又没把握补足证据,也会使工作被动。在这种情况下若能正确运用如下二难推理,就有助于我们作出抉择。这个二难推理整理出来就是:

㊲ 如果释放该嫌疑人,工作会陷于被动;
如果不释放该嫌疑人,工作也陷于被动。
对该嫌疑人只能或者释放,或者不释放,
———————————
总之,工作陷于被动。

在"二难"面前,尽管"释放"或"不释放"都会陷于被动,究竟哪种选择更好呢?有的同志就善于权衡,认为早点释放还可以早点结束被动局面,于是及时将其释放;而有的同志就不能正确地面对"二难",不能恰当地权衡轻重利弊,甚至不顾违法而继续"难"下去。

在论证过程中,特别是在驳斥某个错误观点时,二难推理的作用尤为突出。一般来说,当被驳斥的某个观点并不是很确定、清晰的时候,人们就常把该观点作只可能有的两种解释,并以此作为充分条件假言命题的前件,然后引申出必然联系的后件,而这两个后件,或者都同样荒谬;或者其中一个明显荒谬,而另一个又与对方观点本身不相容。这样,就能置对方的观点于进退两难的境地,从而达到驳斥的目的。前面例㉝所述列宁对马赫主义者观点的驳斥,就是一个很好的例证。此外,又如20世纪70年代末期,有人反对"实践是检验真理的唯一标准",就含糊其词地提出所谓"实践和马克思主义都是检验真理的标准"。对此,有人就运用二难推理予以驳斥说:"这种说法是什么意思呢?是说每一种认识都既要用实践检验,又要用马克思主义理论检验吗?如果是这样,这种说法就是二元论;是说有的认识要用实践检验,有的认识要用马克思主义检验吗?如果是这样,这种说法也是二元论。除此之外,还能有别的解释吗?没有了。可见,这种说法总而言之是一种二元论。"在这个论证中,所运用的二难推理简单构

〔28〕 二难推理的破坏式,通常用假言联言推理的形式(如本节例㉜和例㊱),运用假言选言推理的实例不多见。

成式,更是显而易见。

当然,运用二难推理也有错误的情形,不过,这种错误通常都不是形式不正确,而是前提虚假造成的:一种情形是假言前提的前件,不是其后件的充分条件,亦即引申出的后件不是必然的;另一种情形是选言前提的两个选言肢,并没有穷尽事物情况的各种可能性。例如,有位大学毕业生作就业选择时,就把自己陷于这样一个不正确的二难推理的境地:“如果到A单位,就难以发挥我的专业优势,不可能在事业上有所成就;如果到B单位,经济效益又不好,月薪太低。或者到A单位,或者到B单位,看来我就只能要么一辈子无所作为,要么一辈子穷。”他竟然为这样的“二难”而痛苦不已。其实,思维稍微清晰的人都一看便知,这哪是什么“二难”呢!到A单位怎么就“必然”不能事业有成?到B单位又怎么会“必然”永远都“月薪低”?何况,A、B之外还有其他单位嘛。可见,其假言前提的前件并非后件的充分条件,而且,选言前提又没有穷尽各种可能性,因此,它是一个根本不能成立的二难推理。

(三)综合推理

在人们的实际思维中,通常都不是只运用某一种推理,而往往是从若干已知前提出发,运用多种形式的复合命题推理,一步一步地推导出某个特定的结论。这样的推导过程,就是复合命题推理的综合运用过程,习称为综合推理。例如:

在一起多人参与的流氓械斗中,李某被人杀死。事发当时,刘某、陈某二人手中都握有凶器。而刘、陈二人及其他目击者均无法说清楚究竟是谁杀死了李某。侦查人员经过调查,也仅掌握以下情况(获得如下已知命题):

①“杀死李某的凶手只能或者是刘某,或者是陈某。”

②“如果死者身上致命刀伤的伤口痕迹,与刘某所持三棱刮刀的刃口不同一,那么杀死李某的凶手就不是刘某。”

③“只有本案的鉴定结论有误,死者身上致命刀伤的伤口痕迹才会与刘某所持三棱刮刀的刃口同一。”

④“只有鉴定人与本案有利害关系,本案的鉴定结论才会有误。”

⑤“鉴定人与本案没有利害关系,但刘某与李某之间有仇怨关系。”

如何根据上述已知命题(前提),推知谁是杀死李某的凶手呢?这就需要综合运用各种形式的复合命题推理。其推理过程就可以这样展开:

第一步,以⑤作前提,运用联言推理的分解式,可得出“鉴定人与本案没有利害关系”的结论,即:

鉴定人与本案没有利害关系,但刘某与李某之间有仇怨关系。

所以,鉴定人与本案没有利害关系。

第二步,根据已知前提④和第一步推理得出的结论,运用必要条件假言推理的否定前件式,可得出结论“本案的鉴定结论无误”,其推理形式为:

只有鉴定人与本案有利害关系,本案的鉴定结论才会有误。

鉴定人与本案没有利害关系,

所以,本案的鉴定结论无误。

第三步,再一次运用必要条件假言推理的否定前件式,即以前述前提③和第二步得出的结论作前提,又可得出结论:“死者身上的致命刀伤的痕迹,与刘某所持三棱刮刀的刃口不同一。”其推理形式为:

只有本案的鉴定结论有误,死者身上致命刀伤的伤口痕迹才会与刘某所持三棱刮刀的刃口同一。

本案的鉴定结论无误。

所以,死者身上致命刀伤的伤口痕迹,与刘某所持三棱刮刀的刃口不同一。

第四步,以前述前提②和第三步推理的结论作前提,运用充分条件假言推理的肯定前件式,又可得出“杀死李某的凶手不是刘某”的结论。其推理形式为:

如果死者身上致命刀伤的伤口痕迹,与刘某所持三棱刮刀的刃口不同一,那么杀死李某的凶手就不是刘某。

死者身上致命刀伤的伤口痕迹,与刘某所持三棱刮刀的刃口不同一,

所以,杀死李某的凶手不是刘某。

第五步,以前述前提①和第四步推理的结论作前提,运用选言推理的否定肯定式,便可得出结论:“杀死李某的凶手是陈某。”其推理形式为:

杀死李某的凶手只能或者是刘某,或者是陈某。

杀死李某的凶手不是刘某。

所以,杀死李某的凶手是陈某。

从上述推导过程可以看出,复合命题综合推理的特点,就在于它不但可以在任何一个推理环节引进已知的前提,而且,还可以用前一个推理的结论作为后一个推理的前提。所谓综合运用复合命题推理,其实就是这样一环扣一环地将若干个推理联结为一个推理链条,最后得出一个结论。在这样一个推理过程中,由于前一个推理的结论往往又成为后面进一步推理的前提,因而就要求它的每个推理环节,都必须严格遵循相关推理的逻辑要求,每一步推理的推理形式都必须是完全的有效式。否则,任何一个推理环节的结论不具有必然性,其真实性就令人怀疑。而它又被作为下一步推理的前提,这样一来,整个推理的链条就遭到了破坏,就难免影响最后结论的可靠性,导致整个推理无效。这是复合命题综合推理,有别于实际思维中单独运用某种复合命题推理的不同之处。

在进行复合命题综合推理时,不可能总是带着“内容”进行推演,这样不但显得冗长,而且其推导关系也显得不那么清楚。为更清楚地显示其推演过程,就不妨采用符号化的方法,也就是在将给定的前提符号化的基础上,构造出相应的推演序列。但是应当注意,这个推演序列中的任何一个命题公式,都是已知的前提,或者是根据在先的命题公式推演出的命题公式。最后得出的命题公式,才是整个推演序列所得的结论。

例如,若用符号化的方法来解答上例,首先就是将给定的前提符号化。可设:

p =“杀死李某的凶手是刘某”;

q =“杀死李某的凶手是陈某”;

r =“死者身上致命刀伤的伤口痕迹与刘某所持三棱刮刀的刃口不同一”;

s =“本案的鉴定结论有误”；

t =“鉴定人与本案有利害关系”；

u =“刘某与李某之间有仇怨关系”。

则其推演序列为：

①$(p \vee q)$	前提
②$(r \rightarrow \sim p)$	前提
③$(s \leftarrow \sim r)$	前提
④$(t \leftarrow s)$	前提
⑤$(\sim t \wedge u)$	前提
⑥$\sim t$	根据⑤，运用联言推理分解式
⑦$\sim s$	根据④、⑥，运用必要条件假言推理否定前件式
⑧r	根据③、⑦，运用必要条件假言推理否定前件式
⑨$\sim p$	根据②、⑧，运用充分条件假言推理肯定前件式
⑩q	根据①、⑨，运用选言推理否定肯定式

上述推演序列中的⑤、⑥、⑦、⑧、⑨、⑩各行，分别对应于前面所述推理步骤的第一、二、三、四、五步，结论“q”，则是整个推演序列的结论，即“杀死李某的凶手是陈某”。由上可见，采用符号化的方法进行推演，更为简单明了。

第三节　刑事侦查工作中正确运用演绎推理的方法

在前面第一章我们就曾经谈到，侦查人员在刑事案件的侦破工作中，其任务就是要查明案件事实真相，确认某种犯罪行为是否发生，弄清谁是作案人并将其捉获归案。然而，由于案件总是在侦破工作之前发生的，既非侦查人员直接感知，更不可能因侦查人员认识的需要而重复再现，因此，侦查人员要弄清案件真相，查获犯罪分子，就只能通过现场勘查和调查了解，在搜集和占有材料的基础上进行一系列的逻辑推理。只有借助于推理，才能从已知的事物情况中获得对案件真相的认识，刻画出罪犯特征，从而明确侦破方向，缩小侦破范围，在此基础上也才谈得上有计划、有目的地展开侦破工作。否则，侦破工作就会如堕烟海，必将陷入盲目境地。因此可以说侦破工作每前进一步，都离不开逻辑推理。

刑侦工作中运用的推理，几乎涉及逻辑学中介绍的各种推理，不过，运用得最多的还是演绎推理。由于刑侦工作中运用演绎推理，目的在于弄清案件真相，是对未知案件事实的一种探索，其作用也只在于给侦破工作指引方向，确定侦查范围，带有很大的试探性质。正因刑侦工作中运用推理的这种特殊作用和性质，决定了在这个特定领域中运用的推理可以是或然性的；不仅可以运用归纳推理、类比推理这类本来就是或然性的推理，即使运用的演绎推理也可以是或然性的。所以，刑侦工作中运用的推理，与其说是“推理”，不如说它只是一种“推测”。一般来说，只要侦查人员能正确看待其结论的逻辑性质，即便推理运用不当，甚至结论错误，也只不过让侦破工作多走弯路、延误破案时间而已,不会造成更大的损害。

刑侦工作中运用推理所得出的结论可以是或然性的,是否意味着在这个领域运用推理就可以随心所欲、胡思乱想,可以凭“想当然”或主观臆断来指引侦破工作呢? 当然不是。侦查人员要运用演绎推理从已知的事物情况中推知未知的案件事实,无疑应力求做到推理严谨缜密,力求达到结论可靠,至少应力求结论具有较大的可能性;尤其要防止错误地、过高地评估结论的可靠程度。

一、刑侦工作中如何正确运用演绎推理

刑侦工作中运用的演绎推理,通常都只是个案性的,总是针对某个具体案件展开的;而且,通常也都只是作业性的,是为指引侦查活动而进行的,不是为了发现和总结什么定理或定律,而只是为了查明一个具体案件的事实真相,将犯罪分子查获归案。因此,这个领域运用演绎推理,思考问题和分析问题的立足点总是现实的、具体的。

从刑侦工作中运用演绎推理的过程来看,一般都是以现场勘查或调查了解获得的事物情况作为认识的起点,亦即首先获得演绎推理的小前提。然后,再联系头脑中的一般性知识、即大前提,进而得出关于某个具体情况认识的结论。例如,根据尸检证明,被害人是因被杀后大量出血死亡的,但“出现被杀害死者尸体的现场却无大量血迹”。有了这样的感知,就可以联系头脑中的一般性知识,“如果出现被杀害死者尸体的现场是杀人现场,那么现场就必然有大量血迹”;既然“出现被杀害死者尸体的现场无大量血迹”,当然就可以推知“出现被杀害死者尸体的现场不是杀人现场(或第一现场)”。前面我们所举的许多刑侦方面的推理例子,也都说明了这点。这就是说,刑侦工作中要运用演绎推理,首先取决于这样两个条件:一是要依靠感知获得现实的、个案的有关材料——哪怕只是一点蛛丝马迹,这是运用演绎推理的基础和出发点。如果没有任何一点可供作为演绎推理认识起点的材料,演绎推理的运用就无从谈起。二是要靠头脑中的已有知识,它是根据已知的个案材料得出未知结论的依据。如果头脑中没有与认识个案感知材料相关的一般性知识,面对已知的、现实的个案材料,也无法由此而得出未知的结论。这就正如一位高明的中医医生,他摸摸患者的脉搏,看看患者的舌苔,就能推知患者身患何病,而一般人即使同样地摸到、看到也毫无所知一样,原因不是别的,就在于高明的中医医生头脑中有着丰富的、关于脉搏和舌苔情况同相关病理关系的一般性知识,而我们一般的人却不具有。没有相关的背景知识,不可能从感知的情况中推出未知的结论。

所以,侦查人员运用演绎推理能力的强弱,严格说来,主要并不取决于他“智商”的高低,而是取决于他对现场出现情况的观察能力和头脑中相关知识的掌握程度。观察能力越强,就越能获得更多的现场感知材料,运用演绎推理就有了更多的场合,或者说,就掌握了更多的、用以构造演绎推理的小前提,有了更多的运用演绎推理的认识起点;而头脑中的知识愈丰富,也就掌握了更多的推论具体事物情况的推理依据,有着更广阔的认识具体事物情况的能力。因此,决定侦查人员演绎推理能力的观察能力和背景知识,二者都同等重要,不可或缺。

大家熟知的、英国作家柯南道尔笔下刻画的“神探”福尔摩斯,他之所以破案那么“神奇”,原因就在于他不但有细致入微的观察能力,而且有着非常渊博的背景知识。据小说描写,他不仅各方面的知识几乎无所不有,甚至还研究和掌握了140多种烟——包括各种雪茄、纸烟和斗烟丝的烟灰特征,能熟练区别不同地区泥土的特征,不同职业的人的行为特征,等等。尽管这

只不过是小说的描写,但反映出的其破案"神奇"的原因,却是可信的。国内某报曾有过一篇题为《中国的福尔摩斯——苗春青》的报道,简略讲述的是内蒙古自治区赤峰市公安局老刑警苗春青神奇破案的事迹。报道中说:"1983 年 11 月 6 日,赤峰某公社枪库被盗。苗春青察看现场后说:'盗枪犯年龄 20 岁,身高 1 米 66,作案时穿本地产黄胶鞋,走路一晃一晃的。'三小时后,公安人员依据老苗的描述抓获了案犯,其特点竟与老苗说的一般无二!"报道中还说:"二十六年内,老苗平均每年为全国破六十至七十个大案。一次内蒙古自治区公安厅命令老苗协助山西省公安厅侦破一起持枪抢劫案。老苗在大同市郊一供销社察看了现场,认定是三人共同作案。根据足迹,他和助手在公路上追踪二十多里后,在一条冰河边找到了罪犯十分模糊的蹭痕;过河又追了四十多里,在一个院子前停住脚步。没想到在审讯院子主人时,犯人却矢口否认。审到十点,犯人仍不承认。老苗摊牌了:'昨夜,你们三人搭人梯进入现场,捆起打更人后,蹲下撬门,小个在左,大个在右,中等个放哨……'话还未说完,犯人扑通一声瘫倒在地,供认了罪行。公社公安人员问:罪犯搭人梯等情况你是怎么知道的?老苗答:全凭罪犯的足迹。"从报道来看,老苗破案确实够神奇的。他为什么破案如此神奇呢?报道中说:"老苗是从一九五九年起研究痕迹学的。他先拜草原上的老牧人为师,学习辨认牲口和人的足迹,后又潜心观察人的体态、走路姿势等,还分析了四千多人的不同类型的足迹,阅读了数百万字的人体解剖学等书籍,研究出两个根据足迹计算年龄和身高的公式,误差年龄不超过一岁,身高不超过一厘米。"〔29〕可见,"老苗"破案之所以有如此神奇的推理能力,原因也在于他不仅对现场足迹有细致入微的观察能力,而且,还掌握了根据足迹推知年龄、身高的一般性知识——亦即他总结出的两个公式。正是由于掌握了这样两个公式,他就能够根据现场出现的足迹情况,通过演绎推理得知罪犯的身高、年龄。

二、刑侦工作中运用演绎推理的或然性

然而,也正是由于侦查人员运用演绎推理的能力,取决于他的观察能力和背景知识的掌握程度,同时也就决定了刑侦工作中运用的演绎推理,不仅如前所述可以是或然性的,而且,也决定了这个领域运用的演绎推理,通常也都只能是或然性的。之所以如此,是因为:

第一,这个领域中运用的演绎推理,其大前提一般都不是绝对可靠的。

刑侦工作中用以作为演绎推理的大前提,亦即相关的背景知识,一般地说不外来自两个方面:

其一,是科学理论,主要指各门科学总结出的一般性原理或规律性的知识,特别是诸如法医学、痕迹学、人体解剖学,以及化学、物理学等方面的知识。毫无疑问,来自科学理论方面的知识,是经过实践检验并被证明为可靠的知识,用这样的背景知识作大前提,其可靠性不容置疑。但是,这方面的知识在任何侦查人员的头脑中都是很有限的;何况犯罪现象十分复杂,无奇不有,具体案件显现出的、被侦查人员感知的各种情况,也不可能都能从科学理论方面找到认识的依据。

其二,更多的场合,用以认识具体情况的一般性知识,是来自人们生活经验的积累,来自侦查人员对经验性知识的总结和概括,而这样的知识,即使就像前述苗春青总结出的关于足迹大

---

〔29〕《中国的福尔摩斯——苗春青》,载《中国报刊报》1994 年 6 月 18 日。

小同身高、年龄关系那样的知识,也都还只不过是一种经验性知识,尽管这样的背景知识也具有相当程度的可靠性,但它终究是通过简单枚举归纳推理得来的,推理性质决定了结论本身就不具有必然性,不同于科学理论及其定理、定律。比如,人们根据直接经验知识得知,每当"p"出现时,就相伴随而出现"q",于是在头脑中就形成"如果p,那么q"这样的背景知识;可是,究竟是否存在有"p"出现而"q"不出现这样的例外情形呢?并未得到科学证明。又比如,人们总结直接经验知识得知,某种事物情况的出现大致不外几种可能性,于是在头脑中形成"或者p,或者q,或者r"这样的背景知识;可是,究竟是否存在有例外的、意想不到的可能性呢?也是没有得到科学证明的。不言而喻,依据这样的背景知识作大前提进行演绎推理,大前提就不是完全可靠的。

第二,这个领域中运用的演绎推理,其小前提主要来自侦查人员对现场的观察,或者来自知情群众对案件相关情况的口述。然而,无论是通过侦查人员的直接观察所得,还是通过他人观察的口述所得,都会由于多方面的原因而使得它并不绝对可靠。

大家知道,人的观察能力是有很大差异的。面对同样的现象,有的人可以感知其细枝末节,有的人则视而不见或者产生假象。

观察能力的强弱,取决于如下几方面的因素:

首先,它取决于观察者对所观察现象的相关经验知识的掌握程度。例如,某地曾发生过一起凶杀案,对罪犯在现场留下的大米,一位粮店老职工一眼就看出是只有该市某乡才产有的"清水大米",为破案提供了重要线索,显然,对大米的这种观察能力,是一般人不可能具有的。面对同一个盗窃现场,一个有侦破盗窃案经验的侦查员,其观察能力就肯定强于一般的观察者。然而,任何人都不可能是"全能"的,对各种需观察现象的相关知识总是有限的,因此,由于缺乏相关经验知识而误断观察结果的情况,就难免发生。

其次,观察能力还取决于观察者在观察过程中思维能力的发挥程度,或者说,取决于他精力的集中程度。正如一位卓有成效的英国科学家贝弗里奇在其《科学研究的艺术》一书中所述:"众所周知,不同的人在观察同一现象时,各人会根据自己的兴趣所在而注意到不同的事物。在乡间,植物学家会注意到不同的植物,动物学家注意动物,地质学家注意到不同的地质结构,农夫注意庄稼、牲畜,等等。一个没有这些爱好的城市居民,见到的则可能只是悦目的风景。许多男人同一个女人待上一天,过后对她的穿戴只有极模糊的概念,但是大多数的女人在见到另一个女人以后几分钟就能详细描述那个女人的服饰。"〔30〕可见,注意力不同,观察结果也就大有差异;特别是来自群众口述的观察结果,更难免出现误差。

最后,观察能力,特别是观察结果是否准确,还取决于观察者在观察过程中是否带有主观偏见。关于这个问题,贝弗里奇的下述见解颇有道理,他说:"要懂得观察,也许首先必须知道:观察者不仅经常错过似乎显而易见的事物,而且更为严重的是,他们常常臆造出虚假的现象。虚假的观察可能由错觉造成,出现错觉时感觉使头脑得出错误的印象,或是头脑本身滋生了谬误。""许多这类错误之所以出现,是由于头脑容易无意识地根据过去的经历、知识和自觉的意愿去填补空白。"〔31〕实践中,由于主观偏见而导致观察错误的事例并不少见。例如,1992

---

〔30〕 [英]W. I. B. 贝弗里奇:《科学研究的艺术》,陈捷译,科学出版社1979年版,第104页。

〔31〕 [英]W. I. B. 贝弗里奇:《科学研究的艺术》,陈捷译,科学出版社1979年版,第103页。

年,甘肃省武威市发生过一起冤案,蒙冤者险被处死。冤案之所以发生,最初就是由于侦查人员勘查凶杀现场时的主观偏见导致的。侦查人员进入现场后,见死者身边有一把沾满鲜血的裁缝用的剪刀,"感觉使头脑得出错误的印象",于是就先入为主地将死者身上的24处刺伤,误断为剪刀所刺(实为游标卡尺改制的单刃刀所刺)并将其视为杀人凶器,再加上对死者死亡时间等方面的误断,排除了流窜犯作案的可能性(后证明是流窜犯所为),认定为现场邻近的张某(制鞋厂工人)与刘某所为,导致了冤案的发生。[32]

在观察过程中,因带有主观偏见而影响观察结果的情形,在群众口述的关于案件有关情况的观察结果中,更难以避免。

以上表明,刑侦工作中运用的演绎推理,无论其大前提或是小前提,多方面的因素决定了它并不都是绝对可靠的。这就从前提方面决定了这个领域运用的演绎推理,结论通常都只具有或然性。

第三,刑侦工作中运用的演绎推理,形式灵活多样,推理的前提与结论间的联结方式、即它的推理形式,也很难保证其完全符合相关演绎推理的规则要求,推理形式通常都不是完全的有效式,因而其结论也就不是必然可靠的。

比如,侦查人员在寻找和确定作案人时,一般都是根据现场勘查得知的情况和获取的痕迹、物证等材料作出推断,刻画出犯罪者的特征、即得出"作案人是具有×条件的人",然后再根据这些特征去寻找作案人。而在寻找作案人的过程中,面对某个具体的查问对象又只能作出这样两种判断:

"某甲是具有×条件的人";

或者,"某甲不是具有×条件的人"。

显然,如果某甲不是具有×条件的人,根据刻画出的作案人条件,运用三段论的第二格,便可完全有效地推知"某甲不是作案人";可是,如果经查证明某甲具有×条件呢?毫无疑问,在这种情况下不能排除某甲是作案人,当然也不能据此就认定某甲是作案人。之所以不能认定,是因为这里运用的三段论是第二格的非完全有效式——其前提没有一个是否定命题,中项不周延。正是由于既不能否定他,又不能认定他,所以某甲就被视为"作案嫌疑人"。不难想象,如果侦查活动中不运用这样虽然不是完全有效的,但却具有一定合理性的演绎推理,寻找作案人的工作就将无法进行;而若不看到这种推理形式的非完全有效性,据此就轻率认定"某甲是作案人",其后果也不堪设想。

又如,在运用选言推理时,即便运用的是否定肯定式,往往也难以做到"否定其余选言肢而肯定唯一余下的选言肢",而是在分析出若干种可能性(列出若干个选言肢)的基础上,通过进一步的侦破工作或调查了解,逐步地排除一些选言肢而肯定余下的另一些选言肢,结论也仍然还是一个选言命题。例如,根据刻画出的犯罪分子条件,最初列出的犯罪嫌疑人就可能有若干个。经过调查取证等工作后,侦查人员就可以逐步排除一些,当排除到余下两三个嫌疑人而不能继续排除时,尽管这时可把他们看作"重点嫌疑人",然而对于其中的任何一个人来说,他究竟是否犯罪分子,显然也还是不能作出必然性结论的;何况,在分析列出若干嫌疑人时,是否

---

〔32〕 那日苏、查庆九、罗成志:《堪以为戒——对武威"92·11·8"错案的调查》,载《法制日报》1997年10月14日。

恰恰漏掉了真正的作案人,在排除出去的嫌疑人中是否有排除不当的情形存在,显然这些也都是难以确保无误的。因此,尽管选言推理的否定肯定式是完全的有效式,但在刑侦工作中运用时就有点“变样”。

正是由于刑侦工作中运用的演绎推理,无论其前提(包括大前提和小前提)的性质,还是推理形式,都难以保证其结论绝对可靠,因此,在这个领域要正确运用演绎推理,就必须随时注意恰当地评估结论的可接受性和合理性,并且正确看待所运用的演绎推理结论的性质,对之不可轻信,更不能草率地把它当作事实。切记:刑侦工作中运用的演绎推理,更多地具有“推测”的性质,其结论是完全可错的。否则,就不仅容易把侦破工作引入歧途,甚至还会造成冤假错案。

第四节 法律推理的特征及运用

这里所谓的法律推理(legal reasoning),其实就是司法推理(judical reasoning),亦称法律适用的推理(reasoning in the application of law)或审判推理(reasoning of adjudication),就是指司法人员在法律适用过程中运用证据确认案件事实,并将确认的案件事实归属于相关的法律规范命题而推导出裁决、判处结论的推理。它不但表现为司法人员——法官、检察官或律师,对具体案件事实的确认和法律条款的援用以及联结二者而得结论的思维活动,同时也表现为司法人员对某个具体案件得出的裁决、判处结论的论证活动;其主要功能也在于用以论证裁决、判处结论的合法性与正当性。

一、法律推理不是形式逻辑推理的简单应用

早在18和19世纪,许多西方法学家就把法律推理看作是逻辑三段论的运用:法律规范被视为大前提,某一案件的事实被视为小前提,法院判决或某一问题的解决方案被视为结论。不过,这种机械的法律推理观念,亦即将法官视为适用法律的机械,只能对立法者所制定的法规,作三段论的逻辑操作的观点,在19世纪末期,特别是20世纪初期,就遭到了各种法学派别的批判。因为,在法学家们看来,尽管将法律规定适用于具体案件的过程,总的可看作一种演绎过程,但其推论过程却是非常复杂的。法学家们指出,之所以如此是因为“除了事实认定方面的困难之外,面对千变万幻、复杂多歧的具体事实,如何妥当地适用法律也往往是颇费踌躇的,究其理由,或者成文法的条文语意暧昧、可以二解,或者法律规范之间互相抵触、无所适从,或者对于某种具体的案件无明文,或者墨守成规就有悖情理、因而不得不法外通融,如此等等、不一而足”。[33] 不但如此,而且“即使在法律原文的拘束较强的场合,法律家也不可能像一架绞肉机:上面投入条文和事实的原料,下面输出判决的馅儿,保持着原色原味”。[34] 因此,法律推

〔33〕 季卫东:《“应然”与“实然”的制度性结合》(代译序),载[英]麦考密克、[奥]魏因贝格尔:《制度法论》,周叶谦译,中国政法大学出版社1994年版。

〔34〕 季卫东:《追求效率的法理》(代译序),载[美]波斯纳:《法理学问题》,苏力译,中国政法大学出版社1994年版。

理，亦即将一般法律规定适用于具体案件的推理，不是简单的形式逻辑推理的观点，已成为法学家们的共识。较具体地说，之所以产生这样的共识大致基于如下的考虑：

首先，正如有的法学家所说，在将法律规定适用于具体案件，从而得出裁决、判处结论的活动中，“在法的推理和议论中，法律家通过其角色活动体现出来的最基本的思维方式，迄今为止仍然是逻辑演绎。因为现代法典主要是由把一定的行为构成要件和一定的法律效果联系起来的假设命题而构成的，这就促使法律的适用按照形式逻辑三段论[35]的格式进行——法律的规则为大前提，法庭认定的事实为小前提，推理的结论便是判决。”[36]特别是像我们这样的实行成文法的国家，强调法的相对独立性，强调依法治国，并且，贯彻的是“以事实为根据，以法律为准绳”的审案原则，因此，我国司法人员在法律推理活动中体现出来的最基本的思维方式，更突出地表现为如下这样的演绎论证模式。这一模式，笔者在《审判逻辑简论》[37]中将其刻画为：

R——法律规定
F——确认的案件事实
D——裁决、判处结论

奥地利法哲学教授魏因贝格尔，也把这种“作为演绎法律后果的方式，作为可实施的法律中通过演绎产生个别的规范（就像在司法判决中的情况那样）的一种方式”，[38]作了与上述基本相同的刻画。我国台湾地区的民法学者王泽鉴先生对此虽然采用了不同的表述方式，其刻画出的如下演绎模式也与上述模式无实质区别，即：

T→R（具备T构成要件者适用R法律效果）
S＝T（待决案件事实符合T构成要件）
S→R（该待决案件事实适用R法律效果）[39]

然而不论作何种具体表述，法律推理也就只能总地刻画为上面这样的演绎模式。因为实践中运用的法律推理，不可能具体化为我们前面介绍过的某种特定的演绎推理形式，更不可能从推理形式方面来判定它的有效性。因此，对于法律推理，我们也就不能简单地套用前述关于各种演绎推理的理论给以解说。

其次，问题的关键还在于作为法律推理的大、小前提本身，都含有某些不确定的因素，使得这种推理的运用不可能是简单的形式逻辑的操作。

法律推理的大前提是法律规范命题，虽然它也有其特定的逻辑结构形式，但它总是以某个法律概念（或曰“专门术语”）为中心而展开的。撇开表达这些概念的语词含义的暧昧或多义性等情况不说，仅就表面看来似乎非常确定的概念而言，其外延界限也并非人们想象得那样清晰，它的边缘情况往往是不明确和模糊的。关于这个问题，本书第二章中早已谈及，这里不再

---

〔35〕 法学家们通常所说的三段论，并非如本书所说的由三个性质命题构成的、狭义的三段论，而是泛指演绎推理。

〔36〕 季卫东：《“应然”与“实然”的制度性结合》（代译序），载［英］麦考密克、［奥］魏因贝格尔：《制度法论》，周叶谦译，中国政法大学出版社1994年版。

〔37〕 雍琦：《审判逻辑简论》，四川人民出版社1990年版，第11页。

〔38〕 ［英］麦考密克、［奥］魏因贝格尔：《制度法论》，周叶谦译，中国政法大学出版社1994年版，第54页。

〔39〕 王泽鉴：《民法实例研习·基础理论》，转引自梁慧星：《民法解释学》，中国政法大学出版社1995年版，第191页。

赘述。

既然法律概念的边缘难免模糊不清,以它为中心构成的某项法律规范能否适用于某一具体案件,或者说,某一案件事实能否通过司法归类活动将其纳入该法律概念所指称的对象范围,人们的认识方式就难免出现分歧;对该概念的解释不同,关于某项法律规范能否适用于某一具体案件,能否依据这样的大前提而演绎出该案的处理结论,见解当然也就不同。

至于法律推理小前提的建立,情形更为复杂。虽然它是关于案件事实的认定,但这样的认定绝非简单的断定,总得有认定的理由或根据。由于任何一个具体案件,在事实方面总是生动、具体的,两个案件在各个方面完全相同的情况几乎不存在。不同的法官或律师,往往会因个人方面各种因素的不同,或者出自不同的考虑,即使对于同一案件也会侧重于关注不同方面的事实。特别是由于对案件事实的认定还要依赖于证据证明,尤其是在运用间接证据证明案件事实时,还免不了要运用各种推理,而这些推理即使形同演绎,其推理形式也不可能像形式逻辑要求得那样严格,更不可能用相关的推理规则作为判定它是否有效的标准;对于比较复杂的案件某个方面事实的认定,法学家们更是认为只要它不存在"合理疑点"就可以认定。因此,西方国家有的法学家甚至认为"事实认定是概率的而不是确定的。"〔40〕

上述关于法律推理大、小前提的复杂情况表明,就实践中法律推理的运用来说,显然其主要的困难不在于如何正确地从两个现成的前提中推导出结论,而在于解决为了建立推理应当掌握什么样的前提。正如美国一位法学教授伯顿所说:"法律推理的表述通常采取演绎的形式。但是,一个三段论不管表面上看起来多么具有逻辑性,实际上它不过是大小前提及大小前提的逻辑关系而已。虽然有效性在法律推理中是必须的,但就法律推理本身而言,有效性的重要程度是微末的。关键性的问题是:(1)识别一个权威性的大前提;(2)明确表述一个真实的小前提;以及(3)推出一个可靠的结论。"〔41〕

最后,法律推理在由前提得出结论的过程中,更不是单纯的形式逻辑推演活动。

二、形式法律推理与实质法律推理相互渗透

法学家们比较普遍地认为,在将一般法律规范适用于具体案件,从而得出裁决判处结论的过程中,总是包含了两个方面的推理活动,即形式法律推理(formal legal reasoning)和实质法律推理(substantive legal reasoning)。本书前面关于推理的分类中有提及,但未作详细介绍。

依照美国法理学家波斯纳的解释,"形式指法律内部的东西,实质是指法律外部的世界"。〔42〕

所谓"法律内部",就是指法律规范本身相对于某一具体的案件事实而言,其含义清晰明确,因而使得案件事实可以无争辩地归属于该法律规范中法律概念指称的对象范围。而以该法律概念为中心构成的法律规范,在结构形式上通常又表现为"如果 p,那么 q"这样的假言命题形式(虽然没有明显的连接词),表明:一旦符合该法律概念构成要件"p"的事实(或行为)发生,则某种法律后果"q"便随之而来;既然某个具体案件的事实(或行为)明显地符合该法律

---

〔40〕［美］波斯纳:《法理学问题》,苏力译,中国政法大学出版社 1994 年版,第 271 页。

〔41〕［美］史蒂文·J. 伯顿:《法律和法律推理导论》,张志铭、解兴权译,中国政法大学出版社 1999 年版,第 54 页。

〔42〕［美］波斯纳:《法理学问题》,苏力译,中国政法大学出版社 1994 年版,第 51 页。

概念“p”的构成要件，即确认了“p”，运用充分条件假言推理的肯定前件式，通过逻辑演绎，自然就可推出处理结论“q”。可见，所谓形式法律推理，就是指单纯依照某项法律规范而不掺入法律规范之外部因素而进行的适用法律的推理，故形式法律推理亦称形式化法律推理或分析推理。

所谓“法律外部的世界”，就是指不属法律规范本身规定的内容，是来自法律规范之外的理由或根据。因此，所谓实质法律推理，也可理解为就是在法律规范之外寻找裁决判处理由或根据而进行的法律推理。来自“法律外部”的理由或根据，可能出自道德或社会方面的考虑，也可能基于“那些文化价值规范、贯穿于法律制度中的基本原则、显而易见的情势必要性以及占支配地位的公共政策方针”。[43] 正因为这种推理所依据的理由是“法律外部的世界”，是以法官或律师对立法意图和案件事实的评价为基础的，是受他们的价值观念所制约的，因而可以说这种推理的特征，就在于它是实质性的，而不是形式上的，所以称其为实质法律推理。

在西方法学家的著作中，实质法律推理又叫辩证推理、实践推理(practical reasoning)。它是在没有明显可适用的法律前提的场合下得出结论时不能不用的一种推理。由于在这种场合下，“不存在使结论具有必然性的无可辩驳的‘基本原则’，所以通常我们所能做的就只是通过提出似乎是有道理的、有说服力的、合理的论据去探索真理”。[44] 借助于这样的推理，才能表明为什么作出这样的而不是那样的判决，并证明这种判决的正当性和合理性。可见，这种推理其实就是以评价为基础的辩护性推理，其主要功能就在于说服别人，因此，正如奥地利法哲学教授魏因贝格尔所说：“从这个意义上说的辩证推理与黑格尔的辩证法概念毫不相干。”[45]

在适用法律的推理活动中，不仅包含了上述两种推理活动，而且这两种推理是相互联系、相互渗透的。即使是像我们这样的实行成文法的国家，不仅没有单纯运用实质法律推理的情形，而且也极少单纯运用形式法律推理的场合。就以法院对刑事案件的审理来说，即便面对的是一起看似简单的，通过审理也证明某项刑法条款明显地、无可争议地可以适用于所审理的该起具体案件，从表面看来，在这种情况下似乎只需运用形式法律推理，便可自然而然地逻辑演绎出某一判处结论——人们也很容易把这样的判决实例描述为一个简单的三段论推理形式。

其实，深究起来却并不如此简单。因为，“法院判决时面对的实际情况不是在真空中，而是在一套现行的法规的运作中出现的……在这种运作中，根据实际情况而作的各种考虑，都可以看作是支持判决的理由。这些考虑是广泛的，包括各种各样的个人和社会的利益，社会的和政治的目的，以及道德和正义的标准”。[46] 结合司法判决实例来看也是如此，即便是在适用法律比较明显、简单的场合下，经过审理，确认了案件事实符合刑法某项条款的构成要件，亦即肯定了该刑法条款这一假言命题的前件“p”，虽然可通过逻辑演绎推出后件“q”法律后果，然而后件“q”在刑法分则中，一般都表述为一定的量刑幅度，因而后件本身不可能成为对具体案件的判处结论；具体的判处结论，只能是在量刑幅度中的一种选择。不言而喻，无论法官作何种

---

〔43〕［奥］伊尔玛·塔曼鲁：《法律和法律外的正当理由》，转引自博登海默：《法理学——法律哲学与法律方法》，邓正来译，中国政法大学出版社1998年版，第501页。

〔44〕［美］E. 博登海默：《法理学——法律哲学与法律方法》，邓正来译，中国政法大学出版社1998年版，第497－498页。

〔45〕［英］麦考密克、［奥］魏因贝格尔：《制度法论》，周叶谦译，中国政法大学出版社1994年版，第203页。

〔46〕［英］H. L. A. 哈特：《法律推理问题》，刘星译，载《法学译丛》1991年第5期。

选择,都只能在该项刑法分则条款之外,甚至在"法律的外部世界"确立或寻找得出某个具体判处结论的理由。

例如,全国首例被拐妇女杀人案,[47]被告李某、范某均系四川省彭山县农民,1993年年底被人贩子拐骗到陕北府谷县,李被该县舍沟村杨某收买为妻;范被该县上尧峁村丁某收买为妻。李、范二人在逃跑无路、求救无门的情况下生出杀人恶念,于1994年2月20日,范将丁引到杨家,当晚,李将丁、范留宿杨家。凌晨4时许,李、范乘杨、丁熟睡之机,同时举斧头向杨、丁二人头部猛砸。杨被当场砸死,丁被砸成重伤,后抢救脱险。榆林地区中级人民法院审理认为:李、范二被告人"其行为已构成故意杀人罪,公诉机关指控的罪名成立。但二被告人是在被拐卖以后,被迫多次与二被害人分别发生性关系,加之被害人看护严紧逃跑无路、求救无门的情况下实施杀人的",故从轻判处李某有期徒刑10年,判处范某有期徒刑4年。[48] 这起案件,无论就其对案件事实的确认及法律条款的适用来说,就应属比较明显、简单的案件:案件事实是故意杀人,这是无可争辩的;适用于1979年《刑法》第132条(现第232条),这也是毫无疑问的。然而按该项法律条款之规定,即:"故意杀人的,处死刑、无期徒刑或十年以上有期徒刑;情节较轻的,处三年以上十年以下有期徒刑。"法院审理本案后,显然是作"从轻"选择的。作这种选择的理由是什么呢?就是前面谈到的,即二人"均是在被拐卖后,备受凌辱,逃跑无路、求救无门的情况下被迫杀人的"。显然,这样的"选择"理由,就是法官在法律之外的实质的评价理由。这就不难看出,即便是这类看似简单的案件,如果靠单纯运用形式法律推理,靠纯粹的逻辑演绎,怎么可能得出上述那样的判处结论。可见,即使在这种简单案件的场合下也少不了实质法律推理的运用。

至于那些较为复杂的案件,特别是对于那些在"法"与"理"之间有矛盾的案件,虽然有可供适用的具体、明确的法律规定,然而若援引得出处理结论又有悖于法律应体现的公平、公正,有悖于社会公德时,就更不能简单机械地运用形式法律推理,不能靠纯粹的逻辑演绎。2001年10月,四川省泸州市纳溪区人民法院审理的一起"第三者"因遗赠纠纷状告合法妻子的案件,就颇能说明这个问题。案情是这样的[49]:当地某公司职工黄某与蒋某1963年结婚,蒋婚后一直未生育,后收养一儿子。1994年起,黄与一个比其小22岁的年轻女子张某认识并同居,1996年年底在外租房公然以"夫妻"名义生活,至2001年2月,黄患肝癌住院,两个月后去世。就在黄临死前四天,他找来了律师,表示死后将自己那份遗产,包括住房补贴金、公积金、抚恤金及出售住房款(价值约4万元)和手机一部,赠送给张,并立下遗嘱且得以公证。黄死后,蒋拒绝按遗嘱执行,张因此诉至法院,请求法院依据原《继承法》和原《民法通则》的有关规定,判令蒋按遗嘱履行,同时对遗产申请诉前保全。庭审中,原告代理人认为,根据原《继承法》第3章第16条第3款规定:"公民可以立遗嘱将个人财产赠给国家、集体或者法定继承人以外的人。"而张某正是"法定继承人以外的人",显然,此案若简单地适用这一法律规定,原告即可胜诉。但是,法院经过三次庭审,充分听取了双方意见后却驳回了原告的诉讼请求。为何

---

〔47〕 高耀斌:《全国首例被拐妇女杀人案——四川姑娘缘何千里打工成凶犯》,载《震惊全国的榆林十大奇案》,人民法院出版社2004年版。

〔48〕 陕西省榆林地区中级人民法院刑事判决书,(1994)榆中法刑初字第36号。

〔49〕 四川省泸州市纳溪区人民法院民事判决书,(2001)纳溪民初字第561号,以及四川省泸州市中级人民法院民事判决书,(2001)泸民一终字第621号。

作如此判决呢？该院负责民事审判的副院长刘某在回答记者提问时作了如下解说："通过本案，我们也总结出了一个经验，执法机关、审判机关不能机械地引用法律，而应充分领会立法的本意，并在充分领会立法的前提下运用法律。在判决本案时，我们直接引用《民法通则》的《基本原则》[50]而没有机械地引用《继承法》的规定，是合情合理的。如果我们按照《继承法》的规定，支持了原告张学英的诉讼主张，那么也就滋长了'第三者''包二奶'等不良社会风气，而违背了法律需体现公平、公正的精神。"[51]

上述表明，即便是在像我们这样的实行成文法国家，无论对于一起看似简单的案件还是比较复杂的案件，在适用法律的推理活动中都既要运用形式法律推理，也要运用实质法律推理，而且，两种法律推理是相互联系、相互渗透的。正如美国著名法理学家博登海默所言："我们不应当这样认为，即人们必须在推理的分析形式与辩证形式之间作出排他性的选择，即使用一种推理形式就得排除采用另一种推理形式。实践中经常发生的情况是，这两种论证方式在同一案件的审理过程中往往会以某种混合的形式出现。"[52]

以上关于法律推理的特征及其运用情形说明，形式逻辑（或曰普通逻辑）介绍的关于演绎推理的知识，在审判活动中既是必需的、基础性的，同时又是不够的。我们必须注意：在这个活动领域，特别是在对案件的判决论证中，既不可简单、机械地套用形式逻辑的演绎推理，也不能因此就否定或轻视这些知识在整个审判活动中的重要作用。

课后作业

一、单选题

1. 一个形式有效的三段论，如果它的大前提是肯定的，大项在结论中周延，小项在前提中不周延，那么，这个三段论属于（　　）。

A. 第二格 AOO 式　　B. 第三格 AOO 式　　C. 第二格 AEO 式　　D. 第三格 AEO 式

2. "一切有利于生产力发展的方针政策都是符合人民根本利益的，改革开放有利于生产力的发展，所以改革开放是符合人民根本利益的。"以下推理的形式结构，与上述推理最为相似的是（　　）。

A. 我们对一部分实行产权明晰化的企业进行调查，发现企业通过明晰产权都提高了经济效益，没有发现反例。因此我们认为，凡是实行产权明晰化的企业都能提高经济效益

B. 经过对最近六个月销售的健身器跟踪调查，没有发现一台因质量问题而退货或返修。因此，可以说这批健身器的质量是合格的

C. 如果某种产品超过了市场需求，就可能出现滞销现象。"卓群"领带的供应量大大超过了市场需求，因此，一定会出现滞销现象

D. 凡是超越代理人权限所签的合同都是无效的。这份房地产建设合同是超越代理权限签订的，所以它是无效的

---

〔50〕 此处所谓"《民法通则》的《基本原则》"，实即原《民法通则》第 7 条"民事活动应当尊重社会公德，不得损害社会公共利益"（《民法典》第 8 条已将其修改为"民事主体从事民事活动，不得违反法律，不得违背公序良俗"）——引者注。

〔51〕 王甘霖：《"社会公德"首成判案依据："第三者"为何不能继承遗产》，载《南方周末》2001 年 11 月 1 日。

〔52〕 [美]E. 博登海默：《法理学——法律哲学与法律方法》，邓正来译，中国政法大学出版社 1998 年版，第 501 页。

3.“新冠肺炎感染者都会发烧,这些时空伴随者都未发烧,因此,这些时空伴随者都不是新冠肺炎感染者。”这个三段论推理是不正确的,因为(　　)。

A. 它的推理形式有效,但是前提是虚假的

B. 它违反了“前提之一必须否定”的规则

C. 它违反了“中项在前提中必须至少周延一次”的规则

D. 它违反了“前提中不周延的词项在结论不得周延”的规则

4.“在改革开放的中国社会,白领阶层以其得体入时的穿着、斯文潇洒的举止,在城市中逐渐形成一种新的时尚。张金力穿着十分得体,举止也十分斯文,一定是白领阶层的一员。”上述议论隐含着一个无效的三段论推理,因为它(　　)。

A. 犯了“中项不同一”的逻辑错误　　B. 犯了“中项不周延”的逻辑错误

C. 犯了“小项扩张”的逻辑错误　　D. 犯了“大项扩张”的逻辑错误

5. 以“微雕不能进行大规模批量生产”为大前提,若要必然得出结论“有些出口产品不能进行大规模批量生产”,还需再加上小前提(　　)。

A. 微雕是出口产品　　B. 微雕不是出口产品

C. 有些出口产品不是微雕　　D. 有些微雕不是出口产品

6.“有些新生刚入学就当上了校学生会干部。在奖学金评定中,所有外省籍的学生都申请了本年度的甲等奖学金,所有校学生会干部都没有申请本年度的甲等奖学金。”由此可以推出(　　)。

A. 有些新生是外省人　　B. 有些新生不是外省人

C. 所有的新生都不是外省人　　D. 有些校学生会干部是外省人

7.“青海湖的湟鱼是味道鲜美的鱼,近年来由于自然环境的恶化和人类的过度捕捞,数量大为减少,成了珍稀动物。凡是珍稀动物都是需要保护的动物。”如果以上陈述为真,则下列陈述不必然为真的是(　　)。

A. 有些珍稀动物是味道鲜美的鱼　　B. 有些味道鲜美的鱼是需要保护的动物

C. 有些需要保护的动物不是青海湖的湟鱼　　D. 所有不需要保护的动物都不是青海湖的湟鱼

8. 某单位组织职工游览上海世博园。所有参观沙特馆的职工都未能参观德国馆。凡参观沙特馆的职工也未能参观日本馆。有些参观丹麦馆的职工参观了德国馆,有些参观丹麦馆的职工参观了日本馆,有些参观丹麦馆的职工参观了沙特馆。由此可以推出(　　)。

A. 有些参观了日本馆的职工未能参观德国馆

B. 有些参观了德国馆的职工既没有参观日本馆,也没有参观丹麦馆

C. 有些参观了丹麦馆的职工既没有参观德国馆,也没有参观日本馆

D. 所有参观丹麦馆的职工或参观了德国馆,或参观了日本馆,或参观了沙特馆

9. 来自公安机关的资料显示,娱乐圈中有人吸毒,高级知识分子中也有人吸毒,吸毒者中有些人是女性,而抢劫犯中有相当比例是吸毒者。由此可见(　　)。

A. 高级知识分子中也有抢劫犯　　B. 抢劫犯中吸毒者占了大多数

C. 有些抢劫犯可能是女性　　D. 有些抢劫犯不是女性

10. 记者在某村委会看到理财小组正在理财。村支书告诉记者:“在我们村。凡没有盖‘三段章’的票据都不能看作合理的。凡合理的票据都不能再提出质疑。人们已经对有些票据提出了质疑。凡提出质疑的票据都要审核。有的合理的票据已经存档。”从村支书的话中,可以推出(　　)。

A. 盖“三段章”的票据都要存档　　B. 有的需要审核的票据是合理的

C. 有的需要审核的票据是不合理的　　D.“三段章”民主理财制度密切了党群关系

11.“不是快车是不停靠此站的,下次列车是快车,所以,下次列车一定停靠此站。”上述推理在逻辑上是无效的,因为其中所运用的(　　)。

A. 三段论有效,但换质位法无效　　B. 三段论有效,但换位质法无效

C. 换质位法有效,但三段论无效　　D. 换位质法有效,但三段论无效

12.“死者葛品连头部囟门骨并无浮出红晕,颌骨及牙齿、牙根、手足指趾十指颜色黄白,胸部龟子骨、尾椎骨颜色黄暗,系血沁所致,其余周身大小骨殖颜色黄白。对照法医古籍专著《洗冤录》所载:如中砒毒,牙根、心坎、手足骨等应呈青黑,故死者葛品连并非中砒毒而死。”上述议论中运用的逻辑推理属于(　　)。

A. 充分条件假言推理肯定前件式,是有效的　　B. 充分条件假言推理否定前件式,是无效的

C. 充分条件假言推理肯定后件式,是无效的　　D. 充分条件假言推理否定后件式,是有效的

13.“只有具备法定消费者身份,才能适用我国食品安全法关于‘十倍惩罚性赔偿’的规定,原告文某在诉讼请求中自称符合法定消费者身份,所以应适用我国食品安全法关于‘十倍惩罚性赔偿’的规定。”上述议论运用的逻辑推理是(　　)。

A. 必要条件假言推理否定前件式,是有效的　　B. 必要条件假言推理肯定前件式,是无效的

C. 必要条件假言推理肯定后件式,是有效的　　D. 必要条件假言推理否定后件式,是无效的

14.“众所周知,我们只有抓好基础教育,才能提高全民族的文化水平。但现在用素质教育的要求来衡量,我们的基础教育并没有真正抓好。”上述议论中隐含的省略式推理属于(　　)。

A. 必要条件假言推理肯定前件式,是无效的　　B. 必要条件假言推理否定前件式,是有效的

C. 必要条件假言推理肯定后件式,是有效的　　D. 必要条件假言推理否定后件式,是无效的

15. 西汉重臣晁错曾在《削藩策》中陈述诸侯罪过,请求削减封地,收回旁郡,提议汉景帝削藩:“今削之亦反,不削亦反。削之,其反亟,祸小;不削之,其反迟,祸大。”(《史记·吴王濞列传》)晁错的削藩建议运用了二难推理的(　　)。

A. 简单构成式　　B. 简单破坏式　　C. 复杂构成式　　D. 复杂破坏式

16.“我们内部不能团结,就会被敌人钻空子,我们不能让敌人钻空子。”上述议论中隐含着一个省略式推理,它属于(　　)。

A. 充分条件假言推理肯定前件式　　B. 充分条件假言推理肯定后件式

C. 充分条件假言推理否定前件式　　D. 充分条件假言推理否定后件式

17.“在学校图书馆,只有出示院系开具的证明,才能进入特藏书库阅览。如果没有参加教授的课题组,院系就不会开具证明。小张最近因表现突出被李教授吸收进了自己的课题组。小王因个人原因在上星期退出了陈教授的课题组。”如果上述断定为真,下列一定为真的是(　　)。

A. 小张现在可以进入特藏书库阅览

B. 小王现在不能进入特藏书库阅览

C. 只要进入了教授的课题组,就能进入特藏书库阅览

D. 没有获得院系开具的证明,说明没有参加教授的课题组

18. 在最近一次摸彩活动中,甲、乙、丙、丁 4 人中有一人中了特等奖。现在知道:(1)甲只有在 A 投注站摸彩,才能中特等奖;(2)如果在 A 投注站摸彩,那么彩票号码是随机的;(3)如果乙中了特等奖,那么摸彩活动一定是在上午 10 点后进行的;(4)这次摸彩活动是在上午 8 点 30 开始的,只进行了 20 分钟,并且彩票号码是自编的。由此可以推出(　　)。

A. 甲和乙中了特等奖　　B. 甲或乙中了特等奖

C. 丙和丁中了特等奖　　D. 丙或丁中了特等奖

19."党内存在的很多问题都同政治问题相关联。不从政治上认识问题、解决问题,就会陷入头痛医头、脚痛医脚的被动局面,就无法从根本上解决问题。提高政治能力,很重要的一条就是要善于从政治上分析问题、解决问题。只有从政治上分析问题才能看清本质,只有从政治上解决问题才能抓住根本。"根据以上陈述,可以推出(　　)。

A. 如果善于从政治上分析问题、解决问题,就能提高政治能力

B. 只有从政治上认识问题、解决问题,才能从根本上解决问题

C. 一旦陷入头痛医头、脚痛医脚的被动局面,就无法从根本上解决问题

D. 如果没有看清本质、抓住根本,说明没有从政治上分析问题、解决问题

20."百年党史充分揭示了中国共产党为什么能、马克思主义为什么行、中国特色社会主义为什么好的历史逻辑、理论逻辑、实践逻辑,面对百年未有之大变局,如果信念不坚定,就会陷入停滞彷徨的思想迷雾,就无法面对前进道理上的各种挑战风险。只有坚持中国特色社会主义道理自信、理论自信、文化自信,才能把中国的事情办好,把中国特色社会主义事业发展好。"根据以上陈述,能必然得出结论(　　)。

A. 只要信念坚定,就不会陷入停滞彷徨的思想迷雾

B. 只有信念坚定,才能应对前进道路上的各种挑战

C. 只有充分理解百年党史揭示的理论逻辑、才能将中国特色社会主义事业发展好

D. 如果不能理解百年党史揭示的理论逻辑,就无法遵循百年党史揭示的实践逻辑

二、多选题

1. 结论为 SEP 的有效三段论,其大、小前提的组合可以是(　　)。

A. MEP 和 SAM　　B. MAP 和 SEM　　C. MEP 和 MAS　　D. PAM 和 MES

2. 下列关于三段论推理的说法中,正确的有(　　)。

A. 结论中不周延的词项在前提中也必须不周延

B. 结论若为肯定命题,则大、小前提都必须是肯定命题

C. 结论若为全称命题,则大、小前提都必须是全称命题

D. 结论若为特称命题,则大、小前提中必有一个是特称命题

3. 一个有效三段论,如果大项在前提和结论中都周延,小项在前提和结论中都不周延,中项在大前提中周延而在小前提中不周延,则这个三段论可能属于(　　)。

A. 第一格 EIO 式　　B. 第二格 EIO 式　　C. 第三格 EIO 式　　D. 第四格 EIO 式

4."不是所有蛇都是毒蛇,蜥蜴不是毒蛇,所以蜥蜴不是蛇。"这个三段论推理违反了(　　)。

A."前提中有一个特称命题则结论必为特称命题"的规则

B."前提中不周延的词项在结论中也不得周延"的规则

C."两个否定前提不能得出任何必然性结论"的规则

D."中项在前提中必须至少周延一次"的规则

5. 所有参加此次运动会的选手都是身体强壮的运动员,所有身体强壮的运动员都是很少生病的,但是有一些身体不适的选手参加了此次运动会。根据上述前提能必然推出(　　)。

A. 有些身体不适的选手是极少生病的　　B. 极少生病的选手都参加了此次运动会

C. 有些身体强壮的运动员感到身体不适　　D. 参加此次运动会的选手都是极少生病的

6. 哈佛大学桑德尔教授评价第 45 任总统特朗普:"他是一个恶毒的人,因而,他是一个有害的人。"要使该论证逻辑上有效,还须补充前提(　　)。

A. 所有有害的人都是恶毒的　　B. 所有恶毒的人都是有害的

C. 如果一个人是恶毒的，则他是有害的　　D. 只有一个人是有害的，他才是恶毒的

7. 一些高级核物理学家是具有艺术修养的，所有高级核物理学家都是特殊人才，一些高级核物理学家是高收入者，有些高收入者是没有文化的人。根据以上陈述，能必然推出(　　)。

A. 有些特殊人才是高收入者　　B. 有些高收入者是高级核物理学家

C. 有些没有文化的人不是高级核物理学家　　D. 有些高级核物理学家不是没有艺术修养的

8. 几位好友在讨论情商高低与沟通能力的关系：

王春：我发现，情商高的人沟通能力都强，可见，沟通能力不强的人情商都不高。

刘夏：既然情商高的人沟通能力都强，所以，情商不高的人沟通能力都不强。

章秋：既然情商高的人沟通能力都强，怪不得陈明媛的情商那么高。

上述议论中(　　)。

A. 王春的意见是正确的，它符合换质位法的逻辑要求

B. 刘夏的意见是错误的，它违反换质位法的逻辑要求

C. 章秋的意见是错误的，它违反换质位法的逻辑要求

D. 章秋的意见是错误的，它违反三段论推理逻辑要求

9. 某山区发生了较大面积的森林病虫害。在讨论农药的使用时，老许提出："或者使用甲胺磷等化学农药，或者使用生物农药。前者过去曾用过，价钱便宜，杀虫效果好，但毒性大；后者未曾使用过，效果不确定，价格贵。"从老许的提议中不可能推出的结论是(　　)。

A. 只有使用化学农药，才不使用生物农药

B. 如果不使用生物农药，那么就使用化学农药

C. 既不使用化学农药，同时也不使用生物农药

D. 化学农药比生物农药好，应该优先考虑使用

10. 心理学家马斯洛曾说："心态若改变，态度跟着改变；态度改变，习惯跟着改变；习惯改变，性格跟着改变；性格改变，人生就跟着改变。"由此可以推出(　　)。

A. 只有心态改变，人生才会改变　　B. 只要态度改变，性格就会改变

C. 习惯没有改变，心态就不会改变　　D. 人生没有改变，心态就没有改变

11. 一个热力站有5个阀门控制对外送蒸汽。使用这些阀门必须遵守以下操作规则：(1) 如果开启1号阀，那么必须同时打开2号阀并且关闭5号阀。(2) 如果开启2号阀或者5号阀，则要关闭4号阀。(3) 不能同时关闭3号阀和4号阀。假如现在要打开1号阀，那么，同时还要打开的另外两个阀门是(　　)。

A. 2号阀门　　B. 3号阀门　　C. 4号阀门　　D. 5号阀门

12. 如果国民生产总值提高了并且民众消费心理变化了，那么蔬菜的供应将大幅增加；如果国民生产总值没有提高，或者蔬菜供应将大幅增加，那么城市居民的最低生活将没有保障；如果蔬菜供应大幅增加，那么或者农民收入增加，或者社会福利增加。而事实上，城市居民的最低生活获得了保障。由此，可以推出(　　)。

A. 农民收入增加了　　B. 国民生产总值提高了

C. 民众消费心理变化了　　D. 民众消费心理未发生变化

三、判断题

1. 省略三段论不可能是其逻辑成分的省略，而仅仅是其语言成分的省略。(　　)

2. 否定肯定式是选言推理的普遍有效式。(　　)

3. 有效三段论的结论如果是否定命题,则其前提中必有一个否定命题。(　　)

4. 三段论的推理依据是小项、大项与中项之间的外延关系。(　　)

5. 一个有效三段论,如果仅只大前提中有一个周延的词项,则该三段论的结论只能是特称肯定命题。(　　)

6. 一个有效三段论的词项,如果在前提中周延,则在结论中也必须周延。(　　)

7. 一个结论为肯定命题的有效三段论,其中项在前提不能周延两次。(　　)

8. 一个有效的三段论,如果结论是特称命题,则其前提中必有一个特称命题。(　　)

9. 一个有效三段论推理,如果前提中有一个单称命题则结论必须是单称命题。(　　)

10. 一个有效三段论推理的两个前提中必须有一个全称命题或者单称命题。(　　)

11. 两个否定命题作前提构成演绎推理不能得出任何必然性结论。(　　)

12. 两个特称命题作前提构成演绎推理不能得出任何必然性结论。(　　)

13. 二难推理的形式结构,只能是假言选言推理的形式,不能是假言联言推理的形式。(　　)

14. 从实质内容来看,假言联言推理的形式也可以构成实质上的二难推理。(　　)

15. 假言联锁推理的推理依据在于假言前提中条件关系的传递性。(　　)

四、思考与练习题

1. 什么是三段论? 它由前提推出结论的依据是什么?

2. 怎样理解三段论的合理性及其实践意义?

3. 举例并说明省略三段论的表达特点及恢复方法。

4. 美国法学家波斯纳在其《法理学问题》中提及:“我们必须对三段论的有效性与它的真实性——即,它的产生真实性结论的力量——加以区分。真实性不仅取决于个别三段论的有效性,而且取决于前提的真实性。”请结合这一议论,谈谈你对三段论的有效性、前提真实性、结论真实性及其相互之间关系的理解。

5. 运用三段论的有关知识,解答下列各题:

(1)什么是三段论的格? 请根据三段论的规则,证明各个不同的格若要得出必然性结论,为什么必须符合该格的逻辑要求。

(2)一个完全有效的三段论,它的大项在前提中周延而在结论中不周延,这样的三段论属何种结构形式? 请写出你的推导过程。

(3)一个结论为全称命题的完全有效的三段论,为什么它的中项在前提中不可能两次都周延?

(4)以特称否定命题作小前提构成三段论,能否得出必然性结论? 为什么?

(5)以特称否定命题作大前提构成三段论,若要得出必然性结论,它只能是何种结构形式? 请写出你的证明过程。

(6)一个三段论的结论若为全称否定命题,该三段论如果是完全有效的,它就只能是哪些结构形式? 其前提必须符合哪些要求? 请写出你的证明过程。

(7)一个完全有效的三段论,它的大前提是肯定的,大项在结论中周延,小项在前提中不周延,那么,这个三段论只能是哪一格的哪一式? 请写出你的推导步骤和根据。

(8)请根据三段论规则构造如下有效三段论的形式并说明构造的步骤和依据:(ⅰ)大项在前提和结论中都周延;(ⅱ)小项在前提和结论中都不周延;(ⅲ)中项在大前提周延而在小前提不周延。

6. 运用三段论推理的知识,将下列议论表达的三段论推理排列为典型的推理形式(若为省略式,应恢复出它省略的命题),并分析说明该推理为什么有效或无效,议论中对结论性质的表述是否正确。

(1)“被告自己也承认,归其所有的财产中,绝大部分都是用自己的钱购置的。经查证明,现发生争议的这间房屋确非被告自己的钱购置的,因此,这间房屋理应不归被告所有。”

(2)“经许多群众证实,这位死者是操浙江口音的妇女。而调查得知,当地操浙江口音的妇女,多数是江南仪表厂的职工,因此可以肯定这位死者必是江南仪表厂的职工无疑。”

(3)“这些人都是参加这次表彰大会的,而参加这次表彰大会的并非都是先进工作者,可见,这些人都不是先进工作者。”

(4)“冤案差不多都平反纠正了,而你的问题还没有平反纠正,可见你的问题不是冤案。”

(5)“这位死者的颈部有严重的卡压痕迹,显然这位死者是被人卡死的。”

(6)“这种药是剧毒药,因为它含有砷,而含有砷化物的药都是剧毒药。”

(7)“盗窃案往往现场都有衣物被翻动的迹象,本案现场却没有这样的迹象,可见本案不是盗窃案。”

(8)“利民化肥厂的工人许多都不是本地人;而王某是本地人,因此王某绝对不会是利民化肥厂的工人。”

(9)“人都有刺痛感,刚死的人也是人,怎么可能没有刺痛感呢!”

(10)“你肯定是会英语的,因为不少大学生都会英语。”

(11)“既然分析证明,杀害陈某的凶手是与陈某有尖锐矛盾的人,而周某确实是与陈某有尖锐矛盾的人,因而可以肯定周某是杀害陈某的凶手。”

(12)“A 厂生产的产品都是优质产品,但是你采购的这批产品并不是 A 厂生产的产品,当然也就不可能是优质产品。”

(13)“凡不可证实的都没有意义,现在,证实性原则本身是不可证实的,因此,它是荒谬的。”

(14)“夫蛇固无足。今为之足,是非蛇也。”

(15)“在对某地旅游景点的调研统计中发现:凡是坚持绿色环保的旅游景点效益都非常好,而采取高收费门票政策的旅游景点效益都不是非常好,一些具有良好服务意识的旅游景点效益也非常不错。因此,采取高收费门票政策的旅游景点都没有坚持绿色环保。”

(16)“有些参加语言学暑期高级讲习班的学生获得过青年语言学奖。所有中文专业的三年级硕士生都参加了语言学暑期高级讲习班。所有中文专业的一年级硕士生都没有参加语言学暑期高级讲习班。因此,有些获得过青年语言学奖的学生不是中文专业的一年级硕士生。”

(17)“张教授的所有初中同学都不是博士;通过张教授而认识其哲学研究所同事的都是博士;张教授的一个初中同学通过张教授认识了王研究员。可见,王研究员不是张教授的哲学研究所同事。”

(18)“所有的生物体都有生命;乳酸菌是一种生物,适合在无氧环境下生存;如果生物体有生命活动,那么生物体必须有呼吸运动,所以,呼吸运动在无氧环境下也可以进行。”

(19)“所有的高功率赛车引擎都装有随机燃料喷嘴。普通生产线制造的汽车的引擎不装有随机燃料喷嘴。客运汽车都是由普通生产线制造的。所以,客运汽车没有装有随机燃料喷嘴。”

(20)“所有未来企业都是互联网企业,而任何互联网企业都面临竞争压力,甲类工厂不面临竞争压力。因此,甲类工厂不是未来企业。”

7. 请将下列对话中隐含的三段论推理转换成标准形式,并分析说明其有效性和合理性。

一对即将结婚的恋人在讨论“小孩是否让父母感到快乐”。

女:“我们以前谈过这个问题,但我希望你能打消我们要有一群孩子这一想法。”

男:“我会考虑的,但是你能再一次告诉我为什么你不想要孩子吗?”

女:“大多数夫妻认为,孩子会自动带来快乐。但最新研究表明,没有孩子的夫妻比有孩子的夫妻会经历更高水平的情感幸福。因此,没有孩子的夫妻比有孩子的夫妻更快乐。”

男:“孩子让你欢笑,欢笑是快乐的关键。所以孩子会让你快乐。此外,某种程度上说,养育孩子让你流芳百世。”

女:“你怎么会这样想?”

男:“我的意思是,子又生孙,孙又生子,子子孙孙就这样延续下去,这种为人类种族延续做贡献的感觉,会让你觉得很快乐。”

女:“也许当一对夫妇期待他们的第一个孩子时,他们是快乐的。而一旦孩子降临,蜜月期结束,每过几个小时,新生儿就要吃奶,父母没法休息,也不会快乐的。”

男:“有了孩子会很累,但这只是暂时的。”

女:“有了孩子,就会有满屋子紊乱的玩具和食物。而生活在一个持续混乱的环境中,能有多快乐呢?”

男:“生活除了整洁的房子外,还有更多东西。有了孩子,我们就不会是自私的,没有自私的人是真正快乐的。”(素材改编自[美]赫尔利《逻辑学基础》之“习题 4.6”)

8. 什么是复合命题推理?它同三段论推理的主要区别是什么?它有哪几种基本的推理形式?各自的推理依据是什么?

9. 选言推理有哪两种推理形式?要正确运用选言推理,在逻辑上特别值得注意的问题是什么?

10. 假言推理有哪两种?它们正确有效的推理形式是什么形式?为什么?

11. 假言联锁推理的逻辑依据是什么?它有哪些种类?

12. 怎样理解二难推理不是一种独立的推理形式,而只是复合命题推理的应用形式?

13. 指出下列议论表达的推理各属何种类型的演绎推理?请写出其推理形式,并运用相关知识分析说明它是否完全有效。

(1)“周小英是妇女,而且她是出色的刑警,所以周小英是出色的女刑警。”

(2)“周小英是妇女,而且她是出色的刑警,所以,有的出色的刑警是妇女。”

(3)“尸斑呈樱桃红色的死者有不少是煤气中毒致死的,这个死者尸斑呈樱桃红色,可见这个死者是煤气中毒致死的。”

(4)“根据刑法的有关规定,如果李某是犯罪后自首的,当然对李某应从轻处罚,但事实上李某并不具有犯罪后自首的情节,因此根本不能考虑对李某从轻处罚的问题。”

(5)“只有肥料充足,蔬菜才长得好;而你这块菜地的蔬菜长势不好,可见是肥料不足。”

(6)“某门课程不受学生喜爱的原因,或者是学生对该门课程的内容不感兴趣,或者是学生相关知识基础太差,学不懂,或者是教师讲授水平低。而调查表明,学生普遍反映对该门课程内容不感兴趣,因此,某门课程不受学生喜爱的原因,既不是学生的基础差、学不懂,也不是教师的讲授水平低。”

(7)“只有年满 23 岁并且具有大专以上学历,才能被任命为审判员;既然许某没有被任命为审判员,可见许某年龄不满 23 岁,或者她不具有大专以上学历。”

(8)“如果小华的英语考试成绩是 60 分以上,语文考试成绩是 60 分以上,数学考试成绩是 60 分以上,那么,她期末考试的平均成绩就是 60 分;可是,她期末考试的平均成绩还不到 60 分,可见,她的英语、语文、数学的考试成绩都不是 60 分以上。”

(9)“这起凶杀案或者是因私仇报复杀人,或者是因奸情而杀人,或者是因谋财而杀人;既然你认为是因私仇报复杀人,那就意味着你既否认有因奸情而杀人的可能性,又否认有因谋财而杀人的可能性。”

(10)“在稻田中养鱼,若水深了对水稻生长不利;若水浅了又对鱼的生长不利。而稻田中的水又只能或者深,或者浅,所以,在稻田中养鱼或者对水稻生长不利,或者对鱼的生长不利。”

(11)“我国《民法典》规定:配偶、子女、父母都属于第一顺序继承人,可见子女属于第一顺序继承人。”

(12)“张某杀害陈某的原因,可能是他们之间有尖锐的矛盾,也可能是由于陈某了解张某的受贿情况而杀人灭口,还可能是张某为了霸占陈某之妻。现在既然已经查明张某与陈某并无尖锐矛盾,而且张某同陈某的妻子无任何暧昧关系,因此可以肯定,张某之所以要杀害陈某,是由于陈某了解其受贿情况。”

(13)“谁赢得了农民,谁就会赢得了中国;谁解决土地问题,谁就会赢得农民。”(毛泽东1936年与斯诺的谈话)

(14)“只要我们心往一处想,劲往一处使,就没有办不好的事情。现在看来,我们的事情一定能办好。”

(15)“作文却好像偏偏并无秘诀,假使有,每个作家一定是传给子孙的了,然而祖传的作家很少见。”(鲁迅《作文秘诀》)

(16)“要了解一个时代或一个民族,我们必须了解它的哲学;要了解它的哲学,我们必须在某种程度上自己就是哲学家。”([英]罗素《西方哲学史》)

(17)“没有个人表达的安全,就没有个人表达的自由;没有个人表达的自由,就没有大众传播的公信力;没有大众传播的公信力,就没有和谐社会的公共领域。”(肖鹰《文明和幸福的落差》)

(18)“读书的人会东想西想,东想西想的人会有自己的意见,有自己的意见的人会偏离路线,偏离路线的人便是寇仇。”([德]斯特凡·博尔曼《阅读的女人危险》)。

(19)“在像本书这样一部著作里,材料的选择是一个很难的问题。如是没有细节,则作品就会空洞而乏味;如果有细节,又有过分冗长令人难以忍受的危险。”

(20)“中国科学院现在如果不让自己的科研人员加入国家实验室,显得力量不够。如果让自己的人员加入国家实验室,那么最好的人离开后,会弱化科学院。所以,定位和定格,成为中国科学院目前的两大难题。”

(21)“如果我有一千万,我就能买一栋房子。我有一千万吗? 没有。所以我仍然没有房子。”

(22)“要建设,就必须有知识,必须掌握科学。而要有知识,就必须学习。顽强地、耐心地学习。”(斯大林)

(23)“如果不降低关税,进口就会增加。进口一增加,国内产业就会不振。国内产业不振,多数失业就会出现。多数失业者一出现,人心就不安。所以,如果不降低关税,人心就会不安。”

(24)“如果少数派不承认多数派决定的原理,那民主制是不可能的。如果多数派不尊重少数派的意见,少数派就不承认多数派决定的原理,可见,如果多数派不尊重少数派的意见,那民主制是不可能的。”

(25)“伊犁城中无井,皆汲水于河。一佐领曰:‘戈壁皆积沙无水,故草木不生。今城中多老树,若其下无水,树安得活?’乃拔木就根下凿井,果皆得泉。”[(清)纪昀《阅微草堂笔记》]

(26)“知止而后有定,定而后能静,静而后能安,安而后能虑,虑而后能得。”(《大学》)

(27)上(后唐明宗李嗣源——引注)又问(冯)道:“今岁虽丰,百姓赡足否?”道曰:“农家岁凶则流于饿殍,岁丰则伤于谷贱。丰凶皆病,惟农家为然。臣记进士聂夷中诗云:‘二月卖新丝,五月粜新谷。医得眼下疮,剜却心头肉。’语虽鄙俚,曲尽田家之情状。”(《资治通鉴》卷二七六·后唐纪五)

(28)“夫事无可观则人怨,人怨则神怒,神怒则灾害必生,灾害既生,则祸乱必作,祸乱既作,而能

以身名全者鲜矣。"(《贞观政要·卷一·论君道》)

14. 运用推理相关知识,结合以下材料,分析说明警察为什么会抓错人?

深圳李先生,身高1.73米,体重54公斤。2005年10月13日上午,李去公司上班,行至南园路十字路口时,突然被两个亮出警察证件的人铐了起来,并押上一辆小车,上车后发现车上坐满了被铐住双手的瘦子。车到派出所后,所有的瘦子均被搜身,并被强制验血查HIV(艾滋病病毒)以及验尿。几分钟后,李又被带回派出所,被告知"你可以走了"。下午,记者与李先生兄弟来到派出所,派出所负责人表示道歉,并解释说,因执行缉毒行动,接到举报当日将有吸毒人员在南园路附近出没,便派便衣警察前去抓捕,李先生长得比较瘦,结果造成了误会。(参见《长得瘦像吸毒?抓起来验尿去!》,载《南方都市报》2005年10月15日)

15. 甲、乙两位侦查员在勘查一起凶杀案的现场时发现:在通向杀人现场的必经通道上有一直径约2米的水洼,在水洼前后边缘的地上都留有两种脚印,一为水波纹底解放胶鞋印,另一为横状密纹底塑料凉鞋印。另外,在水洼的左侧还发现有走向杀人现场的解放胶鞋印,但两侧均未发现有塑料凉鞋印,说明穿解放胶鞋的人是绕行水洼左侧去往现场的,而穿塑料凉鞋的人则是一步迈过水洼去的。于是,甲、乙两位侦查员根据"如果一个人能够一步迈过2米的距离,那么他绝不会是一个老年人"这样的前提(假定该前提为真),得出下述推断:

甲:"穿解放胶鞋的那个人是一个老年人";

乙:"穿塑料凉鞋的那个人不是一个老年人"。

问:甲、乙两位侦查员作出上述推断时,各运用了何种形式的推理?请写出其推理形式并说明它的结论是否必然可靠的理由。

16. 分析下述案例,指出警方在分析该案过程中运用了哪些推理?是怎样运用的?并请写出这些推理的运用过程及其推理形式。

某市郊区发现一具无名女尸。经勘查证明,死者是大量出血死亡的,但现场周围却无大量血迹。据此警方认定,发现尸体的现场不是第一现场。

那么,作案现场在哪里呢?犯罪分子又应当具备什么样的作案条件呢?警方对案情作了如下分析:

"作案现场只能或者在城区,或者在别处野地,或者在发现尸体现场附近的农舍家中。如果作案现场在别处野地,犯罪分子在杀害被害人之后就没有必要再移尸至此;如果犯罪分子在发现尸体附近的农舍家中作案,则发现尸体的现场就必然会留下犯罪分子搬运尸体及被害人遗物而多次往返的足迹,然而现场勘查证明,这里只有犯罪分子留下的一人一次往返的足迹。可见,作案现场在城区。

城区距发现尸体的现场有40多华里,犯罪分子要将死者的尸体搬运至此,就必须要用运载工具。而所用的运载工具又只能或者是汽车,或者是三轮车,或者是自行车。因死者是大量出血死亡的,若运载工具是三轮车或自行车,沿途就必然会有连续漏落的血迹,但经仔细勘查,沿途都没有漏落的血迹,因此,运载工具不可能是三轮车或自行车,所以可以肯定,运载工具是汽车。

只有犯罪分子是汽车司机,他才能用汽车运载被害人尸体;本案的犯罪分子既然是用汽车运载被害人尸体的,可见,本案的犯罪分子是汽车司机。"

17. 运用演绎推理相关知识,分析下列各段议论中运用的演绎推理及其有效性与合理性。

(1)所有的猕猴桃都是水蜜桃,猕猴是猕猴桃,因此,猕猴是水蜜桃。

(2)本案或者是犯罪分子跟踪强奸后杀人,或者是熟人预谋杀人;根据现有证据,熟人预谋杀人的可能性很小,可见,犯罪分子跟踪强奸后杀人的可能性较大。

(3)在广州市某公交BRT(Bus Rapid Transit)站内,一乘客向管理员投诉:"你们的公交车总是晚点,那电子班次显示表有什么用?”该管理员回应道:“要是公交车总是准时,那建 BRT 有什么用?”

18. 根据下列已知前提,请写出你推出结论“C”的推理过程,并写明每一步推理所依据的前提和运用的推理形式。

(1)(A∨B)

(2)(B→~D)

(3)(D←~C)

(4)(~A∧E)

19. 根据下列已知前提,推出 A、B、C、D、E 五人谁上场,谁不上场?请写出其推理过程及推理依据。

(1)若 C 上场,则 A 上场;

(2)除非 C 和 D 都上场,E 不上场;

(3)或者 B 上场而 D 不上场,或者 B 不上场而 D 上场;

(4)只要 C 和 D 至少有一个人不上场,E 就上场。

20. 一商场被盗,公安机关通过侦查获知如下情况:

(1)作案人只能是商场内部人员黄某或蓝某;

(2)如果黄某是作案人,那么作案时间就在零点之前;

(3)零点时商场早已打烊,而且商场的灯都灭了;

(4)如果蓝某的供述虚假,那么作案时间就不在零点之前;

(5)只有零点时商场的灯未灭,蓝某的供述才真实。

问:请你根据上述已知情况推知谁是作案人,并写出你的推理过程和所运用的推理形式。

21. 请根据下述已知条件(1)、(2)、(3),解答能否必然推出结论 A 和 B?请分别写出其推理形式并说明能否得出必然性结论的理由。

已知:(1)如果本案是奸情杀害,那么,本案被害人室内的财物就不会丢失;(2)只有本案被害人室内的财物丢失,本案才会是图财害命;(3)经现场勘查得知:本案被害人室内的黄金、首饰、贵重衣物以及收藏的股票、债券、存折等有价证券均已丢失。

结论:A:本案不是奸情杀害;B:本案是图财害命。

22. 某海关缉私队要充实海上缉私组的力量,关于队中哪些同志参加该组,初步商定出如下意见:

如果吴某参加,则邱某参加;

如果赵某不参加,则孙某不能不参加;

如果吴某不参加而赵某参加,则队长老白参加;

队长老白和副队长老李不能都参加;

上级决定副队长老李参加。

问:根据上述意见,邱某与孙某是否参加该缉私组?请写出你的推理过程。

23. 刑事侦查工作中运用演绎推理能力的强弱,取决于哪些条件?为什么?

24. 为什么说刑事侦查工作中运用的演绎推理,其结论通常都不是必然可靠的?请结合实例予以分析说明。

25. 什么是法律推理(或曰司法推理)?从形式结构方面来看,它需要建立哪两方面的前提?如何理解它不是演绎推理的简单运用?

第九章　归 纳 推 理

课外阅读

第一节　归纳推理概述

人们对客观事物的认识是一个不断深化、不断扩展的过程。它总是从认识个别事物开始，进而获得关于一类事物的认识，把握该类事物的共同性质及其一般规律，然后，又以关于该类事物的共同性质或一般规律为指导，更深刻、更广泛地认识个别事物。人们的认识就是这样周而复始，不断发展的。而人们在实践中要能从“个别”中认识“一般”，要能从一系列个别事物中认识一类事物的共同性质或一般规律，就免不了要用到归纳推理。

一、归纳推理的特征

所谓归纳推理(inductive reasoning)，就是根据一类事物包含的许多对象的共同情况，推出关于该类事物的一般性结论的推理。例如，化学家通过实验后发现，氢氧化钙能和酸反应生成盐和水，氢氧化钠、氢氧化钾也能和酸反应生成盐和水，其他如氢氧化铜、氢氧化铁、氢氧化镁等也是如此，而氢氧化钙、氢氧化钠、氢氧化钾等又都属碱类物质。于是得出结论说：凡碱类物质都能和酸反应生成盐和水。这里运用的就是归纳推理，其推理形式整理出来就是：

①氢氧化钙能和酸反应生成盐和水；
氢氧化钠能和酸反应生成盐和水；
氢氧化钾能和酸反应生成盐和水；
氢氧化铜能和酸反应生成盐和水；
氢氧化铁能和酸反应生成盐和水；
氢氧化镁能和酸反应生成盐和水；
(而氢氧化钙、氢氧化钠、氢氧化钾、
氢氧化铜、氢氧化铁、氢氧化镁都属碱类物质)
———————————————
所以，凡碱类物质都能和酸反应生成盐和水。

由上例可见，归纳推理的认识起点，亦即它的前提，是通过实验或观察获得的关于一系列个别性或较特殊性对象的认识，而结论则是包括了这一系列对象在内、但一般又是扩展了的、关于一类事物的认识。因此，归纳推理由前提推出结论的过程，是由个别(或特殊)到一般的思维过程，实则也就是对前提已知情况的抽象和概括的过程；结论是对前提的概括。如例子中结论的主项“碱类物质”，就是对已考察的对象氢氧化钙、氢氧化钾等的抽象与概括。归纳推

理的这种概括过程,也可表述为下面这样的推理形式:

S_1 具有 P 属性
S_2 具有 P 属性
S_3 具有 P 属性
……
S_n 具有 P 属性
(S_1、S_2、S_3……S_n 都属 S 类)
———————————————
所以,凡 S 类事物都具有 P 属性

正如前面曾经谈到的,归纳推理的这种"推理形式"与演绎推理的推理形式是有本质差别的,它只是关于归纳推理推导过程的概括性说明或刻画,其符号不是严格意义上的逻辑变项,不是像演绎推理形式中的符号那样,只需代入相应的内容便成为某种类型的推理。因此可以说,归纳推理实际上是一种非形式的推理。

归纳推理公式概括表述的推理情形,在实际运用中的表现形式多种多样。

就其前提考察的对象与结论主项所反映的对象之间的关系来说,有如下几种情形:

第一,可以是分子对象与类对象之间的关系。如上例,氢氧化钙、氢氧化钠等,与"碱类物质"之间的关系,便是分子与类的对象之间的关系,亦即其前提考察的对象是结论主项概念的外延分子,前提主项与结论主项之间的外延关系是种属关系。这种情形是归纳推理的典型形式。

第二,可以是一个对象的各个部分与该对象整体之间的关系,亦即其前提考察的对象是结论主项反映的那个对象的各个组成部分。归纳推理的过程,是根据某个对象的各个部分都具有某种属性,从而概括出该对象整体具有某种属性。此外,如根据对某个地区几个"点"考察的情况,得出关于这个地区整体性的结论;根据对一个单位所属各个部门考察的情况,得出关于这个单位整体性结论,所运用的归纳推理都属于这种情形。须得说明的是,运用归纳的这种情形与"综合"方法很相似,其实有区别。"综合"是把对客观对象各个部分、方面或各种特性、因素等的认识联系起来,形成一个关于对象的各部分之间联系的、统一整体性的认识,而归纳则只是是对各部分重复出现的某种属性的概括。

第三,由对象自身到自身的归纳,也就是根据对象某些时间段出现的情况,即若干个时间段都不断重复出现某种属性,于是概括出该对象在所有时间段都具有这样的属性。例如,天文学家观察发现,太阳黑子活动都有它的高峰年代,根据已观察到的资料记载表明,若干次活动高峰的出现,距前一次活动高峰出现的时间都是 11 年,于是得出结论:"太阳黑子每隔 11 年左右就有一次大的活动期。"又如,铁路运输部门根据火车客运情况,第一年春节前后客运紧张,第二年春节前后客运紧张,第三年、第四年也是如此,于是得出结论:"火车客运每到春节前后都客运紧张。"再如,果农根据对某棵柑橘柑树的观察,发现这棵柑橘树头年结果多,次年结果少,第三年结果多,第四年结果又少……于是便会得出结论:"这棵柑橘树隔年结果就多。"这样的归纳,便都属于从对象自身到自身的归纳。

以上表明,归纳推理的推理形式,是关于归纳过程思维特点的刻画,而不是一种简单的推理公式。不仅如此,就归纳推理结论的命题形式来看,也并不一定都像归纳推理公式表述的那样,得出的都是性质命题。实际上,不但全称性的性质命题要借助归纳得出,其他如选言命题、假言命题,往往也要借助于归纳推理得出。例如,加拿大洛文教授曾经为探索候鸟迁徙的原因,对一种叫黄脚鹬的候鸟进行了14年的观察,并记录了这种鸟初始下蛋的时间,发现其初始下蛋的时间总是或者是5月26日,或者是5月27日,或者是5月28日,或者是5月29日。于是概括出结论:任何一只黄脚鹬初始下蛋的时间,都不外乎上述的某一个时间。[1] 又如,动物学家通过观察发现,蜥蜴体表覆盖有角质的鳞片,蛇体表覆盖有角质的鳞片,龟体表覆盖有角质的厚甲,鳖体表覆盖有角质的厚甲,鳄体表覆盖有角质的鳞片;而蜥蜴、蛇、龟、鳖、鳄都属于爬行类动物,于是得出结论说:"爬行类动物的体表或者覆盖有角质的鳞片,或者覆盖有角质的厚甲。"可见,归纳推理得出的结论,其命题形式也是多种多样的。

二、归纳推理的作用、性质

归纳推理在人们认识客观事物过程中的作用,显而易见;它是我们获得知识的基础。正如有的学者所言:"从特殊经验中进行概括的能力是天赋的、本能的。在孩提时代,我们观察到那些称为糖的白色晶体具有甜味,我们完全出自本能地进行概括:所有这样的晶体都具有甜味。我们观察到许多物体从童车上掉到地上,于是我们理所当然地认为所有物体都会掉到地上。随着时光的推移,就需要对这些早年的概括加以限定,但是在童年的生活中我们本能地作出过数以百计的这种类似的概括,那时我们的注意力集中在获得我们周围的知识上。""归纳是我们借以向过去的经验学习的手段,因为如果根据过去的经验不能进行概括,过去的经验就会毫无用处……归纳是我们向经验学习的能力的基础,是我们获得科学知识以及常识的基础。"[2]

归纳推理是人们的认识从个别到一般的必不可少的认识手段。毛泽东同志早就指出:"就人类认识运动的秩序说来,总是由认识个别的和特殊的事物,逐步地扩大到认识一般的事物。人们总是首先认识了许多不同事物的特殊的本质,然后才有可能更进一步地进行概括工作,认识诸种事物的共同的本质。"[3]不借助于归纳,就难以实现认识上由个别到一般的过渡。从实践方面看,归纳推理在科学研究和法律工作中也被广泛应用。科学研究中,人们免不了要从大量事实材料中概括出普遍原理和一般规律;创制和编纂法律,也需要从大量的具体情况中概括出具有普遍意义的规范性条款;司法实践中要研究犯罪的特点、动向及规律,要总结办案经验,要从一系列具体案件中概括出一般性的处理原则,等等,在这些认识活动中,都要运用归纳推理。

归纳推理的根本特点就在于:无论它前提考察的事例,是一类事物包含的若干分子对象的情况,或是一个对象的若干组成部分的情况,还是同一个对象在不同时间段反映出的情况,所得结论(除完全归纳推理外)都超出了前提"已知"的范围,都是根据直接经验到或观察到的事件,预言未来的、尚未经验到或观察到的更多的事件。其结论提供的信息远远多于它前提提供的信息,是在前提考察事例基础上的知识的扩展,所以,国外有的学者将归纳推理称为扩展

---

〔1〕 竺可桢、宛敏渭:《物候学》,湖南教育出版社1999年版,第93页。

〔2〕 [英]J.特拉斯特德:《科学推理的逻辑》,刘钢等译,科学出版社1990年版,第2-3页。

〔3〕 《毛泽东选集》(第1卷),人民出版社2009年版,第309-310页。

推理。

然而,也正因为它是一种扩展推理,结论超出了前提的范围,前提与结论之间的联系不具有必然性。因此,即使其前提都真,也不能保证结论必然真;其前提的真只是为结论的真提供了一定程度的支持。但是,归纳推理作为一种或然性推理,虽然不能保证从真前提必然得出真结论,但其前提为真却能使人有相当理由相信其结论也真。如果在实践中能不断得到更多的预言事例的支持,结论的可靠程度就得到增强;只要归纳概括出的结论没有遇到反例,我们就都可以暂时确认它为真,并用以指导实践。

一个正确的、或者说一个更具合理性的归纳推理,就是指能使我们在较高的可靠程度上由真前提得出真结论的归纳推理,其前提能给予结论较大的支持强度;而一个不正确的、不合理的归纳推理,也就在于它的前提没有能够为结论提供实质上的证据支持,或者支持强度很低,因而结论的可靠程度也很低。逻辑学关于归纳推理的研究,核心就是为了解决如何提高其结论可靠程度的问题,亦即增强推理的合理性问题。

三、归纳推理的先行条件——搜集和占有材料

归纳推理是从一系列个别的、特殊性的事例中概括出一般性结论的推理,它的前提是来自经验而得的具体的、可靠的事实材料。没有这一系列的经验材料,归纳就无从谈起。因此,要借助于归纳推理而获得一般性或规律性的认识,就必须有目的、有意识地搜集和占有足以进行归纳的经验材料。

在自然科学领域,搜集和占有材料的基本途径,不外来自两个方面,即观察和实验。

所谓观察,就是在事物或现象自然发生的状态下,通过感官(包括使用仪器——仪器是感官的延伸)认识事物或现象的一种方法。它是一种直接的感知活动,观察虽然是一种感知活动,但它又不同于一般情况下的感知。首先,它是有目的、有计划地进行的一种感知活动。所谓有目的,就是指观察是为了回答或解决某个确定的问题。比如,人们对某个时间气温高低的感知,同气象学家对同样时间气温高低的感知(当然还要借助于仪器和一系列相关资料),就有着不同的意义:气象学家是有意识、有目的地进行感知活动,是为了搜集和占有相关资料,以便总结概括出气候变化的规律并预言未来,从而进行的感知活动。

其次,观察是在自然状态下进行的感知活动,不干预、也不改变事物或现象的发生过程。

再次,正如前一章中曾经谈到的,观察的效率如何,取决于观察者的观察能力。感知的内容、观察的结果,都是因人而异的。因此,要提高观察的效率,就不但要具备必要的专业知识,要有相关的理论指导,而且还要掌握科学的认识方法,无论是直接的观察感知还是对待历史事实材料,都特别要注意放弃成见、防止偏见。

由于观察是在自然状态下对事物或现象进行的感知活动,有很大的被动性。正如恩格斯指出的:“单凭观察所得的经验是决不能充分证明必然性的。……必然性的证明是在人类活动中,在实验中,在劳动中。”[4]因此,为了更有效地获得我们所需要的材料,在可能的情况下就还要运用实验的方法。

所谓实验,就是在人工控制的条件下,有目的地安排现象的发生,并在此基础上获得经验

---

〔4〕《马克思恩格斯选集》(第3卷),人民出版社1972年版,第549－550页。

材料的认识方法。与观察相比,它的特点就在于研究者直接干预了现象的发生过程。实验虽然比观察复杂,但却更为有效,也更能保证材料的可靠性。它与观察相比还具有如下优越性:

首先,它可以纯化研究现象,把研究现象同它在自然状态下的复杂环境隔离开来,这样就有利于我们考察某种现象同某个特定因素的联系。只有当被考察现象处于纯化状态时,才能比较可靠地确定该现象同某种因素之间是否存在有因果联系。

其次,可以创造在自然状态下不可能得到或很难得到的观察条件,以便我们更好地进行考察;要通过归纳确定现象间的因果联系,尤其不能不依靠实验来搜集和占有经验材料。科学史上超声波的发现就是一个很能说明问题的事例:科学家们发现,蝙蝠能够在黑暗中自由飞行而不会碰上任何障碍物。什么原因呢?起初人们猜测蝙蝠可能有特别强的视力。要验证这一猜测,靠自然状态下进行观察显然不可能,只能通过人工创造特定的环境,亦即借助于实验来实现。科学家在一间暗室里,密布了系有小铜铃的细铁丝,然后将蝙蝠蒙上眼睛放入暗室。结果,蝙蝠在暗室内仍然飞行无阻——小铜铃没有任何响声。可见,蝙蝠能在黑暗中自由飞行的原因,不是视力特别强的缘故。后经反复研究,猜测蝙蝠是否有特别强的听力?于是再次实验:科学家将蝙蝠的耳朵蒙上,然后将其放入暗室,不一会儿暗室里就铃声不断,说明蝙蝠在黑暗中的飞行能力是与其听力有关的。后进一步研究证明,原来蝙蝠口里能发射出一种超声波,飞行中遇到障碍物会反射到耳中,因而也就可绕开障碍物而自由飞行。人们也因此而发现了超声波。不言而喻,靠自然状态下的观察,根本不可能获得上述那样的经验材料。

最后,人工控制下的实验,可以根据研究的需要而使研究现象多次重复出现,这样就便于我们反复多次地进行观察,从而获得可靠的经验事实材料。

在人文社会科学领域,搜集和占有材料的主要途径是调查研究和对已有历史事实资料,包括相关统计资料的积累和利用。这些资料的获取,可以是研究者基于某个研究目的而直接调查所得,也可以是对他人的、甚至历史上的事实资料的占有。如同自然科学领域通过观察和实验来获取经验材料一样,在人文社会科学领域对现实的或历史的资料的搜集和占有,也必须是有目的的;或者说,当你出自某种研究目的而搜集和占有资料时,这样获取的资料也才具有认识意义。例如,对于中国历史朝代变迁的情况,大家从历史课本中都有所知,然而一般的无心者也不过就是"知道"而已。有的学者却不然,就出自研究的需要而从中搜集和占有了必需的资料,并发现:周朝最兴盛的时期是周武王,他奠定了周朝八百年的基业,而周武王是周朝的第二代;汉朝最兴盛的时期是汉文帝,他开创了历史上所谓的"文景之治",汉文帝也是汉朝的第二代;唐朝最兴盛的时期是唐太宗,他开创了历史上所谓的"贞观之治",也是第二代;清朝最能干的皇帝是康熙,他六十年的"文治武功"是清朝得以维持近三百年统治的关键,而康熙也是第二代。同时又发现了不少反面的事例:秦始皇是了不起的帝王,可是秦二世却不得人心,秦朝很快覆没,秦二世是秦朝的第二代;曹操是历史上知名的政治家、军事家、文学家,可是其子曹丕却不能继往开来;刘备也是历史上一位有为的人物,而其子阿斗却"扶"也扶不起来;此外,如晋惠帝、隋炀帝、五代的宋、齐、梁、陈等,也差不多都是由于第二代不得其人而很快垮台的。这位学者正是从已有的这些历史事实材料中,从历史上的正反两方面的事例中,归纳得出了规律性的结论,并撰文指出:"一个朝代能否兴旺发展,长治久安,关键在于第二代。"[5]当

---

[5] 徐铸成:《历史的镜子》,载《社会科学》1981年第4期。

然,这一认识是否正确,那是历史学家或政治学家们研究的问题;我们这里只是以此说明,是否具有明确的目的、是否为了研究和解决某个确定的问题,是决定能否准确、全面搜集和占有材料的关键。

第二节 完全归纳推理

根据归纳推理前提考察的事例是否为结论概括的那类事物的全部对象,归纳推理可以分为完全归纳推理(complete inductive reasoning)与不完全归纳推理(incomplete inductive reasoning)。

由于归纳推理的根本特征就在于它是一种扩展性推理,而完全归纳推理却并非如此。因此学术界对所谓完全归纳推理能否视为归纳推理还存有异议。然而从推理由前提到结论思维进程的方向来看,完全归纳推理无疑也是由个别或特殊推导出一般的推理,所以我们认为它还是应属归纳推理之列。只不过更能体现归纳推理特征的、也是更具有应用价值的、同时也是逻辑学中值得重点研究的,是不完全归纳推理。

一、完全归纳推理的特征及其应用

所谓完全归纳推理,就是根据一类事物包含的每一对象都具有某种属性,从而推出关于该类事物的一般性结论的推理。它的基本特点就在于它是考察完了一类事物包含的每个对象,前提中列举了结论包含的每个对象或每种场合的情况,然后在此基础上才概括出一般性结论的。因此,要运用完全归纳推理,就必须确知所研究的那类对象的数量,或者确知它包含的对象范围。

完全归纳推理的基本模式可以表示为:

S_1 具有 P 属性

S_2 具有 P 属性

S_3 具有 P 属性

……

S_n 具有 P 属性

(S_1、S_2、S_3……S_n 是 S 类的全部对象或所有情况)

所以,所有 S 都具有 P 属性

由于运用完全归纳推理需要考察一类事物的全部对象,因此不仅要确知一类事物全部对象的数量,而且其对象数量还必须是有限的、可以逐一考察的,显然,这在很多情况下难以做到。譬如,若需考察的某类事物包含的对象数量太多,甚至还会有未来将不断出现的对象,在这种情况下当然就不可能运用完全归纳推理。

正是为了扩大完全归纳推理的应用范围,实际思维中,人们常常在可能的情况下对需认识的对象进行分类或分段考察,然后在此基础上进行完全归纳,这样,其前提考察的对象与结论断定的对象之间,就不但可以是分子与类的关系,也可以是小类与大类的关系,某一事物的各个组成部分与该事物的整体之间的关系,还可以是某一事物的各个时间段或空间段与该事物总的时间、空间整体之间的关系。因此,就完全归纳推理的运用情形来看,大致有如下两种情形:

(一)穷举归纳推理

穷举归纳推理(inductive reasoning by exhaustive enumeration)也可以称为由个别到一般的完全归纳推理,它是通过对一类事物包含的每一个个体对象的考察,并根据每个个体对象都具有某种属性,从而得出关于该类事物都具有某种属性的一般性结论的推理;它是严格意义上的完全归纳推理,也是完全归纳推理的典型形式。例如,为了研究太阳系大行星的运行轨道,天文学家就分别逐一地观测了太阳系的每一个大行星,即水星、金星、地球、火星、木星、土星、天王星、海王星和冥王星的运行,推算出它们的运行轨道分别都是椭圆形,由此得出一般性结论:"太阳系大行星的运行轨道都是椭圆形的。"此外,如生产企业通过对某项产品的逐个检验后,根据每个产品都是合格的,进而得出结论说"这批产品都是合格的";某个班主任老师,通过对本班30个学生的逐一考察,发现甲喜爱足球运动,乙喜爱足球运动,丙喜爱篮球运动,丁、戊等喜爱乒乓球运动……对30个学生考察完后,发现他们无一例外地都喜爱某项球类运动,于是得出结论说:本班学生都喜爱球类运动。如此等等,便都是在运用穷举完全归纳推理。

穷举归纳推理的前提是一系列关于个体对象的命题,结论则是关于一类事物的全称命题;实则其主项或谓项是对前提主项或谓项的概括——如上例,就把前提中学生喜爱足球、篮球、乒乓球,概括为"喜爱球类运动"。

穷举归纳推理的推理模式可表示为:

S_1 具有P属性

S_2 具有P属性

S_3 具有P属性

……

S_n 具有P属性

(S_1、S_2、S_3……S_n 是S类的全部个体对象)

所以,所有S都具有P属性

穷举归纳推理虽然是完全归纳推理的典型形式,但在我们已确知其对象范围而个体对象数量又比较多,或者因为其他原因而不可能对每一个个体对象进行考察的情况下,而出自认识的需要又要求进行完全归纳时,就要运用分类归纳推理。

(二)分类归纳推理

分类归纳推理(inductive reasoning by classification)也称为分情形完全归纳推理。其特点是把需考察的某类事物(或某个对象整体),按照一定标准将其分为若干小类,或者按照空间或时间将其分为若干个空间段或时间段,然后对之逐一考察,进而根据每个小类或对象的每个空间段或时间段都具有某种属性,从而得出结论说:"该类事物(或某个特定对象整体)都具有某种属性。"

分类归纳推理的推理模式可表示为:

S_1 具有 P 属性

S_2 具有 P 属性

S_3 具有 P 属性

……

S_n 具有 P 属性

（S_1、S_2、S_3……S_n 是 S 类对象的所有可能情况）

所以，S 类（或 S 对象整体）都具有 P 属性

分类归纳推理，是由特殊到一般的完全归纳推理，它主要被用于对某个问题的论证；所谓分情形证明法运用的就是这样的完全归纳推理。例如，我们考察得知“长江上游的防汛形势严峻”“长江中游的防汛形势严峻”“长江下游的防汛形势严峻”，从而得出结论说：“长江流域防汛形势严峻。”这里就是将对象分为几个空间段作分情形考察后进行的完全归纳推理。此外如在几何学研究中，人们为了证明三角形三内角之和的公式，运用的也是这样的分类归纳推理：亦即将所有三角形按照一定标准将其分为直角三角形、锐角三角形、钝角三角形，然后分别考察后证明它们的内角和都是 180°，于是概括出结论：“所有三角形的三内角之和都是 180°。”这里运用的就是典型的分类归纳推理。

由上可见，在那些包含有较多个体对象的场合，或者要对单一的对象整体进行完全归纳时，在可能的情况下作分类或分空间段或时间段的考察，并在此基础上运用完全归纳推理，还是人们日常思维中经常应用的方法；特别是在对某个问题的论证中，如此运用完全归纳推理的情形更为常见。不过，值得注意的是：分类（或分段）必须准确、无漏失；对分出的各个部分对象具有某种属性的断定——完全归纳推理的一系列前提，都必须真实可靠。否则，就不是严格意义上的完全归纳。也正是由于这方面的原因，在很大程度上决定了完全归纳推理适用场合的局限性。

二、完全归纳推理的性质

无论前述哪种形式的完全归纳推理，它的一系列前提都分别断定了被考察对象 S 所包含的每一个个体对象或每一个小类对象都具有 P 属性，而结论则断定的是 S 的全部或整体都具有 P 属性，因此可以说，它们都是在保证推理根据完全性的基础上来确定结论的可靠性的，是根据对一类事物包含的全部对象考察后，才概括出关于该类事物一般性结论的，因而其前提考察的范围与结论断定的范围相等，结论的“真”只不过是对一系列前提的“真”的总结或概括。所以，完全归纳推理的前提与结论间具有必然联系，只要它的前提都真，结论就必然真。

完全归纳推理的结论虽然没有超出其前提断定的范围，不属于扩展性推理，但却不能因此而否定其认识作用。因为对某类或某个对象包含的各个部分的认识，终究不同于对该类事物或对象的整体性认识。完全归纳推理每个前提提供的知识，相对于结论来说仍是个别性、局部性或特殊性的，而结论则是整体性、一般性或比较一般性的，由前提到结论的过程，仍然体现了由个别或特殊到一般认识的上升过程。何况，在某些情况下出于认识的需要还不能不运用完全归纳推理。例如，如果我们要测试一部机器能否承受 220 伏的民用电压，为稳妥起见，就必须对之作全面考察。尽管我们无法对该机器运转的每一时刻都进行考察，但在这种情况下却可以通过分情形归纳的方法对之进行完全归纳推理。比如，首先可以将测试时间分为三个阶

段。因为,一部机器能否承受220伏的民用电压,往往取决于机器处于如下三种状态时的情况:一是开闸,因为开闸时,机器所能承受的电压在一瞬间由零升到一定的高电压,瞬间冲击电流有可能使机器受到损伤;二是电压稳定状态下,机器运转是否正常;三是关闸时,因为关闸时机器承受的电压一瞬间由高压降为零,也有瞬间冲击电流的问题。其次,还可以把被测试的机器分为四个组成部分,即电路部分、机械部分、结构部分和附属部分,分别进行考察。当我们通过对该机器在上述三个时间段和四个组成部分运转考察得知均为正常时,就可以运用完全归纳推理得出稳妥的结论。在对某些商品的合格检验中,更是免不了要运用完全归纳推理。

当然,我们也绝不能夸大完全归纳推理的认识作用。首先,因其结论并未超出前提"已知"的范围(这点与演绎相同),不能使我们在已有知识的基础上前进一步,从某种意义上来说,它无助于认识能力的发展和创造;也不具有归纳推理最根本的认识特点——知识的扩展性,它不是基于已观察的事例而推知所有未观察过的事例,也没有基于现在已知的事实而预言未知的事实,因而在认识作用上有其局限性。其次,如前所述,严格意义上的完全归纳推理,要求其前提必须考察完一类事物的全部个体对象,这在很多情况下都是难以满足的。比如,要认识一氧化碳中毒致死的尸斑情况,无论运用何种形式的完全归纳都是不可能的,因为不仅已出现的因一氧化碳中毒致死的尸体有无限多个,而且在未来的时间内还会不断地出现这样的事例,怎么可能完全考察呢?因而其适用的场合也有其很大的局限性。

第三节　不完全归纳推理

所谓不完全归纳推理,就是根据一类事物包含的若干对象都具有某种属性,从而推知该类事物都具有某种属性的推理。其特点在于:前提列举的事例,亦即前提考察得知的情况,只是结论断定的那类事物所包含的部分对象的情况,或者,只是结论断定的某个对象在部分场合出现的情况。

区别一个归纳推理是否完全归纳推理,关键就是看它是否考察完了一类事物的全部对象。而是否考察完一类事物的全部对象,又是依结论概括的对象范围是否超出了前提考察事例的范围相对而言的。比如,如果考察了某个学习小组的学员A、B、C、D、E分别都精通英语,得出结论说"这个学习小组的学员都精通英语",若该学习小组只有A、B、C、D、E五名学员,它就是完全归纳推理;若该学习小组不只这五名学员,它就是不完全归纳推理。又如,相传200多年前德国大数学家高斯在读小学时就聪敏过人,有一次数学老师在课堂上出了一个题目,要学生当场回答,题目是:从1到100的连续数相加,总数是多少?当其他学生正开始埋头细算时,高斯就一口回答说"是5050"。他回答得如此之快,连老师都感惊奇,问其故,原来奥秘就在于他从题目中发现了某种规律并巧妙地运用了归纳推理:他发现"1+2+3……+98+99+100",正好是100+1=101,99+2=101,98+3=101,97+4=101……50个101,所以得知是5050。这里,高斯运用的就是完全归纳推理。后来有人又循此继进,发现:若为1到10的连续数相加,总数为5个"10+1";若为1到12的连续数相加,则总数为6个"12+1";若为1到160的连续数相加,则为80个"160+1";若为1到300的连续数相加,则为150个"300+1"……只要考察过的、从 1 开始的末位数为偶数的连续数相加，均无例外地具有上述属性。于是，人们总结出了如下速算公式，“从 1 开始的末位数为偶数的连续数相加 =（首项 + 末项）×（项数 ÷ 2）”，这里运用的就是不完全归纳推理，因为从 1 开始的末位数为偶数的数目对象无穷多个，不可能考察完，公式概括的情况已超出了前提考察事例的范围。

不完全归纳推理与完全归纳推理相比，具有如下特点：

第一，不完全归纳推理的前提，考察的只是结论概括的那类事物包含的部分对象的情况，而结论则断定的是包括未考察对象在内的一类事物的情况，因而在认识作用上扩大了“已知”的范围，明显地体现了由已知推未知的特点，体现了知识的扩展性，是典型的扩展推理，因而也是人们由特殊推论一般的最基本的推理形式。

第二，由于结论超出了前提提供的知识范围，结论的真实性就得不到前提真实性的足够的、完全有效的支持强度，即使前提都真，结论也未必就真。所以，不完全归纳推理都属或然性推理。因此，在运用时就必须针对其推理根据，努力提高其前提对结论的支持强度，以提高结论的可靠程度，增强推理的合理性。

不完全归纳推理依其由前提到结论的推理根据的不同，可分为简单枚举归纳推理（inductive reasoning by simple enumeration）和科学归纳推理（scientific inductive reasoning）。

一、简单枚举归纳推理

（一）简单枚举归纳推理的特征、性质

所谓简单枚举归纳推理，就是根据某类事物包含的许多对象都具有某种属性，并且，在已考察的事例中没有遇到相反事例，从而概括出关于该类事物的一般性结论的推理。我们在前面谈到的关于归纳推理的例子，不少就都属于简单枚举归纳推理，比如：上述根据若干个从 1 开始的末位数为偶数的连续数相加，均等于“（首项 + 末项）×（项数 ÷ 2）”，从而得出“任何从 1 开始的末位数为偶数的连续数相加均等于这个公式”时所运用的推理，以及前述那位学者得出关于“一个朝代能否兴旺发展，长治久安，关键在于第二代”这个结论时所运用的推理，就都是简单枚举归纳推理。

简单枚举归纳推理的推理模式可表示为：

S_1 具有 P 属性
S_2 具有 P 属性
S_3 具有 P 属性
……
S_n 具有 P 属性
（S_1、S_2、S_3……S_n 是 S 类的部分对象，并且在已考察的事例中未出现反例）

所以，所有 S 都具有 P 属性

由上可见，简单枚举归纳推理是由前提考察的部分对象的情况，就推知包括未考察对象在内的全部对象的情况，是根据已考察的那部分“S”具有“P”属性，就推出“所有 S 都具有 P 属性”。那么，它由部分对象的情况就推知全部对象情况的推理根据是什么呢？

第一,最主要的根据,就是人们观察得知某种属性在某类事物包含的许多对象中不断重复出现。

第二,在已观察到的事例中,人们没有遇到与重复出现情况相矛盾的情况,亦即没有发现有属于某类事物的对象然而却不具有该种属性的这种事例。

例如,据有关专家撰文介绍:自18世纪末至今,人类曾经遭受过12次遍及全球的流感袭击,其中11次都出现在太阳黑子活动的高峰年份,于是人们由此得出结论:“凡太阳黑子活动的高峰年份,都是流感猖獗的年份。”显然,这里运用的是简单枚举归纳推理。其推理根据就在于:不仅每一次“太阳黑子活动的高峰年份”,都无例外地重复出现“流感猖獗”的情况,并且没有遇到“太阳黑子出现的高峰年份”而不出现“流感猖獗”这样的事例(至于12次“流感猖獗”的年份中,还有1次不是“太阳黑子活动的高峰年份”,这却并非与结论相矛盾的情形,因为断定“所有S是P”,并不意味着同时断定了“凡P都是S”)。

从简单枚举归纳推理的根据可以看出,尽管某种属性在某类事物包含的许多对象中不断重复出现,并且在已考察的事例中未遇到相反的例外情形,表明某种属性与某类事物之间很可能有联系,因而可以从已考察对象的情况,推知所有未考察的同类对象的情况,但是,简单枚举归纳推理的根据终究还是“简单”的——它既未考察完一类事物包含的所有对象,又没有分析对象与属性之间有无因果联系。因此,其推理根据只是前提为真时结论也真的必要条件,而不是充分条件。首先,一类事物中尽管许多对象都具有某种属性,也只是可能为该类事物所有对象都具有的属性,却并非必然就是该类事物所有对象都具有的属性。其次,“观察中未遇到反例”,不等于“事实上没有反例”;在已考察的对象中没有出现反例,不能因此而保证在没有考察的对象中也不会出现反例;在这一场合下没有出现反例,不等于在别的场合下也不会出现反例。所以,简单枚举归纳推理的结论不必然可靠,只要遇上一个反例,它的结论便被推翻。例如,历史上人们就曾根据已观察到的天鹅都是白色的,便得出结论说“凡天鹅都是白色的”,后来在澳洲发现了黑天鹅,这一结论便被推翻;过去人们看到的许多哺乳动物都是胎生的,于是认为“凡哺乳动物都是胎生”,后来发现了有不是胎生的哺乳动物,该结论也被推翻了。

简单枚举归纳推理虽然推理的根据不充分,在前提都真的情况下结论未必就真,但是,我们却不能因此而否定它的认识作用。它是人们的认识由个别或特殊上升到一般最常用的,甚至可以说是自觉或不自觉地都要用到的归纳推理形式,无论在日常思维中或科学研究中,运用都极为广泛。

人们在实践活动中,当观察到某种现象在某类事物或某种场合不断重复出现时,头脑中自然就会由此而产生一个一般性的认识。比如,人们根据多次实践经验得出的关于气象方面的许多谚语,如“东虹日头西虹雨”“天有宝塔云,不久雨淋淋”等等,尽管在得出如上结论时并不一定是自觉的,但实际上运用的就是简单枚举归纳推理。又如,据报载,某地有位老太婆是个出名的捉拿扒手的能手,常常能从人群中发现准备行窃的扒手;扒手一旦行窃,就会被她当场捉获。她为什么能够如此准确地发现并捉获扒手呢?就在于她在长期从事治安工作时,从许多扒手行窃前的眼神等活动中发现了重复出现的类似现象,并因此而在头脑中形成了一个一般性的认识——无论她是否意识到,她实际上也得益于简单枚举归纳推理。

在科学研究中,善于发现重复出现的类似现象,并在此基础上运用简单枚举归纳推理得出一般性结论,是科研人员揭示客观规律、作出科学预见和新的发现的基础。简单枚举归纳推理得出的结论,常常能给人以启迪,促使人们对之思考、研究,因而它往往也就成为科学研究的开端;科学史上有不少研究课题,其实首先就都来自简单枚举归纳推理。大家非常熟知的“哥德巴赫猜想”就是一个明显的例证:大数学家哥德巴赫不经意地发现,若干个大于2的偶数都可以表示为两个素数之和。他接着考察了若干个大于2的偶数,竟然未遇到一个反例。于是他由此得出结论:“任何一个大于2的偶数都可以表示为两个素数之和。”但是,这终究是通过简单枚举归纳推理得出的结论,“大于2的偶数”无限多,是否未考察的“大于2的偶数”中,也不会出现相反的事例呢?这就为数学研究提出了新的课题。两百多年来,不少数学家为了研究这一课题,不知付出了多少心血!

然而值得我们注意的是,要能够发现并抓住重复出现的类似现象,并有意识地运用简单枚举归纳推理从中总结概括出值得进一步研究的课题,这并不容易,它与同一个人的背景知识以及敏感性和洞察力相联系。比如前面谈到的那位学者,他就能从大家都熟知的历史事实中,概括出“兴衰的关键在第二代”的结论,而更多的人对之却无此敏感。最能说明这个问题的事例莫过于哈雷彗星出现周期规律的发现。如众所知,哈雷彗星是一颗著名的周期彗星。英国天文学家哈雷在1682年观察到一颗彗星,他发现这颗彗星的特征及其运行轨道的情况,与在此之前的1531年和1607年人们观察到的某颗彗星完全一样,坚信是同一颗慧星,并根据这颗彗星出现的间隔时间都是76年,从中就初步概括出了它出现的规律性,预言它“1758年还要回来”。果然,这颗彗星在他1742年死后的16年,即1758年真的如期出现了。此后,这颗彗星在1835年、1910年、1986年也多次如人们预期的那样出现,人们也因此而更加坚信了它出现时间的规律性。显然,知道这颗彗星出现时间的人绝不只哈雷一人。据资料介绍,我国早在公元前7世纪的春秋战国时期就已发现,以后也有发现的记载,然而能够思考这颗彗星重复出现规律性的却只有哈雷——他的功绩不在于他发现了这颗彗星,而在于他首先从它出现的重复性中发现了它出现的周期,所以称之为哈雷彗星。现实生活中也不难看出这样的差异:有的人善于观察,也善于思索,对某种属性在某类事物中不断重复出现的现象就很敏感,因而能够从中概括出规律性的结论,并以之指导实践。例如,某地一山区公路的某个弯道处,在通车后不到半年的时间内就发生了多起情况基本相同的上行车与下行车相撞的事故,原因都是下行车驾驶员怕过分右侧行驶滑下山所致。有关部门总结后,在该路段外侧设置了“防撞墙”,化除了下行车驾驶员的心理障碍,该路段也就在较长的时间里没有再发生类似事故。而有的人却不同,尽管面对、甚至“亲历”多次重复出现的现象,仍不能从中概括出规律性的东西,只是孤立地看待各个事例,就事论事,因而经历次数虽多,却无任何经验可谈。

可见,简单枚举归纳推理虽然称之为“简单”,然而就其在认识事物过程中的作用以及能否自觉运用来说,也并不那么“简单”。特别是要能从不断重复出现的现象中概括出规律性的、有进一步研究价值的一般性命题,更不容易。

但是,简单枚举归纳推理由前提得出结论的根据,终究是不充分的。尽管它的前提都真,也不能保证结论就真,正如列宁所说:“以最简单的归纳方法所得到的最简单的真理,总是不完全的,因为经验总是未完成的。”〔6〕

---

〔6〕［苏］列宁:《哲学笔记》,人民出版社1993年版,第150页。

(二)提高简单枚举结论可靠程度的方法

虽然简单枚举归纳推理的结论只具有或然性,但由于它的前提对结论的支持强度有强弱之分,结论的或然性程度也就有高低之别。因此,为了更好地发挥其认识作用,运用简单枚举归纳推理时就应特别注意提高其前提对结论的支持强度,增强推理的合理性。

首先,在可能情况下应尽量考察更多的事例。因为简单枚举归纳推理主要是根据类似现象的不断重复出现而得出结论的,因而其结论的可靠程度,同前提枚举事例的数量密切相关。如果考察得知某种属性在同一类事物包含的对象中(或者在同一对象的若干不同场合中)重复出现的事例越多,漏掉相反事例的可能性就越小,某种属性与被认识的那类事物或那个对象之间有联系的可能性也就越大,这样就增强了推理的前提对结论的支持强度。推理根据愈充分,结论的可靠程度当然就愈高;反之,结论的可靠程度就愈低。

不过,对这一要求也不能作简单、机械的理解,考察事例的多或少是相对而言的。更为重要的是要注意考察预言事例出现的重复性。预言事例重复再现的次数多,比最初作为根据的事例数量给予结论的支持强度更大。比如前面谈到的哈雷,他最初作为推理根据的重复性事例也不过就是两例,他所得结论的可靠程度,是在后来的历史长河中因预言不断得到验证而增强的;又如,两百多年前哥德巴赫关于"任何一个大于 2 的偶数都能表示为两个素数之和"的结论,据说有人就对一个一个的偶数进行了验算,一直验算了三亿三千万个偶数都未遇到反例,因而人们有足够的理由相信哥德巴赫的结论是对的。当然,即使如此,对于更大的数目、更大更大的数目,人们也还是不敢说就绝对无例外。所以在该论断得到证明之前,人们还只能称之为是"猜想"。

其次,应注意考察可能出现相反事例的场合。须知,在不同的时间、空间条件下,同类事物有可能会出现个体差异,有时,这种个体差异所形成的反例也会动摇甚至推翻简单枚举归纳推理得出的结论。例如,长期以来,人们观察到的许多乌鸦羽毛都是黑色的,于是运用简单枚举归纳推理得出了"天下乌鸦一般黑"的结论。然而在 1957 年,日本就有位农民抓到了一只全身羽毛以及嘴和脚都是白色的小乌鸦,此时,人们还以为只不过是个体变异现象而已。后来,在斯里兰卡等地又陆续发现了一些白色和灰色羽毛的乌鸦,从而也就动摇了"所有乌鸦都是黑色的羽毛"这样的结论。

在侦查破案工作中,注意这点很重要。不仅在运用简单枚举归纳推理得出结论时要注意考察可能出现反例的场合,而且,对头脑中通过简单枚举归纳推理已形成的结论、甚至经多次验证都有效的结论,也必须随时估计到有出现反例的可能,切不可被已有的结论所束缚。比如,现实生活中就不断出现有所谓"变态案件"的事例,它对于一般性的规律而言,就是一种反例。有位犯罪心理学家说得好:"像入室盗窃,如果我专门破这类案子,破了 100 起之后,我再破就会顺利得多,因为我知道入室盗窃是怎么回事,犯罪人一般进来会有哪些想法,会做哪些伪装,而且伪装性行为都有哪些特点,包括地域特点,人员特点,但是变态的案子就不同。"〔7〕对于"变态案件",我们就必须有认识方面的思想准备,就不能局限于已有的经验性认识来分析,否则就难免久侦不破。

最后,要尽可能考察有广泛代表性的事例,亦即注意考察事例性质的多样性。一般来说,

---

〔7〕 蔡平:《为犯罪人的心理画像》,载《中国青年报》2003 年 12 月 31 日。

如果考察的关于某类事物重复出现相同属性的若干对象，或者同一对象重复出现相同情况的若干场合，这些对象或场合如果本身相似或相同的程度越高，这样的前提为结论提供的支持强度就越低；而若考察的事例本身相同或相似的程度越低，其事例表明的性质更为多样、广泛，这样的前提为结论提供的支持强度就越强。正如英国当代一位研究科学推理的学者所言："'凡天鹅皆白'这一概括，就是通过增加事例的种类才得以反驳，或者说得以修正的一个著名的例子。这一概括曾经得到大量事例的支持，但所有这些事例都是正面类比，其关键就是把所看到的天鹅均是欧洲的这一点作为不重要的条件给忽略了。后来在澳大利亚发现了黑天鹅。可惜澳洲的这些天鹅不是白的，否则这些新事例就会使这一归纳更加巩固，因为反面类比的比例增加了，即事物间的差异增加了。"〔8〕比如，药物学家要考察某种药物的治疗效果，其考察对象就不但应当有男女性别不同的对象，还应当有不同年龄段的对象，甚至基于药物的针对性还应当有不同地区、不同体质、不同病龄等方面的对象。否则，像某些药品的广告所说的那样："××名患者服用本药疗效显著，所以本药治疗某种病有效。"这样的说法即使其根据为真，却并未表明考察的是些什么样的患者，因而其结论的可信度也极低。

实际思维中，当我们在评价一个简单枚举归纳推理的前提对其结论的支持强度时，当我们面对不断重复出现的某种现象而试图概括出某个一般性结论时，就应特别注意从上述几个方面分析。因为，根据重复出现某种现象就产生出某个一般性结论，这既是思维的一种"本能"，又是可以通过有意识地运用而提高其认识价值的方法。如果简单枚举归纳推理的运用听凭思维自然发生，就非常可能降低甚至失去推理的合理性，就有可能会犯三种错误，即"轻率归纳"（hasty induction）、"懒散归纳"（slothful induction）和"疏忽归纳"（forgetful induction）的错误。

所谓"轻率归纳"，亦称"轻率概括"（hasty generalization），就是面对重复出现某种属性的几个有限事例时，既不注意增加考察事例数量，又不注意考察有可能出现反例的场合，更不顾及重复出现某种属性的对象或场合的多样性，简单地仅仅根据几个事例就概括出关于某类事物的一般性结论，并把这样的结论看作是完全可靠的，这在逻辑上就叫犯了"轻率概括"的错误。推理过程中"轻率概括"的实质在于，将前提中考察的非典型样本当作典型样本所犯的错误，因而必然导致结论的"以偏概全"，所以人们也常常把这样的错误称之为"以偏概全"的错误。著名作家朱自清在《荷塘月色》中曾提到月夜的蝉声。有一位读者写信给他说"蝉在夜晚是不叫的"。抗战期间他在昆明亲耳听到月夜的蝉声。后来他专门写了一篇《关于"月夜蝉声"》（1948年）的文章。其中写道："我们往往由常有的经验作概括的推论。例如，有些夜晚蝉子不叫，推论到所有的夜晚蝉子不叫，于是相信这种推论便是真理。其实只是成见。这种成见足以使我们无视新的不同的经验，或加以歪曲的解释。"〔9〕"以偏概全"其实就是主观上的成见。因此，我们在运用简单枚举归纳推理时要注意防止这种成见，避免和纠正这样的错误。

所谓"懒散归纳"，亦称"懒散概括"（slothful generalization），其错误情形与"轻率概括"又恰好相反。其主要表现为即使面对若干次重复出现的类似现象，但却基于某种"信念"或其他原因而不愿概括出某种结论，甚至有许多事例增加了前提对结论的支持强度，在没有任何理由可以反驳该结论的情况下，也仍然拒绝相信或接受该结论，这样就叫犯了"懒散概括"的错误。

---

〔8〕［英］J. 特拉斯特德：《科学推理的逻辑》，刘刚等译，科学出版社1990年版，第12页。

〔9〕蔡清富编：《朱自清散文选集》，百花文艺出版社2009年版，第325页。

比如,某甲多次乘汽车都有晕车反应,但他却对这样多次重复出现的类似现象毫不敏感,再次乘汽车时也不采取任何预防措施;某乙多次服用抗菌素药物之后都有过敏反应,医生据此概括出他不宜服用抗菌素,某乙却坚信过去的事例都是偶然的巧合。如此等等,便都是犯了"懒散概括"或"懒散归纳"的错误。"懒散归纳"是对待归纳结论的错误,其实质在于"当结论并不是不可能的时候,我们仍然坚信结论是不可能的",也就是未能以"归纳的态度"正确对待简单枚举归纳推理的结论。[10] 例如,阿·贝蒂隆(A. Bertillon,1853－1914)是司法鉴定史上运用科学方法进行人身识别的先驱,他发明的"人体测量法"曾风靡一时。然而,当1892年"近代指纹技术"诞生并将要取代人体测量法时,贝蒂隆却成了顽固的守旧派。他深知指纹鉴别法的意义,但却不想正视并接纳它,甚至妒恨宣传和应用指纹技术的人,以致在其去世前的二十余年里停滞不前,无所作为。[11] 若仅仅从逻辑方面看,贝蒂隆所犯的就正是"懒散归纳"的错误。

所谓"疏忽归纳",也叫"疏忽概括"(forgetful generalization),就是由于疏忽了某些我们掌握的有关经验信息进行归纳推理,从而概括出一个一般性命题作结论时所犯的错误。"疏忽归纳"前提考察的对象缺少广泛的代表性,亦即其前提考察的各个对象 S_1、S_2……S_n之间的相似或相同程度太高、差异性程度太低。其实质在于,将前提中考察的非广泛性样本当作广泛性样本所犯的错误。例如,某县发展改革委组织召开"县城供水价格改革调整听证会"。参会的19名代表听取价格改革调整方案后,18人同意水价调整,只有1人表示"最好不要提价"。消息一出,社会哗然。事后获知,参加听证会的代表中,除投反对票的这名代表外,其余18人全部是县城中小学、医院、党政机关等体制内单位的人员。若仅从逻辑方面分析,县发展改革委在遴选听证会代表时就犯了"疏忽归纳"的错误。再如,假设有位大学生想了解并推算重庆市有多少人在打高尔夫球。他走访了一家高尔夫俱乐部,并在这里访问了280人,其中18%的人说他们是打高尔夫球的。假如该大学生据此得出结论:重庆市很可能有18%的人是打高尔夫球的。这里的"疏忽归纳"错误是很明显的。其错误的实质在于,该大学生忘记了在高尔夫俱乐部里碰到的人几乎都是专业运动员或业余运动员,又比较富裕。运动员和富裕的人比其他群体打高尔夫球的比例要高得多。而高尔夫球恰好是一项好玩又烧钱的运动。如果仔细考虑一下,这些都是知道的,所考察的这些样本显然不能代表大多数重庆人的真实情况,其结论的可靠性程度是相当低的。由此可见,运用简单枚举归纳推理时要避免"疏忽归纳",就一定要注意考察事例性质的多样性,即注意考察样本的广泛性和代表性。

二、科学归纳推理

(一)科学归纳推理的特征、性质

所谓科学归纳推理,就是根据一类事物包含的部分对象都具有某种属性,并且分析了这部分对象与某种属性之间可能存在有因果联系,进而得出关于该类事物都具有某种属性的一般性结论的推理。

例如:法医学家考察了若干个低下部位出现尸斑的尸体,发现这些尸体都是死后2－4小时的尸体。为什么死后2－4小时尸体会出现尸斑呢?经过分析得知:原来在此时间内由于死

---

〔10〕［美］S. F. 巴克尔:《逻辑原理》,田龙九、孚道译,湖北教育出版社1988年版,第198页。

〔11〕兰绍江:《贝蒂隆的科学与不科学的贝蒂隆》,载《天津公安报》1999年2月14日。

者血液循环终止，血液自然下坠，因而出现尸斑。于是在此基础上概括出结论："凡是出现尸斑的尸体都是死后2－4小时的尸体。"这里运用的就是科学归纳推理。

由上例可以看出，科学归纳推理虽然也是只考察了一类事物部分对象的情况，便概括出了关于该类事物的一般性结论，但是，结论的得出，却是建立在分析对象与属性间的因果联系基础上的。科学归纳推理的推理模式可以表示为：

S_1 具有P属性

S_2 具有P属性

S_3 具有P属性

……

S_n 具有P属性

（S_1、S_2、S_3……S_n 是S类的部分对象，并且S与P可能存在有因果联系）

所以，所有S都具有P属性

科学归纳推理通常都是在简单枚举归纳推理基础上展开的，只不过它不是根据某种现象不断重复出现就忙于得出结论，而是在这样的经验事实基础上作出猜测，并进一步分析了对象与属性之间可能有因果联系，然后才得出结论的。例如，人们在长期实践中观察到：苹果结实有大年小年（头年结实多，第二年结实就少），柑橘结实有大年小年，桃子结实有大年小年，李子结实有大年小年，桂圆结实有大年小年……观察的许多果树结实情况都如此，如果根据这些便得出结论"凡果树结实都有大年小年"，运用的就是简单枚举归纳推理。而科学归纳推理则不是据此就急于得出结论，而是进一步分析为什么会出现这样的现象。农学家研究得知，原来果树头年结实多，养分消耗多，因而第二年结实就少；第二年结实少，养分消耗也少，故第三年结实又多。然后在此基础上得出结论"凡果树结实都有大年小年"，这里运用的就是科学归纳推理了。正因为认识到了导致果树结实出现大年小年的原因，所以人们也就可以通过努力来控制"小年"的出现。

（二）科学归纳推理与简单枚举归纳推理的相同点与不同点

科学归纳推理与简单枚举归纳推理相比，既有相同点，也有不同点。

其相同点是：两种推理的前提都只是关于一类事物包含的部分对象情况的断定，而结论则是关于该类事物全部对象情况的断定，结论都超出了前提断定的范围，因此，这两种推理都属不完全归纳推理，并且都是扩展性推理，所以结论都只具有或然性。

其不同点在于：

第一，推理的根据不同。简单枚举归纳推理的根据，只是某些相同事例的不断重复出现，并且在已观察的事例中未遇到反例，因而它由前提概括出一般性结论时更多地带有经验认识的特点。人们只要通过对某类事物重复出现的表面现象的观察，掌握了一定的经验事实，便可以运用简单枚举归纳推理得出结论。科学归纳推理则不同，它是在已掌握了一定的经验事实的基础上，又探索出对象与某种属性之间可能具有的因果联系，并把二者结合起来才概括出结论的；它推理的主要根据是关于对象与某种属性之间可能存在的因果关系。因此，科学归纳推理由前提得出结论的根据，比简单枚举归纳推理的根据充分得多。

第二,结论的可靠程度不同。如前所述,简单枚举归纳推理得出结论的根据比较弱,尽管观察到的相同事例很多,但也没有任何理由可以保证未观察的、包括未来才可能出现的事例中无相反情况,因而其结论的可靠程度没有把握,结论可靠程度的悬殊也比较大。科学归纳推理的结论虽然也是或然性的,但它的结论是建立在对对象与属性间因果关系分析基础上的,所以其结论比简单枚举归纳推理的结论可靠得多。

第三,前提考察事例的多或少,与结论可靠程度之间的关系不同。由于简单枚举归纳推理的根据仅仅是某种属性在某类事物中不断重复出现,并且没有遇到反例,因此,前提考察事例的多或少,考察事例的多样性、广泛性程度如何,都直接关系到它结论可靠程度的高低。科学归纳推理的根据,则是关于对象与属性间因果联系的分析,因而前提考察事例的多或少,不直接决定、甚至不影响其结论的可靠程度。只要关于因果联系的分析是正确的,即便其前提只考察了为数不多的极少事例,也不会因此而减弱或降低其结论的可靠程度。正如恩格斯所述:“蒸汽机已经令人信服地证明,我们可以加进热而获得机械运动。十万部蒸汽机并不比一部蒸汽机能更多地证明这一点。”〔12〕

正因科学归纳推理与简单枚举归纳推理相比具有更大的优越性,所以,无论作为一种认识方法,还是作为一种推理形式来看,其作用都不可低估,它是人们的认识由个别或特殊上升到一般的最基本的思维方法。用培根的话来说,它是“探讨真理、发现真理”的“真正途径”。

由于科学归纳推理是根据对象与属性之间因果联系的分析而后得出结论的,这个过程中就免不了要涉及探求因果联系的逻辑方法问题,所以,它的运用同探求因果联系逻辑方法的运用密切相关。

第四节　探求因果联系的逻辑方法

探求对象与属性之间是否存在着因果联系,是运用科学归纳推理的基础。人们关于客观世界的许多知识都涉及因果联系的问题。我们不仅要知道有什么现象发生,更应知道为什么有这些现象发生;不仅要知道某些现象在不断重复出现,更应探究为什么这些现象会不断重复出现。我们要获得这方面的认识,就必须在收集和占有经验材料的基础上,借助于探求因果联系的逻辑方法来实现。

客观现象之间总是相互联系、相互制约的。如果一种现象的出现或存在必然引起另一种现象的出现或存在,那么这两种现象之间就具有因果联系。其中,引起某一现象出现的先行现象叫原因,而由先行现象引起的后继现象叫结果。

因果联系是客观现象之间的一种普遍的、必然的联系。任何客观现象都有它出现的原因,也会有它制约的结果,既不存在无因之果,也不存在无果之因。但是,因果联系的普遍性和必然性,并不是说任意的两个现象之间都存在因果联系,比如,把某种天象的出现与个人的吉凶祸福联系起来,就是人为地强加于两种现象间的联系。

---

〔12〕《马克思恩格斯选集》(第3卷),人民出版社1972年版,第549页。

因果联系既是复杂的,又是可以认识的。原因现象既然是引起某种现象出现的现象,因此,原因与结果的联系,表现在时间顺序上就必然是先后相继的两种现象,并且,原因现象只能出现在结果现象之前,只能是“前因后果”。根据这一特点,所以我们就只能在先于结果的现象中求原因,在后于原因的现象中求结果。时间上的先后相继,是具有因果联系的现象间必然表现出的一个重要特点。

但是,时间顺序上的先后相继,只是确定两种现象间有因果联系的必要条件而不是充分条件。如果不注意这个问题,仅仅根据两种现象在出现时间上的先后相继,就断定两者之间有因果联系,在逻辑上就会犯“以先后为因果”(拉丁文 *post hoc ergo propter hoc*,直译为“在此之后,因此之故”)的错误。据报载,有一个患直肠癌同时又患全身性牛皮癣的女病人,在医院动了直肠癌手术后,身上的牛皮癣竟奇迹般地不翼而飞了。能否据此就认定直肠癌手术是牛皮癣消失的原因呢?回答当然是否定的。虽然直肠癌手术也可能是牛皮癣消失的原因,但与手术相联系的还有其他许多相关因素,比如,手术前还采用了洋金花、普鲁卡因等药物麻醉,是否同采用这些药物有关也很难说。对此,至今医学家们也还在研究。如果仅仅根据时间先后就可以确定因果联系,那就把问题简单化了。

把时间上的先后相继混同于因果联系,是人们实际思维中很容易犯的一种错误。在缺乏科学理论指导,没有认真思索习惯的情况下,人们的思维定式很容易使我们把先后相继的两种现象联系起来,并错误地把它们看作是原因与结果之间的关系;特别是在探求偶然出现的某个奇特现象的原因时,人们更容易把它同在它之前偶然出现的某个奇特现象联系起来,并把后者认定为就是导致前者那种现象出现的原因。例如,1811 年拿破仑侵入俄国之前,在北半球有一个直径一百多万公里的大彗星飞过俄罗斯的上空,天色都变红了。于是,人们就把这一奇特的天文现象与拿破仑的入侵联系起来,并把前者看作是俄国出现战争灾难的原因。

司法工作中尤其应当注意防止犯“以先后为因果”的错误。因为因果关系是犯罪构成的一个重要因素,正确认定某种行为同某种危害结果之间的因果关系,是解决刑事责任问题的依据。而某种行为同某种危害结果之间究竟是否具有因果关系,并不是那么容易判定的,稍不注意,就会犯“以先后为因果”的错误。实践中就不乏这样的教训,例如,一天早晨,某地农贸市场卖菜人王某与一买菜妇女发生口角,在场的退休职工张某听到王某骂脏话,便指责王。口角中,张某气急打了王 × 某几掌,王某则抓住张某的衣领揉了几下,后便被群众拉开。当晚深夜,张某突然死亡。死者家属及市场管理人员、知情群众几乎都无一例外地认定是王某的行为导致的;该县法院的承办人员最初也这样认定。后经法医尸检证明,张某实因夜间突发心肌梗塞未得及时抢救而死,与早晨发生的抓扯并无关系。可见,随时注意防止仅凭时间先后相继来判定因果联系,确实是人们不可忽视的问题。

因果联系的判定问题是一个比较复杂的问题,单靠逻辑知识当然不可能完全解决。但是,在判定两种现象之间有无因果联系的时候,又免不了要用到一定的逻辑方法。为了正确运用这些方法,在了解这些方法之前首先必须明确如下两个问题:

首先,原因与结果是就两种现象间的相互制约关系来说的,孤立地看待某种现象,既不能说它是原因,也不能说它是结果。因此,要确定两种现象间的因果联系,就只能是已知原因求结果(如确定吸烟对身体健康会带来哪些危害),或者是已知结果求原因(如确定某校学生集体食物中毒是由于吃了哪种食物所致)。否则,就无法收集和占有相关材料,更谈不上运用探求因果联系的逻辑方法。

其次,在确定现象间因果联系之前需要收集、考察的先行现象,必须是与被研究现象出现相关的因素(先行现象)。因为任何一种现象的出现,其先行现象都很多,我们要运用某种探求因果联系的方法来确定其因果联系时,首先就必须借助于已有知识,排除那些与被研究现象的出现根本无关的因素(先行现象),只列举那些被认为是有可能引起被研究现象出现的因素(先行现象),然后才能在此基础上运用某种探求因果联系的逻辑方法。这就是说,要判定某种因素(先行现象)与被研究现象的出现是否相关,必须依靠背景知识的指导。比如,某校200多名学生几乎同时出现剧烈腹痛、腹泻、呕吐等中毒症状,若要探求其原因,需收集、考察并列出的先行现象,当然就只能是认为有可能导致上述中毒症状出现的那些先行现象;至于在此之前还出现过的诸如上课、唱歌、跳舞等,无疑就属应予排除的无关因素。

探求因果联系的逻辑方法,有契合法(method of agreement)、差异法(method of difference)、契合差异并用法(joint method of agreement and difference)、共变法(method of concomitant variations)和剩余法(method of residues),统称为"归纳五法"(Mill's methods of induction)或"弥尔五法"(Mill's methods)。[13]

一、契合法

契合法又叫求同法,它是根据被研究现象出现的若干不同场合中,只有一个先行的相关因素相同,进而确定这个唯一相同的相关因素与被研究现象之间有因果联系的逻辑方法。这种方法的实际运用过程,其实就是把出现某一现象(被研究现象)的若干不同场合加以比较,考察与该现象(被研究现象)出现相关的若干因素中,究竟哪一个因素是考察的各个场合中唯一共同的因素,譬如,若以a表示被研究现象,经考察在第一个出现a的场合中,与其出现的相关因素有A、B、C、D;在第二个出现a的场合中,与其出现的相关因素有A、B、D、E;在第三个出现a的场合中,与其出现的相关因素有A、E、F、G,等等。而在考察的这些不同场合中,唯一共同的相关因素只有A,进而确定A与a之间有因果联系。例如:

①有人为了探索长寿的原因,调查走访了20多位百岁以上老人后,发现他(她)们尽管有生活在山区的,也有生活在平原的;有长期吃素的,也有喜欢吃肉的;有从来滴酒不沾的,也有爱好喝几口的……但有一点是共同的,那就是他(她)们都性格开朗、心情舒畅。于是得出结论说:"性格开朗、心情舒畅,同人的健康长寿有因果联系。"

这里运用的就是契合法。

契合法可用公式表示为:

---

[13] 弥尔(JohnStuart Mill,旧译穆勒)是19世纪英国的逻辑学家,他总结、补充和完善了前人的研究成果,提出了探求因果联系的五种逻辑方法,故称"弥尔五法"。

场合	相关因素	被研究现象
(1)	ABCD ——————	a
(2)	ABDE ——————	a
(3)	AEFG ——————	a
…	…	…
(n)	ACEG ——————	a

所以,A 与 a 有因果联系

可见,契合法的"求同",其特点是"异中求同",是在被研究现象 a 出现的各个不同场合中,通过排除不同的因素并找出唯一相同的因素,进而确定该相同的因素与被研究现象之间具有因果联系。

契合法只是一种探求因果联系的初步方法,它常用于观察,其结论确定的因果联系通常也只是一个初步假定,作用主要在于为人们进一步探求现象间的因果联系提供研究课题。

要正确运用契合法以提高其结论的可靠程度,就必须注意如下几点:

第一,在可能情况下增加考察被研究现象出现的场合。契合法结论可靠程度的高低,与所考察场合的数量有关。一般来说,考察的场合越多,考察的范围越广泛,就越有助于我们排除那些不相干的因素,这样就更能显现出各个场合中的相同因素与被研究现象之间具有的因果联系,从而使得结论的可靠程度相应提高。

第二,必须注意分析各个不同场合中的相同因素是否只有一个。因为契合法是通过寻找出被研究现象出现的各个场合中唯一的相同因素来确定因果联系的,如果考察的各个场合中相同的因素有两个或两个以上,就难以运用契合法(需用其他方法)来确定其中究竟哪个因素同被研究现象之间有因果联系。

第三,特别值得注意的是,当我们排除了那些与被研究现象不相干的因素而找出了唯一相同因素之后,还不能轻易地就此判定这个唯一相同的因素就是被研究现象出现的原因,还应借助于背景知识分析这一相同因素与被研究现象之间的联系性质,分析这一表面相同因素的背后是否隐藏了真正的、与被研究现象有因果联系的共同因素,以免被表面相同的现象所迷惑而得出错误的结论。要正确运用契合法得出比较可靠的结论,注意分析表面相同因素后面隐藏的因素,至关重要。

我们不妨结合下面实例来看契合法是怎样正确运用的。报载:20 世纪 70 年代初,我国有关科研人员在湖北某些产棉地区,发现有的农民患不育症(有的村,几年都没有人生孩子)。后在山东、江苏、河南、河北的一些产棉地区,也发现了同样现象。经过反复调查后得知,得这种病的人都是食用了大量土制生棉籽油的人。科研人员由此引起猜测,估计食用土制生棉籽油同患不育症之间可能有某种因果联系。后来,科研人员进一步调查得知:不育症发生率高的村子的姑娘,嫁到外村都能生育,而外村的姑娘嫁到本村都不能生育,说明引起不育的原因主要在男性。可是,土制生棉籽油怎么会导致不育呢?于是又猜测土制生棉籽油中可能有某种导致男性不育的化学物质。后经研究证明,食用土制生棉籽油导致男性不育的原因,是由于这种油中含有引起男性不育的化学物质——"棉酚",于是得出结论:"食用棉酚能导致男性不育。”正是在这一认识的基础上,研制成功了男性节育用药。[14] 从上述报道可以看出:首先,科研人员为了探求被研究现象(男性患不育症)出现的原因,不但注意到考察被研究现象出现场合数量的多样性,更注意到被研究现象出现场合的广泛性。他们先是在湖北一些地方发现患不育症(需研究的现象)的事例,后又在其他省考察发现了同样的事例。显然,被研究现象出现得如此广泛的场合,它们之间的差异性很大,这就有利于我们排除更多的,包括诸如地理环境、气候条件、生活习惯等等方面的相关因素。其次,科研人员没有被表面相同的因素所迷惑,注重分析相同因素与被研究现象之间联系的性质。起初发现的共同因素是“产棉地区”,显然这与“患不育症”不可能有直接的因果联系,进一步调查得知其背后隐藏的共同因素是“食用了大量土制生棉籽油”。然而这一共同因素,科研人员也还坚信是表面的,再进一步研究才终于发现真正共同的因素——食用了“棉酚”。可见,要正确运用契合法得出可靠结论,也不是那么简单的。

二、差异法

差异法又叫求异法。它是根据被研究现象出现和不出现的两个场合中,其余相关因素都相同而只有一个相关因素不同,进而确定这一相关因素与被研究现象有因果联系的逻辑方法。其实际运用过程是把被研究现象出现和不出现的正反两种场合加以比较,考察在这两种场合中究竟哪一个相关因素在随着被研究现象的出现(或消失、变化)而出现(或消失、变化),进而在此基础上确定该因素与被研究现象之间存在有因果联系。例如:

②某科学家在草原地带考察发现,在同样干旱的情况下,有的地方没有受干旱影响,而有的地方则干旱严重。两地又相邻近,为什么会出现这种情况呢?这位科学家在调查的基础上,把两地加以比较后发现:两地土壤、地势、雨雪量等情况都相同,唯独一个情况不同,即没受干旱影响的地方有防护林,而受干旱影响严重的地方则没有防护林,于是便得出结论:防护林有利于防御干旱影响。

又如:

③据报载,日本岐阜大学医学部教授森秀树做了如下实验:他在小白鼠腹内注射甲基偶氮睾酮(一种致癌物质),然后将这些小白鼠分成两组:一组在食饵中掺入氢氧化镁,另一组作为对照组(不掺入氢氧化镁)。8个月后,再分别将小白鼠解剖,结果表明:食饵中不添加氢氧化镁的一组小白鼠中,32只中有18只发生大肠和小肠癌变症状,占总数的56%;而食饵添加氢氧化镁的小白鼠中,30只中仅有6只发生癌变症状,占总数的20%。于是他由此得出结论:“氢氧化镁有抑制人体致癌作用。”

上述就都是运用差异法来确定现象间因果联系的事例。把差异法与契合法加以比较就不难看出,契合法考察的是被研究现象都出现的若干场合,而差异法考察的则是被研究现象出现和不出现的正反两种场合。契合法的特点是“异中求同”,而差异法则是“同中求异”,也就是在其余相关因素都相同的情况下寻找唯一不同的因素。

差异法可用公式表示为:

---

〔14〕 郭述金:《男性避孕与棉酚再续前缘》,载《中国人口报》2002年7月26日;谭岩:《有关棉酚的研究》,载《国外医学情报》1983年第22期。

场合	相关因素	被研究现象
(1)正面场合	ABCD ————	a
(2)反面场合	~ABCD ————	~a [15]

所以,A与a有因果联系

由于运用差异法时考察的是被研究现象出现和不出现的正反两种场合,要求除一个相关因素变化外,其余因素都必须保持完全相同,这在现象自然发生的状态下显然难以满足。因此,尽管也有凭借观察而运用差异法的情形(如上面第一例),但主要是靠通过实验、在人工控制条件下有意识地运用。例如,前述关于"棉酚"的抗生育作用,科学家们在通过契合法初步假定"食用棉酚能导致男性不育"的基础上,为了进一步证明棉酚的抗生育作用,就有意识地为运用差异法而作了这样的试验:他们给雄大鼠每天口服15－40毫克的棉酚,连续2－4周后检查,发现雄大鼠的精细胞已死亡,失去了生育能力;停服棉酚6周后检查,该雄大鼠的精子发生过程又恢复了正常。于是得出结论:"棉酚确实具有抗生育作用。"又如,科学家明可夫斯基为了研究胰腺的消化功能,有一次给狗做了胰腺切除手术。后来,竟意外地发现这只狗的尿引来了许多苍蝇,经检查,原来尿里含糖。于是他就对多只狗进行同样试验,发现这些狗在胰腺切除前,尿里不含糖,而切除后尿里就含糖,因此他由此断定:胰腺功能不全同糖尿病有关。在这个试验中,考察对象之所以是同样的几只狗,目的就在于保证它们其余条件都相同,以纯化胰腺切除和不切除这唯一不同的相关因素。

正因差异法的运用,不仅考察了正面场合,而且也考察了反面场合,其唯一不同因素的确立是在对正反两种场合的比较后,并且通常又是在人工控制条件下通过实验而确立的,因此,尽管运用差异法得出的结论也只具有或然性,但比契合法所得结论的可靠程度更高。科学实验、事故调查、医疗诊断、机械事故检修和司法鉴定中的对比试验,几乎都是按照差异法的要求来安排的。在人工控制条件下通过试验来运用差异法,能够纯化被研究现象出现和不出现的正反场合,纯化唯一不同的相关因素,所以它是人们探求因果联系中运用甚多的一种逻辑方法。

要正确运用差异法,就必须注意:

首先,运用差异法时不仅要严格要求其余相关因素都相同,保证只有一个因素不同,而且,还应注意分析差异现象的后面是否掩盖了真正的差异因素,不要被表面的差异现象所迷惑。例如,有位初中学生在将近一个学期的时间里都出现了这样一个奇特的"病状":每当上课时就头痛,几乎每次都无法坚持听完一节课;而课后又一切都正常,毫无头痛的感觉,到医院检查也未发现异常。学校领导和家长都认为是因上课情绪过于紧张所致,拟让其暂时休学。有位老师得知后甚感奇怪,就有意观察了几天,发现这个学生上课时就戴眼镜,下课后就取下,怀疑她头痛是否与戴眼镜有关。后经检查证明,原来该生所戴眼镜的度数与其视力严重不合,终于找到了上课就头痛的真正原因。

其次,要分析找出的唯一不同因素与被研究现象之间的因果联系是单独的还是复合的,以便进一步完整地把握它们之间的因果联系。

如果忽视上述这些条件,就可能误用差异法。例如,在某重大责任事故案件中,为了确定

[15] 公式中的"～A",表示先行相关因素"A"不出现或不存在;"～a"则表示被研究现象"a"不出现或不存在。

被告人的责任事故对其所操作的车床的精密程度是否有影响,相关人员进行了如下鉴定:鉴定时选用一台同样的车床作为对比物,同时进行同样同量的作业,结果表明被告人操作的这台车床的精密程度有0.2毫米的误差,鉴定结论据此认定被告人的责任事故影响了这台车床的精密程度。被告人的辩护律师研究了案情及鉴定过程后,指出:该鉴定所采用的方法是不科学的,结论是不可靠的。因为能够影响车床精密程度的因素有很多,如车床本身的折旧程度、过去的使用情况、操作人员的技术熟练程度以及鉴定不及时等,而该鉴定结论却没有考虑这些相关因素,这就不能不让人怀疑其结论的可靠性。

上面鉴定中对差异法的运用就是不合理的。首先,只考虑了被告人的责任事故对车床精密程度的影响,而忽略了其他相关因素对车床精密程度的影响;其次,只注意到用两台同样的车床进行同样同量的对比作业,而没有考虑到这两台车床本身可能存在的其余差异因素,没有保证其余相关因素都相同。如此运用差异法,当然难免得出错误的结论。

三、契合差异并用法

契合差异并用法亦简称并用法,实际上是契合法和差异法的综合运用。它是根据被研究现象出现的一组(若干个)场合中,其余相关因素都不同而只有一个相关因素相同;而在被研究现象都不出现的另一组(若干个)场合中,其余相关因素也不同但都共同没有这个相关因素,进而确定这个相关因素与被研究现象之间有因果联系的逻辑方法。

这种方法的运用特点就是:它考察的是被研究现象出现和不出现的这样两组场合,一组为正面事例组,是出现被研究现象的若干个不同场合;一组为对照事例组(亦称反面事例组),是没有被研究现象出现的若干个不同场合。然后在两组中分别求同,亦即在正面事例组的各个不同场合中找出唯一共同的相关因素,而在对照事例组中则找出它各个不同场合中唯一共同的是都没有正面事例组中那个唯一共同的相关因素,进而在两组事例之间运用差异法,确定该因素与被研究现象之间有因果联系。简言之,这种方法就是在正反两组场合中分别求同,在两组场合之间求异,是“既求同又辨异”,所以叫契合差异并用法。

契合差异并用法可用公式表示为:

场合	相关因素	被研究现象
(甲)正面场合组		
(1)	ABCD ——	a
(2)	ABDE ——	a
(3)	AEFG ——	a
…	…	…
(n)	ADGM ——	a
(乙)对照组		
(1)	BEF ——	~a
(2)	DEG ——	~a
(3)	BCD ——	~a
…	…	…
(n)	CFG ——	~a

所以,A与a有因果联系

可见,契合差异并用法是两次运用契合法,一次运用差异法,是在“求同”的基础上寻找差异因素以确定因果联系的逻辑方法。例如:

④20世纪70年代末,宁夏回族自治区某园艺场技术员魏某,在风沙线上培植苹果树。因那里气候寒冷、干旱严重,苹果幼树难以越冬。为了解决苹果幼树越冬的问题,他采取过各种方法试验,但都失败了。后来一次偶然的机会,他看到另一农场职工为防止虫害,将苹果幼树枝条上的叶子全部捋去,受到启发。他想,苹果幼树是一种落叶树,为什么能够越冬的大树,叶子到十月就开始脱落,而小树的叶子这时却还长得绿油油的?于是猜测:提早使小树叶子脱落,对小树越冬可能有作用。为了验证这一猜测,他选了种有126株二年生的苹果幼树的地块做试验。这126株苹果幼树有各种不同的品种,其中,既有越冬性能较好的“国光”,也有越冬性能较差的“青香蕉”。到十月上旬,他把幼树每隔一株的叶子全部捋掉,以便同相邻的不捋叶子的幼树作对照。严冬过后,第二年春天发现,每隔一株被捋掉叶子的63株苹果幼树,有59株发芽了;而没有捋掉叶子的63株却只有一株还活着,其他都经不住严寒的袭击而夭折了。由此他得出结论:“人工提早落叶,可以防止苹果幼树越冬死亡。”后来的实践也证明该结论是正确的。

这里,魏某所作的试验,就是按照契合差异并用法的要求安排的,也就是把苹果幼树分作捋掉叶子和不捋叶子的正反两个组。之所以要采用每隔一株捋掉叶子,是为了保证两组事例中的各个场合其余相关因素——如幼树品种、土壤、水分等都不同,以便分别运用契合法;同时,这样又可以保证两组之间“求异”时,其余相关因素又都相同,以便对照。可见,他在探求“捋掉叶子”与“苹果幼树越冬”(被研究现象)之间的因果联系时,不管他是否意识到,对契合差异并用法的运用却是正确的、合理的。

由上例也可看出,运用契合差异并用法比单独运用契合法或差异法都更优越。因为,契合法考察的只是被研究现象出现的各种场合,并且是根据这些场合中只有某一个因素相同,进而确定该因素与被研究现象之间有因果联系;它没有考察被研究现象不出现的那些场合中,是否就都没有该因素出现。显然,在可能情况下既考察被研究现象出现的各种场合,又考察被研究现象不出现的各种场合,无疑更能准确判定某因素同被研究现象之间是否存在有因果联系。而单独运用差异法,考察的又只是被研究现象出现和不出现的正反两个场合,对照考察的对象类型是单一的;它没有对照考察不同对象类型的那些场合,因而考察的面不宽。如果说差异法只是某一种正反事例的对照,契合差异并用法就是若干种不同场合正反事例的对照,它实际上是扩展了的差异法。正因如此,契合差异并用法得出的结论,较之单独运用契合法或差异法要可靠得多。

也正因契合差异并用法是综合运用了契合法和差异法,所以运用时就必须符合这两种方法的要求,亦即:

第一,正反两种场合考察的事例,分别都必须是除一个相关因素(有“A”或“无A”)相同外,其余因素都必须不同;

第二,正反两组事例之间,除“A”与“无A”的差异外,两组事例在其他相关因素方面应尽可能相同或相似。

四、共变法

共变法是根据被研究现象出现的若干场合中,在其余相关因素不变的情况下,某一相关因素发生程度不同的变化时,被研究现象也伴随着程度不同的变化,进而确定该因素与被研究现象之间有因果联系的逻辑方法。例如:

⑤某地农妇施某于某年9月29日在家中突然死亡,群众对此感到奇怪并报告公安机关。办案人员经过了解后得知:死者之夫李某曾于9月12日将30粒乙胺嘧啶骗施某吞服,服后不久,施某便脸色苍白、心跳加快、睁不开眼、并感头昏。9月17日,李某又将100多粒乙胺嘧啶捣碎后给施某服,施某服后便出现呕吐,并昏睡两三天。9月28日,李某再次将300多粒乙胺嘧啶捣碎后给施某服下,施某服后便昏睡不醒,并于次日死亡。据此,办案人员认定:施某的死亡与大量服用乙胺嘧啶有因果联系。

这里,办案人员就是运用共变法来确定其因果联系的。

共变法可用公式表示为:

场合	相关因素	被研究现象
(1)	A_1 BCD ——	a_1
(2)	A_2 BCD ——	a_2
(3)	A_3 BCD ——	a_3
…	…	…
(n)	A_n BCD ——	a_n

所以,A与a有因果联系

可见,共变法是从相关因素的量的方面来探求因果联系的。在特定条件下,原因与结果在量的方面也是确定的,因而当制约某种现象的因素在量的方面发生扩大或缩小时,所制约的某种结果也会相应地发生程度上的变化。原因与结果之间在量的方面具有的这种共同变化的关系,就是共变法之所以能据此确定现象间因果联系的客观根据。因此,共变法的特点,就是由变因求变果或者由变果求变因,即“同中求变”。

共变法的运用,是根据某种相关因素与被研究现象之间呈现的共同变化关系来确定其因果联系的。因此,要运用共变法获得可靠结论,就必须注意:

第一,所考察的场合不能少于三个。如果考察的场合少于三个,就不可能显现出某种相关因素同被研究现象之间,是否存在着有规律的程度变化的关系。

第二,某种相关因素与被研究现象之间在程度上的变化,只能是有规律的递增或递减的变化。共变法所依据的变化关系,不是任意的变化关系,而是有规律的递增或递减的变化关系,也就是它们之间要么“同向共变”,要么“异向共变”。如果在被考察的场合中出现不规则的变化,亦即相关因素或被研究现象不是相应地递增或递减,而是时高时低地无规则的变化,就不能运用共变法确定其有因果联系。

第三,在考察的各个场合中,必须保证其余相关因素完全相同,并且,只能有一个相关因素发生不同程度的变化。道理显而易见,如果考察的各个场合中其余相关因素不完全相同,即使某个相关因素与被研究现象之间显示出相应的程度变化关系,也难以确定就是某个因素作用的结果;如果考察的各个场合中不止一个相关因素在发生变化,也就无法确定究竟是某个因素还是多个因素的组合引起被研究现象发生程度不同的变化,当然也就不能运用共变法来确定它们之间是否有因果联系。

共变法与差异法、契合法的关系都很密切,人们在探求因果联系时也往往结合运用。不过,共变法同差异法和契合法又都有区别。

共变法同差异法的共同之处在于,它们都是根据某个相关因素与被研究现象之间相伴随而出现的变化关系,进而确定二者之间有因果联系的;其主要区别在于二者考察的侧重点不同。共变法考察的是某个相关因素与被研究现象之间在程度上的递增或递减的变化关系,而差异法考察的则是某个相关因素和被研究现象之间的"有"与"无"、"大"与"小"、"高"与"低"的正反两种场合下的变化关系。因此,也可以说差异法考察的是共变法的两个极端场合;如果在这两个极端场合之间再增加考察事例,看这种"大"与"小"、"高"与"低"之间是否还存在程度上的变化关系,这样,通过运用共变法就可以进一步验证差异法所得的结论。例如,人们通过实验,观察到把新鲜的杨树叶浸入水中,并使日光照射叶子,就会有气泡从叶子表面逸出;而没有日光照射时,叶子表面就没有气泡逸出。显然,运用差异法便可初步确定:日光照射与叶子表面逸出气泡之间有因果联系。后又进一步通过实验发现:如果日光的强度增加,则叶子表面逸出的气泡也就增多;如果日光减弱,则气泡也就减少。面对这样的事例运用共变法,无疑就强化了差异法得出的那个结论的可靠程度。

共变法同契合法的共同之处在于,二者考察的都是某个相关因素与被研究现象都出现的各个场合;其不同之处在于:契合法考察的各个场合中,除一个相关因素相同外,其余因素都必须不同;而共变法考察的各个场合中,除一个相关因素发生程度不同的变化外,其余因素都必须完全相同。因此,当我们运用契合法找出了某个相同因素之后,还可以在此基础上运用共变法,进一步考察这个相同的因素发生程度不同变化时,被研究现象是否也在相应地发生程度不同的变化,如果是这样,由此而确定该因素与被研究现象之间有因果联系,其结论无疑就具有较高的可靠程度;如果不是这样,表明契合法得出的结论很可能是错误的。例如,科研人员曾从有关资料中发现,上海城市有下沉趋势,从1921年至1965年的几十年中,严重的地区下沉2米多。是什么原因引起上海城市下沉呢?科研人员通过调查发现,下沉严重的地方尽管各自所在区域有许多不同点——有的地方高层建筑密集,有的地方则没有什么高层建筑;有的地方大工厂多,有的地方则没有什么大工厂——但是有一点是共同的,即这些地方都是人工开凿深井多并且经常抽取大量地下水的地方。据此运用契合法初步猜测:抽取大量地下水是上海城市下沉的原因。为验证这一结论,科研人员通过查阅上海市历史上人工开凿深井及抽取地下水情况的资料,获得了如下数据:

⑥1948年人工开凿深井708口,平均每天抽水24万吨,城市年平均下沉35毫米;

1953年至1957年,凿深井854口,平均每天抽水34万吨,城市年平均下沉54毫米;

1958年至1959年,凿深井1183口,平均每天抽水56万吨,城市年平均下沉98毫米。

从数据可以看出,抽取地下水的量越大,城市下沉量也就越大,通过运用共变法就进一步强化了契合法得出的结论:“大量抽取地下水是上海城市下沉的原因。”

五、剩余法

剩余法就是根据已知某一复合因素与被研究的某一复合现象有因果联系,并且减去已知有因果联系的那部分因素与现象,进而确定剩下的那个因素与剩下的那个现象之间有因果联系的逻辑方法。

例如,1975年,美国密西根州立大学的里斯博士,做了一次实验,得到意外的重大收获。他将苜蓿切细,埋在番茄两边,每公顷用170公斤苜蓿,可增产番茄10吨,效果甚为惊人。里斯由此想到:单靠苜蓿里的“营养元素”氮、磷、钾等,要达到这样的增产效果是不可能的;苜蓿里必然还有其他某种不明物质。于是他怀着极大的兴趣继续进行研究,终于从苜蓿中分离出了三十烷醇。经过研究证实,原来正是它刺激番茄大量增产。

在上述研究过程中,里斯博士就运用了剩余法。

剩余法可用公式表示为:

已知某复合因素ABCD是复合现象abcd的原因

并且,B是b的原因

C是c的原因

D是d的原因

所以,A是a的原因

由公式可以看出,剩余法实则是一种减除法。它是把某一复合因素与某一复合现象之间已知有因果联系的部分减去以后,进而确定余下的那部分现象是由未知的某个因素引起。因此,剩余法是一种探求某种复合现象因果联系的逻辑方法。它引导人们由被研究现象的剩余部分,去寻求未知的因素,其特点是“由余果求余因”或者“由余因求余果”。所以,在科学研究以及司法工作中,当人们根据已知原因不能完全解释被研究的那个复合现象时,往往就要用到剩余法去探求复合现象剩余部分可能隐含的别的原因。例如,科学史上氦元素的发现就运用了剩余法:

⑦人们早已知道每一种化学元素都有自己特定的光谱。1868年简孙和罗克耶尔研究太阳光谱时发现,太阳光谱中有一条红线、一条青绿线、一条蓝线和一条黄线。红线、青绿线和蓝线是氢的光谱,而黄线是什么呢?当时已知的元素中,没有一种元素的光谱里有这样的黄线,于是他们推测,这条黄线是某种未知的天体物质的光谱,并把这种新的物质叫作氦。后来事实证明,这条黄线就是由氦所发出的光谱。

此外,比如在医疗工作中,病人的症状也常常表现为一种复合现象。当我们已知病人患有的某种疾病只能解释症状的某些部分,尚不足以解释症状的全部,或者不能解释症状的严重程度时,就会由此推测患者还患有未知的某种疾病。这样的思考过程,也是剩余法的运用过程。

又如,在侦查工作中,对于犯罪现场或受害人身上出现的情况,也应看作是一种复合现象。如果我们已知的某个人的行为,尚不足以解释犯罪现场或受害人身上所出现的全部情况,而只能解释其中的部分情况时,我们也会由此推测,必定还有未发现的行为人。当我们作如上思考时,也是在运用剩余法。

要正确运用剩余法，就必须确认除复合因素的剩余部分之外，被研究现象的剩余部分不能与其他任何因素有因果联系。如果忽视这个问题，就不能通过运用剩余法得出比较可靠的结论。

如前所述，科学归纳推理是建立在关于对象与某种属性之间的因果联系分析的基础上。上面介绍的探求因果联系的逻辑方法，特别是契合法、差异法、契合差异并用法和共变法，在运用科学归纳推理的过程中，尤其是在为探求某种因素与某种现象之间的因果联系而进行的实验设计或安排中，往往结合运用。在可能情况下通过多种方法的运用，就可以验证单独运用某种方法得出的初步结论，从而提高科学归纳推理结论的可靠程度。

探求因果联系逻辑方法的运用，不仅要有经验事实材料为依据，要有相关的专业知识的指导，而且，得出的结论尽管有可靠程度高低的差别，其结论性质终究只具有或然性。所以，这些方法都还只能说是探求因果联系的初步方法。然而尽管如此，我们却不能忽视这些方法的认识意义。我们只有了解和把握了这些方法，才能自觉遵循这些方法的要求，准确地排除不相干的因素，有目的、有计划地安排实验；也只有了解和把握了这些方法，才能在确定因果联系过程中自觉避免可能发生的各种错误，提高科学归纳推理结论的可靠程度，以增强推理的合理性。

在司法工作中，特别是在刑事侦查和法医鉴定中，上述五种方法常常被用于对被害人致死原因的研究和认定。从下述案例的介绍，我们就不难看出这些方法在司法工作中的实践意义。

某地发生了这样一起案件：女社员李某被其丈夫杨某（县医院化验员）打针后突然死去，公安人员根据群众要求前往验尸。尸体解剖证明，死者除左、右心室有气泡溢出外，其余内脏及大脑均无病理现象。后又将死者的血进行化验，发现死者的全血钾为54毫克当量，比正常人全血钾高41－50.6毫克当量。由此初步得出结论：死者血清中钾的分子浓度过高是死者致死的原因。

那么，死者体内大大高于正常人体内所含的钾，是否杨某打针时有意注入的呢？为了弄清这个问题，公安人员对现场获取的杨某所用的100cc注射器，用10cc重蒸馏水冲刷并用原子光度法测定，结果，在10cc重蒸馏水内发现钾离子为2000微克，氯离子为1820微克。这就证明注射器内确实残存有大量氯化钾。可是，注射器内的大量氯化钾是杨某有意加入的，还是与周围的水土有关呢？于是公安人员又把现场获取的杨某用以冲刷针管的茶缸里的水，与同井取用的水作对比检验，结果，茶缸里的水含钾离子量比同井取用的水含钾离子量高4.7倍；又把在现场获取的杨某注射用过的葡萄糖安瓿残碎片，与周围的土进行含钾量对比检验，发现安瓿内比周围土内的含钾量高9.4倍。这就证明了杨某使用的注射器内所含的大量氯化钾，与周围水土无关，说明是杨某有意加进去的。

为进一步证明血清内含钾量过高是否会致人死亡，公安人员又查阅了有关资料，并从《药理学》中得知："人体内平均含钾135克，血清中含钾为4－5毫克分子浓度。若为5－7毫克分子浓度时，即开始有心电图变化；增高至14－16毫克分子浓度时，可致心跳停止。"再结合上述分析，于是公安人员便得出了这样的结论：杨某在给李某注射的葡萄糖里加入了大量氯化钾，是李某致死的原因。

在关于上述案件的分析认定过程中，公安人员就多次运用了差异法，也涉及共变法。由于分析认定时，公安人员有意识地根据差异法的逻辑要求，层层排除了其余相关因素，因而使得最后的认定充分、有力，无可辩驳。尽管这一分析过程比较复杂，涉及许多方面的知识，但是，如果不善于思考如何排除影响认定的相关因素,不能正确运用探求因果联系的逻辑方法,要作出上述那样令人信服的分析认定是不可能的。

课后作业

一、单选题

1. 如果一个推理是完全归纳推理,那么它的前提真实与结论真实之间的关系是(   )。

A. 前者是后者的充分条件,但不是必要条件

B. 前者是后者的必要条件,但不是充分条件

C. 前者既是后者的充分条件,又是后者的必要条件

D. 前者既不是后者的充分条件,也不是后者的必要条件

2. S_1具有P属性,S_2具有P属性,S_3具有P属性,S_4具有P属性,所以,有些S具有P属性。

上述议论运用了(   )。

A. 三段论推理　　B. 联言推理　　C. 类比推理　　D. 归纳推理

3. 法医工作者观察过许多被掐死的人,发现这些死者的颈部都有皮下出血痕迹,却从未发现过相反的个例,于是得出结论"凡被掐死的人颈部都有皮下出血痕迹。"

得出上述结论时运用的逻辑方法是(   )。

A. 假言推理　　B. 归纳推理　　C. 类比推理　　D. 因果推理

4. "因为24不是素数,25不是素数,26不是素数,27不是素数,28不是素数,所以24至28之间没有素数。"

上述议论运用了(   )。

A. 三段论　　B. 假言推理

C. 完全归纳推理　　D. 简单枚举归纳推理

5. "西方以M打头的字,有不少和暴力倾向有关。如:man是男人,male或masculine是男性,macho或machismo是阳刚之气或男子汉气,martial art是武术,military art是兵法。他们说,男人来自火星(Mars),火星是战神,总是喜欢强加于人。一个国家把它的男人派到另一个国家,杀死所有男人,包括老人和小孩,强奸和掳走所有女人,这就是古典意义上的战争和男人心目中的胜利。"(李零《花间一壶酒·战争启示录》)

上述议论运用了(   )。

A. 演绎法　　B. 归纳法　　C. 类比法　　D. 归谬法

6. "20世纪50年代的西德、20世纪60年代的日本、20世纪70年代的新加坡和中国台湾地区、20世纪80年代的泰国、印尼和马来西亚,经济增长率都很高。而在这些国家和地区并没有出现通货膨胀。由此可见,经济增长率高的国家或地区不会同时出现通货膨胀。"

上述议论运用了(   )。

A. 演绎推理　　B. 类比推理

C. 完全归纳推理　　D. 简单枚举归纳推理

7. 某生物学家对候鸟黄脚鹬初始下蛋的时间,连续进行了十四年的观察发现,这种鸟第一年的初始下蛋时间是5月28日、第二年的初始下蛋时间是5月26日、第三年的初始下蛋时间是5月29日、第四年的初始下蛋时间是5月26日……第十三年的初始下蛋时间是5月29日、第十四年的初始下蛋

时间是5月27日。于是得出结论“黄脚鹬的初始下蛋时间都是每年5月26日至29日之间”。该生物学家运用了( )。

A. 因果推理　　B. 完全归纳推理

C. 科学归纳推理　　D. 简单枚举归纳推理

8. 从逻辑学的视角看,下列各项中最符合“轻率概括”错误的是( )。

A. 南橘北枳　　B. 邯郸学步　　C. 守株待兔　　D. 刻舟求剑

9. 青州鲁聪,以白丸药往外郡卖之,遇一宦,强其贱售。鲁不从,遂至诟。宦曰:何处人? 鲁曰:山东。宦曰:可知愚矣,山东何曾有好人? 鲁曰:山东信无好人。只有一孔夫子。宦有惭色。(冯梦龙《古今谭概》)

从逻辑学的视角看,上述故事中的官员( )。

A. 犯了“轻率概括”的逻辑错误　　B. 犯了“懒散概括”的逻辑错误

C. 犯了“推不出来”的逻辑错误　　D. 犯了“理由虚假”的逻辑错误

10. “许多后来成为企业家的人,他们在上大学时经常参加竞争性的体育运动。所以,参加竞争性体育运动一定能提高使人成为企业家的能力。”

上述议论中隐含着( )的谬误。

A. 懒散概括　　B. 轻率概括　　C. 以先后为因果　　D. 以相对为绝对

11. 共变法的运用特点是( )。

A. 同中求异　　B. 异中求同　　C. 同中求变　　D. 变中求同

12. 某高级人民法院的法医为了确定被上诉人傅某是否对普鲁卡因有过敏反应时,作了如下司法鉴定:先用2%的普鲁卡因滴入傅某的左眼(为排除被试者的心理因素的干扰,谎告其滴入的是生理盐水),傅某呈过敏反应;稍后,又用生理盐水滴入傅某右眼,却未发现傅某有过敏反应。据此,法医作出“被上诉人傅某对普鲁卡因有过敏反应”的司法鉴定结论。

上述司法鉴定运用了( )。

A. 契合法　　B. 差异法　　C. 共变法　　D. 并用法

13. 某地发生一起杀人案件。被害人身上除被木棍等钝器重击伤痕以外,致命处还有一个刀刺的伤口。已拘押的几位嫌疑人供述,他们没有携带匕首一类锐器殴打被害人。调查结果证实,他们几人没有杀死被害人的动机。警方于是认为,真正的杀人凶手还没有归案。

警方运用的逻辑方法是( )。

A. 契合法　　B. 差异法　　C. 并用法　　D. 剩余法

14. 某年夏天警方连续接到举报:在公共汽车上,年轻女子的腿经常被人用刀片划破。警方作了大量调查却没有查明作案人。警方后来分析:每一次出事时的受害人、作案时间、作案地点各不相同,但每次都有一个戴蓝帽子的男子在出事现场积极帮助受伤女子,有几次还是这个男子来警方报的案。警方怀疑这个男子可能就是作案人。

上述运用了( )。

A. 契合法　　B. 差异法　　C. 共变法　　D. 并用法

15. 研究人员完成了两项记忆实验,实验一中参试者学习40组单词,实验二中参试者学习一系列手指信号。两实验中,只告诉一半参试者10小时后将接受测试,实际上所有参试者都将接受测试;只安排一部分参试者在学习和测试之间小睡。结果发现,睡觉组参试者比不睡觉组参试者表现更好;事先被告知要进行测试的参试者,测试成绩也比较高。因此,研究人员认为,睡眠有助于大脑储存对将来有用的记忆信息。

下列最能反驳上述结论的是(　　)。

A. 实验一中参试者都是记忆力较好的、在某语言专业学习的年轻人

B. 实验二中部分小睡的参试者以放松的心态参加考试,取得了较好的成绩

C. 安排小睡时间的参试者,均为年龄较小的少年,而众所周知,人在少年时期的记忆力比较好

D. 有些被告知要进行测试的参试者,小睡时没睡着,他们无意识地在大脑中复习所学过的内容

二、多选题

1. 较之不完全归纳推理,完全归纳推理的特点在于(　　)。

A. 前提都真时结论必然为真

B. 结论超出了前提所涉及的知识范围

C. 只能在对象数量范围有限的场合适用

D. 前提列举的事例是结论概括的那类对象的全部情况

2. 简单枚举归纳推理的推理依据是(　　)。

A. 在前提中考察了一类事物的全部对象

B. 考察的某种属性在一类事物中重复出现后得出结论的

C. 即使它的每一个前提都真也不能保证其结论一定为真

D. 在已考察过的许多事例中没有发现有相反的事例存在

3. 下列各论断,不能通过完全归纳推理得出的有(　　)

A. 日久见人心　　B. 人固有一死　　C. 瑞雪兆丰年　　D. 患难见真情

4. 共变法所依据的共变关系,可以是(　　)。

A. 同向共变　　B. 异向共变　　C. 交互共变　　D. 多向共变

5. 1942 年 2 月,英国军事部门发现许多雷达经常受到干扰。起初,英国军事部门认为是德国新式反雷达装置的干扰造成的。后来经多次对比实验后发现,每当雷达对准太阳时就受到干扰,反之,就不受干扰。因此,英国军事部门确定雷达受到的干扰是太阳发射的电源造成的。

下列与上述所使用的逻辑方法相同的是(　　)。

A. 在有空气的玻璃罩里通电击铃,随着抽出空气量的变化,铃声越来越小。如果把空气全部抽出,则完全听不到铃声了。由此可以断定,空气多少是发出声音大小的原因,空气的有无是能否听到铃声的原因

B. 棉花是植物纤维,疏松多孔,能保温;积雪有 40% 到 50% 的空气间隙,也是疏松多孔,也能保温。虽然两者很不相同,但都疏松多孔。由此可以断定,疏松多孔的东西是保温的原因

C. 在施肥、灌溉、气候、土壤等条件都相同的情况下,凡是种子好的,都能丰收;凡是种子不好的,就影响收成。因此,好种子对于丰收有重要作用

D. 生物学家在研究海豚和猿时发现,海豚与猿的大脑具有相似的结构和特性,它们的脑绝对重量大,相对重量(脑重与体重相比的重量)也大,它们的大脑表层都有复杂的沟回即褶皱的皮质。研究证实,猿具有较高的智能。于是,动物学家得出结论:海豚也一定具有较高的智能

三、判断题

1. 归纳推理实际上是一种非形式的推理。(　　)

2. 完全归纳推理属于扩展性的推理。(　　)

3. 无论运用哪种探求因果联系的逻辑方法所得出的结论都是或然性的。(　　)

4. 如果现象A出现而现象x不随之出现,则A不是x的充分条件;如果现象x已出现而现象A并不先行出现,则A不是x的必要条件。(　　)

5. 共变法考察的事例,既可以是两个,也可以是三个以上的事例。(　　)

6. 所谓的契合差异并用法,就是相继运用契合法和差异法,即先运用契合法得出结论,再运用差异法进行检查。(　　)

7. "懒散概括"是未能正确对待不完全归纳推理结论所犯的错误。(　　)

8. "雄鸡一叫天下白,所以,天是雄鸡叫亮的"这一议论犯了"以先后为因果"的谬误。(　　)

9. 侦查领域的逻辑是发现的逻辑;审判领域的逻辑是证立的逻辑。(　　)

10. 共变法与其他弥尔方法的最大差异,在于它是一种定量研究的方法。(　　)

四、思考与练习题

1. 什么是归纳推理？它同演绎推理相比有哪些不同？

2. 试举例说明完全归纳推理与不完全归纳推理的主要区别。

3. 简单枚举归纳推理由前提得出结论的根据是什么？怎样才能提高简单枚举归纳推理结论的可靠程度,使简单枚举归纳推理更具有合理性？

4. 什么是科学归纳推理？它同简单枚举归纳推理相比有哪些不同？

5. 契合法是怎样确定现象间具有因果联系的？运用契合法确定现象间的因果联系必须注意哪些问题？为什么？试结合下述实例介绍,分析说明有关人员是如何正确运用契合法的。

"1999年10月26日上午11点多,浙江嘉兴市秀洲区余兴镇曹庄卫生院突然拥进近20名急诊患者,紧接着急诊病人络绎不绝。让医生们奇怪的是,病人性别年龄各不相同,好多人还互不相识,但却有发抖、站立不稳等同样症状,部分病人出现呕吐。凭借多年的临床检验,医生们初步诊断为食物中毒。

曹庄卫生院立即全力抢救,至30日共诊治中毒病人57人。其中年龄最大的82岁,最小者仅一岁多。由于抢救及时,57名患者都已痊愈,无一例死亡。这么大范围的食物中毒怎么发生的,是什么样的毒,一系列问题引起当地有关部门高度重视。警方通过细致调查,终于发现57名患者虽然所吃食物不同、品种不一、地点各异,但有一点是相同的,即食物全是水磨粉做成的。而水磨粉又都是在同一家面粉加工厂里加工的。经营这家加工厂的老人回忆说,在中毒案发生前,有两个陌生人拿着一包白色粉来加工,说是葡萄糖。

就在此时,嘉兴市农林局两位同志看到报道此案后,提出了自己的看法。他们分析说,葡萄糖里可能混进了β兴奋剂,俗称'瘦肉精'。因为猪吃了含有β兴奋剂的饲料后,也会出现上述症状。这一分析推测非同一般。11月24日,警方终于抓获了犯罪嫌疑人李青松。据他交代,1999年10月25日他买了4公斤葡萄糖,1.5公斤的'瘦肉精'到黎明村面粉加工厂加工,之后卖给了养猪户。而水磨机在没有清洗的情况下,其他村民又在该水磨机上加工面粉食用,引发大面积中毒。"(参见夏伟荣等:《猪也吃兴奋剂》,载《齐鲁晚报》2000年3月24日)

6. 什么是共变法？它同契合法和差异法相比,分别有哪些相同点和不同点？

7. 简要说明契合差异并用法的基本特点以及它和差异法的主要区别。

8. 根据下面题中给出的已知条件,运用归纳推理可以得出一个什么样的结论？得出该结论时运用的是何种归纳推理？

(1)某班第二组学生A、B、C三人喜欢踢足球;D、E二人喜欢打篮球;C、D、F都喜欢打排球;B、H、F、G喜欢打乒乓球。

(2)三段论第一格的EIO式是有效式;三段论第二格的EIO式是有效式;三段论第三格、第四格的EIO式也是有效式。

9. 根据下列各题提供的实例材料,说明运用的是哪种探求因果联系的逻辑方法。请指出该实例中哪是被研究现象,哪些是相关因素?并结合实例分析并说明其合理性。

(1)1861年,荷兰人范丁研制出了一种可以鉴定早已干涸的、看上去像血的痕迹是不是血的方法,他利用的是血红蛋白能够俘获和释放出氧的特征。他在用西印度植物愈创木的酒精浸膏做实验时发现,这种浸膏如果同变成树脂而含有氧的松节油和血混合,便一定会发青;当没有血在其中时则不会发青。于是,范丁得出结论:血是使愈创木发青的原因。

(2)某村种植的几十亩水稻、棉花、黄麻及各种蔬菜都相继发生枯萎,经考察证明,这些农作物的品种、种植地点、病虫害防治措施等方面都各不相同,共同的是都采用同一条小河的水浇灌,而近来有家化工厂将工业废水频繁地排入这条小河,于是村民们认为水源受到污染是造成农作物枯萎的原因。

(3)"反应停",学名酞氨胍定酮,是一种催眠药,最早由西德于1956年首先研制成功并投放市场出售。此后,在西德及其他出售过该药品的国家和地区均出现了一种从未见过的无头无手的先天性畸形儿(怪胎)。著名医学家伦茨和华衣卡博士通过大量调查发现:在出售过"反应停"的国家和地区都大量出现这类怪胎;而在没有出售过"反应停"的国家和地区都没有发现过这类怪胎。这一明显的事实表明,孕妇服用了"反应停"与产生怪胎之间有因果关系。

(4)1955年,日本各地在一个月内便先后有1231名婴儿出现发烧、腹泻、肝肿大、皮肤发黑等症状,其中有130多名婴儿因救治无效而夭折。有关部门经调查后发现,出现上述症状的婴儿都吃过森永奶粉公司德岛分厂制造的奶粉。于是推测,吃森永奶粉公司的奶粉可能是婴儿中毒的原因。后来证实,德岛分厂在加工奶粉时所用的稳定剂磷酸氢二钠并非正式的食品添加剂,经化验检测发现其中含有大量的砷。

(5)足迹专家经过大量的观察发现,一般中等体态、中等身高的男青年,在无负重的情况下,缓步时的步幅为65厘米左右,正常步行时的步幅为75厘米左右,快步行走时的步幅为90厘米左右,跑步时的步幅为120厘米左右,于是得出结论:步行速度的快慢与步幅大小之间有关联。

(6)我国有关科学家根据资料记载发现:在太阳黑子大量出现的年代,当年长江流域的雨量就多;在太阳上的黑子出现不那么多的年代,当年长江流域的雨量也就不那么多;在太阳上的黑子出现很少的年代,当年长江流域的雨量也就很少。于是得出结论:太阳黑子出现的多少,同长江流域的雨量大小有因果联系。

(7)国外文献报道,长期用1%的阿托品滴眼,每天一次,可阻遏近视发展。上海某眼防所在这方面做了大量研究工作。他们用1%阿托品滴一只眼而另一只眼不滴阿托品作对照,7个月后,滴药的眼睛近视度数平均降低0.88度,不滴药的眼睛视力无明显变化。但这个疗法的缺点是患者畏光。后来他们将阿托品减低浓度(一般不小于0.01%)治疗近视学生,疗效和副作用也随阿托品浓度降低而减弱。

(8)某地村民张某突然昏迷死亡,当地群众对其死因表示怀疑并报警。警方调查后获知:张某生前曾因病延聘医生余某诊治,余某先后为张某开过四张处方。第一次处方中,生乌头使用40克(已超过用药极限),张某服药后不到半小时就出现恶心、出冷汗、腹泻现象。第二次处方中,生乌头增至80克,张某服药后不久,即觉心慌心悸,另伴有出冷汗、腹泻等现象。第三次处方中,生乌头增为250克,张某服药后不到半小时,就腹泻不止继则呕吐,出冷汗、脉搏微弱、呈半昏迷状态。第四次处方中,生乌头又增为300克,张某服药后约10分钟,即大泻不止、吐泻交加,冷汗不止,随后呈昏迷状态,四小时后死亡。警方据此推测,张某的死亡与过量服用生乌头有关联。

(9)“张举,吴人也,为句章令。有妻杀夫,因放火烧舍,称火烧夫死。夫家疑之,诉于官。妻不服。举乃取猪二口,一杀之,一活之,而积薪烧之。活者口中有灰,杀者口中无灰。因验尸口,果无灰也。鞫之,服罪。”(《折狱龟鉴》卷六)

(10)“盖文王拘而演《周易》;仲尼厄而作《春秋》;屈原放逐,乃赋《离骚》;左丘失明,厥有《国语》;孙子膑脚,《兵法》修列;不韦迁蜀,世传《吕览》;韩非囚秦,《说难》《孤愤》;《诗》三百篇,大底圣贤发愤之所为作也。此人皆意有所郁结,不得通其道,故述往事、思来者。”(司马迁《报任安书》)

(11)“古者文王处丰、镐之间,地方百里,行仁义,而怀西戎,遂王天下;徐偃王处汉东,地方五百里,行仁义,割地而朝者三十有六国。荆文王恐其害己也,举兵伐徐,遂灭之。故文王行仁义而王天下,偃王行仁义而丧其国,是仁义用于古不用于今也。故曰:世异则事异。”(《韩非子·五蠹》)

(12)人们发现鸟类不会感染炭疽热病菌,科学家巴斯德通过实验发现,炭疽热在44℃时不能发育。巴斯德由此推想,鸟之所以不会感染炭疽热,是否因为鸟的体温高(一般在41℃-42℃之间,并且,鸟类的抵抗力能使他们的体温增加到44℃)、血很暖的缘故。为了证实这种想法,巴斯德做了如下实验:他将炭疽热患者的血注射给一只母鸡,并将这只母鸡的脚浸于25℃的水中,使鸡的体温降至37℃。24小时后这只母鸡死亡,其血液中充满炭疽热病菌。另取一只母鸡,注射病菌如前,开始也把它的脚浸于水中,等鸡发烧得很厉害时,把它从水中取出,裹以棉花,置于35℃的温室中。第二只鸡逐渐恢复健康,数小时后完全恢复健康。检验这只鸡的血液,不见有炭疽热菌。巴斯德于是得出结论:鸟类之所以不会感染炭疽热,是因为鸟的体温高、血很暖的缘故。

(13)1957年英国发生了历史上第一例胰岛素谋杀案。30岁的妇女巴洛被其丈夫注射胰岛素而谋杀,但其丈夫拒供。尸检发现死者心脏和其他各个器官都是健康的,死者也没有糖尿病,但死者左、右臀部各有两个点状小针孔痕迹。法医怀疑被害人可能是因为注射了一定量的胰岛素引起低血糖休克而死亡的。为查明案情,法医反复做了如下动物实验:首先,将死者臀部针孔部位的皮肤、脂肪和肉连同针孔一起切下来,把该部分组织制成提取物,分别给一组实验用的动物注射,注射后动物即表现出颤抖、抽搐、躁动,直至虚脱引起低血糖休克而死亡;然后,又将同样的尸体提取物用化学制剂半胱氨酸和胃蛋白酶(可破坏胰岛素并使其失去作用)处理后,注射到另一组小鼠、海豚和大鼠体内,结果发现这些动物都没有注射胰岛素引起的各种症状。法医据此认为:巴洛是由于注射了一定量的胰岛素引起低血糖休克而死亡的。

(14)1863年11月17日,巴黎一位年轻丧偶者德波芙突然死亡。警方经调查获知:死者起初感到胃部疼痛,伴有呕吐,浑身冷汗淋漓,并出现心律不齐,时骤时缓,随即死亡。警方怀疑死者系其情夫谋杀,并在犯罪嫌疑人家中搜查出砷、乌头碱以及洋地黄等多种毒药。警方把所有这些物品以及尸体均交由著名法医学家布鲁瓦兹·塔雕进行检验。塔雕经初步检验后,猜测死者很可能是洋地黄中毒致死的。但这种看法还有待验证。因此,塔雕又反复做了“青蛙心脏生理实验”:塔雕解剖了三只青蛙的心脏,发现它们的心搏频率几乎完全一样,即均为每分钟40-42次。对第一只青蛙未做任何处理,留作对比物;给第二只青蛙注射了6滴由5格令水兑1厘克纯洋地黄混合而成的溶液;给第三只青蛙用同样的方法注射了5格令用被害人的呕吐物制成的提取物溶液。实验证明,留作对比物的那只青蛙的心脏在解剖后整整半小时内搏动正常,而另外两只青蛙的心脏状况完全一样,即6分钟后心搏频率放慢至每分钟20.3次,10分钟后开始出现心律不齐,搏动频率减少到每分钟15.2次,31分钟后这两只青蛙的心脏都停止了跳动。塔雕由此得出结论:服用洋地黄与动物中毒死亡之间有因果联系。

10. 根据下面题中介绍的事例材料,回答后面的提问:

某县医院在几天时间内收治了100多名甲醇中毒患者,其中已有6名患者双目失明,2名患者死亡。调查证明都是喝了用工业酒精兑水的假白酒所致。经司法部门查明,已喝过这种假酒的121人都有程度不同的中毒症状,而这些假酒都来自同一生产者——两名不法分子采用工业酒精兑水后假冒白酒出售,在当地四个村的范围内共售出225公斤。药检部门指出,工业酒精中含有大量甲醇,而甲醇是一种有毒化合物,人体少量摄入会引起恶心、呕吐等症状,大量摄入则会导致双目失明、昏迷甚至死亡。

问:(1)若据此运用完全归纳推理,得出"所有喝过这种假酒的人都会有中毒症状"的结论,其前提需要考察的范围是什么?(2)若要运用契合差异并用法来确定"喝这种假酒"与"甲醇中毒"之间有因果联系,应怎样收集和运用经验材料?(3)若要运用共变法来确定其因果联系,又应选取什么样的事例进行考察?(4)若要检验这种假酒对人体的损害程度,应怎样安排实验?

11. 有人为了验证A种鸡饲料是否比B种鸡饲料的育肥效应好,作了这样的实验安排:他们把500只鸡分为两群笼养,一群全是不满两个月的幼雏,一群则多数是中雏,幼雏不到三分之一。实验者对后者喂以A种饲料,对前者喂以B种饲料。过了一段时间后分别称两群鸡的重量,发现喂A种饲料的鸡群总重量比喂B种饲料的鸡群总重量重得多,由此得出结论说:A种饲料比B种饲料育肥效应好。

问:上述实验安排运用的是哪种探求因果联系的方法?安排是否恰当?为什么?应如何安排实验才合理?

12. 某村种植小麦的土地既有坡地,也有平地;有的土质好,有的土质差;有的光照时间长,有的光照时间则相对较短。如果要在该村选一些地段试种A、B两种小麦,以便确定小麦品种A和小麦品种B究竟哪个品种产量高,更适合在本村推广,应如何安排试验?你作的安排设想属何种探求因果联系的方法?其合理性如何?

13. 某县法院在审理"徐某杀人案"时,认定被告徐某供述的"与姘夫合谋,在死者食用的茶壶内下了砒霜(即砷),将丈夫毒死"属实。其根据是:①法医鉴定时,将茶壶内的沉淀物用水浸出液做化验,发现有极其微量的砷素;②挖坟验尸时(死者已埋两年,棺盖已坏,尸体已腐烂),取了100克腹部肉泥化验,发现含砷0.01公丝,据此按死者体重60公斤推算,则体内总含砷量已超过0.005公分。于是得出结论:死者系生前砒霜中毒致死无疑。

对此鉴定,有关专家提出如下质疑:①砷在自然界几乎到处都有。如人体甲状腺中,每一百克就约含砷0.75公丝;每百克食盐中也含砷0.001－0.045公丝。在100克人体组织中检见低于0.02公丝的砷,不能认为不正常。何况腹部肉泥中含砷0.01公丝,不等于全身各部位都含有相同数量的砷,因此,按体重推算出体内砷的含量已超过0.005公分的结论,是不科学的。②采样化验时,既然棺木已坏,外面的泥土就不能不侵入棺内;在尸体入棺时,按习俗还会放入草木灰之类的东西,这样,这些含砷成分的物质就会使检样(肉泥)受到污染,影响检验结果。③当地使用的饮用水是塘水,这种水中也含有极其微少的砷素。茶壶是经常使用的盛水器具,在其沉淀物中发现有极其微量的砷素,当然也不足以证明一定是有人故意放入了砒霜。因此,原鉴定认定"死者系生前砒霜中毒致死"这一结论是不可靠的。(参见林家举:《砒冤记:一件毒杀亲夫案的审理》,载《民主与法制》1980年第7期)

问:(1)该县法院认定徐某用砒霜毒杀丈夫,在运用演绎推理和归纳推理方面有何错误?试予以分析说明。(2)原法医鉴定所运用的探求因果联系的方法为什么是不合理的?试作具体分析。(3)根据所运用的探求因果联系方法的逻辑要求,对上述案件作法医鉴定,你认为应如何安排才能使其具有合理性?

课外阅读

第十章　类 比 推 理

根据推理由前提到结论的思维进程的方向来分类，类比推理是与演绎推理、归纳推理并列的另一种推理形式。尽管其推理特点及推理结论的性质，与归纳推理有相同之处——它们都属扩展性推理，都具有思维方法的特点，结论也都只具有或然性；但作为一种推理来看，它仍有其自身的特点。

第一节　类比推理的特征及性质

一、类比推理的特征

在人们的习惯用语中，所谓“类比”指的就是“类比推理”。尽管二者所指联系紧密，似乎无严格区别的必要，其实，从概念上把握二者的区别绝非没有意义。所谓“类比”，就是通过比较找出两个事物或对象哪些属性相同或相似，强调的是它们具有共同性质。就客观存在的万事万物而言，任何两个事物或对象都有它们的相同点，也都有它们的不同点；既没有两个绝对不同的事物或对象，也不存在有两个无任何差异的完全相同的事物或对象。因此，任何两个事物或对象都可以类比。“譬如，橘子和太阳之间就有可类比之处，它们都是圆形的而且是橘黄色的；火焰与太阳也有可类比的地方，它们都能够发出热量；地球与所有其他行星也能类比，它们都在椭圆形轨道上绕太阳运转；日食和月食也可以类比，因为都是天体在我们的视线中暂时消失而引起的结果。对任何一对事物，都有可能设想各种不同的类比。有些类比微不足道，如太阳与橘子；而另一些则很重要，如地球与行星；但事实上一种类比的重要与否取决于我们论证的是什么。倘若我们关心的是太阳年龄极限的可能性，那么太阳与橘子的类比就是风马牛不相及和微不足道的了。然而，假如是在考虑太阳的形状，以及日全食的时候，上述类比就可能有所帮助。……再譬如，人与甲虫之间的类比，因为都是生物。在涉及甲虫的栖息地这一问题时，该类比可以说无关宏旨，但是，如果在研究放射性物质对生命的致死量时，上述类比就不是无关紧要了。”[1]

如果我们基于两个事物或对象的某些属性相同或相似，进一步考虑或推测它们还可能有另一种属性也相同或相似，当我们进行这样的思维活动时，那就不只是在“类比”，而是在进行“类比推理”了。

类比推理（analogical reasoning）又称类比法或类推法（analogy），它是根据两个或两类对

〔1〕［英］J. 特拉斯特德：《科学推理的逻辑》，刘钢等译，科学出版社 1990 年版，第 8 页。

象的某些属性相同或相似,从而推知它们的另一个属性也相同或相似的推理。两个或两类对象某些属性相同或相似,是运用类比推理得出结论的依据,亦即类比推理的前提;确认未知的另一个属性也相同或相似,是在类比基础上通过推理得出的结论。

若以"A""B"表示类比的两个或两类对象,以"a""b""c"等等表示相同或相似的属性,则类比推理的基本形式,可用公式表示为:

A 具有 a、b、c、d 属性
B 具有 a、b、c 属性
———————————
B 也具有 d 属性

"A"所表示的那类事物称为类比物,亦称类比原型;"B"是需认识的对象,称为认识模型。类比推理就是在类比物与需认识的对象之间进行的一种推理活动。例如,山西某地有位青年技术员,在五台山上发现一种野生植物酸刺子,他经过研究后发现,这种植物含有糖、酸和淀粉,突然联想到玉米也同样具有这些属性,而玉米的这些属性又同它可以酿酒有关,于是推测酸刺子也可以酿酒。经过多次试验,果然获得成功。这个青年技术员在这里运用的就是类比推理——玉米是类比物,酸刺子就是需认识的对象。该推理整理出来就是下面这样的推理形式:

玉米含有糖、有酸、有淀粉,可以酿酒;
酸刺子含有糖、有酸,有淀粉,
———————————
所以,酸刺子也能酿酒。

又如,农民科学家、植棉能手吴吉昌,多年来就设想创造双杆棉以解决棉花的增产问题,但经多次试验也未能成功。一次偶然的机会,他看到瓜农在甜瓜苗刚长出两片真叶时便打顶。经了解得知,这样可以使瓜苗长出两根蔓,不仅坐瓜早,而且瓜又多又不脱落。他由此受到启发,联想到采用这种方法是否也能让棉苗长出两根杆,并且早现蕾、多挂铃呢?经过试验,其终于创造出了双杆棉,为棉花增产闯出了新路。

类比推理的类比原型与需认识的对象,可以是两个不同的事物类。比如,上面两例中的"玉米"与"酸刺子"、"甜瓜"与"棉花",便都属于两个不同的事物类。在两个不同的事物类之间进行类比,正是类比推理公式表述的情形,也是类比推理的典型形式。

类比推理还可以在同类的两个不同个体对象之间进行。例如,医生就常根据正在诊断的某个患者与过去曾经治疗过的另一患者的症状相同,而过去治疗过的这个患者服用某种药物有效,于是推知现在正诊断的某个患者服用此药也有效。这里,类比原型(已治疗过的患者)与需认识的对象,二者就是同类事物中的不同个体;推理的根据,就是他们患病的症状 a、b 等相同,而结论则是"服用某种药物的疗效"也相同。

实际思维中,类比推理的应用还可以表现为这样的情形,亦即类比时所依据的事例不是某一个过去经历过的事例,而是情形基本相似的一系列过去经历过的事例。比如,人们从一个不知内装何物的口袋里摸东西,若第一次、第二次、第三次以至若干次摸出的都是红色玻璃球,当他继续往下摸的时候,在此基础上他头脑中往往就会作出这样的推测:"下次摸出来的还将是红色玻璃球。"又比如,当一个人第一次乘汽车时有晕车反应,第二次、第三次以至更多次也都是如此,在此基础上他自然也会推测:"下一次乘汽车还会出现晕车反应。"若将这样的类比推

理应用形式[2]给以直观的公式表示,就是:

$$\frac{\begin{array}{c} S_1 \text{ 是 } P \\ S_2 \text{ 是 } P \\ \cdots\cdots \\ S_n \text{ 是 } P \end{array}}{S_{n+1} \text{ 是 } P}$$

但是,这只是应用类比推理的一种表现形式。从它推理的根据来看,仍然是类比原型与需认识的对象之间某些属性的相同或相似,只不过二者之间的关系,是两个不同个体之间的关系,甚至还可能是同一个体在不同场合下的关系而已。正因为他们是同类事物,相同属性当然就多,既然已知类比物还具有另一种属性,因而也就可以据此推知需认识的对象也具有这种属性。因此,尽管其表现形式不同,实则仍属前面类比推理公式概括的情形。

有必要特别说明的是,上面这样的类比推理形式非常近似于归纳推理,其实,它与归纳推理是有区别的。归纳推理的结论必须是"所有 S 都是 P"这样的全称命题,它的特点在于对所考察事例的概括。就以上面的举例来说,我们在前一章谈及归纳推理时,也举出过与上述相同的例子,比如,从不知内装何物的口袋里摸东西,若第一次、第二次……直至若干次摸出的都是红色玻璃球,由此而得出结论说:"口袋里的东西都是红色玻璃球。"若得出这样的结论,它就是如上一章所说的那样,是归纳推理;而类比推理得出的结论则是:"下一次摸出的东西仍是红色玻璃球。"又比如前一章举例谈到的,若第一次乘汽车有晕车反应,第二次乘汽车有晕车反应……由此得出结论说"我每次乘汽车都会有晕车反应",这样,运用的也是归纳推理;而若得出结论说,"我下次乘汽车还会有晕车反应",这里运用的就是类比推理了。

上面公式表示的这样的推理之所以被看作是类比推理,是因为它是根据已观察到的 S_1、S_2……S_n都具有 P 属性,得出的结论是下一个单个对象 S_{n+1}也具有 P 属性,它不是对前提已考察事例的概括,因此它不属归纳推理。这样的类比推理,主要应用于对对象未来情况的预测,亦即根据某个或某类对象过去和现在的已知情况,推测其未来的发展趋势或未知的情况。在经验科学、统计科学以及日常生活中,我们在许多情况下往往不可能完全确切地断定未来将要发生的事情,而实践需要又要求我们对未来将要发生的事件作出预测,在这种情况下,就只能根据过去已知的经验事实,推测该对象在环境、条件不变的情况下还将出现的情形,这时就免不了要用到上述这样的类比推理。在刑事案件的侦破工作中,运用这样的类比推理的情形也很常见。比如,在同一个地方或同一个住宅区,在一定时间内发生了作案特点大致相同的几起案件,侦破这些案件时,侦查人员往往就会采用"蹲点守候"的办法。之所以决定"蹲点守

---

[2] 此处所说的"类比推理的应用形式",美国逻辑学家巴克尔称作"归纳的类比推理"(inductive analogical reasoning)(参见[美]巴克尔:《逻辑原理》,田龙九、孚道译,湖北教育出版社 1988 年版,第 199 – 201 页);前面讲到的"类比推理的基本形式",巴克尔称作"非归纳的类比推理"(non – inductive analogical reasoning)(参见[美]巴克尔:《逻辑原理》,田龙九、孚道译,湖北教育出版社 1988 年版,第 238 – 242 页)。"归纳的类比推理",亦即纵向类比(longitudinal analogy),就是在同一类事物的两个或多个对象之间进行纵向的类比;"非归纳的类比推理",亦即横向类比(transverse analogy),也就是在两类对象或者不同类的两个对象之间进行横向的类比,这实际上也就是一般逻辑著述中所讲的"类比推理"[参见雍琦、金承光主编:《法律逻辑教与学》,法律出版社 2007 年版,第 232 – 234 页;金承光:《类比推理与法律适用》,载郝建设主编:《法律逻辑学》(第 2 版),中国民主法制出版社 2013 年版]。

候”,就是建立在对作案特点的类比和犯罪分子“下一次还会在这里作案”这个推理结论基础上的。而犯罪分子往往也不出所料地“还会在这里作案”,又是其心理上的“成瘾现象”决定的。正如一位犯罪心理学家分析指出的那样:“犯罪人只要某一件事情做成了,他就会有一个兴奋体验,这个兴奋体验过一段时间就会出现,比如你刚学会开车,刚学会溜冰,你就老想做,然后你开车开得很烦了就不想开了,但是过了很长时间一旦摸车你还会特兴奋,只要有车在你面前你就想去开,这是人的一种心理现象,我们叫成瘾现象。”〔3〕

无论哪种形式的类比推理,它的前提和结论,或者都是关于某个对象的个别性命题,或者都是关于某类事物的一般性命题,也就是或者根据两个对象的许多属性相同或相似,推知它们的另一个属性也相同或相似;或者根据两类事物的许多属性相同或相似,推知它们的另一属性也相同或相似。因此,它结论知识的一般性程度,与前提知识的一般性程度是相同的,是一种“由此及彼”的推理活动。所以,类比推理由前提到结论的思维进程的方向,既不同于演绎,也不同于归纳,而是由特殊到特殊,或者由一般到一般的推理。

类比推理的产生是同联想分不开的。人们之所以能根据 A、B 两类事物或两个对象的某些属性相同或相似,就推知它们的另一属性也相同或相似,是产生于联想、想象等非逻辑思维因素基础上的。〔4〕不过,这样的非逻辑思维因素又并非自然而然地发生,它必须依赖于经验知识和科学知识的积累。类比推理作为一种灵活多变的思维形式,不存在机械的推理程序或范式,更多地依赖于联想或想象等猜测成分。在认识客观事物的过程中,要能发现并抓住两个对象之间的相似性,并在它们之间进行类比,就必须在已有知识的基础上,借助于丰富的想象和联想才能实现;想象和联想是类比推理产生的起点和契机。如上面例子中谈到的山西那位技术员,他之所以能够由酸刺子与玉米的某些属性相同而联想到酸刺子可以酿酒,不仅基于他对玉米能够酿酒的已有知识,更借助于他丰富的想象能力;植棉能手吴吉昌,能够在偶然的机会从瓜农在甜瓜苗刚长出两片真叶时打顶,就受到启发而联想到棉花苗打尖也可能让棉花苗长出两根杆,也首先取决于他在农作物种植方面的丰富的经验知识,更取决于他为解决棉苗长出双杆而长年累月的苦思冥想——没有这样的苦思冥想,就不可能在偶然的情况下触发联想。因此可以说,联想是类比推理的触发契机和先导,类比首先依赖于联想。

但是,联想本身并不就是类比推理。联想是一种自发的思维活动,具有突发性、跳跃性和非逻辑性等特点,通常不受任何限制,也没有明确的目的性和方向性;而类比推理作为一种推理,则是一种有预定目的的思维活动——类比推理的实质,就在于它是为了实现某种预定目的而有意识地根据事物或对象的相似性而进行的推理活动。

类比推理也同归纳推理一样,是一种扩展性推理。它根据两个或两类对象的某些属性相同,就推知其另一个属性也相同。显然,结论断定的情况是前提中没有提供的,它超出了前提已知的范围。而且,由于类比推理的根据仅仅是两个或两类事物的某些属性相同或相似,就推知它们的另一个属性也相同或相似,而两种事物之间某些属性的相同或相似,却可能是现象的相似,也可能是本质的类同;相同属性与推出属性之间,可能只是偶然的巧合,也可能存在必然

〔3〕 蔡平:《为犯罪人的心理画像》,载《中国青年报》2003 年 12 月 31 日。

〔4〕 匈牙利逻辑学者弗格拉希曾指出:“我们对那些在时间和空间上距离我们无限遥远、并且似乎不可能在质上和量上进行比较的现象,进行科学方面富有成果的类比推理,其根据又是什么呢? 形式逻辑不能回答这个问题。”参见[匈]贝拉·弗格拉希:《逻辑学》,刘丕坤译,三联书店 1979 年版,第 325 页。

的联系。因此,类比推理的根据很不充分,这就决定了它只能是一种或然性推理:首先,正如上面谈到的那样,任何两个(或两类)事物总是既有它们的相同点,也有它们的不同点,如果通过类比而推知的那个属性,恰好是它们差异中的某个属性,结论就错了;其次,类比时只是猜测两个(或两类)事物相同的那些属性中,可能存在有与推知属性相联系的属性,既没有分析,更不能确定它们之间究竟是否有联系。所以,类比推理不可能保证在前提真的情况下结论必然真;其结论的可靠程度,完全取决于通过类比确立的相同属性与推知的那个属性事实上的相关程度。通过类比确立的两个(或两类)事物的相同属性——即类比推理前提的真实性,只不过给我们提供了一些使我们相信其结论可能为真的理由,推理本身对结论不具有完全有效的证明力。

二、正确运用类比推理的逻辑要求

正是类比推理的性质,决定了要正确运用类比推理就不能不注意如何增强推理的合理性,如何针对推理的特点努力提高其结论的可靠程度。

通过对两个(或两类)事物的类比而进行的推理活动,在不同的场合下有不同的目的、作用。当人们为了认识某一事物或对象的规律,或者为了探求解决某个问题的路径,思路受阻、百思而不得其解时,常会在无意中通过类比而引发出联想,使思维在困惑中豁然开朗,发现新路。在这种情况下,类比推理的运用是“宽松”的、“自由”的,其类比物与需认识的对象之间,可能同类,也可能相距甚远,全凭思维在类比相同属性基础上的想象而产生作用,因而在这种场合下运用的类比推理,没有严格的逻辑要求。

但是,在另一些场合下,人们基于某种预定目的,比如,为确认某种认识的可靠性或某种设想的可行性(如模拟试验等),就常常要有意识地运用类比推理,以求通过对甲事物的认识来获得关于乙事物的认识,在这种情况下,类比推理的运用就不得带有任何随意性,就须有意识地增强推理的合理性,努力提高结论的可靠程度;必须力求在前提真的情况下使结论极大可能为真。为此,运用类比推理时就必须尽量满足如下逻辑要求:

首先,用以进行类比的属性,亦即准备用以作为推理根据(推理前提)的两个事物的相同属性,与推出的那个属性应该是相关的、有联系的。如果二者的联系密切,相关程度高,结论的可靠程度就高;反之就低。如果二者毫无联系,互不相关,就不应随意地将其作为类比推理的根据(前提),并据此轻率地得出结论。否则,就会犯“不当类比”(faulty analogy)或“机械类比”(mechanical analogy)的错误。

不过,须得说明的是,这里所要求的作为类比推理根据的属性与推出的那个属性应当有联系,是相对于拟推出的那个属性来说的,并不是要求用以进行类比的两个(或两类)事物必须是同类的或者是有联系的。尽管用以进行类比的两个(或两类)事物不同类,甚至相距甚远,只要类比的相同属性与推出属性相关,结论的可靠程度就高。反之,即使是两个同类的事物,甚至是同一个体所处的不同场合,若类比的相同属性与推出属性无关,得出的结论也极不可靠。

例如,我们前面举例谈到的山西那位青年技术员,他为什么能够通过酸刺子与玉米的类比,得出了“酸刺子可以酿酒”这个被实践证明为正确的结论呢?就因为他所依据的相同属性,亦即类比推理的前提“含淀粉、有糖、有酸”,与推出的属性“可以酿酒”,二者是相关的、有联系的。相反,即使类比的两个对象是同类,比如,根据“甲、乙二人的身高都是1.7米,体重也都是55公斤,外貌也极为相似,并且都是四川人”,而“甲的数学演算能力很强”,能否根据上述相同属性,便推知“乙的数学演算能力也很强”呢? 显然不能。因为上述作为推理前提的相同属性与推出属性无关,若根据上述这样的相同属性得出上面这样的结论,这样的类比推理就只不过是无稽之谈。这种情形,在逻辑上就叫犯了“不当类比”的错误。

其次,用以类比的两个(或两类)事物,应力求它们之间有更多的相同属性。这与前面的要求是相联系的,因为类比本身不能保证相同属性与推出属性之间有联系。如果类比的两个(两类)事物的相同属性越多,其中存在有与推出属性联系密切的属性的可能性就越大,结论的可靠程度当然也就越高;反之,若仅仅根据个别的或极少量的属性相同,就很难保证这极少的相同属性中有与推知属性相关的属性,若轻易地便由此得出结论,这样的结论可靠程度当然也就低。

正是为了保证类比的两个(或两类)事物具有更多的相同属性,所以,在科学研究安排实验时,特别注重需认识的对象与类比原型同类或接近同类,以便在根据实验结果推知另一事物可能出现的情况时,保证结论有较高的可靠程度。例如,在医学上做药物或手术实验时,就常常先用老鼠或豚鼠实验,然后进一步再用猴子作类比物,因为猴子与人都属灵长类,相同属性更多,类比也就更近了一层,最后才用于人。之所以如此,就是为了使类比的两个(或两类)事物相同属性增多,逐步增强结论的可靠程度。正如英国一位研究科学推理的学者所言:“经验告诉我们这样一个事实,某组性质都是有机地联系在一起的,如果两件或两件以上的事物表现出某些共同的性质,经验表明,就有可能在其他性质上也是共同的。能够在这些事物之间建立起更多的类似之处,就有可能发现在同一组性质上尚未发现的共同之处。这就是充分相信类比推论的原因,以及随着类比的逐渐接近,这种相信的程度也就随之增加的原因。”〔5〕

在运用类比推理进行模拟试验时,尤其应注意遵循这一逻辑要求,类比原型与需认识的对象之间,其基本属性必须相同或相似,否则,就会失去试验的价值。

最后,在可能的情况下要进行反类比。如前所述,客观世界中的任何两个事物或对象,都总是不但有它们的相同点,也有它们的不同点。如果把确立两个事物或对象之间的相同点看作正类比的话,那么,寻找和确立它们之间的差异点就可视为反类比。因此,所谓反类比,就是在类比两个(或两类)事物相同属性的同时,还要找出它们有哪些不同的属性。而找出不同属性不是为了“区别”,而是为了分析这些不同的属性中,有没有同推知属性不相容的属性。如果通过反类比确立的两个(或两类)事物的不同属性中,即使只有一个属性与推知属性不相容,哪怕类比的两个事物相同属性再多,也不能通过类比而得出结论,否则,得出的结论就非常可能是错误的。

例如,人们曾根据火星与地球有许多相同之处,比如都是太阳系行星,都有大气层,温度也都适中,等等,据此推测火星也同地球一样有生物存在。可是,后来通过反类比发现,火星的大气层中,氧气只占三分之一,与地球相比悬殊极大;而氧气的稀少与生物的存在又是不相容的。因此,人们已愈来愈坚信“火星上有生物存在”是不可能的。

学习先进经验也要用到类比推理。为了防止机械照搬、避免犯“不当类比”的错误,学习时就不但要看到本地区、本单位同先进地区、先进单位的相同点,更要注意通过反类比找出差

---

〔5〕［英］J. 特拉斯特德:《科学推理的逻辑》,刘钢等译,科学出版社1990年版,第10页。

别点,并且,还应特别注意分析这些差别点同准备采用的先进经验有没有不相容的情形。否则,就难免事与愿违。据报载,某县几位领导到另一个地区参观,见当地种植的某个品种的双季稻获得大幅增产。这几位领导认为,本县同这个地区的地形、土质、水源、劳动力等情况都相同,因而据此推测本县也可以种植这种品种的双季稻。于是,某县几位领导回县后就在本县大力推广。然而结果却完全出乎他们的意外,不但未增产,反而减产。他们这才进一步研究,发现原来两地的气候,主要是晚稻开花时节的气候差异甚大,本县气候对晚稻生长极为不利。显然,如果那几位领导早作这样的反类比,就可以避免失误了。

三、类比推理的认识意义——类比推理与创造性思维

类比推理虽然是一种或然性推理,其结论不完全可靠,但其认识作用却十分突出。善于通过类比而引发联想,是创造性思维(creative thinking)的一个显著特征。

人们对客观事物的认识犹如登山一样,是在已有知识基础上一步一步试探性地摸索前进的,每一步的试探、摸索,都要以原有的知识作为立足点。类比推理就是立足在原有知识基础上,进一步扩展知识的一种有效的试探方法。借助于类比推理,可以使人的认识,从一个研究领域过渡到另一个陌生的研究领域;可以启迪思维、开阔思路,起到举一反三、触类旁通的作用。因此,可以说类比推理是一种最富有创造性的推理,正如18世纪德国著名哲学家康德所说:"每当理智缺乏可靠论证的思考时,类比这个方法往往能指引我们前进。"[6]

科学研究中就不乏这样的事例:当人们为探索某个问题,苦思冥想而得不到解决时,常常会在偶然中因受另一情况的启发而茅塞顿开、恍然大悟。例如,病毒学家为了寻找导致人类白血病的原因,进行了多年的探索都无进展。后来,他们发现一些动物,如鸡、猫、甚至猴子也有患白血病,研究证明,这些动物患白血病都是由一种逆转病毒引起的,由此受到启发,于是联想到人患白血病也是起源于逆转病毒。经过一段时间研究,病毒学家们在用于繁殖逆转病毒的媒介细胞的培养方面取得了进展,并在电子显微镜下拍下了导致人患白血病的逆转病毒,终于证实了上述推论,找到了人患白血病的病因。

在科学史上,借助于类比引发联想而作出重大发明的事例,更是不胜枚举;钢筋混凝土的发明就是一例。19世纪末法国园艺家约瑟夫·莫里哀观察到那些依靠其根部而牢牢地结着于土壤的植物,从而联想到按照这种方式来制造抗冲击的花坛。他用厚厚的水泥,仿照土壤包裹植物的根子那样,把铁丝包裹起来,效果果然理想,由此进而发明了钢筋混凝土。此外,如雷达的创制,也是英国科学家海勃姆·马克西姆从蝙蝠的超声波导航系统受到启发,引起联想后获得的成果。

20世纪60年代初出现的一门崭新学科——仿生学,它的每一项研究课题的提出,几乎都得益于类比推理。例如,科学家们发现,有些昆虫(如夜蛾)能在30米左右的距离感受到蝙蝠喉内发出的超声波而及早逃避,于是联想到模仿蝙蝠的声音驱虫。经实验证明,这一方法确实有效。科学家们还发现,双翅目昆虫飞行时,楫翅以每秒330次的频率振动,这种振动产生陀螺效应,能使飞行中的虫体稳定。正是模仿这样的性能制成了新型的振动陀螺仪,体积小、准确度高,可用于高速飞机和火箭。

---

〔6〕［德］康德:《宇宙发展史概论》,上海人民出版社1972年版,第47页。

在科学研究中常用的模拟试验方法,其逻辑基础也是类比推理。所谓模拟试验方法,就是在实验室或其他人工制造的环境下,模拟自然界中出现的类似现象,或者构造出同样比例的小型模型,以便通过模拟现象或模型来研究和认识事物的规律。在模拟试验的情况下,模拟制造出的现象或模型是类比物,即类比原型,被模拟的自然现象是需认识的对象;通过模拟试验而得出结论的过程,就是运用类比推理的过程。因此可以这样说,模拟类比推理,就是从一个事物的属性、关系、结构和功能,通过模型的研究而扩展到另一个对象上,进而推知另一对象也具有同样的属性、关系、结构和功能的推理。模拟类比推理既可以应用于设计或寻找正确模型的过程中,也可以应用于将模型所具有的属性扩展到需认识的对象中去。例如,科学家们为了研究和解决长江三峡水利工程的泥沙淤积问题,就应用了这种由模型向需认识的对象过渡的类比推理。据资料介绍,自 20 世纪 50 年代以来,全国许多泥沙专业的科研院所,就分别做了 12 个大型泥沙物理模型试验,模型采用在大坝底部修建大量的泄沙孔排沙,同时采取"蓄清排浑"的方法,证明了大部分泥沙可以在汛期被大水冲走;特别是葛洲坝这一"实践模型"的建成运作,进一步证明了模拟试验方法解决泥沙淤积问题的可行性。由此更证明了,长江三峡建成后,也同样可以很好地解决泥沙淤积问题。

由上可见,类比推理若作为一种方法来看,它不但是发现的方法,也是发明的方法,是进行创造性思维活动的不可缺少的手段。因此可以这样说,人们运用类比推理的能力如何,是否善于联想、举一反三,决定着他创造性思维能力的发挥程度。

第二节　类比推理在司法工作中的应用

在司法工作中,类比推理的作用也十分突出。比如刑事侦查工作中经常要用到的并案侦查和侦查实验等方法,审判工作中的类比法律推理,就都是类比推理的应用。

一、类比并案推理

类比并案推理亦称并案类比推理(analogial reasoning of the incorporated investigation),也就是侦查实践中所说的并案侦查。所谓并案侦查,就是把在一定时间内发生的几起相同性质(或者彼此有关联)的案件,认定为同一个(或同一伙)作案人所作的案件而展开的破案方法。《公安机关办理刑事案件程序规定》第 21 条第 2 款规定:"具有下列情形之一的,公安机关可以在职责范围内并案侦查:(一)一人犯数罪的;(二)共同犯罪的;(三)共同犯罪的犯罪嫌疑人还实施其他犯罪的;(四)多个犯罪嫌疑人实施的犯罪存在关联,并案处理有利于查明犯罪事实的。"[7]这里之所以把"并案侦查"称为"类比并案推理",是着眼于侦查人员在作出并案侦查决定时的思维过程来说的——并案侦查的根据是通过类比确立的两起或多起案件作案特点

〔7〕 1998 年 5 月 14 日发布的《公安机关办理刑事案件程序规定》(公安部令第 35 号)和 2007 年 10 月 25 日发布的《公安机关办理刑事案件程序规定修正案》(公安部令第 95 号),因 2012 年 12 月 13 日发布的《公安机关办理刑事案件程序规定》(2012 年修订)(公安部令第 127 号)而同时废止。现行的《公安机关办理刑事案件程序规定》(2020 年修订)(公安部令第 159 号)2020 年 7 月 20 日发布的。

的相同,而认定为是同一个(或同一伙)犯罪者作案,则是在类比基础上得出的结论。因此,作出并案侦查决定的过程,其实是一个应用类比推理的过程。

确定并案侦查的先决条件是几起案件的性质相同(比如都是盗窃案,或都是强奸案或抢劫案),或者几起案件之间有关联(如入室盗窃案与相关联的强奸或杀人案)。作为并案侦查的基本依据,亦即类比的相同点是作案手段的相同或相似。侦查实践中,通常根据并案需要将作案手段分为七类,即:预备犯罪手段、侵入手段、暴力胁迫手段、破锁窃取手段、欺骗手段、杀人手段、伪装灭迹手段。通过比较研究两起或多起案件现场反映的作案手段的汇总情况,可以为分析并案提供依据。[8] 不过,引发类比并案推理的契机,主要是在两起或多起案件作案手段的相同或相似基础上产生的联想。也就是说,类比并案推理虽然也是类比推理的应用,然而它的应用是比较"宽松"的、"自由"的,思维的想象能力起着至关重要的作用。

根据犯罪心理学家的分析可知,犯罪者心理上的"成瘾现象",决定了他们往往在一次得手后,不会就此罢休,一旦有机会就势必再犯。而作案手段又是同作案人的个性特点、作案经验相联系的,同一犯罪分子连续作同类性质的案件,尽管时间、空间条件不同,也难免在犯罪手段上暴露出某些习惯性特点,显现出某些相似之处。因而我们也就可以通过对犯罪手段的类比,由犯罪手段的相同或相似,借助于思维的想象能力,进而推出作案人相同的结论。在侦查实践中,借助于类比并案推理,可以实现不同案件侦查破案线索以及关于犯罪分子形象特征的刻画等知识的连接,从而启发侦查人员的思路,扩展侦查线索,大大缩小侦破范围。因此,对于相同性质系列案件的侦破来说,如果侦查人员善于通过类比发现作案手段的相同或相似,并在此基础上凭借思维的想象能力而决定并案侦查,比起孤立地对待各起案件的侦破来说,无疑更有助于提高办案效率。

例如,东北某地一处比较偏僻的山区,在几个月的时间内,几乎是在同一个地区就发生了多起强奸案。由于这几起案件在案发时或因天色太黑,或者案发后下了大雨,或者受害人没有及时报案等方面的原因,使案件的侦破工作遇到很大困难。后来,当侦查人员正苦思冥想破案路径时,突然从几起案件受害人的陈述中发现,几起案件作案人的作案手段竟如此相似:都是突然从受害人后面勾住颈子,然后蒙眼、捂嘴、反拖,再解受害人腰带将其反绑。于是侦查人员据此认定极大可能是同一个人作案,决定并案侦查。由于其中有个受害人肯定拖去的方向是黑虎岭,因此推知那几起案件也是把受害人拖向黑虎岭,这就给案件的侦破提供了方向;此外,有的受害人证实作案人个头高大,有个受害人又提供作案人有络腮胡,还有个受害人说闻到作案人有浓烈的酒味。侦查人员综合不同受害人分别提供的罪犯特征后,就更全面地刻画出了犯罪者的形象特点,这就大大缩小了侦查对象的范围。破案后证实,上述推论完全正确。

正因为并案类比推理的发生,很大程度上取决于思维的想象能力,因此,它所依据的作案手段的相同点,主要不取决于它们的数量,而更取决于它们的"质量"——即使两起或两起以上的案件仅仅是一两个特点相同,只要这个相同点极具个案特色、作案手法非常独特,也足以引发人们产生联想,并据此通过类比并案推理认定是同一个(或同一伙)作案人所为。实践证明,侦查破案工作中善于抓住作案手法的独特性进行类比,并推知是同一作案人而决定并案侦

[8] 关鹏:《分析并案》,载《中国刑事警察》2009 年第 4 期。

查,更能显现出侦查人员思维的敏感性和洞察力;其结论通常也比较可靠。

例如,某地发生了这样一起案件:丢弃在公路边上的一辆小轿车的后座位上,斜躺着一个被杀害的女尸。车上的血迹表明,死者是在车内被杀害的。侦查人员经调查得知,死者是当地某单位的财会人员,当天下午步行去银行取款后未归。侦查人员后来又找到驾驶这辆汽车的司机,司机当即谈到他车子被劫的情况:某日上午他驾车路经某地时,因车子需加水,就去路边一户农民家去提水,没想到刚到这户农民家门口,就冷不防被人猛推进屋内,并迅即反扣屋门;等其出来时,车子已被开走。当侦查人员正在为侦破此案而分析案情时,又得到一处报案:某派出所一位民警站在街边一家屋门外正同屋内的人谈话时,冷不防有人突然抓走他的帽子,并将其猛推进屋内后,迅速反扣屋门而去。两起案件的这一独特的作案手法如此相似,侦查人员据此当即认定:这两起案件是相同的作案人。当把两起案件联系起来后,侦查人员凭借思维的想象能力,很自然地就设想出了如下犯罪情节:作案人为什么要抢民警帽子?被害人身带巨款为什么会自行上车?分析后认为只能作出这样的解释:作案人很可能是伪装成民警,骗被害人上车,然后在车上作案后劫款而逃。于是,他们便将犯罪嫌疑对象锁定在"伪装民警(有警服)、会驾车"的特征上。由于破案方向明确,侦查人员很快就破了案。显然,这里作为并案侦查的类比依据,虽然其相同点并不多,但是,其相同点却颇具"质量"——作案手法很有独特性。可见,这样的类比并案推理并不因其类比的相同点不多而影响其推理的合理性。

二、侦查实验类比推理

侦查实验相当于科学研究中的模拟实验,是侦查活动中为了确定对案件侦破有关键性意义的某一事实或现象是否存在,或者在某种条件下能否发生,因而参照案件发生时的条件,将该事实或现象模拟再现的一种侦查措施。其逻辑基础不但是类比推理,而且必须是严格遵循类比推理的逻辑要求而运用的推理。侦查活动中善于根据类比推理的逻辑要求安排侦查实验,往往能有效地帮助我们获得对案件中某些关键情节的认识,揭穿犯罪嫌疑人的谎言,准确把握案件真相。因此,侦查实验是刑事案件侦破工作中具有特别重要意义的手段。

正由于侦查实验的目的是要通过类比,由类比原型具有某种属性推知需认识对象也具有某种属性,这就决定了侦查实验类比推理(analogial reasoning of the investigation experiment)必须力求结论可靠,不能像类比并案推理那样"宽松""自由",必须严格按照提高类比推理结论可靠程度的逻辑要求来安排实验。否则,就不但达不到侦查实验的目的,甚至还可能将侦破工作引入歧途。

为了说明侦查实验的重要作用,以及在侦查实验中如何正确运用类比推理,下面试以一起案件的侦破为例予以说明。

某年3月15日夜,某地农场粮食加工厂的更夫付某在值班室内被杀,3日后于院内枯井中找到尸体。经侦查人员勘查后发现,现场地面浮土上留有13人多次进出的重叠足迹。经查对后分别落实到人头,并经证实这些足迹都是案发后进入现场的人留下的。当侦查人员用"皮老虎"把留在地面的加层足迹吹掉后,地面上又露出了两种残缺不全的减层足迹。经查证,一是死者付某的,一是本场职工林某的。当侦查人员找林某谈话时,林也承认脚印是他的,但说这是17日(案发后36小时以上)观看现场时留下的。可是,既然林某也是案发后进入现场留下的脚印,为什么其他人留下的都是加层足迹,而林某留下的却是减层足迹呢?是否真的如此，侦查人员颇感疑惑。后经了解得知，付某每晚睡觉前都要洒水扫地，于是猜测林的足迹是否会是在付某洒水后不久踩下的。如果是这样，那么，又是洒水后多长时间踩下的呢？是否如林某说的那样，是案发36小时以后踩下的呢？不言而喻，这是确认林某有无作案可能的关键情节。为了获得关于这个问题的认识，侦查人员便有意识地根据类比推理的要求设计了如下侦查实验：

"他们选择与林某身高、体重相同的人，穿与林某所穿的同样种类的水波纹底解放胶鞋，在与现场遗留足迹相同土质的地面上洒上水，然后每隔半小时踩一次并拍下照片，就这样连续实验36小时。之后，再将各个时间段拍下的照片，与现场提取的足迹照片比对。结果证明：1－2小时内所踩足迹，其造型、特征，同现场提取的足迹完全相同；超过3小时，所踩足迹的立体感消失；到36小时，所踩足迹连花纹都反映不出来了。侦查人员由此得出结论：林某的足迹极大可能是在15日晚付某洒水后1－2小时内踩下的，绝不可能如林某本人所说，是在案发后36小时以后才踩下的。于是确定林某为作案的重大嫌疑人。后经查明，林某确系作案人。"

从上述案例的介绍不但可以看出，侦查人员自觉运用侦查实验类比推理对该案的侦破所起的至关重要的作用，同时从中也可以看出，侦查人员正是为了通过侦查实验获得较为可靠的认识，他们在设计侦查实验时非常注意严格遵循类比推理的逻辑要求：因为他们实验的目的是确认林某在现场踩下足迹的时间，所以他们才会有意识地要求类比原型与需认识的对象，在许多与推知属性的相关属性方面尽量相同或相似——选择与现场相同土质的地面洒上水，并且选择与林某身高、体重相同的人，穿同样类型的水波纹底解放胶鞋，选择踩后留下的与现场造型、特征相同的足迹，进而推知是洒水后多久踩下的足迹，亦即推知其留下足迹的时间也相同。正因保证了类比相同点必需的数量和质量（与推知属性的相关性），所以，通过类比得出的结论也就具有较高程度的可靠性。

三、类比法律推理

类比推理虽然是或然性推理，结论不是完全可靠的，但其认识作用却十分突出，在司法裁判中也有着广泛的应用。正如美国法哲学家戈尔丁所指出的："类比论证看起来并不足以确立科学中的真理性或可接受性。然而，在类似的司法案例中，确立对一个法律问题判决的似真性的理由在类型上并不相异于确立其可接受性的理由。而且，以类比来推论常常被用于确立这些判决的正确性。"〔9〕类比法律推理（analogical legal reasoning）包括类推适用（analogical application，application of analogy）和判例类推（precedented analogy）两种情形。

（一）类推适用

所谓类推适用，就是对法无明文规定的具体案件，比附援引与其性质最相类似的现有法律规定进行处理的适用法律的推理活动。类推适用的先决条件是：待处理案件（或曰"问题案件"）既是立法意旨下必须受理的案件，同时又是法无明文规定的案件，亦即现行法律中欠缺对"问题案件"待处理所需的具体、明确的法律规范的案件。

---

〔9〕［美］马丁·戈尔丁：《科学与法律中的发现与证明问题》，顾速译，载《南京大学法律评论》1996年春季号。

前面曾经谈到,适用法律的推理最基本的推理形式是“实际上的肯定前件式”。但是,对当前待处理案件确认的案件事实并不是p,而只是实质上类似于p(用p’表示),而现行法律中又没有关于p’的规定,在这种情况下就需类推适用。因此,类推适用的基本模式可表示为:

〔R——援用的法律规定〕　　如果p,那么q
〔F——确认的案件事实〕　　p’
〔D——判决、处理结论〕　　所以,　q

法律适用中,要运用上述模式通过类推适用来处理待处理案件,关键是要通过类比,确定待处理案件“p’”与法律中已明文规定的案件特征“p”,是否在实质上最相类似。而类似与否的问题又带有较大程度的主观差异性,它取决于法官对立法意旨的理解和对“问题案件”实质内容的评价,因此,关于问题案件能否比附援引某项法律条文中规定的案型,通过类推适用作出处理,也就难免会因人们价值评价标准的不同而产生不同的看法。所以,类推适用得出的结论,只具有不同程度的或然性和妥当性,而不具有无可辩驳的可接受性。

类推适用尽管以法律上的最大妥当性为其最高追求目标,但终究难以保证。正因如此,我国《刑法》中确定的是罪刑法定原则,禁止进行类推适用。但是,这并不意味着在民事、经济案件的审理中也禁止类推适用。因为成文法总是具有滞后性的,而且不断出现的案件事实也总是立法时难以预见或完全能够给以概括的,所以,在审理这些方面的案件时,在某些情况下还不得不进行类推适用。当然,即便在这样的情况下,法官也应当详细而准确地阐明类推适用的理由和根据。例如,“厦门特区锦江贸易公司诉前申请对天津远洋运输公司倒签提单予以证据保全案”〔10〕中,厦门海事法院就根据《民事诉讼法》有关财产保全的规定,比照《民事诉讼法》第84条关于诉讼开始后证据保全的规定,通过类推适用而作出了准许申请人的诉前证据保全的裁定。因为,尽管《民事诉讼法》中只规定了“诉讼中(诉讼开始后)的证据保全”的问题,而没有关于“诉前证据保全”的规定,但是,根据《民事诉讼法》中关于“诉讼中证据保全”的立法精神和意旨,二者实质上颇为类似,都是为了实现保护当事人合法权益的目的;而且无论“诉讼中的证据保全”还是“诉前证据保全”,都属于“证据保全”的外延范围,因此对诉前证据也可以采取保全措施,所以该院法官就比附援引了《民事诉讼法》第103条关于诉讼中财产保全的程序规定,对本案作出了妥当处理。这样的类推适用,显然是合理的。

(二)判例类推

类比法律推理的典型情形,叫判例类推,就是将待处理的案件(亦称“问题案件”)与已处理的某起案件(也叫“判例案件”)进行类比,然后根据两起案件基本性质、事实特征的相同或相似,从而推知它们适用的法律原则和处理结果也相同的推理。

判例类推体现的是“相同之案件应为相同之处理”、同样案件同样判决的法律上的公平、平等原则;也体现了审理案件中“遵循先例”的原则。不过,判例在不同的法系和不同的国家具有不同的地位。英美法系是以判例为主要法律渊源的,因此,法官在审理案件时,常常是以

〔10〕 最高人民法院中国应用法学研究所编:《人民法院案例选》1993年第3辑(总第5辑),人民法院出版社1993年版,第160-164页。

权威性法院先前的判例作为后来审理同类案件的法律依据，对同类案件作相同的处理。正如美国逻辑学家柯匹和科恩所指出的："类比论证是受理上诉的法庭常用的是基本的工具之一。在法庭上案件中的推理显得与某个以前所根据的其他推理非常相似，并且如果在那个较早的案件中这个推理是明显正确的，那么在这个案件中同样也是正确的。"[11] 而大陆法系的国家和地区，先前的判例对后来审理同类案件则只起参考、借鉴作用。我们国家是以制定法为主要法律渊源的成文法国家，判例不是审理案件的法律依据。但是，"相同案件应为相同之处理"的原则，也决定了参考、借鉴判例的重要意义。

在我国的审判实务中，司法人员参考、借鉴先前判例而运用类比法律推理的情形，实际上是非常普遍的。既有借鉴、参考上一级以至最高人民法院通报的、与待处理案件（或曰"问题案件"）相同或相似的典型案例的情形，也有借鉴、参考本院（包括法官本人）先前审理的、与待处理案件相同或相似案件的情形，而且，后者这种情形还比较多见。因为，在后者这种情形下，先前审理案件的经验及处理原则已潜在地隐含于法官的头脑中，因而一旦遇到与之相类似的待处理案件，很自然地就会通过类比法律推理而产生出相同的处理结论；也正是借助于这样的类比法律推理，才使法官能够在审理实质相同的案件时，坚持做到同样的案件同样判决，从而体现出法律的公平、公正。

例如，1995 年 6 月 10 日，原告舒某在饮用被告蓝剑集团公司生产的蓝剑啤酒时，一瓶啤酒突然爆炸，击伤原告左眼，致其左眼失明。原告舒某为此诉至四川省新津县人民法院，请求法院判令被告赔偿其医疗费、误工费、生活补助费等费用以及 80,000 元残疾补助金。该县法院经审理认为："本案系一起损害赔偿案，关于赔偿项目，我国《民法通则》第 119 条和《消费者权益保护法》第 41 条均有规定，依本案事实，原告作为消费者饮用蓝剑啤酒受伤，按特别法优于普通法的原则，本案应当适用《消费者权益保护法》。两法相比，《消费者权益保护法》第 41 条新增了'残疾赔偿金'的项目，原告左眼受伤失明，不仅给其生活带来极大的不便，更给其精神上造成巨大的终身痛苦，请求赔偿 80,000 元残疾赔偿金并不为高，应予支持……"法院据此判决被告赔偿原告 192,438 元，其中，残疾赔偿金 80,000 元。此后不久，该县法院又受理了一起"饶某诉某鞭炮厂产品责任损害赔偿案"。在该案中，原告饶某在燃放被告某鞭炮厂生产的魔术弹时，因魔术弹爆炸，击伤其左眼，致使其左眼视力严重下降，并有失明的可能。在对此案的审理和调解中，法官及双方当事人就借助于类比法律推理，参考、借鉴了先前审理的啤酒瓶爆炸损害赔偿案。通过类比可以看出，本案的案件事实与先前审理的案件事实（啤酒瓶爆炸击伤原告左眼并使其失明）极为类似，足资仿效，根据法律的公平、公正原则，双方当事人也不难借助于类比法律推理预见到处理结果。因此，在法院主持下，原告、被告双方很快就达成了调解协议，被告赔偿原告各种损失（其中包括残疾赔偿金）共 13 万元。

类比法律推理的运用，是有意识有目的而展开的一种思维活动。无论前述哪种情形的类比法律推理，如同美国学者史蒂文·J. 伯顿在论及类比法律推理时所述，它的运用都可分为三个步骤。为了说明运用类比法律推理的这三个步骤，他举例说："例如，母亲可能允许做哥哥的儿子待到晚上九点，而做弟弟的儿子则要求同样对待。弟弟会为自己的观点辩解说，他与哥哥一样都是儿子，因此他认为他们应该受到同样对待。如果母亲拒绝他的要求并解释说哥哥

---

〔11〕［美］柯匹、［美］科恩：《逻辑学导论》（第 13 版），张建军等译，中国人民大学出版社 2014 年版，第 515 页。

比弟弟所需要的睡眠要少,那就等于主张在她的两个儿子之间有一种重大差别,因此,她认为他们应该受到不同对待。"[12] 从这个例子可以看出,他所说的这三个步骤就是:第一步,识别或确立一个适当的基点情况(如"哥哥的上床时间"),亦即准备用以作为类比或参考、借鉴的判例;第二步,在确定的基点情况和一个问题情况(待处理的案件,如同"弟弟的上床时间")之间,识别事实上的相同点和不同点(哥哥与弟弟作为"儿子"的地位相同,而他们的"年龄"又不同),这一步是运用类比法律推理的关键。因为,正如客观世界不可能有两个完全相同的事物一样,司法实践中也不可能有两起完全相同的案件事实,所以,对它们的相同点和不同点都必须细致地分析。但是,至关重要的还不是仅仅识别出它们的相同点和不同点,而是第三步,亦即必须准确判定它们之间究竟是相同点还是不同点。

我们前面所述的那种参考、借鉴先前判例而作出相同处理的情形,称为"依照判例"。但是,这并不是说只要待处理案件与先前审理的案件有某些相似之处,就必须"依照判例"、作出相同的处理;问题在于如何确定究竟该作出还是不该作出相同的处理。正如史蒂文·J. 伯顿所言:"当一个判例的事实与一个问题案件的事实相似到要求有同样的结果时,我们就说一个法官或判决依照判例(除非这个早先的判例被否决);而当一个判例的事实不同到要求有不同的结果时,我们就说一个法官或案件区别案例。在进行严密的分析之前,没有任何理由假设一个表面相似的判例应该依照还是被区别。""只有通过比较和对比识别出所有看似有理的相同点和不同点后,你才能对是相同点还是不同点更为重要作出一个良好的判断。"[13] 比如上述两起案件,其案件事实,即魔术弹爆炸损害与啤酒爆炸损害相似到那样的程度,如果法官不借助于判例类推作出相同的处理,那就必须有充分的理由说明待处理的案件事实与判例事实"不同到要求有不同的结果"的程度,因而不能"依照判例"而要"区别判例";否则,就不能不使人怀疑法官执法的公平与公正。下述实例便属这种令人不能不怀疑法官执法显失公平的情形:

据报道,上海市某法院先后审理两起因逾期交房引起的终止合同退房纠纷案,即"徐某退房案"与"陈某退房案",两案"案件类型相似,判决结果不同"。徐某 1998 年 1 月 20 日与上海八方房地产公司签订了一份商品房预售合同。根据合同约定,该公司应于 1998 年 5 月 30 日交房。合同第 6 条还约定,如遇人力不可抗拒的自然灾害,施工中遇到的异常困难或重大技术问题不能及时解决,该公司可凭上海市政府有关主管部门出具的证明文件,据实予以延期。另有条款约定,如逾期交房超过 60 天,则视为该公司不履行合同,徐某可追究其违约责任。如徐某所购房屋在合同约定期限内已检验合格,可交付使用而不交付并超过 60 天,徐某有权终止合同,该公司应退还徐某交付的全部售房款及利息。后来,八方公司未按约交房。同年 10 月,该公司才告知徐某可以入住,但对违约金的补偿未能达成一致意见。1999 年 1 月,徐某向上海某法院起诉,要求判令该公司偿付违约利息和赔偿金,后又以该房已验收合格,被告可以交付而不交付已超过 60 天为由,要求终止合同。法院审理时,被告八方公司向法庭出示了一份证据说明他们具有延期交房的免责理由,称施工期间遇到雨水天气等原因而使施工受到影响,并都有上海市有关部门的证明。尽管原告对这些理由有异议,但法院对其未予采纳,判决书的

[12] [美]史蒂文·J. 伯顿:《法律和法律推理导论》,张志铭、解兴权译,中国政法大学出版社 1999 年版,第 31 页。
[13] [美]史蒂文·J. 伯顿:《法律和法律推理导论》,张志铭、解兴权译,中国政法大学出版社 1999 年版,第 35 页。

结论大意是:(1)原被告双方依法订立的合同受法律保护;(2)被告在施工期间遭遇长时间雨天,影响了工程进度,经市级有关单位证明,本院应予采信,其延期交房的行为应予免责;(3)对原告要求终止合同不予支持。简言之,原告败诉。

该案的判决表明,雨天可以成为延期交房的免责理由,然而无独有偶,正巧原告在法院判决后见到一个被上海市高级人民法院视为典范的、和该案几乎相同、被选入上海市1998年案例精选中的判例;也正巧此判例的法官和徐某退房案的法官来自同一法院,而在这一判例中,判决书以断然的语气认为:异常天气(应包括雨天)不是延期交房的免责条件。这起判例即"陈某退房案",案情大意是:原告陈某1994年7月29日与被告上海金腾房地产公司签订了购房合同,约定交房期限为1995年12月31日。合同中也同样规定,如遇下列特殊原因,可凭上海市有关主管部门开具的证明文件,据实予以延期。这些原因包括人力不可抗拒的自然灾害,以及施工中遇到异常困难或重大技术问题不能及时解决等。双方也同时约定:若该公司未按期交房,须补偿原告利息损失,若延期交房超过6个月,原告有权要求解除合同。此后,因被告未按约交房,于是原告于1996年10月14日书面通知被告要求退房,而被告却既不交房,也不退房,原告于1997年3月2日向上海某法院(与徐某退房案同一法院)提起诉讼,要求解除合同、返还房款并赔偿损失。审理中,被告也出示了上海市有关部门关于影响该公司施工的种种情况的证明,其中包括施工技术方面遇到的难题、停电31天及异常天气(应包括雨天)的影响等等,因而认为延期交房事出有因。但法院审理后认为,被告所述延期交房的原因不能成为免责的理由,故对原告的请求予以支持。简言之,原告胜诉。

同一法院审理的两起案件,其事实类似而处理却截然相反,法官审理"徐某退房案"时为什么不参考、借鉴先前的判例("陈某退房案")?如果参考了,徐案与陈案实质上的不同点是什么?是否"不同到要求有不同结果"的程度?正如该记者在报道中所述:"同是逾期交房引起的终止合同退房纠纷,同有上海市有关部门的证明,且徐某一案的证明材料少于陈某一案,证明的内容也弱于陈某一案(如断电应该比雨天对施工的影响更大),但为什么判决的结果却截然相反?""有关法律专家认为:即使在不同的地方、不同的法院,对同一类型的案件,适用的法律也应该是一致的。但同一法院对同一类型的案件作如此结果相反的判决无论如何是不应该的,因为法律是统一的。两个相反的判决,叫人们如何去服从?我们又如何去普法?法律的尊严又何在?"[14]

以上正反两方面的实例告诉我们:尽管判例在我们国家不是审理案件的法律依据,但是为了体现法律的公平与公正,参考和借鉴先前审理的相类似的判例,却是非常必要的。而要参考、借鉴先前的判例,就不能不通过类比,不能不运用类比法律推理。

---

〔14〕 卢劲松:《案件类型相似,判决结果不同:两个判决孰对孰错》,载《民主与法制画报》1999年11月12日。

第三节 刑事侦查中的比对推理〔15〕

刑事侦查工作中经常会碰到这样的问题:确认被考察的某个对象是否就是已知的那个对象。比如,某无名尸体是否就是要寻找的某个失踪人员?某人是否就是所要寻找的某案的作案嫌疑人?某件物品是否就是在作案现场留下痕迹的那件物品?等等。这样的确认过程,在物证技术学或司法鉴定学中称之为对客体的"同一认定",它主要依靠物证技术或司法鉴定方面的知识;但是,从逻辑方面来考查,这样的确认绝非简单的断定,需得提供确认的理由或根据;而当我们为这样的确认提供确认其为同一对象的理由或根据时,其思维过程也是一种推理,即比对推理。

一、比对推理的特征

"比对"一词,是刑事侦查工作中经常用到的一个专业术语。所谓比对推理(the comparison reasoning),也称比对法(comparison),就是根据已知的对象特征与被考察的对象特征是否逐一对应相同,从而推知是否为同一对象的推理。如同类比推理一样,"类比"是对两个或两类对象进行比较的活动,而"类比推理"则是在类比基础上得出结论的过程,比对推理也如此,"比对"是一种技术活动,而在比对基础上通过对对象特征的逐项比对而得结论的过程,则是运用比对推理的过程。

比对推理是刑事侦查中应用较多而又比较独特的一种推理,其推理形式可用公式表述为:

已知对象 A　　具有特征 $a \wedge b \wedge c \cdots\cdots \wedge n$

被考察对象 X　具有特征 $a \wedge b \wedge c \cdots\cdots \wedge n$

所以,X 与 A 为同一对象

公式中的已知对象 A,称为比对原型。例如,从刑事案件现场提取的作案工具、现场遗留物、作案人或嫌疑人在现场留下的指纹、足迹,以及因犯罪活动而造成的各种具有证据意义的物品痕迹、被害的无名尸体、刻画出的作案人的形象等,便都可以是用以进行比对推理的比对原型,它是进行比对的基础。

公式中的被考察对象 X,称为比对对象,即物证技术学或司法鉴定学中所说的"被审查客体"。如嫌疑人的指纹、足迹,疑为被害人的失踪者,疑为作案者的对象,以及真实性有待审查判定的各种物证、书证等,它是通过比对拟作认定的对象。

公式中的 a、b、c 等表示用以比对的 n 项特征,是比对推理的已知条件或前提;符号"∧"(读作"并且")表明特征相互间的"合取"性质。

---

〔15〕 本节原系笔者撰写的《比对推理在刑事侦查中的运用》一文,此处略有增删。该文最初发表于《西南政法学院学报》1980 年第 3 期,后全文收入《法律专业逻辑学》(石子坚、阳作洲、杜辛可、郭虹、雍琦合编,四川人民出版社 1981 年出版,1985 年修订再版),同时也全文收入《司法实践与逻辑应用》(论文集,上海人民出版社 1984 年出版),之后得到同行认可,被以各种形式纷纷引进政法专业类逻辑教材。

从公式可以看出,比对推理似乎与类比推理相似,其实二者既有相同点,也有不同点。

二者的相同之处在于:(1)都是通过对两个对象的比较或对比、并根据两个对象某些属性(或特征)的相同或相似进而得出结论的;(2)其根据即前提(两个对象某些属性、特征的相同或相似)与所得结论之间的联系不具有必然性,前提即使都真,结论也未必就真;(3)已知的两个对象相同属性(或特征)多或少,同结论可靠程度的高低密切相关;(4)用以比较的属性(或特征)若有一项不合,就不应轻易得出肯定性结论。

二者的不同之处在于:(1)类比推理是根据类比的对象(类比原型)与另一对象(需认识的对象)的某些属性相同,进而推知它们的另一属性也相同,它是由对象推知属性;而比对推理则是根据所要寻找或需待确认的对象的特征,与被考察对象的特征逐一对应吻合,进而认定二者为同一对象或者为同一物体作用的结果,它是由特征推知对象。(2)类比推理主要表现为由此及彼的推导,它的运用往往要依赖于头脑中的联想;而比对推理则依赖于对两个对象每项特征的细致比较,这样的比较往往还要借助于科学仪器或技术手段才能完成;其推理过程只是在比对基础上得出结论的过程。

在实际运用中,通过比对而得结论的过程,表面看来与三段论第二格推理的运用很相似。三段论第二格的推理形式是:

P——M
S——M
————————
S——P

比较前面比对推理的公式可以看出,如果把比对的特征总合起来看作起联结作用的中项"M",确实就很容易把比对推理混同于非有效的三段论第二格;当比对的特征为某项独有特征时,尤其容易将其误认为是非有效的三段论第二格。其实,二者的逻辑性质是大有区别的。三段论的大、小前提中,只断定了大项、小项各自与中项的外延关系,并且是依据词项间的这种外延关系而得出结论的;而比对推理则不同,它依据的是比对原型与被考察对象之间特征的对应吻合关系,进而在分析的基础上确定二者同一。可见,它们推理所依据的关系及推理的运用都不相同,因此,不能将二者混为一谈。

二、比对推理的作用

比对推理的基本作用在于"识同",当然,不同则异,因而也起"别异"的作用。不过,借助于比对推理进行的"识同别异",在根本性质上大大有别于直观的、简单的"识同别异"。因为凭直观观察,仅仅根据两个对象大致相符或相似来判定它们是否同一,终究只是一种经验方法,总体来说还是粗糙的、轮廓的,很容易把表面上一致或相似而实则相异的被观察对象,误认为同一对象;或者,把表面上不一致的、相异的而实则为同一的被观察对象,误认为不是同一的对象。正如黑格尔所指出的:"假如一个人能看出当下显而易见之异,譬如,能区别一支笔与一个骆驼,我们不会说这人有了不起的聪明。同样,另外,一个人能比较两个近似的东西,如橡树与槐树,或寺院与教堂,而知其相似,我们也不会说他有很高的比较能力。我们所要求的,是要能看出异中之同或同中之异。”[16]由于比对推理不仅是建立在对比对原型与比对对象的特征分析与逐项比对这样的逻辑思维基础上的,而且,也是建立在借助于技术手段的检验、鉴定的科学基础上的,因此,通过比对推理进行的“识同别异”,已根本不同于直观的、简单的“识同别异”;后者这种情况下的“识同别异”,是说不出其认定的“根据”的。所以比对推理的结论,不但较之直观的、简单的“识同别异”的结论可靠得多,而且“言之有据”,具有说服力。

不仅如此,更重要的还在于直观的、简单的“识同别异”,在很多情况下无能为力,必须借助于比对推理才能认定。譬如,面对一具无名尸体,若尸体完好无损、面容清晰可辨,要确定死者是谁也许并不太难;但若死者尸体已高度腐败或遭严重碎裂,在这种情况下要确定死者是谁,就不可能仅凭直观作出判定,就只能通过对死者尸体具有的某些哪怕只是细微特征的分析,并与疑为被害人的特征逐一比对,借助于比对推理才能认定。例如,某地农村10岁女孩高某,于某日去大队看电影后失踪,家长四处查找无着。10多天后,有人告知高父,称距该地九里外的某地黄河滩上发现一具女孩尸体,高父得知后立即前往认尸。到后一看,因尸体已高度腐败、无法确认,只好就地挖坑将其掩埋。又隔半月后,当地公安人员在侦破另一起案件的过程中得知这一情况,认为与正侦破的某起案件有关,于是立即赶赴掩埋地点勘查。到现场后发现女孩尸体已被狗扒出吃掉,仅找到五小块碎肩胛骨,两半截大腿骨,几块残缺肋骨,一团乱头发,两小段腰带,一片右脚大拇指甲和一个没有表皮肌肉的颅骨。

不言而喻,在这种情况下要确认死者是谁,比高父发现尸体时对尸体的辨认更难,仅凭直观辨别是根本不可能的,然而侦查人员却根据高某父母所述的她的特征,比对现场尸体残留物反映出的死者特征,通过如下比对推理得出了结论:

“(1)从牙齿、颅骨的结合缝及毛发分析,死者女性,10岁左右;与高某性别、年龄相符。

(2)颅骨后枕部较平,前额较高,两外门齿长出半截;与死者父母所述高某的面貌特征吻合。

(3)死者右脚拇指甲中间隆起,四面凹陷;与死者父母所述高某的脚趾特征相同。

(4)现场发现两小段腰带,系蚊帐布所做;与高某失踪前所用腰带相同。

(5)按照发现尸体的时间及高父所述尸体腐败程度,推断死亡时间距发现尸体时间10余天;与高某失踪时间相符。”

通过上述特征比对,侦查人员借助于比对推理得出结论:“死者就是高某。”后经破案证实,该结论完全正确。

另外一起也颇能说明比对推理认识作用的事例:1979年6月3日晚,湖北省武当县某地农村的水港中发现一具漂浮女尸,赤身裸体。从其牙齿生长情况侦查人员推断年约24岁,颈部有明显掐伤痕迹。为破案,侦查人员不能不从查找死者是谁入手,于是发出寻人通报。之后,当地公安部门在较短时间内就陆续收到20多起有关女青年失踪的报告,但因这些失踪者的年龄、相貌特征都明显与死者不合,均予以否定。同年6月6日,湖北某单位一位司机的爱人来武汉探亲,看到通报上的照片,说死者很像她家邻居张某。张某年龄正好24岁,是当地某

〔16〕［德］黑格尔:《小逻辑》,贺麟译,商务印书馆1980年版,第253页。

厂的工人,准备6月1日结婚,5月18日外出后下落不明。专案组得知这一情况后,立即通知当地来人辨认。来的人见了照片后说确实很像张某,但究竟是不是也说不出任何根据。显然,这样简单地断定是不可靠的,于是侦查人员只好带着照片去找张母辨认。谁知张母一见照片后便放声大哭,说死者就是她女儿张某。但是,侦查人员并未根据张母凭直观的断定就此认定,而是认真、细致地反复比对特征。当侦查人员把死者的特征与张某的特征逐一比对后发现,二者的特征并不对应吻合:首先,死者脸上有三颗麻子,张某无此特征;其次,死者右乳房下面有0.8×0.4毫米的陈旧伤疤,右脚内环有两小块小疤痕,也都与张某同一部位的特征不合。借助于比对推理,侦查人员当即予以断然认定:死者不是张某。(后查明,死者确实不是张某,而是1975年下放黄陂的一位女知青)

上述两起案例表明,通过比对推理认定对象是否同一,根本不同于直观的、简单的断定,它比后者的认定可靠得多,是一种由"根据"(前提)而得出结论的推理活动。

在刑事侦查工作中,对犯罪证据的认定也不是仅凭直观,根据大致相似与否就能得出令人信服的结论的。为使认定"论之有据"、比较可靠,也必须运用比对推理。例如,某地公安机关在江边发现一具被杀害的青年女尸。经查证实,罪犯已把死者随身携带的宿舍门锁钥匙搜去,并用以开门进入死者宿舍。破案过程中,侦查人员从嫌疑人任某办公室的文件柜中,搜出一把并非其本人使用的钥匙,经初步观察,虽然怀疑这很可能是死者随身携带的那把钥匙,并且经过试开,也确实很轻易地就打开了死者宿舍的门锁,但侦查人员并没有就此认定,因为还不能排除有同类型钥匙的可能性。为使认定准确、可靠,侦查人员便将此钥匙与死者生前同宿舍的黄某的钥匙进行了如下比对(因原配钥匙只有两把,死者钥匙与黄某钥匙特征相同,故以黄的钥匙作比对原型):

(1)两把钥匙的长度、宽度、形状、齿间距离和高低,钥匙槽的深度和位置,以及商标、图案等,均相一致;

(2)经显微镜下观察,两钥匙齿的机制纹线痕迹相同(这种痕迹是在生产过程中,两把钥匙夹着被同刀铣成的);

(3)两把钥匙背面,因长期使用,由锁门边缘形成的摩擦痕迹相同。

根据两把钥匙细微特征如此逐一对应吻合,侦查人员借助比对推理断然得出结论:"搜出的这把钥匙就是死者随身携带的那把钥匙。"显然,建立在比对推理基础上的这一结论,其真实性足以令人信服。

三、正确运用比对推理的逻辑要求

如前所述,比对推理也同类比推理一样,它只是一种或然性推理。因此,如何针对比对推理的特点而努力提高其结论的可靠程度,是正确运用比对推理的关键。

比对推理之所以能够通过特征比对而确认两个被考察对象是否为同一对象(或同一物体作用而形成的对象),是依赖于对对象独有特征的把握。唯物辩证法告诉我们,世界上没有两个绝对相同的事物,任何事物都因其独有的特征而与别的事物区别开来。把握了对象的独有特征,也就能够在纷繁复杂的事物中识别具有这一特征的对象,这是比对推理之所以能够通过特征比对进行同一认定的客观依据。正因如此,作为比对推理所依据的特征,必须是被考察对象独有的特征,亦即必须是其他任何对象都不可能完全重复的特征。只要用以比对的特征确系被考察对象所独有,通过比对得出的结论也就可靠无疑,只不过在一般情况下没有把握做到而已。所以,为了提高比对推理结论的可靠程度,必须审慎地分析、选择比对的特征。

作为比对推理依据的独有特征,大致有如下两种情形:

1. 以被考察对象呈现在外部的某一特殊标记作为比对的独有特征。这种特殊标记,可以是对象本身固有的,也可以是某种外力因素在特定条件下造成的。以人来说,前者例如呈现在外形上的某些生理缺陷,诸如眼瞎、嘴缺、头歪、脚拐等。就一个人来说,这些特征是早就形成的,因其在特定的地区范围内一般都不可能为别人同样具有,所以可以作为识别对象的特殊标记。后者例如人身上某个部位新近形成的某种伤痕,在衣物上某个部位留下的某种裂口、痕迹等。由于后者这种特殊标记的形成,本身就具有偶然性,而且又是在特定条件下形成的,与前者相比,更不可能在不同对象身上重复出现,因此,以这种特殊标记作为比对推理依据的独有特征,其结论比前者更为可靠、有效。

在刑事侦查工作中善于发现、抓住对象的特殊标记运用比对推理,不但能加快破案进程,而且基本上可以做到认定准确无误。例如,某地公安机关在侦破一起凶杀案时,勘查现场发现一截被咬断的中指尖,经查死者又十指完整,这截中指尖显系罪犯所留。于是,侦查人员即以"新近被断伤中指尖"作为罪犯的独有特征。结果,在查访基础上运用比对推理,很短时间内就找到了作案人。

2. 把被考察对象的多项特征组合而成为一个整体,以之作为对象的独有特征。这种独有特征,在司法鉴定学中称之为"特征总合"或"特定总合"。比如人的身高、年龄、体形、肤色、言语行为等方面表现出的特点,从单独某一项或两三项来看,都不成其为独有特征,具备同样特征的对象,范围都比较广,然而组合为一个整体后,就可以使具备该"特征总合"的对象特定化,因而也就可以成为比对推理的根据。依据对象的这种多项特征逐一比对而得结论的形式,明显地体现了比对推理的逻辑特点,是比对推理的典型形式。比如,前面举例中谈到的对小孩尸体和对被害人钥匙的认定,就都属这种情形。

基于上述,为了提高比对推理结论的可靠程度,运用时就应注意遵循如下两点逻辑要求:

1. 如果用以比对的独有特征是"特征总合",增加比对特征是提高结论可靠程度的关键。因为,比对特征项越多,其"特征总合"成为被考察对象独有特征的可能性就越大,也就越能排除其他对象重复具有的可能性,结论当然也就更为可靠。

所谓增加比对特征,当然也不是无限的,其目的只在于把对象特定化;若经分析可以确定对象已被特定化了,再增加比对特征也就失去了意义。

在增加比对特征时,首先应考虑增加能缩小对象范围的"类"的特征,并以之作为"特征总合"的基本构成部分。比如对"人"的认定,把年龄、性别以及时间条件、地区范围等作为基本的比对特征就非常必要。例如前面所说的对女孩尸体的认定,首先就是比对性别、年龄;对钥匙的认定,首先比对的也是外形、商标、图案等——这即司法鉴定学中所说的"种类同一认定"。如果"类"的特征不合,其余特征也就失去了比对的意义。比如对死者的认定,如果推断其死亡时间与比对原型(失踪人员)的失踪时间相距较远,其余特征就没有继续比对的必要;又如对作案嫌疑人的确定,如果某人在发案时的所在地点,与比对原型(刻画出的罪犯条件)明显不合,其余特征即便相同也不能轻易认定。忽略这点,侦查人员很容易误用比对推理而使侦破工作误入歧途。

2. 用以比对的特征中只要有一项不对应相同、吻合,便可得出否定性结论,但是,必须注意分析比对不合特征的稳固性、可靠性。

所谓分析比对不合特征的稳固性,就是要求区别该特征是固定特征还是可变特征。如果比对不合的某项特征是固定特征,得出否定性结论不容置疑;但是,如果比对不合的某项特征是可变特征,则不能轻易得出否定性结论。刑事侦查工作中运用比对推理因忽略这一要求而得出错误结论的事例,并不少见。例如,某市发生过一起凶杀碎尸案,死者尸体被分割为大小40余块。侦查人员进行尸体复原后刻画出死者特征,并据此在查访基础上运用比对推理,发现死者与失踪人员(比对原型)中的青年女工陈某许多特征都相同,但发型却明显不合——陈某失踪前留有两条长辫,而死者则为短发,于是给予否定。当侦破工作走了一段弯路之后,才回过头来认真分析比对不合的这一特征。他们将死者头发放在投影仪下观察,发现其截面与新剪头发截面形状完全相同,说明是死后新剪的,这才作出认定。可见,如果在运用比对推理时早就注意到分析比对不合特征的稳固性,考虑到"长辫"这一特征,在比对时间内可以改变为"短发"这样的特征,就不会轻易得出否定性结论而使工作走弯路。

此外,为了防止错误的否定,在运用比对推理时还必须注意分析比对不合特征的可靠性,特别是根据记忆、描述刻画出的比对原型的特征运用比对推理时,更要注意防止由于口述者的记忆、描述的不准确而使得对比对原型刻画不准确,从而导致结论错误。

课后作业

一、单选题

1. 类比推理的类比原型(A 对象)与应予解释的系统(B 对象)之间不能是(　　)。

A. 矛盾关系　　B. 反对关系　　C. 全异关系　　D. 属种关系

2. 类比推理的客观依据是(　　)。

A. 事物的共有属性　　B. 事物的特有属性

C. 事物间的同一性　　D. 事物间的差异性

3. "二战"期间,苏联科学家根据对地鼠钻洞的仔细观察,联想到如果有一种机器能和地鼠相似,就能大大提高挖洞效率,后来他们便发明了一种挖洞机,每小时能挖洞 120 米。

上述发明运用了(　　)。

A. 演绎推理　　B. 归纳推理　　C. 类比推理　　D. 因果推理

4. 外科医生在给病人做手术时可以看 X 光片,律师在为被告人辩护时可以查看辩护书,建筑师在盖房子时可以对照设计图,教师备课时可以查看各种参考书,为什么独独不允许我们学生在考试时看看教科书及其他相关材料?

从逻辑学的角度看,上述议论(　　)。

A. 犯了"轻率概括"的逻辑错误　　B. 犯了"机械类比"的逻辑错误

C. 犯了"理由虚假"的逻辑错误　　D. 犯了"预期理由"的逻辑错误

5. 侦查人员根据甲地"3·12"杀人案现场发现的子弹头为铜质五四手枪弹头,而乙地"1·2"盗枪案中恰好有不少这种子弹被盗;"3·12"案捆绑尸体的铁丝与"1·2"案捆扎胶管的铁丝都是逆时针方向扭动的,而一般人的习惯性动作都是顺时针方向扭动的,从而提出"这两起案件很可能是同一个或同一伙罪犯所为"的侦查假设。

提出上述侦查假设运用了(　　)。

A. 联言推理　　B. 归纳推理　　C. 类比推理　　D. 比对推理

6. 某地在两个月内连续发生三起爆炸案,经侦查发现:三起爆炸案所使用的炸药、引爆方式相同,犯罪分子选择的作案时间大体相同,侵害目标相似。侦查人员据此推测:"这三起爆炸案是同一作案人所为。"

侦查人员在这里运用了(　　)。

A. 假言推理　　B. 归纳推理　　C. 类比推理　　D. 比对推理

7. 某地发生一起重大盗窃案,久侦未破。警方将作案人的作案手段、案犯可能具备的特征,通报本地区各公安局及派出所,要求协同破案。一位侦查员认为此案很像他过去承办的一起盗窃案,遂向上级反映了这一情况。经查,那起盗窃案的作案人祝某某已从服刑地脱逃,有作案时间。据此,警方将祝某某列为重点嫌疑对象追捕,终于破获此案。

上述运用的是(　　)。

A. 演绎推理　　B. 归纳推理　　C. 类比推理　　D. 比对推理

8. 类比推理是指根据两个或两类对象之间在某些方面的属性相似或相同的关系,推出它们在其他方面的属性也可能相似或相同的逻辑方法。

以下推理过程没有应用类比推理的一项是(　　)。

A. 由"敲击木桶可大致判断桶内的酒量"推断出"叩击胸腔可大致判断胸腔积液的量"

B. 由"氯霉素可影响幼龄小白鼠的骨骼发育"推断出"氯霉素可影响幼儿的骨骼发育"

C. 由"从这个病人的痰中发现了癌细胞"推断出"这个病人患了肺癌"

D. 由"颜色鲜艳的蘑菇一般具有毒性"推断出"颜色鲜艳的蛇一般具有毒性"

二、多选题

1. 与演绎推理相比,类比推理的特点在于(　　)。

A. 它是由个别到一般的推理　　B. 它是由个别到个别的推理

C. 它的结论不具有必然性　　D. 它的结论不可能是真的

2. 类比推理的两个相同或相似对象,可以是(　　)。

A. 两个对象　　B. 两类对象

C. 一个类与另一类的个体对象　　D. 一个对象与其组成部分对象

三、判断题

1. 类比推理的推理依据是事物之间的同一性与差异性。(　　)

2. 运用类比推理时常犯的逻辑错误是"以偏概全"。(　　)

3. 侦查员根据甲案和乙案在作案性质、时间、手段等方面很相似,并且已知甲案为张某所为,运用类比推理便可提出"乙案也可能是张某所为"的侦查假说。(　　)

4. 根据最高人民法院发布的指导性案例对当前审理案件进行处理时所运用的法律推理,属于遵循先例式判例类推。(　　)

5. 刑事侦查中借助串案分析提出并案侦查假说,实际上就是对归纳推理的应用。(　　)

6. 刑事侦查活动中常用的比对法,是类比推理的一种特殊应用形式。(　　)

四、思考与练习题

1. 试述类比推理的特征以及在不同场合下运用的类比推理的特点。

2. 类比推理由前提得出结论的根据是什么？为什么它的结论不完全可靠？实际思维中怎样提高类比推理的合理性？

3. 刑事侦查中的比对推理与类比推理相比，有哪些相同点和不同点？

4. 要正确运用比对推理，在逻辑上应注意遵循哪些要求？

5. 已知 A、B、C、D、E 均属于 S 类事物，并且又已知 A 具有 P 性质，B 具有 P 性质，C 具有 P 性质，D 具有 P 性质。

问：根据上述，如果分别运用联言推理、归纳推理和类比推理，各自可以得出一个什么样的结论？请分别写出其推理形式并说明结论的逻辑性质。

6. 根据类比推理的公式，分析指出下面例子中某江湖游医所运用的类比推理的构成，并说明它为什么不正确。

某江湖游医对一患者说："你应该相信我的医术，前不久我才治愈一个病人，她也是女的，同样也是你们公司的人，她的年龄、身高甚至连说话的声调都同你差不多，吃了我配的这种药不到半个月，病就好了，所以，你吃了我配的这种药也绝对能够治好你的病。"

7. 根据下面介绍的材料，将其中运用的类比推理整理为典型的推理形式，并指出哪是其类比物，哪是需认识的对象，以及其结论的可靠程度。

"某地农村妇女高某，遵其丈夫张某之嘱，于某日清晨用其夫带回的香油、韭菜、菠菜和鸡蛋，混在一起炒得半熟时给张父吃，以治张父的浮肿病。张父正吃时，住同院的本家小孙子（10 岁）来玩，张父喊他同吃。谁知吃后不久，爷孙二人便全身抽搐、口吐白沫、四肢麻木，约 30 分钟即先后死去。在审讯高某时，她再三提出在往锅里打鸡蛋时，发现有一个鸡蛋打出来后像稀水状，并呈绿色。这个不正常的鸡蛋是否含有什么可致人于死的药物呢？为弄清案情，侦技人员做了如下实验：他们把各种可能导致出现上述死者症状的农药和其他药物，分别注射入各个鸡蛋。再放置到相当于高某从其丈夫手里得到鸡蛋至打破鸡蛋的时间，之后将这些鸡蛋分别打到不同的碗里观察，结果发现，注射有 1605 农药的那个鸡蛋，呈现出与高某所述完全相同的现象：鸡蛋像稀水状、呈现绿色。于是推知张父食用的鸡蛋中注射有 1605 农药。"

8. 分析说明下述比对推理的构成及其结论的可靠程度。

某地发现一具无头、无手足的无名女尸。侦查人员经反复查证发现：第一、失踪妇女孙某年龄 30 岁，身高 150 厘米，与无名女尸年龄、身高相同；第二、据群众反映，孙某经常穿一条与无名尸体身穿的黑色绒裤类似的绒裤；第三、孙某的下牙有两个小黑牙，现场提取的死者的下颌骨也有两个小黑牙。于是，侦查人员据此认定：无名女尸就是失踪妇女孙某。

9. 结合下列侦破案例，分析说明侦查人员运用的类比并案推理及其合理性。

2000 年 9 月 1 日，在湖南省常德市发生一起持枪抢劫银行运钞车案。公安部将湖南常德"9·1"持枪抢劫运钞车案与此前发生在重庆、长沙、武汉的 7 起抢劫案并案侦查。警方并案主要基于以下考虑：

①弹道痕迹：湖南常德劫案发生后，公安部立即调集武汉、重庆两地的有关专家，携带当初两地发案现场的弹道痕迹档案，奔赴常德。通过分析发案现场的弹道痕迹，认定三地现场的子弹来自同几支枪。

②劫犯穿戴：武汉劫案，劫犯戴着帽子。仓皇逃跑时，劫犯在现场掉了一顶帽子。而常德劫案的劫犯同样戴着帽子。这说明劫犯头上很可能有明显标记，或是秃顶，或是有疤痕。

③身体特征:重庆、长沙、武汉的抢劫案发生后,各地公安机关曾根据目击者描述,用电脑画出劫犯相貌的大致特征。这也与常德警方提供的劫犯特征基本相同。

④作案时间:这几起劫案发生在下午下班时刻。此时正是管理相对松懈、人流最多的时候,作案既易于得手,又易于逃脱。

⑤作案手法:劫匪下手极其残忍,大都是直击太阳穴。并且枪法极准,一般是一枪毙命。

⑥作案规律:从目前发生的8起劫案来看,每起劫案间隔一般都在半年以上。

⑦逃跑方式:劫匪得手后,逃离现场的方式相同:先抢一辆出租车,杀死司机,开车逃跑;逃离现场后,再换一辆车,半路再弃车逃遁。

⑧作案人数:1995年,重庆发生第一起劫案时,只有两名作案人员。此后几起劫案的作案人员均为四人。警方推测,这是一个相对固定的犯罪团伙。

警方据此推测,这四名劫匪与武汉、重庆、长沙、常德有某种联系:要么他们来自这三座城市,曾在某一地方共过事;要么他们是同一地方的人,分别在这三座城市生活过。

后破案证实,常德、重庆、长沙、武汉的8起案件都是张君特大抢劫杀人团伙所为。(参见《四大劫案为何并处》,载《重庆晨报》2000年9月6日)

10. 结合下列侦破案例,分析说明侦查人员运用的类比并案推理及其合理性。

2013年4月25日到9月17日,河北某县城连续发生三起入室强奸案。

警方发现这三起案件,具有以下共同特点:

①案犯作案时,假冒片警,以例行检查为借口入室,进门后手持强光手电光一直照射着受害人;

②作案人操普通话,但带有明显的东北口音;

③侵害部位,都是县城小巷内的出租屋;

④侵害对象,都是案发当晚独自一人在家的女性;

⑤案犯只劫色不劫财,每次作案只实施强奸,对被害人的现金、电脑等贵重物品从来不拿。

警方据此推测,这一系列入室强奸案件应为同一人所为。遂将这一系列案件予以并案侦查。并案不久案件告破,证实警方的推测是正确的。

11. 结合下列侦查实验,分析说明警方运用的侦查实验类比推理及其合理性。

某职工医院王某之妻突然死亡。厂里职工及邻居均认为,死因实属可疑。遂报告警方。警方在征得死者亲属同意后,对死者尸体进行了解剖。验尸发现:

①尸表:左胸壁位于5-6肋间骨缘皮肤有三小点针疤,无挣扎搏斗痕迹;

②颈部:两侧扁桃腺肿大;

③胸部:心脏大小正常,心包内含有血性液体63毫升;心尖区有三处出血斑,出血斑内有两个针孔;

④腹腔:无渗出液及出血,子宫内有男性胎儿一具。

经过验尸及现场勘查,虽然还无法确定死因,但也显露了不少问题,王某有谋害妻子的重大嫌疑。后经多方调查,在事实面前,王某被迫供述了与女同事王某某的不正当关系,为达到与之结婚的目的而谋杀本妻,并利用针刺心脏再用半导体脉冲电疗器通电谋杀的事实。

但针刺心脏接通脉冲电疗器电流,是否会致人死命?侦技人员通过查找法医学文献,国内外均无此类报道。为此,侦技人员对生命力较强的家犬连续做了多次侦查试验。试验结果表明:当二枚银针刺入家犬心脏,并接通脉冲电流器电流后,家犬即出现呼吸障碍,心速加快,心室纤颤呼吸停止,瞳孔散大,数分钟后,心跳停止而死亡。经解剖家犬尸体,其主要部位的反应同死者相符。从而认定犯罪嫌疑人王某所供属实。

12. 结合下列侦查实验,分析说明斯塔斯运用的侦查实验类比推理及其合理性。

1850 年 11 月 20 日在比利时发生法医学史上第一起利用尼古丁进行谋杀的案件。死者的口、舌、喉和胃都有化学物品灼伤的痕迹。最初推测死者为某种苛性液体从口中灌入致死,很可能是硫酸。警方将尸体交由著名法医学家斯塔斯进行检验。斯塔斯在死者的胃、肠、膀胱的提取物内没有检出硫酸却检出了大量醋酸,但醋酸显然不能致人死命。斯塔斯猜测,大量的醋酸肯定会把其他某种更加神秘的毒物的作用掩盖起来。经过大量实验,他又从这些提取物中检出了尼古丁。但尼古丁不会引起死者口腔、食道发生烧灼伤。而且,死者是否是尼古丁致死的?为何会发生口腔和食道的烧灼伤?斯塔斯推测,死者很可能是因灌入尼古丁致死的,作案人为了掩盖尼古丁强烈的刺激气味,又往死者口中灌入了大量醋酸以致引起口腔、食道的烧灼伤。为了检验这一推测,斯塔斯于 1851 年 2 月 27 日作了最后一组动物实验:他往一只狗的嘴里灌入尼古丁,把狗毒死,同时用完全同样的方法把另一只狗毒死,然后往它嘴里灌醋酸。前一个实验表明,尼古丁不会将活体灼伤;在第二个实验里则见到了和死者嘴里一样的焦黑烧灼伤。后来被告人在庭审中供述与斯塔斯的推测完全一致。

第十一章　假说与侦查假说

课外阅读

第一节　假说及其建立程序

一、假说的特征与分类

所谓假说(hypothesis),又称假设或猜想(conjectures),就是根据已观察到的事实和已有的科学原理,对尚未认识到的现象的性质或发生原因作出的推测性解释。

在日常生活中,人们常常要对某些特定事实的发生作出解释。比如,某人手指流血不止,到医院诊治时,医生问:"为什么流血?"他回答说:"削苹果不小心,手指被刀子划破了。"这一回答,就是对"手指流血不止"这一事实的解释。用来解释的命题,称为被解释事实(或命题)的理由;而被解释的那个事实(或命题)则称之为推断。不过,在这一解释中,理由和推断都是已知为真的命题,而且,二者之间的联系,即人们头脑中的背景知识("如果手指被刀子划破,手指就会流血不止"),也是已知为真的。正因如此,上面这样的解释也就不容置疑、绝对有效。如果我们头脑中关于事物情况之间联系的知识,即背景知识掌握得愈多,也就愈能广泛而有效地用一些事实来解释另一事实。

然而,无论任何人,不论他的知识如何渊博,也不可能对客观世界发生的一切事实都能给以有效的解释,也就是说,某个特定事实究竟为什么会发生,究竟由那些事实引起,人们并不都能给以科学的说明。在这种情况下,为了认识某个特定事实发生的原因,人们就只能对之作出一种尝试性的解释,说"q"这个特定事实的发生是由"p"这个事实引起的。而这一解释中,"p"究竟是否存在?"p"即使存在,是否必然导致"q"的出现,亦即"p"与"q"之间是否真的有联系?这些都是未知的。因而这样的解释,连解释者自己在认识上也没有把握。对某个特定事实发生的原因作出的这种解释,就是一种假定性解释,即假说。

例如,医学家们新近发现一种称之为"青壮年急死综合症"的病,死者多为营养良好、身体健康的男性青壮年。发病时,一般都是夜眠中突然惊叫或发出鼾声、四肢抽搐,随即意识丧失。病发只有分钟或几十分钟,患者便死去。全面尸检既找不到足以致死的病变,也未能查明致死的证据。病因是什么呢?各国学者作了许多研究,但病因不明。于是,学者们便根据患者发病情况和已知的医学原理,对病因作了推测性的解释。有的学者认为:这是由于"突然的心脏机能不全导致急性心脏性死亡";有的学者则根据患者病发时常在夜眠中突然惊叫,而惊叫又是呼吸困难的表现,因而认为这是"中枢性呼吸麻痹死亡,是脑死亡"。这里,就这类死者来说,"突然的心脏机能不全"或"中枢性呼吸麻痹"("p")是否真的存在过?即使它存在过,又是否必然导致出现上述那样症状的死亡("q")?简言之,究竟是"心死"还是"脑死"或其他原因而死,至今未能得到证实。上面便是关于"青壮年急死综合症"病因的两个假说。

假说具有如下两个特点：

第一，假说是对尚未认识的事物或现象的性质或发生原因作出的一种猜测，然而它又并非毫无根据的胡想瞎猜，也不是不顾事实的主观臆测。它的内容是客观的，是以可靠的事实材料为根据，以已有的科学原理为指导，并借助于各种推理（主要是归纳推理和类比推理），加上科学的想象提出来的。如前面关于“青壮年急死综合症”病因的各种假说，就是建立在这类患者症状材料基础上的。没有事实材料作根据，就不可能提出科学的假说。

假说不但要有事实材料作根据，还得以已有的科学原理为指导。如上面例子中，学者们之所以能够根据死者临死前的症状，提出关于死者病因的那些假说，就在于他们运用了已有的关于心脏机能和中枢神经系统功能方面的知识。已掌握的科学原理，是对假说起支持作用的背景知识。没有这样的背景知识，对未知的关于某种事物或现象的性质或发生原因，也不可能作出科学的推测性解释。

第二，假说虽然有事实材料作根据，有科学原理的指导，但是，假说的基本内容、关键部分，却又具有猜测的性质。因此，任何假说，它在还未经实践证实之前，即使分析准确、论证严密，它终究还不成其为科学理论，也不等于就是事实、真理。关于这个问题，恩格斯有过如下精辟的论述，他指出：“哥白尼的太阳系学说有300年之久一直是一种假说，这个假说尽管有99%、99.9%、99.99%的可靠性，但毕竟是一种假说；当勒维列从这个太阳系学说所提供的数据，不仅推算出一定还存在一个尚未知道的行星，而且还推算出这个行星在太空中的位置的时候，当后来加勒确实发现了这个行星的时候，哥白尼的学说就被证实了。”[1]

上述表明，假说既具有科学性，又具有猜测性，所以说假说是科学性与猜测性的统一。

假说可依据不同标准，作不同的分类。

首先，依据假说知识性质的不同，可将其分为经验假说（experience hypothesis, empirical hypothesis）与理论假说（theoretical hypothesis）。

所谓经验假说，就是根据观察或实验的种种结果而作出的推测性解释。例如，前面提到的关于“青壮年急死综合症”的两种假说，就是根据观察到的这类死者的症状而作出的推测性解释；再如，波义耳从实验数据的考察，经过概括，提出了一定质量气体在温度保持不变时，它的压强（P）和体积（V）成反比的假定性说明（后来的“波义耳定律”），都属于这种经验假说。人们通常所说的假说，一般都指的是经验假说。

所谓理论假说，是根据思维的自由创造，诸如直觉、类比、想象、抽象等对事物现象及其规律作出的推测性解释。从这种假定性的命题可以推导出其他陈述。例如，牛顿根据苹果落地、月球绕着地球运转等现象，通过类比和想象，提出物体之间都具有引力的假说；朗德福通过想象提出的关于热是分子的运动的假说，这些都是理论假说。

理论假说不同于经验假说之处在于：第一，它不是根据观察到的事物或事物之间的某种关系提出，而是根据不可直接观察的、凭借思维的自由创造提出的假说；第二，表示理论假说的命题，是经过综合和推演各种不同命题而被确定的；第三，由于理论假说是凭借思维的自由创造而提出的、表示普遍性命题的假说，理论概括的范围广，因而不可能像经验假说那样通过实践直接对之加以检验，不可能用经验知识直接对照，而只能用间接方法——借助于演绎的方法加

〔1〕《马克思恩格斯选集》（第4卷），人民出版社1972年版，第222页。

以检验。

其次,依据提出假说的目的的不同,假说可分为定律假说(law hypothesis)与作业假说(operational hypothesis)。

定律假说亦称科学假说(science hypothesis),它是关于一类事物或现象的性质或发生原因的推测性解释,目的在于通过这样的解释指导探索某个事物类的性质或发生原因,得出一个具有普遍性意义的、规律性命题,从而建立、发展或补充科学理论。尽管建立这类假说时所依据的是有限的、甚至是个别性的事实材料,然而假说本身却具有一般性意义。例如前面谈到的"青壮年急死综合症"的假说,学者们所依据的就只是有限的一些事例,而所解释的则是一切出现这类症状的死者的致死原因。

在自然科学领域,不仅一切理论假说,也包括所有的经验假说,都属于定律假说。它是建立和发展科学理论的必经途径,因而也被称为科学假说。

作业假说亦称工作假说(working hypothesis),它是关于某个特定事物或现象的性质或发生原因的推测性解释;它的目的不在于最终获得定律性的认识,而只在于通过对事物或现象的性质或发生原因的试探性解释,以指导人们有目的有计划地展开工作,避免工作的盲目性。例如,临床诊断假说就是这样的工作假说。比如面对一位患疑难病症的病人,即使是非常有经验的医生往往也不是一下子就能确定患者病症的;都只能根据体检、化验,或者通过"望""闻""问""切"等诊断手段获得的材料,对患者的病症作出试探性的假定解释,并以此为指导,然后采用相应的治疗措施。若治疗一定时期后获得同预想相符合的效果,说明解释正确或基本正确,这样便可循此继进采取后一步的治疗措施;若不符合预想的效果,则证明解释有误,就需重新建立假说,以指导下一步的试探性治疗。

二、假说的认识价值

假说虽然是一种推测性解释,然而却是人们认识客观事物及其规律性不可缺少的思维方法。因为事物的本质和规律性,都不是一下子就可以认识到的,更不是一次就可以完全认识的。因此,在认识客观事物及其规律性的过程中,如果不在已有材料基础上首先作出推测性解释和观察、实验等认识活动,对事物的本质或规律性的认识活动就无法设计、无法展开。正因假说是认识客观事物及其规律性的必经途径,所以恩格斯指出:"只要自然科学在思维着,它的发展形式就是假说。"[2]

科学发展的历史表明,著名的科学理论、科学定律,一般都是科学家们根据当时占有的材料,通过认真地整理、分析,最初以假说的形式提出,然后又依靠假说指导进行有目的、有计划的观察、实验,不断验证,最后才发展成为科学理论的。例如,大家熟知的生物进化论,19 世纪初达尔文刚提出时,也不过是一种假说。后来,人们以这一假说做指导,在自然界中发现了越来越多的物种之间的过渡性类型,如文昌鱼就属于无脊椎动物到脊椎动物之间的过渡性类型,始祖鸟就属于爬虫类到鸟类之间的过渡性类型。正是在假说指导下进行有目的的观察,才使得生物进化论的许多环节得到了验证。反过来,这些环节得到了验证,生物进化论也才由假说转化成为科学理论。假说的这种作用,正如英国一位科学家所述:"假说是研究工作者最重要

---

〔2〕《马克思恩格斯选集》(第 3 卷),人民出版社 1972 年版,第 561 页。

的思想方法,其主要作用是提出新实验或新观测。确实,绝大多数的实验以及许许多多的观测都是以验证假说为明确目的来进行的。假说的另一作用是帮助人们看清一个事物或事件的重要意义,若无假说则这一事物或事件就不说明问题。例如,在进行现场考察时,一个用进化论假说武装头脑的人就比没有这种假说武装的人能够作出许多更为重要的观察。”[3]

假说既是获得关于事物规律性认识的必经阶段,也是通向真理的桥梁。假说并不都是正确的,历史上被实践证明为错误假说的事例,不胜枚举。但是,即使是错误的假说,它也可以启迪人们的思维,并且促使人们在验证假说的过程中积累新的资料,为建立新的正确的假说准备条件;假说的真正作用也在于此。以天然放射性理论的诞生来说,它就同在此之前的一系列错误假说有关,是在原有假说的基础上不断向真理逼近的结果。1895 年,德国物理学家伦琴偶然发现,放在阴极射线放电管附近的一包密封在黑纸里的、未曾显影的照相底片,全部走光了。什么原因呢?伦琴猜想,一定还有一种人们并不了解的射线(称为 X 射线)在起作用,并推测这种射线是从管中有黄绿色磷光的一端产生出来的。后来,另一位物理学家彭加勒又根据这点提出假说:所有发强烈磷光的物质都能发射 X 射线。1896 年,法国的贝克勒根据彭加勒的假说进行实验,他把一种能在太阳光下发光的物质硫酸钾铀和设显影的底片一起放在暗箱里,几天后发现,这种物质在不见光的条件下仍然可以使底片感光。可见,X 射线与磷光毫无关系,于是便否定了彭加勒的假说。后经多次试验,贝克勒证明 X 射线是从硫酸钾铀的铀元素中放射出来的,之后,在其他元素的化合物里也发现了放射现象,特别是居里夫妇从铀中又提取出一种放射性很强的新元素——镭,这才出现了天然放射性理论。不言而喻,如果没有伦琴的发现和猜想,没有彭加勒的假说(尽管是错误的),就没有贝克勒的实验,也就没有放射性元素的发现和应用,从而也就不可能有今天的高能物理学。可见,假说本身虽然不是真理,但它对于人们获得真理性的认识来说,却有十分重要的作用。

科学的发展都离不开假说。人们在认识客观事物的过程中,最初总是只能根据有限数量的事实材料,对需要认识的事物或现象作试探性解释,即提出假说。当假说得到不断验证而被证明为正确的时候,它才上升为科学理论,从而又指导新的实践活动;在新的实践基础上又提出新的假说,作新的探索。科学就是这样不断发展、不断深化的。

假说不仅是自然科学的发展形式,在社会科学领域也有着重要的认识意义。在司法工作中,侦查破案的过程就是一个不断提高假说和验证假说的过程。侦查人员是否善于提出假说,所提出的假说的科学性如何,都直接关系到侦破工作的成败、效率。因此,假说在刑事侦查工作中的作用就尤其不可低估;也正因如此,所以我们在后面有必要专门讨论假说在刑事侦查工作中的应用问题。

三、建立假说的逻辑程序

假说的建立过程是一个比较复杂的思维过程,大致可分为假说的提出(the proposal of hypothesis)、假说的推演(the deducing of hypothesis)和假说的验证(the testing of hypothesis)三个阶段。

---

〔3〕［英］W. J. B. 贝弗里奇:《科学研究的艺术》,陈捷译,科学出版社 1979 年版,第 49 页。

(一)假说的提出

提出假说,并不是指简单地作出一个判断。它要经历以下步骤:首先在观察或实验的基础上,运用归纳、类比等推理发现和提出问题,并对提出的问题作出初步假定性解释;然后,对这一解释作出论证,主要就是运用初步假定来说明已知的相关事实。

通过观察或实验来搜集和占有材料,是建立假说的基础和出发点。只有占有材料,才能发现和提出问题。

能否通过观察来发现和提出问题,并对之作出推测性解释,取决于观察者对已有知识的掌握程度和运用推理的能力。科学史上的不少事例表明,面对同样的事实材料,一般人不以为然,而细心的科学家却能在此基础上展开思维的想象力,进而发现问题并提出假说。例如,苹果落地这样的现象,人们早已见惯不惊,而牛顿却对此产生了疑问:苹果为什么不往上飞,不往左右射,总是往地面坠落呢?正是有了这样的"问题",牛顿展开了思维的想象力,提出了关于物体引力的假说。

著名的"大陆漂移假说"的提出,也是一个很能说明问题的例证。现在我们打开世界地图也还可以发现这样的现象:非洲西海岸和南美洲东海岸的海岸线轮廓彼此对应吻合。巴西海岸的每一个凸出部分,都和非洲的每一个同样形状的海湾相呼应;巴西海岸有一个海湾,非洲方面就有一个相应的凸出部分。对此,人们既未注意它,更没有去思考它。20世纪初,德国科学家魏格纳有一天躺在病床上,对墙上世界地图上的上述现象却产生了极大兴趣。而已知的地质科学理论(如"地球收缩说"等)又都不能给以合理的解释。后来,他就一方面对大洋两边的海岸形状、生物化石、地质结构,以及古气候方面的亲缘关系,进行了细心的调查;另一方面又根据大洋两边的石炭纪二迭纪冰川地貌痕迹完全可以衔接的现象,展开了思维的想象力,推测大洋两边原属于同一地带,从而得出南美洲、非洲以及澳洲曾经是连成一片的一块大陆的结论,提出了著名的"大陆漂移假说"。可见,假说的提出是要依赖于研究者的德识才学的。

从逻辑方面说,在假说的提出阶段应当注意如下几点:

第一,一般来说,提出的假说应与已知的科学原理符合,不能与之相矛盾。但是,这绝不意味着提出假说时只能墨守成规,不能有创造性突破。因为人的认识要受历史条件的限制,已有的科学理论不可能尽善尽美,甚至有可能被证明是错误的。因此,即使面对公认为正确的理论,只要有充分的事实材料和科学的依据,也可以怀疑,并提出不同的甚至与之相反的假说。历史上,哥白尼就否定了曾一度被视为"真理"的"地心说"而提出了"太阳中心说";伽利略就否定了"物体下落的速度由物体重量决定"这个统治了上千年的理论,建立了"自由落体定律",等等。因此,对一些曾被认为是正确的理论表示怀疑、否定,并提出新的假说,这不但是允许的,而且也是科学发展所必需的。

然而值得注意的是,上面这种情形是对理论本身的怀疑、否定,不同于提出假说的依据同已知的科学原理相矛盾这种情形。比如,有的人不顾能量守恒和转化定律,设想制造永动机;不顾月球上缺少生物学已证明了生物存在的必要条件——水和氧气,提出月球上也可能有生物的猜测,如此等等。这就不是什么科学的假说,而是一种不切实际的幻想。

第二,在提出假说的初始阶段,根据已掌握的材料和已知的科学原理,对需认识的事物或现象的性质或发生原因,应当尽可能地提出多种初步假定。

初步假定亦称基本假定,它是研究者在事实材料基础上产生的尝试性解释,是有待进一步论证后形成假说的第一步。

例如，我们在前面“归纳推理”一章中曾经讲到过的一件事例：科研人员从有关资料中发现，上海城市有下沉趋势，从1921年至1965年的几十年中，较严重的地区已下沉2米多。在当时还不明原因的情况下，科研人员对城市下沉原因就提出过若干种初步假定：(1)海平面不断上升，因而城市相对下沉；(2)高层建筑多，地面负荷太重而下沉；(3)大量开采天然气，使地面压缩而下沉；(4)地壳新的构造运动而引起下沉；(5)大量抽取地下水而引起下沉，等等。对同一现象发生原因提出的各种初步假定，带有明显的尝试性和试探性，在没有对它们作出充分论证的时候，应当承认它们的可靠性和合理性是平列的，任何人都不能偏爱其中一个而否定其余。

如果提出的各种初步假定能达到穷尽一切可能的地步，那么，证明了某些初步假定可靠程度低，也就从反面证明了剩下的那种初步假定可靠程度高，这无疑有助于选取较可靠的初步假定而形成假说。这样的选择过程，也就是开展假说（实为初步假定）的竞争过程。

第三，要对初步假定进行论证，亦即用初步假定来解释已观察到的事实，若该初步假定能够或基本上能够解释已观察到的各种事实，则发展为假说的可能性就大；反之，若有完全不能解释的，甚至有与初步假定相矛盾的事实，该初步假定就不能作为假说提出。

例如“大陆漂移假说”，魏格纳在提出初步假定时就对之作了论证：他推测古生代地球有一块陆地，称为泛大陆，它周围是广阔的海洋。后来，由于天体的引力和地球自转产生的离心力，使原始大陆分裂成若干块，像浮冰一样逐渐漂移分开，中间形成大西洋和印度洋，在漂移过程中因受到玄武岩基底的阻挡，地面便形成皱褶；现在地球上的山脉——纵贯南北美洲的科迪勒拉和安第斯山脉，就是漂移大陆块的前缘造成的皱褶而形成的。这样的论证，才说得上是提出了一个具有相对稳定意义的假说。

开展假说之间的竞争，其实就是看假说的说明能力如何。能解释的事实越多，对该假说的支持力越强，这种假说的可靠性就高；反之则低。

（二）假说的推演

假说的推演，就是以假说为出发点，结合背景知识引申出必然性的推断。换句话说，就是以假说做前件，逻辑地推导出与之有必然联系的后件，形成一个充分条件假言命题。

假说的推演过程纯属逻辑思维活动过程。若以“H”表示假说，“e”表示引申出的推断，其思维过程可以表述为：已知“如果H，就必然e”；现在既然“H”，所以“e”。用公式来表述就是：

$$(H \rightarrow e) \land H \rightarrow e$$

公式中的“$(H \rightarrow e)$”，是支持由“H”引申出“e”的背景知识，也可以称为由“H”推出“e”的解释性原理，是人们进行推演时他头脑里面起作用的东西。由假说引申出推断，其实就是以假说为根据来预言未知的事实或现象，以便在实践中验证。

由假说引申出的推断，通常都是多项的。因此，假说的推演可以用公式表示为：

$$H \rightarrow e_1 \land e_2 \land \cdots\cdots \land e_n$$

（这里，略去了支持该推断的背景知识，如“$H \rightarrow e_1$”“$H \rightarrow e_2$”等等。）

假说能够引申出的推断多，说明该假说能够预言的未知事实和现象多。这样，在下一步验证推断时，途径也就更为广阔，而且也就更能有效地判定假说的可靠程度。

假说的推演,一般在酝酿初步假定时就已展开,并且也已在对照事实检查推断,看它们是否符合。例如,魏格纳在提出大陆漂移初步假定的同时,就作了这样的逻辑推演:"如果美洲大陆与非洲大陆原是一块,后才漂移分开的,那么在大陆两岸应当能找到同种生物化石,并且有相同的冰川地貌痕迹。"正因为他在酝酿初步假定时就已作了这样的逻辑推演,所以,在假说提出之前就对大洋两边的生物化石、冰川地貌痕迹,进行了细心的调查,以验证推断与事实是否符合。

又如,前面谈到的关于上海城市下沉原因的各种初步假定,科研人员在酝酿初步假定时也作了如下推演,"如果是海平面上升而出现城市下沉,那么,各个观潮站记载的水文资料,应该都有海平面相应上升的记录";"如果是高层建筑多而引起城市下沉,那么,凡是高层建筑多的地方都应出现下沉的趋势,并且,下沉趋势应与高层建筑量成正比",如此等等。

值得注意的是,在假说提出阶段,由初步假定引申出的推断,基本上是已知事实,是需要用初步假定来解释的已知事实,目的在于检查初步假定的说明能力。而形成假说之后由假说引申出的推断,则主要是关于未知事实的预见,是有待探求的事实;目的在于用以指导调查或实验,看该假说能否经受验证而获得预言事实的支持。因此,两个阶段的推演,又是有区别的。

(三)假说的验证

假说的验证,就是通过科学实验或社会实践,检查由假说引申出的推断与现实是否符合,看预言的事实是否出现。

假说的验证与假说的推演是紧密联系的。推演是为了验证;验证首先必须作出合乎逻辑的推演。

一般来说,如果由假说引申出的推断,经验证与现实不符合,根据充分条件假言推理的否定后件式,否定了推断便可否定假说,该假说就应当被淘汰;如果推断与现实符合,假说便得到了支持;推断越多并且都一一得到证实,假说获得的支持强度就越大,该假说就可以被接纳,并让其在实践中经受较长时间的、更多次的检验,使之升华为科学理论或定律。

但是,无论接纳或淘汰一个假说,确认或否定一个假说的真理性,都不是仅凭一两次实践活动就可以判定的,往往需要经历一个较长的历史过程。就以假说的推断被证实的情形来说,尽管引申出的推断是多项的,并且都一一得到证实,也还不能简单地由此便确认假说为真。因为从逻辑上说,这里运用的是充分条件假言推理的肯定后件式,即:

$$\begin{array}{r} H\rightarrow e_1 \wedge e_2 \wedge \cdots\cdots \wedge e_n \\ e_1 \wedge e_2 \wedge \cdots\cdots \wedge e_n \\ \hline \text{所以,}\quad H \end{array}$$

不难看出,即使每一推断 e 都真,它们的合取也真,但不能由此证明假说 H 必真。历史上就有过这样的事例:伦琴发现 X 射线之后,彭加勒据此提出了这样一个假说,即"所有能发射强烈磷光的物质都能伴随着发射 X 射线"。法国的贝克勒尔为了验证这一假说,他根据太阳光能激发磷光物质发射磷光的原理,作了这样的推演:"如果在发射磷光的同时能伴随着发射 X 射线的话,那么它必定能使被黑纸包着的照相底片感光。"于是他设计了一个实验,将一块磷光物质置于黑纸包着的底片之上,放在太阳下晒,若底片感光的话,那就表明确实有 X 射线存在。他按照这一思路进行了实验,果然不出所料,几次都成功了。推断被证实,假说"所有能发射强烈磷光的物质都能伴随着发射 X 射线”,是否也就得到证实了呢?没有。事实证明这一假说其实是错误的,贝克勒尔实验的成功,只不过是偶然的巧合而已。后来发现,这种物质在不见光的条件下,也仍然可以使底片感光。

再从推断被否定的情形来看,也是如此。虽然从逻辑上说,推断被证明与现实不符合,否定后件(推断),就可以否定前件(假说),然而问题并不如此简单。因为,一方面,由假说引申出推断要依赖于背景知识,如果背景知识有问题,引申出的推断就不具有必然性,显然,在这种情况下即使证明了推断假,也不足以证明假说不能成立。另一方面,验证推断时也还可能因实验安排不精确、不严格,导致实验结果不准确。因此,当推断不符合现实时,其原因还需认真分析,切不可据此就轻率地否定该假说。

第二节 侦查假说及其应用

一、侦查假说的性质、作用与特点

侦查假说(investigation hypothesis)亦称侦查推论(investigational inference),它是在案件(主要指刑事案件)发生后,侦查人员根据现场勘查及调查了解得知的事实材料,对未知的案件事实作出的试探性解释,是假说这种思维方法在侦查活动中的具体应用。

侦查假说也同科学假说一样,是科学性与猜测性的统一。它的科学性表现为不但有事实材料作根据,而且有比较可靠的背景知识的支持;它是经验材料与常识的结合。而所谓“常识”,是人们生活中知识的积累,虽然它不是科学原理,却也在一定程度上反映了事物之间联系的必然性。它的猜测性,则表现为根据已掌握的材料作出推论时所运用的推理,通常都只具有或然性;其或然性可能源自它的前提,也可能源自其推理形式,因而它更多地带有思维想象力和创造性的特点。

就以我们前面曾经讲过的一起案例来说:某地储蓄所存放在保险柜里的 7000 多元现金,在值班员因午餐离开约 20 分钟的时间内,被人打开保险柜盗走。侦查人员在现场勘查后得知:(1)保险柜门、锁及四周,均未发现有任何撬压痕迹;(2)室内并列放置有 7 个保险柜,被打开的那个保险柜处于中间位置,并且只有这个保险柜内存放有现金;其余 6 个保险柜均未发现有人新近接触、启动过的痕迹。侦查人员根据这些材料,借助于推理作出了这样一个假说:“作案人熟悉保险柜存放现金的情况,并且是用钥匙打开保险柜实施盗窃的。”这里,上述(1)(2)便是该假说所依据的经验材料;而由这些材料得出该假说的背景知识,则是生活中积累的常识,比如“只有熟悉保险柜存放现金的情况,才能盗窃目标如此准确”“如果保险柜是用其他工具(不是钥匙)打开的,保险柜上面就会有撬压痕迹”,等等。该假说就是上述经验材料与这些常识的结合;它既是对案件事实的推论、猜测,也是对现场得知情况的解释。

如同科学理论的建立必须经历假说阶段一样,不借助于侦查假说,侦破工作就无法展开。因为案件事实总是发生在破案之前,而且犯罪分子又往往是在隐蔽条件下作案的。这就使侦查人员要认识案件事实的真相是一件十分困难的事情,靠瞎猜蛮干当然达不到目的。要通过侦破工作,弄清案件事实并查获犯罪者,就只能从已掌握的材料,包括犯罪者作案时在现场留下的蛛丝马迹出发,运用各种形式的推理和思维的想象力,对案件发生的原因、作案过程等提出各种推测性解释,建立侦查假说。然后以这样的假说为指导,拟定侦破计划并付诸实施。只有这样,才能使侦破工作有明确的方向、范围。因此,侦查假说是侦查人员破案工作中不可缺少的一种智力手段。

同科学假说相比,侦查假说具有如下特点:

第一,侦查假说是一种作业假说。

侦查假说都是关于某个具体案件事实的假说。提出假说只是为了溯源作案过程,认识和把握作案条件,并在此基础上刻画罪犯特征,指导我们有目的、有计划地展开侦破工作,寻找作案罪犯。因此,就侦查假说的发展趋向来说,同医学上的临床诊断假说相似,不是为了获得定律性的认识,不是为了建立科学理论,而只是为了查明具体案件的事实真相;作出的各种试探性解释,也只能适用于某个具体案件。

侦查假说的核心是关于案件性质的推测,基本内容是溯源作案过程。比如一起凶杀案件,需要对之作出推测性解释的就包括死者是怎样被杀的(包括杀害的动机、手段、工具),是什么样的人杀的,等等。显然,这些都是已经过去的情景。侦查假说的任务,就是要根据已知材料试探性地说明当时发生时的情景。所以,有的法律逻辑学家将这样的假说称为"历史假说"。[4]

第二,侦查假说的内容通常都不是单一的。

侦查假说的内容,就是需要根据已有材料给予试探性解释的问题,也就是需要通过侦破工作予以查明的问题。

侦查假说的内容是由建立侦查假说的目的决定的。建立侦查假说的目的在于溯源案件的发生过程,指导有目的、有计划地查明案件真相,因此,它的内容就应当力求全面,要根据占有的材料推测解释作案的时间、地点、手段、工具,特别是案件的性质和犯罪者的特征,等等。因此,一个能溯源作案过程的侦查假说,往往是若干单项推测性解释组合而成的整体。

例如,某日晨,某地农村发生一起特大杀人案。该县机关干部韦某在农村家中的6名亲属全部被杀。其中,有韦妻张某及两个儿子(一个8岁,另一个5岁),韦的岳母(60岁)以及韦的外侄儿黄小某(10岁)、外侄女黄某(22岁)。经查,6人共被砍78刀,其中黄小某和韦的大儿子各被砍22刀,韦妻被砍16刀。韦的外侄女尸体躺在离韦家大门约35米处的小沟内,身上被砍12刀。6人被砍的部位多集中在头、面部和颈部,尸体血迹斑斑、惨不忍睹。经了解还得知,被害人家里还被盗走电视机一部、稳压器一个、自行车一辆、手表一块。

侦查人员通过现场勘查和调查了解,除获得上述事实材料外,还发现:

①现场只有一个外来人的足迹,并且表明这一外来人是从韦家右侧越墙进入的;

②6个被害人被砍的78道刀痕,全是同一种刀口较长并且锋利的工具形成的(黄某的尸体离家35米远,刀痕也属同一种工具形成);

③死者均穿贴身内衣和内裤,并且尸体多在床上或床边。

根据上述,侦查人员提出了如下假说:

---

[4] [波兰]齐姆宾斯基:《法律应用逻辑》,刘圣恩等译,群众出版社1988年版,第263页注释①。

(1)“本案是仇杀,是一起报复杀人案。”这是关于本案性质的假说,是对上述事实材料综合后形成的推测性解释,是假说的核心内容。

(2)“凶犯行凶时使用的是大型菜刀,是在后半夜趁被害人一家熟睡时翻墙入室作案的。”这是根据死者被砍的刀痕和被害人的穿着以及尸体位置,作出的关于作案工具、时间的解释。

(3)“凶犯是一个人,身高165至170厘米,年龄为18至25岁之间,身强力壮,并且熟悉现场周围情况。”这是根据现场留下的足迹及被害人被杀害的情况作出的关于犯罪者特征的假说。

上面几个假说,显然不是孤立的。提出这些假说所依据的事实材料也是被看作相互联系、相互印证的。只有这些单项性的假说组合,才能基本上再现案件的发生过程,也才能给侦破工作提供方向、范围。

第三,侦查假说具有连续性。

在对同一案件的侦破工作中,侦破计划是建立在侦查假说基础上的,是以侦查假说为指导展开侦破工作的。然而对案件事实的任何假说(包括单项的或整体的),并不一定推测正确。因此,侦查假说被否定的情形是常有的事;而下一步的侦破工作又要求必须有新的假说指导,所以只要案件未能侦破、案件事实没有查清,新旧假说的交替势必连续进行。否则,侦破工作就将停止,而这就意味着对犯罪者的放纵。显然,这是侦查工作的性质和任务及要求所不允许的。

二、怎样正确建立侦查假说

侦查假说虽然只是对未知的案件事实的一种推测性解释,但是这种解释不是随意作出的。它的建立也同科学假说一样,包含了复杂的思维过程,在程序上也要经历假说的提出、假说的推演和假说的验证这样三个阶段。不过,由于侦查假说是一种作业假说,假说的推演和验证常常结合在一起进行。侦查假说的特点决定了建立侦查假说过程中各个阶段不同的逻辑要求。

(一)侦查假说的提出及应注意的问题

建立侦查假说的第一步是提出初步假定。它是建立在一定数量的事实材料基础上的,因此,搜集和占有与案件发生相关的事实材料,是提出侦查假说的先决条件。

提出侦查假说所依据的事实材料,基本上来源于对现场环境状况和各种遗留物品或痕迹的观察,以及知情人或被害人关于案件情况的陈述。观察越细致,材料掌握得越丰富,也就越有利于提出较为可靠的侦查假说。

前面曾经谈到,提出侦查假说其实就是对已知事实材料作出初步的试探性解释,即初步假定。要提出合理、可靠的初步假定,逻辑方面值得注意的是:

第一,要力求所依据的事实材料的可靠性。

提出初步假定所依据的事实材料,虽然名为“事实”,然而并非客观事物情况自身,而是人们对事物情况的一种断定或陈述。一方面,这种陈述是来自侦查人员对现场情况的观察,而观察有误的情形是常有的,这就使得这种陈述可能不符合或不完全符合事物自身的情况;另一方面,依据的事实材料还可能来自知情人或被害人关于案件情况的陈述,而他们由于受主观或客观方面的影响,也完全可能使陈述并不都那么可靠。因此,提出初步假定时所依据的事实材料,难免会出现不真实的情形。比如,我们根据"被打开的保险柜,门、锁、四周均无撬压痕迹",便可作出这样一个推测性解释:"作案人是用钥匙打开保险柜的"。由所依据的材料作出这样的推测无疑是合理的,然而问题在于:所依据的材料只是对事物情况的反映或断定,事物情况本身是否真的如此?保险柜的门、锁、四周,是真的没有任何撬压痕迹,还是我们认识能力的限制或观察粗心大意而没有发现任何撬压痕迹?如果所依据的事实材料本身虚假,在此基础上提出的假说当然就可能错误。假说有误,侦破工作就会被引入歧途,甚至可能造成严重后果。

下述案例就发人深省:1992年11月7日深夜,甘肃省武威市某副食商店负责人唐某被杀死在值班室床上,店内价值6000多元的货物和死者所带的5000元货款无踪。案发后,市公安局专案组于12月初将嫌疑人杨某礼、杨某明和张某静抓获。又经过近一年查证,认为事实已清楚,移交地区检察分院起诉,并经武威地区中级人民法院审理,于1993年11月判处杨某礼、杨某明死刑,剥夺政治权利终身;判处张某静死刑,缓期二年执行。被告不服,一致上诉。甘肃省高级人民法院讨论该案后认为证据不足、问题甚多,作出发回重审的裁定。直至1994年9月,广西壮族自治区桂林市公安局因破获一起贩毒、贩枪、盗窃团伙案,作案人肖某供认了他曾伙同唐某、夏某流窜至武威,并于1992年11月7日实施抢劫杀人的详细情节。至此,该案才真相大白。为什么会酿成这样一起大冤案呢?源自武威市公安局的该案专案组,关键又在于他们对现场事实情况的两个误断:其一,将死者身上的24处刀伤,误断为裁缝剪刀所致(因尸体旁有把沾血的裁缝剪刀而引起错觉)。事实上,死者身上的创口与剪刀创口并不一致。据真正的凶犯肖某等供认,凶器是游标卡尺改制成的单刃刀和蒙古刀。其二,法医将被害人死亡时间误断为是晚饭后1-1.5小时,即晚上八九点钟;实际上,死亡时间是半夜二时许。对事实情况的误断,导致错误假说的形成:"依此,侦查人员判定作案人与死者是熟人或近邻,排除了流窜犯作案的可能性(事实上恰恰是流窜犯作案),从而制定了'立足本地,全面摸排,以物找人(被冤者杨某明是皮鞋厂工人,与裁缝剪刀相关),以人找案……'的行动方案。"〔5〕侦破工作完全被引入了歧途。像这样因对事实的误断而形成错误的假说,进而使侦破工作全盘失误,以致酿成如此重大冤案的教训,不能不引以为鉴。

第二,应注意全面看待事实材料,不可有片面性,尤其要防止偏见。

在刑事案件发生后,侦查人员勘查现场、搜集材料时,必须持真正客观的态度,要随时警惕被某一项或几项事实材料把思维注意力引向某一个方面,形成偏见而不能全面掌握现场情况及各种物品痕迹。特别是基于这些局部性材料而在头脑中形成某种初步假定的时候,更要注意防止偏爱对该初步假定起支持作用的事实材料而忽略其他。否则,也很可能形成一个错误的假说。

例如,某地农村发生过这样一起案件:青年妇女徐某于某日傍晚,去邻居家端回热水擦洗完身子,将其两岁的小女儿安排入睡后,关上大门,点上煤油灯独坐堂屋内做针线活。不久,突然从其厨房内窜出一个歹徒,吹熄煤油灯,用刀将其乱砍一通后从后门逃走。案发后,侦查人员通过勘查现场和调查了解得知:(1)被害人徐某全身被砍20余刀,但无致命伤,故未死;(2)歹徒是从厨房窜出作案的,发案时大门仍然紧闩未动;(3)被害人倒地处有一把沾满鲜血

〔5〕　那日苏、查庆九、罗成志:《堪以为戒——对武威"92·11·8"错案的调查》,载《法制日报》1997年10月14日。

的柴刀,刀刃与创口吻合,经了解,这把刀是被害人家中之物,原放在厨房水缸脚旁;(4)室内无任何翻动迹象,也无任何钱物丢失。由于侦查人员进入现场后,特别是得知歹徒是案前潜伏在厨房内并伺机窜出作案这一情况,头脑中就形成了初步假定:“本案是一起预谋杀害案。”侦查人员因此也就对现场出现的其他情况忽略了,并且在上述初步假定的基础上,结合被害人是一独身青年妇女(丈夫在外地打工),并且与人既无仇怨,又无钱财丢失等情况,进而提出了“本案是有预谋的奸情凶杀案”的假说。他们根据这一假说展开侦破工作,历经两个多月,仔细查证了20多名“嫌疑人”,结果一无所获。

当侦破工作进入“死胡同”后,办案人员这才回过头来冷静分析现场获得的各种事实材料,发现原先形成的“预谋杀害”这一初步假定是错误的。因为:(1)既然是预谋杀害,凶犯为什么不自带凶器,却使用被害人家中的柴刀?(2)既然是预谋杀害,目的要致人于死,为什么砍了20多刀却无一处致命伤?而且,柴刀原放厨房水缸脚旁,而水缸盖子上就有一把锋利的菜刀,凶犯为什么不用锋利的菜刀而用并不锋利的柴刀?这些事实材料显然都是同“预谋杀害”的假定相左的。由于原来认定本案是预谋杀害,对这些情况都忽略了;而且,由于侦查人员头脑中有了这样的假定,并由此提出了是“有预谋的奸情杀害”的假说,以致他们对被害人只字不提男女之间关系的问题,甚至每当被问及奸情方面的情况时总是不作回答或把话题岔开这样的现象,也被解释为是“害羞、有意避开”,竟然还把这样的现象看作是对该错误假定的“支持”,使侦破工作在错误假定的“指引”下,越走越远。

由上可见,在提出初步假定时不能全面看待事实材料的危害性。对此,正如西方一位科学家所指出的:“必须警惕这样的危险:一旦假说形成,偏爱可能影响观察、解释以及判断;‘主观愿望’可能在不知不觉中发生。”“防止这种倾向的最好办法,是养成一种使自己的意见和愿望服从客观证据的思想习惯,并培养自己对事物本来面目的尊重;还要经常记住,假说只是一种假定。”〔6〕

第三,要分析初步假定对已观察到的事实材料的说明力。

在形成假说的初始阶段,绝不能把思维的想象力只限于某一种初步假定,而应当客观地看待所依据的事实材料,对之尽可能地作出多种推测性解释。正如科学假说的建立过程一样,如果提出的各种初步假定能穷尽一切可能性,那么,通过对初步假定的论证和比较,只要证明了某些初步假定可靠程度低,也就从反面证明了另一种初步假定的可靠程度高,这就有助于我们选择较可靠的初步假定形成假说。

对多种初步假定的选择过程,也就是开展假说的竞争过程。它是通过对初步假定的论证来实现的。

所谓对初步假定的论证,就是用它来解释现场勘查和调查了解获得的各种事实材料,看该初步假定的说明能力如何。如果能用初步假定给以合理解释的已知事实越多,对该初步假定的支持力就越强;反之则低。如果对已知的某些事实(包括现场的环境状况及因案件的发生而改变了的物品状况和遗留的痕迹等),该初步假定不能给以合理解释,甚至有的已知事实与该初步假定相矛盾,这样的初步假定就应当舍弃。试以下述侦查假说的提出为例,对此作一简要说明。

---

〔6〕［英］W. J. B. 贝弗里奇:《科学研究的艺术》,陈捷译,科学出版社1979年版,第52－53页。

某年冬天的一个清晨,某厂一位清洁工人在该厂办公楼二层电话室楼下,发现躺着该厂女电话员安某的尸体。侦查人员经调查了解后得知,死者安某,31 岁,六年前与本厂某车间主任梁某结婚。发案前一天是厂休日,死者安某带着孩子同梁某一道去娘家,晚 9 时左右返回,9 时半即去厂里上夜班。

安某因何致死呢?侦查人员分析不外乎三种可能:自杀、他杀或坠楼而死。据了解,死者生前无任何自杀迹象,而且,夫妻感情和睦,经济比较宽裕,本人性格也很开朗,因而认定自杀的可能性不大。同时,又根据第一,死者生前作风正派,尸体也无被奸迹象。第二,死者身上的财物和室内的东西未丢失,现场也无翻动迹象。第三,死者生前同他人没有尖锐矛盾,尸体也无明显搏斗迹象。这就是说,奸情杀害、图财害命、仇杀等性质的他杀,也不大可能。于是侦查人员提出了这样的初步假定,“安某是擦玻璃窗不慎失足坠楼而死的”;同时也认为,“安某是被人击昏后抛出窗外摔死”也不是不可能的。

究竟是“坠楼而死”还是“被人击昏后抛出窗外摔死”?哪个初步假定更有说服力?这就需要用它们来解释已观察到的事实,看哪个假定的解释能力更强。

侦查人员分析认为,“坠楼而死”这一初步假定可以合理地解释如下事实:

(1)现场已打开的窗户是死者生前的卫生责任区,发案前两天,安某还对人说过“玻璃该擦了”,而且电话班在交接班时也有打扫卫生的惯例。

(2)上一班的值班员范某说,她搞卫生时用的一块抹布,用后是放在窗台暖气片上的,而现场上,抹布却在死者身边,并且还是湿的。

(3)开着的窗户上有两块玻璃留有刚擦过的痕迹。

(4)死者穿的工作鞋,一只在窗台上,一只随死者掉在楼下。工作鞋是再生塑料的,冬天硬而滑,加之窗台也比较光滑,死者又怀孕 6 个月,身体笨重,这些都使她在擦玻璃时很容易失足坠楼。

(5)从死者伤势看,主要是摔伤引起内脏大出血,休克死亡。

由于上述这些事实都可以从“坠楼而死”这一初步假定得到解释,因而这些事实也就起到了支持这一初步假定的作用。

然而,侦查人员通过分析又发现已观察到的另外一些事实,却又是这一初步假定不能解释的:

(1)发案后调查证明,擦玻璃窗的那间屋子没有开灯,而两侧的屋子(一间是休息室,另一间是电话室)却都开着灯。如果安某是擦玻璃窗失足坠楼而死,为什么她擦玻璃窗时不开灯?

(2)面对窗户的屋门是开着的,而当时正值严冬,夜间气温甚低,窗户门和屋门都开着,空气对流岂不更冷?

(3)窗户的附近没有椅子,也没有其他可以垫脚登上窗台的东西。而死者已怀孕 6 个月,身子笨重,不用东西垫脚怎么能登上离地面 95 厘米高的窗台?

(4)在电话室下面第一层楼外面的树叶上,发现有几滴死者的血迹。若是失足坠楼而死,血怎么会溅在离地面几米高的树叶上?

上面这些事实,都是“安某是擦玻璃窗不慎失足坠楼而死”这一假定不能解释的,特别是

(3)(4)两个事实,不仅“失足坠楼而死”的初步假定不能解释,“自杀”这样的假定也无法解释。可见这一初步假定可靠程度低,应当舍弃。

侦查人员通过如上论证,经过初步假定之间的竞争后,选择了另一初步假定:“死者是他杀——是被人击昏后抛出窗外摔死的。”比较起来,这一初步假定基本上能解释上述已观察到的事实,至少是不存在与该假定相矛盾的事实。至此才说得上是提出了关于本案死者致死原因——本案性质的假说。

提出初步假定时应注意上述三个方面的问题,即所依据的事实材料的可靠性、对待事实材料的全面性和分析初步假定对事实材料的说明力,三者是相互联系、相互贯通的。要分析初步假定对事实材料的说明力,必须以事实材料的可靠性和全面性为前提。如果片面地、按主观愿望来取舍事实材料,或者忽略与初步假定相矛盾的材料,就不可能准确判定初步假定的说明力;而分析初步假定的说明力,反过来又可以促使我们进一步考察事实材料的可靠性、全面性。因此,在提出初步假定过程中,应同时注意上述三个方面的要求。

(二)侦查假说的推演、验证及其应注意的问题

侦查假说的提出,还只是形成侦查假说的第一步,是对已知事实作出的尝试性、暂时性的解释。之所以说它是尝试性的解释,是因为它带有推测的性质,从逻辑方面看是由果溯因——根据已观察到的事实,推测它出现的原因,亦即遵循的是解释原则而不是演绎原则。只要某种假定能比较合理地说明已知事实,并且比其他假定能更多地说明已知事实,它就可以成立。之所以说它又是暂时性的解释,是由于它还未得到更多事实的支持,特别是还没有得到未知的、预见性事实的支持,随时都有可能被原属未知的、新发现的事实所否定,因而也就随时可能被另外的假说取代。为了进一步证明该假说能否成立,就要对该假说进行推演、验证,看其能否得到未知事实的支持。

侦查假说的推演和验证,通常是结合进行的。从逻辑上说,其推演方法与科学假说的推演方法相同,即以初步假定作小前提,借助于背景知识(一般是经验积累的“常识”)而推导出结论。实则又形成一个充分条件假言命题:假说命题是前件,推断(结论)是后件。这即前面一节中刻画的公式:

$$(H \rightarrow e) \land H \rightarrow e$$

在建立侦查假说过程中,由假说所引申出的推断,尤其是关于作案人特征的推断,基本上都是多项的。比如,对一起凶杀案,若假定为仇杀,对犯罪者就可以有如下多项推断:

如果某甲是凶手,则某甲衣服上沾附的血迹,其血型应与死者血型相同;
如果某甲是凶手,则某甲在发案时间去向不明;
如果某甲是凶手,则某甲与死者有尖锐矛盾;
……

由假说引申出推断,不同于提出初步假定时作出的解释:第一,由假说结合背景知识引申出的推断,是未知的事实,是需要通过侦破工作去探求的事实,而不是要用初步假定来说明的事实;第二,这里必须遵循的是演绎原则,即如果假说“H”为真,则引申出的推断“e”必然真。不应当是“H”为真时,“e”却可真可假。否则,就说明它们之间的联系不具有必然性。

由假说引申出推断,目的是检验假说。因此,推断就必须是能够通过经验事实予以对照验

证的。在刑事侦查工作中,检验推断的过程,也就是有目的、有计划地展开侦破工作的过程。如果引申出的推断,通过侦破工作予以证实,假说就得到了支持;被证实的推断越多,对假说的支持力就愈强,假说符合事实的可能性也就增大。

比如,前面谈到的女电话员安某坠楼死亡一案,侦破工作开始时,否定了“不慎失足坠楼而死”这一初步假定,确立了“安某是被人击昏后抛出窗外摔死的”(“安某是他杀”)这样的假说。提出假说本身不是目的,而是要用以指导侦破工作,因而还必须由假说引申出推断。该案的侦查人员就作出了如下推断:

④如果死者是被击昏后抛出窗外摔死的,那么,室内应有血迹,并且血型与死者血型相同;

⑤如果死者是被击昏后抛出窗外摔死的,那么,死者身上应有坠楼前的伤痕;

⑥如果死者是他杀,就应有杀害死者的原因。但就调查了解所得知的情况来看,奸情杀害、仇杀、财杀均不可能,因而分析其原因有可能是夫妻关系方面的。

根据上述推断,侦查人员再次勘查现场,并请法医再次检验尸体,结果证明:第一,据上一班值班员范某介绍,她用过的抹布原放在门口处,而现在放在水池内,而死者平常最反对这样做。可见,有人动用过抹布,很可能用以抹洗过现场(故未发现血迹);第二,经反复仔细勘查,在室内窗户下的暖气片夹缝中发现了四滴小米粒大的喷溅血迹,与死者血型相同;第三,经法医进一步检查,发现死者颈部有轻微掐痕,颈前有轻度皮间出血。

假说引申出的推断基本得到证实,这就大大增强了假说的可靠性;至于推断(3),则是对下一步侦破工作的指导,需进一步靠调查结果验证(该结果最后证实,杀害安某的凶犯确系其夫梁某)。

一般来说,由假说作出的推断经验证得到证实,说明该假说得到了支持。但它也还仍然只是一种假说,并不一定就是事实。因为这里构成的是充分条件假言推理的肯定后件式,即:

$$\frac{\begin{array}{r}H\rightarrow e\\ e\end{array}}{\therefore\ H(?)}$$

如果推断被证明与事实不符合,该假说按理就应否定。因为这里构成的是充分条件假言推理的否定后件式,即:

$$\frac{\begin{array}{r}H\rightarrow e\\ \sim e\end{array}}{\therefore\ \sim H}$$

然而,无论推断被证实或者被否定,我们都不能因此而轻易地坚信或抛弃该假说。这是因为:

第一,当推断被证明与事实不符合时,还难以确定究竟是假说本身有误还是背景知识有问题。前面曾经谈到,由侦查假说引申出的某种推断,依据的背景知识并非实践证明为真的科学定理,而是人们生活中积累的“常识”,它不是绝对可靠的。因此,即使证明了推断假,也不足以证明该假说有误。

例如,某地发生了一起抢劫杀人案,经过一系列侦破工作后,侦查人员认为赵某有重大作案嫌疑，并由此作出这样两个推断：

(1)“如果赵某是作案人，那么赵某与其妻子关于赵某在发案前后活动时间的陈述就会有出入”；

(2)“如果赵某是作案人，那么他在发案后就会有反常表现”。

显然，这里的假说与推断之间并无必然联系，然而侦查人员却根据这样的推断进行验证。当侦查人员发现赵某及其妻子在关于赵某在发案当天活动时间的陈述上完全一致，并且经多处了解得知赵某在发案后确实无任何反常表现的情况后，竟因此而轻率地否定了“赵某是作案人”的假说。然而，在侦破工作走了一段弯路之后，最终却证实了作案人正是赵某。为什么原先对“赵某是作案人”这一假说的否定错了呢？原来赵某在作案后，就同他的妻子商定了如何陈述发案当天的活动，故二人的陈述完全一致；而且赵某为人极为老练，作案后、甚至得知侦查人员在侦破此案时，也仍保持了同平常一样的活动习惯和情绪，让人看不出有任何异常表现。可见，侦查人员的失误，就在于没有注意分析假说与推断之间的联系是否具有必然性，没有认真思考，是否“某人是作案人”就一定有推断的那种情况出现。

第二，无论推断被证明与事实符合或不符合，都与事实本身的可靠性有关。

侦破工作中，对侦查假说推断的验证，不外直接对照来自两个方面的事实材料：一是知情人(包括被害人和犯罪嫌疑人)对案件有关情况的陈述；二是技术鉴定和侦查实验。然而无数事实表明，这两方面的材料并不都能保证绝对真实可靠。即使是看似比较客观的技术鉴定或侦查实验，其结果出现偏差的事例也并不少见。在这种情况下，比如，由“某甲是本案作案人”这一假说，引申出推断“某甲的指纹与现场提取的作案人的指纹同一”。假若技术鉴定否定了二者同一，能否因此就否定该假说呢？显然不能如此简单对待，因为鉴定有误也不是不可能的。同理，对假说肯定的情形也是如此。如果对与推断相符合的事实材料不持审慎态度，也可能酿成大错。实践中就有过这样的事例：

1977年4月20日早晨，在四川省南溪县距县城约一华里的公路边上，开缝纫店的王某一家三口被杀。案发后，侦查人员经过一系列侦破工作，最后确定一个叫刘某的人有重大嫌疑，并作出了如下推断：“如果刘某是作案人，则刘某衣服上的可疑血迹应与死者王某的血型相同。”经鉴定，果然相同(三年后复查鉴定证明：王的血型为B型，而刘衣服上的血型为O型)。而另外一个推断：“如果刘某是作案人，则现场遗留的作案人的帽子，其气味应与刘某内衣的气味相同。”经警犬鉴别也证明相同(实则并不相同)，于是侦查人员认定刘某为作案人。对该假说的轻信，不仅使得刘某被冤三载，而且让真正的凶犯曾某逍遥法外，以致后来凶手又在该县抢劫杀害李某一家五口，破案后才真相大白。

可见，在验证侦查假说的推断时，切不可轻易地肯定或否定某个假说，要谨慎地分析用以对照推断的事实材料自身的可靠性。

课后作业

一、单选题

1. 所谓定律假说，就是对一类事物或现象的性质或发生原因作出推测性解释，得出一个可能具有普遍性意义的规律性命题,从而试图建立、发展或补充科学理论。

根据上述定义,下列属于定律假说的是(　　)

A. 某老师向学生们解释,潮汐现象产生的原因是海水在引力作用下出现的周期性运动

B. 某单位仓库被盗,因未发现破坏性进入痕迹,警方认为内部人员作案的可能性极大

C. 医生诊断后指出,申某某罹患的疾病很可能是由于基因突变引起的

D. 牛顿根据苹果掉落现象发现了万有引力定律

2. 假说的推演,就是由假说引申出推断,也就是使假说和推断组成一个(　　)。

A. 充分条件假言命题　　B. 必要条件假言命题

C. 充要条件假言命题　　D. 不相容的选言命题

3. 在假说的验证阶段,对假说进行否定时所运用的推理形式是(　　)。

A. 充分条件假言推理的否定后件式　　B. 充分条件假言推理的否定前件式

C. 必要条件假言推理的否定后件式　　D. 必要条件假言推理的否定前件式

4. 根据大陆漂移假说,现在许多分离的陆地在史前时是一块巨大的陆地的一部分。由于地壳运动,这块陆地开始分裂。由这个理论可以猜想南美洲的东海岸原来跟非洲的西海岸是连在一起的。

下列发现最能支持上述猜想的是(　　)。

A. 南美洲和非洲西部的气候很相似

B. 今天很多生活在巴西的人与生活在非洲西部的人很相像

C. 在南美洲东海岸和非洲西海岸都有一个规模很大的类型相同的古岩石带

D. 生活在南美洲的古老部落所使用的语言与非洲西部一些部落使用的语言很相似

5. 已经公认的结论是,北美洲人的祖先来自亚洲。至于亚洲人是如何到达北美的呢,科学家们一直假设,亚洲人是跨越在14,000年以前还联结着北美和亚洲后来沉入海底的陆地进入北美的,在艰难的迁徙途中,他们靠捕猎沿途陆地上的动物为食。最近的新发现导致了一个新的假设,亚洲人是驾船沿着上述陆地的南部海岸,沿途以鱼和海洋生物为食而进入北美的。

以下哪项如果为真,最能使人有理由在两个假设中更相信后者(　　)。

A. 存在于8000年以前的亚洲和北美文化,显示出极大的类似性

B. 当北美和亚洲还连在一起的时候,亚洲人主要以捕猎陆地上的动物为生

C. 在亚洲南部,靠海洋生物为人的食物来源的海洋文化,发端于14,000年以前

D. 上述联结北美和亚洲的陆地气候极为寒冷,植物品种和数量都极为稀少,无法维持动物生存

二、多选题

1. 假说具有(　　)的特征。

A. 猜测性　　B. 必然性　　C. 论证性　　D. 科学性

2. 在假说的提出阶段,作用比较突出的推理有(　　)。

A. 三段论推理　　B. 假言推理　　C. 归纳推理　　D. 类比推理

三、判断题

1. 假说的形成和发展通常包括假说的提出、假说的证伪和假说的证实三个阶段。(　　)

2. 在假说的验证阶段,对假说进行否定时,所运用的推理形式是充分条件假言推理的否定后件式。(　　)

3. 在验证假说时,如果由假说引申出的推断得到证实,还不能证明假说就是真理,因为这里运用

的推理形式是选言推理的肯定否定式。(　　)

4. 刑事侦查中借助串案分析提出并案侦查假说,实际上就是对归纳推理的应用。(　　)

5. 侦查假设的命题形式,既可以是单称命题,也可以特称命题或者全称命题。(　　)

6. 在假说的推演和验证阶段,演绎推理的作用比归纳推理、类比推理更突出。(　　)

四、思考与练习题

1. 何谓假说? 如何理解假说是科学性与猜测性的统一?

2. 建立假说要经历哪几个阶段? 试对各阶段应注意的问题作一简要说明。

3. 由假说推演出的命题被证明为真,该假说是否必真? 为什么?

4. 同科学假说相比,侦查假说有哪些特点? 试对这些特点分别予以说明。

5. 由侦查假说推演出的命题如果同检验事实不符合,是否就证明了该假说一定有误? 为什么?

6. 阅读下列材料,回答后面的问题:

正统的人类进化理论认为,古猿的生活环境是森林,南猿和猿人的生活环境是疏林草原。"化石空白时期"的人类祖先作为这两者的过渡,应该生活在陆地的树上。但是,1960 年,英国人类学家爱利斯特·哈代教授提出的一个新假说却使这一正统理论受到了冲击。

哈代认为,化石空白时期的人类祖先不是生活在陆地上而是生活在海洋中。在人类进化史中,存在着几百万年的水生海猿阶段,这一阶段在人类身上至今仍留下许多"痕迹"——解剖生理学方面的特征,这些特征在别的陆生灵长类动物的身上是没有的,而在海豹、海豚等水生的哺乳动物身上却同样存在。例如:所有灵长类动物的体表都长有浓密的毛发,唯独人类和水兽一样,皮肤裸露。灵长类动物都没有皮下脂肪,而人类却有水兽那样厚的皮下脂肪;人类胎儿的胎毛着生位置,明显地不同于别的灵长类动物而与水兽接近;人类的泪腺分泌泪液、排出盐分的生理现象,也是水兽的特征,这在灵长类动物中是绝无仅有的。哈代还指出,地质史表明,四百万至六百万年以前,在非洲东部和北部,曾经有大片地区被海水淹没。海水分隔了生活在那儿的古猿群,迫使其中的一部分下海生活,并逐渐进化成为海猿。几百万年以后,海水退却,已经适应了水生生活的海猿又重返陆地,它们就是人类的祖先。

哈代假说在古人类学家中引起了轰动。起初,这一假说被指责为"异想天开"。然而,随着时间的推移,哈代假说并没有被驳倒,相反,相信这一假说的科学家越来越多,支持这一假说的科学证据也在不断增加。

问:(1)哈代提出的假说是什么? 他提出该假说有哪些依据?

(2)假说有哪些特征? 哈代假说是否具备这些特征?

(3)建立一个完整的假说要经历哪几个步骤? 哈代假说的建立是否也经历了这几个步骤?

(4)假说的验证可能会有哪几种结果? 哈代假说属于哪一种情形?

7. 阅读下列材料,指出其中提出了哪些假说? 各是怎样推演和验证的?

伽利略时代人们就观察到,利用活塞在吸水泵筒中向上抽动来提取井水时,吸水泵最多只能把水提升到离水面 10.5 米,不可能再高。抽水高度为什么有这个限度? 伽利略的学生托里拆利提出了一种解答:地球被一个空气的海洋包围着,由于空气本身有重量,空气就施加压力于地面的物体表面,而施加于井水表面的这一压力迫使井水在活塞上提时从泵内提升,因此泵内水柱的最大高度 10.5 米就反映了大气加于井水表面的全部压力。

空气是否真的有压力呢? 若有,怎样在其他地方检验呢? 托里拆利作了这样的推理:如果他的猜测正确,那么大气的压力应当也能支持得住一条按比重相应减短的水银柱。由于水银的重量是水的

14 倍左右,故如果空气施加于水的压力也同样是施加于水银的话,则水银的高度应为泵内水柱最大高度的1/14左右。他对之作了验证:用一根一端封闭的玻璃管代替泵筒,用一个盛有水银的敞口杯代替水井,将玻璃管装满水银后用拇指紧压住管口,再将玻璃管倒置,管口浸入敞口杯的水银中,然后撤去压住玻璃管口的拇指,此时管中水银开始流入杯中,但流到玻璃管中剩余水银面离杯中水银面之间约0.76 米高时就不流了。这说明空气对敞口杯中水银的压力迫使水银升到0.76 米高,并且也只能升到这么高,这正是吸水泵内水柱最大高度的 1/14 左右,从而证实了空气压力的存在,并测得了大气压力即为 0.76 米水银柱高。

后来帕斯卡又提出该假设的另一条可检验推论:如果托里拆利气压计的水银柱是被敞口杯水银上方的空气压力所平衡的话,那么水银柱的高度将随气压计位置的增高而降低,因为这时在敞口杯水银上方的空气压力重量将变小。帕斯卡先在一个山脚下测量了气压计水银柱的高度,又将其带到距山脚约 1464 米高的山顶测量,果然水银柱比山脚下短了 7.6 厘米以上,这就验证了假说。

8. 试根据下面提供的案例材料,对案件性质、作案时间、作案过程以及作案人的情况作出猜测性说明。

某粮站营业员放在粮站二楼宿舍抽屉内的营业款 4320 元被盗。现场勘查及调查情况为:

粮站营业员宿舍在二楼偏僻处,门上锁的弹子锁锁键张开,掉在地上,门扣下沿 3 厘米处门框上留下一个圆形凹陷痕迹。室内一张三抽桌被撬,抽屉内装钱的塑料包和三个鸡蛋及床前一双女式皮鞋被拿走,其余东西没有翻动。调查失主得知,当天 12 时下班,从营业室把装钱的塑料包提到寝室,顺手丢进抽屉里。门锁好后,去食堂打饭回来吃,13 时 40 分锁门去保姆处给孩子喂奶,14 点 30 分返回,未到寝室径去上班。17 时 10 分回到寝室发现门锁落在地上,钱、物被盗。又调查站内职工得知,14 时 10 分就有职工坐在楼口,没有发现陌生人进出。

9. 下面案件的侦查中,侦查人员提出了哪些侦查假设? 对关于作案人的假说的否定是否可靠? 为什么?

某地曾发生一起杀人沉尸案。侦查人员根据死者成某生前经常外流,有偷盗行为和其他违法行为等情况,认为仇杀或者同伙杀人灭口的可能性比较大。在摸底排队时,根据群众反映秦某某与死者有利害关系,曾扬言要除掉成某,侦查人员遂将秦某某列为重点嫌疑人。经深入查证,案发当晚秦某某家中来客,队长在场同他们一起喝酒,当晚死者也未去过秦某某家中,因此,秦某某不具备作案时间。于是予以否定。

10. 根据下述案例材料,回答后面提出的问题。

某地农村妇女干部王某(31 岁)于某日深夜吊死在其卧室邻近室内的房梁上。侦查人员通过现场勘查和调查了解,得知如下情况:

(1) 死者吊死的位置,距死者卧室约 12 步远。

(2) 尸检证明,死者颈部索沟呈马蹄形,有生理反应,可以肯定是生前伤。

(3) 死者下身仅穿一条裤衩,赤着足,推测死前已经或正准备上床睡觉。

(4) 死者脚趾尖上有少许泥土,脚掌上却没有泥土。全身无任何挣扎、搏斗留下的伤痕。

(5) 死者死亡当天仍同平常一样做农活,在子女面前也未显出任何不正常情绪。

(6) 死者生前作风正派,与其他男性没有任何过密的往来;尸检也未发现奸情痕迹。

(7) 死者生前与周围群众的关系非常好,从未与人结过仇怨。

(8) 死者室内财物无任何丢失,也无翻动迹象。

(9) 死者的丈夫一直嫌死者不漂亮,只是迫于父母之命而成婚。婚后虽生有三个孩子,但其丈夫仍经常闹离婚,死者对其丈夫却总是逆来顺受、委曲求全。

(10)死者死亡前两天,其丈夫就已去县城开会,但是,在发案当天,有人在村头上曾见到过他。

根据上述材料,侦查人员对本案性质提出了如下几种假说:

A.“死者因长期夫妻关系不好而上吊自杀”;

B.“死者是被人强行吊在绳上窒息死亡的”;

C.“死者是被人击昏后背至吊绳处吊死的”。

问:上述三个假说分别能解释哪些事实、不能解释哪些事实?哪个假说的解释能力最强?请结合上述材料分析说明。

第十二章　论　　证

课外阅读

“在行动中人们将永远依靠判断，而且单靠判断也就足够了。但是，如果不是亲自行动，而是在讨论中说服别人，那就必须有明确的观念并指出事物的内在联系。”[1]这就必然要借助论辩和论证。本书第一章中就已谈到，逻辑学的产生是同论辩的发展密切相关的。逻辑学关于概念、判断（命题）、推理的研究，也是同论辩相联系并服务于正确论证的。概念、判断（命题）和推理的运用是否正确的问题，通常也只有在论证中才能显现出来。

论证既是前面各章逻辑知识的综合运用，同时也有它自身的特点。在把握前面各章逻辑知识的基础上了解论证的这些特点，特别是了解论证的方法和规则，对于我们作出正确有效的论证是非常必要的。

第一节　论证的特征

一、什么是论证

所谓论证（argument，justification），也叫逻辑证明（logical demonstration），就是引用一些已知为真（至少是论证者和论证对象已承认其为真）的命题，以确定某个命题的真实性或正当性的思维过程。例如：

①“本案肯定是凶杀案。因为，尸检表明死者颈部索沟繁多、方向不一，并存在有不同形状的索沟，舌骨及甲状软骨骨折；而如果本案是死者上吊自杀，则不可能形成这些损伤。因此，本案不可能是上吊自杀而只能是凶杀。”

②“喜马拉雅山的最高地段，有珠穆朗玛峰、乔希雅峰、干错嘉峰。这里被称为世界屋脊。然而这世界屋脊原来却是茫茫一片汪洋大海，是地质史上的古海洋地区。

根据是什么呢？根据是这里发现的大量的化石。现在的喜马拉雅山系地层，遍布着珊瑚、苔藓、海藻、鱼龙、海百合等水生生物化石……地质学一再证明，凡是有水生生物化石的地层，都是地质史上的古海洋地区。喜马拉雅山系既然遍布水生生物化石，当然就正是这样的古海洋地区。”

③“放开三孩生育政策亟须立法‘配套支持’。首先，‘单独二孩’和‘全面二孩’政策未达预期的最大症结就在于其‘配套支持’不足。其次，应当对现有计生领域立

[1]　[德]克劳塞维茨：《战争论》，中国人民解放军军事科学院译，商务印书馆1978年版，第14页。

法、尤其地方立法展开全面及时清理，清除可能存在的不合理限制条款，确保放开三孩新政顺利实施。再次，应当大力完善以鼓励生育为导向的立法建设，为放开三孩新政提供实质支持。最后，放开三孩生育新政，重点不仅仅是‘生’，更在于‘育’，放开三孩后的‘配套支持’应当是围绕促进生育这一主题，在立法层面做好顶层设计，实现法律规范和相关制度的全面调整和建设。”（参见《三孩放开需要立法“配套支持”》，载《民主与法制》2021 年第 21 期，有删改）

上面例①是引用一些经检验证明为真的命题，确定“本案不可能是上吊自杀”，进而说明“本案是凶杀”这个命题的真实性而展开的论证；例②是引用两个已知为真的命题、即“凡是有水生生物化石的地层，都是地质史上的古海洋地区”，和“喜马拉雅山系（是）遍布水生生物化石（的地层）”这两个命题，以确定“喜马拉雅山系是地质史上的古海洋地区”这个命题的真实性而展开的论证。例③则是引用一些已知命题来证明“放开三孩生育政策亟须立法‘配套支持’”这一命题的正当性和紧迫性。

由上可见，论证是关于某个命题真实性或正当性的一种证明方式，它具有如下特征：

第一，它对某个命题真实性的证明方式，是通过引用另一些真实性明显的命题，亦即不但自己确信，而且别人也不怀疑其真实性的命题来实现。它对命题真实性的证明，是在思维领域进行的证明，并且是通过口头语言或书面语言的论述而表达出来的证明，故也称为“逻辑证明”或“说理性证明”。因此，它有别于下面这样的证明方式：譬如，借助某件物品具有的性质或表现出的某些特点，以证明关于某一事件或某种行为是否发生的命题真实性的“证明”（如“结婚证”可以证明夫妻关系的存在，购物发票可以证明购物行为的发生）；也有别于通过同事物实际情况的对比，以证明反映该事物情况命题真实性的“证明”（如验证某人身上是否被砍 12 刀，以证明“某人被砍 12 刀”这个命题的真实性）。在这些情况下的“证明”，虽然也可以称为对某个命题真实性的证明，然而这样的“证明”实则具有“证实”的意义，不同于我们这里所说的论证。

正由于这样的证明是在思维领域进行的证明，是通过口头或书面语言的论述表现出来的，因而这样的证明称之为论证。

第二，论证之所以能够通过一些命题的真实性来确定某个命题的真实性或正当性，是依赖于前者和后者这两部分命题之间构成的推理关系实现的。正因为两部分命题之间存在有某种推理关系，才使得人们承认或相信了引用的那些命题真实、正当，就不得不承认或相信被确定的那个命题也真实、正当。因此，论证总是与推理相联系的。离开了推理就无所谓论证；推理的有效性、合理性，也就决定着论证的可接受性和说服力。

第三，由于论证只是在思维领域进行的证明，通常它都只能说明或确定某个命题的真实性，而不能证实该命题的真实性。一个命题究竟是否为真，当然不是单凭说得如何可以决定的，正如斯大林所言：“事物的逻辑胜过任何其他逻辑。”〔2〕只有实践才能检验真理，并最终证实一个命题的真实性。因此，思维领域的论证或逻辑证明，不能代替实践证明。

尽管论证只能说明或确定某个命题的真实性，不能检验并证实该命题的真实性，但它在人

〔2〕 斯大林：《伟大的十月社会主义革命二十五周年》，载《斯大林文选（1934－1952）》，人民出版社 1963 年版。

们认识客观事物过程中的作用,却不可低估。

首先,它是探索真理或决定实施某种行为之前必须经历的一个重要阶段。只有先经历这样一个阶段,对客观事物的认识活动才能有目的、有计划地展开,从而避免实践的盲目性;对拟采用的某种措施或拟实施的某种行为,也只有先经历这样一个阶段,通过对其可行性和合理性的论证,才能让人全面了解它的利弊得失,从而慎重决定取舍以避免决策失误;特别是在科学实验活动中,逻辑证明更是实践活动的先导,其认识作用尤其显得突出。

其次,它是揭示真理、传播真理的重要手段。大家知道,真理不是自明的。一种思想、观点,即使它是真理,也并非自然而然地就能被人承认、接受。为了使人承认、接受,就必须通过引用人们已知为真或已承认其真实性的命题给以证明,亦即必须对之作出论证。因为论证总是同说服相联系的。而说服既不同于强迫、威胁,也不同于操纵。要达到说服的目的,就不但要考虑到对方的接受能力,而且还要在这个基础上提出一些足以影响对方观点和信念的理由或根据,并通过论证来实现。在各门科学领域,任何原理、原则的确立,都是对之作出了严格逻辑论证的;只要是真正的科学的论断,其真理性也总是可以从逻辑上给以证明的。不通过论证,就谈不上揭示真理,更谈不上传播真理。

最后,在司法工作中,论证更是诉讼活动各个阶段都不能不用到的一种智力手段。众所周知,司法人员对案件的任何断定,无论是对案件性质的认定,还是对具体案件作出的裁决判处结论,都必须引用相关的法律规定和关于案件事实的可靠的命题,对之进行具有说服力的、令人信服的论证。否则,就不能不使人怀疑案件定性、判处结论的合法性和正确性。至于法律文书的制作和法庭辩论的展开,更是论证手段的具体应用。甚至在某种意义上可以说,法律文书的制作质量和法庭辩论的实际效果,很大程度上取决于论证的运用技巧和论证作用的发挥程度。因此论证在司法工作中不但是认识案件本质的工具,也是处理案件必不可少的手段。

二、论证的组成

既然论证是为了确定某个命题的真实性或正当性而展开的思维活动,它就必然要涉及论证什么、用什么来论证和怎样论证的问题。因此,任何论证就都包含有论题、论据和论证方式这三个组成部分或要素。

(一)论题

论题(thesis,topic,claim)就是其真实性或正当性需要通过论证予以确定的命题。它既是论证者拟通过论证予以证明的观点,也是展开论证的出发点。例如,前面例①中的“本案是凶杀案”,例②中的“喜马拉雅山系是古海洋地区”,例③中的“放开三孩生育政策亟须立法‘配套支持’。”就分别是该论证中的论题。

由于论题是通过论证要给以证明的观点,所以它必然表现为命题的形式,因而也就不同于一篇文章的标题。

论题既可以是科学上已证明为真或公认为正当的命题,也可以是其真实性或正当性还有待探索、验证或确立的命题。在前一种情况下,论证的目的在于揭示或说明某个命题的真实性,使人能够理解、接受,不仅知其然,而且知其所以然。比如,教师在课堂上对已有科学原理的论证,其论题便大多属于这类性质的命题。在后一种情况下,论证的目的则在于探求真理,为某个命题提供理论性或事实性的根据,以便人们确定某种观点、某种设想的合理性、可行性。

比如,在科学探索活动中对某一新理论的论证,在工程设计中关于某项工程或设计方案的论证,在刑侦工作中对案情的分析和破案方案的论证,等等,其论题就都属于这种性质。

从另一个角度来考虑,论题还既可以是真假是非方面的命题(描述命题或事实判断),也可以是政治、法律、伦理价值方面的命题(评价命题或价值判断)。当论题是一个真假是非方面的命题时,对之进行论证则是为了确定该论题的真实性;而当论题是一个政治、法律或伦理方面的命题时,对之进行的论证则是为了确定某个评价命题的正当性和合理性。例如下面这个论证便属于后者这样的论证:

④“限制或拒绝农民和外地人进城就业是非常愚蠢的行为。因为,第一,外来人口进城,无论是属于出卖劳动力,还是出卖劳动力及其智慧,这不是‘抢掉’城里人的饭碗,而是参与本地的经济建设,这是好事情不是坏事情。第二,外来人口进城虽然‘挣走’由这个城市‘恩赐’的一份薪水,但他们同时又以最有效的方式为这个城市创造了财富,他们拿走的只是他们所创造的财富中的很少一部分。第三,外来人口进城,形成一个庞大的消费群体,大大繁荣了城市的商业、旅游业、房地产业等行业,有效地推动了本地经济的增长。外来人口进城,是对城市建设和发展的有效补充而不是竞争伤害。外来人口进城从事的职业有80%以上的岗位不与本市人口就业发生冲突。因此,不应当限制或拒绝农民和外地人口进城就业。”[3]

这段论证的论题“不应当限制或拒绝农民和外地人口进城就业”,就是一个评价性命题;展开论证就是为了证明它的正当性和合理性。

其实严格说来,只有纯数学(及其相近学科)和自然科学领域才大量涉及真实性论证(严格意义上的逻辑证明),而在几乎所有的人文、社会科学领域以及日常生活中的论证,如司法工作者的法律论证、政治家的政见论证、伦理学家的价值观论证等,通常就都只是关于某个命题的正当性或合理性的论证。这两个不同领域的论证,其目的和逻辑要求当然有所不同,但作为论证来看,其论证方式和方法却没有根本的区别。

论证既然是为了确定论题的真实性或正当性而展开的思维活动,因此,设立论题时就必须考虑到它是否有被证明为真或被证明为正当、合理的可能性和必要性。如果某个命题明显虚假或显然荒谬,却偏要去证明它真实、合理,那就难免陷入诡辩。

(二)论据

论据(ground, reason, evidence)就是用以确定论题真实性或正当性的那些命题,它是证明论题是否真实或是否正当的理由、根据或证据。例如前面例①中,通过尸检而获得的那些事实性命题,即“死者颈部索沟繁多、方向不一……”这些命题,和法医学知识方面的命题,“如果本案死者是上吊自杀,就不能形成死者颈部索沟繁多、方向不一……这样的损伤”,就是证明“本案不可能是上吊自杀”,进而间接证明“本案是凶杀案”的论据;例②中的“喜马拉雅山系遍布水生生物化石”这一事实性命题,和地质史上已证明为真的原理,即“凡是有水生生物化石的地层都是地质史上的古海洋地区”这个命题,就是证明“喜马拉雅山系原是古海洋地区”的论据;例③中由“首先”“其次”“再次”“最后”所引导的命题,就是证明“放开三孩生育政策亟须

[3] 纪军:《就业问题与中国改革大局》,载《新华文摘》1998年第9期。

立法‘配套支持’”这一论题的论据；例④中由“第一”“第二”“第三”所引导的命题，就是证明论题“不应当限制或拒绝农民和外地人口进城就业”的论据。

在一个论证中，论据与论题的区别是相对而言的，是根据命题与命题之间的说明与被说明关系来确定的。孤立地就一个命题自身而言，它只是一个命题而已，无所谓是论题还是论据的区别。

论据应当是论证中已经被确定为真的命题。为了确定论题的真实性，作为论据的命题虽然难以保证其绝对真实可靠，但绝不能是真实性非常可疑的命题，至少不能是连论证者自己也不能确定其真实性的命题。在一个论证中，如果作为论据的命题本身的真实性或正当性并不明显，或者虽然明显而别人还并未承认、接受，在这种情况下就还得将这样的论据又作为论题予以证明。正因如此，就使一个论证在层次结构方面显出其复杂性。

在论证中，不需要再给以证明的论据，称为基本（fundamental）论据或原始（primitive）论据。一般来说，属于这类性质的命题有：

1. 需对照事实凭感官才能判定其真实性的命题。比如“某甲的背上被砍了 12 刀”“甲案的现场没有血迹”等等，这类命题显然不必要也不可能通过论证来确定其真实性。因此，这类命题在论证中可以作为基本论据引用，不需要将其作为论题再给以证明。

但是，这并不是说这类事实性命题不需证明其真实性——它真实性的证明依赖于相关的证据事实；其真实性只能对照相关的客观事实，并凭借感官来给以判定。它不是通过论证，不是仅凭说得如何可以判定的。正是在这样的意义上说，事实性命题可以作为基本论据。

2. 自然规律、科学原理、定理，以及一般人都知晓的常识性命题。因为这类命题的真实性已经过无数次实践的检验，其真实性已不容置疑，因而在相关科学领域中可以作为基本论据引用。此外，为大多数人公认的、论辩双方也不存在异议的理论或观点，因其已成为双方的共识，所以在特定场合下也可以作为基本论据。

3. 法律（法规）条文、有效的契约或合同条款、依法作出的司法解释、生效司法裁决确定的事项、法律推定以及国际条约、国际惯例等。在司法工作中，这类命题因其本身的真实性或正当性，不是执法时需要通过论证予以证明的，因而也可以作为论证的基本论据。在法律论证中，因为这样的基本论据是判定人们行为是否合法、正当的“标准”，不仅是应当保护还是应当制裁的依据，因此，它是任何法律论证中都不可缺少的基本论据。[4]

（三）论证方式

所谓论证方式（way of argumentation，mode of argument），就是指论据与论题之间的联系方式，亦即论据如何推导出论题的方式。它包括两个方面：

第一，采用何种推理形式，使论据同论题发生联系。

如前所述，论证之所以能够通过论据的真实性来确定论题的真实性或正当性，是依赖于论据与论题之间构成的推理关系实现的。其实，一个结构层次最简单的论证，它就是一个推理：论据相当于该推理的前提，而论题则是该推理的结论。

---

〔4〕 最高人民法院《关于适用〈中华人民共和国民事诉讼法〉的解释》第 93 条第 1 款规定：“下列事实，当事人无须举证证明：（一）自然规律以及定理、定律；（二）众所周知的事实；（三）根据法律规定推定的事实；（四）根据已知的事实和日常生活经验法则推定出的另一事实；（五）已为人民法院发生法律效力的裁判所确认的事实；（六）已为仲裁机构生效裁决所确认的事实；（七）已为有效公证文书所证明的事实。”

推理有演绎推理、归纳推理和类比推理，因此，论据与论题相联结而构成的推理关系，相应地也有这几种形式，因而论证也就可以分为演绎论证、归纳论证和类比论证。

由于演绎推理只要形式正确有效，就是一种必然性推理，因此，如果论证中运用的演绎推理是完全有效的形式，其论题是从论据中严格推导出来的，就可以使得人们承认其论据就必须承认其论题。但是，在日常生活或诉讼活动中，以至在其他人文、社会科学领域，却很难根据这样的高标准作出一个严格的演绎论证。因为人们的实际思维活动，本来就具有非形式的、灵活的特点。人们在非严格的、非自然科学领域中实际作出的论证，往往都不是，也不可能是严格遵循演绎推理完全有效式的要求来作出论证的。因为在这些场合下，"不存在使结论具有必然性的无可辩驳的'基本原则'，所以通常我们所能做的就只是通过提出似乎是有道理的、有说服力的、合理的论据去探索真理"。[5] 其实，在许多场合下，人们借助于可靠性程度较高的、具有较强合理性的推理进行论证，也仍然可以使论证具有很强的说服力，达到使人接受论题的目的。

第二，采用何种方法，使得论据的真实性能够证明论题的真实性。

证明论题真实性的方法可以是直接的方法，也可以是间接的方法。前者是论据直接与论题发生联系，由论据真可以直接推出论题真的方法；后者则是用论据直接确定同论题之间有着真假关系的另一些命题的虚假，进而确定论题真实性的方法——它的论据并不直接与论题发生联系，而是与论题之外的、同论题有着真假关系的命题发生联系。

逻辑学对论证的研究，其实主要就是关于论证方法的研究。其目的在于使我们能够掌握基本论证手段，了解论证必须遵循的逻辑要求，以便在实际思维中正确运用。

第二节 论证的方法

一、直接论证

如上所述，所谓直接论证(direct argument，immediate argument)，就是通过论据与论题之间构成的推理关系，由论据的真实性或正当性直接推导出论题的真实性或正当性的论证。由于论据与论题之间构成的推理关系的不同，所以相应地也就有演绎的直接论证、归纳的直接论证和类比的直接论证。

(一)演绎的直接论证

演绎的直接论证，就是引用一些一般性的原理、原则，并借助于演绎推理直接推导出论题真实性或正当性的论证。其特点是论据中通常有一个较论题断定的范围更广泛、更抽象的一般性命题；而论题则是较特殊性的命题。它的论据与论题之间构成的推理关系，属于各种形式的演绎推理关系——可以是三段论推理，也可以是选言推理或假言推理，还可以是综合推理。例如：

---

[5] [美]E.博登海默：《法理学——法律哲学与法律方法》，邓正来译，中国政法大学出版社1998年版，第497-498页。

①“凡是历史上发生的东西,总是要消灭的。世界上的事物没有不是历史上发生的,既有生就有死。资本主义这个东西是历史上发生的,也是要死亡的……”[6]

这就是一个演绎的直接论证,其论据与论题之间的推理关系,就是下面这样一个三段论:

凡是历史上发生的东西都是要死亡的;
资本主义这个东西是历史上发生的东西,
———————————————
所以,资本主义这个东西也是要死亡的。

又如下面这个论证,则是通过二难推理直接证明“侦查过程中调查浮尸案件必须先近后远、远近结合”这一论题的,因而也属于演绎的直接论证:

②“侦查过程中调查浮尸案件的死者为什么必须先近后远,远近结合呢?因为除了部分浮尸案件的死者被杀害的地点可能在外地之外,绝大多数的死者都是在本地甚至是在发现尸体的地点或其附近被害的。如果死者是本地人,在本地就必有相应的失踪者;如果死者系外地人,在本地乃至在现场附近必有其生前活动的踪迹可寻。”

这个论证整理出来,实则下面这样一个二难推理:

如果浮尸案件的死者是本地人,那么本地必有相应的失踪者(调查应先近后远);
如果浮尸案件的死者是外地人,那么本地必有其生前活动的踪迹可寻(调查应先近后远);
(浮尸案件的死者只能或者是本地人,或者是外地人。)
———————————————
所以,浮尸案件的调查应先近后远。

我们前面曾经谈到,法律推理的基本模式是演绎论证模式,也就是在确认案件事实的基础上,援用相关的法律规定而作出的关于裁决判处结论的论证。这样的论证一般都属于演绎的直接论证。在这样的论证中,确认的案件事实,是证明该裁决判处结论正确、具有特殊性的事实性论据;而援用的相关法律规定,则是证明该裁决判处结论正确的“基本论据”。只要这两方面的论据无误,裁决判处结论也就不容置疑。

(二)归纳的直接论证

归纳的直接论证,也称归纳论证,就是引用一系列事实性的或较为特殊性的命题作为论据,通过归纳推理而推导出论题真实性或正当性的论证方法。其特点在于:归纳论证的论据是一系列反映具体事例的命题,或者是一类事物包含的若干事物情况的较为特殊性的命题;而其要证明的论题,则是关于这些事例或较特殊性事物情况的概括,是较论据更为广泛、更具一般性的命题。它的论据与论题联结而构成的推理,既可以是完全归纳推理,也可以是不完全归纳推理,而且,实际论证中,特别是在人文社会科学领域中运用的归纳论证,往往是通过不完全归纳推理来进行的。

严格意义上的归纳论证,是指通过完全归纳推理而由论据推导出论题的论证。这种论证

[6] 《毛泽东选集》(第5卷),人民出版社1977年版,第199页。

方法,也叫作“分情形证明法”(argument according to case)。例如,我们在前面对三段论第6条规则,即“两个特称命题作前提不能得必然性结论”的证明,就属于这样的分情形证明。在该证明中,列举的论据是:“(1)当两个前提均为特称肯定命题时,不能得必然性结论;(2)当两个前提均为特称否定命题时,不能得必然性结论;(3)当两个前提中一为特称肯定命题、一为特称否定命题时,不能得必然性结论。”而上述又是两个前提均为特称命题的所有可能情况,既然在这些情况下“不能得必然性结论”是真的,通过归纳推理自然就可推导出论题,从而使得论题得到证明。

如果论据与论题之间构成的推理关系是不完全归纳推理的关系,则因其前提(论据)并不逻辑地蕴涵结论,故其论据尽管为真,在逻辑上也不足以证明论题必然真。但是,只要运用恰当,它也仍然是一种颇具说服力的论证方法:尤其是在人文社会科学领域,它作为一种论证手段还极为常见。因为在这些领域进行的论证,本来就是以说服别人、让人接受自己的观点为目的的,因而更多关注的是它的说服力而不是期求它逻辑上的必然性。

实际论证中,不完全归纳论证与演绎论证结合运用,往往还能使论证充满活力,使人不能不承认、接受其所要证明的论题。例如,毛泽东同志对“事物的发展都是波浪式的”这个论题的论证,就运用了这样的论证方法:

> ③“世界上的事物,因为都是矛盾着的,都是对立统一的,所以,它们的运动、发展,都是波浪式的。太阳的光射来叫光波,无线电台发出的叫电波,声音的传播叫声波。水有水波,热有热浪。在一定意义上讲,走路也是起波的,一步一步走就是起波。唱戏也是起波的,唱完一句再唱第二句,没有一口气唱七八句的。写字也起波,写完一个字再写一个字,不能一笔写几百个字。这是事物矛盾运动的曲折性。”〔7〕

毛泽东同志在这里就先运用演绎直接论证,证明了“事物的发展都是波浪式的”这一论题,接着又列举一系列事例,通过简单枚举归纳推理对同一论题作了归纳直接论证。二者结合运用,不但使论题更好地得到证明,而且还使论证浅显易懂、更具说服力。

此外,如果论题只是一种猜想,或者只是一个或然性的命题,通过不完全归纳推理对之进行直接论证,当然也是可行的。只要运用恰当并注意增强论据与论题之间推理的合理性,这样的论证仍然能让人感到“言之成理”而不得不承认其论题的正当性。

(三)类比的直接论证

类比的直接论证亦称类比论证,就是通过类比推理由论据直接推导出论题的论证。类比论证的特点是:通过对两个(或两类)对象某些属性的相同或相似的比较,并根据其中一个(或一类)对象具有某种属性,进而证明论题:另一对象也应当具有这样的属性。

类比论证因其是运用类比推理进行的论证,而类比推理的前提(论据)与结论(论题)之间,是不具有必然联系的。然而尽管如此,只要人们在论证中能够把握住类比对象属性间的实质相关性,这样的类比直接论证仍然可以具有很强的说服力。因此,类比论证在实际思维中仍被广泛运用;特别是在我国古代论辩中,类比论证更是比比皆是。例如,大家熟知的《战国策·邹忌讽齐王纳谏》中,邹忌为了论证“王之蔽甚矣”这一论题,就运用了类比论证。

---

〔7〕《毛泽东选集》(第5卷),人民出版社1977年版,第361页。

邹忌通过自己与徐公比美,受了妻、妾、客的蒙蔽,以小悟大,据此与治国之道进行类比,进而达到说服齐威王纳谏的论证目的。又如,我国著名科学家钱伟长1982年在新疆讲学,当论证“新疆完全能够建设得比美国的加利福尼亚州更美”这一论题时,就运用了下面这样的类比直接论证:

④“19世纪初,加利福尼亚州是美国最落后的地方,后来人们利用淘金和工业积累了资金,继而建设了大型水利工程,开辟了农业区,最后使加利福尼亚成了美国最富裕的地区之一。新疆不但有金矿,还有铂族金属矿和宝石矿,也可以用这个办法积累资金,建设水利、电力工业,开辟荒原,发展农牧业,这样新疆完全能够建设得比美国的加利福尼亚州更美。”

类比直接论证之所以具有说服力,是由人们头脑中潜在的“相同情况应该有相同结果”这一原则决定的。当人们通过类比论证,证明了甲乙两种情况相同或相似,进而证明结果也应相同时,只要这样的类比不是牵强附会的,是注意遵循了正确运用类比推理的逻辑要求的,其论题的得出也就会被认为是“理所当然”,从而被人承认、接受。如果通过类比证明了甲乙两种情况相同而结果(行为或措施)却不同时,也足以使人相信该不同结果的不正当、不合理性,同样也可以实现论证者所要达到的目的。例如:

⑤“人生犹如下棋。高者能看出五步七步甚至十几步棋,低能者只能看两三步。高手顾大局,谋大势,不以一子一地为重,以最终赢棋为目标;低手则寸土必争,结果辛辛苦苦地屡犯错,以失败告终。……人生亦忌恋战。有些事,大局既已无望了,宜速放弃,另谋出路,不可空耗自己,不可空耗一生。一个人想干什么和能干什么,是两码事,必须在能干的范围内选想干的事。如同一个女人喜欢什么样的衣服和能得到什么样的衣服是两码事一样。”

类比直接论证在司法工作中运用的情形更为常见。本书前面关于类比法律推理的例子,其实也是关于类比直接论证的说明。正如有的学者所述,由于类比推理是或然性的,因此,“类比论证看起来并不足以确立科学中的真理性或可接受性。然而,在类似的司法案例中,确立对一个法律问题判决的似真性的理由在类型上并不相异于确立其可接受性的理由。而且,以类比来推论常常被用于确立这些判决的正确性”。〔8〕例如,在“付某仙诉皈山乡卫生院损害赔偿案”的二审法院的审理判决中,就运用了类比直接论证,将法无明文规定的“医疗差错”与法已明文规定的侵权损害赔偿进行类比,直接证明“上诉人(一审被告)应当承担民事责任”这个论题的正当性与合理性。判决书中是这样论证的:

⑥“付某详医生给被上诉人造成的损害后果由于未达到死亡、残废或功能障碍的程度,因而不属于《医疗事故处理办法》第三条所称的‘医疗事故’,而仅属于医疗差错。对医疗差错单位是否应承担责任,现法无明文规定。但从侵权民事责任的构成要件来看,本案上诉人具备了应承担责任的所有要件:其医务人员有违法行为,即违反医疗规章制度的不作为行为;有给他人造成损害的事实;损害事实与违法行为之

〔8〕[美]马丁·戈尔丁:《科学与法律中的发现与证明问题》,顾速译,载《南京大学法律评论》1996年春季号。

间有因果联系；行为人主观上有过错。所以，尽管不构成医疗事故，本案上诉人也应承担民事责任。”〔9〕

二、间接论证

间接论证（indirect argument）就是引用论据确定与论题相排斥的命题虚假或不正当，进而通过论题与相排斥命题之间的逻辑关系而推导出论题真实或正当的论证方法。

间接论证的特点是：论据不直接与论题发生联系，而是同论题之外的、与论题相排斥的命题发生联系。与论题相排斥的命题，叫作反论题（counter - thesis）。论题与反论题之间在逻辑上的关系，总的说来属于一种矛盾关系。不过，这种矛盾关系表现为两种情形：一是论题“p”与反论题“非 p”为一对矛盾关系的命题；二是具体列出反论题“非 p”的各种情形，即命题“q”“r”“s”等。比如，若论题为“a 大于 b”这样的命题，它的反论题就可以是“a 不大于 b”这个命题，也可以是“a 等于 b”与“a 小于 b”这样两个命题的组合；而这两个命题反映的事物情况，其实也就是“a 不大于 b”的各种情形。无论反论题属于哪种情形，其真或假与论题的真或假都是相排斥的，因此也就可以通过证明反论题的假进而确定论题的真。

反论题的上述两种情形，也就决定了间接论证的下述两种方法：

（一）反证法

反证法（disproof method）又叫假言证法（method of hypothetical argument），它是论证中较为常见的一种间接论证的方法。

这种方法的运用过程是：先设立一个与论题构成矛盾关系的命题作反论题，然后由反论题合乎逻辑地引申出一个或一些推断，形成一个（或几个）充分条件假言命题，再用论据确定由反论题引出的推断虚假或包含逻辑矛盾，或明显荒谬；于是通过充分条件假言推理的否定后件式，进而确定反论题虚假或不正当；最后，再根据反论题与论题之间非此即彼的真假关系（矛盾关系），从而证明论题真实或正当，使论题得证。

反证法的证明过程，可用公式表述为：

求证：p 成立。
设：非 p 成立。
证明：如果非 p 成立，则 q 成立；
已知：q 不成立，
所以，非 p 不成立。
而非 p 与 p 是矛盾关系，所以，p 成立。〔10〕

由上述证明过程可以看出，运用反证法时，我们并不是直接用论据去证明论题的真实性或正当性，而是先假定与之相矛盾的那个命题真实或正当，然后从这一假定为真实或正当的命题

---

〔9〕 中国高级法官培训中心、中国人民大学法学院编：《中国审判案例要览》（1992 年综合本），中国人民公安大学出版社 1992 年版，第 658 - 664 页。

〔10〕 公式中“成立”与“不成立”的意思是：若“p”为描述命题（事实判断），则“p 成立”意即“p 为真”，“p 不成立”意即“p 为假”；若“p”为评价命题（价值判断），则“p 成立”意即“p 正当、合理或有效”，“p 不成立”意即“p 不正当、不合理或无效”。后文与此同。

出发,必然推导出一个明显荒谬的结论,进而否定这个假定为真实或正当的命题,间接地证明所需证明的论题的真实性或正当性。

运用反证法时,确定反论题不能成立的方法多种多样。既可以由反论题引出两个相互否定的命题,亦即由反论题推导出逻辑矛盾来实现;也可以由反论题推导出与科学原理或人们公认的理论相悖的、明显荒谬的命题来实现。在引用论据确定反论题不能成立时,采用的推理形式既可以是一个结构简单的充分条件假言推理的否定后件式,也可以是一个连接着一个的、连锁形式的充分条件假言推理或若干个并列的充分条件假言推理的否定后件式。

例如下面这一论证:

⑦“我们必须尽快放开‘全面三孩’生育政策。由于我国长期实行控制人口增长的独生子女政策,出生人口持续下降,少子化老龄化加速到来。从‘双独二孩’、‘单独二孩’到‘全面二孩’的生育政策调整,实际收效有限。‘全面二孩’政策实施第二年的2016年全国出生人口1786万,2018年跌至1523万,直降200多万。如果不尽快放开‘全面三孩’生育政策,将难以守住1000万的出生人口红线,不仅无法优化人口结构、缓解劳动力短缺及老龄化难题,更有灭种亡族之虞。而应对人口少子化老龄化的最好方法,就是增加人口出生率。因此,我们亟待放开‘全面三孩’生育政策。”

上面例⑦要证明的论题是“我们必须尽快放开‘全面三孩’生育政策”,设立的反论题则是“我们不尽快放开‘全面三孩’生育政策”。引出的推断就是:如果反论题成立,则其后果就是“难以守住1000万的出生人口红线”、“无法优化人口结构、缓解劳动力短缺及老龄化难题”和“有灭种亡族之虞”。这样的后果显然是我们不能接受的,因而也是不正当、不合理的。这样,通过否定后件,也就否定了其前件,即反论题,从而也就证明了论题是可以成立的。在这一论证中,对反论题的否定,就是通过运用充分条件假言推理的否定后件式来实现的。

然而像我们前面关于三段论第一格“小前提必须是肯定命题”的论证:

⑧“为什么三段论第一格的小前提必须是肯定命题呢?因为,如果三段论第一格的小前提是否定命题,那么,它的结论就只能是否定命题;如果结论是否定命题,则结论中的谓项即大项就必然周延;如果大项在结论中周延,那么它在大前提中也就必须周延;如果大项在大前提中要周延,则大前提就必须是否定命题。这样,两个前提都是否定命题,根据三段论规则,不可能得必然性结论。所以,三段论第一格的小前提不能是否定命题,因而只能是肯定命题。”

例⑧这个论证的论题是“(第一格的)小前提必须是肯定命题”,设立的反论题是“小前提是否定命题”(“小前提不是肯定命题”),对该反论题的否定,就是在一个接一个地引申出推断的基础上,通过否定最后那个推断,进而层层否定其前件,并最终否定反论题而实现的。

又如下面这个论证:

⑨“我们必须加强社会主义法制。因为,如果我们不加强社会主义法制,就不能保障社会主义市场经济的顺利进行;如果我们不加强社会主义法制,就不能维护社会的安定秩序;如果我们不加强社会主义法制,就不能有效地惩治贪污腐败以及其他一

切刑事犯罪;如果我们不加强社会主义法制,就不能切实保护人民的合法权益。"

上面例⑨对反论题"我们不加强社会主义法制"的否定,就是通过四个并列的充分条件假言推理的否定后件式(省略了不言而喻的小前提)来实现的。

由于反证法是严格的演绎论证,因此,它在数学及自然科学领域的论证中应用很广。当某个论题从正面不容易甚至不可能对之作出证明时,就要借助于反证法来完成。

运用反证法时,在逻辑上应注意满足这样两个要求:

第一,设立的反论题必须是论题的矛盾命题,亦即两个命题之间在逻辑上的真假关系,必须是非此即彼的关系。否则,即使证明了反论题虚假(或不正当),也不能由此推出论题必然真实(或正当)。

第二,由反论题引出推断时,前者(反论题)作为假言命题的前件,必须是后件(推断)的充分条件。否则,即使通过论据确定了推断假,也不能必然推出反论题假,从而也就无法证明论题的真实性(或正当性)。

(二)淘汰法

淘汰法(method of elimination)亦称排除法(method of exclusion)或选言证法(disjunctive proof method, method of disjunctive argument),它也是通过证明论题之外的其他命题的虚假或不正当,间接证明论题真实或正当的论证方法。

淘汰法的证明过程是:先确立包括论题在内的关于某个问题的所有可能情况,亦即把论题断定的情况作为若干可能情况中的一种,与反映其余可能情况的命题一起,并列作为若干肢命题组合成为一个选言命题。然后,再引用论据分别逐一确定除论题之外的其余选言肢虚假或荒谬,进而通过选言推理的否定肯定式推出论题真实或正当,从而使论题得证。简言之,淘汰法就是通过确定论题之外的那些并列组合而成的反论题的虚假或不正当,进而通过选言推理,间接确定论题真实或正当的论证方法。

淘汰法的证明过程,可用公式表示为:

求　证:p 成立。

　　设:或者 p 成立,或者 q 成立,或者 r 成立;

证　明:q 不成立,并且 r 不成立;

所以,p 成立。

例如下面这一论证:

⑩"人的正确思想是从哪里来的?是从天上掉下来的吗?不是。是自己头脑里固有的吗?不是。人的正确思想,只能从社会实践中来,只能从社会的生产斗争、阶级斗争和科学实验这三项实践中来。"[11]

例⑩就是运用淘汰法作出的间接论证。其论题是"人的正确思想只能从社会实践中来"。这一论证过程首先穷尽地列出对人的正确思想来源的三种可能——从终极意义上看,只有这三种可能,即"人的正确思想是从天上掉下来的"、"人的正确思想是自己头脑里固有的"或者

---

〔11〕 毛泽东:《人的正确思想是从哪里来的?》,载《毛泽东文集》(第 8 卷),人民出版社 1999 年版。

“人的正确思想是从社会实践中来的”;然后指出“人的正确思想是从天上掉下来的”和“人的正确思想是自己头脑里固有的”都不能成立,亦即证明了这两个选言肢都不能成立,通过否定肯定式选言推理,最终推知论题成立。

淘汰法实际上是通过“破”而达到“立”的一种间接论证方法。运用这种方法进行论证,不仅可以达到证明论题的目的,而且也可以预先破除影响论题成立的各种设想,使得人们不得不承认论题的真实性或正当性,具有很强的说服力。也正因如此,实际论证过程中运用的淘汰法,通常都是多重支持的复杂论证,亦即通过引用一些论据先确立与论题并列的反论题不成立之后,再去确立论题成立。而在确立反论题不成立的过程中往往又要运用到其他的论证方法,其论据与论题相联系的推理形式,通常情况下就是选言推理否定肯定式和充分条件假言推理否定后件式的结合运用。

司法工作中,在分析案情、确认案件事实时作出的论证,很多情况下都因难以直接确定论题的真实性而不得不采用淘汰法进行论证。比如,要证明“发案时某人在作案现场”,靠直接对该论题作出证明就不大容易,往往就要设想出在发案时间内某人还可能在哪些地方,或者他可能辩解说他在哪些地方,然后用证据证明他不在这些地方,进而证明论题为真。刑侦工作中对案件性质的论证,一般也少不了要用到淘汰法。

要正确运用淘汰法,逻辑上必须注意满足如下两个要求:

第一,列出的或论证中逐一予以否定的与论题并列的其余选言肢,必须穷尽除论题之外的其余各种可能情况,不能有遗漏。否则,即使引用论据证明了其余选言肢假,也不能必然推出论题成立(真实或正当)。

第二,对论题之外的其余选言肢的否定,必须理由充分。若对其余选言肢中的任一命题否定不成立,也不能推出论题必然为真。

反证法与淘汰法都属于间接论证的方法,其共同之处在于论据都不是与论题直接发生联系,都是通过引用论据确定其他命题不成立(虚假或不正当)进而确定论题可以成立(真实或正当)的。只不过反证法是通过确定与论题构成矛盾关系的那个命题不成立(虚假或不正当),从而推导出论题可以成立(真实或正当)的;而淘汰法则是逐一确定论题之外的、分别与论题构成反对关系的各个命题不成立(虚假或不正当),进而推出论题可以成立(真实或正当)。

实际思维中,直接论证与间接论证常常结合运用。对同一论题,既运用直接论证从正面确定论题的真实性,又运用间接论证的方法从反面确定论题的真实性,这样,便可以使论证更加具有说服力。

第三节　反驳及其方法

一、反驳的特征

所谓反驳(refutation),就是引用一些已知为真的命题,以确定某个命题虚假或某个论证不能成立的思维过程。例如:

①“牛顿是汞中毒而死的吗？否！

汞中毒的临床表现为四肢无力、痛、手指颤抖、口腔发炎、牙齿脱落。但据《科学的美国人》1981 年第 15 期报告：牛顿在他成年后至死的漫长岁月中，只脱落了一颗牙齿，而且，他生前写的各种书稿、信件中均没有颤抖迹象，即根本没有汞中毒的反应。可见，牛顿并非汞中毒而死。”

这就是一个反驳。它引用了医学上已证明为真的、有关汞中毒临床特征方面的命题，以及关于牛顿生前情况的命题的真实性，进而确定了“牛顿并非汞中毒而死”这一命题为真，由此也就确定了“牛顿是汞中毒而死”这一命题的虚假。

由上可见，反驳其实也是一种论证，只不过它不是为了证明某个命题的真实或正当，而是为了确定某个命题的虚假或真实性不可靠而展开的论证。因此可以说，反驳是论证的一种特殊形式。

反驳不仅是论证的特殊形式，而且也贯穿于对某个论题的论证中。从确立某种观点的角度来看，论证是为了“立”，反驳则是为了“破”。俗话说，“不破不立”，“破”对方的观点是为了“立”自己的观点；而要“立”自己的观点又免不了要“破”与之相反的观点。因此，在确定某个命题真实性或正当性的过程中，特别是在一个层次结构比较复杂的论证中，论证与反驳往往结合运用。

二、反驳的对象及其方法

反驳是为了否定某个论证而展开的思维活动，而论证又包含了论题、论据和论证方式这三个组成部分或要素，其中任何一个要素不能成立，该论证也就不能成立。因此，反驳也就可以针对其中任何一个要素来展开。反驳所针对的那个论证的某个要素，称为反驳对象。它可以是某个论证的论题，也可以是用以证明该论题的某个论据或论证方式。只要证明了其中任何一个要素虚假或不能成立，都足以使得该论证不能成立，从而达到反驳的目的。

（一）反驳论题

所谓反驳论题（refutational thesis），就是以对方论证中的论题作为反驳对象而展开的思维活动。它是通过引用真实性明显的或者其正当性为人们所承认的命题，以确定对方论证中的论题虚假或不正当的反驳方法。

由于论题是论证的主体，是对方论证要证明的观点，因此，证明了对方论证中的论题虚假，或者揭示出该论题荒谬，不仅可以从根本上推翻对方的论证，而且可以起到否定对方观点的作用；也只有反驳论题，才能起到否定对方观点的作用。所以，对论题进行反驳，较之对其他论证要素的反驳更具“破”的意义。

被反驳的论题是对方论证中拟证明的观点，必然表现为命题的形式。虽然它的真实性、正当性和它能否被人承认、接受，要依赖于它论据的真实性和证明力，但是，它的虚假却并不取决于它论椐的虚假；证明了论据假也不足以证明论题假。因此，反驳论题也就常常表现为反驳某个独立的命题。

反驳论题的方法，有直接反驳法（direct refutation）和间接反驳法（indirect refutation）。

1. 直接反驳法

直接反驳法就是引用真实性或正当性明显的命题，直接确定被反驳的论题虚假或不正当，或者直接揭示出被反驳论题含混不清、不能成立的反驳方法。

例如,有篇科普文章对所谓"黄鼠狼是鸡的天敌"的说法,就作了如下直接反驳:

②"黄鼠狼真的是鸡的天敌吗?有人做过这样的实验,在关有黄鼠狼的笼子里,第一晚放进3只活鸡和1条带鱼,黄鼠狼只吃带鱼;第二晚放进鸡、鸽子和老鼠,黄鼠狼只吃老鼠;第三晚放进鸡、鸽子,黄鼠狼把鸽子咬死……第五晚在笼中单单放进活鸡,黄鼠狼没有别的食物,只好吃鸡。为了进一步证实黄鼠狼的食性,有人从不同省份地区捉来黄鼠狼解剖,发现它胃里的主粮是鼠、蛇、鸟雀蛋、昆虫等。可见,认为'黄鼠狼是鸡的天敌',这种评价是很不公允的。"[12]

例②这个反驳就是引用一系列真实性的命题,直接确定"黄鼠狼是鸡的天敌"这个论题虚假、不符合事实而作出的直接反驳。

直接反驳论题,还可以通过分析并指出被反驳的论题含混不清,或者揭示出被反驳论题中包含的概念不明确来实现。因为任何论证总是为了证明论题而展开的,如果论题(或者独立的某个命题)本身就含混不清或者包含了令人难以捉摸的概念,对之作出的论证当然也就徒劳无益。因此,对于被反驳的论题进行这样的分析、揭示,只要言之成理,就足以使被反驳的论题不攻自破、站不住脚。

例如,有人说:"服装式样应当多样化,但也要反对奇装异服。"有篇文章对此就反驳说:

③"'反对奇装异服'的说法,乍一听似乎说得也对,可是仔细一琢磨便会感到太'玄'。什么叫'奇装'?什么又叫'异服'?恐怕谁也说不清楚。与众不同的式样就叫'奇装'吗?现在最常见的服装式样,最早它也经历了一个与众不同的时期;在此之前没有见过的式样就叫'异服'吗?如果是这样,任何新的服装式样岂不都成了'异服'!"

例③就是通过揭示被反驳论题包含的概念不明确,进而说明论题本身不能成立而作出的一个直接反驳。既然证明了被反驳的论题本身就含混不清,当然也就证明了对之作出的论证不能成立。

2. 间接反驳法

间接反驳法就是通过证明另一个与论题相关的命题的真或假,进而推导出被反驳论题虚假或不正当的反驳方法。它又有下面这样两种形式:

(1)另立相反论题反驳法(refutation method by independent proof)。这种间接反驳方法的反驳过程是:先设立一个与论题的真假具有相互排斥关系(矛盾关系或反对关系)的命题作为反论题,然后引用论据确定反论题真实或正当,再借助于反论题同被反驳论题之间的命题真假关系,进而确定被反驳论题假。

例如前面举例谈到的对"牛顿是汞中毒而死的"这个论题的反驳,运用的就是这种形式的反驳方法。在该反驳中,另立的相反论题是"牛顿并非汞中毒而死"。由于这一论题与被反驳论题的真假关系是互相排斥的,因此,通过引用论据证明了反论题真实、正当,自然也就可以推

〔12〕《为黄鼠狼"平反"》,载《北京晚报》1984年8月1日。

出被反驳论题虚假或不正当。

这种另立相反论题的间接反驳方法，如果撇开被反驳的论题来看，其实它就是一个独立的论证。设立的相反论题，就是该论证的论题。正因如此，前面介绍的各种论证方法，无论是演绎的、归纳的或类比的论证方法，还是直接的或间接的论证方法，都可以采用。

（2）归谬法（reduction to absurdity）。这种间接反驳方法的反驳过程是：先假定被反驳的论题真实、正当，然后由此引出推断，亦即以被反驳的论题作为前件，引申出的推断作为后件，形成一个充分条件假言命题；再引用论据证明引申出的推断假，或者引申出的推断明显荒谬或包含逻辑矛盾。这样，通过充分条件假言推理的否定后件式，便可推出被反驳的论题虚假或不正当，从而达到反驳的目的。

例如，有人针对所谓"真理有阶级性"的说法，就撰文反驳说：

④"如果真理有阶级性，那就意味着某种认识是否真理要因阶级而异。这样一来，岂不是各个阶级就有各个阶级的真理了么？若如此，检验真理的标准也就不是实践，而是各个阶级的需要了。"

例④就是一个运用归谬法作出的反驳。反驳中先假定被反驳的论题"真理有阶级性"能够成立，然后逻辑地引申出推断："检验真理的标准不是实践，而是各个阶级的需要。"而这一推断又明显地与人们已知的马克思主义基本原理相违背，推断的荒谬不言而喻。既然推断不能成立，当然可以推出被反驳的论题不能成立。

运用归谬法进行反驳，可以使得反驳显得简明有力，因而它是人们广泛运用的一种反驳方法。

比较上述两种间接反驳的方法后不难看出，另立相反论题反驳法，是通过确定另一个命题的真，进而推出被反驳的论题假；而归谬法是通过确定另一个命题（引申出的推断）假，进而推出被反驳的论题假。两种方法有其不同的运用特点，也有着不同的实用意义，因而实际论证中往往结合运用。

（二）反驳论据

所谓反驳论据（refutational ground），就是以对方论证中引用的论据作为反驳对象而展开的思维活动。它是引用真实性或正当性明显的命题，以确定支撑对方论题的某个论据虚假或不能成立而作出的反驳。简言之，所谓反驳论据，其实就是反驳对方证明某个观点的理由。例如：

⑤"公诉机关指控被告人有罪的一个重要理由是'煤矸石属于矿，有国土资源部规定在先'。本辩护人认为，这一指控的理由不成立。因为：第一，《固体废物污染环境防治法》（1995 年颁布、1996 年实施，2004 年修订、2013 年修订、2016 年修订、2020 年修订）均明确规定了煤矸石的矿业固体废物属性。第二，国家发改委等 10 部门颁布的《煤矸石综合利用管理办法》（2014 年修订、2015 年实施）第 2 条明确将煤矸石定义为煤矿生产过程中的含碳废弃物。第三，国家标准《一般固体废物分类与代码》（2021 年 5 月 1 日实施）将煤矸石归为不具有危险特性的工业固体废物（代码为 21）。第四，《关于政协十二届全国委员会第五次会议第 3476 号（资源环境类 201 号）提案的答复》《对十三届全国人大三次会议第 8010 号建议的答复》都将煤矸石作

为产业废弃物而强调对其综合利用。综合我国现行有效的法律、部门规章等规定,煤矸石无一例外地被规定为固体废物而非矿产资源这一点来看,其在属性上并不存在争议。同时,被告将煤矸石出售给砖厂作为原料不仅属于国家大力鼓励的对固体废物的开发利用行为,有利于环境保护,还响应了当地对矿产资源开发的规划,是当地政府对煤矸石的推荐处置措施之一。"[13]

例⑤中的辩护律师就是针对公诉机关的指控理由之一,即"煤矸石属于矿,有国土资源部规定在先"这一指控论据,引用我国有关法律法规的实际情况对其进行直接反驳的。

再如,某报曾载文说,厄瓜多尔的"贝尔卡邦巴是世界长寿区,因为这里的大多数人都活到120-130岁"。对此,有人就作了下面这样一个反驳:

⑥"所谓'贝尔卡邦巴是世界长寿区'的说法不可信,因为这里的大多数人,并不像×文中说的那样都活到120-130岁。1974年美国的两位学者的调查结果表明,该地区居民有两个风俗。其一是年过60岁的,总是理所当然地把实际年龄提高。如自称活了129岁的门迪达,在他61岁(1944年)时便虚称70岁。5年后又自称为80岁,到了1974年时便自称为127岁。这样的例子在几乎所有的老年人身上都存在。其二是儿童或青少年死亡时,他们的名字要留给才出生的婴儿;这个婴儿一出生便有了所顶替的那个人的年龄。可见,认为这里的大多数人都活到120-130岁的说法是不真实的;所谓'贝尔卡邦巴是世界长寿区'的说法,当然也就是不可信的。"

例⑥就是一个针对对方论证中的论据进行的反驳。反驳中引用了真实性明显可靠的一系列事实性命题,直接确定了被反驳的论据、即"贝尔卡邦巴的大多数人都活到120-130岁"这个命题不符合事实。既然该论据虚假,由它支撑的论题"贝尔卡邦巴是世界长寿区",其真实性或正当性也就不能不令人怀疑,从而使得对方的论证不能成立。

反驳论据有时表现为直接反驳关于采取某种措施或行为的"理由"。例如,有篇报道中说,"调查显示,在目前全国33条高速公路中,重庆的收费标准最高(据报道,现已降低——引者注)"。"为什么重庆高速公路收费高呢?说法最多的是工程造价高。但调查组对比了与重庆同类的几个省,发现这种说法并站不住脚。同一条成渝高速公路、同时建设、同时完工投入营运,重庆段高速公路造价仅仅高出四川段38%,但收费却高出一倍。贵州省贵阳至新塞高速公路,与重庆到涪陵的渝涪路同时建成投入使用,资本金比例相近。而渝涪路一类车每公里通行费实际为0.89元,是贵新高速每公里收费0.30元的2.96倍。"[14]这里反驳的就是重庆高速路收费高的所谓"理由"。反驳中,运用类比推理证明:同样的情况、甚至同一条路、资金投入也基本相同,按说收费也应基本相同;然而收费却如此不同。类比的事实证明,所谓"工程造价高"的理由不能成立。这样的反驳无疑也是具有很强说服力的。

由于论题与论据是相对而言的,而且,无论是反驳论题还是反驳论据,总是针对某个命题进行的。因此,撇开被反驳的命题在对方论证中的地位来看,反驳论题同反驳论据并无根本区别。若把被反驳的某个论据只是看作一个独立的命题,也不妨把它看作是被反驳的论题。正

---

〔13〕 康烨:《一起非法采矿案的无罪辩护》,载《上海法治报》2021年12月13日。

〔14〕 刘刚:《高收费屏蔽高速路》,载《瞭望》2004年第5期。

因如此,前面介绍的反驳论题的各种方法,也同样适用于反驳论据。

但是也有必要指出:反驳论题与反驳论据的意义并不等同。反驳论据终究只是针对对方论证中的某个或某些理由而展开的。从逻辑上说,只有当证明某个论题的论据为真,该论题才有可能被证明为真;但若论据为假,却不能证明该论题必然假。因此,驳倒了论据,并不意味着也就驳倒了由它证明或支撑的论题,而只是表明对方的论证不能成立,其论题的真实性尚未得到证明而已。所以反驳论据同反驳论题相比,其作用是不同的。

(三)反驳论证方式

所谓反驳论证方式(argument by refutation),就是以对方论证中的论据同论题之间的逻辑关系为反驳对象而展开的思维活动,实则就是指出对方论据的真实性或正当性,不足以证明其论题的真实性或正当性。

例如,有人曾以美国圣地哥大学教授莫里亚蒂发现的“石锚”为依据,提出了“殷人东渡美洲”的论断。另外有学者则对此进行了如下反驳:

⑦“所谓‘殷人东渡’之说不可信。因为第一,中、美一些科学家对‘石锚’岩质的鉴定,仅仅指出它与中国沿海地区所产灰岩质地一致,没有也不可能断定这些‘石锚’一定产于中国……第二,莫里亚蒂论证‘石锚’来自亚洲的根据之一,是亚洲有使用石制品作为船锚的考古记载。第三,有人又认为‘石锚’即中国古代的‘碇’,从而断定这些‘石锚’来自中国。这种推理方法也是不妥当的。事实上,在莫里亚蒂测算的‘石锚’沉海年代,亚洲绝大多数国家和地区都处于新石器时代或铜、石并用时代,不可能排除这些国家和地区在当时航海中使用‘石锚’的可能性。可见,根据‘石锚’而得出‘殷人东渡美洲’的结论,是难以令人信服的。”[15]

这便是针对对方的论证方式而作出的反驳。反驳中的第一点就揭示了对方由论据推出论题所运用的推理,亦即根据“中国沿海地区产某种质地的灰岩”,而“‘石锚’是这种质地的灰岩”,便由此断定“‘石锚’产于中国沿海地区”。这样的推理显然不具有完全的有效性,即使前提真,其结论也不必然为真;而论证中却把非有效的推理视为完全有效的推理,显然不合逻辑。反驳中的第三点,更是明确地揭示出对方推理的错误。若把这个错误的推理整理出来便是:

中国古代的船锚是石制品船锚(“碇”);
发现的这个“石锚”是石制品船锚,
———————————————
所以,发现的这个“石锚”是中国古代的船锚。

显然,这样的推理也不是演绎推理(三段论)的完全有效式,尽管其前提真,结论也未必就真。揭示了对方的论据与论题之间没有必然的逻辑联系,自然也就推翻了对方的论证,使其论题难以立足。

反驳论证方式,除采用上述这样的方法直接揭示对方论证中的推理错误以外,还可以采用归谬法。运用归谬法反驳论证方式的过程是:先假定对方的论证方式正确,然后按照其同样的论证方式推导出荒谬的结论,从而迫使人们在承认论据为真的情况下,通过否定结论而不得不

---

[15] 张虎生:《石锚物证与殷人东渡辨析——与房仲甫同志商榷》,载《新华文摘》1982年第9期。

否定其论证方式,进而达到反驳的目的。

例如,挪威裔加拿大外交官切斯特·郎宁(Chester Ronning,1894 – 1984)出生于我国湖北省襄阳市,小时候喝过中国奶妈的乳汁,长大回国后参加阿尔伯塔(Alberta)省议员竞选,有竞选对手据此诋毁他:"朗宁是喝中国人的奶长大的,他身上有中国人的血统。"依照加拿大法律,有外国血统的人不能竞选省议员。针对该无耻诽谤,朗宁在一次竞选演讲中反驳说:

⑧"现在有人说我是喝中国人的奶长大的,因此身上有中国人的血统。据我所知,说这些话的人都是喝牛奶长大的,按照他们的逻辑,他们身上一定有牛的血统。"〔16〕

这样的反驳表明,采用同样的论证方式既然可以由真前提推出谁也不会承认的荒谬结论,无疑也就揭示出了论证方式的荒谬。实际思维中,这样的反驳方法运用得当,不但生动,而且颇具说服力。

第四节　论证中必须遵循的逻辑思维规律

一个正确、有效的论证,恰当运用一定的论证方法固然重要,但更为重要的是首先必须遵循逻辑思维规律的要求,必须在论证中表现出思维的确定性、不矛盾性、明确性和论证性。逻辑思维规律(law of logical thinking)是在思维过程中起作用的规律,然而是否符合逻辑思维规律的要求,则表现在人们作出的某个论证或相互间进行的论辩中。因为论证是思维活动的表现,思维混乱必然导致论证的混乱;而论证的混乱反映的则是思维的混乱。因此,要使我们作出的论证具有锐服力,容易被人们理解、接受,在作出论证的时候就必须遵循逻辑思维规律的要求。否则,在论证中就会发生这样或那样的逻辑错误,从根本上影响论证的说服力。

论证中必须遵循的逻辑思维规律,有同一律(law of identity)、矛盾律(law of contradiction)、排中律(law of the excluded middle)和充足理由律(law of sufficient reason)。

逻辑思维规律虽然只是在思维活动过程中起作用的规律,并且又是人们从实际思维中总结概括出来的,但是,就这些思维规律的来源和内容来说,却有其产生的客观基础;它是客观事物相对稳定的特性在人们头脑中的反映。正是事物相对稳定的特性,决定了思维反映客观事物时的确定性,以及以确定性为核心的其他特性。因此,逻辑思维规律绝非人们随心所欲的"创造"。但是,逻辑思维规律又只是事物某一个方面的反映:事物本身不仅具有相对稳定性,还具有绝对的变动性。所以,又不能把逻辑思维规律等同于事物自身的规律。如果把事物自身也看作是确定不变的,那就陷入了形而上学的泥潭。

---

〔16〕 参见姚景灿:《加拿大的"湖北佬"——加拿大高级外交官切斯特·朗宁先生漫记》,载《中国档案》2008 年第 11 期;刘广太:《朗宁传》,河北教育出版社 1999 年版,第 138 页。

一、同一律以及论辩中违反同一律而发生的逻辑错误

(一)同一律的基本内容和要求

同一律的基本内容可以表述为:在同一思维过程中,任何思想与其自身同一。亦即一个思想反映了什么就是反映了什么,如果它是真的那么它就是真的。同一律的这一基本内容可以用公式表示为:

$$A = A(或“A \to A”)$$

同一律的基本内容,反映了正确思维必须具有的确定性。

由于思想是由概念、命题等基本的思维形式构成的,因此所谓思想与其自身同一,也可以说就是概念、命题各自与其自身同一。

同一律的基本内容,表明了它对正确思维的如下要求:

第一,当公式中的“A”代之以概念时,同一律的要求就是“概念必须与其自身同一”。为此,在论证过程中使用的概念,其内涵、外延必须确定。在同一思维或论辩过程中无论该概念出现多少次,它的含义及其指称的对象,都不得随意改变。比如在使用“劳动”这一概念时,根据同一律的要求,我们首先就必须把它的内涵、外延确定下来,在同一论证中就不能似乎仅仅指生产劳动,又似乎是泛指一切劳动,不但包括脑力劳动,甚至还包括家务劳动和清洁卫生活动等等。不管确定哪种意义,确定后就必须保持概念自身的同一,论证中就不能时而在前一种意义下使用“劳动”这个概念,时而又在后一种意义下使用“劳功”这个概念。

概念是思维的最小单位,因此,保持概念与其自身同一,是思维具有确定性的基础,是论证正确、有效的先决条件。

有必要指出的是,同一律要求概念与其自身保持同一,是要求在同一思维或论辩过程中必须在同一意义下使用同一概念,而不能将其理解为是要求概念与它反映的对象同一;概念与其自身是否同一,同概念是否正确反映了客观对象及其特有属性,不是一回事。概念的确定性不等于概念的真实性、科学性,犹如思维的确定性不等于思维的真理性一样,二者不能混为一谈。

第二,当公式中的“A”代之以命题时,同一律的要求就是“命题必须与其自身保持同一”。也就是说,在同一思维或论辩过程中,对同一事物情况的断定,前后必须一贯,断定了什么就必须保持断定了什么。即使对同一事物情况的断定运用了不同的命题形式,但这些命题形式相互间必须真假等值。不能把本来不等值的命题混为相同命题,互相替换。比如,断定“某甲可能不知道这件事”为真,在同一论证中就必须保持这样的断定,不能又断定“某甲不可能不知道这件事”为真。

同样有必要指出的是,同一律只是要求命题与其自身保持同一,要求对事物情况的断定,前后必须保持一贯。对此,不能将其理解为是要求命题断定的事物情况必须与客观事物情况保持同一;不能把命题事实方面的真或假,混同于命题与其自身是否保持了同一。

特别需要指出的是,同一律要求的“同一”,不是漫无边际地要求思想确定不变,而是指在同一思维或同一论辩过程中,在对象、时间、关系相同的情况下,思想(概念、命题)必须与其自身保持同一。例如这样一段话:“王某今年已满50岁,不算年轻了,可是,在该厂领导干部中他是最年轻的。”这里,前面说“王某不算年轻”,后面又说“王某是最年轻的”,能说它表达的思想不确定、命题没有保持同一吗?显然不能。因为前者是就王某自身的年龄来说的,而后者则是

就王某与其他厂级领导干部的年龄比较而言的。这就是说,前后两个命题是在不同关系下作出的断定,因而不能将其视为违反了同一律。

总之,同一律要求的同一,是在对象、时间、关系相同的条件下,在同一思维或论辩过程中思想与其自身保持同一。如果上述任何一个方面有所不同,概念、命题当然也就可以不同:在这种情形下不但不能将其看作是违反了同一律,而且恰恰相反,若把这种情形看作违反了同一律,倒正好说明是混淆了不同条件下的概念、命题——这恰好违反了同一律。

(二)论辩中违反同一律的典型错误

在思维或论辩过程中,如果违反同一律的要求,所使用的概念或命题没有与其自身保持同一,就会犯“偷换概念”或“转移论题”的错误。

1.“偷换概念”

所谓“偷换概念”(disguised replacement of concept),就是在论证过程中自觉或不自觉地改变了一个概念的内涵或外延,把两个本来不同的概念混为相同概念,并且用其中的一个概念暗地替换了原先使用的另一个概念。

“偷换概念”是概念没有与其自身保持同一的典型表现。一般来说,这种错误的发生,往往同有意或无意地曲解语词表达的概念有关。因为一个语词究竟表达什么概念是受语言环境制约的,如果故意改变或不顾及某个语词所处的语言环境,就会改变它所表达的概念。实际思维中,“偷换概念”的错误通常表现为如下两种情形:

一种情形是把本来不同的两个概念混为相同概念,并在论证中互相替换。这种错误,也就是人们常说的“混淆概念”(confuse different concept)的错误。例如,在一些人的论证中,就把“共同富裕”理解为“大家一齐富裕”,实则将其混为“同步富裕”;把“经济效益”混为“赚钱”,说“不管采用什么办法,只要赚钱多就是经济效益好。”如此等等便都是犯了“混淆概念”的错误。

另一种情形是在论证过程中有意或无意地改变某个语词本来表达的概念,并且用改变后的概念去替换原来的概念。突出地又表现为把语词形式相同或相似的两个不同概念,作为相同概念使用。例如,本书前面第八章关于三段论规则中所说的“四概念”错误,便都是论证过程中犯“偷换概念”错误的情形。比如一位律师的如下辩护:“被告李某某虽然盗窃公款属实,但他在部队服役期间曾两次荣立三等功,是有立功表现的。根据我国《刑法》第68条之规定,犯罪分子有立功表现的可以从轻或者减轻处罚,因此,被告李某可以从轻或减轻处罚。”表面看来,这个论证似乎无可非议,其实根据其论述就不难看出,论证者所说的被告李某的“立功表现”,根本不同于《刑法》中所说的“立功表现”,论证中却暗地用前一概念替换了后一概念,这就犯了“偷换概念”的错误。

由于语词同概念并不对应等同,客观上就给玩弄“偷换概念”诡辩手法的人提供了方便。某些人为了适应为错误论题辩护的需要,也正是利用一词多义的特点而故意篡改某个语词实际表达的概念,进行诡辩。因此,我们在论证中,一方面要注意尽量避免使用可能让人误解的语词,使表达的概念清楚、准确;另一方面更应注意识别和驳斥别人利用相同语词形式“偷换概念”,因为这样的诡辩往往能给人以貌似正确、言之成理的错觉,具有极大的欺骗性。

2.“转移论题”

“转移论题”(ignoratio elenchi)也叫“偷换论题”(disguised replacement of argumentative issue)，其特点是：在论证过程中用证明另一个无关的论题来代替拟证明的论题，亦即实际证明的论题与需要证明的论题不是一回事。

"转移论题"是论证中命题没有与其自身保持同一的典型表现，反映了论证者思想的不确定性。

论题具有确定性，是论证具有说服力的首要条件。如果在论证中对所要证明的论题都还没有确定，论证就必然没有中心。因此，根据同一律的要求，论证时首先就必须做到论题清楚、确切，避免犯"论题不清"的错误；并且，当论题确定后，论证中就要注意保持论题同一，避免"转移论题"。

要做到论题清楚、确切，展开论证时就先得有一个明白确定的论题。否则，论证就会像"天马行空""东拉西扯、节外生枝""下笔千言，离题万里"，犯"论题不清"的错误。

"论题不清"是"转移论题"的一种极端情形。例如，某市法院在公开审理黄某贪污一案时，被告的辩护人在法庭上就作了下面这样一个长时间的"辩护"：他从被告人黄某小时候如何勤俭好学、热爱集体，讲到她怎样通过各种关系参加了工作；又从她参加工作后怎样由勤杂工变成营业员，进而讲到她对本单位的贪污盗窃活动如何由"看不惯"到后来"跟着干"。在一一陈述了这个单位的各种贪污盗窃现象之后，被告辩护人又从这个单位的管理如何混乱讲到领导的官僚主义如何严重；最后还谈到当司法机关到被告人家里没收赃物时，这个单位的领导和群众还如何不理解……发言者可谓口若悬河，听者也感津津有味，可是论证者在这里要论证的究竟是些什么样的论题呢？他为被告作了一些什么样的辩护呢？恐怕谁听了也不会明白。从逻辑上说，这样的论证就是犯了"论题不清"的错误。

此外，"论题不清"的错误还表现为论题本身表达的思想含混、观点模糊，可让人作不同的理解、甚至让人无法理解。它通常是由于论题中包含的概念不明确或命题形式不恰当造成的；当然也不可否认，有时却是论证者为了掩饰观点的错误、故意含糊其词而产生的。

"转移论题"的典型情形，主要表现为当论题确立以后，不是紧扣论题来引用论据，而是在论证中途自觉或不自觉地改变了预先确立的论题，从而使得实际证明（或反驳）的论题与预先确立的论题没有保持同一。比如，本来预先确立的、要证明（或反驳）的论题是"S 是 P"，而实际引用论据证明（或反驳）的，却是"A 不是 B"，二者风马牛不相及。由于他们之间不具有命题方面的真假关系，因此，即使证明了后者的真或假，也达不到论证（或反驳）的目的。例如：

①"为什么说真理有阶级性呢？因为第一，在阶级社会中每个人都有阶级性，无产阶级的阶级地位决定了它能认识真理、掌握真理，而资产阶级却不可能完全做到；第二，社会科学领域中的许多真理，也不是为所有社会成员服务的；第三，在社会科学领域，超阶级的、敌对阶级都能接受的真理，也是不存在的。可见，认识，利用和接受真理都是有阶级性的。"

这里，本来确立的论题是"真理有阶级性"，而在引用论据进行论证时，却把它变成了"认识、利用和接受真理都有阶级性"。这一论证，撇开其内容的正确或错误不说，仅从逻辑上看，它预先确立的论题和实际证明的论题就不是一回事，这就犯了"转移论题"的错误。

又如下面这样一个论证：

②"被告陈某已构成贪污罪。因为第一，被告陈某开支较大，收支悬殊，经济来

源令人可疑;第二,被告经常是一个人在这个门市部做营业工作,贪污销货款有极为方便的条件;第三,该被告经常发牢骚,嫌自己的工资太低。综上所述可见,陈某完全可能犯贪污罪。”

这一论证犯“转移论题”的错误也显而易见。论证者本来准备证明的论题是“被告陈某已构成贪污罪”,而通过论证实际证明的则是“陈某完全可能犯贪污罪”。不言而喻,上述两个命题并不等值,而论证者却用对后者的证明来代替对前者的证明,显然就属于“转移论题”。

生活中还常常可以听到类似下面这样的对话:

③甲:“你刚才参赛的这支歌,唱得太差劲。”
乙:“瞎扯,你还唱不出我这个水平呢!”

这里,甲对乙演唱水平的评价,是就乙与其他参赛者相比较而言的,乙若不同意甲的评价,根据同一律的要求,无疑就应在相同条件下对自己的演唱水平发表看法。然而乙在对甲进行反驳时,却把论题转移到同甲的比较。显然,即使乙的说法是正确的,也根本不能证明甲的评价是错的。乙在这里也是犯了“转移论题”的错误。

二、矛盾律以及论辩中违反矛盾律而发生的逻辑错误

(一)矛盾律的基本内容和要求

矛盾律反映了正确思维必须具有的一致性和不矛盾性。由于事物在同一时间、同一关系下,不可能既具有某种属性又具有与此不相容的另一种属性,不可能既属于某类事物又不属于某类事物。因此,关于客观事物情况的两种互不相容的思想,不可能同时都是真的。如果思维或论证中包含了两种互不相容的思想,或者在思维或论证中把两种互不相容的思想都看作是真的,这样的思维或论证就叫逻辑矛盾。而包含逻辑矛盾的思想,不可能是如实反映客观事物情况的思想,因而也就不可能是正确的思想。所以,要做到正确的思维并进而使论证正确、有效,就必须排除思维或论证中的逻辑矛盾。可见,按矛盾律的要求来说,实为不矛盾律(law of the non - contradiction)。

矛盾律的基本内容可以表述为:在同一思维过程中,互相排斥的两种思想不可能同时为真。若用公式来表示就是:

$$\sim(A \land \sim A)$$

公式表明,“A”与“~A”这两种相互否定、互相排斥的思想,二者不可能同时为真:既包含“A”又包含“~A”的思想必定是假的。

矛盾律的基本内容,表明了它对正确思维或论证的要求:在同一思维或论证过程中,对同一对象不能包含有互相排斥的两种思想,否则,其中至少有一种思想是假的。

由于思想是由概念、命题这样一些基本的思维形式构成的,因此,矛盾律的要求又可以具体表述为:

第一,当公式中的“A”代之以概念时,矛盾律的要求就是:在同一个概念中,不能既有“A”这个概念反映的性质,又有“~A”这个概念反映的性质,因而也就不能用包含“A”与“~A”这两种思想的概念来指称同一对象。否则,这样的概念就是包含逻辑矛盾的概念,就不可能是正

确反映客观事物的概念,当然就更谈不上是清晰、明确的概念。例如:

④“某厂是该市轻工系统亏损企业中唯一没有亏损的一个小厂。”

⑤“她终于被迫心甘情愿地答应了这门亲事。”

例④中,“亏损企业中唯一没有亏损的小厂”,就是一个包含了“A”与“~A”两种互相排斥思想的概念:既然它反映的是“亏损企业中”的小厂,就不可能同时又反映的是“没有亏损”的小厂。在同一时间、同一关系的条件下,既“亏损”又“没有亏损”的企业,客观上不可能存在。例⑤中,“被迫心甘情愿地”也是一个包含逻辑矛盾的概念。“被迫”与“心甘情愿”两种性质,不可能在同一时间、条件下为同一对象所具有。任何人对同一件事情的态度,在同一意义上说,如果是“被迫”的,就不会同时又是“心甘情愿”的;反之亦然。这就如同“红色的白花”“圆的三角形”这类概念一样,客观上没有一个对象可以同时具有它内涵反映的性质,因而在思维领域即可判定其外延指称的对象不存在。

据说有过这样一件趣事:有个年轻人想去大发明家爱迪生的实验室工作,并满怀信心地对爱迪生说:“我有一个伟大的理想,那就是我想发明一种万能溶液,它可以溶解一切物品。”爱迪生听后惊奇地说:“什么?那么你想用什么器具来放置这种万能溶液?它不是可以溶解一切物品吗?”年轻人被问得哑口无言。爱迪生的问话,实则指明了“能溶解一切物品的溶液”是一个包含逻辑矛盾的概念。如果这种溶液真的能溶解一切物品,就没有任何一种东西可以放置这样的溶液:如果还有一种东西可以放置这种溶液,这样的溶液也就不是什么能溶解一切物品的溶液。显然,“既能溶解一切物品又不能溶解一切物品的溶液”,其指称的对象是不存在的。可见,这个年轻人的所谓“伟大理想”,其实只不过是一种幻想。

第二,当公式中的“A”代之以命题时,矛盾律的要求就是:对同一事物情况作出了某种断定,不能同时又作出与之不相容的另一种断定;不能把互不相容、互相排斥的两种命题,同时确定为真。具体说来就是:

其一,对同一事物情况的断定,不能既肯定、又否定;既有“A”这样的观点,又有“~A”这样的观点。比如;断定了“A 厂的产品都是优质产品”,就不能同时又断定“A 厂的有些产品不是优质产品”;断定了“某甲不可能不是作案人”,就不能同时又断定“某甲一定不是作案人”。简言之,根据矛盾律关于命题的要求,对同一对象不能同时作出两个具有反对关系或矛盾关系的命题。

其二,在同一思维或论证过程中,对“A”与“~A”两种思想不能都看作是真的;在两个具有反对关系或矛盾关系的命题面前,必须确认其中至少有一个命题是假的。例如,对下述各组命题:

⑥“所有 S 是 P”与“所有 S 不是 P”;

⑦“这个 S 是 P”与“这个 S 是非 p”;

⑧“如果 p,那么 q”与“虽然 p,但是非 q。”

根据矛盾律的要求,对于像上述这类具有反对关系或矛盾关系的两个命题来说,如果承认了其中一个命题,就必须否定另一个命题:断定了其中一个命题为真,也就意味着同时断定了另一个命题为假。如果对二者都肯定,或者,承认了其中一个命题真而又不承认另一个命题假,思维或论证就会出现逻辑矛盾。

矛盾律的基本内容和要求表明,包含逻辑矛盾的思想必然是假的或不正确的。因此,无矛盾性是思维或论证正确、有效的必要条件。

(二)论辩中违反矛盾律的典型错误

违反矛盾律的典型错误就是思想的"自相矛盾"(contradictio in adiecto, self - contradiction, antinomy,antilogy)。亦即在同一思维或论证过程中,既有某种思想,同时又否定这种思想,或者,把两种相互否定的思想看作都是真的。人们常说的所谓"不能自圆其说""自己打自己的嘴巴",指的就是论辩中出现的这种"自相矛盾"的错误。

"自相矛盾"有时表现在同一句话中,有时则表现为前后的观点互相冲突。例如:

⑨"中国有世界上没有的万里长城。"

⑩"阴丹士林染料的特点是性质稳定、颜色鲜艳、不溶于水……由上可见,阴丹士林染料的确难溶于水。"

⑪"被告人的认罪态度,当然不能看作是量刑的一个依据……被告人的认罪态度,量刑时无疑不可忽略.应当看到,把被告人的认罪态度作为量刑的一个依据,这是我国社会制度下刑罚的性质和目的所决定的。"

在例⑨中,既肯定"中国有……",同时又肯定"世界上没有……",同一句话中就出现了"自相矛盾";例⑩中,前面说"阴丹士林染料……不溶于水",后面却又说"阴丹士林染料的确难溶于水",不言而喻,前后两种思想也是互不相容的;例⑪中虽然包含的逻辑矛盾不那么明显,但从论证实际表明的观点也不难看出,在关于是否应把被告人的认罪态度作为量刑的一个依据这个问题的看法上,前面明确地表示了否定,而后面实则又表示了肯定,可见也包含有逻辑矛盾。

值得注意的是,实际思维中出现的"自相矛盾",有时并不像上述那样明显,须得结合内容进行分析才能发现。例如,有份判决书中这样写道:

⑫"被告顾某为达到个人私欲的目的,以放火为手段盗窃山芋干,致使集体的大量财物被烧毁,严重危害公共安全,已构成放火罪。"

对此,正如有人批评指出的;"放火罪与失火罪是不同的。前者出自故意,后者出自过失,放火的目的在于烧毁,然而烧毁了又怎么盗窃?既然是为了盗窃,怎么又会把东西烧毁?因此,说被告'以放火为手段'进行'盗窃',这是不妥当的。判决书表明,办案人员实际上是既认定该案是'失火',又认定该案是'放火'"。显然,类似这样的"自相矛盾",不结合内容进行分析是看不出来的。

三、排中律以及论辩中违反排中律而发生的逻辑错误

(一)排中律的基本内容和要求

排中律的基本内容可以表述为:在同一思维或论辩过程中,任何一种思想和对这种思想的否定,二者之间必有一真,不可能两种思想都是假的。

排中律的基本内容可用公式表示为:

$$A \vee \sim A$$

公式中的“A”表示任一思想，“～A”则表示对该思想的否定。比如，若“A”为“所有S是P”，则“～A”就为“并非所有S是P”（“有的S不是P”）；若“A”为“如果p，那么q”，“～A”就为“并非如果p，那么q”（“p并且非q”），等等。公式表明，“A”与“～A”两种思想不可能同时都假。

排中律反映了正确思维必须具有的明确性。它的基本内容表明了它对正确思维的要求，即在同一思维或论证过程中，对同一对象只能或者具有“A”这样的思想，或者具有“～A”这样的思想，不允许对这两种思想都否定。具体说来就是：

第一，当公式中的“A”代之以概念时，排中律的要求是：对使用的某个概念来说，它总是或者反映了某个对象，或者没有反映这个对象：就任一对象而言，则它总是或者属于“A”的外延，或者属于“～A”的外延。因此，论证中使用的概念，它所指称的对象不能含含糊糊，不能似乎反映了某个对象，又似乎没有反映这个对象。在特定论域内，不能使某个对象既不属于“A”，又不属于“～A”。否则，这样的概念就不是明确的概念。例如“国家工作人员”这个概念，在“人”这个论域内，它就或者反映了某甲这个对象，或者没有反映某甲这个对象。换句话说，某甲只能或者属于“国家工作人员”的外延，或者属于“非国家工作人员”的外延；不可能既不属于前者，也不属于后者。

正是基于排中律的上述要求，所以，在论证中否定了某个对象属于“A”的外延，就必须承认它属于“～A”的外延；反之亦然。不允许既否定它属于前者的外延，又否定它属于后者的外延。

第二，当公式中的“A”代之以命题时，排中律的要求是：任何一个命题与否定该命题的命题之间，二者不可能都假；就同一命题而言，它只能或者为真或者为假。因此，若断定“A”这样的命题为假，就必须承认“～A”这样的命题为真；反之亦然。

（二）论辩中违反排中律的典型错误

根据排中律的基本内容和要求可知，违反排中律的典型错误就是观点含糊、模棱两可。

所谓“模棱两可”（equivocation），并不是说对互不相容的两种思想都肯定，认为二者皆可，而是指对这样的两种思想“模棱以持两端”，骑墙居中、似是而非，在相互否定的两种思想面前，既否定这种，又否定那种，貌似有所断定，实则是在两种思想之间游移不定、含糊其词。这就是说，其思维特征直接表现出来的却是“模棱两不可”。

论证中观点含糊、模棱两可的具体表现有两种情形：

一种情形是：论证中没有明确的观点，或者故意把观点说得含含糊糊、似是而非，令人捉摸不定。例如：

> ⑬“现在情况是这样的，这里有一些我们已经知道的‘已知之事’，有些事情我们知道自己知道，还有一些是我们知道的‘未知之事’，也就是说有些事情我们现在知道自己不知道，但是还有一些我们不知道的‘未知之事’，也就是说有些事情我们不知道，但我们还不知道我们不知道，所以当我们尽力把这些信息拼凑在一起时，我们只能说我们只掌握了我们已经知道的‘已知之事’和我们知道的‘未知之事’。”
>
> ⑭“基本粒子是又间断又连续，若断若续、非断非续，续中有断、断中有续；可能愈分愈小，也可能愈分愈大。”

例⑬是美国前国防部部长拉姆斯菲尔德2002年2月12日就伊拉克是否存在大规模杀伤性武器问题接受媒体采访时的表态。例⑭是一篇探讨基本粒子是否可以再分问题的文章中的段落。像例⑬和例⑭这样把观点说得玄之又玄,怎么能让人明白所要表明的观点究竟是什么呢?论证者在这里就既未肯定“A”这样的观点,也未肯定“~A”这样的观点;似乎是这样的观点,又似乎不是这样的观点。表面看来,其表达的观点全面、辩证,实则让人不明究竟。

另一种情形是:论证中对某个问题的态度,“是”也否定,“非”也否定,让人无法确定论证者的观点和态度究竟是什么;或者,在对待别人关于某个问题的态度上,你这样做他要指责,不这样做他也指责,让人动辄得咎、无所适从。例如,某报登载了这样一则报道:

⑮“关于××厂能否在今年内扭亏为盈的问题,厂里众说纷纭。有人觉得希望很大,认为在今年内扭亏为盈是完全可能的;另外有人则认为,本厂产品尚缺乏竞争能力,要想在今年内扭亏为盈可能实现不了。该厂领导认真研究了群众的看法,并及时指出上述两种看法都是不对的。”

如若上述报道无误,该厂领导的说法就违反了排中律。因为厂领导否定的两种看法,即“可能扭亏为盈”与“可能实现不了扭亏为盈”这两种看法,是“可能p”与“可能非p”这样两种命题之间的关系,二者不可能都假(从逻辑上说,虽然二者不是相互否定的矛盾关系命题,但根据模态命题之间的逻辑关系可知,若“可能p”为假,则“必然非p”必真,因而“可能非p”也就必真,故不能对二者都否定;同理,若否定“可能非p”,就必须承认“可能p”)。可见,该厂领导的说法就犯了“模棱两可”的错误。

值得指出的是,运用排中律时,有两种情况需要特别注意:

一是排中律并不否认客观事物本身可能存在两种以上的情况,或者某种中间状态,也不否认事物有中间环节、过渡形态。排中律也不排除在实际生活中由于对事物尚未作出明确断定而采取的“二不择一的态度”。例如:

⑯齐桓公准备确立管仲为仲父,命令群臣说:“我准备立管仲为仲父。赞成的进门后站在左边,不赞成的进门后站在右边。”东郭牙在门中间站着。桓公说“我要立管仲为仲父,下令说;‘赞成的站左边,不赞成的站右边。’现在你为什么站在门中间?”东郭牙说:“凭管仲的智慧,将能谋取天下吗?”桓公说:“能。”“凭他的果断,敢于干一番大事吗?”桓公说:“敢。”东郭牙说:“如果他的智慧能够谋取天下,果断足以干成大事,您因而把国家的权力全部托付给他。以管仲的才能,凭借您的权势来治理齐国,难道没有危险吗?”桓公说:“说得好。”于是命令隰朋治理内政,管仲治理外交,以使二人相互牵制。

《韩非子·外储说左下》这个故事中,齐桓公只给出“赞成”与“不赞成”两种可能,二者是矛盾关系。但是,东郭牙却“在门中间站着”,并向齐桓公提出:“您因而把国家权力全部托付给他,凭管仲的才能,利用您的权势来治理齐国,难道没有危险吗?”东郭牙将矛盾关系的“赞成还是不赞成”转变成了反对关系的“完全赞成还是完全不赞成”,这就存在一种“不完全赞成”的中间状态,暗示了分权而治的政治智慧,因此,齐桓公接受了东郭牙的建议。

二是尽管面对的是一对矛盾关系形式的命题,但若为下述情形,则并不适用排中律:

第一,如果一对矛盾关系形式的命题,其主项反映的对象事实上不存在,即主项为空类,就不能根据排中律要求肯定其中必有一真，例如下面两个命题：

⑰“火神星是最小的行星”；

⑱“火神星不是最小的行星。”

表面看来，例⑰和例⑱之间是一对具有矛盾关系的命题，但由于命题的主项“火神星”是虚概念，即其所反映的对象事实上不存在，因此，对之就不能用排中律要求必须承认其中必有一真。在这种情况下，指出“并无火神星存在”的前提下对二者都否定，这当然不违反排中律。

又如这样两个命题：

⑲“李某是砒霜中毒而死的”；

⑳“李某不是砒霜中毒而死的。”

例⑲和例⑳二者之间也是具有矛盾关系形式的命题。然而这样的两个命题，只有在“李某”确实已死的情况下才具有实际意义。也就是说，上述命题的主项“李某”，其实应看作是“死者李某”。如果“李某”并没有死，上述两个命题主项反映的对象，事实上也就不存在。面对这样的两个命题，在指出“李某并没有死”的前提下，既否定“李某是砒霜中毒而死的”，又否定“李某不是砒霜中毒而死的”，当然也不能看作是违反了排中律。

第二，对复杂问语的回答不适用排中律。从正确思维的要求来看，论证过程中对问语的回答都应当是明确的，不能似是而非。然而，对于复杂问语的回答却不应如此要求，也不可以简单对待。

所谓复杂问语（complex questions，many question），就是隐藏了某个真假待定的断定而发出的问语。例如，若办案人员问嫌疑人：“王某第一次给你的贿赂款是不是5万元？”它就隐藏了讯问人作出的这样一个断定：“王某给了你的钱，并且，多次给了你钱，并且，第一次给的这笔钱是贿赂款。”如果被讯问人此前并未承认这一事实，隐藏的断定就是真假待定的。对于这样的问语，不论回答“是”或“非”，都意味着承认了隐藏的那个断定。因此，对于复杂问语，不能简单地要求根据排中律作“是”或“非”的选择。如果复杂问语中隐藏的断定是虚假的或自己不能承认、接受的，回答时既否定“是”，也否定“非”，这当然也不能看作是违反了排中律。

四、充足理由律以及论辩中违反充足理由律而发生的逻辑错误

（一）充足理由律的基本内容和要求

充足理由律的基本内容可以表述为：任何一个真实的论断，都有它既真实又充分的理由或根据。

充足理由律的基本内容可用公式表示为：

$$B \land (B \rightarrow A) \rightarrow A$$

公式中的“A”表示某种思想或论断（论题）；“B”表示得出某个论断的理由或根据，是论断“A”之所以成立的依据。公式表明：论题“A”成立是因为论据“B”成立，并且，论据“B”真可以合乎逻辑地推出论题“A”真。

如果说同一律、矛盾律和排中律，主要体现在对论题的要求上，反映了正确思维或论证必须具有的确定性、一致性（或不矛盾性）和明确性，充足理由律则反映了正确思维必须具有的

论证性。它是客观事物因果联系的特性在人们头脑中的反映。因为客观世界中任何一种事物或现象的出现,都不是无缘无故的,都有它出现的原因,所以,任何一个论断的作出也就不能没有它的理由。这就决定了正确思维必须具有论证性。充足理由律的基本内容表明了它对正确思维的要求,即:无论具有何种思想或作出何种论断,都不应当是简单的断定,都必须有它的理由或根据,而且,理由或根据必须能够推出或者足以使人信服所证明的论断。简言之,充足理由律要求:作出的任何论断都必须有它的充足理由。

根据充足理由律的公式可知,所谓充足理由(sufficient reason),就是:如果“B”真,并且“B”真能推出或证明“A”真,那么“B”就是“A”这个论断的充足理由。换句话说,充足理由就是一个论断的既真实又充分的理由。在论证过程中,所谓理由或根据,也就是用以证明某个论题的论据。如果理由本身就令人怀疑、不能成立,凭借它支持的论题当然也就没有了基础;如果理由本身虽然能够成立,但理由不充分,亦即理由或根据与要证明的论题无关或者不足以证明论题,也同样不能证明论断可以成立。

可见,充足理由律实则表明了对一个正确的论证在论据和论证方式这两个方面的要求。遵守充足理由律而使论据和论证方式符合要求,是一个论证具有论证性和说服力的必要条件。因此,根据充足理由律的要求,论证中就必须做到:第一,理由(论据)必须真实,至少论证者必须确认其真实,而且其真实性还必须明显、可靠。如果论证者对所依据的理由都心存怀疑,怎么能用以证明所需证明的论断、让人信服?第二,理由的真实性或正当性,要能推导出所需证明的那个论断的真实性或正当性。在人文社会科学领域,虽然这样的推导关系不一定是演绎有效的推导关系,但这样的推导关系必须是合乎逻辑要求的、有很强合理性的,至少是人们通常都能承认其推导合理性的。否则,论证就没有论证性和说服力。

(二)论辩中违反充足理由律的典型错误

违反充足理由律的典型错误就是思维缺乏论证性,作出的论断无充足理由。由于所谓充足理由就是指既真实又充分的理由,因此,其错误又具体表现为如下几种情形:

1.“理由虚假”

所谓“理由虚假”(false reason)也叫“论据虚假”(false ground),就是以明显为假的命题,甚至以虚构或捏造的事实性命题作为论据,用以证明论题的真实性或正当性而发生的错误。人们通常指责的“颠倒黑白、无中生有”“捏造事实”等论辩手法,说的就是“理由虚假”的错误,而且是这种错误的极端情形。

在较正式的论证场合,“理由虚假”的错误,往往源自论证者对用以作为理由的命题真实性过于轻信,从而导致论证无法立足。例如,有篇科普文章宣传说:

> ㉑“多吃杏干可以抗癌,因为杏干中的苦杏仁甙(维生素 Bl7)有抗癌作用;斐济这个岛国的人因主要吃杏干,他们不但长寿而且不得癌。”

有人就撰文指出:这里的“理由”其实是源于美国一个商人推销“维生素 B17”的广告说明书。事实上,美国有关部门早在 1977 年就根据专家实验结果通知了所有医生,苦杏仁苷没有任何抗癌作用,而且 1980 年的报告也证明,斐济有癌症患者。可见,上述论证用以证明“多吃杏干可以抗癌”的两个理由都不真实,在逻辑上就是犯了“理由虚假”的错误。显然,就这一具体论证而言,论证者所依据的理由也并非有意“捏造”;但不审慎地、轻率地把论证建立在不可靠的论据基础上,致使论证因“理由虚假”而不能成立,这样的教训是值得我们引以为戒的。

2.“预期理由”

所谓“预期理由”(petitio principii),就是用真实性并不明显,亦即真假尚未确定的命题作论据,以证明论题真实或正当而发生的逻辑错误。

“预期理由”的错误,常常表现为论证者仅凭道听途说、主观猜测、甚至凭“想当然”作为论据,以证明论题的真实性或正当性。这样的“理由”,虽然不能说它一定是假的,但它终究未经证实,因而也无法确认它就是真的,而只是真假待定的;甚至论证者引用作为论据时,自己都不能确定该论据是真的。论证中的“预期理由”错误,不但在日常生活中极为常见,即便在司法工作中也有发生。[17] 例如,1982 年某月,某地检察院指控被告梁某已构成贪污罪,并在法庭上进行了如下论证:

> ㉒“被告梁某利用职务之便,采用偷拿销货款等手段,贪污销货款 800 多元。因为根据多名群众的证言和本院的调查证明,被告的工资并不高,加上其爱人的工资和其他正当收入,每月不过 100 多元,然而被告的生活却过得相当宽裕,仅近年来购置的物品和估算的生活费用,其支出金额就超出收入金额 800 多元,本人也感到对此说不清楚,可见这 800 多元必是贪污所得。”

上述论证中,证明“被告梁某已构成贪污罪”的一个重要论据,就是“被告梁某贪污了销货款 800 多元”,然而这一论据却是根据被告梁某的收入与支出折抵后的差额得出的;而这一差额所依据的一个数据,即“估算的生活费用”本身又是模糊的、不精确的。既然支出仅仅是没有可靠根据的“估算”,以此为根据而推算出的差额,其真实性、可靠性当然也就不能不令人怀疑。虽然它有可能为真,但也有可能为假;至少对贪污数额的认定是不可靠的。这样的论证就是犯了“预期理由”的错误。

在实际思维或论证过程中,凡是以猜测、估计、传闻、甚至道听途说得来的命题,作为论据证明论题,都属于这类“预期理由”的错误。比如这样的论证:“某甲品德不好,听说他经常偷拿别人的东西。”“这起凶杀案肯定是某甲干的,因为大家都这样说。”诸如此类的论证,便都是犯了“预期理由”的错误。

3.“循环论证”

所谓“循环论证”(mode of circular reasoning),就是指在一个论证中,其论据的真实性或正当性又要依赖论题给以证明而出现的错误。

论据是用以确定论题真实性或正当性的理由和根据。如果在一个论证中,其论据本身的真实性或正当性还要依赖论题给以证明,就等于用“B”真来证明“A”真,同时又用“A”真来证明“B”真,实际上就等于是用“A”去证明“A”自身,这样的“理由”当然不成其为该论断的充足理由。可见,“循环论证”实际上并没有对论题提供任何理由的支持,没有对论题作出任何证明。

“循环论证”常常表现为把需要论证的论题仅仅以不同的措辞重述一遍,便以之“冒充”为

---

〔17〕 关于司法工作中犯“预期理由”错误的种种表现及较为详尽的论述,请参看雍琦主编:《法律适用中的逻辑》,中国政法大学出版社 2002 年版,第 219-232 页。

支持论题的理由。例如,有人在报上撰文论证“历史上的宋江是投降派”,文章开头说:“宋江是不是打过方腊,这是一个评价宋江的关键问题。如果宋江打过方腊,投降就肯定了。”可是,在文章的后面又说:“为什么说宋江打过方腊呢?宋江既然投降,成了叛徒,不可能不听命于官府,当然就要参加打方腊。”作者先用“宋江打过方腊”,来证明“宋江是投降了的”;又用“宋江是投降了的”,来证明“宋江打过方腊”。显然,该论证就犯了“循环论证”的错误。

4.“推不出来”

前面三种违反充足理由律的错误,都是表现在论据本身方面的,亦即作为“理由”本身是否真实、可靠的问题。而根据充足理由律的要求,“理由”不仅要真实、可靠,而且还必须要能推导出论题;“推不出来”的错误,就正是违反后面这一要求而发生的错误。

“推不出来”(non sequitur)的错误,也称为“不能推出”,就是指一个论证的论据,与其要证明的论题之间没有逻辑联系,致使“理由”不充分而发生的错误。其特点是,支持论题的论据与该论题毫不相干或者不充分,因此即使论据真实、正当,也不足以证明论题一定真实、正当;论据虽然成立,但不能由此推出论题也可以成立。

实际论证中,“推不出来”的错误主要表现为如下两种情形:

一种情形是论据与论题毫不相干,即“无关论证”的错误。最简单的事,例如,“因为你提意见的态度不好,所以我不能接受你的意见”“我是中国人,何必学外文”这些便都是犯了“推不出来”中的“无关论证”的错误。此外,本书前面在谈及推理是有预定目的的思维时,曾举例说到一些“乱列理由”的错误,例如,某机关在上报的一份材料中,认定青年农民“何某盗窃了拖拉机训练班食堂的粮食”,列举的“理由”之一就是“何某的父亲在抗美援朝时被俘过”;“理由”之二是“何某不是该训练班的正式学员”。显然,这样的论据即使都真,也根本不能证明论题就真,它的真同论题是否为真毫无关系。

在论证过程中,类似上述这样轻率、随意地列举“理由”作为论据来证明某个论题,就难免要犯“推不出来”的错误。实际论证中,除上述这类“推不出来”错误的极端情形外,也还有虽然犯这种错误但不那么明显的情形。例如下面这个论证:

> ㉓“社会主义精神文明的建设,不需要科学、文化。因为共产主义思想是与劳动人民(体力劳动者)天然联系的,他们虽然没有文化,或者文化程度不高,但对共产主义却有着朴素的阶级感情,都向往共产主义,并且也同样能够成为共产主义战士。可见,文化程度与社会主义精神文明的建设无关。”

这一论证,就正如有人撰文批评指出的:社会主义精神文明的建设,包括思想建设和文化建设两个方面,上述论证中却用“思想建设”代替了“社会主义精神文明的建设”(偷换了论题),而且,把“对共产主义的朴素的阶级感情,向往共产主义”,混同于“对共产主义思想体系的科学认识”,而没有这样的科学认识,就谈不上真正树立共产主义的信念、理想。这就是说,上述论证引用的论据是真实的、可以承认的,然而由这些论据的真实性,却推不出“社会主义精神文明的建设不需要科学、文化”这一论题的真实性,论据的真实性与论题的真实性毫不相干。

“无关论证”的错误,在法律论证中突出地表现为“诉诸无关的案件事实”,亦即陈述的案件事实与相关的法律规定不相干,因而即使陈述的关于案件事实的命题是真的,也不能联结法律规定而得出裁决判处结论。例如，某法院在一起关于盗窃案件的审理过程中，被告的辩护律师在法庭上论证说："被告虽然盗窃属实，但是，被告之所以进行盗窃，确实是由于他的工作没有得到妥善安排，生活困难。因此，建议法庭从轻处罚。"像这样的论证就属于"无关论证"，犯了"推不出来"的错误。

另一种情形是，论据虽然与论题有一定关联，但其关联不充分，由论据的真实性或正当性还不足以推出或证明论题的真实性或正当性。例如，康有为后期思想保守落后，发表了不少奇谈怪论，如在《塞尔维亚京悲罗吉辣记》中，他就把塞尔维亚内乱弑君的原因归结为宫墙太矮："王宫三层，黄色颇丽。然临街，仅如一富家屋耳，往闻塞尔维亚内乱弑君后，惊其易，今观之，乱民一拥而入室，即可行弑，如吾国乡曲行劫富豪，亦何难事。如以中国紫禁城之森严广大比之，则岂能顷刻成弑乎？"对此，鲁迅先生曾撰文指出："南海圣人康有为，佼佼者也，他周游十一国，一直到得巴尔干，这才悟出外国之所以常有'弑君'之故来了，曰：因为城墙太矮的缘故。"康有为将弑君原因归于宫城太矮，明显违反充足理由律，犯了"推不出来"的错误。

再如：

㉔"毛某就是本案的凶手无疑。因为第一，毛某是该银行营业所的记账员，熟悉营业所的内部情况；第二，案发后毛某最先到达现场而不及时报告，反而浇水扫地破坏现场；第三，用于纵火焚尸的引火物谷草，是毛某在发案前三天带来营业所的；第四，毛某家中有一把刀子，其刀口宽度、长度与被害人身上的伤口大致吻合。综上所述可见，毛某一定是本案的凶手。"

上述这些理由，亦即该论证的论据也许都是真实的，并且与所要证明的论题之间也有一定的联系，但是这种联系并不是必然的。由这些论据的真，只能推出论题有可能为真，但不能推出论题必然为真。所以，这样的论证同样是犯了"推不出来"的错误。由此也可以看出，所谓"推不出来"的错误，其实主要就是指论证过程中运用的演绎推理不合逻辑、违反相应规则，把非完全有效的推理视为完全有效推理而发生的错误。

在论证过程中，只有当一个论证完全符合逻辑思维规律的要求——在论题方面注意遵守同一律，做到论题清楚、确切，保持论题同一，并在整个论证中注意遵守矛盾律、排中律，使论证不自相矛盾，不模棱两可，从而使得论证具有确定性、一致性和明确性；而在引用论据证明论题的过程中，则特别注意遵守充足理由律，使论据和论证方式都符合"充足理由"的要求，避免犯各种各样的逻辑错误。只有这样，才可能使一个论证具有论证性和说服力。所以，遵循逻辑思维规律的要求，是论证正确、有效的必要条件。

第五节　法庭论辩中常见的非形式谬误

一、形式谬误与非形式谬误

谬误是人们日常论辩中都极易发生的一种论证错误。它不但会给我们的思想交流造成困难，也会被一些心术不正、在论辩中理屈词穷的人加以利用，从而把对问题的讨论引入歧途。

汉语中的“谬误”一词,泛指思维或论辩中出现的种种错误;也可用作与真理相对的反义词,指与客观现实不一致的错误认识。英语中的 fallacy(谬误)一词是从古拉丁文 *fallacia* 演变而来,它有欺骗、易于误导之意,也指错误的见解、观念,或者错误的推理、论证。汉语中与之大体上相当的语词,除“谬误”外,还有“悖谬”“诡辩”“虚妄”“妄诞”“谲诡”等,指既虚假而又有欺骗性的言论。可见,谬误往往不只是一个是非问题,而且是同论证者的道德品质及世界观密切相关的问题。

谬误有广义和狭义之分。广义的谬误,泛指论证过程中发生的各种错误,不但包括前面所说的违反逻辑思维规律要求,而在论题、论据以及论证方式方面发生的各种错误,还包括实质上的、即事实或内容方面的错误。前者称为逻辑方面的谬误,后者称为内容方面的谬误。内容方面的谬误,是指论据或论题本身断定的情况违背科学原理或客观实际而发生的谬误,这方面的谬误同论证是否具有说服力当然有关,然而要判定一个论证在内容方面的谬误,要靠运用相关的科学知识,仅凭逻辑知识是无能为力的;而逻辑方面的谬误指的则是论证方法、论证技巧方面的谬误,主要又是指论据与论题之间逻辑联系方面的谬误。

内容方面的谬误与逻辑方面的谬误虽然有区别,但是又不能截然分开。内容方面的谬误,往往同逻辑方面的谬误密切相关。比如,由于推理的错误而得出荒谬的结论,就结论表达的思想来看,属于内容方面的谬误;而从得出这一结论的思维过程来看,则是错误地运用推理的结果。

逻辑方面的谬误又可以分为两类,即形式谬误(formal fallacy)和非形式谬误(informal fallacy)。所谓形式谬误,就是指前述种种违反逻辑思辩规律,而在论题、论据及论证方式方面发生的各种错误,主要又是指论据与论题之间构成的推理关系不符合逻辑要求而发生的错误。除形式谬误之外的、论证中其他非正当论辩手法的谬误,就都属非形式谬误。

非形式谬误,它不是逻辑思维形式方面可给以归属的谬误,实则就是一种诡辩。而诡辩的特点,就正如黑格尔所指出的那样,是一种“貌似正确、似是而非”的论辩手法,它“以任意的方式,凭借虚假的根据,或者将一个真的道理否定了,弄得动摇了,或者将一个虚假的道理弄得非常动听,好像真的一样”。[18] 所以,诡辩手法又具有极大的欺骗性。

二、法庭论辩中的非形式谬误

法庭论辩中常见的非形式谬误,大致有如下几种:

(一)故意利用语词歧义的谬误

人们日常生活中使用的语言,并不总是那么清晰的,难免含混、多义、模糊。一个语词甚至一个语句,它的确切含义总是同其所处的特定的语境相关。法律、法规中所使用的语词和语句,一般也都注意了它表达的清晰、准确,但是也不可能做到像人们想象的那样处处都那么清晰;至于在人们日常生活中,因故意利用语词歧义而引发纠纷的情形,更难避免。

例如,在一起民事案件中,被告共欠原告 6700 元,并留有欠条。被告在第一次还欠款 1000 元后,于原欠条下方写上“还欠款伍仟柒佰元整”的字样,未签名。后原告向被告再次催缴欠款时,被告辩称已还欠款 5700 元整,只欠 1000 元了。法庭论辩中,被告竟然以此为由,证明自

---

〔18〕［德］黑格尔:《哲学史讲演录》(第 2 卷),贺麟、王太庆译,商务印书馆 2021 年版,第 7－8 页。

己只欠原告1000元，而不是欠5700元。后调查事实证明，被告在这里就是故意利用语句的歧义（把欠条中写下的“还”作另外的解释）进行的诡辩。

又如，有这样一起案件：被告吴某因多次追求本组女工游某均遭拒绝，某日下班回家后，即携刀直奔游某上班处，用刀乱刺游某的面部，致使游某左腮部、左嘴角、右嘴角均被刺伤，鲜血直流。经医治后，游某面部仍留有6.5厘米×5厘米的伤疤。对此，检察院认定吴某故意毁人容貌，已构成重伤罪。法庭审理时，被告的辩护律师却论证说，“被告吴某不属故意毁人容貌”，其理由是“毁人容貌应该是毁了容貌，使人血肉模糊、面目全非。游某虽然面部受伤，但还没有达到毁了容貌这样的程度”。这里，辩护人对《刑法》中“毁人容貌”的理解，就是出于论证的需要而作的任意解释。

法庭论辩中，故意利用语词歧义玩弄“偷换概念”的手法，也都属这样的谬误。

（二）任意解释、曲解法律条款的谬误

法律论证必须遵循“以事实为根据；以法律为准绳”的原则。法律论证中，所援用的法律规定必须是相关的法律条款或依法作出的法律解释，而且对所援用的法律条款的理解，还必须符合法律条款本身的立法原意或其合理意义。否则，所进行的法律论证，就势必犯“任意解释”或“曲解法律条款”的谬误。这种谬误，是论证者为了自己论证的需要而故意曲解法律条款或者其立法原意而发生的谬误，其实质是一种“解释的错误”，是对有歧义或可以多解的语词或语句作任意解释而出现的错误。

例如，就是在上面谈及的那起案件中，被告的辩护律师还根据吴某只有21岁，提出：“被告吴某很年轻，根据《刑法》第14条第3款之规定，法庭应从轻处罚。”这一论证就犯了“曲解法律条款”的错误。因为，由辩护人的论证可以看出，他根据“被告人很年轻”，就以此联结1979年《刑法》第14条第3款，得出对被告“应从轻处罚”的结论，反映了他为证明论题的需要而对该项法律条款的故意曲解。对照该项法律条款原文可以看出，有关在年龄方面可以考虑从轻或减轻处罚的规定，原文是“已满14岁不满18岁的人犯罪，应当从轻或减轻处罚”。显然，“已满14岁不满18岁的人”，并不等于泛指“很年轻”的人，后者指称的对象范围比前者宽泛得多。辩护人在进行上述辩护时，明显地就是为了适应论证的需要，故意曲解法律条款而作出的错误论证。

（三）颠倒黑白、强词夺理的谬误

颠倒黑白、强词夺理的谬误，也就是人们通常所说的“无理找理”“蛮不讲理”的论辩错误，实则是一种诡辩。本来一个论证中的论据，应当能推导出它所要论证的论题，而“颠倒黑白、强词夺理”，则是在论证中采用似是而非、貌似正确的手法，故意地用一些根本不成其为理由的“理由”作论据，强行为其错误论题作论证。

论辩中的“颠倒黑白”有两种情形：一种情形是论证者用以作为论据的命题，在内容真假方面予以故意颠倒，把黑的说成白的，或者把白的说成黑的：另一种情形是把主观责任与客观条件颠倒，把人的行为导致的结果归咎于客观条件，并以此来掩盖甚至代替主观方面的责任，强词夺理。法庭论辩中出现的“颠倒黑白、强词夺理”，主要表现为后一种情形。

古书上有这样一则笑话，说的是古时有个叫迂公的人，某日酒醉后路过一户人家的门口时，在这家门前呕吐了一堆脏物。屋主人不高兴地说道：“你这人真怪，怎么对着我家大门呕吐呢？”迂公却振振有词地说：“谁叫你家大门对着我的嘴巴开呢！”屋主人听后哭笑不得，说道:“我家大门又不是今天才这样开的呀!”迂公也满有理由地说:“老子的嘴巴也不是今天才这样长的嘛!”

迂公这里的诡辩,就是典型的“颠倒黑白、强词夺理”,是十足的无理找理。

再如,三国时曹魏文学家邯郸淳在其《笑林》中记载有一案件:甲、乙二人斗殴,甲把乙的鼻子咬了。针对审案官吏的讯问,甲辩称,“是乙自己咬了自己的鼻子”,审案官员反诘:“鼻子在上,嘴巴在下,自己咬自己的鼻子,怎么咬得着?”甲狡辩称:“老爷,他是站在凳子上咬的。”

本例中的甲,也和上例中的迂公一样,是典型的“颠倒黑白、强词夺理”。

法庭论辩中,类似迂公和甲这样颠倒黑白的诡辩,并不罕见。特别是当论证者为了开脱行为人的责任而又苦于找不到正当理由时,往往就会寄希望于这样的诡辩手法。譬如,在关于诈骗案件的辩护中,把实施诈骗行为的人应承担的责任,归咎于被诈骗的人不应当“想占便宜”而轻易上当受骗;在关于贪污案件的辩护中,把被告人实施贪污行为的责任,归咎于该单位财务制度不严、领导官僚主义,使得被告人产生了实施贪污行为的动机,给其提供了实施贪污行为的条件。更有甚者,在关于强奸案件的辩护中,还把实施强奸行为的人应负的责任,归咎于被害人“长得漂亮,有吸引力”“行为不检点”,甚至归咎于被告人“夫妻不和、长期分居”。如此等等。

颠倒行为人的主观责任与客观条件的关系,较之颠倒命题内容真假关系更具欺骗性。因为,人的任何行为要导致某种结果,总离不开特定的条件、环境。没有一定的条件、环境,就不可能实施某种行为,或者,虽然实施了某种行为也不一定导致某种结果。因此,论证者利用主客观方面的这种关系,并在论证中着力渲染和强调客观方面的条件、环境,以此来掩盖或开脱行为人主观方面的责任,也就具有极大的迷惑性。其实,客观条件、环境只是为行为人实施某种行为提供了可能性。为什么在同样条件和环境下,别的人并不实施某种行为而被告人却实施了这种行为呢?这就表明同样的客观条件环境,并不必然使人实施某种行为;是否利用这些条件来实施某种行为,完全取决于实施某种行为的人。法庭论辩中需要证明的是行为人应负的责任,而不是某种行为得以实施所需具备的客观条件。主观责任和客观条件是两个不同的问题,绝不能把“责任”和“条件”混为一谈;更不能颠倒、用后者去代替前者。

(四)诉诸情感的谬误

“诉诸情感”的谬误,是一种古老而又很常见的论证谬误。所谓“诉诸情感”,就是以对人的好恶爱憎等情感因素作论据,来确定在内容方面与之无关的某个论题的真实性或正当性。“诉诸情感”突出地就表现为在论辩中极力利用一些激烈动听的言辞,煽动听众的情绪,并利用被煽动起来的听众的怜悯或仇恨,来达到论证某个论题的目的。其论证特点可以表述为:

A 是值得同情、怜悯的(或是值得憎恶、仇恨的);

所以,关于 A 的论断 p 是正确的

显然,这样的论证是不正当的。因为它把相信某个论断的理由,与某人是否值得同情、怜悯(或某人是否令人憎恶、仇恨)混同起来,并且用煽动起来的这种情感因素代替论据。实际上,这样的论证并没有为证明论题提供任何逻辑上的支持。例如,在关于刑事案件的法庭论辩中,如果要论证某人是否有罪,是否应从轻或从重处罚,按说就应遵循“以事实为根据,以法律为准绳”的原则,从案件事实和相关法律规定方面论证所要证明的论题,然而在法庭论辩实务中却常常发生这样的情形：譬如，某甲因杀害某乙而受审，律师在为其辩护时，就不是依照相关的法律规定并列举确凿证据可以证明的案件事实，以证明某甲不构成犯罪或有从轻或减轻处罚的犯罪情节，而是利用激烈的言词去陈述被害人某乙平时如何为非作歹、无恶不作，以此挑起群众对被害人某乙的憎恶和仇恨，从而掩盖被告某甲应负的法律责任；或者，用动听的语言去细说被告的老父老母如何可怜、幼儿幼女何等凄惨，以此激起听众对被告某甲的怜悯，以期获得对某甲的宽恕。如此等等，就都属“诉诸情感”的谬误。所以，“诉诸情感”有很多具体的表现形式，如“诉诸同情”“诉诸怜悯”“诉诸憎恶”“诉诸仇恨”“诉诸恐惧”，等等。例如，2010年曾轰动一时的“药家鑫”案，被害人张妙的代理律师在法庭辩论中发表意见称：“如果药家鑫不被判处死刑，那么以后将涌现出一大批药家鑫，会有一大批像张妙一样的受害者，被以弹钢琴的手法杀掉。”该议论就有“诉诸恐惧”的嫌疑。

值得指出的是，法律论证中不允许“诉诸情感”，绝不等于反对论证时应当富有感情。人总是有感情的，法官、公诉人、律师也同普通人一样，有着七情六欲。法律论证也如同日常论证一样，论证者总难免或多或少地将自己的情感融入其中，同时也期求获得听众的同情，以便使自己的论证最大限度地为听众所接受。因此，乞求同情或乞求怜悯，本身并不为错。但是，在法律论证中，如果感情被滥用，并以此代替论据去证明论题，那就是“诉诸情感”的谬误了。

（五）以人为据、人身攻击的谬误

所谓“以人为据”，就是以关于某人品质的评价，来代替对某人所作的某个论断的评价；以某人品质的优劣，来代替与此无关的某个论题的论证。而“人身攻击”，则是以侮辱甚至谩骂的语言，把对方描绘成一个愚蠢、卑鄙的人，企图以此达到相信对方论断错误的诡辩手法。它是“以人为据”的最典型、最恶劣的表现形式。

据报道，K157次列车在孝感站开车后，5车列车员谷某某清扫车厢卫生，扫到12号下铺时，有3个小孩在吃东西，随手把垃圾扔在地上，谷说：“看好小孩，不要乱扔垃圾！”一中年妇女杨女士回答说：“小孩太小，我们管不了。”谷说：“正是太小，才让他们从小养成好习惯，不然长大了你还怎么教？”杨女士答：“我们不乱扔垃圾，你还不下岗了？你就是一个扫地的！”谷听了很气愤，失去理智，说：“火葬场那里的职工还闲着，你怎么不去让他们也有点事做？！”〔19〕事后谷某某被投诉，并受到相应处罚。该例中，旅客杨女士和列车员谷某某彼此都存在有“人身攻击”的错误。

例如，在关于刑事案件的法庭论辩中，“以人为据”的谬误，突出地就表现为以被告人品质优劣的论证，来代替对被告人是否实施了某种犯罪行为，以及犯罪情节轻重的论证。

应当承认，一个人平常的表现好坏、人品的优劣，同他是否会在特定的条件下实施某种犯罪行为，是有密切关系的。正因如此，我们才强调每个人都应该加强思想品德方面的修养，强调加强青少年政治思想品德方面的教育。但是，一个人平时的表现如何、有无可能走上犯罪道路，同他事实上是否实施了某种犯罪行为，二者终究不是一回事。因此，即使证明了某人平时表现非常好、为人诚恳正直，也不能证明他就没有实施某种犯罪行为；同理，即使证明了某人平时表现很坏、品质恶劣，也不足以证明某人就实施了某一具体的犯罪行为。要证明某人是否构成犯罪，只能运用确实、充分的证据材料，并在此基础上根据法律的相关规定作出合乎逻辑的

---

〔19〕殷国安：《列车员被罚并不说明杨女士正确》，载《北京青年报》2016年1月25日。

论证,绝不能用对某人品质的评价来代替。

在反驳中,“以人为据”的谬误主要表现为对对方的人身攻击。人身攻击的目标,可以是对方的人品、性格甚至生理缺陷等。其论辩特点,通常是用揭露对方隐私或指出对方人品缺陷的方法,以代替对对方观点的反驳。例如,某法院在审理一起伤害案时,被告的辩护律师为了反驳公诉人关于被告人已构成伤害罪的结论,经过一番论辩后仍不能说服对方,于是就矛头一转,去揭露公诉人如何无知、不懂法律、在某次法庭辩论中怎样“出洋相”等等。又如,某县法院在审理一起贪污案时,因公诉人拿不出确实可靠的证据来证明起诉书中认定的贪污数额,无法回答辩护律师在法庭上扭住不放的问题,于是就恼羞成怒,生气地反驳说:“你为什么要如此卖力地为她(被告人)开脱罪责呢?老实说,你们之间过去的暧昧关系,群众已早有反映……”诸如此类,就都是用人身攻击的手法来代替对对方观点的反驳,都属“以人为据”的论证谬误。

“人身攻击”是一种十分恶劣的论辩手法。从表面看来,反驳者在对对方进行人身攻击时,似乎很得意;被反驳者也常因个人缺陷被公之于众而一时答不上腔,或者不自觉地被引入对别的问题的论辩中去。在这种情况下,往往还给人以假象,反驳者好像胜利了。其实,采用这样的手法进行反驳,实则是反驳者对对方的论证束手无策的一种虚弱的表现。凭借这样的手法,不但不能真正驳倒对方的论证,恰恰倒说明反驳者自身没有掌握真理。但是令人值得注意的是,采用人身攻击的手法虽然不能驳倒对方的论证,却足以影响法庭辩论的正常进行,甚至可能把严肃的法庭论辩引入歧途。因此,对这样的诡辩手法又切切不可小视。

课后作业

一、单选题

1. 在驳斥一种错误论断时,可以不必直接证明其错误,而只需要把与它相矛盾的另一论断的真实性证明之后,就可以确定所驳斥的论断是错误的,这是根据(　　)。

A. 同一律　　B. 矛盾律　　C. 排中律　　D. 充足理由律

2. 论证①:“哲学不能代替法学,因为如果哲学能够代替法学,则哲学就应对诸如法律关系、法律行为、法律意识等进行具体的研究,而哲学是不对这些进行研究的。”

论证②:“哲学够代替法学吗?不能,因为如果哲学能够代替法学,则哲学就应对诸如法律关系、法律行为、法律意识等进行具体的研究,而哲学是不对这些进行研究的。”

上述两个论证采用的论证方法(　　)。

A. ①和②都是反证法　　B. ②和①都是归谬法

C. ①是反证法②是归谬法　　D. ②是归谬法①是反证法

3. “我们只能在发展生产的基础上逐步改善生活。发展生产而不改善生活是不对的;同样,不发展生产,要改善生活,也是不对的,而且是不可能的;既不发展生产,也不改善生活,更是不对的。”

上述议论采用的论证方法是(　　)。

A. 反证法　　B. 淘汰法　　C. 归谬法　　D. 回溯法

4. “湖南人的精神是什么?‘若道中华国果亡,除非湖南人尽死。’无论杨度为人如何,却不能以人废言。湖南人这种奋斗精神,却不是杨度说大话,确实可以拿历史作证明的。二百几十年前底王船山先生，是何等艰苦奋斗的学者！几十年前底曾国藩、罗泽南等一班人，是何等'扎硬寨'、'打死战'的书生！黄克强历尽艰难，带一旅湖南兵，在汉阳抵挡清军大队人马；蔡松坡带着病亲领子弹不足的两千云南兵，和十万袁军打死战；他们是何等坚毅不拔的军人！"（陈独秀《欢迎湖南人底精神》）

上述论证采用的论证方法是（　　）。

A. 演绎论证　　B. 归纳论证　　C. 类比论证　　D. 因果论证

5."天地开辟，人皇以来，随寿而死，若中年夭亡，以亿万数；计今人之数，不若死者多。如人死辄为鬼，则道路之上，一步一鬼也。"（王充《论衡·论死》）

上述论证所采用的论证方式是（　　）。

A. 反证法　　B. 淘汰法　　C. 归谬法　　D. 回溯法

6."我们量物体的长度可以用尺子，也可以用经过尺子量过的绳子。马克思主义就是用实践这把尺子量过的'绳子'，为什么不能作为检验真理的标准呢？"

上述论证采用的论证方法是（　　）。

A. 演绎论证　　B. 归纳论证　　C. 类比论证　　D. 因果论证

7."陆某购买和帮助他人购买未经批准进口的抗癌药品的行为，违反了《中华人民共和国药品管理法》的相关规定，但其行为不是销售行为，不符合《中华人民共和国刑法》第 141 条关于'生产、销售假药'的规定，不构成销售假药罪。"

上述论证采用的论证方法是（　　）。

A. 演绎论证　　B. 归纳论证　　C. 类比论证　　D. 因果论证

8."本宗国有土地使用权有偿出让只能采用双方协议的出让方式。因为根据有关法律的规定，国有土地使用权的出让应当采用协议、拍卖或者招标的方式。但由于不具备条件，招标和拍卖的出让方式无法采用，故只能采用协议的出让方式。"

上述论证运用的论证方法是（　　）。

A. 假言证法　　B. 选言证法　　C. 联言证法　　D. 直言证法

9. 辩护律师："侵害英雄烈士名誉、荣誉罪在主观方面必须是直接故意，以侮辱、诽谤等方式侵害英雄烈士的名誉或荣誉，并且必须具有损害社会公共利益的目的，被告人没有侵害英雄烈士名誉、荣誉的直接故意和目的。"

公诉人："有没有这样的目的，被告人的心里是清楚的。"

从逻辑思维规律的要求看，上述法庭辩论中（　　）。

A. 公诉人犯了"理由虚假"的逻辑错误　　B. 公诉人犯了"预期理由"的逻辑错误

C. 公诉人犯了"循环论证"的逻辑错误　　D. 公诉人犯了"推不出来"的逻辑错误

10. 论证中援用具体的事例做论据来论证自己主张的论证方法，属于（　　）。

A. 演绎论证　　B. 归纳论证　　C. 类比论证　　D. 回溯论证

11. 在论证中，如果以假说作为论据进行论证，就要犯（　　）。

A."理由虚假"的逻辑错误　　B."预期理由"的逻辑错误

C."循环论证"的逻辑错误　　D."推不出来"的逻辑错误

12."污染要治，但光治不行，更重要的是防止产生新的污染源。去年上海市通过治污，污染物比前年减少了 1%，可是新的污染物却比前年增加 3.5%。辽宁省化工行业近年来治理污染物 2 万多吨，却增加了新的污染物 4 万吨。"

从逻辑思维规律的要求看，上述议论（　　）。

A. 合乎逻辑思维规律的要求　　B. 犯了"转移论题"的错误

C. 犯了“偷换概念”的错误　　　　　D. 犯了“模棱两可”的错误

13.“这个意见提出后,并没有得到任何反应。我曾经想写一篇批评稿件在报纸上刊登,结果也没有被采用。”

从逻辑思维规律的要求看,上述议论(　　)。

A. 合乎逻辑思维规律的要求　　　　　B. 犯了“转移论题”的错误

C. 犯了“自相矛盾”的错误　　　　　D. 犯了“模棱两可”的错误

14.“灵魂不朽之说,我并不否认,也不承认。我拿不出什么理由来相信它,但是我也没有法子可以否认它。我相信别的东西时,总要有证据。你若能给我同等的证据,我也可以相信灵魂不朽的话了。”

从逻辑思维规律的角度来看,上述议论(　　)。

A. 犯了“诉诸无知”的逻辑错误　　　　　B. 犯了“自相矛盾”的逻辑错误

C. 犯了“模棱两可”的逻辑错误　　　　　D. 合乎逻辑思维规律,没有错误

15.“沙盒树是大戟科植物,而大戟科下的很多植物都有毒,沙盒树也不例外。”

从逻辑思维规律的角度来看,上述议论(　　)。

A. 犯了“转移论题”的逻辑错误　　　　　B. 犯了“模棱两可”的逻辑错误

C. 犯了“推不出来”的逻辑错误　　　　　D. 合乎逻辑思维规律,没有错误

16.“许多科学家相信,在宇宙中存在居住着高级生物的星球。他们认为,在宇宙的演化中,大约有十万分之一的概率会形成像地球这样的具备生命产生条件的星球。可是,仅凭概率并不能证明这样的星球真的存在。因为有一定概率出现的事件未必一定发生。实际上,人类从未发现有关外星人存在的任何证据。可见,关于外星人和居住着高级生物的星球存在的看法,不过是某些科学家为满足其好奇心而编造的虚假的科学神话。”

下列各项采用的论证方法,与上述论证最相似的是(　　)。

A. 许多心理学家认为,人类以外的其他具有快速眼动睡眠的哺乳动物也会通过做梦来恢复记忆功能。这一看法是荒谬的。一方面,关于其他具有快速眼动睡眠的哺乳动物有记忆这一点尚未得到证实,另一方面,人们关于这类动物也做梦这一点更是一无所知

B. 许多星相学家认为,人出生的星座决定人生的命运。他们经常为别人预测吉凶祸福,却大都不能应验。所以,他们从不根据出生的星座来预测自己的命运

C. 许多人认为,吸烟有害,所以应该禁止吸烟。可是“有害”不能成为禁止吸烟的理由,就如同呼吸被污染的空气有害,但不能因此而禁止人们呼吸一样

D. 许多唯物论者不相信美人鱼的存在,可是却拿不出美人鱼不存在的证据来。可见,美人鱼还是存在的

17.“调查显示,选择多种方式投资的人往往比只从事本职工作的人更富有。因此,选择多种方式投资有助于人们获得财富。”

下列哪项如果为真,最能反驳上述观点(　　)。

A. 能进行多种方式投资的人学历普遍较高

B. 选择多种方式投资的风险比只从事本职工作大

C. 人们只有拥有一定财富后才会选择多种方式投资

D. 有些只从事本职工作的人比选择多种方式投资的人更富有

18.“有研究者认为,有些人罹患哮喘病是由于情绪问题。焦虑、抑郁和愤怒等消极情绪,可促使机体释放组织胺等物质,从而引发哮喘病。但是,反对者认为,迷走神经兴奋性的提高和交感神经反应性的降低才是引发哮喘病的原因,与患者的情绪问题无关。”

下列哪项为真,最能削弱反对者的观点( )。

A. 现代医学已经证实,消极情绪也可诱发身体疾病

B. 哮喘病发作会造成患者情绪焦虑、抑郁和愤怒等

C. 焦虑、抑郁和愤怒等消极情绪是现代人的普遍问题

D. 消极情绪会提高患者迷走神经的兴奋性并降低交感神经的反应性

19. "当今社会,不少老人为了帮助子女照顾下一代而漂泊异乡成为'老漂族'。在最近一项城市调查中,52.2%的受访青年坦言,自己的父母就是老漂族,自己与爱人事业刚刚起步,工作压力较大,根本没有时间照顾孩子和做家务。有专家据此断言,我国城市中的'老漂族'群体还会进一步扩大。"

补充下列哪项论据,最能支持上述专家的观点( )。

A. 老人在城市养老可拥有比乡村更好的医疗条件

B. 有些老人故土难离事务缠身更愿意生活在家乡

C. 国家三孩政策的实施将会促使更多的孩子出生

D. 三孩政策实施后城市的三孩出生率要低于农村

20. "蚊子可传播多种疾病,如疟疾、丝虫病、乙型脑炎等。有人担心由于蚊子叮咬了 HIV 感染的人而再叮咬下一位时会将存在蚊子体内的 HIV 在人际间传播。但研究人员指出这样的担心大可不必。"

补充下列哪项论据,最能支持研究人员的上述观点( )。

A. HIV 感染的人血流中并不总是拥有高水平的 HIV 病毒

B. 蚊子叮咬 HIV 感染的人后不一定立即去叮咬下一个人

C. 蚊子通过食管吸入血液,这种血液的吸入总是单向的

D. 孩子容易被蚊子叮咬,但他们身上极少发生 HIV 感染

二、多选题

1. 反证法和淘汰法的区别是( )。

A. 前者是立论的方法,而后者是驳论的方法

B. 前者的逻辑基础是排中律,而后者是矛盾律

C. 前者的逻辑基础是矛盾律,而后者是排中律

D. 前者运用的是充分条件假言推理,而后者是选言推理

2. 排中律的适用范围是( )。

A. 具有矛盾关系的命题　　B. 具有反对关系的命题

C. 具有差等关系的命题　　D. 具有下反对关系的命题

3. 在论证中违反充足理由律的逻辑要求会犯的逻辑错误有( )。

A. 转移论题　　B. 理由虚假　　C. 预期理由　　D. 推不出来

4. "有一种观点认为,到 21 世纪初,和发达国家相比,发展中国家将有更多的人死于艾滋病。其根据是:据统计,艾滋病毒感染者人数在发达国家趋于稳定或略有下降,在发展中国家却持续快速增长;到 21 世纪初,估计全球的艾滋病毒感染者将达到 4000 万至 1 亿 1 千万人,其中,60%将集中在发展中国家。这一观点缺乏充分的说服力。因为,同样权威的统计数据表明,发达国家艾滋病感染者从感染到发病的平均时间要大大短于发展中国家,而从发病到死亡的平均时间只有发展中国家的二分之一。"

以下各项中,最恰当地概括了上述反驳所使用的方法的是( )。

A. 就对方的立论动机提出质疑

B. 就对方论据的真实性提出质疑

C. 提出一个反例来否定对方的一般性结论

D. 指出对方把两个相近的概念当作同一概念来使用

5. 某法庭论辩过程中,公诉人说:“我刚才已经说过了,难道辩护人没长耳朵吗?”辩护人就此回应:“关于我是否长耳朵的问题,相信法庭所有人都能看见,对这个事实公诉人有异议的话,说明公诉人没长眼睛。”

从逻辑学的角度看,上述法庭论辩中(　　)。

A. 公诉人犯了“偷换论题”的逻辑错误　　B. 辩护人犯了“偷换论题”的逻辑错误

C. 公诉人犯了“人身攻击”的逻辑错误　　D. 辩护人犯了“人身攻击”的逻辑错误

6. 下列各段议论中,违反逻辑思维规律的有(　　)。

A. 尽管有知识就会有力量,但没有知识并不等于没有力量

B. 办案中的经验主义不能一概反对,因为好的侦查和审判经验还是要的

C. 她已年过花甲,作为演员年龄是大了些。可是,只要听她唱,她还很年轻

D. 合同签订后,因被告方根本没有履行合同的能力,致使其中部分合同落空

三、判断题

1. 论证不仅能说明或确立某个判断的真实性或正当性,而且也能证实该判断的真实性或正当性。(　　)

2. 一个论证的论题只能是真实性有待证明的命题。(　　)

3. 运用反证法时,所设立的反论题必须是原论题的矛盾命题或反对命题。(　　)

4. 归谬法是借助于充分条件假言推理否定后件式完成的,因而也称为假言证法。(　　)

5. 论证中,只要驳倒了对方的论据也就驳倒了对方的论题。(　　)

6. 符合逻辑思维规律要求的思维不一定是正确的思维。(　　)

7. 同一律的内容,就是任何思想都必须与其自身保持同一。(　　)

8. 运用概念时“误用集合概念”,其实质在于违反同一律的逻辑要求。(　　)

9. 思维过程中肯定两个具有矛盾关系的命题,是违反矛盾律的。(　　)

10. 在同一思维过程中,同时否定两个具有下反对关系的命题,是违反排中律的。(　　)

11. 对某个命题既不表示同意,也不表示反对,这是违反排中律的一种具体表现。(　　)

12. “预期理由”错误就是指论据所描述的事件与客观事实不相符合。(　　)

13. 法律论证是必然性论证。(　　)

14. “诉诸怜悯”的实质,就是诉诸听众的同情心。(　　)

15. “当年林县人民修建的红旗渠,是以血肉之躯向巍巍大山挑战,189 人血祭太行,战胜了不可违抗的大自然的雄壮结果。”这一议论符合逻辑思维规律的要求,没有任何逻辑错误。(　　)

16. “我们能不能落实立德树人根本任务,是我国高等教育事业不断取得新发展的关键所在,也是实现高质量发展、建设教育强国的必然要求。”这一议论违反了矛盾律的要求,犯了“自相矛盾”的逻辑错误。(　　)

四、思考与练习题

1. 简述论证的特征及作用。

2. 什么是论题？应如何理解论题与论据的关系？

3. 何谓“基本论据”？什么样的命题可以在论证中作“基本论据”？

4. 用公式说明反证法和淘汰法的证明过程以及运用时应符合的逻辑要求。

5. 什么是反驳？反驳有哪些方法？归谬法与反证法有哪些相同点和不同点？

6. 在一个具体论证中，论题应怎样才符合同一律的要求？违反了会犯哪些逻辑错误？

7. 何谓“偷换概念”？何谓“转移论题”？请分别举例说明。

8. 根据逻辑思维规律的要求，如果在一个论证中出现下述情况，哪些是合理的？哪些是不合理的？不合理的情形各违反了哪种逻辑思维规律？犯了何种逻辑错误？

(1)既断定“所有 s 是 p”真，又断定“所有 s 不是 p”真；

(2)既否定“所有 s 是 p”真，又否定“所有 s 不是 p”真；

(3)既同意说“有的 s 是 p”，又同意说“有的 s 不是 p”；

(4)既不同意说“有的 s 是 p”，又不同意说“有的 s 不是 p”；

(5)既否定“p 且非 q”，又否定“非 p 且 q”；

(6)既同意说“非 p 且 q”，又同意说“只有 p 才 q”；

(7)既不同意说“如果 p 则 q”，又不同意说“只有 p 才 q”；

(8)对于“所有 s 都是 p”和“有的 s 不是 p”这样两个命题，如果同时断定它们都真，会怎样？如果同时断定它们都假，会怎样？如果既不断定前者真，也不断定后者真，又怎样？

9. 在一个论证中，什么样的论据才符合充足理由律的要求？论据违反这些要求，具体表现为哪些错误？请分别予以简要说明。

10. 什么是“推不出来”的错误？具体表现为哪些情形？

11. 何谓非形式谬误？法庭论辩中常见的非形式谬误，主要表现为哪几种谬误？各自的特点是怎样的？

12. 分析下列论证(或反驳)的组成，并说明其论证(或反驳)方法和结构。

(1)“自然科学的原理原则都要经受实践的检验。因为凡属主观认识性质的东西都要经受实践的检验，而一切理论性质的东西又都是对客观认识的总结，属主观认识的范畴。无论自然科学或社会科学，它的原理原则都是理论性质的，因此都要经受实践的检验。”

(2)“徐某不愧是一位德智体全面发展的优秀大学生。他入学一年多来，每期的考试成绩都是全班的佼佼者。第一学期考试的初等数学 100 分，电工基础 100 分、英语 93 分；第二学期考试的高等数学 100 分，程序设计 100 分，英语 97 分；第三学期考试的高等数学 100 分，计算机原理 100 分，英语 100 分。体育方面也表现突出，他在两次校运会上获得了中、短跑 4 个项目的第 1 名；在某市大学生田径运动会上，也获得 2 项第 2 名，1 项第 3 名。显然，没有平时的刻苦锻炼，要取得这样的成绩是不可想象的。在社会工作方面他也很出色。他不仅是系学生会主席、团支部书记，也是班上的体育委员。尽管社会工作占去了他不少时间，而他却总是任劳任怨，从不叫苦。如果没有较高的思想境界，这可是很难做到的呀！”

(3)“这起盗窃案肯定不是内盗。因为如果这起盗窃案是内盗，则作案人就只能是张某、王某或者刘某；经调查证实，张某、王某和刘某都没有作案时间，因而不能认定这起盗窃案是内盗。”

(4)“原告说自己是劝架，而不是故意伤害被劝人，这一说法是不可信的。众所周知，劝架是一种避免和阻止被劝人受伤害或伤害他人的行为，可是原告在被劝人胡某因手掌骨折剧痛发出救命呼声时，却继续伙同他人将被劝人拗扭拖行 10 多米，这究竟是在避免被劝人被伤害呢，还是在故意伤害被劝人呢？”

(5)"关于王某的死因,原鉴定意见认为'王某系服用瓜蒂中毒,致使吐泻不止,引起中毒休克,导致循环呼吸系统麻痹而死亡。'王某并没有吐泻不止,更没有休克。鉴定结论与事实不符,不能作为定案根据。被告人经自试和5个病例都证明服用瓜蒂无中毒反应。经调查,肖某新、姚某田的妻子、朱某友、吴某兰和邢某儒等服用瓜蒂后病情有明显减轻,有的治愈了,却未见中毒。"

(6)"近日关于'人体自燃'的报道屡见报端。'人体真的能够自燃'吗?一位生物学家说:人体要自燃,其燃点就应达到300摄氏度-500摄氏度,但人体体内的能量聚集不大可能达到这样高的温度。而如果人体真能够聚集并释放这样高能量的话,身上的蛋白质首先就会被破坏了,不会毛发无损。

另一位生物学家说:人体身上70%-80%是水分,如果没有火种是很难点燃人体本身的,更别说人体会把它物燃烧起来。

还有一位生物学家说:人在体温达到41摄氏度以上就容易有生命危险,如果达到足以'自燃它物'这样的高温,那简直是不可想象的。"

(7)"实现四化,振兴中华,最大的困难是什么?不是资源,不是资金,也不是体制。我们国家基本上不缺乏资源。资金问题从长远看,也是可以解决的。体制问题,现在正在改革,大有希望。最大的问题还是人才,缺乏技术人才和管理人才。"

(8)"为什么有的人整天吃鸡鸭鱼肉也长不胖,而另一些人终日吃窝头咸菜都长肉呢?科研人员最近发现,胖人的血液中三磷酸腺苷酶含量低于正常人指数的20%。而且指数越低,人越容易发胖。这种酶在体内起着微型泵的作用,能调节人体内钠与钾的含量,而在调节过程中要耗去大量的热量。对胖人来说,三磷酸腺苷酶少,消耗热量少,食物中的热量就有可能储存起来,这是人长胖的一个重要原因。"

(9)"虽然计算机的出现曾鼓舞了计划经济的思想,但是理论和实践都一再证明以为靠计算机技术就能让计划经济优于市场经济的想法终究仍然是幻想。今天关于大数据技术能够让计划经济重新变得可行的观念实际上都是早已被理论和实践的发展所否定了的陈旧观念。应当看到,大数据本身就是市场的产物,它是在市场环境中由市场的作用而带来的技术创新,它不可能成为计划经济的根据,因为它不能弥补计划经济的根本缺陷。和市场经济以人们的自主活动为基础根本不同,计划经济的实质是对个人、对个人之间的组织也就是企业的独立性、自主性的否定。这是计划经济的要害,也是它的根本缺陷。由于这个缺陷,所以产生了计划经济所固有的种种弊端。大数据技术不能改变计划经济否定人的自主性和人的自主活动这个性质,所以它不可能帮助计划经济克服它固有的那些弊端。"(周为民《计划经济不可行性早已证明,大数据也弥补不了》)

(10)"一个人有没有用,和个子大小无关。反之,身材矮小可能真有好处。历史上许多伟大的人物都是矮子。贝多芬和纳尔逊(英国海军中将)都只有1.63米高。但他们和只有1.52米高的英国诗人济慈及哲学大师康德相比,已经算是高大的了。当然,还有一位最著名的矮子是拿破仑。好些历史学家说,历史上之所以有拿破仑时代,完全是拿破仑的身材作祟。"([菲]罗慕洛《愿生生世世为矮人》)

(11)"世称孟尝君能得士,士以故归之,而卒赖其力以脱于虎豹之秦。嗟乎!孟尝君特鸡鸣狗盗之雄耳,岂足以言得士?不然,擅齐之强,得一士焉,宜可以南面而制秦,尚何取鸡鸣狗盗之力哉?鸡鸣狗盗之出其门,此士之所以不至也。"(王安石《读孟尝君传》)

(12)"人为人所殴伤,诣吏告苦以语人,有知之故也。或为人所杀,则不知何人杀也,或家不知其尸所在。使死人有知,必恚人之杀已也,当能言于吏旁,告以贼主名;若能归语其家,告以尸之所在。今则不能,无知之效也。"(王充《论衡·论死》)

(13)欧文忠公语东坡曰;"昔有乘船遇风而得疾者,医家取多年舵牙(即舵板),为舵工手汗所渍处刮末,和丹砂伏神之剂煎饮,疾遂愈。乃知医者,意也。”东坡曰:“如公言,今学者昏惰,当令多食笔墨灰。”(冯梦龙《古今谭概》)

(14)“古者立国,必有所恃,谋国之要,必负其所恃之地。秦有函谷,蜀有剑阁,魏有成皋,赵有井陉,燕有飞狐,而吴有长江,皆其所恃以为国也。今东南王气,钟在建业,长江千里,控扼所会,辍而弗顾,退守幽深之地,若将终身焉,如是而曰谋国,果得为善谋乎?”(《宋史·王阮传》)

(15)“言天下之险者,在山曰太行,在水曰吕梁,合二险而为一,吾又闻乎马当。彼之为险也,屹于大江之旁。怪石凭怒,跳波发狂。日黯风劲,摧牙折樯。血和蛟涎,骨横鱼吭。幸而脱死,神魂飞扬。殊不知坚轮蹄者,夷乎太行。仗忠信者,通乎吕梁。使舟楫者,行乎马当。合是三险而为一,未敌小人方寸之包藏。外若苇顺,中如剑芒。蹈藉必死,钩劳必伤。在古已极,如今益彰。”(陆龟蒙《马当山铭》)

13. 下列议论是否违反逻辑思维规律的要求?请对这些议论作具体分析,并对其中包含有逻辑错误的议论,予以具体说明。

(1)“南极海岸地带的鸟很多,不过,那里鸟的种类却很少。”

(2)“据我看,你今年不一定能考上研究生,当然,也不一定不能考上研究生。”

(3)“他既不是国家工作人员,也不是非国家工作人员,只是一位个体户。”

(4)“我在大学四年中,每学期期末考试从来没有哪科考试不及格的;偶尔有一两科不及格,也补考及格了。”

(5)“我和他在一个实验室工作,相处已快3年了,互相都比较了解。他在工作中的那股干劲,在专业方面的那股钻劲,我发自内心地敬佩。但是我又不能不承认,我至今谈不上对他有什么好印象。”

(6)“我国已建立起从学前教育到研究生教育较为完整的家庭经济困难学生资助政策体系,基本做到了没有一个学生因为经济困难而失学。”

(7)“一个月了,这个问题时时刻刻缠绕着我,而在工作非常繁忙或心情非常好的时候,又暂时抛开了这个问题,顾不上去想它了。”

(8)“蟹肥季节,适逢柿红之时,有人说蟹不能与柿同食,这并没有科学依据。因为两者所含营养成分大致相同,两者相遇不会产生有毒物质。但柿子含有大量的单宁酸,与蟹肉一同入胃肠道时,会刺激肠壁收敛导致肠液分泌减少,消化功能降低。加上蟹与柿均属寒性,同食易诱发胃肠疾患,故蟹与柿可以同时吃也是不对的。”

(9)“依据辩证法原理,民事权利和义务是矛盾统一的,即某项权利同时又是义务。现我方超过一年没有领取定作的设备,原告方有权在六个月法定期限后予以变卖而优先受偿,但原告方当初并没有行使这种法定权利,也可以说是义务。现在无法变卖了,又来行使诉讼追索权,违背了权利与义务统一的原则。我方仅须以原定作的设备折抵其加工费而不必另外给付原告方定作费。”

(10)甲、乙、丙、丁四人在一起议论大学毕业生的工作能力问题。甲说:“现在的大学毕业生工作能力都差劲。我这样说不是没有根据的,去年分到我们车间来的那5名大学生,就没有一个不是工作能力不强的。”乙说:“甲的说法太绝对了,我觉得至少有的大学毕业生不是工作能力不强的。”丙说:“你们的看法都有道理,我完全同意……”丁接着说:“丙的看法是‘和稀泥’。坦率地说,甲、乙二人的看法我都不同意。我认为一个人的工作能力不是娘肚子里带来的,只要这些大学毕业生肯虚心学习,我们也肯热情帮助,他们的工作能力是会不断提高的。”

(11)某建筑工地上,甲指着盛了半桶砂浆的桶说:“这是一只半空的桶。”

乙说:“不,这是一只半满的桶。”

丙说:“半空的桶,就是半满的桶,两者相同。”

丁说:“如果半空的桶就等于半满的桶,那么这个等式的两边都乘以2,岂不是一空桶等于一满桶了吗?”

(12)庄子与惠子游于濠梁之上。庄子曰:“鲦鱼出游从容,是鱼之乐也。”惠子曰:“子非鱼,安知鱼之乐?”庄子曰:“子非我,安知我不知鱼之乐?”惠子曰:“我非子,固不知子矣;子固非鱼也。子之不知鱼之乐,全矣。”庄子曰:“请循其本。子‘汝安知鱼乐’云者,既已知吾知之而问之,我知之濠上也。”(《庄子·秋水篇》)

14. 分析指出下列论证犯有何种逻辑错误。

(1)“知识分子不是劳动者。众所周知,从事物质生产、为社会提供物质产品的人是劳动者,而知识分子并不参加物质生产,也不为社会提供物质产品,怎么能说知识分子是劳动者呢?”

(2)“究竟应怎样看待电视作品的社会效果呢?我不同意把‘票房价值’作为主要的衡量标准;但是,不采用‘票房价值’作为主要衡量标准,又采用什么作为主要衡量标准呢?因而这种看法我也不赞同。”

(3)“在不少论著中都说,民族是有着共同语言的共同体,其实这种说法是不正确的。为什么呢?人们常说:‘公说公有理,婆说婆有理’,可见,公婆之间也是没有共同语言的。既然如此,一个民族又怎么可能有什么共同语言呢。”

(4)“小孩不宜吃味精。因为据说味精中所含的氨基酸要影响大脑的发育,而且,我邻居家那个小孩大概就是因为经常吃味精的缘故,现在快4岁了仍智力低下。可见小孩吃味精确实不好。”

(5)“我厂煤炭热能利用率目前只有20%,浪费特别严重。造成煤炭浪费的原因是多方面的,其中,洗煤加工落后就是一个重要原因。”

(6)“海马属于鱼类。因为海马是生活在水中的,而生活在水中的动物都属于鱼类。”

(7)“原告刘某将自己的房屋卖与被告吴某,迄今已近10年,虽然双方于1984年买卖房屋时就曾立约,但此契约应视为无效,因为原告当时并非出自自愿,何以见得呢?正如双方都已谈到的,自1990年以来,原告为要求被告退还房屋或增加购房款,已同被告发生了多次纠纷,今天还告到法庭上来了。试问,如果原告当时出售房屋是自愿的,怎么还会在几年后发生这些纠纷呢?既然现在发生了纠纷,足见当时并非自愿。既然不是出自自愿,原立契约当然应视为无效。”

(8)“每天睡觉8小时,共2920小时,合122天左右;星期六、星期日休息,共104天;吃饭,每天花2小时,共730小时,合30天左右;每天2小时课外活动,共730小时,合30天左右;暑假50天,寒假20天;这样加在一起共计356天。一年365天,只剩9天,我哪有时间读书?”

(9)一市人贫甚,朝不谋夕。偶一日拾得一鸡卵,喜而告其妻曰:“我有家当矣。”妻问安在,持卵示之,曰:“此是。然须十年,家当乃就。”因与妻计曰:“我持此卵,借邻人伏鸡乳之,待彼雏成,就中取一雌者,归而生卵,一月可得十五鸡,两年之内,鸡又生鸡,可得鸡三百,堪易十金。我以十金易五牸(音zì,雌性牲畜——引注),牸复生牸,三年可得二十五牛,牸所生者,又复生牸,三年可得百五十牛,堪易三百金矣。吾持此金举责,三年间,半千金可得也。就中以三之二市田宅,以三之一市僮仆,买小妻。我乃与尔优游以终余年,不亦快乎?”([明]江盈科《雪涛小说·妄心》)

(10)大夫登徒子侍于楚王。短宋玉曰:“玉为人体貌闲丽,口多微词,又性好色。愿王勿与出入后宫。”王以登徒子之言问宋玉。玉曰:“体貌闲丽,所受于天也;口多微词,所学于师也;至于好色,臣无有也。”王曰:“子不好色,亦有说乎?有说则止,无说则退。”

玉曰:“天下之佳人莫若楚国,楚国之丽者莫若臣里,臣里之美者莫若臣东家之子。东家之子,增之一分则太长,减之一分则太短;著粉则太白,施朱则太赤;眉如翠羽,肌如白雪,腰如束素,齿如含贝;嫣然一笑,惑阳城,迷下蔡。然此女登墙窥臣三年,至今未许也。登徒子则不然。其妻蓬头挛耳,齞唇

厉齿,旁行踽偻,又疥且痔。登徒子悦之,使有五子。王孰察之,谁为好色者矣?”(选自[战国]宋玉《登徒子好色赋》)

15.分析下列法律论证(或反驳)的组成,分别指出其论证(或反驳)方法和逻辑结构。

(1)“本法庭总理遗像高悬,国人奉为国父,所著三民主义,党人奉为宝典。总理有云:‘三民主义即是社会主义,亦即共产主义。’为何总理宣传共产,奉为国父,而独秀宣传共产主义即为危害民国乎?”(选自章士钊《陈独秀“危害民国案”辩护词》)

(2)“本案是一起社会影响极其恶劣的恶性案件。被告人张某选择的作案时间是中国人最重要的传统节日春节,在年终岁满的大年三十的正午;其选择的作案地点是在村委会旁、村民返乡回家的必经之路上;其选择的作案时机是在大多数村民阖家团圆、祭祖回乡之时;在光天化日之中、在众目睽睽之下、在老弱妇孺之前,刻意伪装、公然行凶连杀三人,其恐怖的行为造成周围群众惊愕、恐惧和逃散。又在纵火烧损汽车之后,掏枪威胁前来劝阻之人,并在作案后潜逃。其极大的人身危险性,也给人民群众心理蒙上了阴影,也给社会造成了巨大的恐慌。”(选自陕西省汉中市人民检察院《张扣扣故意杀人罪、故意毁坏财物罪公诉意见书》)

(3)“被害人桂某英指控其食指指尖是被宋某芳拉到嘴中咬断的,本辩护人认为,这一说法是不可信的。因为桂某英被咬断的是右手食指,而根据当时双方面对面站立的位置分析,宋某芳如果要拉对方的手,只可能拉对方的左手,不可能拉对方的右手。退一步说,即使宋某芳有意要拉对方的右手,并且就算桂某英没有反抗,那么,出于人体器官的自卫本能,桂某英的手指也必然会卷曲握成拳头。宋某芳即使要咬也只能咬到她的手背或手指末节,绝不可能咬到她的指尖。再退一步说,就算桂某英的手指是老老实实地伸起让宋某芳去咬,如果是横拉过去的,只能咬到首当其冲的小拇指;如果是直接拉过去的。那也只可能咬到最长的中指,或者连同中指、无名指一起咬才有可能咬到食指,绝不可能仅仅只咬到食指而丝毫没有伤及其他手指。因此,桂某英的食指被咬断的唯一可能是:桂某英只有在抠宋某芳的嘴巴时才会将右手食指伸入对方嘴里,出于人体器官自卫本能而被咬断。”(选自《宋某芳故意伤害案辩护词》)

(4)“被告人许霆的行为不构成盗窃罪,一审判决以盗窃罪对其判处无期徒刑显系定性与适用法律错误。

《刑法》第264条规定的盗窃罪是指以非法占有为目的,秘密窃取公利财物数额较大或者多次盗窃财物的行为。该罪在客观方面表现为行为人实施了秘密窃取的行为,即行为人采取自认为不被财物所有者、保管者发觉的办法,暗中窃取公私财物,也即是行为人的行为包含‘秘密’与‘窃取’两个方面。

所谓秘密,必须具有以下三点特征:(1)行为人自认为没有被所有者、保管者发觉;(2)秘密具有针对性,即是针对财物的所有者、保管者而言;(3)秘密必须贯穿于行为的始终。在本案中,被告人许霆是用自己的实名工资卡到被银行严密保安监控下的自动柜员机上取款,输入的也是自己预留在银行的密码,自始至终在取款时都认为其行为完全被银行掌握,并能适时发现并马上根据银行卡的开户资料提供的联系方式,采取行动追回多取款项,这样的行为相对于银行而言,只能说是‘公开’,不存在‘秘密’可言。

同样,被告人许霆的行为也不是‘窃取’。所谓窃取,是指行为人以隐秘手段非法占有他人财物的行为,即采取隐秘的手段排除他人对财物的支配而建立自己的非法支配关系。被告人许霆在本案中,虽然对17.5万也确实建立了一种并非依法的占有关系,但是却不能叫作‘窃取’,因为许霆是以一个正常客户的身份操作该自动柜员机,既没有篡改密码,也没有破坏机器功能,一切按照正常程序即能获取款项。需要说明的是,盗窃行为的实施只是单方面的,而本案中,被告人许霆取款行为始终是双方完成的,被告人提出申请,自动柜员机同意后才予以交付。目前无论在理论界还是在广大民众中,对上述法律条文的理解,确实存在着重大的分歧。辩护人认为,从本质上讲,法律条文制定出来的目的是要让所有人遵守,而要让人遵守,得到所有人认同、符合社会心理冀望就是前提,所以对刑法条文的理解,最大众化的理解才是最符合立法原意的,现在当大多数普通民众都认为被告人许霆的行为不能属于秘密窃取,如果我们的执法者仍旧扩大解释,以此罪名入罪,最终刑法规范的有效性也就无法得到维持。

因此,被告人许霆的行为不符合盗窃罪的上述客观方面的特征,显然不能构成盗窃罪,二审法院应撤销一审对其所作的错误判决。"[选自杨振平、吴义春律师《许霆盗窃金融机构财物案(原审)二审辩护词》]

(5)"公诉机关指控的2012年5月份的一天下晚自习后,被告人孙某某通过曹某某向××县中学八年级十二班402女生宿舍学生索要180元钱构成抢劫罪的意见不能成立。理由有二:第一,被告人孙某某实施的该行为并不符合抢劫罪的构成要件。抢劫罪的威胁具有当场性的特征,要求威胁是当面发出,使被告人确信不按照行为人的要求威胁的内容就可以即时实现,从而给被害人造成精神上的强制,使被告人不能反抗或不敢反抗。而本案中被告人孙某某的威胁并未向这些同学当面发出,而是通过曹某某和手机通话的方式发出。从危险的内容来看,也是通过'如果不想明天见到我的话就给钱'这样的语言发出,并不打算即时实现威胁的内容。因而并不符合抢劫罪客观方面应该具有的特征。第二,《最高人民法院关于审理未成年人刑事案件案件具体引用法律若干问题的解释》第7条规定,'已满14周岁不满16周岁的人使用轻微暴力或者威胁,强行索要其他未成年人随身携带的生活、学习用品或者钱财数量不大,且未造成被害人轻微伤以上或者不敢到校学习生活等严重后果的,不认为是犯罪。已满16岁不到18岁的未成年人具有前款规定行为的一般也不认为是犯罪'。被告人孙某某,在实施以上行为时也未满16周岁,索要的也是其他未成年人随身携带的生活费,且并未造成严重后果,所以并不构成犯罪。这是刑法第13条但书在处理未成年人犯罪中的具体体现。而这款规定属于非选择性条款,是属于在定罪量刑时必须适用的情形。"(选自程志俊律师《用法律拯救将要堕落的孩子——为被告人孙某某抢劫案辩护词》)

(6)"既然此耕牛系被告人非法占有,则他只可能由抢劫、抢夺、诈骗或者盗窃等方式获得。如果被告人系抢劫、抢夺或者诈骗所获得,则失主杨×或其家人就一定会与被告面对面打过交道。但失主杨×证实:自己及家人并不认识被告人,也从未与被告人打过交道。根据现有证据,足以排除被告人由抢劫、抢夺或者诈骗获得此耕牛的可能。此耕牛在夜间丢失,次日发现被告人占有并处分了耕牛,其占有方式,完全符合采用秘密窃取的手段而非法占有他人财物的特征,故可断定此耕牛是被告人盗窃所得。"(选自《罗×盗窃案刑事判决书》)

(7)"我们认同控方关于被告人发现ATM机发生故障以后继续反复存钱这一后续行为是非法占有的观点。理由是,被告人通过取款方式验证,确认邮政储蓄这台ATM机已经发生故障,他此后17次交易的目的很明显,通过这种方式获取银行现金(共得款人民币90,000元),而且,被告人的所有行为也证实其内心非常清楚,这些钱不是他的,所以其行为构成非法占有。"(选自惠州市惠阳区人民法院刑事判决书,〔2014〕惠阳法刑二初字第83号)

(8)"在我国现行法律对胚胎的法律属性没有明确规定的情况下,结合本案实际,应考虑以下因素以确定涉案胚胎的相关权利归属:一是伦理。施行体外受精-胚胎移植手术过程中产生的受精胚胎,具有潜在的生命特质,不仅含有沈×、刘×的DNA等遗传物质,而且含有双方父母两个家族的遗传信息,双方父母与涉案胚胎亦具有生命伦理上的密切关联性。二是情感。白发人送黑发人,乃人生至悲之事,更何况暮年遽丧独子、独女!沈×、刘×意外死亡,其父母承欢膝下、纵享天伦之乐不再,'失独'

之痛,非常人所能体味。而沈×、刘×遗留下来的胚胎,则成为双方家族血脉的唯一载体,承载着哀思寄托、精神慰藉、情感抚慰等人格利益。涉案胚胎由双方父母监管和处置,既合乎人伦,亦可适度减轻其丧子失女之痛楚。三是特殊利益保护。胚胎是介于人与物之间的过渡存在,具有孕育成生命的潜质,比非生命体具有更高的道德地位,应受到特殊尊重与保护。在沈×、刘×意外死亡后,其父母不但是世界上唯一关心胚胎命运的主体,而且亦应当是胚胎之最近最大和最密切倾向性利益的享有者。综上,判决沈×、刘×父母享有涉案胚胎的监管权和处置权于情于理是恰当的。"(选自无锡市中级人民法院民事判决书,〔2014〕锡民终字第01235号)

(9)"本院认为:一、针对本案的第一个争议焦点,即被告是否实施了被诉的强制拆除行为问题。原告提供网页资料以及公安机关的信息告知书、人民法院的判决书、裁定书等证据已经充分证明秦庄村的拆迁改造工作是在高新区管委会的决策和部署下,由梧桐办事处具体实施。因此可以认定原告房屋的强制拆除行为由梧桐办事处组织实施。被告辩称原告房屋系当地村委会拆除的理由缺乏事实根据,本院不予采信。根据最高人民法院关于执行《中华人民共和国行政诉讼法》若干问题的解释(法释〔2000〕8号)第21条规定'行政机关在没有法律、法规或者规章规定的情况下,授权其内设机构、派出机构或者其他组织行使行政职权的,应当视为委托。当事人不服提起诉讼的,应当以该行政机关为被告。'由于被告梧桐办事处未提供其可以实施强制拆除的法律、法规和规章的职权依据,故本案原告对梧桐办事处的强制拆除行为不服,应当以高新区管委会为被告,梧桐办事处不具有被告的诉讼主体资格,不应成为本案的适格被告。原告对梧桐办事处的起诉应予驳回。梧桐办事处实施强制拆除行为的法律后果应当由管委会承担。"(选自郑州市中级人民法院行政判决书,〔2015〕郑行初字第605号)

(10)"本院认为,婚姻是一种契约,缔结婚姻是神圣而庄重的,婚姻自主决不容许当事人随意处分或变更,除非符合法律规定的离婚条件。《中华人民共和国婚姻法》第32条第3款规定:'有下列情形之一,调解无效,应准予离婚……(五)其他导致夫妻感情破裂的情形。'本案中,原告王某某以夫妻感情破裂为由起诉离婚,根据《中华人民共和国民事诉讼法》第64条第1款规定'当事人对自己提出的主张,有责任提供证据'和最高人民法院《关于适用〈中华人民共和国民事诉讼法〉的解释》第90条规定'当事人对自己提出的诉讼请求所依据的事实或者反驳对方诉讼请求所依据的事实,应当提供证据加以证明,但法律另有规定的除外。在作出判决前,当事人未能提供证据或者证据不足以证明其事实主张的,由负有举证证明责任的当事人承担不利的后果',原告王某某起诉离婚,其应当举证证明夫妻感情已经破裂。本案中,原告王某某举示的证据不足以证明夫妻感情确已破裂。故对原告王某某的诉讼请求,因其证据不充分,本院不予支持。"(选自重庆市巴南区人民法院民事判决书,〔2016〕渝0113民初404号)

参 考 书 目

1. 雍琦、金承光、姚荣茂:《法律适用中的逻辑》,中国政法大学出版社 2002 年版。
2. 雍琦、金承光主编:《法律逻辑教与学》,法律出版社 2007 年版。
3. 雍琦主编:《实用司法逻辑学》,法律出版社 1999 年版。
4. 雍琦:《逻辑》(第 4 版),中国政法大学出版社 2007 年版。
5. 雍琦主编:《法律专业逻辑教程》,重庆大学出版社 1996 年版。
6. 李顺万、金承光主编:《法律实用逻辑学》,法律出版社 2003 年版。
7. 朱武、雍琦等:《司法应用逻辑》,河南人民出版社 1987 年版。
8. 雍琦、金承光、陈锐:《审判逻辑导论》,成都科技大学出版社 1998 年版。
9. 郝建设主编:《法律逻辑学》(修订版),中国民主法制出版社 2013 年版。
10. [波兰]齐姆宾斯基:《法律应用逻辑》,刘圣恩等译,群众出版社 1988 年版。
11. [美]巴克尔:《逻辑原理》,田龙九、孚道译,湖北教育出版社 1988 年版。
12. [美]欧文·M. 柯匹、[美]卡尔·科恩:《逻辑学导论》(第 13 版),张建军等译,中国人民大学出版社 2007 年版。
13. [日]末木刚博等:《逻辑学——知识的基础》,孙中原、王凤琴译,中国人民大学出版社 1984 年版。
14. [美]克雷切:《大学生逻辑学》,宋文淦等译,北京大学出版社 1989 年版。
15. [美]毕德:《正确思考之学——逻辑(辅仁大学教科书)》(上、下),李世繁译,新民印书馆 1943 年版。
16. [日]早川:《语言与人生》,柳之元译,台北,文史哲出版社 1992 年版。
17. [美]拉比:《如何想得清楚和正确》,王曼君译,台北,水牛出版社 1994 年版。
18. [美]麦克伦尼:《简单的逻辑学》,赵明燕译,中国人民大学出版社 2008 年版。
19. [美]雷曼:《逻辑的力量》(第 3 版),杨武金译,中国人民大学出版社 2010 年版。
20. [美]布朗、[美]基利:《走出思维的误区》(第 3 版),张晓辉、王全杰译,中央编译出版社 1994 年版。
21. [德]克卢格:《法律逻辑》,雷磊译,法律出版社 2015 年版。
22. [美]伯顿:《法律和法律推理导论》,张志铭、解兴权译,中国政法大学出版社 1998 年版。
23. [美]亚狄瑟:《法律的逻辑——法官写给法律人的逻辑指引》,唐欣伟译,法律出版社 2007 年版。
24. [德]普珀:《法律思维小学堂——法律人的 6 堂思维训练课》,蔡圣伟译,北京大学出版社 2011 年版。
25. [以色列]霍尔维茨:《法律与逻辑——法律论证的批判性说明》,陈锐译,中国政法大学出版社 2015 年版。
26. 金岳霖:《形式逻辑》(重版),人民出版社 2006 年版。
27. 周礼全:《逻辑——正确思维与成功交际的理论》,人民出版社 1994 年版。
28. 阳作洲、施庙松、卢景生:《办案逻辑》,法律出版社 1987 年版。
29. 殷海光:《逻辑导引·怎样判别是非》,三联书店 2004 年版。
30. 谷振诣:《论证与分析——逻辑的应用》,人民出版社 2000 年版。
31. 邢福义:《汉语复句研究》,商务印书馆 2001 年版。

32. 徐阳春:《现代汉语复句句式研究》,中国社会科学出版社 2002 年版。
33. 王洪:《法律逻辑学》,中国政法大学出版社 2013 年版。
34. 倪北海:《刑事侦查逻辑学基本原理》,中国人民公安大学出版社 2001 年版。
35. 张成敏:《案史:西方经典与逻辑》,中国检察出版社 2002 年版。
36. 柴学友、朱武:《职务犯罪侦查逻辑》,中国检察出版社 2009 年版。
37. 倪北海:《刑事案件侦查逻辑解析》,中国人民公安大学出版社 2011 年版。
38. 张泽膏:《破案与推理》,群众出版社 1983 年版。
39. 黄伟力:《法律逻辑学新论》(第 2 版),上海交通大学出版社 2005 年版。
40. 陶景侃:《法律规范逻辑》,甘肃人民出版社 2000 年版。
41. 陈波:《逻辑学读本》,中国人民大学出版社 2009 年版。
42. 何名申:《逻辑》,云南人民出版社 1983 年版。
43. 李先焜:《逻辑基本知识》,北京教育出版社 1987 年版。
44. 上海师范学院等十三所高等师范院校中文系联合编写组:《普通逻辑学》,山西人民出版社 1983 年版。
45. 杨士毅:《逻辑 · 民主 · 科学——方法论导读》,台北,书林出版有限公司 1991 年版。
46. 黎鸣:《学会真思维》,中国社会出版社 2009 年版。
47. 王习胜、张建军:《逻辑的社会功能》,北京大学出版社 2010 年版。
48. 徐贲:《明亮的对话——公共说理十八讲》,中信出版社 2014 年版。
49. 王习胜、张建军:《走近"逻先生"——逻辑、社会与人生》,北京大学出版社 2020 年版。
50. 何秀煌:《思想方法导论》,台北,三民书局 1991 年第 6 版。
51. 王泽鉴:《法律思维与民法实例——请求权基础理论体系》,中国政法大学出版社 2001 年版。
52. 黄茂荣:《法学方法与现代民法》(第 5 版),法律出版社 2007 年版。
53. 舒国滢:《法学的知识谱系》,商务印书馆 2020 年版。
54. 齐晓丹等:《类案检索方法指引》,法律出版社 2020 年版。
55. 刘树德、孙海波主编:《类案检索实用指南》,北京大学出版社 2021 年版。
56. 舒国滢、王夏昊、雷磊:《法学方法论》,中国政法大学出版社 2018 年版。
57. 谢杰、陆裕:《辩护的逻辑——刑事案件的证据分析与法律解释》,上海人民出版社 2019 年版。
58. 梁光耀:《思考方法浅论》,香港人文哲学会 1997 年版。
59. 陈祖耀:《理则学》,台北,三民书局 1984 年版。
60. 邓公玄:《理则学与科学方法》,台北,台湾商务印书馆 1977 年版。
61. 傅皓政:《思考的秘密》,台北,三民书局 2006 年版。
62. 晋荣东:《逻辑何为——当代中国逻辑的现代性反思》,上海古籍出版社 2005 年版。
63. 王亚同:《类比推理》,河北大学出版社 1999 年版。
64. 武宏志、周建武、唐坚:《非形式逻辑导论》(上、下),人民出版社 2009 年版。
65. 梁聘唐:《假设与证实——探索奥秘的方法》,浙江人民出版社 2004 年版。
66. 王亚同:《类比推理》,河北大学出版社 1999 年版。
67. 张盛彬:《认识逻辑学——关于"转识成智"的逻辑研究》,人民出版社 2008 年版。
68. 武宏志:《论证型式》,中国社会科学出版社 2013 年版。
69. 余锦波:《理性思考的艺术》,商务印书馆(香港)有限公司 2017 年版。
70. 杨士毅:《逻辑与人生》,黑龙江教育出版社 1989 年版。
71. 武宏志、马永侠:《谬误研究》,陕西人民出版社 1996 年版。
72. 何秀煌:《逻辑——逻辑的性质与逻辑的方法导论》,台北,东华书局 1984 年版。

73. [德]魏德士:《法理学》,丁晓春,吴越译,法律出版社2013年版。
74. [英]哈特:《法律的概念》(第2版),许家馨、李冠宜译,法律出版社2006年版。
75. [英]斯泰宾:《有效思维》,吕叔湘、李广荣译,商务印书馆2008年版。
76. [德]拉伦兹:《法学方法论》(第6版),黄家镇译,商务印书馆2020年版。
77. [丹麦]罗斯:《指令与规范》,雷磊译,中国法制出版社2013年版。
78. [德]罗伯特·阿列克西:《法律论证理论——作为法律证立理论的理性论辩理论》,舒国滢译,商务印书馆2020年版。
79. [德]诺伊曼:《法律论证学》,张青波译,法律出版社2014年版。
80. [荷]菲特丽丝:《法律论辩导论——司法裁决辩护理论之概览》(原书第2版),武宏志、武晓蓓译,中国政法大学出版社2018年版。
81. [英]图尔敏:《论证的使用》,谢小庆、王丽译,北京语言大学出版社2016年版。
82. [美]罗德斯、波斯伯塞尔:《前提与结论——法律分析的符号逻辑》,杜文静译,中国政法大学出版社2015年版。
83. [美]赫尔利:《简明逻辑学导论》(第10版),陈波等译,世界图书北京出版公司2010年版。
84. [美]赫尔利:《逻辑学基础》,郑伟平等译,中国轻工业出版社2017年版。
85. [美]柯匹、科恩、弗莱格:《逻辑要义》(第2版),北京联合出版公司2018年版。
86. [美]苏佩斯:《逻辑导论》,宋文淦等译,中国社会科学出版社1984年版。
87. [美]保罗·蒂德曼、霍华德·卡哈尼:《逻辑与哲学——现代逻辑导论》(第9版),张建军等译,中国人民大学出版社2017年版。
88. [美]查普曼等:《逻辑基本》,殷福生译,正中书局1947年版。
89. [德]恩吉施:《法律思维导论》,郑永流译,法律出版社2004年版。
90. [德]齐佩利乌斯:《法学方法论》,金振豹译,法律出版社2009年版。
91. [英]麦考密克:《法律推理与法律理论》,姜峰译,法律出版社2015年版。
92. [英]麦考密克:《修辞与法治——一种法律推理理论》,程朝阳等译,北京大学出版社2014年版。
93. [美]肖尔:《像法律人那样思考——法律推理新论》,雷磊译,中国法制出版社2016年版。
94. [意]萨托尔:《法律推理——法律的认知路径》,汪习根等译,武汉大学出版社2011年版。
95. [波]斯泰尔马赫等:《法律推理的方法》,孙海涛、孙江潮译,中国方正出版社2014年版。
96. [美]列维:《法律推理引论》,庄重译,中国政法大学出版社2000年版。
97. [奥]埃利希:《法律社会学基本原理:英汉对照》,叶名怡、袁震译,九州出版社2007年版。
98. [澳]帕尔玛:《证明——如何进行庭前证据分析》,林诗蕴等译,中国检察出版社2015年版。
99. [美]芒森、布莱克:《推理的要素》(第7版),孔红译,中国轻工业出版社2018年版。
100. [美]弗里曼:《论证结构——表达和理论》,王建芳译,中国政法大学出版社2014年版。
101. [美]拉吉罗:《实用思考指南》,游恒山译,台北,远流出版事业公司1988年版。
102. 唐华:《中国理则学与西洋逻辑》,台北,大中国图书公司1981年版。
103. 刘文仕:《刑法类推与司法造法》,台北,学林文化事业公司2001年版。
104. 黄异:《法学方法》,台北,元照出版公司2009年版。
105. 黄建辉:《法律阐释论》,台北,新学林出版公司2000年版。
106. 吴元曜:《法律适用方法论——一个批判观点的考察》,台北,元照出版公司2010年版。
107. 高等政法院校逻辑教材编写组:《法律专业逻辑讲义》,五所政法院校(系)1980年6月印行。
108. 西南政法学院哲学教研室编:《形式逻辑(供法律专业用)》,西南政法学院1979年7月印行。
109. 西南政法学院哲学教研室编:《逻辑资料案例选(一)》,西南政法学院1979年9月印行。

110. 金承光:《语义学与一般方法论》(法律逻辑学参考资料之一),西南政法大学法律逻辑学教研室 2007 年编印。

111. 金承光:《法律逻辑与法学理论》(第 1 册,法律逻辑学参考资料之二),西南政法大学法律逻辑学教研室 2007 年编印。

112. 金承光:《逻辑学的多元视野》(法律逻辑学参考资料之四),西南政法大学法律逻辑学教研室 2008 年编印。

113. Ch. Perelman: *Justice*, *Law*, *and Argument*: *Essays on Moral and Legal Reasoning*, Dordrecht, D. Reidel Publishing Company, 1980.

114. В. И. Кириллов, А. А. Ст арчеко, Логика: Учеб. для Юридичю. вузов и Фак. Ун – т ов., 2 – е изд. Москва, Выши. Шк. 1987г.〔[苏]弗·伊·基里尔洛夫、[苏]阿·阿·斯塔尔琴柯:《法律专业逻辑学》(全苏法律院系法律专业逻辑学教科书),莫斯科高等学校出版社 1987 年俄文第 2 版〕

115. А. А. Ст арчеко, Логика в Судебном Исследовании, Москва, Госюриздат, 1958г.〔[苏]阿·阿·斯塔尔琴柯:《诉讼调查中的逻辑》,莫斯科国家法律书籍出版社 1958 年俄文版〕

116. В. Кнапп, А. Герлох, Логика в Правовом Сознании, Москва, Прогресс, 1987г.〔[捷克]维·克纳普、[捷克]阿·格尔洛赫:《法律意识中的逻辑》(捷克斯洛伐克卡尔洛夫大学法律逻辑学教材),莫斯科进步出版社 1987 年俄译版〕